李觏

(1009—1059)

北宋思想家。认为自然由阴阳二气会合而成。承认认识来自客观事物，排斥佛、道，抨击神仙方士、巫医相卜、鬼怪迷信，著有直讲李先生文集。

邵雍

(1011—1077)

北宋哲学家，认为宇宙的本原是『太极』，亦即『道』『心』。著有皇极经世、伊川击壤集等。

张载

(1020—1077)

北宋思想家、教育家、理学创始人之一。其思想对宋明理学影响很大，著有正蒙、经学理窟等。

周敦颐

(1017—1073)

北宋五子之一,宋朝儒家理学思想的开山鼻祖,文学家、哲学家。著有周元公集、爱莲说、太极图说等。

王安石

(1021—1086)

北宋政治家、文学家、思想家，「唐宋八大家」之一。文集今有王文公文集、临川先生文集，后人辑有周官新义、诗义钩沉等。

飞来山上千寻塔，闻说鸡鸣见日升。
不畏浮云遮望眼，自缘身在最高层。

录王安石先生诗《登飞来峰》薛世源写

程 颢
(1032—1085)

北宋哲学家、教育家。他认为知识、真理的来源,只是内在于人的心中。他和弟弟程颐的学说后来为朱熹继承和发展,世称程朱学派。著有定性书、识仁篇等。

程颐
(1033—1107)

北宋哲学家、教育家。其学以『穷理』为主,肯定事物的运动,承认事物的矛盾,并认为事物的矛盾是事物运动变化的根源,但认为矛盾双方不能转化。著有易传、颜子所好何学论等。

朱熹

(1130—1200)

宋朝著名的理学家、思想家、哲学家、教育家、诗人，儒学集大成者，世尊称为朱子。著有《四书章句集注》、《周易本义》、《楚辞集注》等。

半亩方塘一鉴开，天光云影共徘徊。问渠那得清如许，为有源头活水来。

戊戌年敬录朱熹先生诗观书有感，澄明斋主辞晓源恭录。

陆九渊

(1139—1193)

南宋哲学家，陆王心学的代表人物。著有《象山先生全集》。

陈亮

(1143—1194)

南宋思想家、文学家,学者称其龙川先生。认为须在具体事物中识道,强调「行」对识「道」的作用,指出物欲是人的自然本性,但欲须由礼节制。著有龙川文集、龙川词。

王守仁

(1472—1529)

世称阳明先生，明代著名的思想家、文学家、哲学家和军事家，陆王心学之集大成者，与孔子、孟子、朱熹并称为『孔、孟、朱、王』。著有王文成公全书。

王阳明先生画像

戊戌年薛仁源敬造

老树千年惟鹤住
深潭百尺有龙蟠
僧居却在云潭窦
易作人间境界看
录阳明先生游时兴寺
许戊戌薛仁源

王廷相

(1474—1544)

明代唯物主义哲学家、诗人,为『明代前七子』之一。著有慎言、雅述等。

王廷相先生

宫使传呼驾
出狂芙蓉小
苑尽生香。
长门深锁燕
由见,不及飞
花绕玉床。
录王廷相先生
《宫词》二诗。
己亥薛旭源写

李贽

(1527—1602)

明代思想家、文学家，泰州学派的一代宗师。著有藏书、续藏书、焚书、续焚书。

黄宗羲

(1610—1695)

明末清初经学家、史学家、思想家、地理学家、天文历算学家、教育家,有『中国思想启蒙之父』之誉。著有明儒学案、宋元学案、明夷待访录、孟子师说等。

方以智

(1611—1671)

明代著名思想家、哲学家、科学家,明末四公子之一。著有东西均、物理小识、切韵声原、医学会通等。

顾炎武

(1613—1682)

明末清初杰出的思想家、经学家、史地学家和音韵学家,与黄宗羲、王夫之并称为『明末清初三大思想家』。著有日知录、天下郡国利病书、肇域志、音学五书、韵补正等。

王夫之

(1619—1692)

与顾炎武、黄宗羲并称『明末清初三大思想家』。著作经后人编为船山遗书,其中有周易外传、黄书、尚书引义等。

戴震

(1724—1777)

清代著名语言文字学家、哲学家、思想家。著有孟子字义疏证、原善等。

龚自珍

(1792—1841)

清代思想家、诗人、文学家和改良主义的先驱者。著有定盦文集、己亥杂诗、国语注补等。

严 复

(1854—1921)

中国近代启蒙思想家、翻译家、教育家、新法家代表人。译有天演论、原富、群学肄言、法意等。

康有为

(1858—1927)

中国近代重要的政治家、思想家、教育家,资产阶级改良主义的代表人物。著有《新学伪经考》、《孔子改制考》、《大同书》等。

谭嗣同

(1865—1898)

中国近代著名政治家、思想家,维新派人士。著有仁学等。今辑有谭嗣同全集。

孙中山

(1866—1925)

中国近代民主革命家。遗著编有孙中山全集、孙中山选集、孙文诗选等。

蔡元培

（1868—1940）

中国民主革命家、教育家。著有蔡元培自述、中国伦理学史等。

北大老校长蔡元培先生云：

纯粹之美育，所以陶养吾人之感情，使有高尚纯洁之习惯，而使人我之见、利己损人之思念，以渐消沮者也。

己亥薛叱源敬录

梁启超

(1873—1929)

中国近代维新派领袖、学者。与康有为一同倡导变法维新，并称『康梁』。其著作编为《饮冰室合集》。

梁启超先生

少年智则国智，少年富则国富，少年强则国强，少年独立则国独立，少年自由则国自由，少年进步则国进步，少年胜于欧洲则国胜于欧洲，少年雄于地球则国雄于地球。

梁启超先生在《少年中国说》如是吟诵 薛晓源敬录

王国维

(1877—1927)

中国近代著名学者。著有人间词话、曲录、观堂集林等。

陈独秀
(1879—1942)

中国新文化运动的倡导者之一,中国共产党的创始人和早期的主要领导人之一。主要著作收入独秀文存、陈独秀著作选编等。

熊十力

(1884—1968)

中国著名哲学家、思想家、学者。主要著作有新唯识论、原儒、体用论、明心篇等。

熊十力先生云：

吾国文会日所急需要者，思想独立，学术独立，精神独立，一切依自不依他。高视阔步而游乎广天博地之间，空诸依傍，自诚自明。以此自树，将为吾界发新生命。

己亥春薛兆源敬录

李大钊

(1889—1927)

中国共产主义的先驱，伟大的马克思主义者，杰出的无产阶级革命家，中国共产党的主要创始人之一。著有法俄革命之比较观、庶民的胜利、布尔什维主义的胜利等。

陈寅恪

(1890—1969)

中国历史学家、古典文学研究家、语言学家、诗人,与吕思勉、陈垣、钱穆并称为『前辈史学四大家』。有陈寅恪集。

陈寅恪先生云：惟此独立之精神，自由之思想，历代万祀，与天壤而同久，共三光而永光。

己亥薛晓源敬录

胡适

(1891—1962)

中国著名思想家、文学家、哲学家。著有白话文学史（上卷）、中国哲学史大纲（上卷）等。

汤用彤

(1893—1964)

中国学者。专治佛教史和哲学史,精于考订,并结合运用西方分析哲学方法。著有汉魏两晋南北朝佛教史、印度哲学史略、魏晋玄学论稿等。

汤用彤先生云:

肇公之学说,一言以蔽之曰:即体即用。尝聆耆诸论中,当以《物不迁论》为重要。论曰:必求静于诸动,不释动以求静。又言:静而常往,往而常静。均主即动即静。

己亥 薛兕源敬写

梁漱溟

(1893—1988)

中国著名的思想家、哲学家、教育家,现代新儒家的早期代表人物之一。著有 中国文化要义、东西文化及其哲学、乡村建设理论等。

金岳霖

(1895—1984)

中国哲学家、逻辑学家。吸收西方哲学成果，结合中国哲学特点，建立了自己独特的哲学体系。著有论道、逻辑、知识论等。

中国哲学史新编

手绘插图版

（下）

冯友兰 _ 著
薛晓源 _ 绘

【冯友兰哲学三史】

中国画报出版社·北京

第五册

自 序

自从 1980 年我完成《中国哲学史新编》第一册之后,到现在已经六年了。这是我第二次从头开始写《新编》了,从前出版的那两册《新编》别称为"试稿"。其所以称为"试稿",因为其中有些地方有依傍别人的地方,是从道听途说得来的,不是直接亲自见到的。自己亲自见到的,不一定就正确,但必须根据自己亲自见到的,说出来才有力量,写出来才有价值。这就是中国古人所说的"修辞立其诚"。这是我在第二次从头写《新编》时所定的一个目标。

目标虽然定了,但是具体怎样做,当时还没有把握。路是人走出来的,走了这几年,总算走出了一条路来了。

哲学史是"哲学"的历史,中国哲学史是"中国哲学"的历史。哲学史的对象是"哲学",不是人,罗列人名不能算是哲学史,只能算是人名录,点鬼簿。

哲学的发展总要围绕一些真正的哲学问题,哲学史必须说明这些问题。不能仅只对于某些哲学家的著作解释词句,咬文嚼字,那只能做出一种资料汇编,不是哲学史。

根据诸如此类的认识,大约十年之间就写出这五册《新编》,

全书共七册,还有两册没有写出来,但是书的体裁已经定型了。照这个体裁,书不以人为纲,以时代思潮为纲;以说明时代思潮为主,不以罗列人名为贵。每一个时代思潮都有一个真正的哲学问题成为讨论的中心,哲学史以讲清楚这个问题为要,不以堆积资料为高。全书讲七个时代思潮:先秦诸子(分前后期),两汉经学,魏晋玄学,隋唐佛学,宋明道学(分前后期),近代变法,现代革命。这是客观的中国哲学史的七个中心环节,也是客观的中国哲学史发展的自然格局。所谓自然格局就是说,这不是从别的地方搬过来,硬套上去的。

哪一个时代思潮的哲学中心问题讲清楚了,这个时代思潮的来龙去脉也就清楚了。如果能把这个时代的经济政治情况说清楚,那就更好了。不过这一点现在很难完全做到,因为这一方面的问题太复杂了。现在我希望能够比较完全做到的,是在哲学问题上比较完全地说明了一个时代思潮的来龙去脉。能多少做到这一点,就觉得所写的哲学史简明得多了。这样的体裁对于所写的哲学史有提纲挈领、提要勾玄的作用。在我开始写《新编》的时候,我本来打算在有些地方增加篇幅,可是后来并没有增加,反而比两卷本的篇幅有所减少。

我写书的时候,有些地方本来只是一种设想,在写的时候用材料证实。在设想被材料证实的时候,常觉得和古人心心相印,息息相通,有一种很大的快乐。这就是古人所说的"读书乐"吧。

以上所说的未免有自吹自擂之嫌,但如"读书乐"之类,本来是只有自己可以感觉到的。正像禅宗所说的,"如人饮水,冷暖自知"。至于提纲挈领、提要勾玄之类,那是客观的效果,有待于读者评论了。

　　本册写作的过程得到陈来博士、张跃同志的帮助,朱伯崑教授也看过稿子。乘此出版机会,谨向他们致谢。

冯友兰
1986年12月

绪论

在第四册绪论中，本书阐述了门阀士族的兴起和发展，指出：所谓门阀士族，就是中国封建社会中的地主阶级贵族。从魏、晋至梁、陈，中国社会是由军阀和门阀联合统治的。隋唐以后，门阀士族的政治和社会地位逐渐降低，由地主阶级贵族降低为"四民之首"。这是中国封建社会中的一个显著变化。所谓"士"就是中国封建社会中的知识分子阶层。作为"四民之首"的这个阶层，一直到清朝末年，都被称为"书香门第"或"读书人家"。

第一节 从地主阶级贵族到"四民之首"

在人类社会中，阶级与阶级之间，阶层与阶层之间，集团与集团之间，个人与个人之间，经常有矛盾和斗争。这些矛盾和斗争必须解决，然后社会才能存在。人类社会的发展，一直到现在，最好的解决办法是民主投票，少数服从多数。在这种办法还没有实现以前，社会中的斗争和矛盾只能用武力解决。掌握武力的人就是军阀。在中国封建社会的历史中，每一个朝代都是一个掌握武力的人所创立的。由这个意义说，他们都是军阀。他们掌握武力，又善于使用武力，战胜了反对他们的人。在这个基础上，他们自立为皇帝，创立了他们的朝代。在魏晋至梁陈时期则是这些军阀联合门阀士族进行统治。

在这种联合统治中，作为皇帝的军阀的政治地位是最高的，可是在魏晋南北朝时期，他们的社会地位反而没有门阀士族高。相对地说，他们地位是低了，门阀士族的地位是高了。这在当时社会中的婚姻关系上可以看出来。社会中的婚姻必须门第相对，身份相当。第四册绪论中说的李络秀一例，可以概见。这种风俗残余在唐朝还继续存在。《新唐书》说："开成初，文宗欲以真源、临真二公主降士族，谓宰相曰：'民间脩昏（婚）姻，不计官品而上（尚）阀阅。我家二百年天子，顾不及崔、卢耶？'诏宗正卿取世家子以闻。"（《杜中立传》）所谓"不计官品而上（尚）阀阅"，就是说，不以皇帝所任命的官吏为贵，而以士族的门阀为高。崔氏和卢氏是当时的门阀士族，唐文宗想把两位公主嫁给当时的士族，还算是高攀，所以向宰相发牢骚，说："我家二百年天子，顾不及崔、卢耶？"

唐朝初年，"太宗尝以山东士人尚阀阅，后虽衰，子孙犹负世望，嫁娶必多取赀，故人谓之卖昏（婚）。由是诏士廉与韦挺、岑文本、令狐德棻责天下谱谍，参考史传，检正真伪，进忠贤，退悖恶，先宗室，后外戚，退新门，进旧望，右膏粱，左寒畯。合二百九十三姓，千六百五十一家，为九等，号曰《氏族志》，而崔干仍居第一。帝曰：'……今谋士劳臣以忠孝学艺从我定天下者，何容纳货旧门，向声背实，买昏为荣耶？太上有立德，其次有立功，其次有立言，其次有爵为公、卿、大夫，世世不绝，此谓之门户。今皆反是，岂不惑邪？朕以今日冠冕为等级高下。'遂以崔干为第三姓"（《新唐书》卷九十五《高俭传》，参看《旧唐书·高士廉传》）。《新唐书》的这一段，明确生动地叙述了唐初皇室与门阀士族斗争的情况。当时门阀士族虽然已经衰落，但是他们的社会影响还是很大。在婚姻方面，如果非门阀士族的人家想与士族通婚，就要多拿彩礼，唐太宗对这种情况很厌恶，叫高士廉等人作《氏族志》，可是高士廉等人仍以崔氏为第一等。太宗当然不满，又重申了他的意思，强调"立德""立功""立言"，贬抑旧门阀士族，抬高新氏族，叫他们作了修改。然而直到文宗时，还有皇室不及崔、卢那种情况，可见门阀士族几百年积累下来的影响是不容易改变的。这就是为什么皇室向门阀士族求婚，还有高攀的意思的原因。

郑樵对这种情况作了一个概论，说："自隋唐而上，官有簿状，家有谱系。官之选举必由于簿状，家之婚姻必由于谱系。历代并有图谱局，置郎令史以掌之，仍用博通古今之儒，知撰谱事。凡百官族姓之有家状者上之，官为考定详实，藏于秘阁，副在左户。若私书有滥，则纠之以官籍。官籍不及，则籍之以私书。此近古之制，以绳天下，使贵有常尊，贱有等威者也。所以人尚谱系之学，家藏谱系之书。自五季以来，取士不问家世，婚姻不问阀阅。"（《通志·氏族略序》）

郑樵在这里所说的，就是阶级社会中贵族和非贵族的分别。他所说"贵有常尊，贱有等威"，就是这种分别。他认为，自隋、唐以前中国社会中是有这种分别的，隋、唐以后就没有这种分别了。这是他的特识。不过，他认为隋唐以前的那些贵族都是自古传下来的，这就错了。秦始皇统一中国以后，把战国时期的贵族都夷为平民，和原来的平民统称为"黔首"。在他的统治之下，只有他一个人的子孙，可以一代一代地世袭为皇帝，其余的人都没有世袭的资格了。自古至秦，世世代代传下来的那些贵族都消灭了。汉以后，又出现了门阀士族，实际上也是贵族，但那是另外一回事，而且它们和先秦的贵族也有本质的不同。先秦的贵族是奴隶主贵族，是奴隶社会中的贵族。魏晋的门阀士族是地主阶级贵族,是封建社会中的贵族。

郑樵把"取士不问家世,婚姻不问阀阅"作为五代以后中国社会的特点,可谓扼要。还应该知道,"取士不问家世"是原因,"婚姻不问阀阅"是结果。前者是军阀打击门阀的一种策略,后者是这种策略的胜利。无论如何,从宋以后,在中国社会中就没有(门阀)士族而只有士了。(门阀)士族是玄学的阶级根源,士是道学的阶级根源。两者比较起来,玄学有一种华贵清高、风流自赏的意味,道学则有一种比较平易近人的意味。这是贵族与非贵族不同的表现。

隋、唐间政治方面和思想方面的情况,本书在第四册绪论中已经讲了一些,在这里不再重复。

门阀士族的政治社会地位实际上是世袭的,每传一代,地位就加固一点。当时的朝代都是很短的,每一个朝代的皇室往往只传一两代。一个军阀凭着他所掌握的武力取得了政权,自称皇帝,建立了新朝代。等他死了以后,他的儿子当了第二代皇帝。原来的第二号军阀欺负新皇帝年幼无知,凭着他所掌握的武力,从新皇帝手中夺取了政权,又自称皇帝,建立了又一个新朝代。在中国的这一段历史中,经过魏、晋、宋、齐、梁、陈,都是这样一起一落的。经过的朝代虽然不少,经过的时间可是不长。各朝代的皇室互相残杀,互相诋毁。每一个新朝建立起来,都把旧朝的幼主说成是昏乱不堪。新朝代建立起来后,旧朝代的皇室不仅失掉了政权,而且社会地位也跟着降低了。新朝代的皇室,政治地位是高的,但是与门阀士族比社会地位是低的。

隋朝统一了中国,打算改变这种情况,打击门阀士族的社会地位,其主要措施是实行科举取士的制度。他们知道,门阀士族之所以成为门阀,是由于从汉以来,实行征辟制度。于是不用征辟,改用考试,这就是所谓科举。在科举制度下,地主阶级不当权派必须参加皇帝所举行的考试,通过考试才能取得掌握国家机器的权力,成为当权派。用考试办法,皇帝可以直接用比较机械的办法拔取他认为是合适的人,地主阶级不当权派,及他们的知识分子,也可以用一种比较机械的办法进入社会上层,掌握国家机器。这是一种比较平等的办法,因为社会上除极少数人外,都可以参加考试。这也是一种比较公正的办法,因为考试去取的标准,相对于当时的情况说是比较客观的。相对于当时情况说这是一种比较平等客观的沟通社会上、下层的渠道。所以隋、唐以后,经过宋、元、明、清,历代都实行科举制度,而且每一代都加以完善。从实行科举制度以后,门阀士族就逐渐消灭了。唐太宗站在端门上,看到"新进士缀行而出",说:"天下英雄入吾彀中矣!"(《唐摭言》卷一《述进士上篇》)这就是说,作为皇帝,他把知识分子阶层都掌握起来了。从此以后,社会上就只有作为皇帝的军阀,而没有作为地主阶级贵族的门阀了。

宋朝时科举制度有了进一步的发展。宋太祖说:"向者登科名级,多为势家所取,致塞孤寒路,甚无谓也。今朕躬身亲临试,以可否进退,尽革畴昔之弊矣。"(《续资治通鉴长编》卷十六《宋太祖开宝八年》)这是说,唐代的科举制度还有依靠门第录取的,这完全不合科举的本意,所以"甚无谓也"。他要求更加完备科举制度,使"孤寒"得以上进。所以,宋朝的科举制度越来越严密,一直实行到清朝末年。

第二节　士与知识分子阶层

士和知识分子阶层，这两个名词并不完全相当。后者只有社会学上的意义，前者兼有伦理学上的意义。在中国文化传统中，有一个士的道德标准。这个标准各家不同。因为儒家是中国封建社会的正统思想，所以中国文化传统中的士的道德标准，就是儒家的标准。曾子说："士不可以不弘毅，任重而道远。仁以为己任，不亦重乎！死而后已，不亦远乎！"（《论语·泰伯》）仁是儒家所认为的最高精神境界，有这种境界的人，就是一个完全的人，即所谓"完人"。孔丘把完人作为士的标准，这可以算是最高的标准了。《礼记》中的《儒行》特别着重士的独立自主的品质，其中托为孔子的话塑造了一个士的具体形象，说："儒有席上之珍以待聘，夙夜强学以待问，怀忠信以待举，力行以待取，其自立有如此者。"知识分子当然需要在才学方面有足够的准备，才能为国家社会服务。但是，他的行动只能出于他自己的意志，不受强迫，"儒有可亲而不可劫也，可近而不可迫也，可杀而不可辱也"，"身可危也，而志不可夺也"。这些都是中国封建社会中士的标准的内容。并不是一般的士都能达到这个标准，但是他们都承认这个标准。特别是"士可杀而不可辱"，为人们所传诵。

第三节　士在中国历史中的作用

在明末清初,中国封建社会开始动摇的时候,黄宗羲写了一部《明夷待访录》,为他所理想的未来的新社会的上层建筑画了一个蓝图。照他所想的,在政治机构中,有三个组成部分,第一个是皇帝,第二个是宰相,第三个是学校。黄宗羲仅知道中国之外还有西洋,并不知道西洋的历史,更不知道西洋的政治制度。可是他的这个设想使人联想到西方政治机构中的君主、内阁和议会。他怎么会把学校也拉扯到政治机构中去了呢?原来,在中国封建社会中知识分子阶层是一个政治力量。学校是知识分子集合的地方,如果爆发为群众性的运动,力量就更大了。在魏晋时代,司马昭要杀嵇康,太学生数千人出来,要求司马昭任命嵇康到太学当他们的老师。这是一种群众性的抗议。在宋朝,当金兵打到开封的时候,太学的学生出来要求抗战。有一个宋朝人写的笔记,很详细地记叙了当时的一次学生运动的经过。据他说,在南宋定都在杭州的时候,外省的知识分子聚集在杭州,原来杭州的府学,实际上成为太学。学生们评论国事,政府中的人觉得他们很讨厌,有人建议只准在杭州有户口的学生留下,其余的都离开杭州。学生们反对,指出这是像战国时秦国的"吏议逐客"。他们的抗议没有发生效力。被迫离开杭州的学生,约定一个日期,到期都带着行李,背着书,排成队伍走出来。还发了一篇《告先圣文》,只有三十四个字,说:"斯文将丧,呜呼天乎!吏议逐客,呜呼人乎!乘桴浮海,呜呼圣乎!违世无闷,呜呼士乎!谨告。"学生还散发诗歌,有一首诗的最后两句说:"我今束书归天崖,不惜一去惜国家。"

当然,黄宗羲还有他自己的经验,明末反对宦官的东林党就是一个知识分子集团,其根据地是东林书院。黄宗羲父子都参加了这个集团。在中国封建社会已经开始崩坏的时候,康有为在1897年乘各省举人到北京参加会试的机会,串联两千多举人,上书光绪皇帝,发动了戊戌变法,这也是一种知识分子的群众性运动。以后,新式学校办起来了,学生的政治运动(当时称为学潮)更时常出现,1919年的五四运动尤为显著。

从黄宗羲以前及其以后的中国历史看,"士"是中国社会中的一种政治力量。黄宗羲把学校排在与君相并立的地位,这是有根据的。

当然,详细分析起来,康有为以后的士和其以前的士有所不同,在其以前的士完全是地主阶级知识分子,在其以后的士就不完全是地主阶级知识分子了。不能期望以前的士有反对地主阶级的行动,因为他们本身就是地主阶级的一部分。他们的反抗斗争精神,表现在反抗当时政治上的不良倾向。在中国历史中,皇帝的大权往往旁落在外戚和宦官手中,使政治陷于混乱。士的政治力量往往在这种情况下表现出来。黄宗羲的东林党就是以反抗宦官而显示出士的力量的。

再总括几句:从隋唐以后,士就不是地主阶级贵族,而只是"四民之首"了。他们掌握知识,继承文化,其中一部分可以凭借科举的渠道上升为掌握国家机器的官僚,是封建官僚的预备军或后备军。

其不愿应科举考试或者考试中失败的，留在民间，或从官场中退出来，回归乡里，成为一种在野派。在野派是政府的反对派，时常对政府提出批评、表示异议，当时称为"清议"，这种士当时称为"清流"。在中国封建社会开始与西方接触的时候，首先倡议接受西方文化的人是知识分子；在革命时期，首先鼓吹革命的人也是知识分子。可见，士在中国历史中所起的作用是积极的。

在精神境界方面，士还有更高的理想，周敦颐说："圣希天，贤希圣，士希贤。"（《通书·志学第十》）这就是士所希望达到的一层高于一层的精神境界。对于这些境界的阐述以及达到的方法，就是道学的内容。

第四十九章 通论道学

第一节　什么是道学

本书第四十七章说："如果担水砍柴就是妙道，何以修道的人仍须出家？何以'事父事君'不是妙道？这又须下一转语。宋明道学的使命，就是下这一转语。"下转语，并不是简单地否定原来的语，而是比原来的语更进一步。禅宗常说："百尺竿头，更上一步。"一个人爬竿子，竿子的长有一百尺，爬到了百尺，就是到头了，还怎么往上爬呢？这就需要转语。陆游有两句诗："山重水复疑无路，柳暗花明又一村。"已经山重水复没有路了，怎么前进呢？可是转一个弯，就是"柳暗花明又一村"，别有天地，别有一番景象。道学对禅宗所下的转语，就有这种作用。

《中庸》是道学的《四书》中最有哲学意义的。朱熹在《中庸章句》的标题下引程子的话："不偏之谓中，不易之谓庸。中者天下之正道，庸者天下之定理。此篇乃孔门传授心法，子思恐其久而差也，故笔之于书，以授孟子。其书始言一理，中散为万事，末复合为一理，放之则弥六合，卷之则退藏于密。其味无穷，皆实学也。善读者玩索而有得焉，则终身用之，有不能尽者矣。"

在这简短的一段话中，程子用了几个禅宗的概念。"心法"就是一个禅宗概念。照禅宗所说的，释迦牟尼有一个"教外别传"，这个别传，是他"以心传心"，经过许多代的祖师传下来的，所以成为"心法"。道学以为孔门也有一个"教外别传",经过子思、孟轲代代传授下来,子思开始用文字把它记录下来,但还是"心法"。"退藏于密"四个字本见于《周易·系辞》,不过禅宗也有"密"的概念,禅宗常说:"如来有密意,迦叶不覆藏。"如来的"密意"就是他的"心法"。程子虽然引用《系辞》的话,但他对"密"的了解也可能受禅宗的影响。在程子看来,孔门的"心法",也就是所谓"密"。程子又说:"其味无穷,皆实学也。"实学这两个字,是道学对禅宗所下的转语。这两个字是对于佛学的讲虚说空而言。程子最后说:"善读者玩索而有得焉,则终身用之,有不能尽者矣。"他只讲终身,不讲来生,更不讲超脱轮回,这都是道学所下转语的意义。从禅宗到道学真是"山重水复疑无路,柳暗花明又一村"了。

韩愈提出了一个"道统",指出:儒、释、道三家各有其道,"各道其所道",虽通名曰道,但其内容不同,儒家的道的内容是"仁义"。

韩愈所提出的儒家的道统是个"旧瓶",但在当时也有很大的影响。苏轼说韩愈:"匹夫而为百世师,一言而为天下法","文起八代之衰,道拯天下之溺"(《韩文公碑》)。他所说的"道",就是韩愈所说的"道统"。这个旧瓶之所以为旧,因为韩愈所了解的仁义,还只是一种道德,他说:"博爱之谓仁,行而宜之之谓义。"照这样的了解,仁义只是两种道德,只有社会的意义。程颢说:"仁者浑然与物同体,义、礼、智、信皆仁也。"(《河南程氏遗书》卷第二上)他的这句话是接着孟轲讲的。孟轲说:"万物皆备于我矣,反身而诚,乐莫大焉。"(《孟子·尽心上》)"万物皆备于我矣"就是"浑然与物同体"。照这样的了解,仁就不只是社会中的一种道德了,它就具有超道德、超社会的意义。这样的"仁者",就以天地万物为一体了，对于他，宇宙、社会或个人的分别都没有了。张载的《西铭》也有这个意思。照《西铭》所讲的道理，社会中的一切道德行为都有超社会、超道德的意义。彻上彻下，彻内彻外都打成一片了。照道学的意思，说"打成一片"，就多了一个"打"字，因为宇宙、社会和个人本来就是一片。

玄学主张，"越名教而任自然"，照道学说，这就不是彻上彻下，因为名教就是自然。禅宗说："直向那边会了，却来这里行履。"照这句话所说的，还有"那边"和"这里"的分别，这就不是彻内彻外。道学的道理是彻上彻下，彻内彻外，这就是转语，这就是"百尺竿头，更上一步"。这就是道学装进"旧瓶"的"新酒"，没有"新酒"，那个"旧瓶"虽然也有一定的影响，但还是"山重水复疑无路"，装进了"新酒"，那就是"柳暗花明又一村"了。在中国哲学的发展中，道学打开了一个新的局面。

程颐所作程颢《墓表》说："周公没，圣人之道不行；孟轲死，圣人之学不传。道不行，百世无善治；学不传，千载无真儒。……先生生千四百年之后，得不传之学于遗经，志将以斯道觉斯民。"（《河南程氏文集》卷十一）程颐在这里所讲的也是韩愈所讲的"道统"，他同韩愈一样，都认为从孟轲以后，这个道统就失传了。韩愈没有说他自己接过了这个道统，而程颐肯定地说程颢接过了这个道统。这不是韩愈的过分自谦，也不是程颐的过分自负，这是事实，道学家们都承认这个事实。

概括起来说，道学从人生的各个方面阐述了人生中的各种问题。这些问题归总为两个问题：一个是什么是人，一个是怎样做人。道学是讲人的学问，可以简称为"人学"，道学家们没有提出这个称号,但有一部书,称为《人谱》,明朝的道学家刘宗周所作。《人谱》是对人学而言,讲原理的是人学,讲具体事例的是《人谱》。

第二节 从比较哲学的观点看道学的特点

道学,西方称之为新儒学。新儒学可以说是关于"人"的学问。它所讨论的大概都是关于"人"的问题,例如,人在宇宙间的地位和任务,人和自然的关系,人与人之间的关系,人性和人的幸福。它的目的是要在人生的各种对立面中得到统一,简单地说就是对立面的统一。

一般地说,有两套基本的对立面,有两种基本的矛盾。它们之所以是基本的,因为它们存在于宇宙的任何个体之中,包括人在内,不管是多么小或多么大。

每一个个体,都必须是某一种的个体,它必定有些什么性质。不可能有一个没有任何性质的个体。个体是一个殊相,它的性质就是寓于其中的共相。所以,在每一个体中都有殊相和共相的矛盾,这是一种矛盾。

每一个体既然是一个个体,必定认为它自己是主体,别的东西都是客体。这是又一种矛盾,主观和客观的矛盾。

这两种矛盾是同一事实的后果。这就是,一个个体是一个个体。对于每一物都是如此。人的特点是他自觉有这个事实。所以说"人为万物之灵",灵就灵在这里。就这一方面说,人的突出的代表是哲学家;关于人的学问就是哲学家的哲学。

在哲学中,对于上面所说的那个事实,有三个对待的路子:本体论的路子,认识论的路子和伦理学的路子。

在西方,柏拉图是本体论路子的代表。他从数学的提示得到启发,提出了理念论。几何学为具体的圆的东西下了一个圆的定义,可是那些具体的圆的东西,没有一个是完全合乎这个定义,都不是完全的圆。圆的定义并不仅只是几何学家的一句话,亦不仅只是数学家思想中的一个观念。定义所说的,是客观的圆的标准,这个标准,是批评的标准,也是行动的标准。有了这个标准,人们才可以说某一个具体的圆的东西不是完全的圆,人们才可以采取行动纠正那些不完全的地方。柏拉图认为那个标准就是理念,是圆的原本,具体的圆的东西只是摹本。摹本永远不能和原本完全一样。

柏拉图把共相和殊相的矛盾说得很清楚。他的说法,只是证明了这个矛盾比一般人所知道的、所了解的更尖锐。

他的说法的后果,是相当严重的。在人的生活中,人的感性欲望是源于人的身体,那是人的殊相的一个主要部分。由于轻视、鄙视殊相,柏拉图认为那些感性的欲望,从根本上、在本质上就是下贱的、恶劣的;理性从根本上、在本质上就是高贵的、高尚的。高贵的、高尚的应该统治和压迫下贱的、恶劣的。就好像在奴隶社会中,奴隶主应该统治和压迫奴隶。这是自然的规律。

康德从主观和客观的矛盾开始,照他所说的,主体必须通过它自己的形式和范畴,才能认识客体。主体所认识的只是加上它自己的形式和范畴的东西,那就不是事物的本身,只是现相,不是本相。

即使人自己的精神世界,他所能认识的也是现相,因为他所认识的也是要通过他的主观形式和范畴。康德把主观和客观的矛盾讲清楚了,可是照他的讲法,这个矛盾比一般人了解的更尖锐。

照康德的说法,在主体和客体之间、现相和本相之间也有一道似乎是闪光的光亮。凭这个光亮人也可窥见本相的一斑。这个光亮就是人的道德行为。照康德的说法,人的道德行为之所以是道德的,因为它代表一种具有普遍性的法律。这种法律是人为他自己制定的,它有超过主观界限的效力,所以在道德行为中人可以体会到上帝存在、灵魂不灭和意志自由。这些都是属于本相的。照逻辑的推论,应该说,在道德行为的积累中,人可能对于本相有完全的认识或经验。可是康德没有做这样的推论。他还是认为本相是个彼岸世界,人性是此岸世界,彼岸世界是此岸世界所可望而不可即的。

道学家从伦理的路子开始。道学家也不是完全不要本体论的路子。没有本体论的分析,共相和殊相的矛盾是不能搞清楚的。事实上朱熹就是中国哲学史中的一个最大的本体论者。不过他们并不停止在本体论的路子上,并不停留在对于共相与殊相的分析上。他们所要做的是要得到一个这些对立面的统一,并且找着一个得到这个统一的方法,这个方法就是道德行为的积累。就这个意义说,康德和道学家走的是一条路。但康德还没有说出道学家已经说出的话。

照道学家所说的,共相与殊相之间,一般与特殊之间,殊相并不是共相的摹本,而是共相的实现。实现也许是不完全的,但是如果没有殊相,共相就简直不存在。在这一点上,道学的各派并不一致。朱熹自己的思想也不一致。不过我认为这应该是道学的正确的结论。

照道学家的说法,人性是善的。他们所谓人性,指的是人之所以异于禽兽者,并不等于人的本能。人性是一个逻辑的概念,不是一个生物学的概念。人性包括有人的本能,但并不就是人的本能。照这个意义说,只能说人性是善的,不能有别的说法。

就是人的感性的欲望,也不能说本质上就是恶的,像柏拉图所说的那样。这些欲望来源于人的身体,身体是人的存在的物质基础。道学家们认为,这些欲望的本身并不是恶的;其实恶者是随着这个欲望而来的自私。对于行为判断的标准是,看一个人的行为是为己还是为他,如果是为己,他就是不道德的,或非道德的,如果是为他,就是道德的。道学所说的"公私之分,义利之辨",就是指此而言。道德的行为,意味着自私的克服,道德行为的积累,意味着克服的增加。积累到一定的程度,量变成为质变,自私完全被克服了。在质变中,共相和殊相的统一就实现了。朱熹所说的"而一旦豁然贯通焉",和禅宗所说的"顿悟",大概就是这里所说的质变。感性欲望并不是完全被废除,所废除的是跟着它们而来的自私。随着殊相与共相的统一,主观与客观统一也跟着来了,这种统一道学家称之为"同天人""合内外"。

道学家们认为仁是四德之首,并且包括其余三德。有仁德的人,称为仁人,为仁者。在仁者的精神境界中,天地万物同为一体,全人类都是兄弟。

在中国文字中,"人"和"仁"这两个字的声音是一样的,在儒家的经典中,有的地方说"人者仁也",有的地方说"仁者人也"。这两个字可以互为定义。"人"的学问也可以说是"仁"的学问。谭嗣同称他的著作为《仁学》,这是很有道理的。

照道学说,得到了这种统一的人亦得到一种最高的幸福。这种幸福道学称为"至乐"。这种乐和身体感官的快乐有本质的不同，它是一种精神的享受。人一生都在殊相的有限范围之内生活，一旦从这个范围解放出来，他就感到解放和自由的乐（这可能就是康德所说的"自由"）。这种解放自由，不是政治的，而是从"有限"中解放出来而体验到"无限"（这可能就是康德所说的"上帝存在"），从时间中解放出来而体验到永恒（这可能就是康德所说的"不死"）。这是真正的幸福，也就是道学所说的"至乐"。

　　柏拉图有个比喻，说是一个人一生被监禁在一个洞穴之中，有一天他逃出了洞穴，才开始看见太阳的光辉和世界的宽阔，他的眼界和心胸于是就经验到一种前所未有的快乐。柏拉图用这个比喻以说明一个人初次认识理念世界的精神状态。道学家所说的最高的幸福大概也是这一类的。

　　这种最高幸福可以称为理智的幸福，因为它是人的理智活动的结果。它和由感官满足所得到的快乐有本质的不同。

　　要想得到这种理智的幸福，人并不需要做特别的事，他不需要成为和尚或尼姑，不需要离开社会和家庭，也不需要信仰和祈祷，他只需在日常的生活中积累道德行为，时常消除自私，这就够了。就是这样，"此岸"就成为"彼岸"，"彼岸"就在"此岸"之中。

　　朱熹说："盖有以见夫人欲尽处，天理流行，随处充满，无少欠阙。故其动静之际，从容如此。而其言志，则又不过即其所居之位，乐其日用之常，初无舍己为人之意。而其胸次悠然，直与天地万物上下同流，各得其所之妙，隐然自见于言外。"（《论语·先进》"吾与点也"注）这就是彻上彻下、彻内彻外的人生所给人的最大幸福。这种幸福，道学家们称为"孔颜乐处"，道学叫人"寻孔颜乐处,所乐何事"。

这就是道学对于人类理智发展和提高幸福作出的贡献。

一个道德的行为也是一个殊相,它不可避免地和一个人在当时所处的环境有联系,那个环境包括当时的社会制度和社会规范。道学家们生在封建主义社会,他们所说的道德行为,不可避免地和封建的社会制度、社会规范纠缠在一起。在道德行为中,这也是共相和殊相对立的问题。大公无私是道德行为的共相,它所纠缠的某种社会制度和规范是殊相。共相存在于殊相之中,所以这种纠缠是免不掉的。在这种纠缠之中,道德在过去为封建统治阶级所利用,现在受反封建的革命所批判,这都是历史的辩证的发展的后果。但道学家们能指出道德行为的共相,说明了公私之分、义利之辨就是它的内容。在新的历史条件下,公私之分、义利之辨仍然是判断人的行为的最高标准,不管用什么名词把它说出来。

第三节　道学的目的和方法

道学的目的是"穷理尽性",其方法是"格物致知"。在"穷理尽性"这一方面,道学和玄学就连接起来了,因为道学讲理和性,也是就一般和特殊的关系讲的。一类事物的规定性就是这类事物的理,在这类具体事物中的表现,就是它们的性。比如,方一类的规定性,就是方之理,方之理在具体方的事物中的表现,就是它们的性。

方这一类的具体事物在一定程度上都是方的，但是有些很方，有些不方，有些很不方，但不可能太不方，如果太不方，它就不是方这一类事物了。人也是一类的事物，也有他的规定性，孟轲把这种规定性称为"人之所以异于禽兽者"，这就是人之理。孟轲没有从正面说出人的规定性是什么，但是他从反面说明，一个人如果不合这个规定性，他就是禽兽了，不是人了。在中国谚语中，说一个人"是禽兽""不是人"是最严厉的辱骂之辞，这可能就是从孟轲的那句话逻辑地推出来的。有的人可能很合乎人的规定性，有的人可能不很合人的规定性，有的人很不合人的规定性。那些很不合人的规定性的人就不是人了。

方的东西，大多数都是没有意识的东西，很合或很不合方的理，它们自己也不知道。人是万物之灵，他的生活合不合人的理，他自己是知道的。如果不很合，或很不合，他就有要求很合或完全合的志愿，如果达到完全合的境界那就是"穷理尽性"了。照上面所说的，穷理尽性就是一回事，因为性就是理。道学的各派都承认这个目的。不过照陆、王一派的说法，应该说"穷理尽心"，因为他们不说"性即理"，而说"心即理"。

怎样可以达到这一目的呢？其方法就是"格物致知"。程朱和陆王两派都这样说，但是他们对于这四个字的解释大不相同，其不同在本册下文各章中有比较详细的解释，现在不必说了。

在朱熹和陆九渊的鹅湖之会中，朱、陆两方对于对方的方法互相指责。陆方以朱方的方法为"支离"，朱方以陆方的方法为"空疏"，两方各不相下。几年之后，陆九渊在白鹿书院发表了"义利之辨"的讲话，两方的人都大受感动，不再争执，这一讲话可以看作朱、陆关于修养方法辩论的一个总结。

这个讲话,为什么会有这么大的力量呢?从表面上看,"义利之辨"是从孔孟就讲起的一个老题目,所以,有很大的权威。这固然也是一个理由,但其理由远不止此。从哲学方面看,孔孟所讲的义利还只是一种道德范畴,只有社会的意义。从彻上彻下、彻内彻外的人看起来,这是很不够的。上面说过,每一个个体都受个体范围的限制。一个具体的人都是一个个体,他所受的最大的限制就是他的身体。人必须有个身体,否则他的精神就无所寄托,不能存在。既然有了身体,身体就有需要;为了满足他的身体需要,他就有了欲望。这种欲望,简称为"欲"。为了维持身体存在的欲是正当的欲。正当的欲并不是和理直接相违反的,不正当的欲才是直接和理相违反的,这就是私欲或称为人欲。社会上一切不道德不正当的事,归根到底都是出于私欲、出于人的不正当地重视身体,所以道学叫人不要"在躯壳上起念"。从躯壳上起念就是为私,就是为利;不从躯壳上起念就是为公,就是为义。义利之辨就是公私之分。

这个分别,就是个体的限制的一个缺口。一个人被个体所限制,就好像一个人被困在一个围城之中,他如果抓住一个缺口,将其逐渐扩大,就可能从缺口中冲出来。就好像柏拉图所说的从洞穴中冲出来那样。义利本来是道德的范畴,只有社会的意义,对于真正冲出来的人,他就不仅是道德的范畴,不仅是有社会的意义了。他的精神境界就是彻上彻下,彻内彻外。义利之辨就是"去人欲,存天理"。由此所得的精神境界就是"人欲尽处,天理流行"。义利之辨就是达到这种境界的入手处。从此处入手,程、朱一派的"格物致知"就不为"支离",陆、王一派的"格物致知"也不为"空疏"。所以在白鹿书院的讲话中,陆九渊指出了这个关键,朱、陆两方都服了。

再简单一点说,道学的目的是"穷理尽性(或曰尽心)"。它的方法是"格物致知"。它的入手处是"义利之辨"。

第四节　道学的发展阶段

照传统的说法,周敦颐、邵雍是道学的创始人。其实并不尽然。他们还没有接触到道学的主题。认为周敦颐的《太极图说》中的太极的意义是"无形而有理",其实这是朱熹的解释。后来的道学家们赞成或反对《太极图说》,其实都是赞成或反对朱熹。邵雍自命为懂得《周易》,也被称为"易学大家",其实他也并不真懂得《周易》。这些都待于以后再讲,现在不多说了。道学的主题是讲"理",这是接着玄学讲的。

程颢说:"吾学虽有所受,天理二字,却是自家体贴出来。"(《河南程氏外书》卷十二)可见讲天理是从程门开始的,"穷理尽性"也是从程门开始的。程氏弟兄是道学的创造人。他们弟兄二人创立了道学,也分别创立了道学的两派:理学和心学。张载以气为体,可以称为"气学"。朱熹以理、气并称,可以说是集大成者,这是道学的前期,也可以称为宋道学。用黑格尔的三段法说,二程是肯定,张载是否定,朱熹是否定之否定。

从三段法的发展说,前一段落的否定之否定,就是后一段落的肯定。朱熹是前期道学的否定之否定，到了道学后期就成为肯定了。在后期中，朱熹是肯定，陆、王是否定，王夫之是否定之否定，他是后期道学的集大成者，也就是全部道学的集大成者。后期道学可以称为明道学。

照传统的说法，顾炎武、王夫之、黄宗羲是明末清初的三大儒。这三个人固然都是大人物，但其作用不同。顾基本上不是哲学家，他的贡献不在于哲学。王、黄都是大哲学家，但王是旧时代的总结，黄是新时代的前驱。

这个论断许多人可能认为是"非常可怪之论"，他们认为道学是唯心主义，王夫之是唯物主义者，是反道学的，两者不可能有什么联系。但是道学不等于唯心主义，有如玄学不等于唯心主义。唯物主义和唯心主义的斗争，也是在道学的内部进行的。许多人说王夫之反程、朱，其实他并不反程、朱，只反陆、王，他的哲学是程、朱的继续发展，但还是唯物主义。因为在他以前程、朱一派的内部也起了变化，已经把程、朱的"理在事上"改变为"理在事中"了。

第五节　道学的名称

近来研究中国哲学史的同志中，有人认为道学这个名词是"不科学的"，应该称为理学。他们认为，道学这个名词，出于《宋史·道学传》，元朝修《宋史》的写作班子，是脱脱领导的，他是一个武人，妄自制造道学这个名词，不足为训。事实是，《宋史》是元朝的一部官书，并不是一部个人著作，像《史记》《汉书》那样。历代的官书，都有一个编写班子，班子的头头照例是一个朝廷大臣。这只是一个挂名的差使，书的编写并不需要他亲自指导，更不用说亲自拿笔写了。他是武人或不是武人，跟那部书并没有关系。更重要的是，道学这个名称，是宋朝本来就有的，修《宋史》的人不过是采用当时流行的名称作《道学传》，并不是他们自己妄自制造名目，立《道学传》。现在且举出几条证据。

一、程颐说："先兄明道之葬，颐状其行，以求志铭，且备异日史氏采录。既而门人朋友为文，以叙其事迹、述其道学者甚众。"（《明道先生门朋友叙述序》，《程氏文集》卷十一）

二、程颐说："呜呼！自予兄弟倡明道学，世方惊疑，能使学者视效而信从，子与刘质夫为有力矣。"（《祭李端伯文》，同上）

三、程颐说："不幸七八年之间，同志共学之人相继而逝。今君复往，使予踽踽于世，忧道学之寡助。则予之哭君，岂特交朋之情而已！"（《祭朱公掞文》，同上）

四、朱熹说："杨氏曰：'夫子大管仲之功，而小其器。盖非王佐之才，虽能合诸侯，正天下，其器不足称也。道学不明，而王霸之略，混为一途。'"（《论语集注》，《八佾》"仲之器"章注引）

五、朱熹说："夫以二先生倡明道学于孔孟既没千载不传之后，可谓盛矣。"（《程氏遗书》目录跋）

六、朱熹说："中庸何为而作也？子思忧道学之失传而作也。"（《中庸章句序》）

七、陈亮说:"亮虽不肖,然口说得,手去得,本非闭眉合眼、蒙瞳精神以自附于道学者也。"(《甲辰秋与朱元晦秘书(熹)书》,中华书局《陈亮集》二八〇页)

八、《庆元党禁》说:"先是熙宁间,程颢(程)颐传孔孟千载不传之学。南渡初,其门人杨时传之罗从彦,从彦传之李侗。朱熹师侗而得其传,致知力行,其学大振,学者仰之如泰山北斗。而流俗丑正,多不便之者。盖自淳熙之末,绍熙之初也,有因为道学以媒孽之者,然犹未敢加以丑名攻诋。至是士大夫嗜利无耻或素为清议所摈者,乃教以凡相与为异,皆道学人也,阴疏姓名授之,俾以次斥逐。或又为言:名'道学'则何罪?当名曰:'伪学。'"(商务印书馆《丛书集成》本,十四页)

九、《庆元党禁》说:"庆元四年戊午(1198)夏四月,右谏议大夫姚愈上言:'近世行险侥幸之徒,倡为道学之名,权臣力主其说,结为死党。愿下明诏,布告天下。'"(同上,十七页)

第一、二、三条可以证明,程氏弟兄已经自称他们的学问为道学。第一条"其道学"的那个"其"字,指程颢。所以程颢死后,程颐他们私谥程颢为"明道先生"。这个"明道"之"道"即"道学"之"道"。第四条所说的杨氏,即杨时,是二程的大弟子,是把道学首先传到南方的人。这一条可以证明,程氏的门人称他们所学的是道学。朱熹在《论语集注》引杨时这一段话,可见他也是赞同道学这个名称的。第一、二、三、四条证明,在北宋时期,道学这个名称就有了,而且还是开创道学的几个人自己用这个名称的。第五条进一步证明,朱熹称这派学问为道学。第七条证明,当时反对这派学问的人也称之为道学。朱熹和陈亮都是南宋的人,这两条可见在南宋时期这个名称继续流行。第八、九条出于《庆元党禁》，这是一本于南宋淳佑五年（1245）写成的书，可以证明，不仅在学术界，而且在政界，不仅私人，而且在官方，都使用道学这个名称。

有同志说，在北宋时期，在上边所引的那些史料中，所谓道学，应该是道和学，并不是一个学派的名称。也许是这样。上面所举的那些证据中，第一条中的"道学"可能是道和学，"其道学"可能是指程颢的道和程颢的学。但其余条中的道学，这样理解似乎勉强。例如第二条说，"自予兄弟倡明道学"，似乎不好说是"我们兄弟倡明我们的道和我们的学"。这一点还可以进一步地讨论，不过无论如何，道学这个名称，至晚在南宋就已流行。这是没有问题的。

再从哲学史的发展看，道学这个名称有其历史的渊源。韩愈作《原道》，提出了儒家的一个道统，照他的说法，儒家的道发源于尧舜，经过孔子传于孟子，孟子死后这个道就失传了。韩愈很客气，没有说他自己就是这个道统的继承人。二程则毫不客气地说，他们就是这个道统的继承人。程颐说："周公没，圣人之道不行；孟轲死，圣人之学不传。……先生生千四百年之后，得不传之学于遗经，志将以斯道觉斯民。"（《明道先生墓表》，《河南程氏文集》卷十一）这就是继承韩愈的说法，而自封为孟轲的继承人。道学这个道，就是韩愈《原道》的那个道。从这点看，道学这个名称可以说明一些哲学史发展的迹象。至于说到科学或不科学，一部写出来的历史书，只要跟历史的真相相符合，那就是科学的，除此以外，无所谓科学不科学。至于《宋史·道学传》中所收的人物有不少去取失当之处，那是由于编写这个传的人的门户之见，与这个名称没有直接的关系。

近来的研究中国哲学史的同志们，有用理学这个名称代替道学这个名称的趋势。这两个名称从清朝以来是可以互用的。理学这个名称出现比较晚，大概出现在南宋。我们做历史工作的人，要用一个名称，最好是用出现最早的、当时的人习惯用的名称。照这个标准说，还是用道学这个名称比较合适。这也就是"名从主人"。而且用理学这个名称还使人误以为就是与心学相对的那种理学，因而，不容易分别道学中的程朱和陆王两派的同异。只有用道学才能概括理学和心学。

道学本来是一个时代思潮的名称，并不等于唯心主义。近来有一种趋势，认为道学就是唯心主义的同义语。魏晋玄学本来也是一种思潮的名称。也有一种趋势，认为玄学就是唯心主义的同义语。我觉得这都是不适当的。道学家和玄学家中大部分都是唯心主义者，但不能认为道学和玄学就是唯心主义的同义语。这种认为，引起一些不必要的辩论，可谓节外生枝。

自从清朝以来，道学和理学这两个名称，是互相通用的。现在还可以互相通用。研究哲学史的人可以各从其便，不必强求统一，但如果说道学这个名称，是元人的编造，不科学的，不能用的，这就是一个值得讨论的问题了。

第六节　道学的历史作用

秦汉的统一，是中国历史发展中的头等大事。它不仅在政治上建立了全中国的专制主义的中央集权的政权，也融合了原来七国的不同民族或部落，形成了一个统一的民族，称为汉族。同汉朝的政治统一和民族融合相配合，董仲舒以"公羊春秋"为基础，建立了一个包括自然、社会和个人生活各方面的广泛的哲学体系，作为当时统一的理论根据，同时也是这个统一在人的思想中的反映。

汉朝以后，中国分裂了，出现了各族之间的斗争。这种政治上和民族之间的分裂，到唐朝才又结束。唐朝的统一，不仅恢复了专制主义的中央集权的政权，也恢复了民族之间的融合，这个统一的民族，称为唐人。直到现在，中国人在国外的居住区，仍称为唐人街。

在巩固专制主义的中央集权的政权和融合民族方面，宋朝继续了唐朝的事业，并且补做了唐朝所没有做的事。那就是在上层建筑中，出现了包括自然、社会和个人生活各方面的广泛哲学体系——道学。道学批判而又融合了佛教、道教，继承而且发展了儒家，是中国封建哲学发展的一个高峰。它的出现和作用与董仲舒哲学的出现和作用，有许多类似之处。元朝和清朝都是以汉族以外的民族入主中原。它们在得到全国性政权以后，都以道学为统治思想，认为是孔丘的嫡传，儒家的正统。

道学对于中国的封建社会起了巩固的作用。但在当时的世界中，封建还是进步的社会制度。中国就是以它的封建文化领导东亚各国，影响欧洲国家。就全世界范围看，对于中国这一段光荣历史，道学也是有贡献的。

第五十章

道学出现的政治条件——庆历新政和熙宁变法

第一节　军阀和士的联合专政

在唐朝以后的半个世纪至第十世纪前半个世纪中，中国在政治上又回到了六朝时期的那种情况。仅仅五十年间就换了五个朝代，后世称为五代。一个朝代中的第一号军阀，在前朝皇帝死了以后，从继位的小皇帝手中夺取了政权，自称为皇帝，建立了一个新的朝代。在他死以后，原来的第二号军阀又从他儿子手中夺取了政权，自称为皇帝，建立另一个新朝代。这样的循环直到宋朝的建立才停止，宋太祖赵匡胤也是从前朝的小皇帝手中夺取了政权，自称为皇帝，建立了宋朝。但他有办法使这个新朝代继续下去。

据宋朝人的记载说："太祖……因晚朝与故人石守信、王审琦等饮酒，酒酣，上屏左右谓曰：'我非尔曹之力不得至此，念汝之德，无有穷已。然为天子亦大艰难，殊不若为节度使之乐。吾今终夕未尝敢安枕而卧也。'守信等皆曰：'何故？'上曰：'是不难知。居此位者，谁不欲为之？'守信等皆惶恐起顿首言曰：'陛下何为出此言？今天命已定，谁敢复有异心？'上曰：'不然。汝曹虽无心，其如汝麾下之人欲富贵者何？一旦以黄袍加汝之身，汝虽欲不为，不可得也。'皆顿首涕泣曰：'臣等愚不及此，唯陛下哀怜，指示以可生之涂。'上曰：'人生如白驹之过隙，所为好富贵者，不过欲多积金钱，厚自娱乐，使子孙无贫乏耳。汝曹何不释去兵权，择便好田宅市之，为子孙立永久之业。多置歌儿舞女，日饮酒相欢，以终其天年。君臣之间两无猜嫌，上下相安，不亦善乎？'皆再拜谢曰：'陛下念臣及此，所谓生死而肉骨也。'明日皆称疾请解军权。"（《涑水纪闻》，引自朱熹《五朝名臣言行录》卷一之一）

又说，宋太祖和皇太后谈话，"太后曰：'汝自知所以得天下乎？'太祖曰：'此皆祖考与太后之余庆也。'太后笑曰：'不然。正由柴氏使幼儿主天下耳。'因戒敕太祖曰：'汝万岁后，当以次传之二弟，则并汝之子亦获安矣。'太祖顿首泣曰：'敢不如母教。'太后因召赵普于榻前，为约誓书。普于纸尾自署名云：'臣普书。'"（同上）

这就是宋朝巩固皇位的两种办法。这两种办法都是针对当时的情况而采取的。前一种办法是使军不成阀，没有可以夺去皇位的人，后一种办法是使虽有这种人而没有夺取皇位的可乘之机。这就在主观和客观上巩固了皇位。宋朝一开始就同时采取了这两种办法，保护了赵氏的皇位。

宋朝的一个保护皇位的传统办法就是压低武臣的地位，使他们不能干预政治。得军心、有民望的武臣尤为皇帝所忌，如果出现了这种人，皇帝就把他们去掉。岳飞之死固然是由于他主战政策与秦桧不和，但他本身也有取失之道，那就是声望太大。与压低武臣明显对照的是抬高文臣。当时已经基本上没有门阀士族了，文臣都是作为四民之首的士，通过科举的渠道上升为官僚的，他们没有门阀的社会地位可以凭借，他们的地位是皇帝赏赐的，所以他们比较听话，也没有夺取皇位的可能。皇帝对于他们也没有什么顾忌。

宋朝对于文臣的待遇是很优厚的。地位比较高的官僚，退职时，在一般的情况下，皇帝总要给他一种闲散的职务，拿钱不办事。这种闲散官僚越聚越多，他们的俸禄成为政府财政的一个负担。

在宋朝以后，中国封建社会的统治基本上还是军阀和士族的联合专政，宋太祖所用的那两种办法，以及后来压低武臣地位的政策，都是军阀内部的斗争。当时已经基本上没有门阀士族了，作为四民之首的士，通过科举的渠道进入官僚行列，为皇帝服务。这就是军阀和作为士的知识分子的联合专政。随门阀士族的消失，在地主阶级中已经没有贵族了。从这个意义上说，宋朝以后的中国封建社会是比较"民主"的。在中国的长期封建社会中，这是一个进步。

第二节　当时变革的必要

在北宋的近二百年间，政治是比较安定的，社会上有一种太平景象，但这是表面的。司马光的一个学生刘安世说了一些当时的情况。有人问他，宋神宗为什么必定要变法，刘安世说："盖有说矣。天下之法未有无弊者。祖宗以来，以忠厚仁慈治天下，至于嘉祐（宋仁宗年号，1056—1063）末年，天下之事似乎舒缓委靡不振，当时士大夫亦自厌之，多有文字论列。然其实于天下根本牢固。至神庙即位，富于春秋，天资绝人，读书一见便解大旨。是时见两蕃不服，及朝廷州县多舒缓，不及汉唐全盛时。每与大臣论议，有怫然不悦之色。当时执政从官中有识者以谓，方今天下，正如大富家，上下和睦，田园开辟，屋舍牢壮，财用充足。但屋宇少设饰，器用少精巧，仆妾朴鲁迟钝，不敢作过。但有邻舍来相凌侮，不免岁时以物赠之，其来已久，非自家做得如此，遂不敢承当上意，改革法度。独金陵（王安石）揣知上意，以一身当之，以激切奋怒之言以动上意。遂以仁庙为不治之朝。神庙一旦得之，以为千载会遇。"（《元城语录》，引自朱熹《三朝名臣言行录》卷六之二）

  这一段话所说的只是当时社会中的一部分现象。其中包括刘安世这个保守派对于这些现象的认识。当时有这种人，有这种认识，这也是一种现象。现象也是有用的，因为通过它可以看到本质。

  宋朝建立以后，恢复了中国的统一，恢复了中央集权专制主义的政治，加强了地主阶级专政。在相当长的时期中没有内战，并用屈辱求和的办法得到边境上的暂时的安宁。由于这些情况，国内形成了太平无事的景象。其实这是一种虚假的现象，是一种苟安。刘安世所说的"舒缓委靡不振"，就是因循守旧、苟安现状的表现。他所说的大富家的比喻倒是有点相似，因为整个的封建社会就是一个封建的大富家。封建统治阶级以剥削、压迫和奴役农民维持他们不劳而食的寄生生活，希望上下之间可以相安无事。但这是暂时的现象。农民在受剥削和压迫的条件下，决不会"上下和睦"。刘安世所说的"朴鲁迟钝不敢作过"，也就是农民对于地主阶级的消极反抗。即使在宋朝全盛时期，农民起义也是经常发生的，例如王小波、李顺所领导的农民起义就发生在太宗时期。所谓赠送邻家财物即当时所谓"岁币"，这是对于敌国的进贡，是当时的敌国对于中原人民的剥削和压迫。神宗要改变这种局面，发奋图强，遇见王安石有同样的雄心壮志，并且自以为有一套办法可以富国强兵，所以神宗就听从了。不过这不能认为是神宗和王安石两个人的意图,这也是当时老百姓的愿望和要求。

在"熙宁变法"以前,宋仁宗和范仲淹也已经作了一些变革的尝试,这就是"庆历新政"。

第三节　庆历新政和范仲淹的改革"十事"

庆历是宋仁宗的年号(1041—1048),新政的计划和推动者是当时的一个进步政治家范仲淹(989—1052)。他向仁宗皇帝说:"臣闻历代之政,久皆有弊,弊而不救,祸乱必生。何哉?纲纪寝隳,制度日削,恩赏不节,赋敛无度。人情惨怨,天祸暴起。惟尧舜能通其变,使民不倦。《易》曰:'穷则变,变则通,通则久。'此言天下之理有所穷塞,则思变通之道。既能变通则成长久之业。我国家革五代之乱,富有四海,垂八十年。纲纪制度日削月侵,官壅于下,民困于外,夷狄骄盛,寇盗横炽,不可不更张以救之。然则欲正其末,必端其本,欲清其流,必澄其源。"(《答手诏条陈十事》,《范文正公集·政府奏议卷上》)这一段话的第一段是一种原则性的陈述,意思就是说,自然界和社会都是变的,特别是在社会中政治上的措施要随着社会中的情况的变动而变动。第二段的意思,是结合当时的情况,说当时的政治必须有所改革。当时的情况是"纲纪制度日削月侵,官壅于下,民困于外。夷狄骄盛,寇盗横炽",已经到了不能维持的地步,所以不能不更张以救之。但是,更张必须从根本上做起。就是说,改革必须从根本上改革。他列举了他认为是根本上改革的措施十条。这就是他所要推行的新政的纲领。

这十条是:一,明黜陟;二,抑侥幸;三,精贡举;四,择官长;五,均公田;六,厚农桑;七,修武备;八,减徭役;九,覃恩信;十,重命令。这十条,范仲淹认为是针对着"纲纪制度日削月侵,官壅于下,民困于外,夷狄骄盛,寇盗横炽"那些情况而制定的根本措施。第一条第二条是解决"官壅于下"的问题。第三条是关于选择将来的官吏的问题。第四条是关于现有的官吏的问题。第五条是关于官吏俸禄的问题。这里所谓"公田",也称为"职田",就是与官吏职务有关的官田。照这种制度,每一种政治职务都带有一定数目的土地,几百亩至几千亩不等,其数目随着职务的大小的不同而不同。这些土地的收入,归当时担任这种职务的官吏。范仲淹似乎认识到,当时的一个主要的问题是消费的人太多,而从事农业生产的人太少。他似乎认识到,不生产而消费的人的一大部分是没有事情做的官僚。所以他主张应该对于当时的强大官僚机构,作一种适当的调整,减少一些官僚,对于留下来的官吏,则要保障他们的合乎其身份的生活,以免额外地剥削老百姓。这样也可以部分地解决"民困于外"的问题。

第六条"厚农桑"是发展生产,直接解决"民困于外"的问题。其内容有修水利、垦荒等项。他说:"臣观《书》曰:'德惟善政,政在养民。'此言圣人之德惟在善政,善政之要惟在养民,养民之政必先务农。农政既修则衣食足,衣食足则爱肤体,爱肤体则畏刑罚,畏刑罚则寇盗自息,祸乱不兴。是圣人之德发于善政,天下之化起于农亩。"(同上)他认为如果"民困于外"的问题解决了,"寇盗横炽"的问题也就解决了。他的最后的目的,不是改善农民的生活,而是减少农民的反抗。

第七条"修武备"是针对着"夷狄骄盛"而定的措施。"厚农桑"是"富国","修武备"是"强兵"。第八条"减徭役"也是减轻民困的措施。第九条"覃恩信"和第十条"重命令"都是关于推行皇帝命令的措施。

总的看起来,范仲淹所说的十事,在他认为是带有根本性的改革。

第四节　庆历新政和李觏的《周礼致太平论》

范仲淹为当时称之为"新政"的改革提出了一个纲领,但还没有为这个纲领作出一种理论的根据。当时儒家的思想已经再次成为社会的统治思想,作为理论的根据,就是在儒家的经典中寻找依据。上面所说的,范仲淹在提出"十事"以前,所引的那几句《易传》,就是他所想到的理论根据,但是太简单了。李觏(1009—1059)做了这方面工作。李觏是范仲淹所赏识的一个知识分子。范仲淹担任苏州知府的时候,曾企图邀请李觏到苏州"府学"当教官,后来又向皇帝推荐李觏,说李觏"善讲论《六经》,辩博明达,释然见圣人之旨,著书立言,有孟轲、扬雄之风义,实无愧于天下之士"。并将李觏的著作送给皇帝阅览。(《荐李觏并录进〈礼论〉等状》,《范文正公集》卷十九)在范仲淹担任参知政事(副相)的时候,李觏给范仲淹写了一封信，勉励他"立天下之功"，"筑邦家之基"，并且警告他，切不可以"患更张之难，以因循为便"。并且告诉他说："儒生之论，但恨不及王道耳，而不知霸也，强国也，岂易可及哉？管仲之相齐桓公，是霸也，外攘戎狄，内尊京师，较之于今何如？商鞅之相秦孝公，是强国也，明法术、耕战，国以富而兵以强，较之于今何如？是天子有帝王之质，而天下无强国之资，为忠为贤，可不深计？《洪范》八政，首以食货。天下之事未有若斯之急者也。既至穷空，岂无忧患？而不闻节用以取足，但见广求以供用。夫财物不自天降，亦非神化，虽太公复出于齐，桑羊更生于汉，不损于下而能益上者，未之信也，况今言利之臣乎？农不添田，蚕不加桑，而聚敛之数，岁月增倍，辍衣止食，十室九空。本之既苦，则去而逐末矣。又从而笼其末，不为盗贼，将何适也？况旱灾荐至，众心悲愁，乱患之来，不可不戒。"（《寄上范参政书》，《直讲李先生文集》卷二十七）意思就是说当时的儒者贵王贱霸，其实霸也不是容易达到的。管仲和商鞅，在齐秦两国，能够使两国国富兵强。当时的宋朝能够达到吗？要想富国强兵，首先要增加生产，其次是节省开支。既不能增加生产，又不能节省开支，那就只好加重剥削，这就是损下益上。财富不是从天上降下来的，也不是什么神灵变化出来的，言利之臣所说的利，是从哪里来的呢？当然是向农民聚敛来的。聚敛越重，农民的反抗就越烈。李觏在这封信里着重讲节用的重要，关于增加生产只提到重农业。这是封建社会的经济学家所可能想到的范围。李觏不能超过这个范围。

在这封信里，李觏以富国强兵作为目标，以重农、节用作为达到目标的方法，这也就是范仲淹所说的十事的精神，十事的指导思想。李觏在这里提出了管仲和商鞅。从表面看起来，他似乎是在提倡法家思想。这种看法是错误的。李觏只是说宋朝当时的情况下"霸"业也比不上，更不必说"王道"了。他自己所提倡的还是儒家所说的"王道"。他的议论，还是以儒家经典为依据。

在儒家经典中，他所依的根据是《周礼》和《周易》。他以《周礼》为依据，讲他的社会政治思想，以《周易》为依据，讲他的哲学。

《周礼》这部书一名《周官》，号称是周公旦作的，是周公旦治理周朝的一个蓝图，其实这部书是战国时的人的作品。李觏相信这个号称，认为《周礼》是周公旦致太平之书。根据这个认识，他作了《周礼致太平论》。

这个论的《序》说："天下之理，曰家道正，女色阶祸，莫斯之甚，述《内治》七篇。利用厚生，为政之本，节以制度，乃无伤害，述《国用》十六篇。备预不虞，兵不可阙，先王之制，则得其宜，述《军卫》四篇。刑以防奸，古今通义，唯其用之，有所不至，述《刑禁》六篇。纲纪既立，持之在人，天工其代，非贤罔义，述《官人》八篇。何以得贤？教学为先，经世轨俗，能事以毕，述《教道》九篇终焉。并《序》凡五十一篇，为十卷，命之曰《周礼致太平论》。噫，岂徒解经而已哉？唯圣人君子知其有为言之也。"这最后一句的意思就是说，他的《周礼致太平论》并不仅只是解释《周礼》这部经，他是"有为言之"，为的什么呢？就是要把《周礼》的精神作为当时改革的根据。《周礼致太平论》并不是一部注疏，而是一部政论。

《周礼》一名《周官》，因为它是以"设官分职"为纲。第一号官是天官冢宰，这是王以下的最高的官。它的职务兼管王的宫内的事，这就是所谓"内治"。照李觏的解释，这是预防"女色阶祸"。

他指出，在历史中有许多朝代就是因女宠而灭亡。他说："末（妹）喜之放桀，妲己之杀纣，此类岂少哉？"（《内治第一》）这几句话的意思就是说，放逐夏桀的不是商汤，而是夏桀的女宠妹喜。杀殷纣王的人并不是周武王，而是纣王的女宠妲己。是妹喜和妲己把夏桀和商纣的国家搞乱，商汤和周武才乘机把夏朝和商朝灭亡了，所以皇帝的内治非常重要。而《周礼》在这一方面是很注意的。下边就讲"国用"，这是讲经济生产问题的。下边讲"军卫"，这是讲武备问题。下边讲"刑禁"，这是讲用刑法禁令维持封建秩序。下边讲"官人"，这是讲如何充实官僚机构的问题。下边讲"教道"，这是讲意识形态的问题。"国用"和"军卫"两个题目排在前面，这说明李觏注意富国强兵。"国用"这个题目讲得最多，有十六篇。这说明他对于生产和经济是特别重视的。

在《国用》的第一篇中，李觏开头就说："人所以为人，足食也。国所以为国，足用也。然而天不常生，其生有时。地不遍产，其产有宜。人不皆作，其作有能。国不尽得，其得有数。"（《直讲李先生文集》卷六）这是李觏提出的关于经济和财政的一个一般的原则。意思就是说，人必须吃饱才可以生活，国家必须有足够的财用才可以立国。财富的来源是从天生出来的，可是天也不能经常生庄稼。在春夏的时候可以生，秋冬就不能生。财富的来源又是从地产出来的，可也不是所有的地方都能产任何的东西。有些地方可以产这种东西，有些地方可以产那种东西。财富的来源还要靠人的工作，可也不是所有的人都能做任何工作。人的能力各不相同，有的能做这种工作，有的人能做那种工作。国家的财政是从人的生产得来的，可是它不能把人所生产的财富尽都得来，它所得的有一定的数目。所以一个国家必须量入以为出，节用而爱人。

这几句话基本上就是说，封建社会的生产是农业，农业主要靠天时、地宜和人的劳动。封建国家从农民的生产中剥削一部分，但是有一定的限度。这就决定了"富国"之道的两个方面，一方面是增加生产，一方面是节约开支。

李觏认为，在经济方面要尽力扩大生产，在财政方面要尽力减少开支。扩大生产要使"人尽其能"。他说："天之生民，未有无能者也。能其事而后可以食。无事而食，是众之殃，政之害也。是故圣人制天下之民，各从其能以服于事，取有利于国家，然后可也。"（《国用》第三，《直讲李先生文集》卷六）又说："言井田之善者，皆以均则无贫，各自足也。此知其一，未知其二。必也人无遗力，地无遗利，一手一足无不耕，一步一亩无不稼，谷出多而民用富，民用富而邦财丰者乎？"（《国用》第四，同上）在封建社会中，生产资料是土地，生产力主要的就是农民。李觏所提出的经济原则就是尽力发掘土地的潜力，使劳动人民各尽所能，从事生产。这就是所谓"人无遗力，地无遗利"。他所说的"能其事而后可以食，无事而食，是众之殃，政之害也"。李觏认为，经济上主要的问题是怎样尽量发挥劳动者的潜力和土地的潜力。这两个潜力都发挥出来了，民用就可以富。民用富了，国家的财政也就可以足。

关于武备，李觏主张用管仲的"作内政而寓军令"的政策，所谓"富兵于农"。李觏认为这种政策并不是管仲发明的，《周礼》本来是这样说的。照《周礼》的办法，在平时，就用军队的编制把农民组织起来，有战事，就要他们出去打仗。"士不特选，皆吾民也。将不改置，皆吾吏也。有事则驱之于行阵，事已则归之于田里。

无招收之烦而数不阙,无禀给之费而食自饱。"(《军卫》第一,《直讲李先生文集》卷九)后世不行这种办法,军队都是招募来的,平时要养活他们,增加了国家财政的负担。可军队往往有缺额,兵饷往往不足,所以就成为这种情况:"先王足兵而未尝有兵,后世有兵而未尝足兵。"(同上)李觏又举管仲"作内政而寓军令"的政策成效说:"其教已成,外攘夷狄,内尊天子,以安诸夏,然则乡军之法固尝试矣,善哉!"(同上)管仲的成效,也就是李觏在当时的希望。他希望当时的宋朝能够抗拒来自北方和西方的敌人,维护当时的中原政权,使中原的人能够自卫。这是"新政"的目标之一。李觏说,他的《周礼致太平论》是"有为而言",所为的也就是这个目标。

为了这个目标,李觏又作了《富国策》十篇,《强兵策》十篇,《安民策》十篇。在《富国策》第一篇中,李觏说:"治国之实,必本于财用。……是故贤圣之君,经济之士,必先富其国焉。所谓富国者,非曰巧筹算,折毫末,厚取于民,以媒怨也。在乎强本节用,下无不足而上则有余也。"意思就是说,富国并不是靠加强对于劳动人民的剥削,这是会遭到劳动人民的怨恨的。富国的办法在"强本节用"。"强本"是发展经济,"节用"就是减少财政开支。在经济上力求发展,在财政上力求节约。这样就可以"下无不足而上则有余"。在《富国策》第二篇,李觏提出了"强本"的方法。他说:"民之大命,谷米也。国之所宝,租税也。天下久安矣,生人既庶矣,而谷米不益多,租税不益增者,何也?地力不尽,田不垦辟也。周制井田,一夫百亩,当今四十一亩有奇。人无易业而一心于农,农时不失,农功不粗,则地力可尽也。既又赋之以莱,或五十亩,或百亩,或二百亩。课其余力,治其旷土,则田可垦辟也。"(《直讲李先生文集》卷十六）意思就是说,所谓"强本",就是要增加农业生产,要增加农业生产,就需要发掘现在田地的潜力和开垦荒地。周朝所施行的井田制,每一个农民可以得到一百亩的耕地,又分给五十亩或一百亩的荒地(莱)。这样,每一个农民都尽力耕种他得的那一百亩耕地,同时又开垦他所得到的荒地。所以农业逐渐发展,谷米越来越多。这是"强本"的主要方法。

这里牵涉到封建社会一个根本问题,即土地问题。李觏又作了一篇《平土书》。他说:"生民之道食为大。有国者未始不闻此论也,顾罕知其本焉。不知其本而求其末,虽尽智力弗可为已。是故土地,本也;耕获,末也。无地而责之耕,犹徒手而使战也。法制不立,土田不均。富者日长,贫者日削。虽有耒耜,谷不可得而食也。食不足,心不常,虽有礼义,民不可得而教也。尧舜复起,未如之何矣。故平土之法,圣人先之。"(《平土书》,《直讲李先生文集》卷十九)李觏认为,井田制度是解决土地分配的最理想的办法。他认为《周礼》所讲的土地分配办法,就是井田制。因为对于《周礼》的注解有各家的不同,对于《周礼》所讲的土地制度也有各种不同的说法。李觏费了很大的工夫,作了许多的考证,证明《周礼》所讲的土地制度,就是井田制。对于农民的分配土地基本上是按照一夫百亩这个标准。李觏有一独特的见解,他认为《周礼》所讲的井田制,并没有"公田"。照一般的说法,井田制是国家把土地划成许多井字形的方块。每一个方块中有九百亩耕地。井字中心的那一百亩作为公田。在这个公田周围的八百亩耕地,分配给八家农民,每家一百亩,这是"私田"。每家农民除了耕种他们自己的那一百亩外,还合力耕种那块"公田"。"私田"的收入归各家自己所有,"公田"的收入归国家。这是一种劳役地租,称为"助法"。李觏认为,《周礼》所讲的井田制,没有"公田"。国家向农民直接征税,这叫"贡法",就是实物地租。

李觏认为,"公田"是商制,周公旦废"公田",是他对于商制的一个重大的改革。这就是孔丘所说的《周礼》对于商礼的损益。这就是说,商朝对于农民的剥削用的是劳役地租的方式,周朝改用实物地租的方式。为什么要作这样的改革呢?李觏说:"助法,善之大也。周公变之,虑深也。夫周公以民益顽,吏益猾,公田之耕或不尽力,藉谷之人或有隐欺,不如一委之民而制其赋税。税有所常,责有所在,安坐而视其入也。礼制愈崇,国用愈广,何暇从容如上世乎?虽然,无所增重也,第谨其定数耳。于民既无伤,于国则不乏。是圣人虑之深,制之中也。"(《平土书》,《直讲李先生文集》卷十九)意思就是说,用劳役地租的助法,本来是很好的制度。但是,周公旦考虑到剥削阶级长远利益,认为这种办法还不是很好的剥削方式。因为农民的反抗越来越厉害,管理农民的那些官僚越来越腐化,所以农民在耕种"公田"的时候不肯出力,官僚们在收公田的收入的时候往往有所隐瞒,贪污盗窃。不如把土地都包给农民,国家直接向农民收税。税有固定的数目,农民有固定的责任,国家安坐而享其成。这就是说因为地主阶级和农民阶级的对立越来越尖锐,国家的范围越来越大,地主阶级没有工夫和农民阶级算细账。这是剥削方式所以要改变的主要原因。照李觏的说法,这并不是剥削的加重。照他的说法,无论是劳役地租或是实物地租,剥削额都只限于土地收入的十分之一。只要不超过这个限度,那就不算是损下益上。

李觏在这里所说的,可能反映封建社会中从劳役地租的剥削方式向实物地租的剥削方式转变的一种情况。就中国历史说，这种情况实际上发生在什么时候，那就不容易说了。《周礼》本来是战国时期的作品，冒称是周公旦所制定的周朝的宪法。从这个意义说，它是一部伪书。李觏根据这部伪书断定周制没有"公田"，把从劳役地租向实物地租的转变，确定为周公旦的新法，把这种转变的出现确定在周初，这是没有充足根据的。

但是这个历史问题，并不是《平土书》所要解决的主要问题。《平土书》所要解决的是封建社会的阶级矛盾的根本问题，土地的分配问题。他主张实行按人口分配土地。这办法，在封建社会中是不可能施行的。因为要施行这种办法，那就要根本推翻封建的土地所有制，没收地主阶级的土地，平均分配给农民。向地主阶级提出这种办法，这不是"与虎谋皮"吗？老虎决不会同意的。李觏大概也认识到这一点，所以他在《富国策》中，就不提这个办法了。他在《富国策》中指出当时的情况，说："贫民无立锥之地，而富者田连阡陌。"富者虽有田地，可是不尽力去耕种，贫者虽然想耕种，可是没有田地。贫民中比较能干的，离开田地，成为工商业者，成为所谓"逐末"的人，或成为和尚道士等"冗食"的人。那些不能干的，就投靠富人，作为他们的雇工。李觏认为，应该"抑末"，压迫工商业者，要他们回到农村中去。设法减少那些"冗食"的人，叫他们工作。对于富人，要限制他们占有土地的数目。在这种限制下，土地价钱必定要下跌。价钱越跌，土地就越容易得到。原来"逐末""冗食"的人，可以比较容易地得到土地。他们没有别的出路，只可一心于农，这样，土地的潜力就可以发挥出来。其中还没有得到土地的，还是要依靠富人当雇工。可以再作一项规定，富人于他们占有土地定额之外，还可以利用他们所雇用的劳动力去垦荒,所开垦的荒地为他们所有,没有限制。在这种鼓励之下,富人可以用他们所雇用的多余劳动力去垦荒。新垦的土地既多,原有土地的潜力也充分地发挥出来,这样农业生产可以大大提高,国家的租税收入也就增加了。李觏说:"如是而人有遗力,地有遗利,仓廪不实,颂声不作,未之信也。"(《富国策》第二,《直讲李先生文集》卷十六)这是李觏所提出的,在不改变封建土地所有制的前提下的一种改良主义的办法。但是,即使这种改良主义的办法也是不能施行的。因为大地主阶层绝不同意限制他们占有土地的数目,绝不肯自动停止兼并。

"庆历新政"并没有收到实效,范仲淹的建议大概都没有落实,所以仁宗一代仍然被称为不治之朝。到了神宗,得到了王安石的辅助,又做了一次更大的努力,这就是"熙宁变法"。

第五节 "熙宁变法"和王安石的"新政"

熙宁是宋神宗的年号(1069—1077),熙宁变法的领导和中心人物是王安石(1021—1086),他是这次变法的政治上的执行者,也是这次变法的理论家。如果同"庆历新政"的人物相比较,王安石又担负了范仲淹和李觏两个人的任务。变法的理论和实践,王安石"一身而二任焉"。

早在仁宗时代,王安石就向皇帝上万言书,其中指出当时的危机说:"顾内则不能无以社稷为忧,外则不能无惧于夷狄。天下之财力日以困穷,而风俗日以衰坏。四方有志之士,谂摁然常恐天下之久不安。"(《上仁宗皇帝言事书》,《临川先生文集》卷三十九)这几句话概括了当时危机的四个方面。第一个方面是阶级矛盾,当时的农民的起义和反抗威胁着宋朝的统治;第二个方面是民族矛盾,辽和西夏的威胁;第三个方面是当时的社会经济和政府的财政都很困穷;第四个方面是风俗衰败,指的是当时上下因循苟安,无所作为,坐以待毙的情况。

在这些危机中,王安石特别注意的是第一方面的危机。他在《言事书》中说:"盖汉之张角,三十六万同日而起,所在郡国莫能发其谋。唐之黄巢,横行天下,而所至将吏无敢与之抗者。汉唐之所以亡,祸自此始。"

针对这种危机,王安石指出,必须"改易更革",就是说要"变法"。"变法"首先要培养人才以解决人才不足的问题,还要"理财",以解决财力不足的问题。关于人才不足的问题,王安石在《言事书》中说:"今之天下,亦先王之天下。先王之时人才尝众矣,何至于今而独不足乎?故曰:陶冶而成之者非其道故也。"所谓先王指的是儒家所理想的夏、商、周三代的圣王。意思就是说,既然有人,就应该有人才。为什么在圣王的时候人才众多,而到现在有人才不足的现象,这并不是因为现在的人生来就不及古人。人才并不是天生的,而是要靠陶冶出来的。先王对于陶冶人才得其道,所以人才众多。后来对于陶冶人才不得其道,所以人才不足。王安石对于"陶冶"的内容,也作了说明。"陶冶"包括"教之、养之、取之、任之"。这四个方面都有其"道"。照着做下去,那就是"陶冶"得其道。"得其道"

人才就会出来。王安石所说的人才,主要的是能为封建国家服务的知识分子,其中大者"可以用天下国家",小者可以"为天下国家之用"。王安石主要就是说,封建国家必须培养能为自己服务的知识分子。如果培养得法,就会有很多的有能力的知识分子出来为它服务。

关于财力不足的问题,王安石在《书》中说:"窃观前世治财之大略矣。盖因天下之力,以生天下之财。取天下之财,以供天下之费。自古治世,未尝以不足为天下之公患也。患在治财无其道耳。"王安石的这几句话,倒是说出了一个值得注意的经济原则。他似乎认识到,财富是人用劳力向自然作斗争生出来的。既然有自然,有人力,人就可以用自己的力量创造财富,用创造出来的财富,供自己的消费。所以应该不会有财富不足的问题,问题在于怎么样去经营治理财富。

王安石在这篇《言事书》中,没有提出来变法的具体措施,但是明确地指出了当时的政治、社会危机的严重和变法的必要,以及革新的基本原则。从这个意义说,他的《言事书》是变法的一个总的理论基础。

当时守旧派的人认为,宋朝开国以来,经过一百来年,大体上总算是太平无事。这可见当时的现状是可以维持下去的,用不着改革。宋神宗也向王安石提出这个问题,问他:"本朝所以享国百年,天下无事之故。"王安石回答说,这固然是由于以前的祖宗的功劳,可是当时的情况是"上下偷惰,取容而已。虽有能者在职,亦无以异于庸人。农民坏于徭役,而未尝特见救恤,又不为之设官以修其水土之利。兵士杂于疲老,而未尝申敕训练,又不为之择将,而久其疆场之权。宿卫则聚卒伍无赖之人,而未有以变五代姑息羁縻之俗。……其于理财大抵无法。故虽俭约而民不富,虽忧勤而国不强。

赖非夷狄昌炽之时，又无尧汤水旱之变，故天下无事，过于百年。虽曰人事，亦天助也。盖累圣相继，仰畏天，俯畏人，宽仁恭俭，忠恕诚悫，此其所以获天助也。伏惟陛下躬上圣之质，承无穷之绪，知天助之不可常恃，知人事之不可怠终，则大有为之时，正在今日"（《本朝百年无事劄子》，《临川先生文集》卷四十一）。这是说，所以能够百年无事，主要是由于当时的外国还不强大，而又没有发生重大的自然灾害，能够得到这样有利的条件，这可以说是出于天助。但是天助是靠不住的，人事是不可以因循苟且拖延下去的。应该大有作为，改变现状，以应付将来可能发生的重大事故。王安石对神宗说，这是现在最大的急务。

王安石在这里提出了变法的两个具体目标，一个是富国，一个是强兵。他指出，富国专靠俭约是不行的，强兵专靠忧勤是不行的，必须有具体的措施和办法，王安石的新法就是这种具体的措施和办法。他为富国而制定和推行的新法有：均输法、农田水利法、青苗法、免役法（募役法）、市易法、方田均税法，他为强兵而制定和推行的新法有保甲法、将兵法。在这些新法中，农田水利法是从根本上提高农业生产力的措施。在封建社会中，主要生产是农业，农业生产提高了，农民的生活就可以改善，封建国家的财政收入也可以增加。这是从根本上解决富国富民的问题。青苗法是解决豪强地主用高利贷办法剥削农民的问题。方田均税法是解决豪强地主占田逃税的问题。这都是打击豪强地主的措施。均输法和市易法是用封建国家的权力，掌握市场上货物的流通，防止大商人投机倒把，囤积居奇，使所谓"轻重之权"掌握在封建国家手里，而不是掌握在大商人手里，这是打击富商巨贾的措施。保甲法是寓兵于农、逐步改变募兵制的办法，这是提高军队素质的根本办法。将兵法是关于编制和训练军队的措施。在封建社会中,军队是地主阶级专政的工具,具有对内、对外的两重作用。对外是加强边防,防止外来的侵略,对内是镇压老百姓,防止农民起义。王安石的强兵的措施,当然也具有这两方面的意义。

这些新法,王安石认为都是合乎"先王之意"的,虽说是改新,实是"师古"。他说:"免役之法,出于《周官》。……保甲之法,起于三代丘甲。管仲用之齐,子产用之郑,商君用之秦,仲长统言之汉,而非今日之立异也。……市易之法,起于周之司市,汉之平准。"他认为这些措施都在古代已经行过,而且确有实效的。他说:"免役之法成,则农时不夺而民力均矣。保甲之法成,则寇乱息而威势强矣。市易之法成,则货贿通流而国用饶矣。"(《上五事劄子》,《临川缶先生文集》卷四十一)

王安石自称他所提倡的变法并不是创新,而是"师古",是"法先王"。不过他认为,"法先王"并不是照抄,而是"法其效"。他说:"夫二帝三王相去盖千有余载,一治一乱,其盛衰之时具矣。其所遭之变,所遇之势,亦各不同。其施设之方亦皆殊,而其为天下国家之意,本末先后,未尝不同也。臣故曰当法其意而已。法其意,则吾所改易更革,不至乎倾骇天下之耳目,嚣天下之口,而固已合乎先王之政矣。"(《上仁宗皇帝言事书》,《临川先生文集》卷三十九)意思就是说,各时代的"先王",因时代不同,具体的措施也有不同。但是有一个一贯的精神贯穿其间,所以"法先王"不能照抄,要了解他们的精神实质,把他们精神实质同北宋时期的具体情况结合起来,以为措施。这样的改易,就不至于引起反对,而实际上也就是合乎"先王之政"了。这就是他所说的"讲先王之意以合当时之变"(《上仁宗皇帝言事书》,《临川先生文集》卷三十九)。

照王安石看起来,当时能够懂得这个道理并这样做的人极少。

他认为这是当时"陶冶人才"不得其道的一个重要表现。他指出当时的科举考试，重诗赋，虽然也考儒家的经典，但注重的是一种文字上的了解，所以他认为，要改善这种制度，提倡对于儒家经典的精神的体会。这是他所讲的"陶冶人才"的必要的方法。他在政府中设了一个经义局，对于儒家的经典作新的解释，由他和他的儿子王秀主持其事，作出了《周礼》、《尚书》和《诗经》的新的注解，称为《三经新义》，由政府推行全国。各种考试，凡涉及经典的，都以"新义"为标准。在儒家的经典中，王安石很轻视《春秋》，称之为"断烂朝报"。王安石又作《字说》。这是以许慎的《说文解字》为基础，从字的构造和发展上阐述"先王之意"。这《字说》和《三经新义》，称为"新学"，在当时的学术上同他的政治上的新法相辅而行，这是王安石在思想战线上推行他在政治上的新法的一种武器。这同李觏以其"经义"辅助范仲淹有同类的意义。

王安石关于"理财"的措施的出发点，是他所说的"以天下之力生天下之财，以天下之财供天下之用"。他是从提高生产出发的。他认为提高生产是富民富国的根本。在他的新法中，只有提高生产、减轻农民负担的措施，没有加重租税的措施。其中的均输法和市易法，可以说是与商人争利。这是中国地主阶级打击商人、与商人作斗争的一种办法。这不是与农民争利，不是"损下益上"。

当时人们对于王安石的评论，刘安世的话可以作参考。有人问刘安世，王安石推行新法，当时反对的人很多，为什么神宗还是那样地信任他。刘安世说，其原因可以归纳为八个字，这八个字是："虚名，实行，强辩，坚志。""当时天下之论，以金陵（王安石）不作执政为屈，此虚名也。平生行止无一点涴，论者虽欲诬之，人主信乎，此实行也。论议人主之前，贯穿经史今古，不可穷诘，故曰强辩。前世大臣欲任意行一事，或可以生死祸福恐之得回，此老实不可以此动，故曰坚志。因此八字，此法所以必行也。"（《元城语录》，转引自朱熹《三朝名臣言行录》卷六之二）就是说，王安石有四个特点。他在做地方官的时候，确实是作了一些改革，显见成效。当时的人都认为，他应该做宰相。这是他的"虚名"（即威信，"虚"字是刘安世的贬损）。王安石的私人行为，确实是没有什么污点，批评他的人抓不住小辫子，就是"实行"。他的学问广博，在皇帝面前讨论什么事，没有人能够辩过他，这就是他的"强辩"（"强"字是刘安世的贬损）。别的当权者推行什么政策，总要考虑这样的政策对于他自己有什么后果。王安石完全不考虑推行新法对于他自己会有什么后果，完全不计较个人的利害得失，这就是他的"坚志"。刘安世是司马光的学生，坚决反对王安石，但是他的这一段话却从反面说明王安石在当时确实是威信很高，行为正派，学问广博，不计较个人利害，坚决推行他认为是正确的新法，以解决当时国家政治上和经济上的危机，把宋朝从危险的情况中挽救出来。刘安世所说的八个字，出自反对派之口，更可以见得这是王安石的真实的形象。可是当时的守旧派，出于政治的动机利用"利"这个字的混乱的意义，把王安石说成是个"言利"的小人，是个聚敛之臣。司马光就是这样批评王安石的。他说："（王安石）于是财利不以委三司而自治之。更立制置三司条例司，聚文章之士及晓财利之人，使之讲利。孔子曰：'君子喻于义，小人喻于利。'樊须请学稼，孔子犹鄙之，以为不知礼、义、信，况讲商贾之末利乎？使彼诚君子耶，则固不能言利。使彼诚小人耶，则固民是尽以饫上之欲，又可从乎？"（《与王介甫书》，《温国文正司马公文集》卷六十）这又牵涉到"义利之辨"。关于这个辩论，本书在第三册

第三十章已经讨论过，现不重复。

王安石的变法没有达到预期的效果，可以说是失败了。从现在看起来，他的失败是必然的。他在做地方官的时候，确实办了些卓有成效的"新政"，这是因为一个地方官所管辖的范围是有限的，他的措施可以亲自执行。但一个宰相所管辖的范围就大得多了，他的政策就不能亲自执行了。王安石当了宰相以后，他的"新政"就只能委托给当时的封建官僚们去执行。封建官僚的长技是欺下瞒上、阳奉阴违，无论什么良法美意，一经过他们的手就变质了。青苗法的变质就是一个例子。这个法的本意是国家拿出一定的款项，在地方上放债，以免穷人受富人的高利贷的剥削。可是，地方上的官僚们把放债作为他们的一种任务。国家放债的钱一到他们手里，他们就向老百姓摊派，不需要借钱的人也要借钱，使这些人白出利息，王安石也知道这些官僚们是靠不住的，他有自己"陶冶"人才的办法，但那是来不及的。他的新法主要的是理财，是管理经济。当时的科举固然选拔不出这样的人才，王安石的"陶冶"之法，也"陶冶"不出这样的人才，照他的《三经新义》来看，也不见得同旧义有重要不同之处。在中国封建社会中，士的才能有一定的限度，他们是不能逾越的。

庆历新政和熙宁变法有三点共同之处。第一，主持的人都认为当时的政治和经济有一种潜在的危机，要及时预防，若不预防，危机发作，就不可收拾了。新政和变法都是预防危机的措施。第二，措施的蓝图是《周礼》，这是周公"致太平"之法。用这个蓝图不但可以预防危机，而且也可以得到永久的太平。第三，他们的理想都没有达到。

第六节　道学的兴起

宋朝的这两次革新，同时也就是两次复古。用我们现在的话说，这两次革新，是披着复古的外衣。其实，在当时，革新与复古是混而不分的。范仲淹和王安石都以先王之道为他们的革新的理论根据，更具体一点说，所谓先王之道，就是周公之法。周公之法的蓝图就是《周礼》。他们认为《周礼》是"周公治太平之书"，要想治太平，就得照着《周礼》办事。

玄学和佛学盛行之后，在唐朝初年，儒家的经典又抬头了。唐太宗命令孔颖达等人作《五经正义》，是其开端。不过他们是把《五经》作为一种书本上的知识讲的，《五经正义》是传播和普及这种知识的教科书，他们并没有把儒家的经典和当时政治、社会、人生各方面的问题结合起来。他们并不准备这样做，唐太宗也不要求他们这样做。用我们现在常说的话说，《五经正义》是脱离实践的。

到了宋朝的庆历和熙宁年间就不然了，这个时代的经学就不只是书斋中的一种知识了。

王安石特别重视经学。他在政府中特别成立了一个经义局，他自己兼任"提举"（局长），他的得意的儿子王雱、得意的助手吕惠卿任副职，这个局的任务就是重新解释《五经》，称为"新义"。先出了《周礼》《诗》《书》三部经的《新义》，用皇帝的名义发到全国。其中《周礼新义》是王安石自己作的。

他在《序》中说："士弊于俗学久矣，圣上闵焉，以经术造之。乃集儒臣，训释厥旨，将播之学校。而臣安石，实董《周官》（即《周礼》)。惟道之在政事,其贵贱有位,其先后有序,其多寡有数,其迟数有时。制而用之存乎法,推而行之存乎人。其人足以任官,其官足以行法,莫盛乎成周之时。其法可施于后世,其文有见于载籍,莫具乎《周官》之书。盖其因习以崇之,赓续以终之,至于后世无以复加。……自周之衰以至于今,历岁千数百矣。太平之遗迹扫荡几尽,学者所见无复全经。于是时也,乃欲训而发之,臣诚不自揆,然知其难也。以训而发之之为难,则又以知夫立政造事追而复之之为难。"(《周礼义序》,《王文公文集》卷三十六)这里所说的"俗学",指的就是那种以《五经》为书本上的知识的那种学问,王安石认为《五经》并不是一种书本上的知识,像《周礼》这部经讲的是治太平的"法"。这个"法"也可以实行于后世,可是后世都不能行。在这种情况下,要想把这种"法""训而发之"是不容易的,要想"追而复之"就更难了。王安石以为他的"立政造事"就是要"追而复之",他作《周礼新义》就是要"训而发之"。以"训而发之"作为"追而复之"的理论根据。这篇《序》说明了他的企图是要把政治和经术结合起来,以经术为政治理论的根据,以政治为经术的实践效验。

这就是联系实践。李觏的《周礼治太平论》是联系实践的,王安石的新经义也是联系实践的。不过他们所联系的还只是政治的实践。虽然如此,他们开了一种风气,为经学开辟了一条新路,如果把经学可能联系的实践扩大到整个的人生,那就成为道学了。

上述变革的形势便是道学出现的政治条件。和王安石等一样,道学家们,如二程等,也看到了当时社会存在的弊病,也认为有"更张"的必要,变革的必要。他们提出道学,就是为了进行"更张",以"救千古深锢之弊",使社会转危为安。但如何"更张",如何变革,他们的主张与王安石根本不同,这就是公私之辨,义利之辨,"尚德"与"兴利"之辨,"王道"与"霸道"之辨(详见后文)。

第五十一章 道学的前驱——周敦颐和邵雍

第一节　谁是道学的创立者？

朱熹作过两部书,一部名为《伊洛渊源录》,这是一部简明的道学史;一部名为《近思录》,这是他和张栻合作的道学的重要著作选读。在《伊洛渊源录》中,他第一个提出的是周敦颐,给人们一种印象,认为周敦颐是道学的创立者,这是一种误会。朱熹的书名是《伊洛渊源录》,可见他的重点是"伊洛",即二程。况且他还明确地说:"以至于老佛之徒出,则弥近理而大乱真矣。然而尚幸此书之不泯,故程夫子兄弟者出,得有所考,以续夫千载不传之绪,得有所据,以斥夫二家似是之非。盖子思之功,于是为大,而微程夫子,则亦莫能因其说而得其心也。"(《中庸章句序》)《大学章句序》中也是这样说的。朱熹明确地说,直接传孟轲道统的人是二程。他对于二程,尊称为"子程子",他对于别人,都没有这种称谓。

朱熹的话暂且不论,更重要的是二程自己的话。谢良佐说:"明道尝曰:'吾学虽有所受,天理二字却是自家体贴出来。'"(《上蔡语录》转引自《河南程氏外书》卷十二)谢良佐是程门的大弟子,他的记录大概是不会错的。"天理"是道学的中心思想,贯穿于道学全部内容之中。程颢说这是他自己"体贴"出来的,可见道学是他创立的。

朱熹虽然认为宋朝的道学是二程创立的，但是他又认为，在二程的同时或稍前，有两个人对于二程有影响。这两个人就是周敦颐和邵雍。他并且认为周敦颐是二程的老师。在周敦颐、邵雍之前，他又上溯到陈抟。这个上溯，他没有明确地说，但是，他所编辑的《五朝名臣言行录》为陈抟立了一个传。陈抟是五代末、北宋初的一个近于道士的隐士，隐居在华山之中。当时有许多关于他的传说。照传说，他是一个"半仙之体"，能够一个多月不吃饭，能够预知未来的事情。他有两个学生，一个叫穆修，一个叫种放。据说："抟好读《易》，以数学授穆修伯长（伯长是穆的字），修授李之才挺之，之才授康节先生邵雍尧夫。（陈抟）以象学授种放，放授庐江许坚，坚授范谔昌。此一枝传于南方也。"（邵伯温《易学辩惑》）邵伯温的话未必可信，但是朱熹把这一条采入到《五朝名臣言行录》的《陈抟传》中（《五朝名臣言行录》卷十之一），可见他认为这一条是可信的。照这一条所说的，陈抟讲《周易》有两个方面，一个方面是"数学"，另一个方面是"象学"。他把"数学"传给穆修，经过李之才传给邵雍。这是北方的一枝。他另外把"象学"传给种放，经过许坚传给范谔昌，这是南方的一枝。范谔昌又传给什么人，邵伯温没有说。可能就是传给周敦颐。周敦颐是在南方讲学的，他的《太极图》就是"象学"的一个标本。邵雍的"数学"传自陈抟，这个说法在宋朝很流行。《宋史·道学传》也是这样说的。周敦颐的《太极图》是一种"象学"，传自陈抟，这是我的推测。朱熹隐约地这样说。

朱熹隐约地把道学同道教联系起来，这是因为他本人的思想就和道教相接近的。

1671

朱熹曾经整理道教的经典《参同契》，作了一个《考异》。署名空同道士邹䜣。他宣扬这个道教经典，而又不肯署真名，这和他隐约地推崇陈抟而又不明说是一类的行为。他又作《周易启蒙》，这也是一部讲"数"的书。他也不用真名，而署云台真逸，像是一个道士的名字。这也是隐约地表明他认为"数"是与道教有关系的。

朱熹在这个地方不署真名，这是因为所谓"象学"和"数学"以及道教所讲的修炼的方法，都和提高人的精神境界没有直接的关系，所以都不是道学的真正内容。程颢说，佛教所讲的和性命之学还有联系，道教所讲的全不相干。其所以不相干，因为道教所讲的修炼只是身体方面的事。又说，邵雍曾经向他表示愿意把自己的易学全交给他，程颢拒绝了，说："我哪里有工夫。"朱熹所以不署真名的原因大概也就是如此。

不过周敦颐和邵雍也讲了一些关于提高精神境界的道理。所以他们虽然不是道学的创始人，但可以作为道学的前驱。

第二节　周敦颐的《太极图说》

周敦颐，道州营道县人，熙宁初年，在南方四川、湖南、江西一带做过地方官，后来在庐山下定居。他在道州的老家处在一个名叫濂溪的小河之上。他在庐山新居，也是在一个小河之上，他把庐山新居边的小河也名之为濂溪。所以后来的道学家们称他为濂溪先生。

他的政治活动时期比较早，也只是做些地方官，所以他没有直接参与变法与反变法的斗争。他也没有以讲学相标榜，像后来的道学家们那样。但是他有著述。他的著述经过朱熹的几次编订。在第一次编订的时候，朱熹说："右周子之书一编，今舂陵、零陵、九江皆有本，而互有同异。长沙本最后出，乃熹所编定，视他本最详密矣。"（《周子太极通书后序》，《朱文公文集》卷七十五）在第二次编订的时候，朱熹说："右周子太极图并说一篇，通书四十一章，世传旧本遗文九篇，遗事十五条，事状一篇，熹所集次，皆已校定可缮写。熹按：先生之书近岁以来，其传既益广矣，然皆不能无谬误。唯长沙、建安版本为庶几焉，而犹颇有所未尽也。"（《再订太极通书后序》，同上，卷七十六）朱熹第一次编订的称为长沙本，所谓建安本，大概就是第二次编订的了。长沙本和建安本同其他本子的不同，主要在于长沙本和建安本突出了《太极图说》。朱熹认为："盖先生之学之奥，其可以象告者，莫备于太极之一图。若《通书》之言，盖皆所以发明其蕴。……故清逸潘公志先生之墓，而叙其所著之书，特以作《太极图》为首称，而后乃以《易说》《易通》系之，其知此矣。然诸本皆附于《通书》之后，而读者遂误以为书之卒章，使先生立象之微旨，暗而不明。骤而语夫《通书》者亦不知其纲领之在是也。"（同上）朱熹认为，在这一点上，长沙本没有把诸本的错误改正过来，建安本才把《太极图说》特别提出来，作为一篇独立的著作，并把它排为全书的第一篇。

朱熹把《太极图》和《说》作为周敦颐著作的第一篇，大概是不错的。潘兴嗣为周敦颐所作的《墓志铭》也以《太极图说》为他的著作的第一篇（《周子全书》卷二十）。但是潘兴嗣所说的《易说》

和《易通》在朱熹编定《太极图说》《通书》时都已不见了。

关于周敦颐的著作的问题，潘兴嗣所作的《墓志铭》是最原始的材料。据《墓志铭》所载，周敦颐"深于易学，作《太极图》《易说》《易通》数十篇"（《周子全书》卷二十）。其中没有《通书》。朱熹所见到的就只有《太极图》和《通书》，没有《易说》和《易通》。现存的《通书》各章体例不同，有些是专讲易卦的，有些是通论《周易》的。周敦颐的朋友傅耆给他的信中说，周敦颐曾给他看过《姤说》和《同人说》，朱熹的学生度正认为：二说当即所谓《易通》者。这个判断大概不对，这些卦说应该是《易说》的一部分。周敦颐大概对于《周易》，有专讲易卦的，这是《易说》；有通论《周易》的，这是《易通》，《易说》和《易通》的分别就像王夫之《周易内传》和《周易外传》的分别。大概这两部著作后来都残缺了，有人把剩余的部分混为一书，总名之曰《通书》。所以潘志不提《通书》，因为本来没有《通书》。朱熹编周敦颐的著作，有《通书》而无《易说》《易通》，因为当时二书已混为一书，成为《通书》。现在通行的《通书》有的是四十章，有的是四十二章，可见现在通行的《通书》也已不是朱熹所见的《通书》了。

周敦颐的《太极图》是一个"象"。所谓"象"，就是用一种形象表示一个道理。其图如左：图之外还有一篇《太极图说》，用语言说明《太极图》那个象所表示的道理。《太极图说》说："无极而太极。太极动而生阳，动极而静，静而生阴，静极复动。一动一静，互为其根。分阴分阳，两仪立焉。阳变阴合，而生水火木金土。五气顺布，四时行焉。五行一阴阳也，阴阳一太极也，太极本无极也。五行之生也，各一其性。无极之真，二五之精，妙合而凝。乾道成男，坤道成

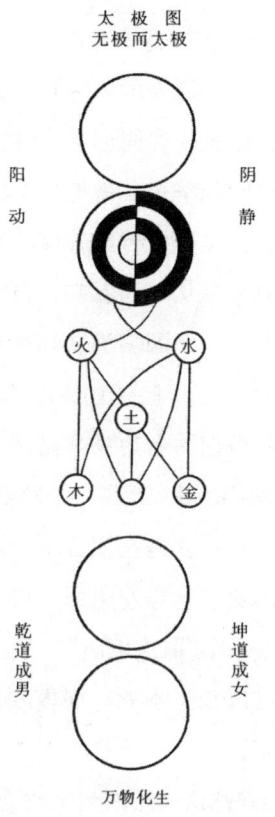

女。二气交感,化生万物。万物生生,而变化无穷焉。惟人也得其秀而最灵。形既生矣,神发知矣。五性感动,而善恶分,万事出矣。圣人定之以中正仁义(自注:圣人之道仁义中正而已矣)而主静(自注:无欲故静),立人极焉。故圣人与天地合其德,日月合其明,四时合其序,鬼神合其吉凶。君子修之吉,小人悖之凶。故曰:'立天之道,曰阴与阳。立地之道,曰柔与刚。立人之道,曰仁与义。'又曰:'原始反终,故知死生之说。'大哉易也,斯其至矣。"

黄宗羲的弟弟黄宗炎曾作《图学辩惑》,就《太极图》的来源作了一番考证。据他所考证的,这个《太极图》是汉朝的河上公作的,讲的是"方士修炼之术",原来的名字是《无极图》。魏伯阳得到这个图,作了一部书,就是《参同契》。钟离权得到这个图,传给吕洞宾。吕洞宾和陈抟同隐华山,就把这个图传给陈抟。陈抟把它刻在华山的一个石壁上,又把它传给穆修,穆修传给周敦颐。照黄宗炎的考证,这个图原来是从下面看起,自下而上。最下的这个圈名为"元牝之门"。上面一个圈名为"炼精化气,炼气化神"。再上一个圈名"五气朝元",再上一个圈名"取坎填离"。这个圈黑白相间,左边一半是白黑白,右边一半是黑白黑。白的代表阳,黑的代表阴。左边一半是阳阴阳,就是一个离卦。右边一半是阴阳阴,就是坎卦。"取坎填离",就是把坎卦中的那个阳爻取过来,填在离卦之中,替代那个阴爻。这样左边那一半就成为乾卦,右边那一半就成为坤卦。这就是所谓"取坎填离"。最上的一圈名"炼神还虚,复归无极"。这样就可以长生不死。周敦颐得到这个图,就把对于这个图的看法颠倒过来,不是从下往上看,而是从上往下看。又把每一个圈的名称改了,并把这个图的名字改为《太极图》。黄宗炎说:"盖方士之诀,在逆而成丹,故从下而上。周子之意,以顺而生人,故从上而下。"有生就有死,生死是自然的程序,也是自然的规律。道教的修炼的目的是长生不死,这是反自然的程序和规律,就是所谓"逆"。方士修炼,讲究"内丹"和"外丹"。"外丹"就是一种药物,说是人吃了可以长生不死,即所谓"不死之药"。"内丹"是人身体内部的由修炼而得的一种成分,这种成分据说是可以使人长生不死的基础,所以又称为"圣胎"。所谓"取坎填离"的结果,就是这种"内丹"或"圣胎"。原来的《无极图》所表示的,就是这种修炼所必须经过的阶段,这就是所谓"逆而成丹"。周敦颐把对于这个图的看法颠倒过来,不是用以表示方士修炼的阶段和过程,而是用以表示宇宙演化的程序和过程。这是黄宗炎对于《太极图》的考证所作的结论。这个考证在细节上不一定都正确。但是这个结论可能是正确的(黄宗炎之说,见于《宋元学案》卷十二,《濂溪学案》)。

道教中这一类的图很多,《太极图》的前身,是否就是《无极图》,也许是别的图,还可以作进一步的考证,但这个问题不是很重要的。黄宗炎的考证的意义,在于指出《太极图》是从道教来的,这一点是重要的。

再就《太极图说》的文字说,这一篇的头一句"无极而太极"。据朱熹说:"戊申六月在玉山邂逅洪景庐内翰,借得所修国史,中有濂溪、程、张等传,尽载《太极图说》。盖濂溪于是始得立传,作史者于此为有功矣。然此说本语首句但云无极而太极,今传所载乃云,'自无极而为太极'不知其何所据而增此'自''为'二字也。"(《记濂溪传》,《朱文公文集》卷七十一)照朱熹的语气看,似乎是他所见的周敦颐著作的各种本子中都没有"自""为"两个字。多这两个字,从文字看,好像是无关重要,但是,从哲学思想看,有这两个字和没这两个字,关系很大。周敦颐本来是用《太极图》来说明《周易·系辞》的。《系辞》说:"易有太极,是生两仪,两仪生四象,四象生八卦。八卦定吉凶,吉凶生大业。"在这个体系中,"太极"是最高的范畴。周敦颐说:"无极而太极。"在这句话里,"无极"是个形容词,"太极"是一个名词。用这个形容词形容名词,就是说,太极在空间上没有边际,在时间上没有始终。

具体的事物总是有边际有始终的,这就是西方哲学中所说的"有限"。太极没有这些限制,这就是西方哲学中所说的"无限"。"无极"就是形容"太极"的无限。如果说"自无极而为太极"。在这句话里"无极"就不是一个形容词,而是一个名词。那就是说,"太极"并不是最高的范畴,它还是从"无极"来的,"无极"就成为最高的范畴了。这显然和《系辞》不合,所以可以断定,周敦颐原来不是这样说的。

周敦颐下边接着说:"太极动而生阳,动极而静,静而生阴。静极复动,一动一静,互为其根。分阴分阳,两仪立焉。"这就是《系辞》的"太极生两仪"那一段所说的意思。作为对于《系辞》的一种解释看,那就没有什么可以说的。作为一种哲学思想看,这几句话所包含的意思是可以讨论的。这个意思含蓄地承认,两个对立面的矛盾和统一是宇宙间事物发生和发展的一个根本规律。宇宙本身也是这个样子,宇宙本身主要矛盾的两个对立面就是动、静,以及随之而来的阴、阳。这两个对立物,互为对立而又"互为其根",这是辩证法的思想。后来的道学家们都说"动静无端,阴阳无始",就是说,这些对立面本来就是如此的,并没有一个开始的时候,当然也没一个终了的时候,这也是正确的。但是照周敦颐的说法,好像是太极有一个原始的静的状态,从这个状态开始有动,这就是形而上学的思想。周敦颐又说:"动极而静,静而生阴。"其实两个对立面是互相依存,有了这个就有那个,有了那个就有这个,有就同时有,无就同时无,并不是这个发展到极了才有那个,那个发展到极了才有这个。发展到极了,就有变化。那是两个对立面的互相转化。两个对立面虽然同时存在,互相依存,但是它们的地位不是平衡的,总有一个占主要地位，不是东风压倒西风，就是西风压倒东风，居于主要地位的那一方面发展到极了，就会转化到次要的地位，而原来居于次要地位的那一方面就转化到主要地位，成为主要的对立面。这倒是可以说"一动一静，互为其根"。

《系辞》本来说"两仪生四象，四象生八卦"，可是周敦颐在这里却不讲八卦而讲五行。这大概可以帮助说明，《太极图》的前身是《无极图》。因为《无极图》在这一层上是"五气朝元"，所以《太极图》不用八卦而用五行了。

下边这几句就是说，五行之中就包含有阴阳，阴阳之中就包含有太极，而太极本来是无极。这就是说，太极就寓于阴阳之中，阴阳就寓于五行之中。它们并不是平行存在着，像一个桌子旁边有一个椅子那样。下边说"无极之真"本应该是"太极之真"。再下边几句就是说万物生长的原理。万物的生长都是由于阴阳五行的配合，而主要是阴阳。阴阳的表现就是男女，但这所谓的男女不一定就是生物学上的男女。《太极图》的第四是"乾道成男，坤道成女"，广泛一点说，这里所说的，就是两个对立面。第五层是"万物化生"，就是说，"万物化生"是由于"二气交感"。广泛一点说，"万物化生"是由于两个对立面的"交感"。矛盾是"交感"，统一也是"交感"。因为上一层没有讲八卦，所以"乾""坤"二字的出现，有点突然。这也帮助说明，"图"是旧的，"说"是新的。

下边讲到人类，认为人是万物之灵，这句话也是可以说的。周敦颐认为，人类中最灵的人就是圣人。圣人给人类定出了一个人的标准，这就叫"人极"，其内容就是"中正仁义而主静"。周敦颐对于主静自己作了一个注解，说是"无欲故静"，这四字太简单，

1679

不能说明问题。专就"静"字说,我怀疑他用"主静"两个字,总是跟他所想的太极的原始的状态有关系。老聃说:"夫物芸芸,各归其根。归根曰静,静曰复命。"(《老子》第十六章)这就是说,原来有一个原始"静"的状态,万物都从其中出来,成为一个"万物并作""夫物芸芸"的宇宙。每一个事物从哪里来,还回到哪里去,这就叫"复命"。老聃说:"万物并作,吾以观复。"(同上)他要观察的"复",就是"复命"那个"复"。周敦颐虽然没有明确这样说,但是这个总的意思他是有的。周敦颐着重"静"和"复",这个思想就不是辩证法,而是形而上学了。

《太极图说》的下边一段,只是引了《系辞》的几段话,以赞颂《周易》,作为《太极图说》的结论。

可注意的是,他所引的《系辞》大都是很有哲学意义的。"立天之道"一段是说,天、地、人三者的"道",都含有两个对立面,在天就是"阴阳",在地就是"刚柔",在人就是"仁义"。最后引"原始反终,故知死生之说"这句话,道学家们认为有很重要的意义。道教讲"长生";佛教讲"无生",实际上也是讲长生。道学家认为,道、佛二教所以这样留恋于个人生命,主要是由于它们都不懂"死生之说"。《周易》的"原始反终,故知死生之说"讲通了,道教和佛教的错误思想就可以破除了。周敦颐认为,《太极图》所表示的就是人之始。他没有明确地讲"人之终"。但是他在《太极图说》的末一句就已经提出了这个问题,明确了这个问题。这就明确地点明了道学的一个主题。

第三节 周敦颐的《通书》

周敦颐的《通书》据朱熹说共有四十一章，主要的是讲所谓"人极"。第一章、第二章标题分别为《诚上》、《诚下》。第一章说："诚者，圣人之本。'大哉乾元，万物资始'，诚之源也。'乾道变化，各正性命'，诚斯立焉，纯粹至善者也。故曰：'一阴一阳之谓道，继之者善也，成之者性也。'元亨，诚之通；利贞，诚之复。大哉易也，性命之源乎。"《通书》下文解释《周易》的《无妄》卦说，"无妄"就是没有虚假，就是实实在在，就是真实，宇宙间的事物及其演化和规律，都是实实在在地如此，并没有一点虚伪，这就是"无妄"。这样说本来是一个大实话。"大哉乾元，万物资始"，"乾道变化，各正性命"，这几句话出自《周易》《乾》卦的《文言》，周敦颐引以泛指宇宙间事物的演化及其规律。意思就是说，在这个演化过程开始的时候（其实没有这个时候），"诚"就开始了。在事物生成长大以后，"诚"也就确立了。这个程序和过程，就是"至善"。"一阴一阳之谓道，继之者善也，成之者性也。"这几句话出自《周易·系辞》，周敦颐引以说明上边所说的意思。"一阴一阳之谓道"指的是宇宙事物的演化及其规律。"继之者善也"就是说，这个演化的过程就是"至善"。"成之者性也"是说，在这个演化的过程中，每一种事物都成为某一种事物，这就是这种事物的"性"。"元亨利贞"是《周易》《乾》卦的卦辞。周敦颐在这里把"元亨利贞"

作为一个事物的变化过程的四个阶段。概括一点说,是两个阶段,"元亨"指的是事物的发展的阶段,也就是"诚之通"。"利贞"指的是事物的成熟阶段,也就是"诚之复"。

《通书》的第一章开头就说:"诚者,圣人之本。"第二章讲圣人,推广这个意思。第二章开始所说:"圣,诚而已矣。诚,五常之本,百行之源也。静无而动有,至正而明达也。五常百行,非诚非也,邪暗塞也。故诚则无事矣。至易而行难,果而确,无难焉。故曰:'一日克己复礼,天下归仁焉。'"

第一章的第一句说,"诚者圣人之本"。第二章第一句说,"圣,诚而已矣",这是接着第一章第一句说的。有了诚为本,一切道德原则("五常")以及一切道德行为("百行"),都跟着有了。在自然界中,有事物的生长变化及其规律,它们都是真实的。这个说法是正确的,也是很容易明白的。周敦颐认为这就是"天地之德",就是"诚"。推而至于社会中的一切道德规则和一切道德行为,如果没有"诚"为其根本,不是出于诚而是出于虚伪,那都是不道德的。人也是宇宙间的一物,本来也是应该有诚这种品质的,这就是所谓性善。可是事实上,人又往往不能保持这种品质,这是因为"邪暗塞也"。"邪暗"的中心就是私心。人往往为自己的利益而有不道德的思想和行为,这就是私心杂念。私心杂念就是"邪暗"的主要内容。如果能够克服私心杂念,那就是"诚",那就没有事了。这样说是很容易的,然而实行起来就比较困难。但是如果有决心,困难也是可以克服的。"一日克己复礼,天下归仁焉",是孔丘的话。(《论语·颜渊》)"克己"就是去掉私心杂念,周敦颐引用这句话以说明所谓困难也并不是难以克服的。

《通书》的第二十章说明了这种意思。它说:"圣可学乎?曰:可。曰:有要乎?曰:有。请问焉。曰:一为要。一者,无欲也。无欲则静虚动直,静虚则明,明则通。动直则公,公则溥。明通公溥,庶矣乎。"所谓无欲就是无私心杂念,道学家们称私心杂念为欲。欲的主要特点就是私,私的主要表现就是自私自利,道学家简称之为利。私的对立面就是公,利的对立面就是义。道学家们认为,义利之辨就是公私之分。无欲就是没有私心杂念,这就叫"静虚"。个人如果没有私心杂念,他的所作所为就是公。因为他们没有自私自利的考虑,没有患得患失的私心,他就能做起事来一往直前,这就叫"动直"。没有私心杂念,他们看事情就没有偏见,这就叫"静虚则明"。因为"明",所以对于是非就看得清楚,这就叫"明则通"。人如果没有私心杂念,对于是非看得清楚,他们就能够一往直前地照着"是"的方向走,这就叫"直则公"。既然是公,所以他的行为必定对于社会的广大群众有利,这就叫"公则溥"。

司马光的学生刘安世说,他跟司马光五年,得了一个"诚"字。司马光又教他,求诚要从不说谎("不妄语")入手。刘安世说,他初以为这很容易,但自己一反省,才知道自己的言行不符之处很多。用了七年工夫,才做到"不妄语"。他说:"自此言行一致,表里相应,遇事坦然,常有余裕。"他又说,司马光对他说,"只是一个诚字,更扑不破。诚是天道,思诚是人道。天人无两个道理"。他还说:"温公(司马光)……因举左右手顾之笑曰:'只为有这躯壳,故假思以通(疑当作克)之,及其成功一也。'"(《元城道护录》,转引自《宋元学案》卷二十)周敦颐讲诚,并不是来源于司马光,但是,刘安世的这两段话,可以作为了解周敦颐的参考。

特别是他所说的"言行一致，表里相应，遇事坦然，常有余裕"那种精神境界，可以作为"静虚动直"的注解。

《中庸》说："诚者，天之道也；诚之者，人之道也。""诚之"就是未诚而求诚，人也是宇宙间之物，应该本来是诚的，但只因有个躯壳，有些事是从躯壳发生的，这就要自私，就有个"己"，就要有"欲"。若能克去己私，就可以得到像刘安世所说的那种精神境界。

因为人有个躯壳，不免受其影响，所以人的思想和行动即使不是邪恶的，也难免因太过或不及而有不恰当之处。《通书》第三章说："诚无为，几善恶。""无为"并不是没有动作，而是没有私，照周敦颐所说的，自然界的发展变化都有诚的品质。发展变化就是动作，但是，自然界不考虑这些动作对于自己有什么后果，这就是"诚无为"。人也是自然界之物，如果不考虑自己的动作对于自己有什么后果，而一往直前，这就是"诚"，也就是"无为"。一有考虑那就叫"几"，"几"可以是善也可以是恶。如果他考虑到这样做与他自己有利，他就做下去，与他自己有害他就不做，这个"几"就是恶了。如果他不顾自己的利害，认为这样做虽然与他自己有害，但是与社会有利，他就做，虽然与自己有利但是与社会有害，他就不做，这个"几"就是善。《周易·系辞》说："几者动之微，吉凶之先见者也。""几"是一个行动的开始，所以说是"动之微"。虽然是个动之微，但是这个行动的吉凶就预先显示出来了。这个吉凶不一定指祸福。如果行动是善的，虽得祸也是吉；如果行动是恶的，虽得福，也是凶。

《通书》说："性者，刚柔善恶，中而已矣。不达。曰：刚善为义，为直，为断，为严毅，为干固。恶为猛，为隘，为强梁。柔善为慈，为顺，为巽。恶为懦弱，为无断，为邪佞。惟中也者，和也，中节也,天下之达道也,圣人之事也。故圣人立教,俾人自易其恶,自至其中而止矣。"(第七章)《系辞》说:"立天之道,曰阴与阳。立地之道,曰柔与刚。立人之道,曰仁与义。"就是说,贯穿于天、地、人三者的规律,都是两个矛盾着的对立面的统一。人是天地间之物,所以他的本性之中也有刚柔。刚柔都可以太过,那就成为恶;若不太过,恰到好处,那就是善。周敦颐说:"刚善刚恶,柔亦如之,中焉止矣。"(《通书》第二十二章)就是说,刚柔都必须恰到好处,没有太过也没有不及,这就是中,也就是正。"仁"就是恰到好处的柔,"义"就是恰到好处的刚。所以他在《太极图说》中说:"圣人定之以中正仁义而主静,立人极焉。""人极"就是做人的标准。

照这样分析起来,周敦颐对于恶的来源有两种解释,一种是人有私欲,一种是刚柔失于偏,这两种说法周敦颐没有把它们统一起来。也许他认为,事实上就是如此,就是有两种的恶。对于前一种恶,他认为应该以"公"克制之,他说:"圣人之道,至公而已矣。或曰:何谓也?曰:天地至公而已矣。"(《通书》第三十七章)对于后一种的恶,他认为应该以"中"克制之。

周敦颐的《通书》所讲的主要内容也是"人极",而且讲得比《太极图说》更详细,可注意的是周敦颐在《通书》中不突出"静",而突出"诚","诚"是"圣人之本",也是"性命之源"。照《通书》所讲的"圣人"所立的"人极"就不是"中正仁义而主静",而是"中正仁义而主诚"。虽然只有一字之差,但是很重要。这说明《通书》已经脱离了道家和道教的影响。这是周敦颐哲学思想的一个大发展。

第四节　周敦颐论"孔颜乐处"

孔子说:"饭疏食饮水,曲肱而枕之,乐亦在其中矣。不义而富且贵,于我如浮云。"(《论语·述而》)又说:"一箪食,一瓢饮,在陋巷,人不堪其忧,回也不改其乐。贤哉回也。"(《论语·雍也》)孔丘的意思是说,一个人虽然在贫穷的环境中也可以有快乐幸福的生活。他不是说,贫穷的本身就是一种幸福快乐。孔丘和颜回所乐的并不是贫穷的本身,他们只是,虽然在贫穷的环境中而仍"不改其乐"。他们所乐的究竟是什么呢?这就是一个问题。周敦颐教程氏兄弟"寻孔颜乐处,所乐何事",就是明确地提出这个问题,程颢说,他们兄弟所得于周敦颐的就是这个问题。关于这个问题的讨论,后来成为道学的一个主要内容。

"孔颜乐处"究竟在什么地方,"所乐"的究竟是什么呢?周敦颐在《通书》中作了部分的回答。《通书》说:"天地间有至贵、至富、可爱、可求而异乎彼者(世俗的富贵),见其大而忘其小焉尔。见其大则心泰,心泰则无不足,无不足则富贵贫贱处之一也,处之一则能化而齐(齐贫富贵贱),故颜子亚圣。"(《颜子》第二十三)这个回答并不全面,因为他没有说明究竟什么是"至贵、至富",也没有说明,所谓"至贵、至富"为什么是"至贵、至富"。

照周敦颐《太极图说》的解释,《太极图》所表示的是一个宇宙生成论,它从"无极而太极"开始,一层一层地往下来,一直到"万物化生"。它用了许多"生"字,可是,什么是"生",它没有说。这个"生"可以是有生命的生,就像母亲生个小孩子那样,也可以是没有生命的生,就像工厂生产一部机器那样。《周易·系辞》说:"天地之大德曰生。"这个"生"是什么样的生也没有说。《太极图说》中用了那样多的"生"字,周敦颐的意思也可能是"天地之大德曰生"。周敦颐虽然没有明确地说明"生"是哪一种的"生",但我们可以推测他所说的"生"是有生命的"生"。他喜欢"绿满窗前草不除"。别人问他为什么不除,他说,"与自己意思一般",又说,"观天地生物气象"。照这几句话看起来,他认为"天地"是有"生意"的,也就是有生命的。这个"生意"是"我"和万物共同有的。这种"生意"在道德上的表现就是"仁"。由此可以知道,"孔颜乐处"就在于"仁","所乐"的"事"也就是"仁"。这个道理程颢在他的《识仁篇》中讲得很清楚,就这一点说明周敦颐真正是程颢的老师。

程颢说:"自再见周茂叔,吟风弄月以归,有'吾与点也'之意。"什么是"吾与点也之意"?朱熹在《论语集注》有一大段说明,上面已经引过(见本册四十九章《通论道学》),所讲的就是人在生活中可能得到的最大幸福。程颢不可能看到朱熹的这段注,但朱熹的这段注可能吸取了程颢的意思。佛教给人一个"极乐世界"的幻想,道教给人一个"洞天福地"的幻想,宣扬它们可以使人有一种幸福的生活。道学批判道、佛,也说是可以使人有一种幸福的生活。道、佛的所谓"幸福生活"是以否定社会、否定人生为基础的;道学的幸福生活则是以肯定社会、肯定人生为基础的,这是道学的显著的优点。还有一个特点,道学认为快乐幸福的生活是修养的一种副产品,并不是"希圣,希贤"的主要目的,"希圣,希贤"的主要目的是要做一个合乎人的标准的完全的人。完全的人自然有这种幸福，但是一个完全的人是自然而然地有这种幸福，而并不是为了这种幸福而要做一个完全的人。如果这样，他就是自私，就不是一个完全的人，也不可能成为一个完全的人，并且永远不可能成为一个完全的人。

程颐早年写过一篇《颜子所好何学论》，文中说："颜子所独好者，何学也？学以至圣人之道也。"这句话说出了道学的总目标。这是程颐在太学当学生的时候所作的论文，他的这句话可能是从周敦颐学来的。周敦颐的《通书》中本来有一章题为《志学》，其中说："士希贤，贤希圣，圣希天。"程颐并没有提到颜回的"乐"，因为这种"乐"是学圣人的精神境界的副产品，并不是学圣人的目的。

明朝的一个道学家王艮所作的《乐学歌》说："人心本自乐，自为私欲缚。私欲净尽时，人心还自乐。乐是乐此学，学是学此乐。不乐不是学，不学不是乐。"这个歌的前四句讲的是道学的道理，以下就不对了，特别是"学是学此乐"。如果这样说，颜回所学的就是求乐之道，不是"以至圣人之道也"。

总的看起来，周敦颐对于道学的主题，都已提出来，并且作了初步的解决。道学家们都推崇他为前辈，这不是出于偶然。

第五节　邵雍的"先天学"

邵雍（1011—1077），字尧夫，河南洛阳人，是道学中的象数之学的代表人物。这种来源于陈抟的象数之学，本来是道教的一部分。再往上推，可以推至汉朝的纬书。邵雍的直接的老师是李之才。李之才是陈抟的再传或三传弟子。周敦颐的《太极图》也是来源于道教和陈抟，也是一种象，但是他不讲数。他所讲的可以说是一种象学。邵雍所讲的有图又有数，而着重数，可以说是一种数学。笼统一点说是象数之学。

邵雍住在洛阳，过隐居的生活。当时被王安石排斥的一些元老大臣，如司马光、富弼、文彦博等人，都住在洛阳。邵雍同这些人往来极密切，所以他虽然号称隐居不问政治，但实际上他是同政治有联系的。在当时的政治派别中，他是属于司马光这一派的。在他死以后，司马光派当权，给他谥为康节先生。后来道学中的人都沿用这个称号来称呼他。

邵雍的著作，据程颢说，"有书六十二卷，命曰《皇极经世》"（《邵尧夫先生墓志铭》，《河南程氏文集》卷四）；据张崏所作的《行状》说："著《皇极经世》六十卷。"（转引自朱熹《三朝名臣言行录》卷十四之一）所谓《皇极经世》是一部包括天、地、人的历史的总历史。其中大部分是邵雍的臆测和武断。现在的通行本有黄畿《皇极经世书传》，把这个历史的"一元之数"（详下）分为十段，分属于《观物篇》的三十四章中。自《观物篇》第三十五章起，内容为《声音唱和》（语谱学），共十六章，其末章即《观物篇》第五十章。自《观物篇》的五十一章起称为《内篇》，共十二章，其末章即《观物篇》的六十二章。以下称为《观物外篇》，又分为上下两部分。照黄本这样标题，似乎邵雍的著作应该总称为《观物篇》，包括《皇极经世》在内的内篇有六十二章，正合程颢所说的卷数。但程颢所作的《墓志铭》和张崏所作的《行状》都没有提到《观物篇》

这个名称。

黄本的目录后边有黄畿的儿子黄佐所作的《跋》，据《跋》说，这部《皇极经世书传》是他的父亲从"道藏"中抄出来的。这个本子似乎是有可靠的来源。黄宗羲《宋元学案》的《百源学案》选录了《观物篇》。他所根据的本子，似乎和黄本同一来源。据邵雍的儿子邵伯温说，《皇极经世》是书名，《观物篇》是篇名，《观物篇》有内外的分别。黄宗羲的儿子黄百家说："内篇先生所自著，外篇门弟子所记述。"（《百源学案》，《宋元学案》卷九）他的论断不知何所根据。照黄本目录，就《观物篇》的内容说，内篇讲的是"数学"，外篇讲的是"象学"。内外之分可能是表示邵雍是以"数学"为主，"象学"为辅。

《宋史》本传说，邵雍著有《皇极经世》《先天图》，大概是就邵雍的"数学"和"象学"两方面说的，它以邵雍的《皇极经世》为他的"数学"代表作，以《先天图》为他的"象学"代表作。

照黄本的目录，《观物外篇》上共有六章。其题目是：《河图天地全数第一》《先天象数第二》《先天圆图卦数第三》《先天方图卦数第四》《后天象数第五》《后天周易理数第六》。照这些题目看，《观物外篇》是以象学为主，而以数学说明之，但表示象的那些图，黄本都没有，而《宋元学案》的《百源学案》却载有一些图。

蔡元定《皇极经世指要》是《皇极经世》的一个节本。《性理大全》中的《皇极经世》用的就是这个节本，称为《纂图指要》。

蔡元定的《指要》中有许多图，其中比较有意义的是《六十四卦次序图》（即《横图》）及《圆图》。其六十四卦横图如下（图一）：

六十四卦次序之图（图一）

这个图所表示的思想方法是一分为二。像切西瓜那样，把一个东西一刀分为两半，再把每一半各切为两半，这样一层一层地切下去，一就成为二，二就成为四，四就成为八，这样一个太极就成为八卦了。再分下去，八就成十六，十六就成三十二，三十二就成六十四了，这样八卦就变成六十四卦了。程颢说，邵雍的这个方法是加一倍法（见《程氏外书》卷十二）。这个方法，可以说是很机械的，也可以说是很自然的。说它是很自然，因为在这个一分为二或加一倍的过程中，用不着主观的考虑、思索。

若将横图中间断之，复将此两半各折成半圆，再将两个半圆合为一圆，即得六十四卦圆图，其图如下（图二）：

（图二）

　　这个图要从下面那个《复》卦看起。《复》卦的第一爻是阳，其余的爻都是阴，就一年四时变化说，就是阴已至极而阳亦暗生，一阳生，就是冬至那一天的夜半子时。《复》卦以后就是《颐》卦，有两个阳爻，这就是二阳生，天气就逐渐地暖和了。《颐》卦以后，到了《噬嗑》卦有三个阳爻，这就是三阳生。天气就更暖和了。以后又跟着许多卦，表示四阳生，五阳生。到了《乾》卦六爻全是阳。这就到了夏天。这个时候阳盛，而阴就也在这个时候生出来了。这个图里面《姤》卦的第一爻就是一阴生，这就是夏至那一天的夜半子时。《姤》卦只有一个阴爻表示一阴生。以后的卦表示二阴生，三阴生，四阴生，五阴生，一直到《坤》卦，阴极盛，而阳又开始了。《坤》卦之后，接着又是《复》卦，又重新重复。如此一年四时顺序变化，周而复始。

　　用六十四卦中的阴爻、阳爻的多寡说明一年四时的变化，这就是汉朝的纬书中所讲的卦气说（参阅本书第三册第三十一章第六节）。

邵雍的六十四卦圆图，用以说明一年四时的变化，这是《纬书》"卦气说"的继续，也可以说是一种发展。有一点不好解释，照这个圆图，《坤》卦以后是《复》卦。《复》卦的初爻是一阳生。《复》卦以后，隔了十六个卦，得二阳的《临》卦，以后又隔了八个卦，才得三阳的《泰》卦。泰卦以后，只隔四个卦就得四阳的《大壮》。《大壮》以后，只隔一个卦就得五阳的《夬》卦，《夬》卦后直接就是《乾》卦。《乾》卦以后，直接就是一阴生的《姤》卦，又隔一十六卦，才得到二阴生《遁》卦，《遁》卦以后，又隔八个卦，才得到三阴生的《否》卦，《否》卦后又隔四个卦，就得到四阴生的《观》卦，以后，只隔一个卦，就得到五阴的《剥》卦。《剥》卦以后，直接就是《坤》卦。《坤》卦以后，又直接就是《复》卦。这样周而复始。十二辟卦的次序果然是都合适，可是它们的中间的间隔却是疏密不同，这又是什么道理？有人提出这个问题问朱熹，他回答说："阴阳初生，其气中固缓，然不应如此之疏，其后又却如此之密。大抵此图位置，皆出乎自然，不应无说。当更思之。"（《语类》）朱熹也解决不了。

虽然有这些问题，但道学家们所引以为奇的是，圆图是从横图来的，横图是从太极开始，用加一倍法机械地一层一层加上去，得到六十四卦的，而变为圆图以后，六十四卦的次序又和卦气说完全相同。卦气说和圆图根据完全不同的原则，用完全不同的方法，而得到相同的结果，道学家们认为这不是巧合，这是因为横图和圆图所表示的是"天地自然之数"，不是什么人所能臆造出来的。

《观物外篇》所说的那些都加有"先天"两个字。什么是"先天"，有两种解释。一种解释是伏羲所画的八卦是"先天"，周文王所演的六十四卦是"后天"。这种解释显然讲不通,因为横图和圆图显然与伏羲无关,而且《观物外篇》也都称为"先天"。照另一种解释,"先天"是道学家们所谓"画前有易"。照这个说法,在伏羲画卦以前就有八卦和六十四卦了,就是说在《周易》这部书之前就有一部《周易》了,不过那部《周易》是一部"无字天书",经过伏羲、文王,它才成为"有字人书"。所谓"天地自然之数",就是"无字天书"的内容,横图和圆图是"无字天书"的表现,是"有字人书"的内容。这是邵雍的"先天学"的主要思想。

邵雍所说的"先天"和"后天"的分别,启发了后来的道学家所说的形上和形下的分别。《周易·系辞》说:"形而上者谓之道,形而下者谓之器。"形上和形下,道和器的分别,是《系辞》已经讲过的,但是道学所讲的更加深入。这种深入是从邵雍开始的。

第六节　　邵雍的世界年谱

如果专用卦气说讲《周易》,《周易》就不成为《周易》,而成为一种气象学了。其实,《周易》所讲的并不是某一种"学",不是某一种自然和社会的事物之学。它所讲的是自然和社会事物的发展变化的总规律、总公式。在任何"学"中,这个总公式都可以适用,但这个总公式却不限于任何"学"中,这一点邵雍是知道的。他的圆图所表示的,就是这个总公式。就这一点说,邵雍是真懂得《周易》的。

上边讲过，邵雍的《皇极经世》是一部宇宙发展的总历史，圆图所表示的那个总规律也适于这部总历史中。

邵雍认为，天地的存在也是有始有终的，同别的物一样。这种天地有始终的说法，也见于《太平经》中，本书第三册中已经讲过。这在中国的历史中，是一种新奇的说法。邵雍把这种说法也纳入《六十四卦圆图》所表示的那个公式之中。《皇极经世》的一大部分，就是照着这个公式，为我们现在的这个天地，也就是我们现在的这个具体世界作了一个年谱。这个年谱用"元""会""运""世"计算时间。十二"会"为一"元"，三十"运"为一"会"，十二"世"为一"运"，三十年为一"世"。以十二乘三十得三百六十，即一"运"的年数。以三十乘三百六十，得一万零八百，即一"会"的年数，用十二乘一万零八百得十二万九千六百年，即一"元"之年数。我们这个具体的天地的寿命，就是十二万九千六百年。古代人常用的数目很小，所以十二万九千六百就是一个很大的数目。古代人所习惯的计算时间的方法，一年有十二月，一月有三十天，一天有十二个时辰。这就是所谓"十二与三十相迭为用"。由此邵雍认为，从一年往上推，也是"十二与三十迭相为用"，所以以三十年为一"世"，十二世为一"运"，三十"运"为一"会"，十二"会"为一"元"，一"元"的寿命就是十二万九千六百年。若以这段时间纳入"六十四卦圆图"所表示的那个公式，则这一段时间，也是始于《复》而终于《坤》。《皇极经世》就是照着这个公式为现在的天地作了一个年谱。《皇极经世》太繁，邵雍的儿子邵伯温简化为一个图，叫《经世一元消长之数图》（转引自《性理大全》卷八），其图如下：

元 会 运 世

日甲月子一星三十辰三百六十 年一万八百 复☷☳

月丑二星六十辰七百二十 年二万二千六百 临☷☱

月寅三星九十辰一千八十 年三万二千四百 泰☷☰ 开物星之已 巳七十六

月卯四星二百二十 辰四千二百四十 年四万三千二百 大壮☳☰

月辰五星一百五十 辰一千八百四千 年五万四千 夬☱☰

月巳六星一百八十 辰二千二百六十 年六万四千八百 乾☰☰ 唐尧始是之癸一百八十辰 二千一百五十七

月午七星二百二十 辰二千五百二十 年七万五千六百 姤☰☴ 夏殷周秦两汉两晋三国南北朝隋唐五代末

月未八星二百四十 辰二千八百八十 年八万六千四百 遁☰☶

月申九星二百七十 辰三千二百四十 年九万七千二百 否☰☷

月酉十星三百辰三千六百 年一十万八千 观☷☷

月戌十一星三百三十 辰三千九百六十 年十一万八千八百 剥☶☷ 闭物星之戌三百二十五

月亥十二星三百六十 辰四千三百二十年 十二万九千六百 坤☷☷

"元"以甲、乙、丙、丁计,"会"以子、丑、寅、卯计,"运"仍以甲、乙、丙、丁计,"世"仍以子、丑、寅、卯计。以现在的天地作为"元"甲。"元""会""运""世"相当于日、月、星、辰,所以称为"日甲"。此"元"之第一"会"即"月子"。此"会"有三十"运",三百六十世一万零八百年。此时一阳初起,如《复》卦(☷☳)所表示者。如以一岁比之,则此时为子月(即旧历十一月)。如以一日夜比之,则此时为子时(午前零时至二时)。在此"会"中天时开了,即所谓"天开于子"。"元"之第二"会"为"月丑",

此会又有"三十运",合前为六十运;又有三百六十世,合前为七百二十世;又有一万零八百年,合前为二万一千六百年。此时二阳已起,如《临》卦(䷒)所表示者。如以一岁比之,则此时为丑月(即旧历十二月)。如以一日夜比之,则此时为丑时(午前二时至四时)。地在此会开辟了,即所谓"地辟于丑"。元之第三"会"即"月寅",此会有三十运,合前共为九十运,有三百六十世,合前共为一千零八十世,有一万零八百年,合前共为三万二千四百年。此时三阳已起,如《泰》卦(䷊)所表示者。如以一岁比之,则此时为寅月(即旧历正月)。如以一日比之则此时为寅时(午前四时至六时)。在此会之第六运中,即此会中第二巳运中,合前共计第七十六运中,"开物"而万物生,人类亦于是时生,即所谓"人生于寅"。照这样类推下去,至"元"之第六"会",即月巳,此时阳臻全盛,如《乾》卦(䷀)所表示者。人类的文化,亦以此时为最盛。唐尧即于此"会"之第三十"运"(即合前共计第一百八十运)中之第九"世"(即合前共计之第二千一百五十七世),行其"圣王之治"。至"元"之第七"会",即月午,此时阳仍极盛,而阴已始起,如《姤》卦(䷫)所表示者。算至宋神宗熙宁元年(1068)正此"会"之第十"运"(即合前共计之第一百九十"运")中之第二"世"(即合前共计之第二千二百七十"世")之第十五年。若照此推算则现在(1986)正此会之第十二"运"(即合前共计之第一百九十二"运")之第九"世"(即合前共计之第二千三百零一"世")。如以一岁比,现正在五月。以一日夜比,现正在午后一时半左右。以后阴越来越盛,至"元"之第十一会,即"月戌",阳之不绝如线,如《剥》卦(䷖)所表示者。在此"会"之第十五"运"(即合前共计之三百一十五"运")

"闭物",而万物皆绝。至"元"之第十二"运",即"月亥"之末,阴臻极盛,如《坤》卦(☷)所表示者,而现在之天地即寿终。此后将另有一天地,照此公式,重新开辟。其中人物重新生长,重新坏灭。所谓"穷则变,变则通",如是循环,以至无穷。

邵雍认为现在这个世界可以坏灭,坏灭后另有新世界继之发生。除了《太平经》外,佛教也认为一切事物都有成、住、坏、空四个阶段,天地也不例外。这个意思邵雍可能也吸取了,而又以六十四卦的阴阳消息说明之。这也是道学和佛教的关系的一个例证。以上所讲的,是把天地的始终作为一元之数,任何事物都是有始有终的,它的始终就是它的一元之数。它的这一元也可以分为"会""运""世"等阶段。比如说,一个人的一生,便是一个一元之数。在这一个一元之中,有少年期、中年期和老年期等阶段。这些阶段就是他的一元之中的"会""运""世"。每个人都是如此。不过人的寿命长短不同,所以他们的"元""会""运""世"的时间长短也不同。但是有一点是相同的,就是每个人的生命都是有始有终的。出生是他的始,死就是他的终。所谓死生就是始终。《周易·系辞》说,"原始反终,故知死生之说",就是说了解了任何事物都是有始有终的,就明白死生的道理了。这本来是一个很明显的道理,但是道学家们都认为,这是一个了不起的发现,因为佛教和道教正是不明白这个道理,所以道教要修炼以求长生,佛教求无生,无生也是一种长生,比长生更长生的长生。长生是一种迷信,无生是比长生更迷信的迷信。如果知道任何事物都是有始有终的,这就知道人的死生也是出于自然,不能违反自然,这就不必求长生和无生了。邵雍的天地也有始终的说法,更可以说明"原始反终"的意义。

邵雍认为，事物的盛衰基本是由于阴阳的消长。这在他的许多图中都表示出来，特别是《六十四卦圆图》。《一元消长图》就是《圆图》的节本。这个所谓阴阳，不一定就是阴气和阳气。在解释一年四时寒热的变化的时候，所谓阴阳是指一般所谓阴气和阳气。但把这些图应用到别的事物上的时候，这个所谓阴阳就有更概括的意义。大概可以说，所谓阳气是指对于某一事物能够发生积极作用的东西，所谓阴气是指对于某一事物发生消极作用的东西。这些东西可能是在某一事物内部，也可以在某一事物外部。如果在内部，那就是这个事物的盛衰的内因。如果在外部，就是外因。对于某一事物发生积极作用的内因和外因，就是它的阳。对于某一事物发生消极作用的就是它的阴。中医治病，讲究"扶正祛邪"。"正"就是病人的阳，"邪"就是病人的阴。如果他的阳胜过他的阴，他就盛。如果他的阴胜过他的阳，他就衰。如果他的阴全胜他的阳，他的情况就严重了，就相当于《圆图》中《坤》卦，它就死亡了。照这样的了解，上边说的那些图，就是一个天地万物生长变化的总公式。邵雍的象数派没有明确干脆地这样说，但是这些意思是有的。

第七节　《皇极经世》的《观物内外篇》

《观物篇》分内、外两篇，是《皇极经世》的最后部分，是直接说明《皇极经世》的象数的。上面已引了一些，下面再引一些不是直接说明的部分，以补充说明邵雍的哲学思想。

邵雍认为任何事物都不能有阳无阴，因为它们是两个互相依存的对立面。如果这个事物能够维持它的阳，使之保持对于阴的优势，它就可以存在。邵雍认为，在一个社会中，所谓"君子"就是对于这个社会起积极作用的成分，就是它的阳；所谓"小人"就是对于这个社会起消极作用的成分，就是它的阴。任何社会中，都有君子，也都有小人。邵雍说："天有阴阳，人有邪正。邪正之由，系乎上之所好也。上好德则民用正，上好佞则民用邪。邪正之由，有自来矣。虽圣君在上，不能无小人，是难其为小人。虽庸君在上，不能无君子，是难其为君子。自古圣君之盛，未有如唐尧之世，君子何其多邪。时非无小人也，是难其为小人，故君子多也。所以虽有四凶，不能肆其恶。自古庸君之盛，未有如商纣之世，小人何其多邪。时非无君子也，是难其为君子，故小人多也。所以虽有三仁，不能遂其善。"（《观物内篇》之七）这就是说，虽然在"皇""帝"的政治中也不能没有坏人，但是好人能占优势，掌握了政权，所以虽有坏人，也不能起作用。任何事物，都是如此。因为事物都是一分为二的，如果只有一面，没有对立面，那就不成为事物。但是，事物的性质是由占优势的成分决定的，这也就是说，一个统一物之中必存在两个对立面，其一是起主导作用的，其一是不起主导作用的，这个统一物的性质是由起主导作用的对立面决定的。

虽然如此，但就我们这个天地的总的趋势看，社会有走下坡路的情况。这是因为这个天地的最好的时代已经过去了。它的坏时代已经逼近了，譬如下午的太阳虽仍然光辉夺目，但已开始西斜了。又好比一朵盛开的花，虽仍颜色鲜艳，但已开始衰谢了。他认为这种情况，从政治上看，是相当清楚的。

邵雍认为有四种政治，即皇、帝、王、霸。照他的说法，这不仅是四种称号，而且是四种基本上不同的政治。他说："用无为，则皇也。用恩信，则帝也。用公正，则王也。用智力，则霸也。霸以下则夷狄，夷狄而下是禽兽也。"（《观物外篇》下）这就是说，这四种政治的不同，可以在它们的统治方法上表现出来。所谓"皇"的政治，是无为而治。所谓"帝"的政治，是用恩信而治。所谓"王"的政治，是用公正而治。所谓"霸"的政治是用智力而治。在四种政治中，无为而治的"皇"是最高的，最理想的，最完善的。以下三种，依次下降，到了用智力而治的"霸"，就无可再降了。再降下去就不成为政治了。邵雍的这个意思，实际上就是老聃所说："失道而后德，失德而后仁，失仁而后义，失义而后礼。"（《老子》第三十八章）所谓无为就是道、德。所谓恩信就是仁，所谓公正就是义。老聃没有讲到"智力"，他认为"失义而后礼"。礼已经是"忠信之薄，而乱之首"，以下就不必说了。

邵雍以"四"为基数，所谓四种政治，也是根据那个基数讲的。根据那个基数，他把儒家五经也改为四经，即《易》《书》《诗》《春秋》。他认为，这四经就是四种政治的说明，他说："孔子赞《易》自羲、轩而下，序《书》自尧、舜而下，删《诗》自文、武而下，修《春秋》自桓、文而下。自羲、轩而下，祖三皇也；自尧、舜而下，宗五帝也；自文、武而下，子三王也。自桓、文而下，孙五伯也。"（《观物内篇》之六）孔丘以伏羲、神农、尧、舜为祖宗，以文、武、桓、文为子孙，就是说，他对于皇、帝的政治是崇拜的，对于王、霸的政治是肯定的，自此而下，就只有否定了。

邵雍根据这个原则,把自古到宋这一段的中国历史,作了一个概括的评价。他说:"三皇,春也。五帝,夏也。三王,秋也。五伯,冬也。七国,冬之余洌也。汉,王而不足;晋,伯而有余。三国,伯之雄者也。十六国,伯之丛者也。南五代,伯之借乘也。北五朝,伯之传舍也。隋,晋之子也。唐,汉之弟也。隋季诸郡之伯,江汉之余波也。唐季诸镇之伯,日月之余光也。后五代之伯,日未出之星也。自帝尧至于今,上下三千余年,前后百有余世,书传可明纪者,四海之内,九洲之间,其间或合或离,或治或隳,或强或赢,或唱或随,未始有兼世而能一其风俗者。"(《观物内篇》之十)

从这些评价中可以看出,邵雍认为,从秦汉以后,社会就走上了下坡路,其中间出现的朝代,虽然也有些比较好的,但充其量也不过是不完全的"王治",总的说起来是一代不如一代。他认为,这个天地的最好的时代已经过去,但他并不认为这个时代已经永远不复返了,因为照他的说法,这个天地毁灭以后还要有一个新的天地出现,那个新的天地也有一元之数,也有它的最好时代。

除了一分为二法(或加一倍法),邵雍另一个方法叫做观物法。他的《皇极经世》书里还有两部分,其一部分是《观物内篇》,另一部分是《观物外篇》。"加一倍法"是他的数学的方法。这种方法作为一种思想方法,是演绎法,作为一种认识论是先验论。邵雍也认为,具体的事物因其极为复杂,单靠演绎法是不行的,必须对于事物作观察,这就叫"观物"。邵雍说:"所以谓之观物者,非以目观之也;非观之以目,而观之以心也;非观之以心,而观之以理也。……圣人之所以能一万物之情者,谓其圣人之能反观也。所以谓之反观者,不以我观物也。不以我观物者,以物观物之谓也。

既能以物观物,又安有我于其间哉?"(《观物内篇》之十二)这就是说,在观察事物的时候,不要有主观的成见,要避免主观的影响,避免感情用事,这就叫"以物观物",这就是说,要尊重事物的本来面目,他说:"以物观物,性也;以我观物,情也。性公而明,情偏而暗。"(《观物外篇》下)

邵雍又认为,所谓"以物观物",就是要集中众人的意见。他说:"是知我亦人也,人亦我也,我与人皆物也。此所以能用天下之目为己之目,其目无所不观矣。用天下之耳为己之耳,其耳无所不听矣。用天下之口为己之口,其口无所不言矣。用天下之心为己之心,其心无所不谋矣。夫天下之观,其于见也,不亦广乎!天下之听,其于闻也,不亦远乎!天下之言,其于论也,不亦高乎!天下之谋,其于乐也,不亦大乎!夫其见至广,其闻至远,其论至高,其乐至大。能为至广、至远、至高、至大之事,而中无一为焉,岂不谓至神至圣者乎!"(《观物内篇》之十二)初看,邵雍的这个方法似乎是很唯物的,他要从实际的观察来认识事物本来面目,避免主观的成见,更不要感情用事(一有主观的成见便容易感情用事)。又要归纳众人的意见,以认识事物的全面。但是分析起来,他的这个方法仍然是一个唯心主义的方法。因为他认为,所谓观物,并不是"观之以目",而是"观之以心"。这就是说,他的观察不是从感觉出发,而是从理性出发,不是从感性认识上升到理性认识,而是用理性认识代替感性认识。这就首先违背了唯物主义认识论的基本原则。他还认为,不是"观之以心",这说明他不认为理是心中所固有的,这说明他的唯心论不是主观唯心论,而是客观唯心论。他从这个前提出发,去搜集众人的意见,也不是认为客观事物有一定的面貌,所以众人的认识也必然是一致的。这样的思想，也是唯心主义的。

所谓"以物观物"，不仅是邵雍的认识论的方法，也是邵雍的修养的方法。他说："心一而不分，则可以应万变，此君子所以虚心而不动也"，"以物喜物，以物悲物，此发而中节也"（《观物外篇》下）。"为学养心，患在不由直道。去利欲，由直道，任至诚，则无所不通。天地之道，直而已，当以直求之。若用智数，由径而求之，是屈天地而徇人欲也，不亦难乎？"（同上）这就是说，所谓"我"的具体表现就是利欲，也就是所谓情，用现在的话说，就是私心杂念。所谓"心一而不分"就是心中没有私心杂念，不为私心杂念所干扰。从认识方面说，心中如果有私心杂念，它就为私心杂念所干扰，为私心杂念所惑，就不能认识真理，更不能坚持真理。从修善方面说，心中有点私心杂念，则对于事物的悲喜，就有所偏，不合乎事物的客观情况，本来面目。以物喜物，以物悲物，就是说，见可喜的事就喜，见可悲的事就悲。这种悲喜，是从事物的客观情况本来的面目出发的，不杂有从个人的利益出发的偏见。《中庸》说："喜怒哀乐之未发谓之中，发而皆中节谓之和。"什么叫中节呢？照邵雍的解释，不掺杂私心杂念，不掺杂个人利益的喜怒哀乐，就是中节。

邵雍认为，如果能够没有私心杂念，不考虑个人利益，这种人的精神状态就是诚，由此而发出的行为就是直。所谓直，就是认为事情应该怎么办就怎么办，不因为个人利害而走小道，绕圈子。周敦颐说，"无欲则静虚动直"，也就是这个意思。周敦颐说："圣人之道，诚而已。"邵雍说："天地之道直而已。"诚和直是一种道德品质的两个方面。自然界的规律是什么，就是什么，该怎么就怎么。它没有私心杂念,没有"我"。圣人之道是和天地一样。一般的说人是有"我"的,因此就有私心杂念,但是,圣人之道是以天地之道为法,要求"无"我,反对私心杂念。学圣人之道,也就是学天地之道。

道学家所说的学主要的就是这一点。周敦颐和邵雍所讲的修养的方法,主要的也就是这一点。修养以至于成为圣人,这是道学家的主要目标。怎样修养是道学的主要课题。道学家们认为,道学是一种"义理之学",但讲义理,为的是修养,讲义理不是为多得知识,而为的是多得一些精神上的享受。用他们的话说,就是多得一点"受用"。

佛教讲修行,也说是要教人成佛,"受用""极乐"。要达到这种目的须脱离社会,否定人生。但道学认为,"极乐"和"受用",可于社会、人生中得之,也只能于社会、人生中得之,这就是儒、释的一个根本差别。

第八节 对于周敦颐和邵雍的图象的两种了解

对于周敦颐和邵雍的那些图象,可以有两种不同的了解。一种是本体论的了解,一种是宇宙的形成论的了解。照后者的了解,这些图所表示的是天地万物在时间上发生发展的次序,照前者的了解,那些图所表示的是天地万物的构成的因素。一般的了解都是后者的了解,这也是周敦颐和邵雍本人的了解,但也可作前者的了解,这是后来的发展。但是,也必须承认,这些图所表示的也有本体论方面的意义。邵雍的儿子邵伯温说:"夫太极者……与天地万物圆融和会,而未尝有先后始终者也。有太极则两仪、四象、八卦以至于天地万物,固已备矣。非谓今日有太极,而明日方有两仪,后日乃有四象、八卦也。虽谓之曰:太极生两仪,两仪生四象,四象生八卦,其实一时具足。如有形则有影,有一则有二、有三,以至于无穷。皆然。"(《语录》转引《宋元学案》卷十)邵伯温这段话,是对于周敦颐和邵雍的那些图作本体论的了解。

照邵伯温的了解,太极是一切存在所蕴涵的最根本的东西,所以也是哲学上最高的原则,"极"有根本的意思,"太极"就是最根本的意思。照邵伯温的理解,有了太极同时就有了天地万物。不是今天有了太极,明天才有两仪,再明天才有四象。比如有了一,同时就有了二,有了一个事物,同时就有了它的对立面。一就是一,它的对立面就是二,一和二加起来就是三。老聃说:"天下皆知美之为美,斯恶已;皆知善之为善,斯不善矣。"(《老子》第二章)两个"斯"字就表示美与恶,善与不善,是同时出现的。可以套老聃的话说,"天下皆知一之为一,斯二矣"。就阶级社会中的阶级对立说,地主和佃农是同时出现的,资产阶级和无产阶级也是同时出现的。因为如果没有地主和资本家,也就没有佃农和无产阶级,没有佃农和无产阶级,也就没有地主和资本家。两个对立的阶级,作为两个对立面是互相依存的,没有这个也就没有那个,有了这个就有那个。这个对立面的存在就蕴涵了那个对立面的存在。地主的存在就蕴涵了佃农的存在,佃农的存在也蕴涵了地主的存在。资产阶级和无产阶级也是互相蕴涵的。这就是两个对立面的互相渗透和互相依存，这就是两个对立面的统一。

照这样的了解，周敦颐和邵雍的那些图所表示的那些层次，就是一个事物的存在所蕴涵的层次，其间没有时间的成分。

南宋时期的象数学派的主要人物蔡元定的儿子蔡渊也是一个象数学家。他作了一部讲《周易》的书，名为《易象意言》。其中说："天地之间，对待流行而已。《易》体天地之撰者也。故伏羲《八卦圆图》，以对待而作也；文王《八卦圆图》，以流行而作也。伏羲《六十四卦横图》，以流行而作也；文王《六十四卦横图》，以对待而作也。是知主对待者，必以流行为用。主流行者，必以对待为用。学者不可不察也。"（转引自《宋元学案》卷六十二）"天地之间，对待流行而已"，这句话说得相当好，是对于辩证法有所见解的话。"体天地之撰也"，就是说，《周易》体现了宇宙的这个基本面貌，所以它所讲的主要就是对待、流行。蔡渊认为伏羲八卦和文王八卦的不同，在于他们对于对待、流行有所偏重。伏羲八卦偏重对待，文王八卦偏重流行，这种说明是很勉强的。其实，所谓伏羲画卦，文王重卦，就历史说都是出于虚构。图象的不同，就是不同，用不着解释。就事物发展变化的客观规律说，对待和流行是不能分割的。流行出于对待，对待必有流行。这一点蔡渊也是承认的。

周敦颐和邵雍都认为，太极最初生出来的是动、静。照本体论的解释，动、静是事物存在所蕴涵的最根本的对立面，也就是说，是事物存在所蕴涵的第二层，如图象所表示的。一切事物的生长变化都是"动"，都蕴涵"动"，"动"就是"流行"。静是作为动的对立面而出现的。

从辩证法看来，矛盾统一的规律是事物发展变化的总规律，每一个事物都有它的对立面。两个对立面的对立，这就是"对待"，这两个对立面矛盾而又统一。用《周易》的话说这就叫"相交"，矛盾和统一就是"相交"的内容。"相交"的结果就使事物发生了变化。蔡渊的《易象意言》对于变化也有说明。他说："《易》中言变化者，刚柔之穷皆变，变则化也。变者化之渐，化者变之成。"（同上）照这个说法，所谓"变"就是辩证法中所说的量变，所谓化就是辩证法中所说的质变。经过质变就生出新的事物。宇宙间的事物就是这样生生不已，这就叫流行。《周易·系辞》说："生生之谓易。"生生就是流行，易就是变化，这个易字也可以了解为变易。如果这样了解，这句话意思就是说，宇宙间的基本现象就是生生变易。这个易也可以了解为《周易》之易。如果这样了解，这句话的意思就是说，《周易》这部书所讲的就是生生变化。以上所讲的对于《周易》说也可能是讲得太多了。不过《周易》有这些意思，这也是事实。当然，其中也掺杂了从哲学上说是不相干的话。研究哲学，应该把这些不相干的话剔除出去，把它的有哲学的意思干脆明确地说出来。照上边所讲的那些象数派的图象和说明，似乎在这一方面做了一些工作，但是其中还有不少从哲学看是不相干的话。现在哲学的工作，应该是继续剔除那些不相干的话。上边所引的蔡渊的话以及我对于他的话的解释，都是照这个方向所作的努力。

蔡渊的《易象意言》说："易有太极，是生两仪，两仪生四象，四象生八卦。观夫子（指孔子）立此数语，则知所以生者，不皆在未生两仪之太极。故先师（指朱熹）谓一每生二，一者太极也。太极生两仪，则太极便在两仪中，故曰两仪生四象。及生四象，则太极便在四象中，故曰四象生八卦。及生八卦，则太极便在八卦中。

以是推之,则太极随生而立,若无与于未生两仪之太极也。但人之为学,苟惟守夫物中之太极,则或囿于形,而不得其正。必须识得未生两仪太极之本,则虽在两仪、在四象、在八卦,以至在人心,皆不失其本然之妙矣。此夫子明卦象之所由,所以必原易有太极之本,而子思之所谓大本者,亦正在乎此,学者不可不识也。"(《易象意言》,转引自《宋元学案》卷六十二)照蔡渊的这个说法,太极是"随生而立",并没有一个未生两仪的太极,没有一个离开两仪、四象及一切存在的事物而单独有的太极。太极在两仪、四象及一切存在的事物之中,太极就是事物存在所蕴涵的根本的那一层,也可以说是最下面那一层。如图象所表示的那样,这也是对于太极生两仪那一段话及图象的本体论的解释。他认为所谓一个未生两仪的太极,是从理论上分析而得的认识,所以需要这种的认识,是为了人在道德修养上需要有一个正确的宇宙观。人的正确的行为,来源于正确的世界观,正确的世界观来源于正确的宇宙观,这是道学家们的一贯的说法。

用西方的哲学名词说,蔡渊认为《系辞》中"易有太极"那一段话,可以予以宇宙形成论的解释。那就是说,先有一个未生两仪的太极,生出来了两仪。那就是说,有一段时间,有一个光是太极的太极,然后从其中生出两仪,以及天地万物。若予以本体论的解释,那就没有光是太极的太极,太极就在两仪及天地万物之中。但是,为了提高人的精神境界,那就要讲光是太极的太极。这样讲也不是凭空虚构,这是人的理论思维,对于天地万物作逻辑的分析所得到的认识。这是理性认识。理论思维是从理性认识发展出来的。蔡渊当然不知道有宇宙形成论和本体论的分别,但他的话有这样的意思。

他认为《系辞》的那一段话，只能作本体论的解释，不能作为宇宙形成论的解释。他的这个意思大概没有受到朱熹和陆九渊的足够的重视。如果受到足够的重视，朱、陆两人关于太极的悬而未决的问题就可以解决大半了。

邵伯温是邵雍的儿子，蔡渊是蔡元定的儿子，他们各自发展了他们父亲的学说。

第五十二章 道学的奠基者——二程

第一节　二程的家世和经历

二程出身于一个中等官僚世家。他们的高祖父程羽，是宋太祖的一个将领，宋太宗为晋王时的一个幕僚，还当过宋真宗的老师，官做到兵部侍郎，赐第京师，死后，赠少师。以后累代做官。到了二程的父亲程珦，以世家的荫庇，照例当了一个"郊社斋郎"，由此起家，做了几十年中央和地方的官职，老年"致仕"（退休），住在洛阳。他自叙他的经历："官自大理寺丞，十三迁至太中大夫，勋自骑都尉至上柱国，爵永年县伯，食邑户九百。"（程珦《自撰墓志》，《程氏文集》卷十二。可参看程颐《为家君上宰相书》，《程氏文集》卷九，及《为家君书家藏太宗皇帝宝字后》，《程氏文集》卷八）"官"，是他做过的官职；"勋"，是他在朝廷的功劳簿上的级别；"爵"，是他的政治待遇的等级。他在退休后的全头衔是"太中大夫致仕，上柱国，永年县开国伯，食邑九百户"。《书太宗宝字后》的下款正是这样的。这个头衔说明了程珦的政治社会地位和家庭情况，也说明了二程的家庭出身。

程颢，字伯淳，生于宋仁宗明道元年（1032），死于宋神宗元丰八年（1085），后人称之为明道先生。他于十五六岁时，就"厌科举之业"，但早年就考中了进士。中进士后，做了几任地方官。当时的御史中丞吕公著荐他到中央做"太子中允，权监察御史里行"。

"御史"是当时的"言官",有向皇帝说话的资格,可以弹劾不法或不称职的官吏,也可以泛论国家大事。吕公著是"御史中丞",即御史的首脑。他是反对王安石的新法的。他大概是想叫程颢当个御史,可是没有如愿,只给了他一个"监察御史里行",就是一个见习御史,而且还加了一个"权"字,就是临时的见习御史。可是,程颢就利用这个临时的官衔,上疏批评王安石的新政。由此他又被赶出中央到外边做地方官。神宗去世,新法的反对派执政,召他回中央任事,官职是"宗正寺丞",他还没来得及上路,就得病死了,活了五十四岁。(见程颐《明道先生行状》,《程氏文集》卷十一)

程颐,字正叔,生于宋仁宗明道二年(1033),死于宋徽宗大观三年(1109),后人称之为伊川先生。他虽然同程颢同出于一个世代官僚家庭,但没有考中进士。他在"太学"学习的时候,作了一篇《颜子所好何学论》,由此得名,成为当时有名的"处士"(没有得到做官资格的知识分子)。他的父亲程珦曾屡次得"任子恩"(可以荫庇子孙做官),程颐都把机会让给同族的人。当时朝臣推荐,他都不就。一直到神宗去世,王安石新法的反对派执政,他才受他们的推荐,到中央政府做"崇政殿说书",职务是教皇帝读书。当时宋哲宗还在幼年,原来的反对派想及早教育哲宗,使他不至于再走神宗的路,所以叫程颐担负了这个重任。他在与皇帝讲书之时,往往议论时政,为朝臣所不喜。当时又有以苏轼为首的蜀党,同以程颐为首的洛党,互相攻击、排斥。程颐回洛阳,"判西京国子监",其职务是管理设在西京(洛阳)的太学分校。

原来的反对派司马光等是于神宗死后,依靠太皇太后(英宗的皇后高氏)的"垂帘听政"而得到政权的。太皇太后死后,哲宗亲政,改元绍圣，表示要继续神宗的事业。原来的反对派被赶下台，并被称为奸党。程颐也被列为奸党，"放归田里"（削职为民），并于绍圣四年（1097），被贬到四川涪州，交地方官管制（"送涪州编管"）。他在被管制的情况下，完成了他的《周易传》。一直到哲宗死了，徽宗即位（1100），程颐才得以恢复自由（"任便居住"）。他回到洛阳，又得到"权判西京国子监"的官职，但不久所恢复的官又被收回去了。徽宗崇宁二年（1103），"言者论其本因奸党论荐得官。虽尝明正罪罚，而叙复过优。今复著书，非毁朝政"。于是有"圣旨"，把程颐做官以来所受到的任命文件，都追回销毁，并命令有关机关审查他的著作。程颐只得遣散他的学生，所著的《周易传》也不敢拿出来。到大观三年（1109）他就死了，活了七十五岁。（据朱熹《伊川先生年谱》《程氏遗书附录》）葬的时候，大多数门人还不敢参加送葬。

　　道学在北宋有五个重要人物，后来称为北宋五子。在这五子之中，二程兄弟就占了两个。他们的父亲程珦在南方做官的时候，碰见周敦颐。据朱熹说，程珦叫程颢和程颐拜周敦颐为师。（《伊川先生年谱》）二程和周敦颐有师生关系。关于这一点后来有人怀疑。据程颐说：程珦在南安军的时候，周敦实（周敦颐原名）也在那里当一个管牢狱的小官，年纪很轻。程珦"视其气貌非常人。与语，果好学知道者，因与为友"（《先公太中家传》，《程氏文集》卷十二），并没有说叫他兄弟拜周敦颐为师。程颐说："先生（程颢）为学，自十五六时，闻汝南周茂叔论道，遂厌科举之业，慨然有求道之志。未知其要，泛滥于诸家，出入于老释者几十年，返求诸六经而后得之。"（程颐《明道先生行状》，《程氏文集》卷十一）

然《语录》中又有一条说："昔见周茂叔，每令寻颜子、仲尼乐处，所乐何事。"（《程氏遗书》卷二上）照道学的观点看，"寻孔颜乐处"，就是"大要"。程颢说："吾学虽有所受，天理二字却是自家体贴出来。"（《程氏外书》卷十二）这里所谓"所受"，可能是说受之于周敦颐。据此，二程于周敦颐处得到启发，无论如何，总可说是受其影响的。邵雍也住在洛阳，同司马光及程氏父子兄弟常在一起。张载原籍陕西，是程珦的表弟，二程的表叔，他们的关系，也是很密切的。二程和北宋道学中五个重要人物中的其他三个都有亲戚、朋友的关系，这也是很特殊的。

道学后来发展为"程朱""陆王"两大派。这个"程"，传统的说法以为统指二程，其实二程的哲学思想是不同的。朱熹继承、发展了程颐的哲学思想，而程颢的哲学思想，则为"陆王"所继承、发展。

第二节　二程对于王安石新法的态度

二程在政治上属于王安石新法的反对派。当时反对派中，有些人因为反对新法而被贬职，有些人自动下野，表示抗议，总之都脱离了政府，不管朝中的大事了。反对派中的几个重要人物，如司马光、富弼等都住在洛阳，成为一个集团。二程和他们的父亲程珦，也住在洛阳，和这个反对派集团来往密切。二程在政治上、学术上的言论，成为反对派的理论依据。但是二程对于王安石的新法的态度，和司马光是有不同的,特别是在一些策略问题上。《语录》有一条说:"新政之改,亦是吾党争之有太过,成就今日之事,涂炭天下,亦须两分其罪可也。"这条语录的中间说,程颢与王安石在神宗面前辩论新法,并未决裂,王安石且说:"此则感贤(指程颢)诚意。"后"却为天祺(张载的兄弟张戬)其日于中书大悖。缘是介父(王安石)大怒,遂以死力争于上前,上为之一以听用。从此党分矣"(《程氏遗书》卷二上)。邵雍的儿子邵伯温说:"伯淳先生尝曰:'熙宁(神宗年号)初,王介甫行新法,并用君子小人。君子正直不合,介甫以为俗学,不通世务,斥去。小人苟容谄佞,介甫以为有才,知变通适,用之。君子如司马君实不拜副枢以去,范尧夫辞修注得罪,张天祺以御史面折介甫被责。介甫性狠愎,众人以为不可,则执之愈坚。君子既去,所用小人争为刻薄,故害天下益深。使众君子未与之敌,俟其势久自缓,委曲平章,尚有听从之理。则小人无隙可乘,其害不至如此之甚也。'"(《程氏外书》卷十二引《邵氏闻见录》)此二条,第一条未注明二程中何人所说,据第二条,则是程颢的议论。邵伯温又说:"元丰八年神宗升遐,遗诏至洛。程宗丞伯淳(程颢)为汝州酒官,以檄来举哀府治。既罢,谓留守韩康公之子宗师兵部曰:'颢以言新法不便忤大臣,同列皆谪官,颢独除监司,颢不敢当。念先帝见知之恩,终无以报。'已而泣。兵部问:'今日朝廷之事如何?'宗丞曰:'司马君实、吕晦叔作相矣。'兵部曰:'二公果作相,当如何?'宗丞曰:'当与元丰大臣同。若先分党与,他日可忧。'兵部曰:'何忧?'宗丞曰:'元丰大臣皆嗜利者,若使自变其已甚害民之法,则善矣。不然,衣冠之祸,未艾也。君实忠直,难与议。晦叔解事,恐力不足耳。'既而皆验。宗丞论此时,范醇夫、朱公掞、杜孝锡、伯温同闻之。"(同上)上面所引第一段是程颢追忆以前的事,第二段是程颢预猜将来可能的发展。照他的看法,在王安石初行新法的时候,他也不是与"君子"不相容的,他也希望有些"好人"替他办事。但是,"好人"都不肯同他合作,他就不得不用"坏人"。王安石那个人,刚愎自用,自信力很强,"好人"越说他不对,他越是自以为是,所以事情越来越坏。如果"好人"在当时不要和他对立,他也不至于完全用"坏人"。等到情况有了变化,新法也可以慢慢改正过来,事情的发展可能会好一些。

第二段是说,程颢认为反对派掌了政权以后,不要把原来的大臣(元丰大臣)完全排除出去,还要对他们有一定程度的宽容。他们那些人都是嗜利之徒,会跟着走的。如果分党派,把他们都排除出去,如此反复互相迫害,祸就大了。司马光等人不能用程颢的话,把原来行新法的人都定为"奸党",加以贬斥,连他们的子孙也都不准做官,进入仕途。后来这些新当权派的后台太皇太后死了,哲宗恢复新法,原来行新法的人又上了台,他们对于司马光一派的人,也同样对待。

程颢的意思是认为,王安石的新法诚然不善,但是当时的"君子"应该对于他的新法就事论事,分别对待,不应该对于王安石分党派,有偏见,意气用事。"君子"重新执政,也应该对于行新法的人持宽大态度,给他们以改正的机会,也不应该分党派,有偏见,意气用事。程颐也说:"荆公与先生(程颢)虽道不同而尝谓先生忠信。先生每与论事,心平气和,荆公多为之动。而言路好直者,必欲力攻取胜,由是与言者为敌矣。"(《明道先生行状》,《程氏文集》卷十一)可见,程颐也认为,当时反对派所谓"君子"的失策是,对于王安石心怀偏见，意气用事。他赞同程颢对于王安石的态度，也就是赞同像邵伯温所记的程颢的言论。

程颐对于司马光在重新执政后有些措施也不赞同。二程的学生谢良佐说："温公初起时，欲用伊川。伊川曰：'带累人去里。使韩、富在时，吾犹可以成事。'后来温公欲变法，伊川使人语之曰：'切未可动着役法。动着即三五年不能得定叠去。'未几变之，果纷纷不能定。"（《程氏外书》卷十二引《上蔡语录》）这一段记载有两点可以注意。第一点是，程颐认为王安石新法中的免役法还不算太有害，可以维持，不可再变回去。另一点是认为司马光对于王安石新法的成见太深，太固执成见，不可以共事。这一点与程颢相合。程颢也说："君实忠直，难与议。晦叔解事，恐力不足耳。"（见上引《邵氏闻见录》）这里所谓"忠直"，就是固执成见。说晦叔"解事"，就是说司马光不"解事"。

有记载说："伊川谓明道曰：'吾兄弟近日说话太多。'明道曰：'使见吕晦叔，则不得不少。见司马君实，则不得不多。'"（《程氏外书》卷十二引《晁氏客语》）这可为"解事""不解事"作一注解。

大概在反对派中，司马光是最固执的，对王安石和他的新法成见最大，偏见最深。二程都是这样看的。他们的学生谢良佐记载说："伊川与君实语，终日无一句相合。明道与语，直是道得下。"（《程氏外书》卷十二引《上蔡语录》）"直是道得下"，就是说，还可以谈下去。这是由于二程待人接物的方法和态度不同。

二程的学生尹焞说："王介甫与曾子固（巩）善，役法之变，皆曾参酌之。晚年亦相睽。伊川常言：'今日之祸，亦是元祐做成。以子瞻定役法，凡曰元丰者，皆用意更改。当时若使子固定，必无损益者。又是他党中,自可杜绝后人议也。因其睽,必能变之。况又元经他手,当知所裁度也。此坐元祐术故也。'伊川每曰:'青苗决不可行,旧役法大弊,须量宜损益。'"(《程氏外书》卷十二引祁宽所记尹和靖语)朱熹在这一条下边注说:"此段可疑。"为什么可疑?他没有说。大概是因为,照这一段所说的,程颐对王安石的免役法有相当的同情。朱熹认为,程颐是反对派,不会如此,所以说:"此段可疑。"但是照上边所引的两条看起来,谢良佐所记载的程颐的态度,与这一条所记载的基本相同,所以这一条也就无可疑了。据这一条的记载,程颐认为,"青苗决不可行",这和程颢特别反对青苗法(见下)是一致的。程颐认为:"旧役法大弊,须量宜损益。"这是说,王安石改变旧役法,是有理由的。他说:"若使子固定,必无损益者。"就是说,王安石的新法也不必改回去了。这和谢良佐所记载的程颢嘱咐司马光的话也是一致的。程颐说:"今日之祸,亦是元祐做成。"因为元祐大臣的态度,是"凡曰元丰者,皆用意更改"。这就是成见、偏见。他说"此坐元祐术故也","术"字上边似乎脱一"无"字,似乎应该作"元祐无术故也"。这和程颢的看法也是一致的。"无术"就是程颢所说的不"解事",就是说,当时没有策略。

二程在当时的政治斗争中属于反对派,但是他们在反对派中也有自家的思想、自家的看法。对于司马光在重新执政的时期所采取的措施,也不完全赞同。他们预料到元祐以后王安石一派重新执政所兴起的"元祐党祸"。他们认为,如果有这种翻案固然是应由那些"小人"们负责,但司马光等人的措施不当,也是一个原因。这个"元祐党祸",在程颢只是一种预见,程颐则身受其"祸"。

二程和王安石在政治上的主张，并不是没有相同之处。他们三个人在仁宗时候，都曾上书议论国家大事。程颢在仁宗的时候劝仁宗"救千古深锢之弊，为生民长久之计"。这就要进行改革。他鼓励仁宗说："或谓人君举动不可不慎，易于更张，则为害大矣。臣独以为不然。所谓更张者，顾理所当耳。其动皆稽古质义而行，则为慎莫大焉。岂若因循苟简，卒致败乱者哉？自古以来，何曾有师圣人之言，法先王之治，将大有为，而返成祸患者乎？愿陛下奋天锡之勇智，体乾刚而独断，霈然不疑，则万世幸甚。"（《论王霸札子》，《程氏文集》卷一）他所希望仁宗所持的态度，正是神宗在王安石的辅佐下所持的态度。

他又向仁宗提出十件事情："师傅"，"六官"，"经界"，"乡党"，"贡士"，"兵役"，"民食"，"四民"，"山泽"，"分数"。关于每一事，都有"先王之道"可行。他说："此十者特其端绪耳。臣特论其大端，以为三代之法有必可施行之验。如其纲条度数，施为注措之道，则审行之，必也稽之经训而合，施之人情而宜，此晓然之定理，岂徒若迂疏无用之说哉？惟圣明裁择。"（《论十事札子》，《程氏文集》卷一）

程颐于皇祐二年（1050）也向仁宗上书。那时程颐还没有任何官职，他是以平民的资格上书的。他说："臣请议天下之事。不识陛下以今天下为安乎？危乎？治乎？乱乎？乌可知危乱而不思救之之道？如曰安且治矣，则臣请明其未然。方今之势，诚何异于抱火厝之积薪之下，而寝其上，火未及然，因谓之安者乎？"程颐接着从人民痛苦和异族侵略这两方面，说明他对于现实的估计。"故臣前所陈，不及历指政治之阙，但明有危乱之虞，救之当以王道也。

然而行王之道，非可一二而言。愿得一面天颜，罄陈所学。"他没有讲"王道"的细节以及推行王道的具体措施，因为他希望仁宗可以召见他，面谈一切。最后他说："伏望陛下出于圣断，勿徇众言，以王道为心，以生民为念，黜世俗之论，期非常之功。"（《上仁宗皇帝书》，《程氏文集》卷五）这最后几句话的意思，也就是王安石向神宗所说的意思。

王安石、程颢和程颐都曾经向仁宗上书，讲天下大事。如果把这三个人的上书比较起来看，可以发现，他们至少有三点是相同的。第一点是，当时的中国，表面上是太平无事，实际上危机四伏，一触即发，一发就不可收拾。第二点是，要挽救危机，必须"行先王之道"，在中国实现"三代之治"。第三点是，要实行"王道"，必须皇帝主张坚决，不为世俗所惑。就三点说，他们三个人的基调是相同的。历史的发展也正是这样。王安石的改革没有贯彻。不久，当时的异民族，金的军事力量就占了开封，迫使宋朝南渡，这就是中国历史所说的"靖康之祸"。

王安石、程颢和程颐上仁宗书的基调既然相同，为什么二程又加入了反对派，反对王安石的新法？这是因为，"王道"是一个抽象的概念，对于它各人有各人的理解。实行起来，各人站在各人的立场，制定具体的措施，各人有各人的办法。虽然如此，程颢对于王安石的新法，也不是一般笼统地反对，而是反对其中的某些项目，也可以说是对于其中的某些项目特别反对。他于宋神宗熙宁三年（1070）三月四日上奏疏说"臣近累上言，乞罢预俵青苗钱利息，及汰去提举官事"，奏疏上去没有得到神宗的回答。程颢于四月又上奏疏追问说："臣奉职不肖，议论无补，望允前奏，早赐降责。"（《程氏文集》卷一）在文集里，这两篇奏疏标题为《谏新法疏》《再上疏》。《再上疏》后边又注说："时权监察御史里行，由是罢为权发遣京西路同提点刑狱。"这两个标题和小条注是文集的编辑者加的。

照这条注所说的，程颢在上这两个奏疏的时候，他的官职是"权监察御史里行"。第二奏疏上去以后，就被转职为"监司差权发遣京西路同提点刑狱"，这两个官职的等级虽略有升迁，但是把他从中央政府的御史衙门调出来，到外省衙门去。因为御史可以泛论国家大事，外省衙门的官只能办他本职的事。不过，京西提刑这个职务他并没有接受，寻改签书镇宁军节度判官事。《邵氏闻见录》所记载的程颢的话："颢以言新法不便忤大臣，同列皆谪官，颢独除监司，颢不敢当。"指的就是这一件事。由此可见，王安石对于程颢，也特别照顾。

程颢这两篇奏疏，标题为《谏新法疏》《再上疏》。这个标题当然是文集的编辑者所加，但是可以代表当时人的看法。当时的人是认为这两篇奏疏是谏新法的。程颢自己也说他"言新法不便忤大臣"，实际上他所言的就是"青苗法"。当时的农民在青黄不接的时候，往往以田地上的青苗为抵押，向有钱的人借贷，地主富人们坐收利息。王安石的青苗法，原来是由国家出钱借贷。农民向国家借贷，虽然付利息，但利息归入国家，这样农民可以不受地主富人的高利贷的剥削，国家也可以增加收入。但是专负责这一类事的"提举官"，不问哪一个农民有没有实际的需要，把国家准备借贷的款项，预先分给他们，并预先扣除利息，这就是程颢奏疏里边所说的"预俵青苗钱利息"。他的奏疏说："臣近累上言，乞罢预俵青苗钱利息，及汰去提举官事。"下文说："伏望陛下奋神明之威断，审成败之先机，与其遂一失而废百为，孰若沛大恩而新众志。外汰使人之扰，亟推去息之仁。"照这几句话看起来，程颢认为，他所说的就是新法中的"一失"，此外还有"百为"。他怕的是，这个"一失"可以影响"百为"，所以他要求"外汰使人之扰，亟推去息之仁"。

既然如此，二程又何以追随王安石新法的反对派呢？这是因为二程和王安石有一根本对立之点，这是不可调和的。《再上疏》说："设令由此侥幸，事小有成，而兴利之臣日进，尚德之风浸衰，尤非朝廷之福。"这几句话说出了程颢及其他反对派在理论上所以反对王安石的主要论点。他们认为，王安石的新法的总的目的是"兴利"，王安石那一派人都是"兴利之臣"。他们认为，"兴利"和"尚德"是相反的，如果"兴利之臣日进"，必然会使"尚德之风浸衰"。这就关系到人的思想问题。如果人心不正，一切事情都不会成功。所以王安石的新法，即使小有成效，也是不可行的。

宋神宗熙宁八年（1075）出现彗星。按封建迷信，这是"天"对于统治者发的警告。神宗下诏求直言批评"朝廷阙失"。程颐代吕公著起草一篇上皇帝书，书中请神宗首先要"省己之存心"。"所谓省己之存心者，人君因亿兆以为尊，其抚之治之之道，当尽其至诚恻怛之心。视之如伤，动敢不慎？兢兢然惟惧一政之不顺于天，一事之不合于理。如此，王者之公心也。若乃恃所据之势，肆求欲之心，以严法令、举条纲为可喜，以富国家、强兵甲为自得，锐于作为，快于自任，贪惑至于如此，迷错岂能自知？若是者，以天下徇其私欲者也。勤身劳力，适足以致负败，夙兴夜寐，适足以招后悔。以是而致善治者，未之闻也。"（《代吕公著应诏上神宗皇帝书》，《程氏文集》卷五）这是对王安石新法的一个总批评，也是对于"尚德"和"兴利"的一个总解释。

从二程的观点看,青苗法向农民放贷收息,这是明显的求利,所以要首先反对。其他如均输法也是明显的做买卖,想赚钱,这当然也是"兴利"。从这个意义上反对"兴利",这也是出于地主阶级的"面子"问题。在封建社会中,地主阶级虽然也唯利是图,但自以为高贵,不屑于搞这些弄钱发财的事,要维持着一个高贵的"架子"和"面子"。可是,王安石新法竟然不顾这些,直接弄钱,这真是不要"面子","大失体统"。

至于富国强兵一类的事,二程认为,也可能是"兴利"。这要看统治者的"存心"如何,是出于"公"还是出于"私"。如果统治者真有一片"至诚恻怛之心",真是为"养民"而富国,为"保民"而强兵,那就是出于"公心",富国强兵可以成好事。如果统治者只是为了巩固自己的权力,扩大自己的统治,那就是出于"私欲",虽富国强兵也可以变成坏事。前者是"尚德",后者是"兴利"。"尚德"值得拥护,"兴利"必须反对。说到最后,"德"与"利"的分别就是"公"与"私"的区别。

这也就是所谓"王"和"霸"的区别。程颢说:"故诚心而王,则王矣。假之而霸,则霸矣。二者其道不同,在审其初而已。"(《论王霸札子》,《程氏文集》卷一)所谓"诚"就是"至诚恻怛之心","初"就是出发点。如果统治者的政治是从"至诚恻怛之心"出发,他所行的就是"王道"。反之,他所行的虽然表面上也是"先王之道",但其实还是"霸道"。

二程的学生杨时说:"明道云:'必有《关雎》《麟趾》之意,然后可行周公法度。'"(《龟山语录》,《程氏外书》卷十二)《程氏外书》又有一条云:"或问:'贞观之治,不几三代之盛乎?'曰:'《关雎》《麟趾》之意安在?'"(同上,卷十一)此条不知何人所记,亦未说明二程中何人所说,但可与上条作补充,因为它明确指出"贞观之治"不是"王道"。《关雎》《麟趾》是《诗经》中的两篇,没有必要用儒家传统的说法细讲什么是"《关雎》《麟趾》之意"。可以简单地说:二程所谓"《关雎》《麟趾》之意",就是"至诚恻怛之心"。二程的这种说法,实质上就是孟轲所讲的王霸之辩。这个"辩"到南宋又成为朱熹和陈亮辩论的一个主题。"贵王贱霸"是儒家政治思想的一个主要主张,二程没有对于这个主题作专题讨论,但在批评王安石新法的时候,明显地表现出这个主张。

这个主张注重动机,但还不能说二程所讲的就是伦理学上的动机论,因为他们并不是说,如果一个行为的动机好,这个行为就是好的,如果动机坏,它就是坏的,不管它的效果如何。他们还是从效果说的。他们认为,如果统治者有"至诚恻怛之心",真为老百姓的利益着想,他自然会找出较好的"养民""保民"的办法。如果不是出于"公心",而是出于"私欲",他也可能讲一些"养民""保民"的措施,这些措施也可能在一定时间内解决老百姓的问题,如"贞观之治"之类,但是从长远看,统治者的满足"私欲"的作风,会成为一种风气,人人都要满足自己的"私欲",这个祸害可就大了。这就是程颢的《再上疏》中所说:"设令由此侥幸,事小有成,而兴利之臣日进,尚德之风浸衰,尤非朝廷之福。"意思就是说,新法固然不能成事,但如果小有成事,就为害更大。他从祸福立论,就是从效果立论,不是动机论。

第三节　天理或理

天理或理是道学的一个主要概念，天理的问题是道学的一个主要问题，关于这个问题的讨论或辩驳是道学的主要内容。这个问题的提出或讨论的兴起都是从二程开始的，所以本书以二程为道学的创始人。下边先引几段二程在这一方面的言论：

"天理云者，这一个道理，更有甚穷已？不为尧存，不为桀亡。人得之者，故大行不加，穷居不损。这上头来更怎生说得存亡加减？是它元无少欠，百理俱备。"（《二程遗书》卷二上）又说："'不能反躬，天理灭矣'，天理云者，百理俱备，元无少欠，故'反身而诚'。"（同上）又说："'万物皆备于我'，不独人尔，物皆然。都自这里出去，只是物不能推，人则能推之。虽能推之，几时添得一分？不能推之，几时减得一分？百理俱在，平铺放着。几时道尧尽君道，添得些君道多；舜尽子道，添得些孝道多？元来依旧。"（同上）又说："理则天下只是一个理，故推至四海而准。须是质诸天地，考诸三王不易之理。"（同上）又说："这个义理，仁者又看作仁了也，知者又看作知了也，百姓又日用而不知，此所以'君子之道鲜矣'。此个亦不少，亦不剩，只是人看他不见。"（同上）又说："'寂然不动，感而遂通'者，天理俱备，元无少欠。不为尧存，不为桀亡。父子君臣，常理不易，何曾动来？因不动，故言寂然。虽不动，

感便通,感非自外也。"(同上)

以上为《遗书》中"二先生语",不知是二先生中何人所说。其注明为程颐语者则又云:"'寂然不动,感而遂通。'此已言人分上事。若论道,则万理皆具,更不说感与未感。"(《遗书》卷十五)又说:"天下物皆可以理照。有物必有则,一物须有一理。"(《遗书》卷十八)又说:"冲漠无朕,万象森然已具。未应不是先,已应不是后。如百尺之木,自根本至枝叶,皆是一贯,不可道上面一段事无形无兆,却待人旋安排,引入来教人涂辙。既是涂辙,却只是一个涂辙。"(《遗书》卷十五)又说:"夫有物必有则。父止于慈,子止于孝,君止于仁,臣止于敬。万物庶事,莫不各有其所。得其所则安,失其所则悖。圣人所以能使万物顺治,非能为物作则也,惟止之各于其所而已。"(《艮象辞传》,《易传》卷四。明道亦有类此之语,见《遗书》卷十一)由上所引观之,可知所谓理是事物之所以然,也是事物的准则。按照这些说法,理是永久为有,不增不减。人知之与不知之,与其为有无关。事实上有其实例与否,亦与其为有无关。尧尽君道,为为君之理添一实例,然为君之理不因此而增。即无尧尽君道,为君之理亦丝毫不减,不过"人看他不见"。此所谓"百理俱在,平铺放着"。理又是不变的,所以说:"理则天下只是一个理,故推之四海而准。"如尧所尽之君道,"天下只是一个",舜所尽之子道,也是"天下只是一个",所以都是"推之四海而准"的。这些理都具备于人的心中,所以说:"百理俱备,元无少欠,故'反身而诚'。"所谓"万物皆备于我",也是说万物之理"皆备于我"。不独人具有万物之理,即物亦然,不过人能应用之,物不能应用之。理不增不减,不变亦不动,此即所谓"寂然不动"。人的心"具众理而应万事",此即所谓"寂然不动,感而遂通"。然此已是就人说的。若就宇宙言之,则众理之未有实例不为先,已有实例不为后。自一理至其实例,"如百尺之木,自根本至枝叶,皆是一贯,不可道上面一段事无形无兆,却待人旋安排,引入来教人涂辙"。一切不"待人安排",所以理又称为天理。一物之理,又即此物的准则,此一切之所应该。圣人"止之各于其所",即使事物各如其所应该。程颐对于理的见解是如此,因为以上所引标明为程颐所说者,皆可如此解释。至于程颢对于理的见解是不是也如此,则不能断定,因为以上所引未标明二先生中何人所说者,亦或仍即程颐所说。

从哲学的观点看,这里所谈的问题是一般和特殊的关系。一般是特殊的标准,"有物必有则","则"就是标准的意思,"则"就是理。《语录》所举的例,都是伦理方面的问题。举别的方面的例也是一样。例如几何学所讲的方的定义就是方之所以为方者,这就是方的理,一切方的东西,都是这个理的实例,"方"是一般,一切方的东西是特殊。任何方的东西只要它是方,它就必须以"方"为标准,这就是所谓"有物必有则"。世界上多一个方的东西,对于方并无所增,少一个方的东西,对于"方"也无所减。"方"就是方,向来就是那个样子,没有一点"少欠"。推而至于圆也是如此,推而至于任何事物都是如此。这就是所谓"百理俱在,平铺放着"。人所能感觉的是特殊,是具体的东西。一般是人所不能感觉的,所以"百理俱在,平铺放着","只是人看他不见"。这就是西方柏拉图所说的理念是可思而不可见的,具体的事物是可见而不可思的。就是说前者是理性认识的对象,后者是感性认识的对象。具体的事物也有为人所不能看见的,那是不能见,不是不可见。例如原子电子,人的肉眼是不能看见的,那是因为人的视力没有那么强,如果在一定的条件下有一定的设备,它们还是可以见的。至于方之所以为方之理是真不可见,它是能作为理性认识的对象,不能作为感性认识的对象。

若专就《遗书》中已标明为程颢所说者观之,则程颢对于理之见解,与程颐不同。如他所说:"天地万物之理,无独必有对,皆自然而然,非有安排也。每中夜以思,不知手之舞之,足之蹈之也。"(《遗书》卷十一)又说:"《诗》曰:'天生烝民,有物有则。'……万物皆有理,顺之则易,逆之则难。各循其理,何劳于己力哉?"(同上)又说:"夫天之生物也,有长有短,有大有小。君子得其大矣,安可使小者亦大乎?天理如此,岂可道哉?"(同上)又说:"服牛乘马,皆因其性而为之。胡不乘牛而服马乎?理之所不可。"(同上)就上所引观之,则程颢所谓理,似指一种自然的趋势。一物之理即一物之自然趋势,天地万物之理即天地万物之自然趋势。程门高弟谢良佐云:"所谓格物穷理,须是认得天理始得。所谓天理者,自然的道理,无毫发杜撰。今人乍见孺子将入于井,皆有怵惕恻隐之心。方乍见时,其心怵惕,即所谓天理也。要誉于乡党朋友,纳交于孺子父母,恶其声而然,即人欲耳。……任私用意,杜撰用事,所谓人欲肆矣。……所谓天者,理而已。只如视、听、动、作,一切是天。天命有德,便五服五章,天讨有罪,便五刑五用。浑不是杜撰做作来。学者只须明天理是自然的道理,移易不得。……明道尝曰:'吾学虽有所受,天理二字,却是自家拈出来。'"(《上蔡语录》上)这段话说明,所谓天理是指一种自然趋势。此段末引程颢,似可认为是讲述程颢之意。其所说之大意，与《识仁篇》和《定性书》意亦相合。所谓"任私用意，杜撰用事"，即《定性书》所说"自私用智"。在《遗书》中明道亦言："天者，理也。"（《遗书》卷十一）

《遗书》中又有一条说："万物皆只是一个天理，己何与焉？至如言：'天讨有罪，五刑五用哉；天命有德，五服五章哉。'此都只是天理自然当如此，人几时与？与则便是私意。有善有恶，善则理当喜，如五服自有一个次第，以章显之。恶则理当怒，彼自绝于理，故五刑五用，曷尝容心喜怒其间哉？"（《遗书》卷二上）此条未标明为二程中何人所说，但其大意，则与上引谢良佐所说意同，与程颢《定性书》意亦同，故可以认为是程颢所说。

从哲学上看，程颢所讲的是另一个哲学问题，他所讲的理不是一类事物的之所以为一类事物者，不是一类事物的规定性，而是一类事物的自然情况。自然趋势。他所讨论的问题不是一般和特殊的关系，而是自然和人为的关系，他和程颐的分别，在对于"形而上"和"形而下"的了解上更可以看出来。

《易·系辞》说："形而上者谓之道，形而下者谓之器。"照程颐的了解，"道"是一般，"器"是特殊，"形"是可以为人们所感觉的形体。一般是不能为人们所感觉的，所以是"形而上"；特殊是可以为人们所感觉的，所以称为"形而下"。程颐在他的《周易传》的序文中有两句重要的话："体用一源，显微无间。"在他的体系中，一般是"体"，特殊是"用"；一般是"微"，特殊是"显"。"体"和"微"是"形而上"；"用"和"显"是"形而下"。他说这两句话的意思是要说明，"形而上"和"形而下"的分别，也不像切西瓜那样一刀分为两半，其间毫无联系。程颐的这两句话是要说明其间是有联系的，是要把它们结合起来的。可是，像禅宗所说的道理那样，说结合就是不结合，说一源就是不一源，说无间，就是有间。这就像有一句成语所说的"越描越黑"。

程颢所了解的"形而上"和"形而下"就不是这样，他说："《系辞》曰：'形而上者谓之道，形而下者谓之器。'又曰：'立天之道，曰阴与阳；立地之道，曰柔与刚；立人之道，曰仁与义。'又曰：'一阴一阳之谓道。'阴阳亦形而下者也，而曰道者，惟此语截得上下最分明。元来只此是道，要在人默而识之也。"（《遗书》卷十一）又说："盖上天之载，无声无臭，其体则谓之易，其理则谓之道，其用则谓之神，其命于人则谓之性，率性则谓之道，修道则谓之教。孟子在其中又发挥出浩然之气，可谓尽矣。故说神如在其上，如在其左右。大小大事而只曰'诚之不可掩如此夫'。彻上彻下，不过如此。形而上为道，形而下为器，须著如此说。器亦道，道亦器，但得道在，不系今与后，己与人。"（《遗书》卷一）第二条未注明为二程中何人所说，但和第一条联系起来看，可视为程颢所说。阴阳是有盛衰消长之气，故亦为形而下者。而云："原来只此是道。""形而上为道，形而下为器，须著如此说。""须著如此说"者，言只可如此说耳，实在"器亦道，道亦器"也。后来心学一派，即不为形上形下之分，与理学一派大异。

程颐则对形上形下之分，极为注重。他说："一阴一阳之谓道。道非阴阳也，所以一阴一阳者道也。"（《遗书》卷三）又说："离了阴阳更无道，所以阴阳是道也。阴阳，气也。气是形而下者，道是形而上者；形而上者，则是密也。"（《遗书》卷十五）

二程的家世相同，政治态度相同，又同是道学中的中坚人物，似乎他们弟兄之间,就没有什么差异了。他们的思想当时统称为洛学,他们讲学的话,传出来往往统称为"程子曰",不分别是哪个程子说的。朱熹在他的著作中也往往引"程子曰",他也不分别这个程子是程颢还是程颐。也许他也搞不清楚。在他整理、编辑二程的著作的时候,他也把他们的著作编在一起,统称为"程氏遗书"。其中又有一部分,有些标明是明道先生语,或伊川先生语,有些说二先生语。他也是收集二程的学生们所记载的语录而加以编辑的。二程的学生们在记录的时候,程颢、程颐也不加分别。

其实,他们兄弟之间的分别是很大的。他们所用的名词虽然相同,但所讨论的哲学问题并不相同。若把道学和玄学相比,程颐所讨论的问题是王弼的问题,程颢所讲的问题是郭象的问题。王弼说:"无物妄然,必有其理。"理是一类事物者之所以为一类事物。郭象在《逍遥游》注中说,大鹏居于溟海,一飞九万里,小鸟住在树枝之上,一飞也不过从这棵树到那棵树之间。它们并非有意作这样的差别,只是因为它们的身体大小不同,所以自然如此,这是理之自然。他又在《马蹄》注中说,马的本性就是好跑,人骑着马虽然跑遍世界也是顺从马的本性,这也是天理,不是人为。这样的比较,程颢就同于郭象,程颐同于王弼,他们中间的差别是很大的。这是说,程颢所讲的问题和郭象所讲的问题是一个问题,或一类的问题,程颐和王弼所讲的问题是一个问题,或一类的问题,不过他们兄弟在表面上没有形成为两派。在道学以后的发展中,程颢的思想就成为心学,程颐的思想就成为理学。他们兄弟二人,不但创建了道学,也开始了道学中的两大派别,这在哲学史中是罕见的。

第四节 气、心、性、情

气也是道学的一个基本概念,它是和理相对的。程颢很少讲到气,在他的哲学体系中,不分形上和形下,对于形之存在,视为固然,所以也就不加分析了。程颐重视形上和形下的分别,对于"形"之存在,需要加以分析。他认为,具体事物的存在来源于气。这是传统的说法,不过他对于气也有自己的见解。

他说:"陨石无种,种于气。麟亦无种,亦气化。厥生初民亦如是。至如海滨露出沙滩,便有百虫禽兽草木无种而生。此犹是人所见,若海中岛屿稍大,人不及者,安知其无种之人,不生于其间?若已有人类,则必无气化之人。"(《遗书》卷十五)这是说,现存世界具体的东西是从种子生出来的,但是,也有不是种子生的,例如陨石就是一个例子。生物是从种子生的,一类种子生一类的生物,某一类最初的生物又从什么种子生出来的呢?像海中稍大的岛屿,其中也可能有"人",这些"人"就是无种之"人"。已经有了人类就没有无种之人了,但最初的那个人,也是无种之人。程颐提出的这些问题都很幼稚,他用以说明"形"的最初的起源是"气化"。他又说:"若谓既返之气复将为方伸之气,必资于此,则殊与天地之化不相似。天地之化,自然生生不穷,更何复资于既毙之形,既返之气,以为造化。近取诸身,其开阖往来见之鼻息。然不必须假吸复入以为呼。气则自然生。人气之生,生于真元。天之气亦自然生生不穷。"(《遗书》卷十五)这是说,一个具体的形的存在是气之聚,这对于气说就是"伸";一个形的消失是气之散,这对于气说就是"返"。传统的说法认为,"既返之气",还可以成为"方伸之气"。譬如一块铁铸为一些东西,可以把这些东西销毁了,铸为另一些东西,但铁还是原来的铁。程颐以为不然。他认为"既返之气"不能再为"方伸之气"。"天地之化,自然生生不穷",新生的东西都是新生的气,不是原来的气,像人呼吸一样,吸进去的气并不是呼出来的气。

这些新气是从什么地方生出来的呢?程颐说:"真元之气,气之所由生,不与外气相杂,但以外气涵养而已。若鱼在水,鱼之性命,非是水为之,但必以水涵养,鱼乃得生尔。人居天地气中,与鱼在水无异。"(《遗书》卷十五)程颐认为,人们所能感觉的气,如空气之类都是"外气",此外还有"真元之气",是气的根本,是"外气"的根本,能生"外气"。什么是"真元之气",他没有说,所举的比喻也不说明问题。

总的看起来,程颐讲气有些是和传统的说法相同,有些则不同,但都是很渺茫的。至于"真元之气"那就更渺茫了。

"性"也是道学中的一个重要概念,程颢和程颐虽然都用这个概念,但其内容不同。程颢说:"言天之自然者,谓之天道。言天之付与万物者,谓之天命。德性者言性之可贵,与言性善其实一也。"(《遗书》卷十一)这是说,性是从"天道"来的,天道就是"天之自然"。万物都有所得于自然,然后才能生存。也可说自然有所付与于万物,然后万物才能生存。从万物有所得于自然这方面说,从它们所得的那一点说,它们的所得就叫"性",道家叫"德","德"

就是"得"的意思。就自然付与这方面说，它付与的那一点就叫"命"，"命"是命令的意思。"命"和"性"就是一回事。在程颢的思想中，天道就是天理，天理和性的关系是全体和部分的关系，天理只有一个，部分可能很多。

这是一个不恰当的比喻，所谓自然的趋势是不能够分成一块一块的。这话可怎么说呢？就不好说了。程颢说："'人生而静。'以上不容说，才说性时，便已不是性也。凡人说性，只是继之者善也，孟子言人性善，是也。"（《遗书》卷一）程颢的这一段话是就以前的几句成语说的，"人生而静"出自《礼记》中的《乐记》，"继之者善也"出自《周易·系辞》，《系辞》说："一阴一阳之谓道，继之者善也，成之者性也。仁者见之谓之仁，智者见之谓之智，百姓日用而不知，故君子之道鲜矣。"《系辞》是说"成之者性也"，这个"之"字指"道"而言，意思就是说那个"道"必须表现在具体事物之中，才算完成，具体事物中所表现的"道"就是它的"性"。可是表现在具体事物中的"道"就不是"道"，所以说"才说性时，便已不是性也"。是什么呢？是"继之者善也"。这个"之"字也是指"道"而言，"道"必须表现于具体事物，所以具体事物是"道"的继续。"道"是善的，所以"继之者善也"。孟轲把"性"和"善"联系起来，就是"性善"。可注意的是程颢认为一阴一阳就是"道"，程颐却说："一阴一阳之谓道。道非阴阳也，所以一阴一阳者道也。"（《遗书》卷三）可见，程颢和程颐对于道的理解是根本不同的。程颢所理解的道是具体的，程颐所理解的道是抽象的。具体和抽象的分别就是形而上和形而下的分别。《周易·系辞》说："形而上者谓之道，形而下者谓之器。""器"，就是具体的事物。

程颐说:"百理俱在,平铺放着。"百者极言其多,这里所说的理不是一个。在他的思想中"理"是一类事物的规定性,有多少类事物,就有多少理。哪一类的事物就是哪一个理的例证,哪一个理和哪一类具体事物的关系,是一般和特殊的关系,是一个概念的内涵和外延的关系。

就一般和特殊的关系说,一般是形而上,特殊是形而下,因为特殊之所以为特殊,具体之所以为具体,就在于它有性,可以为感觉的对象。事实上有些性是不能为人们所感觉的,但不是不可能为人们所感觉。人们只要有特殊的设备,以辅助人的感觉器官的不足,它们还是可以被感觉的。一般只能作为思维的对象,不能作为感觉的对象,不是事实上不能,而是理论上不可能。柏拉图说,理念可思而不可见,它们的复制品是可见而不可思,其道理就在这里。程颢所说的自然之道,是自然趋势,这种趋势所生的东西也都有其自然趋势,每一种东西所有的自然趋势就是它的性。所以他虽然也讲天理,但不注重形而上和形而下的分别。程颐极度注重这种分别,这是因为他们兄弟二人的思想,在根本上有所不同。

性是一种潜在的能力,在其潜在的情况下,道学家称之为"未发",在其实现作用的情况下,道学家称之为"已发"。"已发"就是"情"。程颐在他的《颜子所好何学论》中讲了这些分别。心是包括"已发"和"未发"的。张载的"心统性情"这句话朱熹很欣赏,因为朱熹认为心统性情就是指出心包括未发和已发。更确切点说,心的主要作用是"知觉灵明"。人的心有"知觉灵明"的潜在能力,也有实现"知觉灵明"的作用。关于这些问题,下边在适当的地方还要详细讨论,现在就先说到这里。

第五节　程颢的《识仁篇》和《定性书》

程颢的《识仁篇》说："学者须先识仁。仁者浑然与物同体，义、礼、知、信皆仁也。识得此理，以诚、敬存之而已，不须防检，不须穷索。若心懈则有防，心苟不懈，何防之有？理有未得，故须穷索，存久自明，安待穷索？此道与物无对，大不足以名之。天地之用，皆我之用。孟子言：'万物皆备于我。'须反身而诚，乃为大乐。若反身未诚，则犹是二物有对，以己合彼，终未有之，又安得乐？《订顽》意思乃备言此体。以此意存之，更有何事？'必有事焉而勿正，心勿忘，勿助长'，未尝致纤毫之力，此其存之之道。若存得便合有得。盖良知、良能，元不丧失。以昔日习心未除，却须存习此心，久则可夺旧习。此理至约，惟患不能守。既能体之而乐，亦不患不能守也。"（《程氏遗书》卷二上）这是二程的学生吕大临所记的一条程颢的语录。后来人把这条语录作为一篇文章，并为之加上一个题目：《识仁篇》（例如黄宗羲《宋元学案》）。"浑然与物同体"，这是程颢对于宇宙、人生的理解。他认为，万物本来是一个整体，它们之间有着休戚相关的内部联系。他认为，学道学要首先明白这个道理。但道学并不是一种知识，所以仅只"识得此理"还不行，更重要的是要实在达到这种境界，要真实感觉到自己与物同体。这种境界叫"仁"，达到这种境界的人叫"仁人"或"仁者"。

程颢比喻说:"医书言手足痿痹为不仁。此言最善名状。仁者以天地万物为一体,莫非己也,认得为己,何所不至?若不有诸己,自不与己相干。如手足不仁,气已不贯,皆不属己。"(同上)既"不属己",不但空谈"爱人"是假话,即使为己利的目的真做些"爱人"之事,也不是真实。上边所讲,程颢所说,"至诚恻怛之心","《关雎》、《麟趾》之意",都是真正的"仁"的表现,以至义、礼、智、信都是"仁"的表现。

所以,既"识得此理",还要"以诚、敬存之"。"诚"是没有虚假的,用道学家的话说,就是"不妄"。"敬"是心不分散,用道学家的话说,就是"主一"。"以诚、敬存之",就是实实在在地注意于"浑然与物同体"这个道理。这就够了,不需要防守自己,怕自己的行为有误,也不需要再事追求,怕这个道理有错。

"此道与物无对,大不足以名之","浑然与物同体"。这个"物"就是指的一切东西,它就是一切,就是宇宙。哪里还有什么东西能在一切东西之外呢?既不可能有什么东西能在其外,所以也就不可能有什么东西可以与之相对,所以"与物无对"。既然"与物无对",那就是"绝对"。这就是"绝对"这个名词的确切意义。这不是说,程颢所说的"与物无对"与黑格尔所说的"绝对精神"有什么共同之处,只是说,这个名词有这样的意义。

道学家所说的"太极"也有"与物无对"的意思,不过二程都没有用这个名词。

既然"我"真实觉得"浑然与物同体"了,所以"天地之用,皆我之用"。孟轲说:"万物皆备于我。"这都是说明天地万物皆与"我"浑然一体的精神境界,并不是说,自然界的现象都是"我"

所作为，如自然界刮风下雨，就能"呼风唤雨"。这种境界的哲学意义，打破主观和客观的界限，中国哲学称为"合内外之道"。

照道学的要求，这个"合"不仅是知识上的事，还需要反过来看看自己是否真有这种精神境界，是否真正感觉到如此。如果真有这种境界，真是如此，那就是"反身而诚"，那就可以有最大的快乐（"乐莫大焉"）。如若不然，仅只是在知识上认识有这个道理，而实际上仍然觉得自己是自己，万物是万物，主观是主观，客观是客观，尔为尔，我为我，那么，即使努力要取消这种界限，那也还是"以己合彼，终未有之"，那也不能有乐。这就回答了什么是"孔颜乐处""所乐何事"那些问题。这种精神境界正是张载的《西铭》（《订顽》）中所说那种境界，不过张载是用形象思维的语言说出来，而程颢则是用理论思维的语言说出来。

程颢于下文又指出，所谓"以诚、敬存之"的修养方法就是孟轲所说的"养浩然之气"的方法。这种方法是"'必有事焉而无正，心勿忘，勿助长'，未尝致纤毫之力"。"必有事焉"，就是说，要坚持这个道理，有这种精神境界，自己也要求达到这种精神境界。可是也不能操之过急，要求速效。如求速达，这就叫"助长"。如像孟轲所说的用手拔苗，叫它快长，如果若此，那苗不但不能长，而且会死的。这个方法，总起来说，就是"勿忘""勿助"。凡是养什么活的东西，都需如此。如同养花，既不能把它忘了，不浇水，不施肥，也不能浇水、施肥过多，或甚至于拔它，叫它快长。活的东西，不像机器那种死的东西，只要加大油门，它就可以快转。

程颢的这种意思，又见于他和张载讨论"定性"的信中，这是程颢遗留下来的唯一自己写的讨论哲学问题的文章。后人简称这封信为《定性书》(例如《宋元学案》)。

《书》的开头说:"承教,谕以定性未能不动,犹累于外物。"这是张载所提出的问题。意思是说,他想希望达到"定性",可是他总为外来的事物所牵累,以至于不能不"动"。张载的这个问题一方面说的是他自己的经验,一方面也是引用《礼记》的《乐记》中的一段话。《乐记》说:"人生而静,天之性也,感于物而动,性之欲也。物至知知,然后好恶形焉。好恶无节于内,知诱于外,不能反躬,天理灭矣。夫物之感人无穷,而人之好恶无节,则是物至而人化物也。人化物也者,灭天理而穷人欲者也。"道学很重视这一段话。张载所提的问题,其主要的意思是问如何才可以不至于"物至而人化物"。物来引诱是"动",不为其所引诱是"静",这不是一个知识的问题,而是一个修养的问题。在道学中这两个问题是分不开的。道学家们不专门讨论知识问题,而是于修养问题中附带讨论知识问题。为什么要附带?因为两个问题本来是在哲学上互相牵涉,分不开的。

程颢回答说:"所谓定者,动亦定,静亦定,无将迎,无内外。苟以外物为外,牵己而从之,是以己性为有内外也。且以己性为随物于外,则当其在外时,何者为在内?是有意于绝外诱而不知性之无内外也。既以内外为二本,则又乌可遽语定哉?夫天地之常,以其心普万物而无心;圣人之常,以其情顺万事而无情。故君子之学,莫若廓然而大公,物来而顺应。《易》曰:'贞吉,悔亡。憧憧往来,朋从尔思。'苟规规于外诱之除,将见灭于东而生于西也,非惟日之不足,顾其端无穷,不可得而除也。人之情各有所蔽,故不能适道,大率患在于自私而用智。自私则不能以有为为应迹,用智则不能以明觉为自然。今以恶外物之心而求照无物之地，是反鉴而索照也。《易》曰：'艮其背，不获其身，行其庭，不见其人。'孟氏亦曰：'所恶于智者，为其凿也。'与其非外而是内，不若内外之两忘也。两忘则澄然无事矣。无事则定，定则明，明则尚何应物之为累哉！圣人之喜，以物之当喜；圣人之怒，以物之当怒。是圣人之喜怒，不系于心而系于物也。是则圣人岂不应于物哉？乌得以从外者为非而更求在内者为是也？今以自私用智之喜怒，而视圣人喜怒之正为何如哉？夫人之情易发而难制者，惟怒为甚，第能于怒时遽忘其怒而观理之是非，亦可见外诱之不足恶，而于道亦思过半矣。"（《答横渠先生定性书》，《程氏文集》卷二）

程颢认为，张载的问题的根本错误是"以外物为外，牵己而从之"，这就是"以己性为有内外"，而不知性之无内外。既然"以己性为有内外"，那就发生以"己性"为内，以外物为外，"己性"为外物引诱而不能"定"的问题。要解决这个问题，那就须首先认识在"己性"中本来无所谓内外之分。他说："夫天地之常，以其心普万物而无心；圣人之常，以其情顺万事而无情。"意思就是说，天地没有它自己的心，万物之心就是它的心。"圣人"的精神境界是与天地同样地"廓然大公"，所以他的好恶能顺应万物而没有为自己的利害的好恶。庄周说："圣人用心若镜，不将不迎，应而不藏，故能胜物而不伤。"（《庄子·应帝王》）程颢所说的"无将迎"，是从庄周来的。他们都认为，"圣人"的心，好像是一面镜子，能照一切东西，有什么东西来，就现出一个什么影子。所映之物去了，它不去送（将）它，所映之物来了，它也不去迎它。物不来即不应，物来即应，应了也不把它藏起来。程颢虽然用了庄周的这个比喻，但是他和庄周的目的不同。庄周的目的是养生，他讲的是"胜物而不伤"，就是说，这样可以战胜外界的事物而不为它们所伤。程颢讲的是"定性"，讲的是这样可以安定自己的"性"而不为外界的事物所动摇。张载的意思大概是说：要"定性"必须与外物隔绝。程颢认为，这不是一个办法，至少不是一个根本解决问题的办法。他说："所谓定者，动亦定，静亦定，无将迎，无内外。"意思就是说，如果认为有内外之分，以自己心为内，以外界的事物为外，由此而设法企图使自己的心免于受外物的引诱，这个出发点是错了。如果把"动静"对立起来，认为必须没有动才可以保持静，这个前提也错了。真正的定，并不是与活动相对立的，它是"动亦定，静亦定"，好像一面镜子，虽然它能照出来任何事物的影子，但是它本身是不动的。这个比喻还不够确切，因为就一个镜子说，它的本身和它以外的东西毕竟还是有分别的。至于人的"本性"和所谓外界的东西，本来是没有内外之分的，所以必须从无内外这个前提出发，才可以达到"动亦定，静亦定"的精神境界。

这里所谓内外就是主观和客观，程颢认为，"不可以内外为二本"。就是说不要把主观与客观对立起来，而要变二本为一本。他说："既以内外为二本，则又乌可遽语定哉？"意思就是说，必须懂得内外一本，才可以懂得"动亦定，静亦定"的道理，才可以达到这种精神境界。

程颢接着说："夫天地之常，以其心普万物而无心；圣人之常，以其情顺万事而无情。"这是程颢举例以为所谓"无内外"的说明。这里所谓"天地"就是宇宙，宇宙是包括一切事物的总名。任何事物只能在宇宙之内，不能在宇宙之外，所以宇宙是无内外。宇宙没有自己的心，一切有心的东西的心，都是宇宙的心。对于宇宙说，没有主观与客观之分。也就是说,圣人的精神境界是和宇宙一样的广大,对于他也没有主观和客观的分别,所以他没有专为他自身的利益而引起的感情。他的感情是无私的。

程颢接着说:"故君子之学,莫若廓然而大公,物来而顺应。""廓然而大公"就是形容上面所说的天地和圣人的情况。因为他们是"廓然而大公",无论什么事情来他们都顺其自然而反应之。这就是所谓"顺应",就是没有加以思索考虑的自发反应。

程颢又说:"人之情各有所蔽,故不能适道,大率患在于自私而用智。自私则不能以有为为应迹,用智则不能以明觉为自然。"这是说,一般人所有的犯错误的根本,就是在两点上与圣人不相同,与天理不相似。这两点就是"自私"和"用智"。"自私"是和"廓然大公"相对立的,"用智"是和"物来顺应"相对立的。如果一个人的思想行为都是以自己利益为出发点,出于自私的动机,他的思想行为就都是有所为而为,而不是对于事物的自发的反应。所以说,自私就不能"以有为为应迹"。他为这些有所为的行为,必定有许多思索、辩护,即使自己明知是不应该做的事,他也要想出理由辩解,仿佛也是应该做的。其实哪些事情应该做,哪些事情不应该做,人心本来有明觉,所以是能够自发地作出反应的。"用智"的结果,就把这种自然的明觉歪曲了,掩盖了,所以说,"用智则不能以明觉为自然"。这里所谓明觉,完全是就道德说的。

程颢接着说:"非外而是内,不若内外之两忘。"他认为张载的问题就在于"非外而是内",这就是"以内外为二本"。既然从"以内外为二本"出发,那就永远不能达到张载所要求的"定性"的精神境界。所以要"内外两忘",以"内外为一本"。程颢接着说："两忘则澄然无事矣。无事则定，定则明，明则尚何应物之为累哉！"他认为，是内而非外，是自找麻烦。如果内外两忘，这些麻烦自然都没有了。但这并不是说，人应该与社会隔绝，"形如槁木，心如死灰"，好像一个活着的死人。人的心本来有一种自然的明觉，遇见问题时，什么事情应该做，什么事情不应该做，他能自发地作出反应。人只要顺着这种自发的反应去做，自然就不会有错。

程颢接着讲喜怒两件事以为说明。一般人的喜怒，多是从个人利害出发的，所以在与自己有利的事就喜，遇见与自己有害的事就怒。一般人的喜怒都是与自私关系密切，在喜怒上可以看见自私的表现。如果一个人完全没有自私，他的喜怒就不是从他自己的利害出发，而是从社会的利害出发。遇见对社会有利的事，虽然与自己有害，他的心理自然的明觉也自然会发出喜的反应。遇见与社会有害的事，虽然与自己有利，他的心的自然明觉，也会发出怒的反应。这就是程颢所说的："圣人之喜，以物之当喜；圣人之怒，以物之当怒。是圣人之喜怒，不系于心而系于物也。"

由此程颢得出结论说："是则圣人岂不应于物哉？乌得以从外者为非而更求在内者为是也？"

程颢的《定性书》所说的道理，以及所要达到的精神境界，和《识仁篇》是完全一致的。《定性书》说"性无内外"，《识仁篇》说："仁者浑然与物同体。"这都是取消主观和客观的界限。《定性书》说："两忘则澄然无事矣。"《识仁篇》说："识得此理，以诚、敬存之而已。"事情就是这样的简单、直接。因为照他说，人性本来就有自然的明觉，这就是《识仁篇》所说的"良知、良能，元不丧失"。道学中的"心学"一派，都认为道德修养主要是扩充"良知良能"，后来王守仁把这个意思概括为三个字："致良知"。

朱熹的语录中有一条说:"《定性书》说得也诧异。此性字是个心字意。"(《朱子语类》卷九十五)朱熹的这句话很对。《定性书》所说的实际上是心无内外,朱熹为什么觉得诧异呢?因为在中国古代哲学中,性、心两个字的意义没有严格的分别。在道学中,性、心两个字成为两个主要的术语,它们的意思有了严格的区分。朱熹很推崇张载的一句话:"心统性情。"既然是性、情的统一,那就是把三个术语的意思确定下来了。照这个确定的意义,所谓"定性"应该是"定心"。照程颢的《定性书》中所说的,"定性"这两个字似乎是张载提出来的,张载给程颢的这封信可能是张载早年时期写的。在那个时候,他对于心、性、情,还没有作出严格的区别。

张载所说的"定性",实际上就是孟轲所说的"不动心"。孟轲所说的"富贵不能淫,贫贱不能移,威武不能屈",就是说,"养浩然之气"的人的心,不为这些外物所动。

二程语录中有一条说:"侯世与云:某年十五六时,明道先生与某讲《孟子》,至'勿正,心勿忘,勿助长'处云:'二哥(指程颐)以"必有事焉而勿正"为一句,"心勿忘,勿助长"为一句,亦得。'因举禅语为况云:'事则不无,拟心则差。'某心当时言下有省。"(《程氏遗书》卷一)"事则不无,拟心则差",是说,禅宗的人也并不是不应付事物,但不可有拟心。这个拟心就是程颢所说的用智。这一条泄露了道学和禅宗的继承关系。

《定性书》实际上是以心为性。这并不是程颢误用了字,这是因为在他的哲学系统中本来没有这个分别。张载也以心为性,可能是迁就程颢的系统。

第六节　程颐的《易传·序》

《易传》是程颐的主要著作。在《易传》的《序》中程颐简要地叙述了他对于《周易》的理解，以及他自己哲学体系的要点。《序》的开头说："易，变易也，随时变易以从道也。其为书也，广大悉备，将以顺性命之理，通幽明之故，尽事物之情，而示开物成务之道也。"（《程氏文集》卷八）这里所说的"道"，就是"性命之理"。本书第二册讲《易传》的时候说，《周易》是一个宇宙的代数学。它所讲的是一些公式，特别是宇宙间一切事物发展变化的总公式。《序》中所说的"开物成务"，是就宇宙间的一切事物说的。这些事物时时刻刻都在变化之中。变化有一定的规律，这就是"道"，也就是"性命之理"。程颐认为，《周易》把这些"道"和"理"用一种卦象表示出来，这就叫"象"。他说："至微者理也，至著者象也。体用一源，显微无间。"这几句话是他的哲学体系的要点。这里所说的"象"，就不只是八卦和六十四卦所表示的"象"，八卦和六十四卦的那些卦象也不只是乾为马、坤为牛那些物象，一切具体的东西都是它们的"理"的象。"理"是根本的，所以称为"体"，具体的东西是派生的，所以称为"用"。"理"是不可能被感觉的，所以称为"微"，它们的"象"是可能被感觉的，所以称为"显"。"体"和"用"，"微"和"显"，是互相分裂而又互相联系的，这就叫"体用一源，显微无间"。

程颐的《易传》写成以后，叫他的学生们看。有一个学生尹焞说，《序》文中说"体用一源，显微无间"，"莫太泄露天机否？"（《程氏外书》卷十二）所谓的"泄露"指的是什么呢？是分别"体"和"用"、"微"和"显"，还是"体用一源，显微无间"呢？我认为都是。"体用一源，显微无间"，是事物的原来的样子。人们在生活中所遇到的事物没有一个不是"体用一源，显微无间"，不过我们不理解，这就是所谓"百姓日用而不知"。哲学家们对于日常所遇见的东西，用理智加以逻辑的分析，就看出来"微"和"显"、"体"和"用"的分别。这是人对于宇宙间事物的进一步的理解，这样理解使他们的精神境界进一步提高。但如果停留在这样的水平上，把"微"和"显"、"体"和"用"看成是彼此无关，那就和宇宙间事物原来的样子不符合了。所以必须说"体用一源，显微无间"。这样一点明，哲学家们对于宇宙事物的理解就又进了一步，他们的精神境界就更进一步地提高了。

这样的理解，在表面上看，似乎很像"百姓日用而不知"，但这不是无知，这是理解的又进一步，这就是人的认识的发展过程的三阶段。原来的无知是肯定，进一步的有知是否定，再进一步的无知是否定之否定。原来的无知是黑格尔所说的"自然的礼物"，是自然的。进一步的有知似乎是对无知的理解，是黑格尔所说的"人工的创造"，是后得的。原来的和后得的，似乎有点相像，其实是截然不同的。

这样的分析，好像很难理解，其实这一类的事情是我们在生活中所常见的。就如黑格尔所说小孩子可以同老年人说同样的话，可是老年人说的话有他一生的经验在内。黑格尔《精神现象学》这样的一部大书，所发挥的就是这个道理。老年人说一句话可以使人觉得意味深长，小孩子说同样一句话使人觉得可笑。老年人说的那一句话是有内容的，小孩子说的那一句话就没有内容了。

二程的学生谢良佐说："二十年前往见伊川，伊川曰：'近日事如何？'某对曰：'天下何思何虑？'伊川曰：'是则是有此理，贤却发得太早。'"（《上蔡语录》，转引自《程氏外书》卷十二）这一段话是就《易·系辞》中的一段说的。《易·系辞》说："天下何思何虑？天下同归而殊途，一致而百虑。天下何思何虑？"程颐说，是有这个道理，但他的学生说这句话是说得早了。意思就是说，必须经过"殊途"而达到"同归"，经过"百虑"而达到"一致"。那样的"同归"和"一致"才有内容，有意义。如果没有经过"殊途"和"百虑"，而只谈"同归"和"一致"，那样的"同归"和"一致"就没有内容和意义了。前者是认识的进步，有助于精神境界的提高，后者是两句空谈，既不是认识的进步，也无助于精神境界的提高。我有一次同一位文字学家谈话，他说有一个人写了一个白字，我说这也不能算白字，这是假借。那位文字学家把桌子一拍说："我要那样写就是假借，他要是那样写就是白字。"这句话很有道理，文字学家深通六书，所以他那样写是假借，不通六书的人写错字是出于无知，所以写错字就是白字。

就一般和特殊的关系这个问题说，一般是"微"，特殊是"显"。程颐认为一般是"本"，特殊是"末"，这就是理学的特点。

第七节　二程的"气象"和"孔颜乐处"

道学家认为，道学并不是一种知识，而是一种享受品。它不能使人增加知识，而只能予人一种"受用"（享受的意思）。这就是说，这种一般的理解不能增加人对特殊事物的知识，但这种一般的理解越多，人的精神世界就越高。精神世界就是世界观。世界总是有的，总是公共的，但"观"可以不同。所谓"理解"就是"观"。

道学家认为，人的精神世界虽是内心的事，但也必然表现于外，使接触到的人感觉到一种气氛。这种气氛，道学家称之为"气象"。他们甚至认为，即使古代的人，虽不能与今人面对面地接触，但也可以从他们遗留下来的语言文字中，感觉到他们的气象。例如二程说："仲尼，元气也；颜子，春生也；孟子并秋杀尽见。仲尼无所不包，颜子示'不违如愚,之学于后世，有自然之和气，不言而化者也'。孟子则露其才，盖亦时然而已。仲尼，天地也。颜子，和风庆云也。孟子，泰山岩岩之气象也。观其言皆可以见之矣。"（《程氏遗书》卷五，未注明二程中何人所说）二程都没有见过孔、颜、孟，他们认为，在《论语》《孟子》中，"观其言"也可见他们的气象。程颐说："学者不欲学圣人则已，若欲学之，须（当作非）熟玩圣人之气象不可。"（《二程遗书》卷十五）气象是人的精神境界所表现于外的，是别人所感觉的。有某种精神境界的人，他自身也可以有一种感觉。这种感觉是内在的。道学家认为有了道学所讲的高的精神境界的人,他本身所有的感觉是"乐","乐"是道学所能给人的一种"受用"。《论语》记载,孔丘自己说:"饭疏食饮水,曲肱而枕之,乐亦在其中矣。"(《述而》)又记载,孔丘说:"贤哉,回也!一箪食,一瓢饮,在陋巷,人不堪其忧,回也不改其乐。贤哉,回也!"(《雍也》)程颢解释这后一条说:"箪、瓢、陋巷非可乐,盖自有其乐耳。'其'字当玩味,自有深意。"(《程氏遗书》卷十二)第一条孔丘所说,"乐亦在其中矣"的"其"字,也有深意。两条的"其"字都是说,并不是穷有什么可乐,而是说,虽然穷还"自有其乐"。这个乐从何而来?这是道学的一个大问题。

所以周敦颐教二程"寻孔颜乐处,所乐何事?"就是要叫他们回答这个问题。从回答这个问题开始,这就得到了进入道学的门径。从理论上回答了这个问题,这就是懂得了道学。从实践上回答了这个问题(不仅知道有这种乐,而且实际感到这种乐),这就进入了道学家所说的"圣域"。

程颢从实践上回答了这个问题,因为从他的诗文、谈话中,可以看出他是感觉到乐,是"乐亦在其中矣"。他有一首诗说:"闲来无事不从容,睡觉东窗日已红。万物静观皆自得,四时佳兴与人同。道通天地有形外,思入风云变态中。富贵不淫贫贱乐,男儿到此自豪雄。"(《秋日偶成》,《程氏文集》卷三)又一首说:"云淡风轻近午天,望花随柳过前川。旁人不识予心乐,将谓偷闲学少年。"(《偶成》,同上书)这两首诗都提到"乐"。其所以能乐,在于"与人同"("四时佳兴与人同"),与物同("万物静观皆自得","云淡风轻","望花随柳"),甚至与"无限"同("道通天地有形外,思入风云变态中")。"望花随柳过前川",也是与人同,与物同。不过旁人不解,以为他是"偷闲学少年"。"同"是随和,不过随和的意义有浅深,浅之可以是同情心,深之可以是"浑然与物同体"(详下)。上面所谓"至诚恻怛之心","《关雎》《麟趾》之意",都是深厚的同情心的表现。有了这种胸怀,对于世俗间的富贵贫贱,以及一切个人得失,都不介意("富贵不淫贫贱乐"),由此而生出来的乐,就是"孔颜乐处"。他们所乐的就是这种精神境界。程颢的《识仁篇》就是用这个道理回答周敦颐向他们弟兄二人所提出的问题。上面所引程颢的两首诗,就是用形象的语言说明《识仁篇》的道理。

程颢的气象,也说明这一点。二程的学生谢良佐说:"明道先生坐如泥塑人,接人则浑是一团和气。"(《程氏外书》卷十二引《上蔡语录》)

《程氏外书》有一条云:"明道先生每与门人讲论,有不合者,则曰:'更有商量。'伊川则直曰:'不然。'"(《程氏外书》卷十一)《程氏外书》中又一条说:"明道犹有谑语,若伊川则全无。问:如何谑语?曰:明道闻司马温公解《中庸》,至'人莫不饮食,鲜能知味'有疑,遂止。笑曰:我将谓从'天命之谓性'便疑了。伊川直是谨严,坐间无问尊卑长幼莫不肃然。"(《程氏外书》卷十二引《震泽语录》。同卷引《上蔡语录》亦有类似一条)程颢说笑语,这也是"一团和气"的内容。二程弟兄的气象有这样的不同,他们自己也知之。《外书》中有一条说:"伯淳谓正叔曰:'异日能尊师道是二哥。若接引后学,随人才成就之,则不敢让。'"(《程氏外书》卷十二引《上蔡语录》)程颐也说:"视其(程颢)

色,其接物也,如春阳之温。听其言,其入人也,如时雨之润。""先生(程颢)接物,辨而不间,感而能通。教人而人易从,怒人而人不怨。"(《明道先生行状》,《程氏文集》卷十一)这是程颢的气象的概括。

各方面的材料都说明,二程的气象是不同的。程颢在待人的态度上是比较随和,平易近人。这就是上面所说"与人同"。但他的随和、平易近人,又与一般人的随和、平易近人不同。这是因为一个人的气象,是他的精神境界的表现,而他的精神境界是从他的哲学思想和修养功夫得来的,所以他的气象能够感人很深,如程颐所说的。程颐所说可能有夸张,但从程颢与王安石的关系看,也不全是夸张。

邵雍常夸张他自己所享受的乐,自称他的住所为安乐窝。在他的诗集《击壤集》中有些诗表示乐不可支的意思。和程颢的诗比较起来,他的乐有点夸张造作。严格地说,真正持久的乐,不可能是乐不可支的乐,有乐而又忘其乐,那才是真正持久的乐。庄周说:"忘足,履之适也。"一个人如果穿的鞋不合适,他就感觉到不舒服。如果换上合适的鞋,他就感觉到舒服。这种舒服持久了,他就忘记他的脚了。乐不可支的乐,就不是真正持久的乐。本书在第三十九章中讲到"达"与"作达"的分别,程颢和邵雍的乐在某种程度上也有那种分别。

第五十三章 道学的奠基者——张载

第一节　张载的生平及其著作

张载和二程都是道学的奠基人，但他们的哲学思想又各不相同。他们代表道学中的三个主要派别。程颢代表道学中心学的一派。程颐代表道学中理学的一派。心学和理学是传统的名词，如果以这两个名词为例，立一个新名词，那就可以说张载的一派是气学。心学和理学是道学中的唯心主义，气学是道学中的唯物主义。

张载（1020—1077），字子厚，陕西人。少年的时候，喜欢研究军事。二十一岁，见到范仲淹，范仲淹对他说："儒者自有名教可乐，何事于兵？"劝他读《中庸》。他读了《中庸》，感到不满足，又读了些佛教、道教的书，没有什么收获，于是他又回到儒家的经典。他和二程是亲戚，同二程讨论，觉得很能解决问题。以后他专研究儒家的经典，自成一家。因为陕西是"关中"，当时的人称他的这一派为"关学"。因为他家住横渠镇，所以当时的人称他为横渠先生。（见《宋史·道学传》）他的著作，有《正蒙》《易说》等，后人把他的著作编为《张子全书》，近年中华书局出版了新印本《张载集》。

在这些著作中，以《正蒙》为最重要。他的学生吕大临为他所作的《行状》说："熙宁九年（1076）秋，先生感异梦，忽以书属门人，乃集所立言，谓之《正蒙》。出示门人曰：'此书予历年致思之所得，其言殆与前圣合欤！'"（吕大临《横渠先生行状》，见《张载集》附录）熙宁十年（1077），张载即去世，《正蒙》是他最后的著作。《行状》说：张载"终日危坐一室，左右简编，俯而读，仰而思，有得则识之。或中夜起坐，取烛以书"。他"集所立言"，大概就是这些随时记下来的札记。《正蒙》的内容就是这些札记的汇编，但是它的形式还不是张载自己编定的（见范育、苏昺的《正蒙序》）。

第二节　发挥唯物主义的"有无混一"论

　　道教以老子为教主。老子说："天下万物生于有，有生于无。"（《老子》第四章）"有生于无"成为道教宇宙形成论的基本理论。周敦颐的《太极图说》说有"无极而太极"之说，还保留这种思想的痕迹。道教的基本教义是修炼以长生不死。佛教认为客观世界是"唯心所现"，虚幻不实，它的基本教义是修炼以求"无生"，超出轮回。张载针对二氏的这些基本教义，以《周易》为根据，提出自己的宇宙观。《正蒙》的主要内容，就是提出、阐述这个宇宙观。

　　《正蒙》开头就说："太和所谓道，中涵浮沉、升降、动静、相感之性，是生絪缊、相荡、胜负、屈伸之始。……散殊而可象为气，清通而不可象为神，不如野马絪缊，不足谓之太和。"（《正蒙·太和篇》）"道"的意思是过程，用道学家的话说是"流行"。宇宙是一个无始无终的过程，是一个不息不休的流行。这个过程含有矛盾对立的本性,如浮与沉、升与降、动与静等都是对立的。各对立中的两个方面都是矛盾着的,这个矛盾就叫"相感"、"相荡"。对立面的"相感"、"相荡"的结果,必有一个对立面占优势,一个对立面占劣势,这就叫"胜负"、"屈伸"。各种对立面的"相感"、"相荡"、"胜负"、"屈伸"就是宇宙这个过程的全部内容。

这个过程并不是一种想象中的东西,而是一种客观存在。照张载说,这就是"气","不如野马絪缊,不足谓之太和"。下文又说:"气坱然太虚,升降飞扬,未尝止息。《易》所谓'絪缊',庄生所谓'生物以息相吹''野马'者欤!"《庄子》说:"野马也,尘埃也,生物之以息相吹也。"(《庄子·逍遥游》)"野马"据说是"田间游气"。"野马""尘埃"以及人呼吸中所感觉到的气都是细微的东西。张载引这些话,是用以说明气是一种极细微的物质。这种物质有聚有散,"散殊而可象为气,清通而不可象为神"。说气如"野马""尘埃",那已经是"可象"的了,严格地说,那已经是极细微的物质的"聚"了。"散殊"虽用了一个"散"字,但"殊"字表明它已是特殊的东西,所以是"聚"。《太和篇》另一条说:"气聚则离明得施而有形,气不聚则离明不得施而无形。""离明"指人的肉眼,"气聚"成为特殊的事物,人的肉眼能看到,这就是有形、有象;气散,人的肉眼就不能看到,这是无形、无象,是"清通而不可见",这就是"神"。这不是说于气之外另有"神","神"只是气之散而不可见者。《太和篇》另一条说:"太虚无形,气之本体。"极细微的物质,散而不可见,好像是虚无,可以称之为"太虚"。其实"太虚"并不是虚无,而是"气之本体"。

张载比喻说:"气之聚散于太虚,犹冰之凝释于水。知太虚即气则无无。"（《太和篇》）又说："太虚为清，清则无碍，无碍故神；反清为浊，浊则碍，碍则形。"（同上）如果水是极清的，它就无碍，看起来好像是没有，但水可以凝结为冰，冰就有碍，就可以为人所看见；冰释以后，仍然是清水。气没有聚，就像极清的水，是看不见的；气聚为物，就好像水结为冰，就有碍而为人所能看见了。气散就如冰释于水，又成为无碍了。冰释以后，冰是没有了，但水仍照旧存在。冰没有了，并不是水没有了，"太虚"与万物也是如此。所以"知太虚即气则无无"。

"太虚"是张载哲学中的一个重要范畴，它的意义和重要性张载都讲得很清楚。还有"太和"这个范畴，其重要性不亚于"太虚"。《正蒙》的第一条就是讲"太和"，而不是讲"太虚"。这两个范畴有什么分别，又怎样联系呢？张载没有明确地说。就他的整个哲学体系看，我可以作如下的推测。

"太虚"说的是宇宙的物质结构，"太和"说的是宇宙的精神面貌。这个精神面貌是宇宙发展的规律所决定的，所以说"太和所谓道"，"道"就是规律。这个规律就是客观辩证法，就是矛盾的统一，所谓"相感"、"相荡"、"胜负"、"屈伸"就是矛盾，正是这些矛盾构成了宇宙统一体。一个矛盾的统一体，就是一个"和"。宇宙是最大的统一体，所以这个"和"称为"太和"。

"太和"这个范畴是从《周易》来的。《乾》卦《象辞》说："保和太和乃利贞。"意思就是说，宇宙间各种事物都有自己的"性命"，合在一起称为"太和"。张载所理解的"太和"是矛盾的统一，并不是西方哲学所说的"预先决定的和谐"。

用这一种"有无混一"的宇宙观，张载针对道教和佛教的根本教义进行批判。他说："太虚不能无气，气不能不聚而为万物，万物不能不散而为太虚。循是出入，是皆不得已而然也。然则圣人尽道其间，兼体而不累者，存神其至矣。彼语寂灭者往而不反，徇生执有者物而不化，二者虽有间矣，以言乎失道则均焉。"（《太和篇》）又说："知虚空即气，则有无、隐显、神化、性命通一无二。顾聚散、出入、形不形，能推本所从来，则深于《易》者也。若谓虚能生气，则虚无穷，气有限，体用殊绝，入老氏有生于无自然之论，不识所谓有无混一之常。若谓万象为太虚中所见之物，则物与虚不相资，形自形，性自性，形性、天人不相待而有，陷于浮屠以山河大地为见病之说。"（同上）

意思就是说，如果了解太虚就是气，那么，如"有无、隐显、神化、性命"这一类的范畴是"通一无二"的。其所以"通一无二"，因为这些范畴说的都是气的"聚散、出入、形不形"。气聚则"有形"，这就是"出"、"有"、"显"。气散则无形，这就是"入"、"无"、"微"。气散为太虚，它就是无形，是神（"清通而不可象为神"）。气聚则有形，有形是化。有形禀受太虚本有之性，这些本有之性就是"命"。这些范畴，"推本所从来"，归根到底都是气之聚散。这个聚散的过程就叫"道"。其所以有这些聚散，都是"不得已而然"的。"不得已而然"几个字，是为批判宗教的目的论而说的，表现了张载的宇宙观的唯物主义内容。

张载用这种宇宙观首先批判了道教的"有生于无"的说法。"若谓虚能生气"一段，可能是指周敦颐的《太极图说》的。张载批判说"虚无穷，气有限"，这可能是指周敦颐所说的"无极而太极"。"虚"是"无极"，那就是无穷。"太极"有极，那就是有限，若认为无极是体，太极是用，是无极所发出来的作用，那么体是无限的，用是有限的，"体用殊绝"，这就是老氏的"有生于无"之说。张载认为，照他所说的"太虚"就是气的"有无混一"的说法，就没有这种弊病。"若谓万象为太虚中所见之物"一段，是批判佛教以万物为幻的说法。张载认为，照这个说法，山河大地及一切万物都是虚幻不实，好像是一个眼睛有病的人所看见的幻象。这就是认为，太虚和万物没有内在的关系，万物之形和太虚之性，各是各的，不相关联；天和人也是各是各的，不相关系。张载认为，这是"以人见之小，因缘天地，明有不尽，则诬世界乾坤为幻化"（《太和篇》）。就是说，这是以主观的偏见推测客观，在讲不通的时候，就说客观是幻化。这是对于佛教主观唯心主义的批判，也是对于一切主观唯心主义的批判。

张载用"有无混一"的宇宙观批判了佛、道在宇宙观方面的错误。道教追求"长生"，这是"徇生执有者物而不化"，即执着身这个物，企图使它长远存在，不起变化。佛教追求"无生"，这是"语寂灭者往而不反"，企图使自己超出轮回，一去而不再回来。"长生"和"无生"是相反的，但都是错误的。正确的道理是了解所谓生死不过是气之聚散。这是幽、明之分，不是有、无之分。张载说："聚亦吾体，散亦吾体，知死之不亡者，可与言性矣。"（《太和篇》）张载认为，这就是《周易》所讲的"幽明之故""死生之说"。"方其形也，有以知幽之因；方其不形也，有以知明之故。"（同上）懂得了这个道理，追求"长生"不可能，追求"无生"亦为多事。

张载的"有无混一"论也有它的弱点。《太和篇》说："凡天地法象，皆神化之糟粕尔。"又说："万物形色，神之糟粕。"彻底的唯物主义者认为具体的天地万物是真正存在的客观事实,也是唯物主义哲学的出发点。从这个具体的客观世界出发,以这个具体客观世界为根据,对它可以作出不同的分析,但必须承认这个具体世界是根本的。张载以天地万物为"神之糟粕",那就是以"神"为本,以具体的天地万物为末了。他的这种说法就不是"有无混一",而近乎"有生于无"了,这就使他的"有无混一"论有滑到唯心主义的危险。当然他所说的"神"是属于"气",而"气"是物质性的,但是如果认为具体的天地万物是"神之糟粕",那么"气"的物质性也就很模糊了。

第三节　发挥辩证法的"二端"论

张载说:"天地之气虽聚散、攻取百涂,然其为理也,顺而不妄。"(《太和篇》)就是说,宇宙的演变,虽然极为复杂,然而都是遵循一个规律。这个规律张载称为"二端"。他说:"造化所成,无一物相肖者。以是知万物虽多,其实一物;无无阴阳者(似当作:"无一物无阴阳者"),以是知天地变化,二端而已。"(《太和篇》)又说:"天道不穷,寒暑也;众动不穷,屈伸也;鬼神之实,不越二端而已矣。"(同上)《周易》讲"幽明之故"、"死生之说",还讲"鬼神之情状"。张载说:"鬼神者,二气之良能也。"(同上)鬼神就是"屈伸"。张载说:"物之初生,气日至而滋息。物之既盈,气日反而游散。至之谓神，以其伸也；反之谓鬼，以其归也。"(《动物篇》)"反"就是返，言其复返于太虚。在宇宙演化的过程中，凡过去的都是鬼，过去的东西都回归于"太虚"，所以称为"鬼"。将要到来的东西都是神，张载说："神者，太虚妙应之目。"(《太和篇》)"应"是太虚对于"感"的反应。有什么"感"，怎么反应，这都是不可预测的，所以称为"妙应"，也称为"神"。神有变化不测的意思。归根到底这也是气之屈伸。屈伸是二端。"鬼神之情状"，就是"二端"。

"二端"并不是各自平行，互不相干的，而是互相感动、互相反应的。张载说："若阴阳之气，则循环迭至，聚散相荡，升降相求，絪缊相揉，盖相兼相制，欲一之而不能，此其所以屈伸无方，运行不息，莫或使之，不曰性命之理，谓之何哉？"(《参两篇》)这是说"二端"的感应，有这种种复杂的情况，主要是"相荡"而又"相求"，"相兼"而又"相制"。这是"性命之理"，也就是事物发展变化的基本原则。

事物正是在这种交互错综的复杂情况下，而成其为事物的。张载说："物无孤立之理，非同异、屈伸、终始以发明之，则虽物非物也。事有始卒乃成，非同异、有无相感，则不见其成。不见其成则虽物非物，故曰：屈伸相感而利生焉。"(《动物篇》)这就是说，事物都是在和它的对立面互相感动，互相反应，简称为"感应"，用现代辩证法的话说，就是斗争与统一。事物刚出生，就有了同异。它本身是同，与它对立的是异。有同异就有矛盾，有矛盾就有斗争，有斗争就有胜负，这就是屈伸。屈伸的结果是事物的成败存亡，这就是始终、有无。这些过程，就是事物的内容。这些过程越曲折、复杂，事物的内容就越丰富，这就是所谓"以发明之"。没有这些"发明",这些事物就没有内容,就是僵死的、贫乏和空洞的。这就是所谓"虽物非物"。

"二端"亦称"两体"。张载说:"两不立则一不可见,一不可见则两之用息。两体者,虚实也,动静也,聚散也,清浊也,其究一而已。"(《太和篇》)这也是说,每一个东西都有它的对立面,都是和它的对立面互相感动、互相反应而成长发展起来的。没有这些过程,一个东西没有对立面,就不成其为东西,"虽物非物"。这就是"一不可见"。"两"的作用,就是那些过程。没有那些过程,"两"也没有作用,"两之用息"。就宇宙这个总体说,其中所含的总的对立面,就是虚实、动静等,概括地说就是阴阳。归究起来,这些对立面,无非都是一气的聚散。

以上是就事物外部说的,其内部也是如此。内部、外部的内外都是相对的,只有宇宙(张载称之"天")是无外的。

张载说:"游气纷扰,合而成质者,生人物之万殊。其阴阳两端,循环不已者,立天地之大义。"(同上)"两端循环不已者"是"天地之大义",就是说,两个对立面的对立、交感、屈伸,如此循环不已,是宇宙演变的总规律。他又说:"气本之虚,则湛一无形。感而生,则聚而有象。有象斯有对,对必反其为;有反斯有仇,仇必和而解。"(同上)这是讲对立面矛盾统一的过程,也就是"天地之大义"的内容。

张载说:"一物两体,气也。一故神(自注:两在故不测),两故化(自注:推行于一),此天之所以参也。"(《参两篇》)就是说,气是一,其中有两,即阴阳。因为其中有两,相感、相荡,所以气的变化就不可测,"两在故不测"。可是"两"是"推行于一",

不是离开一而有两。阴阳的推移就是气的变化，这说明"一"与"两"的关系。《周易》说："参天两地而倚数。"张载认为"参"就是三。一加二成为三，三中涵有一和二。

张载认为，因为任何事物都含有"二端"，所以认识事物和处理生活都要顾到二端，这叫"兼体"，不能"兼体"则成为"偏滞"。他说："体不偏滞，乃可谓无方无体。偏滞于昼夜阴阳者，物也。若道则兼体无累也。故曰'一阴一阳'，又曰'阴阳不测'，又曰'一阖一辟'，又曰'通乎昼夜'。语其推行故曰道，语其不测故曰神，语其生生故曰易。其实一物，指事异名尔。"（《乾称篇》）《周易·系辞》说"一阴一阳之谓道"，又说"阴阳不测之谓神"，又说"一开一阖之谓变"，又说"通乎昼夜之道而知"，又说"神无方而易无体"。张载认为，其所以"无方""无体"，在于其能"兼体"，他所引的几个"又曰"都是"兼体"的例证。张载认为，《周易》以为阴阳、开阖，以及人的生死，就如昼夜的交替。"通乎昼夜之道而知"，就是说，由昼夜的交替而悟到二端，"通"字的意思就是"兼体"。

张载由此批判佛教说："释氏语实际，乃知道者所谓诚也，天德也。其语到实际，则以人生为幻妄，以有为为疣赘，以世界为荫浊，遂厌而不有，遗而弗存。……彼欲直语太虚，不以昼夜阴阳累其心，则是未始见《易》。未始见《易》，则虽欲免阴阳昼夜之累，末由也已。"（同上）就是说，佛教以人生为虚幻，"有为为疣赘"，那就是"偏滞"，偏滞于夜而不知昼。他们要免除阴阳昼夜之累，其实正是受阴阳昼夜之累。《易》则是"通昼夜"，兼体"昼夜"。"通"则不求免阴阳昼夜之累，而已免阴阳昼夜之累。

1763

佛教的最大问题是死生问题。张载针对这个问题进行批判说："浮屠明鬼，谓有识之死，受生循环，遂厌苦求免，可谓知鬼乎？以人生为妄，可谓知人乎？天人一物，辄生取舍，可谓知天乎？……今浮屠极论要归，必谓死生转流，非得道不免，谓之悟道可乎（自注：悟则有义有命，均死生，一天人，唯知昼夜，通阴阳，体之不二）？"（同上）张载认为，生死的本质就是气之聚散。他说："聚亦吾体，散亦吾体，知死之不亡者，可与言性矣。"（《太和篇》）聚散都是一气，所以死并不是亡。懂得这个道理，就可以"均死生，一天人"，"体之不二"，就是"兼体"。

在这一段的末尾，张载说："自古诐、淫、邪、遁之词，翕然并兴，一出于佛氏之门者千五百年，自非独立不惧，精一自信，有大过人之才，何以正立其间，与之较是非，计得失？"（《乾称篇》）自佛教入中国以来，从哲学思想上，针对佛教的教义，"与之较是非，计得失"者，在张载以前，实少其人。这一段话，是张载的自负和自信。

张载把他的辩证法归结四句话："有象斯有对，对必反其为；有反斯有仇，仇必和而解。""仇必和而解"可能被认为是他的辩证法思想的弱点和缺点，但是他有他的看法。

张载认为，宇宙演变的整个过程是阴阳矛盾的过程，这个总的过程称为"太和"。《正蒙》的首篇、首条、首句是"太和所谓道"。"太和"并不是没有矛盾，而是有矛盾又有统一，这在上边已经讲过。他说："阴阳两端，循环不已者，立天地之大义。"（《太和篇》）所谓循环就是"胜负"、"屈伸"，这就是矛盾。

张载的辩证法思想所着重的是"一物两体"，就是说一个统一体有两个对立面。一个统一体是"一"，两个对立面是"二"。他所着重讲的是"一"和"二"的关系,即在不妨碍"一"的存在的前提下,"二"是怎样发生作用的。在"二"之间,如果有一方面消灭了它的对立面,那么"一"也就不存在了;"一"不存在,"二"也就没有了。这就是张载所说的"一不可见则两之用息"。例如:在封建社会里,地主和佃农是两个对立面,封建社会是"一",地主和佃农是"二"。阶级斗争的结果,农民起义消灭了地主阶级,如果没有地主,也就没有佃农了。这并不是说农民劳动者没有了,只是说他们就不是佃农了。在资本主义社会中,有资本家和无产阶级两个对立面,资本主义社会是"一",两个对立的阶级是"二"。无产阶级革命消灭了资本家,资产阶级就不存在了,如果没有资本家,也就没有无产阶级了。并不是没有工人劳动者,只是说他们就不是无产阶级了。这就叫同归于尽,两个对立面同归于尽,原来的那个"一"也不存在了。封建社会和资本主义社会都不存在了,"一""二"就同归于尽。这个道理就是《周易·系辞》所说的"乾坤毁则无以见易,易不可见,则乾坤或几乎息矣"。

宇宙本是个"一"。《庄子·天下篇》说:"至大无外谓之大一。"宇宙恰好就是个大"一",其中的"二"可以概括为阴阳、乾坤。这些名词就是宇宙代数学中的符号。这个大"一"是不可能归于尽的,所以其中的"二"也不可能同归于尽。它们的斗争只能是"胜负"、"屈伸",就是说只能是谁占优势,不可能是谁消灭谁。所以《系辞》说:"一阴一阳之谓道。"这句话的意思是说在一个阶段内,阴占优势,在另一个阶段内,阳占优势,并不是说只有一个阴,只有一个阳。占优势者并不能完全消灭它的对立面,这大概就是张载所说的"仇必和而解"。

客观的辩证法只有一个，但是人们对于它的认识和了解可以有很多，至少有两个。一个统一体的两个对立面是矛盾的统一，这是都承认的，但是一种认识可以以矛盾为主，另一种认识可以以统一为主。后者认为"仇必和而解"，前者认为"仇必仇到底"。这是两种辩证法思想的根本差别。

第四节　张载的《西铭》与人的精神境界

《西铭》是张载的一篇重要著作，一名《订顽》，可能是一篇独立的著作，但也出现在《正蒙》第十七篇，列在第十七篇头条。第十七篇题为《乾称》，就是取这个头条的首句"乾称父"的头两个字以为名的。究竟是先有《西铭》，范育、苏昺编《正蒙》时把它编进去，或是先有《正蒙》，当时人把《西铭》从第十七篇中摘出来，使之单行呢？实际的情况可能是前者。照上面所讲的，张载于去世的前一年，把他以前所写的文章、札记等交给他的学生，他的学生范育和苏昺把这些稿子编为《正蒙》。《正蒙》并不是一部有系统的完整的著作，而是论文笔记汇编之类。其成书在张载去世前一年，或甚至在此以后。在此之前，还没有《正蒙》，而在有《正蒙》以后，张载也没有时间再写重要的著作。实际的情况可能是在张载交给他的学生们的稿子中，包括有《西铭》和《东铭》，范育、苏昺等编《正蒙》的时候，把这两篇编入第十七篇，以《西铭》为头条,以《东铭》为末条,仍保持东、西对峙的意义。

《西铭》的原文是:"乾称父,坤称母,予兹藐焉,乃混然中处。故天地之塞,吾其体;天地之帅,吾其性。民吾同胞,物吾与也。大君者,吾父母宗子;其大臣,宗子之家相也。尊高年,所以长其长;慈孤弱,所以幼其幼。圣其合德,贤其秀也。凡天下疲癃残疾、茕独鳏寡,皆吾兄弟之颠连而无告者也。于时保之,子之翼也;乐且不忧,纯乎孝者也。违曰悖德,害仁曰贼;济恶者不才,其践形,唯肖者也。知化则善述其事,穷神则善继其志。不愧屋漏为无忝,存心养性为匪懈。恶旨酒,崇伯子之顾养;育英才,颍封人之锡类。不弛劳而底豫,舜其功也;无所逃而待烹,申生其恭也。体其受而归全者,参乎;勇于从而顺令者,伯奇也。富贵福泽,将厚吾之生也;贫贱忧戚,庸玉女于成也。存,吾顺事;没,吾宁也。"(《乾称篇》)

这是道学中的一篇具有纲领性的著作。二程极力推崇这一篇,说是有了这篇文章可以省却许多言语。这篇的第一段从"乾称父"到"天地之帅,吾其性",明确了人在宇宙中的地位,认为宇宙好比一个大家庭,乾坤是其中的父母,人好比其中的儿女,作为这个大家庭的成员,人应该担负一个成员的责任和义务。从这个前提出发,就可推出"民吾同胞,物吾与也",以及以下各种说法。从文法上说,这篇中具有关键性的字眼是两个代名词,"吾"和"其"。"吾"是作为人类之一员的个人;"其"指乾坤、天地。这个前提代表一种对于宇宙的态度。从这个态度出发,就可见作为人类的一员的"吾",所做的道德的或不道德的事都与"其"有关,因此就有一种超道德的意义。从这个态度出发,也可见作为人类一员的"吾"的遭遇的顺逆,幸与不幸,也都有一种超社会的意义。从这种意义,

《西铭》可以得出结论说:"存,吾顺事;没,吾宁也。"佛教所谓生死大事的问题,也就自然而然地解决了。

从字面上看,《西铭》的头一段是一个唯心主义的论断。根据这一段,有些人认为张载哲学体系是唯心主义,或者是其中有唯心主义成分,但是从张载哲学体系的全体看,还不能这样说。因为《西铭》的头一段不是一种本体论的论断,而是人对于宇宙的一种态度,它所说的不是关于宇宙构成的一种理论,而是人的一种精神境界。张载自己也说:"《订顽》之作,只为学者而言,是所以'订顽'。天地更分甚父母?只欲学者心于天道。若语道则不须如是言。"(《语录》上)意思就是说,《西铭》所说的天地是父母,这是一种形象的说法,这是为初学的人而言的,对于懂得"心于天道"的人就不必这样说了。可注意的是张载在这里说"心于天道",而不是说"性于天道",由此可以推测,《西铭》中所说的"天地之帅,吾其性",那个"性"字,应该是个"心"字,"天地之帅,吾其性",应该是"天地之帅,吾其心"。张载说:"为天地立心。"(详见下文第五节)可见,天地之心是人所立的。人心的特殊表现是知觉灵明,人的知觉灵明就是天地的知觉灵明。这样说,"天地之帅"的"帅"字就有着落了。"心""性"两个字,在有些道学家的思想中其意义是混而不分的。但张载曾严格地分别了"心""性"的意义(如讲"心统性情"),所以对于它,可以有严格的要求。

张载又说:"天所以长久不已之道,乃所谓诚。仁人孝子所以事天诚身,不过不已于仁孝而已。故君子诚之为贵。"(《诚明篇》)所谓"不已于仁孝",就是说有超社会、超道德的意义。达到这样境界的人,他的精神境界就不是道德境界,而是天地境界了。

《西铭》所讲的是一种精神境界，也是一种生活方式。这种生活方式，不需要道教所讲的"长生"，也不需要佛教所讲的"无生"，它只要求在不足百年的有生之年，人尽其作为宇宙的成员和社会成员所应负的责任和义务。责任和义务虽有两重，但人并不需要做两种事。事虽是一种，但意义可有两重，这就是上边所说的"仁人孝子所以事天诚身，不过不已于仁孝而已"。如果用传统所说的儒、释、道三教来区分，道教讲"长生"，佛教讲"无生"，儒教讲"乐生"。"长生"、"无生"和"乐生"这六个字可以分别概括儒、释、道三教的特点。

第五节 《正蒙》的《大心篇》与为学之方

《大心篇》说："大其心则能体天下之物，物有未体，则心为有外。世人之心，止于闻见之狭。圣人尽性，不以见闻梏其心，其视天下无一物非我，孟子谓尽心则知性知天以此。天大无外，故有外之心不足以合天心。见闻之知乃物交而知，非德性所知，德性所知，不萌于见闻。"

"大其心"三个字很重要。这是张载的哲学方法，也是他的修养方法，总称为为学之方。他所说的"德性之知"，似乎很神秘，其实并不然。"德性之知"是对"见闻之知"而言，"见闻之知"限制在见闻的范围之内，相当于感性认识。

从认识论说，感性认识限制在感觉范围之内，理性认识不限于感觉范围之内。比如说,我们看见一棵树,今天看见一棵,明天看见一棵,看到一千棵的时候,就发现这一棵一棵的东西,虽然各有不同,但都是"树"。这个树并不是一千零一棵树,而是树的一般。有了这一发现,我们的认识就从感性阶段上升到理性阶段了。对一棵一棵具体树的认识是感性认识,它是限制在感性范围之内的。树的概念是理性认识,它就超出了感性的认识范围了。只要是一棵树,凡是树所有的性质,我们虽没有感觉到,也可以知道了。这在认识上是一个飞跃。这种飞跃是人才能有的,人为万物之灵,灵就灵在这里。比如说一只猫,它所知道的就是它所感觉到的一件一件的具体的东西,它不知道它们都是些什么东西,也不知道它们都是"东西"。它只是感觉到可吃的东西它就吃,感觉到可以休息的地方它就睡下,听见可怕的声音它就跑。它的感觉范围是很有限的,它的宇宙的范围也是有限的。它的主人的房子及周围附近,大概就是它的宇宙和天地了。

人就不同了。他的理性认识可以使他的宇宙扩大到比猫大几千倍或几万倍。

在认识上这是一个飞跃。这个飞跃是普通人都经历过的。一般人都有理性认识,科学家们尤其能用他们的理性认识扩大人类对于实际的知识。但普通人,包括科学家,对于这个飞跃是不自觉的。他们虽都有理性认识,但是他们自己不知道他们有理性认识,这就是《中庸》所说的"百姓日用而不知"。又说:"人莫不饮食也,鲜能知味也。"用哲学的话说,他们对这种飞跃没有反思,因此没有认识到这种飞跃对于人生的意义。

张载所说的"德性之知",是人的认识的又一次飞跃,可以称为哲学认识。有了这种认识的人,他的宇宙就是无限的了。张载说,

"大其心则能体天下之物","天下之物"是无限的,"能体天下之物"的人,其宇宙也就是无限的了。这是一个真正哲学家的精神境界。这种精神境界并不是生来就有的,而是用一种哲学方法修养得来的,用后来道学家所用的名词,就是"功夫",这种功夫的内容就是"大其心"。

柏拉图得到了几何学的启示,认识了理念。在几何学家们看来,几何学中的定义不过是几个定义而已,不知道这些定义是理性的产物,更不知道理性认识对于人生的意义。柏拉图就不然了,他从这些定义的启示中认识到,人可以从其中提高自己的精神境界。他在《共和国》中说了一个比喻,以说明这样的提高。比喻说:一个生长在洞穴中的人,从洞穴中走出来,忽然看见天地的广大,日月的光明,他的心胸也豁然开阔,觉得有无限的幸福。一个人的认识从感性飞跃到理性,如果这个飞跃是自觉的,他也应该有这种感觉。《庄子》所说的井底之蛙,坐井观天,以为天只有井口那么大,忽然从井里跳出来,如果它有知觉,它也应该有这样的感觉。

如果人对于这种飞跃有了反思,对于理性认识有了自觉,他就可以理解张载所说的"大其心"的意义和重要,就可以理解"大其心"能提高人的精神境界。张载说,"大其心则能体天下之物","能体天下之物"是就人的精神境界说的。人如果只看到自己,那就是"小其心",像井底之蛙那样。如果他能跳出自己的圈子的限制,那就像井底之蛙跳出井口,洞穴中的人跳出洞穴,忽然看见天地的广大,日月的光明,他的心就大了,一直达到包括"天下",那也就是"体天下之物"了。

《西铭》所讲的就是这种精神境界,"民吾同胞,物吾与也",

就是"体天下之物"的注解。

人是自然的异化,从自然生出,而又与自然相对立。社会是人的异化,是人所组织的,而又与人相对立。这两种异化都有其斗争和统一的方面。就其统一方面说,把对于社会的道德行为理解为对于宇宙的道德行为,这也是顺理成章的。如果人能理解这些道德行为,就不只是道德行为,而且有超道德的意义。这些超道德的意义就使有这些理解的人的精神境界,比道德境界又高一层,而成为天地境界。这是我在《新原人》中所作的分析。照这个分析,天地境界又有四个层次:知天、事天、乐天、同天。《西铭》所讲的是事天,张载在别处所讲的"同天人,合内外"是同天,这些道理都不能只作为一种知识讲。若专作一种知识讲,那还是与人的精神境界无关。

张载还有四句名言:"为天地立心,为生民立道,为去圣继绝学,为万世开太平。"(《张子语录》,各本有异文,此据朱熹《张载集·拾遗·近思录拾遗》)这是"大其心"的人的志愿。天地是没有心的,但人生于其间,人是有心的,人的心也就是天地的心了。换句话说,物质的世界是没有思维的,人的脑子是物质组织的最高形式。脑子的活动是思维,思维也是物质活动的产物了。人为万物之灵,灵就灵在他能思维,他有心。"为天地立心",就是把人的思维能力发展到最高的限度,天地间的事物和规律得到最多和最高理解。"为生民立道",这个"道"字可以理解为"为人"的道理。周敦颐说:"圣人定之以中正仁义而主静,立人极焉。"(《太极图说》)所谓的"人极"就是为人的标准。张载的"为生民立道"也是这个意思。这两句明白了,下两句也就自明了。明白了这四句话,也就懂得《西铭》了。《西铭》只是就人所共知的宇宙说明人所应该对它的态度。这种态度是"大其心"的结果,并不是什么迷信,也没有什么神秘的。张载所谓"德性之知",是从理性认识发展起来的,也是"大其心"的结果,也没有什么神秘的,这和他的唯物主义体系并无矛盾。

第六节 《正蒙》的《诚明篇》与为学之方

《大心篇》主要是讲"知",其中有"德性之知"和"见闻之知"的对立。《诚明篇》主要是讲"性",其中有"天地之性"和"气质之性"的对立。

张载说:"形而后有气质之性。善反之,则天地之性存焉。故气质之性,君子有弗性者焉。"(《诚明篇》)这就是说,人在气聚而有形以后,所有可以称为"我"的那一种或那一部分的性,是为他所受的那一部分的气所决定的,这是"气质之性"。此外,他还有不受气所决定的那一种或那一部分的性。这是在气尚未聚成为他的形体以前就在"太虚"中已有的,这是他的"天地之性"。张载说,严格地说,只有"天地之性"才是性,对"气质之性","君子"有理由不认为它是性。

"气质之性"又称"攻取之性"。张载说:"湛一,气之本;攻取,气之欲。口腹于饮食,鼻舌于臭味,皆攻取之性也。知德者属厌而已,不以嗜欲累其心,不以小害大、末丧本焉尔。"(《诚明篇》)

这就是说,"气质之性"是"形"之欲的根本,人因形体而有的欲求,如饮食、男女等,都是气质之性的表现。这些欲求,都是以"攻取"其对象为目的,所以称为"攻取之性"。对于这种性,能够对付着满足就行了,不要以之累心。对于"气质之性"和"天地之性",张载认为前者是小,是末,后者是大,是本。

总的说,张载所讲的气聚而有形,就人说,这个形就是人的身体。他既有这个身体,他就有他的身体的欲求,就为满足这些欲求而有种种打算。这些打算如果过了一定的限度就是"私"。至于"天地之性",那是在人有形之前就有的,人在受形之日,也受了这一种的性。可是这一种的性是"公"的,是人的"天地之性",严格地说,这才是真正的人性。性是人之所以为人的真正所在。真正的人性得到充分的表现,就叫"尽性"。"尽性"有两种途径,一种是道德的行为,一种是认识能力的扩充。

张载说:"性者,万物之一源,非有我之得私也。唯大人为能尽其道,是故立必俱立,知必周知,爱必兼爱,成不独成。彼自蔽塞而不知顺吾理者,则亦末如之何矣。"(《诚明篇》)这一段话所说的意思就是《西铭》的意思。这也可以证明不能把《西铭》与《正蒙》分割开来。"乾称父,坤称母",就是"万物之一源"的形象的说法。"民吾同胞,物吾与也",就是"立必俱立"等几句的意思。《西铭》所讲的"仁人孝子之事",都是道德的行为,以此等行为克去"为我"的"私",逐渐达到破除"蔽塞"而"顺吾理","顺吾理"即是"顺吾性",就是"尽性"。这是"尽性"的一个途径。

张载说,"大其心则能体天下之物",这里所说的"体"是体会之体。严格地说,对于天下之物,都有所体会那是不可能的。宽泛一点说,"尽体天下之物"就是以天下之物为一体,就是像《西铭》所说的"物吾与也"那样的一种境界。"天"是至大无外,这里所谓"天"就是宇宙。不能说宇宙之外还有什么东西,因为宇宙就是所有的事物的总名。平常人的心,都是限于他的感觉,这就有主观和客观的对立。他以自己的主观为内,客观为外,这就与"天"不同了。《诚明篇》着重讲的是在行为上破除"人"与"我"的界限。《大心篇》着重讲的是在认识上打破主观、客观之间的隔阂。两个途径,一个目的,其目的就是"合内外,一天人"。"合内外"就是破除主观、客观之间的隔阂。"一天人"就是扩大"有外之心","以合天心",消除主观与客观的隔阂就是"无外"。"无外"不是"见闻之知"所能达到的,"见闻之知"是以主观与客观的对立为前提的。"无一物非我"则是要打破主观和客观的界限,所以这是"德性所知"。"德性所知"不是从感觉得来的,这就是所谓"不萌于见闻"。

张载说:"人谓己有知,由耳目有受也。人之有受,由内外之合也。知合内外于耳目之外,则其知也过人远矣。"(《大心篇》)由感觉所得的知识是主观与客观的沟通,所以也是一种"内外之合"。但这种"合"是合于"见闻"之内的,"德性所知"是合于"见闻"之外的,所以二者有质的不同。

张载说:"人病其以耳目见闻累其心,而不务尽其心。故思尽其心者,必知心所从来而后能。"又说:"耳目虽为性累,然合内外之德,知其为启之之要也。"(同上)这就是说,"见闻之知"不但与"德性所知"有质的不同,而且"为性累"。耳目是人的身体的一部分,往往受"私"的影响,而且其见闻有限,使心受其限制。但是这种"见闻之知"也有沟通主观与客观的一定作用。由这个意义说,"见闻之知"也可以给人一种启发,使之进入"德性所知"。

张载认为,要免除"见闻之知"之累,必须"知心所从来"。心从何而来呢?张载说:"成吾身者,天之神也。不知以性成身,而自谓因身发智,贪天功为己力,吾不知其知也。"(同上)张载认为:"合虚与气,有性之名;合性与知觉,有心之名。"(《太和篇》)因性而有身,这就叫"以性成身"。可是一般人认为,有了身才有耳目,有了耳目才有认识,这就叫"因身发智"。这是不知"心所从来",因此就受耳目的限制,见"见闻之知"为唯一知识。若知道心是从性来的("合性与知觉"),本来与"天"同样广大("由太虚有天之名"),那就可以不受耳目的限制,不以"见闻之知"为知,而趋向于"德性所知"了。

张载认为,求比"见闻之知"高一层知识的方法是"穷理"。他说:"自明诚,由穷理而尽性也;自诚明,由尽性而穷理也。"(《诚明篇》)照张载的哲学体系说,"见闻之知"是从耳目来的,人虽然于其中可以得些启发,但基本上与"尽性"无关。要"尽性",需有高一层的知识,那就是"穷理"。《中庸》说:"自诚明,谓之性;自明诚,谓之教。诚则明矣,明则诚矣。"张载认为,"自明诚"就是由"明"到"诚"。"诚"是"合内外之道"(《中庸》),怎样合法呢?这需要一种学问,这种学问就是"穷理"。"穷理"并不是零碎地研究客观世界中的事物,得一些片断的知识,而是要对于内与外、主观与客观,作一种系统的思考,有一种综合的、全面的认识。张载的《正蒙》所讲的就是这样的认识。照张载的办法,"穷理"主要是用"思",也用"学"。学是用儒家的经典同自己的思想相印证。他的学生记载说:"(张载)终日危坐一室,左右简编。

俯而读，仰而思，有所得则识之。"（吕大临《行状》）这一段很形象地写出了张载所实行的"穷理"的方法，重要的是"俯而读，仰而思"。《正蒙》中充满了《周易》《论语》《孟子》的成语，加上他自己的解释，这就是他的"读"和"思"相印证所得的结果。《正蒙》号称难读，其所以难读，就是因为其中有很多成语。不知其是成语，或知其为成语而不知其出处，那就很难了解其意义。《正蒙》一书，就其内容说，是张载的"穷理"所得的结果，就其形式说，也就是他"穷理"的方法。

"穷理"的目的是"合内外"，就是破除主客观的隔阂，"穷理"能使人懂得这种道理。张载说："有无一，内外合（自注：庸圣同），此人心之所自来也。若圣人则不专以闻见为心，故能不专以闻见为用。无所不感者虚也，感即合也，咸也。以万物本一，故一能合异；以其能合异，故谓之感；若非有异则无合。天性，乾坤、阴阳也，二端故有感，本一故能合。"（《乾称篇》）又说："儒者则因明致诚，因诚致明，故天人合一，致学而可以成圣，得天而未始遗人，《易》所谓不遗、不流、不过者也。"（同上）

张载的意思是说，"穷理"的目的就是使人懂得"一天人，合内外"的道理，可是懂得这种道理还不等于有这种精神境界。这种境界就是"诚"，懂得这种道理就是"明"。由懂得这种道理而至于这种境界，叫由明而诚（"自明诚"）；有了这种境界，因而宣扬这种道理，叫由诚而明（"自诚明"）。张载认为，这种道理是正确的，这种境界是可能的，因为"天人"和"内外"本来是合一的，只是因为人的"为我之私"才分开了。天人合一，内外合一，是"天"的本来状况，所以称为"天德"，亦称为"天之良能"。人的本来状况也是如此。张载说:"天良能本吾良能,顾为有我之所丧尔。"(《诚明篇》)又说:"天包载万物于内,所感所性,乾坤、阴阳二端而已。无内外之合,无耳目之引取,与人物蕞然异矣。人能尽性知天,不为蕞然起见则几矣。"(《乾称篇》)"穷理"的人懂得了这个道理,就努力克去"为我之私",就可以得到天人合一、内外合一的精神境界。这种精神境界是后得的,但也有固有的根据,因为这是"天德",是"天"的本来情况。《周易·文言》说,"(圣人)与天地合其德",意思就是如此。

这是一种精神境界,一种经验,一种体会,严格地说,不是一种知识。有知识就有所知的对象,这就有主观和客观的对立。而"穷理"的目的,正是要"合内外",取消这种对立。所以"穷理"的成功,就是这种知识的消失。张载说:"无我而后大,大成性而后圣,圣位、天德不可致知谓神。故神也者,圣而不可知。"又说:"'穷神知化',与天为一,岂有我所能勉哉?乃德盛而自致尔。"又说:"'穷神知化',乃养盛自致,非思勉之能强。"又说:"神不可致思,存焉可也;化不可助长,顺焉可也。"又说:"圣不可知者乃天德、良能,立心求之,则不可得而知之。圣不可知谓神。"(《神化篇》)

综上所引看,张载认为,人的知识是最低一层,是从耳目得来的,称为"见闻之知",较高一层的知识是从"穷理"得来的。"穷理"靠"思",思是心的官能。"穷理"则能"大其心",或者也可以说:"大其心"故能"穷理"。但是真正得到"合内外"的精神境界,那就不是一种"知识",所以是不可知,那就必须超过"心"和"思";若要勉强说这也是一种知识,那就只可称为"德性所知"。这是与耳目见闻完全不相干的,所以说"德性所知,不萌于见闻"。

程颐给张载的一封信中说:"(张载所说的话)以大概气象言之,则有苦心极为之象,而无宽裕温厚之气。非明睿所照,而考索至此,故意屡偏而言多窒,小出入时或有之。(自注:明所照者如目所睹,纤微尽识之矣;考索至者如揣料于物,约见仿佛尔,能无差乎?)更愿完养思虑,涵泳义理,他日自当条畅。"(《答横渠先生书》,《程氏文集》卷九)所谓"考索至此",就是用心思考所得到的关于"合内外"的道理。"明睿所照",就是实有这种精神境界的人所有的体会和经验。前者是"穷理"所得;后者是"德性所知"。程颐的信的最后几句就是勉励张载于"穷理"之上更进一层,真实有"合内外,一天人"的精神境界。到了那时,就"自当条畅"。

程氏兄弟又论《西铭》说:"言有两端,有有德之言,有造道之言。有德之言,说自己事,如圣人言圣人事也。造道之言,则知足以知圣,如贤人说圣人事也。横渠道尽高,言尽醇,自孟子后,儒者无他见识。"(《程氏遗书》)言外之意是说,《西铭》虽然很好,但还是"造道之言",是"贤人说圣人事"。横渠虽是懂得这个道理,但还没有达到这种精神境界。这种分别,张载自己也知道。他说:"某比年所思虑事渐不可易动,岁年间只得变得些文字,亦未可谓辞有巧拙,其实是有过。若果是达者,其言自然别,宽而约,没病痛。有不是,到了是不知。知一物则说得子细必实。圣人之道,以言者尚其辞,辞不容易,只为到其间知得详,然后言得不错。譬之到长安,极有知长安子细者。然某近来思虑义理,大率亿度屡中可用。"(《语录》下)这里所讲的就是"穷理"和经验的分别。所谓"达者",就是到了那种精神境界的人。"达者"讲的是自己的经验,所以不会有错。若还没有到那种境界,只思虑、推测,那就难免有差错(有过），这并不是由于不善辞令，用字不妥（"辞有巧拙"），这是由于未到那种境界。张载以为，他思虑义理等于猜测（"亿度"），虽也有很多猜着的地方（"屡中"），但还不是像"达者"那样，说得细致、确实（"子细必实"）。

这段语录的下文说："须知自诚明与自明诚者有异。自诚明者，先尽性以至于穷理也，谓先自其性理会来，以至穷理；自明诚者，先穷理以至于尽性也，谓先从学问理会，以推达于天性也。"这就是上面所说的两个途径。道学家认为，通往"一天人，合内外"的境界，有两个途径：一是道德的行为，一是知识的扩大。前者是这里所说的"自诚明"，后者是这里所说的"自明诚"。然二种途径也非可以截然分开。如《西铭》是讲道德行为的，然其开头的几句话也是"穷理"的事。再进一步说，《西铭》既然是写出来的文章，宣扬一种道理，它的本身也就是"穷理"的事，不止说几句而已。照道学家所讲的"穷理"，也要"身体力行"，学一点就用一点，日积月累才能逐渐达到"一天人，合内外"的精神境界，所以"穷理"同道德的行为是分不开的。不过分析起来，道学家所说的"功夫"有这两个方面而已。

第七节　张载的政治社会思想

北宋的仁宗和神宗都是有作为的皇帝。在仁宗朝，有范仲淹领导的"新政"和李觏指出的可以作为"新政"根据的理论。在神宗朝,有王安石的"变法",及他自己所写的、作为"变法"根据的"新经义"。张载与王安石同时,也有志于政治上和社会上的改革,但他与王安石不和,而与王安石的反对派,如司马光、程氏兄弟等站在一起。

这些改革家有一共同之点,那就是以儒家所谓"三代"为学习的样板,改革的目标在儒家的经典中,以《周礼》为改革的蓝图。

在王安石变法的初期,神宗召见张载,"问治道",张载以"渐复三代"为对,神宗很喜欢,叫他同王安石谈,所谈"多不和"(吕大临《行状》)。神宗很喜欢张载的回答,因为王安石的"变法"也是以"复三代"为口号,神宗也是以此为号召,所以叫他同王安石谈,可是谈又"多不和",这是什么缘故呢?这是因为他们虽都是以"复三代"为口号,以《周礼》为蓝图,但在具体的措施上是很不同的。王安石的措施是针对当时政治上的弊端,推行富国强兵的政策,张载所着重的是封建社会的一些根本问题。王安石的措施是现实主义的,张载所计划的措施是理想的,或者说简直是幻想的。因此王安石受到守旧派的反对,几乎群起而攻,张载却不受守旧派的反对,而且与之在一起。幻想的东西,说说无妨,实际上并不产生伤害某种人的利益的问题。

张载说:"《周礼》是的当之书,然其间必有末世添入者,如盟诅之属,必非周公之意。"(《经学理窟·周礼》)"的当之书"就是正确的书,是"周公之意"。书中也可能有后人添入的,那就不是"周公之意"。

张载认为,"三代"之制中,主要的有三种制度:井田、封建(分封制)和肉刑。他说:"井田而不封建,犹能养而不能教;封建而不井田,犹能教而不能养;封建、井田而不肉刑,犹能教养而不能使。然此未可遽行之。"(《性理拾遗》)就是说,这三种制度是互相支持、互相为用的,三者结合起来,成为"三代之制"的整个一套。

张载认为,三者之中最重要的是井田。井田的最大的优越性是"均平"。他说:"治天下不由井地,终无由得平。周道止是均平。"(《经学理窟·周礼》)

张载认为,行井田并不困难,只须"朝廷出一令,可以不笞一人而定"(同上)。皇帝下一命令,将天下土地收为国有,然后测量,把土地分成棋盘式的小块,每小块一百亩,每一个农民分给一块。这样,自己没有耕地的农民都有了自己的耕田,他们自然拥护这种政策。原来的地主失去了田地,但皇帝可以封他们为一个地方的"田官",即使对一个很大的地主,也可封他一个五十里大的国,这就超过他原有的土地了。其他地主,随其所有土地的多少,封他们或大或小的官,使他们在他们受封的范围内,征收租税。这使原来的富者都"不失故物""不失其为富"。他们所收的租税,以土地生产的十分之一为限,这比他们原来收自佃户的要少一些,但是这种办法既然得到农民的拥护,他们也只得拥护。

张载认为,"井田卒归于封建",就是说,行井田的结果必然是"封建"。先命原来的地主为"田官",过一二十年以后,"须别立法"。另立的原则是"择贤",选择"有大功德"的人,封为国君。他认为分封制在原则上是好的,有优越性。他说:"所以必要封建者,天下之事,分得简则治之精,不简则不精,故圣人必以天下分之于人,则事无不治者。……且为天下者,奚为纷纷必亲天下之事?"(同上)对于分封制的批评,张载反驳说:"今便封建,不肖者复逐之,有何害？岂有以天下之势，不能正一百里之国，使诸侯得以交结以乱天下？自非朝廷大不能治，安得如此？而后世乃谓秦不封建为得策，此不知圣人之意也。"（同上）

至于肉刑，张载认为也是"仁术"。譬如已定为死罪的人，如果易以肉刑，把他的脚砍去，免其一死，必定还是以得免死为幸。

封建社会的主要生产资料是土地，这种生产资料的封建所有制是封建社会的经济基础，封建社会的主要矛盾的根源是这种生产资料所有制。张载认识到，要解决矛盾，须从封建的生产所有制下手。但是，作为一个封建社会的知识分子，他不可能于封建社会之外去想解决的办法，只能于以前的土地所有制中绕圈子。这种历史局限是任何思想家都难以超过的。

在张载所绕的圈子中，有些是他的理想。"均平"就是他的理想，这可能是和《西铭》的"民胞""物与"的思想相联系的。但他所设想的实现"均平"的方案是幻想，是行不通的。用幻想去实现理想，理想是不可能实现的。

即使宋朝的皇帝真是实行了张载的主张，在当时的阶级斗争中会有什么影响呢？大小地主们的土地被没收了，但是依其原有土地的多少得了或大或小的官，原有的土地又以"采邑"的形式发还给他们了。他们照旧收租税，可能比原来的地租少一点，但他们在政治上对农民的地位提高了，因为他们是"官"，更便于在政治上压迫农民。农民得了土地，也可以说是得到"养"，但他们在政治上又多了一层压迫，因为多了一层"官"。总账算起来，地主在经济上有点损失，在政治上得到补偿；农民在经济上得到一点利益，在政治上又丧失一点地位。乘除抵消的结果，阶级斗争的形势还是没有多大的改变。作为地主阶级的知识分子,张载的"井田"还要使"富者不失其富",如果"富者不失其富",贫者也就"不失其贫"。

张载还主张恢复"三代"宗法及宗子制度。他说:"管摄天下人心,收宗族,厚风俗,使人不忘本,须是明谱系世族与立宗子法。宗法不立,则人不知统系来处。……无百年之家,骨肉无统,虽至亲,恩亦薄。"(《经学理窟·宗法》)又说:"宗子之法不立,则朝廷无世臣。且如公卿一日崛起于贫贱之中,以至公相,宗法不立,既死遂族散,其家不传。宗法若立,则人人各知来处,朝廷大有所益。或问:'朝廷何所益?'公卿各保其家,忠义岂有不立?忠义既立,朝廷之本岂有不固?今骤得富贵者,止能为三四十年之计。造宅一区及其所有,既死则众子分裂,未几荡尽,则家遂不存。如此,则家且不能保,又安能保国家?"(同上)

"宗子之法"立长子为继承人,父亲既死,一切家产都归长子继承,不由众子均分,祭祀之事也归长子负责,这个长子就叫"宗子"。这样一个家就可以世世代代传下去,不致分散。秦汉以前,诸侯及大小贵族,都是这样世袭的。汉初一段时间分封制和郡县制并行,后来因诸侯王国大难制,中央政权想了一个办法,准许诸侯王可以把其国分给众子,使大国变为小国,以"分其力"。以后民间也行这种办法,父亲的财产死后由众子均分。一个地主的土地经过几代,子孙所分得的就越来越少了。一个地主的家,经过几代,就不成其为地主。照张载所举的例说,一个位至卿相的大官,死后也不能维持他家的原来状况和地位,所以"朝廷无世臣"。就是说,也没有贵族了。

他的《西铭》所讲的社会组织,也包括"宗子之法",所以说,"大君者，吾父母宗子；其大臣，宗子之家相也"。最高的封建统治者，就是社会这个大家族的"宗子"。

二程也主张恢复"宗子之法"，他们也说："宗子之法不立，则朝廷无世臣。"在本册的绪论中，本书认为魏晋时期作为封建贵族的知识分子阶层，是以门阀士族的形式出现的。隋唐以后，门阀士族逐渐消灭，知识分子虽仍被称为"士"，但他们已经不是封建贵族，而是四民之首了。这个阶层只是士，而不是门阀士族了。门阀士族制度是士的"已失的天堂"，他们对于这个"天堂"不能没有留恋之情。二程和张载恢复"宗子之法"的思想可能是这种留恋之情的反映。

张载的政治社会思想，在理论上是陈腐的，在实践上是行不通的。道学家们，包括王夫之在内，都是如此。这是因为这些问题都是与社会生产关系有关的，生产关系是社会生产力所决定的，任何人都不可能在当时社会生产力水平之上凭空想出更高的生产关系。也正是因为如此，道学又成为维护封建生产关系的思想工具。宋、元、明、清四个朝代，都以道学为统治思想，这也不是偶然的。

余 论

像玄学一样，道学也有唯心主义和唯物主义的斗争。在北宋时代，道学中的三大派别：理学、心学和气学，都已建立起来了。气学是道学中唯物主义派别,其地位有一点像玄学中裴頠的"崇有"论。张载又把他的唯物的宇宙论和理学、心学注重精神境界的人生论结合起来,气学的地位又有点像玄学中郭象的"无无"论。从这一方面看,气学在道学中的地位是很重要的。在后期道学中,经过王夫之的发展,成了后期道学的高峰。

第五十四章

朱熹

第一节　北宋道学所引起的哲学问题

周敦颐、邵雍、程颢、程颐和张载，传统称为"北宋五子"。他们开辟了道学的局面，创立了道学的体系。他们回答了不少哲学问题，但也引起了许多新问题。

道学的两个主要范畴是理和气。二程讲了许多关于理、气的话，但没有明确讲理和气的关系，也没有把"气"提高到和"理"相对立的地位，好像只是随便谈到而已。张载把"气"提到主要地位，但在他的宇宙论中很少讲到"理"，以致有一些看起来是讲不通的地方。

"气之聚散"可以说明一切具体的东西存在或不存在，但不能说明具体的东西的千差万别。在具体的东西中，有些是方的，有些是圆的，有些是长的，有些是短的，则又怎样说明呢？《庄子》说："通天下一气耳，聚则为生，散则为死。"（《知北游》）这是气学的一个比较早的论断。这个论断本来就可以引起上面所说的那些"新问题"，但在当时解决这些问题的条件还不成熟，所以也无人追问。张载的气学把"气"讲得更明确，程颐的理学又为解决这个问题准备了条件，这些问题就被提到中国哲学的议事日程上了。

张载本来认为："太虚无形，气之本体。其聚其散，变化之客形尔。"（《正蒙·太和篇》）有形的万物和无形的太虚，本来都是一体，都是气，这是他的根本问题。可是再往下讲时，他所说的太虚与气就又好像不是一回事了。例如他说："由太虚有天之名,由气化有道之名;合虚与气,有性之名;合性与知觉,有心之名。"(同上)这一段话的前两句,给人以把太虚和气化分离的印象,第三句话证实这个印象。如果虚和气不是分离的,怎么能说"合虚与气"呢?照《太和篇》开头说:"太和所谓道,中涵浮沉、升降、动静、相感之性,是生细缊、相荡、胜负、屈伸之始。"可是,如果太虚中有"相感之性",太虚就不成为太虚,就成为具体事物了,性既然是凝聚成具体事物后才有的,那么,太虚中有的只能是动静相感之理。

如果把"中涵浮沉、升降、动静、相感之性"的那个"性"字,改成一个"理"字,话就说清楚了。它的意思是说气中有理,气照着一定的理结合起来,就成为具体的事物。某一种事物所表现的理就是它的性。所谓"合虚与气,有性之名"的那个"虚"字也改成"理"字,意思也就清楚了。张载本来也说:"天地之气,虽聚散、攻取百涂,然其为理也,顺而不妄。"又说:"气与志,天与人,有交胜之理。"(《太和篇》)可见他也知道了"气"之外,还要讲"理"。不过这个意思在他的宇宙论中没有得到充分的发挥,在他的修养方法中他倒讲到"穷理"的重要。不过因为他在宇宙论中没有把理的重要性发挥出来,所以穷理的那个"理"字就显得没有着落。

二程和张载所说的气都是自然的产物,如空气之类。在说明自然界的具体事物的时候,这种"气"也就足够用了。但道学所讲的"理"并不是专就自然界讲的,自然界中的具体事物固然各有其理,社会中的事物,人造的事物,也都各有其"理","理"的实现要靠"气"。在道学的体系中,"气"是和"理"相对立的一个范畴。这样的范畴就不能限于自然界的产物了。举一个例说,鸟和飞机都是能在空中飞行的东西,但鸟是自然的产物,飞机是人造的机器,二者各有其"理",也各有其"气"。但鸟的"气"是自然的产物,而飞机的"气"就不是自然的产物了。所以作为和"理"相对立的"气"就必须有更广泛的意义。

用现代哲学的话说,道学的中心问题仍然是关于一般和特殊的问题。"理"是一般,"气"或"器"是特殊,就这一点说道学是玄学的发展和继续。所谓"形而上"和"形而下"的分别,也就是一般和特殊的分别。北宋道学专从"有形"和"无形"这一点理解"形而上"和"形而下",这还不够。因为一般固然是无形,但无形的也可以是特殊,必须还有些别的说法,才可以比较完全地说明一般和特殊的区别。

以上这些比较突出的问题,都是北宋道学所已经引起而还没有充分讨论的。必须对这些问题有充分的讨论,有所解决,道学的体系才能更完全地建立起来。完成这个历史任务的哲学家是朱熹。

第二节　朱熹的生平及其著作

《宋史·道学传》说:"……千有余载,至宋中叶,周敦颐出于舂陵,乃得圣贤不传之学,作《太极图说》《通书》,推明阴阳五行之理,命于天而性于人者了若指掌。张载作《西铭》,又极言理一分殊之旨,然后道之大原出于天者,灼然而无疑焉。仁宗明道初年，程颢及弟颐寔生，及长受业周氏，已乃扩大其所闻，表章《大学》《中庸》二篇，与《语》《孟》并行，于是上自帝王传心之奥，下至初学入德之门，融会贯通，无复余蕴。迄宋南渡，新安朱熹得程氏正传，其学加亲切焉，大抵以格物致知为先，明善诚身为要。凡诗书六艺之文，与夫孔孟之遗言，颠错于秦火，支离于汉儒、幽沉于魏晋六朝者，至是皆焕然而大明，秩然而各得其所。"（《宋史》卷四二七）这也是元、明、清三个朝代的正统哲学对于朱熹的评价。

朱熹，字元晦，一字仲晦，原籍徽州婺源，从他的父亲起，居住在福建，生于宋高宗建炎四年（1130），死于宋宁宗庆元六年（1200）。朱熹十九岁中进士第，此后曾从学于李侗。李侗曾学于罗从彦，罗从彦学于杨时，杨时是二程的高弟。故朱子自认为接续了程门之传。《大学章句序》中说："河南程氏两夫子出，而有以接乎孟氏之传……虽以熹之不敏，亦幸私淑而与有闻焉。"就是表达了朱熹自命继承道统的思想。

朱熹早年曾做福建同安县的主簿，后来任枢密院编修官、秘书省秘书郎，在江西南康、福建漳州、湖南潭州做过最高行政长官，晚年曾任焕章阁待制兼侍讲。

朱熹平生不愿做官，常屡召不起，所以他在中进士之后的五十余年间，只做过九年官，在朝不过四十天，大部分时间在福建讲学。晚年他卷入了当时政治上的党派斗争。在这场斗争中，他反对当时的当权派韩侂胄，结果被韩侂胄诬称为"伪学"的领袖，罢免了他的官职，并且把他的大弟子蔡元定贬到边僻地方。直到南宋末年，宋理宗尊崇道学，朱熹的名誉才被彻底恢复，他的地位才被提高。

朱熹的学问很渊博，著书也很多。关于儒家经典的注解，他著有《周易本义》《诗集传》《论语集注》《孟子集注》《大学章句》《中庸章句》，指导他的学生蔡沈作《书集传》，还和他的学生们作《通鉴纲目》，这是对司马光的《资治通鉴》加以改编，加入了所谓"春秋书法"。朱熹没有注解《春秋》，但以这一部《通鉴纲目》作为继续《春秋》的著作。在古典文学著作中，他作了《楚辞集注》、《韩文考异》。还作有《易学启蒙》《阴符经注》《参同契注》，后二种他没有用真名。

在他的著作中，最用力的是关于"四书"的著作。除了集注章句外，他还把别人的不同意见，以及别人所提的问题收集起来，编成《或问》以备参考。他还把《中庸》的要点特别提出来编成《中庸辑略》。这是他一生中的经常工作，在他临死的前一天，他还在修改《大学章句》。

他的《诗集传》从一个新观点提出了一个完全反传统的说法，这在当时也是一种"非常可怪之论"。在《诗经》的《国风》中有许多篇明显地是谈恋爱的情诗，可是一般注《诗经》的人囿于儒家"严男女之防"，都不敢这样说，都把情诗解释为政治诗，说是"比也"。朱熹大胆地揭穿了这种假面具，明确地说，这些情诗讲的是"男女相悦之事"，或"淫奔之事"。朱熹也是主张"严男女之防"的，照儒家的一般的说法，"男女之防"是"礼"的一个根本教条，"男女相悦"也许还不是"非礼"，至于"淫奔"，那就显然是非礼了。然而，据说《诗经》是孔子亲自删定的，为什么他把这些"非礼"的诗保存下来，使之成为经典呢？这个问题朱熹没有回答。

从民俗学的观点看起来，这个问题是不难解答的。在原始社会中，婚姻的结合并不靠"父母之命，媒妁之言"。在一些群众集会中，男女青年歌唱情歌，以向对方表示"相悦"之意，如果情投意合,便结为夫妇。这是当时的风俗习惯,是当时的"礼",并不是"非礼"。《诗经》的《国风》也把这些情歌保存下来,也是作为"礼"而保存的,并不是作为"非礼"而保存的。朱熹用"淫奔"两个字形容这种婚姻之"礼",这是他封建思想的偏见。

朱熹还编辑有《五朝名臣言行录》、《三朝名臣言行录》、《伊洛渊源录》、《近思录》、《河南程氏遗书》和《外书》。后人把他的遗文编辑为《朱文公集》,把他的语录编为《朱子语类》。清朝的康熙皇帝命李光地编了一部《朱子全书》,这部书号称为"全书",其实是《文集》和《语类》的选集。

朱熹关于"四书"的注解,元、明以后成为"四书"的官方注解,以后的科举以"四书"为考试出题的范围,作这种题目必须以朱熹的注解为根据,如果文章违背了朱熹的注解,那就没有被录取的希望了。朱熹的地位也因此随之提高了。一般的知识分子都读儒家的经典,实际上是只读"四书",对于"四书"的了解实际上只限于朱注。就像现在西方的君主立宪国家,君主被架空了,实权在于内阁总理。在元、明、清时代,孔丘虽然还是被尊称为"至圣先师",但却被架空了,朱熹是他的"内阁总理",一般人都尊称他为朱子。

第三节 理、太极

程颢说,"天理"二字是他自己体会出来的。他是怎样体会的,他没有说，至少是没有记载。程颐说："冲漠无朕，万象森然。"这是他形容理世界的话。他是怎样认识到的，他没有说，至少是没有记载。关于这一点，朱熹有比较详细的说明。朱熹说："天地之间，有理有气。理也者，形而上之道也，生物之本也；气也者，形而下之器也，生物之具也。是以人物之生，必禀此理，然后有性；必禀此气，然后有形。其性其形，虽不外乎一身，然其道器之间分际甚明，不可乱也。"（《答黄道夫》，《文集》卷五十八）

朱熹的这一段话，不但说明了"理"和"气"这一对范畴的分别，也说明了他是怎样认识这个分别的。用哲学的话说，他首先对于普通的事物作逻辑的分析，从这样的分析中得到了这样的认识。所谓逻辑分析，是相对于物质分析而言的。把一个具体的东西送到化学实验室，看它是什么成分构成的，这是物质的分析。物质的分析是可以在实验室中进行的，逻辑分析只能在思维中进行。一个方的东西，逻辑思维不能分析出构成它的成分，但可以分析出它有两个方面，一个方面是它的形，另一个方面是它的性。它既然是方的东西，它必然有一定的形体，它可能是一个方桌，也可能是一块方砖，无论是什么，这都是它的形。它既然是一个方的东西，它必有得于方之所以为方者，这就是它的性；方之所以为方者就是方之理。简单一点说，它既然是一个方的东西，它就必然有方的规定性，这就是它的方性。方性是方的东西的主要性质，这就是朱熹所说的"生物之本也"。一个方的东西是一个具体存在的东西，它必定有一些什么东西支持它的存在，作为它的存在的基础，这就是朱熹所说的"生物之具也"。任何具体存在的东西，都有形和性这两个方面，这就是朱熹所说的"其性其形，虽不外乎一身"。但从逻辑分析看，这两方面的分别是很显然的，这就是朱熹所说的："然其道器之间分际甚明，不可乱也。"当然，朱熹未必想得这样清楚，他更不会知道逻辑分析这个名称，但是上边所说的那些意思他是有的。

照朱熹的说法,他的那些意思并不限于自然界的东西,任何东西,都有形有性。人造的东西也不例外。《语类》记："问：枯槁之物亦有性是如何？曰：是他合下有此理。故云：天下无性外之物。因行阶云：阶砖便有砖之理。因坐云：竹椅便有竹椅之理。"又记："问：枯槁有理否？曰：才有物便有理。天不曾生个笔，人把兔毫来做笔，才有笔便有理。"又记："问：理是人物同得于天者，如物之无情者亦有理否？曰：固是有理。如舟只可行之于水，车只可行之于陆。"（《朱子语类》卷四）

在上边的引文中，可注意的是，朱熹说，"才有物便有理"，他举例说，本来没有笔，人把兔毫做成笔。这和后来王夫之所说的，有弓矢才有射道，意思相似。可见朱熹在个别的地方，个别的时候也不一贯地主张理在事先。

《语类》又记："或问先有理后有气之说，曰：不消如此说。而今知得他合下是先有理后有气邪？后有理先有气邪？皆不可得而推究。然以意度之，则疑此气是依傍这理行，及此气之聚，则理亦在焉。盖气则能凝结造作，理却无情意，无计度，无造作，只此气凝聚处，理便在其中。且如天地间人物、草木、禽兽，其生也莫不有种，定不会无种子白地生出一个物事。这个都是气，若理则只是个净洁空阔底世界，无形迹，它却不会造作；气则能酝酿凝聚生物也。但有此气，则理便在其中。"（《朱子语类》卷一）

这一段语录说明，朱熹对于一般和特殊的分别比前人认识得更清楚，说得更明白。一般是无情意、无计度、无造作的，有情意、有计度、有造作的是特殊。情意之理并没有情意，计度之理并没有计度，造作之理也不会造作。举一个例说，动之理并不动，静之理也并不静。只有具体的动的东西才动，只有具体的静的东西才静。还有些人误认为，一般能生特殊的事物，特殊的树都是树之一般生出来的。其实特殊的树都是特殊的树生出来的，树之一般并没有树的种子，特殊的树才有树的种子。朱熹明确地说："这个都是气"，特殊的树是气之聚，气这样聚了，这样的理就在其中。朱熹的这些话也有"理在事中"的意思。

朱熹说："无极而太极，不是说有个物事光辉辉地在那里，只是说这里当初皆无一物，只有此理而已。既有此理，便有此气；既有此气，便分阴阳。以此生许多物事，唯其理有许多，故物亦有许多。"（《朱子语类》卷九十四）

这是从又一方面说明一般和特殊的分别。不仅太极不是一个"物事光辉辉地在那里"，就是"光辉辉的物事"这个"一般"，也不是一个特殊的光辉辉的事物，因此也不是"光辉辉"的。人们普通的想法，总是认为红之一般也是一个红的东西，不过是极红；动之一般也是一个动的东西，不过是动得最快。这是把一般和特殊混为一谈。红之一般并不红。动之一般也不动。红之一般，就是红之所以然之理，具体的东西有所得于这个理，它就红了。红之理并不红。动之一般是动之所以然之理，具体的事物有所得于这个理，它就动了，动之理并不动。

朱熹从上面所说的三个方面，说明了一般和特殊的不同。这个不同说明了形上和形下的不同，道和器的不同、理和事的不同也都清楚了。在这一点上，朱熹比他的前人都认识得更清楚，说得更明白。

"无极而太极"是周敦颐《太极图说》的第一句话，也是最重要的一句话，朱熹把它解释为"无形而有理"。这个解释比较笼统，还需要进一步的说明。先说这两个"极"字。"极"就是标准，《太极图说》说："圣人定之以中正仁义而主静，立人极焉。""人极"就是人之所以为人的标准。每一类的东西都有其类的规定性，这就是其类的"极"，其类的标准。譬如说方的东西有方之类的规定性，这就是方之所以为方的理，也就是方的标准，方之"极"。人们看见一个方的东西，评论说这个东西很方，或不很方，或很不方，都是用这个标准。如果没有这个标准，这些话就不能说了。

类有大小。最大的类是"有"，包括一切存在的东西，这是一个最大的类名。一个"名"的内涵外延成反比例：外延越小，内涵越多；外延越大，内涵越少。"有"这个"名"的外延最大，大至无所不包，它的内涵也就最小，小至似乎等于零。每一个类都有它的规定性，"有"这个最大的类，因为无所不包，所以就不可能有什么特殊的规定性。它的规定性就是没有规定性。没有规定性，就没有什么可以成为标准，这就是"无极"。

从另一方面说，如果不把"有"作为一个类名，而作为一个集体名，"有"就是包括一切存在的东西的大集体，它包括一切的类。如果一切类的理也用一个集体名把它们包括起来，这个集体名就是"太极"。朱熹说："总天地万物之理，便是太极。"（同上）"太极"这个"太"字就比如"太上皇""老太爷"那两个"太"字，有更高一层的意思。在封建制度下，皇帝在一国中是最高的，"太上皇"比皇帝更高一层；"老爷"在一家中是最高的，"老太爷"比他更高一层。对于一类事物说,其类的理是最高标准,"总天地万物之理"者,比一类事物的标准更高一层,所以称为"太极"。

把这两方面的意思联合为一句话就是"无极而太极",那个"而"字的意思就是说,它既是"无极"又是"太极"。《太极图说》的另一个本子作"自无极而为太极",因为多了"自""为"二字,意思就完全变了,那个"而"字也就变得无理了,那就完全是道教的"有生于无"的宇宙生成论,不是主体论了。

类有大小之分,也有高低之别。就一个类名的外延说,大类包括小类,就其内涵说,小类之理蕴含大类之理。譬如说人之名,就其外延说相对于动物是小类,就其内含说,他是高类。所以只能说人是动物,不能反过来说动物是人。因为人这个名的内涵蕴含动物之理,人之理的内容比动物之理的内容多,其中也蕴含动物之理。高一类的理蕴含低一类的理,由此推论下去,最低一类的理必然为一切高一类的理所蕴含,也就是为一切事物所蕴含。从这一方面看,最低一类的理又成为最根本的理了。上边说"有"是最大的类,这个类的规定性就是没有规定性。这个没有规定性并不真是个零,只是说它不可说而已。它是最低一类的理,同时也是最根本的理。朱熹说:"至无之中乃至有存焉。"(同上)就有上边所说的意思。

高一类的理蕴含低一类的理。这样一层一层地推下去,一直蕴含到最低一类的理,这就和佛家华严宗所说的"因陀罗网"境界有点相似。照他们所说的,每一个毛孔都有无边狮子,每一个狮子,又都有无边狮子,如此层层推下去以至无穷,好像"因陀罗网",其中每一个珠子都反映其他珠子,并且也反映了那个珠子中所反映的珠子,这样层层反映下去,以至无穷。不过华严宗所说的是具体的事物,狮子是具体的,珠子也是具体的。上边所说的层层蕴含是就理说的。理不是具体的事物,但一切具体的事物都有其理,其理蕴含有无穷无尽的理。朱熹所说的"人人有一太极,物物有一太极",就是这个道理。《语类》说:"问:'《理性命》章注云:自其本而之末,则一理之实而万物分之以为体,故万物各有一太极。如此,则是太极有分裂乎?'曰:'本只是一太极,而万物各有禀受,又自各全具一太极尔。如月在天,只一而已,及散在江湖,则随处而见,不可谓月已分也。'"(同上)

朱熹从各方面说明他所认识的"太极"。本书上面所讲的是对于朱熹的说明再加以说明,可能朱熹原来没有想得这样清楚,至少没有说得这样清楚,但从认识论上说,他的思想总有这一类的过程。本书所讲的如果有可能比他的思想多了一点,也可以作为他的思想的认识论的根源。

第四节 气

理和气是道学中两个最重要的范畴。上边讲过,朱熹讲理、气并不是凭空讲的。他对于具体事物作逻辑的分析发现它们都有两个方面,一个是性,一个是形,再从这两方面追究其来源,就得出理和气这一对范畴。其中一个是"生物之本",一个是"生物之具","具"有材料的意思。举个例说,一个方的东西有方性,这就是方

1799

之所以为方者，这就是方之理。一个方的东西毕竟有得于方之理，才能成为方的东西，所以方之理是"生物之本"。一个方的东西必定是用某种材料做成的，或是铜，或是铁，或是木料，这些都是气，是"生物之具"。

二程和张载所说的气都是自然的产物，因为他们所着重解释的事物都是自然界的事物，如草、木、鸟、兽之类。朱熹所要解释的事物不只是自然界的事物，比如他说，台阶有台阶之理，椅子有椅子之理。台阶和椅子都是人造的东西，造成它们的材料就不能都是自然的产物了。当然这些材料还有其材料，一层一层推下去，总要归结到一种自然产物。但是，直接作为它们的材料的东西，就不一定是自然的产物了。一个台阶可能是用砖垒成的，也可能是用水泥砌成的；一把椅子可能是钢铁做成的。这些材料对于它们的理说，都是它们的气，但这些气就不是自然产物了。

在这一点上，朱熹很像亚里士多德。在古希腊哲学中，柏拉图把一般和特殊的关系说成是"真本"和"复制品"的关系，一般是真本，特殊是复制品。作为一般的理念是真本，现实的东西是复制品。譬如说，方的理念是方的真本，方的东西是复制品。任何东西的复制品都不会像真本那样完善，方的东西永远不会像方的理念那样方。这样说，理念的世界，或具体的世界就成为两橛了。

亚里士多德把这两橛合为一体。他也是从具体事物出发，对于具体事物作逻辑的分析。他认为每一个具体事物的形成都有四个原因：第一个是"式因"，即一个事物的形式；第二个是"质因"，即构成这个事物的材料；第三个是"力因"，即造成这个事物的力量；第四个是"终因"，即这一类事物所追求的最后目标。举一个例说，一个方的东西,必须有方的形式,这是它的"式因";必须有构成它的材料,或是金属,或是木料,这是它的"质因";必须有制造它的人工,这是它的"力因";一切方的东西都把方之所以为方的理念作为追求的最后目标,这是它的"终因"。

用道学家的话说,这四个原因可以归结为两个原则,即理和气,"式因"和"终因"可以归结为理,"质因"和"力因"可以归结为气。

这并不是用亚里士多德的范畴硬套朱熹,而是指出亚里士多德和朱熹有这样的暗合。其所以有这样的暗合,是因为有那么一个客观的道理,两家都有所见,所以说出来的话有些就是不谋而合了。譬如,两个人都去游颐和园,回来都写游记,其中有些话必然是不谋而合的,因为他们所看到的都是颐和园。硬套是不可以的,其结果必然是对于两家都有所歪曲,指出暗合是可以的,其结果可能对两家都有所发明。

朱熹说:"疑此气是依傍这理行,及此气之聚,则理亦在焉。盖气则能凝结造作,理却无情意,无计度,无造作,只此气凝聚处,理便在其中。且如天地间人物、草木、禽兽,其生也莫不有种,定不会无种子白地生出一个物事。这个都是气,若理则只是个净洁空阔底世界,无形迹,它却不会造作;气则能酝酿凝聚生物也。但有此气,则理便在其中。"(《语类》卷一)又说:"理搭在阴阳上,如人跨马相似。"(《语类》卷九十四)又说:"无是气,则是理亦无挂搭处。"(《语类》卷一)

朱熹的这些话,说明了他所认为的理和气的关系。关系是密切的,但彼此相互之间所起的作用却不相同。气和理的关系是"依傍",有依照的意思,理和气的关系是"骑乘""挂搭"。比如说,一个方的东西,其气必须依傍方之理才能成为方,如果不依傍,它就不能成为方的东西;方之理必须"骑乘""挂搭"在一定的材料上,才能成为方的东西。这就说明方之理是方的东西的"式因",同时也是方的东西的"终因",因为一切方的东西都以方之理为追求的最后目标。方之理在一定的材料上,如人骑在马上,但它却不是方的东西的"力因",因为它"无情意,无计度,无造作"。有情意、有计度、有造作的是气,因此气是事物生长存在的"质因",也是其"力因"。

个别事物的"力因"往往是显而易见的,作为一切事物总体的宇宙,以什么为其"力因"呢?这就不大好说了。大物理学家牛顿曾经说,整个的宇宙好像一盘大机器,其中的一些构造都可以用机械学的原理说明,机器一经开动,整个的机器都运行起来了。它的运行可以用机械学的原理说明,但是开动这盘机器的是什么力量呢?这就还要推论到"上帝"的存在。"上帝"不仅是这盘大机器的制造者,也是它的开动者。在西方哲学中也有所谓"第一动者"的问题。在道学中就没有这个问题,照道学的说法,整个的宇宙是一个"流行",道学称之为"大用流行",它的动力就在它的本身之中。这个"流行"是无始无终的,它本来没有一个开始的时候,所以也不需要"第一动者"。

道学中的另外一个问题,就是理、气先后的问题。《语录》说:"问:先有理抑先有气?曰:理未尝离乎气。然理形而上者,气形而下者。自形而上下言,岂无先后。"(《语类》卷一)又说:"问:有是理,便有是气,似不可分先后?曰:要之也先有理,只不可说是今日有是理,明日却有是气也,须有先后,且如万一山河大地都

陷了，毕竟理却在这里。"（同上）

朱熹又说："天下未有无理之气，亦未有无气之理。"（《语类》卷一）就存在说，理、气是互相依存的。又说："动静无端，阴阳无始。"（《语类》卷九十四）这是说"大用流行"是无始无终的，就存在说，理、气先后问题就没有意义了。但朱熹仍然认为，照理论上说应该还是理先气后，他认为理是比较根本的。就这一点说，先后问题就是本末问题，理是本，气是末；也就是轻重问题，理为重，气为轻。本和重在先，轻和末在后，这样的在先就是所谓逻辑的在先。朱熹的意思还不止于此，因为他还说："且如万一山河大地都陷了，毕竟理却在这里。"这就是说，虽然在存在上不存在一个没有阴阳的太极，但在理论上却是有的，这是朱熹哲学体系的唯心主义的根本。

第五节　朱熹的宇宙形成论

上边所讲的是朱熹哲学的本体论。本体论是宇宙的逻辑构成论，主要的是用逻辑分析法看宇宙是怎样构成的。宇宙形成论是以当时的科学知识为根据，讲具体的世界是怎样发生和发展的。朱熹关于理气的理论，回答了他的前人所引起的新问题，作了一些新贡献。他的宇宙形成论却主要的是沿用周敦颐和邵雍的说法。这是因为从周、邵到朱熹，科学知识没有重要的进步，没有新的科学知识可以作为根据。他比周、邵多了一层困难。周、邵本来都不讲本体论，周敦颐的《太极图说》和邵雍的《皇极经世》都是讲的宇宙形成论。朱熹的《太极图说注》是先从本体论讲起,后来转为宇宙形成论。怎么转呢?这是朱熹所遇到的一个难题。

《太极图说》的第一句"无极而太极",朱熹的注解用的是本体论的方法,讲的是本体论。到了第二句"太极动而生阳"问题就发生了。照朱熹的说法,太极是理,理是"无情意,无计度,无造作"的,它怎么会"动而生阳"呢?《语录》中记载了学生们提出的这一类的问题。

《语录》记载:"问:太极动而生阳,是有这动之理,便能动而生阳否?曰:有这动之理,便能动而生阳;有这静之理,便能静而生阴。既动则理又在动之中,既静则理又在静之中。曰:动静是气也,有此理为气之主,气便能如此否?曰:是也。既有理便有气,既有气则理又在乎气之中。"(《语类》卷九十四)这是说太极是不动的,但其中有动之理,既有动之理,就有气"依傍"它。"依傍"动之理的气就是阳气,太极中也有静之理,既有静之理,就有气"依傍"它,"依傍"静之理的气就是阴。"一阴一阳,两仪立焉。"太极是理,阴阳是气。理不能动,也不能静,气能动能静。理是形而上的,气是形而下的,宇宙形成论是就形而下讲的,是从两仪开始的。

宇宙形成论首先要说明的是天地如何起源的问题。关于这个问题,朱熹说:"天地初间,只是阴阳之气。这一个气运行,磨来磨去,磨得急了,便拶许多渣滓。里面无处出,便结成个地在中央。气之清者便为天,为日月,为星辰,只在外常周环运转,地便在中央不动,不是在下。"(《语类》卷一)朱熹在这段话里,采用了当时天文学中的"浑天说",以为地在天的中央,好像鸡蛋黄在鸡蛋的中央。他也采取了从《淮南子》到王充、张衡的"元气说",以为元气分化,"轻清者上浮为天,重浊者下沉为地",但也有不同传统的"元气说",认为阴阳二气是直接从"元气"分化出的,"轻清者"就是阳气,"重浊者"就是阴气。朱熹认为"重浊者"是阴阳二气相磨擦所生出的"渣滓",他说:"气之清者为气,浊者为质,知觉运动,阳之为也;形体,阴之为也。"(《语类》卷三)又说:"阴阳气也,此生五行之质。天地生物,五行独先。地即是土,土便包含许多金木之类,天地之间何事而非五行?五行阴阳七者,滚合便是生物的材料。"(《语类》卷九十四)这是说阴阳二气相磨所生的"渣滓",其中最粗的部分叫"质",这是朱熹提出的一个新的观念,新的范畴。"质"是从气生出来,而又是和气对立的,它就是五行。二气和五行是生物的"材料"。"材料"也是朱熹提出的一个新观念,新范畴。"材料"和理结合起来就成为具体的事物,"材料"和理就是事物的"质因"和"式因"。

宇宙形成论所要说明的是一切具体的事物是怎样生出来的,上边所说的最后一段就回答了这个问题。朱熹还有更详细的说明。《语录》记载说:"问:未有一物之时如何?曰:是有天下公共之理,未有一物所具之理。"(同上)朱熹在这里所说的"公共之理",意义很不清楚,是指一切事物所共同有的理呢,还是一类事物所具的理呢?他没有说清楚。所谓"一物所具之理"也不确切,因为"一物所具之理"就叫性,不叫理了(详下节)。姑且把"公共之理"了解为一类事物之理,那他的意思就是说,如果没有具体方的东西,那就只有方这一类的"公共之理",那就是方之所以为方的一般,

1805

没有方之特殊。一类东西的第一个特殊是怎样生出来的呢？就人造的东西说，这个问题是比较容易回答的，就自然界的东西说，回答就不那么容易了。譬如说，第一代的人是怎样生出来的呢？朱熹说："天地之初，如何讨个人种？自是气蒸，结成两个人，后方生许多万物，所以先说乾道成男，坤道成女，后方说化生万物。当初若无那两个人，如今如何有许多人？那两个人，便如而今人身上虱，是自然变化出来。"（《语类》卷九十四）这是说，一切种类的生物最初都是自然生出来的，称为气化。朱熹当然不知道人身上的虱子也是由种子生出来的。

宇宙形成论的另一个问题是现在的世界有没有终始。对于这个问题朱熹说："方浑沦未判，阴阳之气混合幽暗，及其既分，中间放得宽阔光朗，而两仪始立。康节以十二万九千六百年为一元，则是十二万九千六百年之前又是一个大辟阖，更以上亦复如此。直是动静无端，阴阳无始。"（同上）《语录》记载说："问：动静无端，阴阳无始？曰：这不可说道有个始。他那有始之前，毕竟是个什么。他自是做一番天地了，坏了后又恁地做起来，那个有甚穷尽。"（同上）又记载说："问：'天地会坏否？'曰：'不会坏，只是相将人无道极了，便一齐打合混沌一番，人物都尽，又重新起。'"（《语类》卷一）

在这几段话中，朱熹用的是邵雍的说法。邵雍所说的十二万九千六百年的一元之数，朱熹也用了，不过他与邵雍也有不同。邵雍讲的完全是"数学"，那个一元之数完全是从"数"推出来的，他的算法是"十二，三十，交相为用"。他认为在人的生活中，十二时为一日，三十日为一月，十二月月为一年，三十年为一世。

照这样往上推，十二世为一运，三十运为一会，十二会为一元，照这样算起来，一元之数就是十二万九千六百年，这就是现在这个天地的寿命。这个天地的末日是"数"决定的，在末日将临近的时候，这个天地就开始衰败了，社会也开始堕落了，这也是"数"决定的。照朱熹的说法，这个世界的末日是因为"人无道极了"。这就于数字外另立了一个标准。邵雍所说的一元之数，是现在的天地的一元之数。一元之数的开始，就是这个天地的开始，一元之数的终结，就是这个天地的终结，朱熹主要也是这样说的。上边所引的《语录》有一条说，天地不会坏，这和朱熹的主要意思相矛盾。这大概是由于天地这个名词有两个意思：一个意思是指现在的这个天地，现在这个世界；另外一个意思是指宇宙。所谓天地不会坏，就是说宇宙不会坏。宇宙是大化流行，无始无终的，这就是所谓"动静无端，阴阳无始"。在大化流行中也有些小段落，阴阳动静也有不断的开阖，其中的一个小段落就是现在的这个天地，现在的这个世界，它是有始有终的。

朱熹说："常见高山有螺蚌壳，或生石中。此石即旧日之土，螺蚌即水中之物，下者却变而为高，柔者变而为刚，此事思之至深。"（《语类》卷九十四）朱熹看见山上有螺蚌壳，而说，"此事思之至深"，可见他也曾用经验中的事例以说明地壳的变化。如果他一贯地从这个观点、用这个方法说明自然界，他可能有一个比较合乎科学的宇宙形成论。他没有这样做，也不可能这样做。这是因为当时中国科学的水平还是很低的，还不足以为这样的宇宙形成论准备条件，奠立基础。

第六节　性、心、情、才

道学所推崇的《中庸》，头一句就说："天命之谓性。"朱熹注说："命，犹令也；性，即理也。天以阴阳五行化生万物，气以成形，而理亦赋焉，犹命令也。于是人物之生，因各得其所赋之理，以为健顺五常之德，所谓性也。"（《中庸章句》）朱熹的这几句话简明扼要，意思是说，理是公共的，是一般，万物是特殊。仅只一般还不能"化生万物"，还要看气。气依傍理，气有得于理，就成为万物。这个有得，就理而言，谓之赋予，就气而言，谓之禀受。朱熹说的"各得其所赋之理"，就是其所禀受之理。气得了所禀受之理，它就成为物了，物之中所禀受的理，就是它的性。朱熹说了这两个要点，理和性的关系就很清楚了，一般和特殊的关系也就清楚了。

朱熹如果在这里再更明确地加上一个类的观念，那就更清楚了，比如说，方之类的东西都有方之理以为其性。那就是说，方一类的东西有方性，从它的方性表现出来的性质就是这一类东西的"德"。

朱熹在这里所讲的理，不是某一类事物的理，而是自然界的一切事物的公共之理，这就是"阴阳五行之理"。自然界的事物都禀受了这个公共的理，就都有"健顺五常之德"。朱熹虽然没有明确地提出类的观念，但实际上是把"万物"分为两大类，一类是人，一类是非人的物，他讲性的时候，总是说"人物之性"，这是一种比较笼统的说法。照他的说法,"阴阳五行之理",是万物所都禀受的,所以万物都有"健顺五常之德"。但是,人和物总是有差别的,差别从何而来,这就是问题。

《语录》记载说:"或说:'人物性同。'曰:'人物性本同,只气禀异。如水无有不清,倾放白碗中是一般色,及放黑碗中又是一般色,放青碗中又是一般色。'又曰:'陛最难说,要说同亦得,要说异亦得。如隙中之日,隙之长短大小自是不同,然却只是此日。'"又说:"人物之生,天赋之以此理,未尝不同,但人物之禀受,自有异耳。如一江水,你将杓去取,只得一杓;将碗去取,只得一碗;至于一桶一缸,各自随器量不同,故理亦随以异。"(《语类》卷四)

《语录》又记载说:"又问:'物物具一太极,则是理无不全也?'曰:'谓之全亦可,谓之偏亦可。以理言之,则无不全;以气言之,则不能无偏。故吕舆叔谓物之性有近人之性者,人之性有近物之性也。'"(同上)

照上面所引的《语录》看起来,朱熹的意思是说,人和物都禀受一个公共之理,但禀受有偏有全。理本来都是全的,但人物之所得则有分量上的不同。譬如江河之水,有人取得一桶,有人只取得一碗。也因为构成人物的气,在性质上有轻浊厚薄的不同,其中所表现的理也有昏明的不同。譬如在白碗中的水就带白色,在黑碗中的水就带黑色。概括地说,朱熹用理之偏全或气之清浊以说明人和物的不同。

朱熹如果能更自觉地运用类的观念,他就可以说人和物这两大类除了公共的理外还各有其理,人有人之理,物有物之理。吕舆叔所说的人之性和物之性就有这个意思。有人之性必有人之理,有物之性必有物之理。但就具体的人说，这个人和那个人还有不同，这个物和那个物之间也有差别。这倒是可以用理之偏全，或气之清浊加以说明。说到这里就说到一般和特殊的关系了。

一般是一类事物的规定性，也就是这类事物的理；特殊是这一类事物的各个具体事物。一般是一类事物所共有的，一类的具体事物，虽共有这个一般，而其间各有不同，这就是道学所说的"理一分殊"。

更明确一点说，譬如方一类的东西，都有方之所以为方者以为其理，都有得于方之所以为方者以为其性。方之所以为方者是这一类的公共的理，它就是极方，至方，方之标准。这一类具体的东西，虽然都或多或少有得于方之理，或多或少合乎这个标准，但合的程度总是不齐，有的很方，有的不很方，有的很不方。但也不能太不方，如果太不方，它就不属于这一类了。这就是所谓理有偏全。其所以有不齐的情况，是因为构成这些具体的东西的材料有好坏的不同，这就是所谓气有清浊。

朱熹没有讲得这样清楚。他是分人和物两大类，这是因为朱熹和道学家们在讲这一类问题的时候，着重于其伦理的意义，不注重其逻辑的意义。他们着重于讲人之理和人之性，至于物之理和物之性不过是附带提及而已。

说到人之性，朱熹便与张载完全合拍了，《语录》记载说："道夫问：'气质之说始于何人？'曰：'此起于张、程。某以为极有功于圣门，有补于后学。读之使人深有感于张、程，前此未曾有人说到此。如韩退之《原性》中说三品，说的也是，但不曾分明说是气质之性耳。性哪里有三品来？孟子说性善，但说得本原处，下面却不曾说得气质之性,所以亦费分疏。诸子说性恶与善恶混,使张、程之说早出,则这许多说话自不用纷争。故张、程之说立,则诸子之说泯矣。'因举横渠:'形而后有气质之性,善反之则天地之性存焉。故气质之性,君子有弗性者焉。'又举明道云:'论性不论气不备,论气不论性不明,二之则不是。'且如只说个仁、义、礼、智是性,世间却有生出来便无状底是如何?只是气禀如此。若不论那气,这个道理便不周匝,所以不备。若只论气禀,这个善,这个恶,却不论那一原处只是这个道理,又却不明。此自孔子、曾子、子思、孟子理会得,后都无人说这道理。谦之问:'天地之气,当其昏明驳杂之时,则其理亦随而昏明驳杂否?'曰:'理却只凭地,只是气自如此。'"(《语类》卷四)

在这段话里,朱熹列举了历史中的各家性说,以说明张、程的贡献。照朱熹的说法,"性即理也",那就只能说性善,不能说性恶,不能说善恶混,也不能说性三品。譬如说,方一类的东西有方性,方性就是方之理,就是极方,就是方之标准。它不可能是不方,也不可能是方与不方的混合,也不可能有很方,不很方,很不方这三品,有这些差别的是具体方的东西。其所以有这些分别,是因为构成具体的东西的材料有好坏。就人类说,人之性就是人之理,他只能是善,不能是善恶混,也不能有上、中、下三品。就具体的人说,人有生来就不那么善的,照张、程、朱的说法,只是由于气质不同。张载说:"形而后有气质之性,善反之则天地之性存焉。"(《正蒙·诚明》)张载所说的"天地之性",就是朱熹所说的"理"。他说,气质之性是人有了形体之后才有的,这就掺杂气了。既然掺杂了气,那就要为气之清浊所累,不能完全是善了。但是如果能够把气质之性反过来,那也还可以保住天地之性。如果严格地说,气质之性不是性,说它是性,只是说它与形体之生俱来。把天地之性和气质之性统一起来说,那就可以把以前所有关于性的理论都包括起来了,所以程颢说:"论性不论气不备,论气不论性不明,二之则不是。"朱熹虽然把这个说法推到张、程,但他自己讲起来是以他自己的整个哲学体系为根据的,所以讲得更详细,他是发展了张、程,而不是照抄张、程。

朱熹又更进一步地说明性和心的不同。《语录》记载说:"问:'灵处是心抑是性?'曰:'灵处只是心,不是性。性只是理。'"(《语类》卷五)又说:"问:'知觉是心之灵固如此,抑气之为邪?'曰:'不专是气,是先有知觉之理。理未知觉,气聚成形,理与气合,便能知觉。譬如这烛火,是因得这脂膏,便有许多光焰。'"(同上)朱熹在这段话里指出了知觉之理和具体的知觉的不同。知觉之理并不能知觉,这就如红之理并不红,变之理并不变,道理是一样的。譬如蜡烛放出光明,但光明之理并不光明,只有具体的蜡烛才能发出光明。这就说明一般和特殊的不同及其关系。

《语录》又记载说:"性、情、心,惟孟子、横渠说得好。仁是性,恻隐是情,须从心上发出来,心统性情者也。性只是合如此底,只是理,非有个物事。若是有底物事,则既有善,亦必有恶。惟其无此物,只是理,故无不善。"(同上)所谓善与不善,是就人之理说的。若就别的事物说,譬如,就方一类的东西说,如果只说方之理,那就是至方,没有很方、不很方的问题。不能说至方是很方或不很方。也不能说比至方更方,因为至方就是方的标准,不可能有比标准更合乎标准的东西。就人类说,人之理,就是人之所以为人的标准,所谓善恶都是就这个标准说的。"心统性情"是张载的话,张载还说,"合性与知觉有心之明",也是说的这个意思。

《语录》又记载说:"性者,心之理;情者,心之动。才便是那情之会恁地者。情与才绝相近,但情是遇物而发,路陌曲折恁地去底;才是那会如此底。要之,千头万绪皆是从心上来。"又说:"才是心之力,是有气力去做底;心是管摄主宰者,此心之所以为大也。心譬水也,性,水之理也。性所以立乎水之静,情所以行乎水之动,欲则水之流而至于滥也。才者,水之气力所以能流者,然其流有急有缓,则是才之不同。伊川谓'性禀于天,才禀于气',是也。只有性是一定,情与心与才,便合着气了。"(同上)

朱熹的这些分析似乎很烦琐,但都是从"性即理也"那个前提逻辑地推论下来的。有了这些分析,那个前提的意义就会更清楚了。

第七节 修养方法

道学的主要目的是提高人的精神境界,所以道学家们都着重修养方法。朱熹的语录中,讲修养方法的也有很多条,但是最重要的是他在《大学章句》中所作的《格物补传》。他把《礼记》中的《大学》的本文作了新的编排,照他的编排,《大学》"八条目"都各有一个"传",只有"格物"这一条目没有传,他就补了一篇传。《补传》说:"右传之五章,盖释格物致知之义,而今亡矣。间尝窃取程子

1813

之意以补之。曰：所谓致知在格物者，言欲致吾之知，在即物而穷其理也。盖人心之灵，莫不有知，而天下之物，莫不有理。惟于理有未穷，故其知有不尽也。是以《大学》始教，必使学者即凡天下之物，莫不因其已知之理而益穷之，以求至乎其极。至于用力之久，而一旦豁然贯通焉，则众物之表里精粗无不到，而吾心之全体大用无不明矣。此谓物格，此谓知之至也。"

"四书"是朱熹致力研究的经典，《大学》又被列为"四书"之首，朱熹的这篇《补传》是作为《大学》的正文而补充进去的，所以这篇《补传》是朱熹精心研究、字斟句酌而写出来的。从文字上看，这篇《补传》确实简明扼要，虽只有一百多字，却把他的意思都说出来了。文章是好的，可是他的意思在理论上有讲不通的地方，在实践上也有行不通的地方。

从理论上说，增进人对于客观上各个具体事物的知识是一回事，提高人在主观上的精神境界又是一回事。二者虽有相通之处，但基本上是两回事。《老子》说："为学日益；为道日损。"他所说的就是增进知识和提高精神境界的分别。"为学"说的是增进知识，"为道"说的是提高人的精神境界。朱熹的这篇《补传》实际上分为两段。在"豁然贯通焉"以前为前段，以后为后段。前段的要点是"即物而穷理"，说的是增进知识，后段的要点是"吾心之全体大用无不明矣"，说的是提高精神境界。这本来是两回事，分开来说本来是可以的。朱熹全篇文章是把"即物而穷其理"作为"吾心之全体大用无不明矣"的方法，这就成为问题了。这就是把两回事混为一回事，把"为学"和"为道"混为一谈，这就讲不通了。

在实践上说，譬如一个植物学家研究植物之理，他可以因植物学所已经研究出来的植物之理"而益穷之",若说,"以求至乎其极",这就难了。植物之理是无穷无尽的,对于具体事物的知识也是无穷无尽的,怎么可以"至乎其极"呢?知识是没有"极"的,即使"至乎其极",又怎么会"豁然贯通"呢?一个植物学家可能对于植物之理"豁然贯通",但这里所说的"豁然贯通"是指"吾心之全体大用无不明矣",这是不能用增进知识的方法去达到的。

朱熹说,他的《格物补传》是"窃取"程子之意,哪个程子他没有说。照其"意"看起来,这个程子是指程颐。上边所提的那个问题,在程颐的《语录》中已经有人问了,《语录》记载说:"或问:'格物须物物格之,还只格一物而万理皆知?'曰:'怎么便会该通?若只格一物便通众理,虽颜子亦不敢如此道。须是今日格一件,明日又格一件,积习既多,然后脱然自有贯通处。'"(《程氏遗书》卷十八)

程颐把他的方法总结为两句话:"涵养须用敬,进学则在致知。"(同上)在这两句话中,他把"涵养"和"进学"对立起来。"涵养"是提高精神境界的事,"进学"是增加知识的事。这本来是两回事,而修养只是一回事。但这一回事怎样把那两回事贯穿起来,联系起来,"用敬"和"致知"有什么关系,程颐没有说,这就使他的方法成为"两橛"。

程颐是道学中理学一派的开创者,朱熹的《格物补传》果然是用程颐的这个"意"。这个说法就成为理学一派一贯的说法,它的"两橛"也就更突出了。

朱熹在《格物补传》中所讲的"即物穷理"显然就是"进学则在致知"。他没有提"涵养须用敬"。

朱熹可能认为，他的这篇《补传》是专讲"致知"和"格物"这两个条目的，所以不必加上"涵养须用敬"了。但这还不能说明"即物穷理"怎么能达到"豁然贯通"。《大学》的"八条目"都是为"三纲领"服务的。"三纲领"的第一条就是"明明德"。"即物穷理"与"明明德"有何干涉？如果这些问题不能解答，那篇《补传》就成为前后两橛了。

朱熹的困难在于不能正确地理解"穷理"。这两个字出于《周易·系辞》，《系辞》说："穷理尽性以至于命。"每一类的东西都有它的理和它的性，每一类的东西都要穷这一类的理，尽它自己的性。譬如说方一类的东西，都要使它自己完全合乎方之理，成为一个完全方的东西，如果能达到这样程度那就是穷了方之理，尽了方之性，"至乎其极"了。人造的东西当然自己不会这样要求自己，但人可以向它提出这样的要求，人可以造成一个很方的东西，但极方是不可能的。这是因为无论怎么巧的匠人，他都要受材料的限制，这就是道学家所说的"为气禀所累"。人类也是自然界中的一类东西，但人类和物类有一个重要不同之处，那就是人有心，有"知觉灵明"，因此，他能自己向自己提出要求，做一个完全的人。能做一个完全的人，那就是穷人之理，尽人之性了，也就是"至于命"了。因为理是本来就有的"天理"，性是人所禀受于天的，也可以说是受天的命令。程颢说："穷理尽性以至于命，三事一时并了。"（《程氏遗书》卷二上）因为这三件事本来就是一件事。每一个人都是人类的一员，他要穷理，就是穷人之理，要尽性，就是尽人之性，而且要从他自己做起。

朱熹所注的经典本来就是这样说的。《中庸》说："唯天下至诚，为能尽其性；能尽其性，则能尽人之性；能尽人之性，则能尽物之性；能尽物之性，则可以赞天地之化育；可以赞天地之化育，则可以与天地参矣。"（二十二章）朱熹在这一段下也作了一段相当长的注，可惜他在这里没有看出《中庸》原文所说的"尽性"的次序。原文说："唯天下至诚，为能尽其性。"这个"其"字指的是那个"至诚"的人，他要先尽他自己的性，能够尽他自己的性，才能尽人之性。这个"人"字，指的是人类。能够"尽人之性"，才能"尽物之性"；能"尽物之性"，才能"赞天地之化育"。这并不是说，能"尽物之性"了，就可以呼风唤雨。什么是"天地之化育"呢？自然界中一切事物的生长变化都是"天地之化育"，人的一呼一吸也是"天地之化育"。人如果理解其意义，那就是"赞天地之化育"；如果不理解，那就是"为天地所化育"。能够"赞天地之化育"，就可以"与天地参矣"。人如果理解"与天地参"，不是出于逻辑推论，而是出于直觉，不是一种知识，而是一种精神境界，那就是"豁然贯通"了。

《大学》的本文也说明了这个次序。《大学》在说了"三纲领"以后，接着就说到："古之欲明明德于天下者，先治其国；欲治其国者，先齐其家；欲齐其家者，先修其身；欲修其身者，先正其心；欲正其心者，先诚其意；欲诚其意者，先致其知。致知在格物。"这一段话一连串用了六个"其"字，都指的是"古之欲明明德于天下者"那个人，意思是连贯的，就是说，"明明德"要从自己本身做起。朱熹把"格物"解释为"即物穷理"，这就使这个连贯脱节了。"明明德"就不是从自己本身做起，而是从外物做起了。

照朱熹的《补传》，把"穷理"了解为"即物穷理"，那就是要先穷物之理,这就把《中庸》和《大学》所说的次序完全颠倒了。所以道学中的心学一派说他的修养方法是"支离",意思就是说他讲的方法不得要领,没有落在点子上。

张载也讲,"穷理",怎么"穷"法,"穷"的是什么"理",他没有明确说。但他所说的修养方法是"大其心",这个"其"字也是指做修养功夫的人。张载用"大其心"的方法作出了《西铭》。《西铭》所讲的就是人之理。可见他的修养方法是先穷人之理,要穷人之理,修养的人必修"大其心"。这也就是说修养的人要从自己本身做起。

照朱熹的《补传》所说的,要先穷物之理,怎么穷法呢?他只好求之于经传。经传的意思需要解释,文字需要考订,他就只得先做这一步的工作,可是如果为考订而考订,这就"支离"而又支离了。当然,注解和考订也是一种学术研究,在这方面朱熹做了大量的工作,有很大的贡献,但那是另外一回事,与提高精神境界无关。

表面上看,穷物理的目标是增加知识;穷人理的目标是提高精神境界,二者之间似乎有矛盾。这是由于对于增加知识和提高精神境界的关系认识不够全面,思想上有了"弯"没有转过来。不仅朱熹是如此,他的批评者陆九渊也是如此。在朱、陆的"鹅湖之会"上,朱、陆两派互相指责,陆派指责朱派为"支离",朱派指责陆派为"空疏"。两种指责有一个共同来源,那就是对于问题的认识不够全面,思想上有一个弯没有转过来。

这个弯张载早已转过来了,他在《西铭》中说:"知化则善述其事,穷神则善继其志。不愧屋漏为无忝,存心养性为匪懈。"《西铭》全篇的主题是讲"事天",张载认为,人在社会中所做的有积极意义的事,都有"事天"的意义。"穷神""知化"就是求增加知识,但是可理解为对于天的"继志""述事",有了这样的理解,求增加知识也就是所以提高精神境界。真正有这样的理解而又照着去做的人的精神境界就是天地境界。"不愧屋漏","存心养性",是道德的事,也可以理解为"事天"的事。如果没有这样的理解,有这些行为的人的境界,也只是道德境界,不是天地境界。懂得了这个道理,穷物理就是所以穷人理,思想上的弯就转过来了。

在20世纪50年代,中国知识界有所谓红、专问题,这和穷物理与穷人理是一类的问题。当时批判的白专道路,这种道路是有的,为个人的名利而求专的道路就是"白专道路"。白专道路固然不是红,"空头的"红也不是真红,又红又专才是真红。在又红又专的人看来,求专就是所以求红,穷物理就是所以穷人理。有了这样的认识,求专和求红,穷物理和穷人理,不但没有矛盾,而且融为一体了。

可以用这个意思为《补传》再补几句。在"以求至乎其极"下面加说:"此穷物理也,穷物之理乃所以穷人之理。苟明此道,敬以行之",下面就接着"而一旦豁然贯通焉"。加上这几句,《补传》的弯就转过来了,程颐所说的"涵养须用敬,进学则在致知"也就不是两橛了。

张载讲穷理,没有说明是穷人之理,还是穷物之理,因为这个问题他在《西铭》中已经解决了,所以不必再提了。

这个弯转过来之后就可以看出,穷物理不必是"支离",而不穷物理必定流于"空疏"。

《格物补传》在"而一旦豁然贯通焉"下边那几句说的是达到"豁然贯通"所有的经验,这种经验应该了解为张载所说的"大其心"

的结果。张载说:"大其心则能体天下之物。"(《正蒙·大心篇》)照这样的理解,这种经验就是一种精神境界。朱熹理解为"吾心之全体大用","吾心"就成为宇宙的本体或动力了。这两种理解虽然都离不开心,但唯物主义和唯心主义的分别也就在这里。

第八节 "王霸之辩"

中国封建社会的政治,即所谓"政",主要是统治者和被统治者之间的关系。有关政的事情叫"政事",有关政的进行叫"为政"。统治者是"君",被统治者是"民",帮助君进行统治的是"臣"。统治者的艺术是处理好这三者之间的关系,最主要的关系是君和民的关系。

中国封建社会的政,主要的是统治术,儒家从孔丘起就认为有两种统治术。孔丘说:"道之以政,齐之以刑,民免而无耻。道之以德,齐之以礼,有耻且格。"(《论语·为政》)这里所说的就是两种统治术,这几句话中的四个"之"字都是指被统治的"民"。谁"道之""齐之"呢?当然就是统治的君了。孔丘以后的儒家,孟轲和荀况都认为有两种统治术,一种叫"王",一种叫"霸",用王的统治术进行的政叫"王政",用霸的统治术进行的政叫"霸政"。孟轲又引申说,王政的根源是统治者的"不忍人之心",所以王政亦称"仁政"。道学家们继承了孟轲的这个说法,二程认为要行"周公之法",统治者必须有"至诚恻怛之心"。所谓"恻怛之心"就是孟轲所说的"不忍人之心"。二程所说的就是"王霸之辩"。

在朱熹的时代有一个道学之外的思想家陈亮,从政治理论上批评道学,又引起了"王霸之辩"的辩论。朱熹当然继承儒家的传统:"尊王贱霸",不过,他又用自己的哲学体系为"尊王贱霸"加了一层理论根据。

朱熹认为,每一类事物都有其理,国家和社会也是一类事物,也必有其理。本此理以治国家,则国家治,不本此理以治国家,则国家乱。故此理就是所谓治国平天下之道,此道也是客观的。朱熹说:"千五百年之间……尧、舜、三王、周公、孔子所传之道,未尝一日得行于天地之间也。若论道之常存,却又初非人所能预。只是此个,自是亘古亘今常在不灭之物。虽千五百年被人作坏,终殄灭他不得耳。"(《文集》卷三十六,《答陈同甫》之三)又说:"盖道未尝息,而人自息之。所谓非道亡也,幽厉不由也,正谓此耳。"(同上,《答陈同甫》之五)这就是说,治国平天下之道是永恒的,不过其能否实现,要靠人能否实行。即使人不能实行,它还是那个样子,并不因人不实行而亡。凡略能在政治上、社会上有所作为的人,无不依此道而行,不过不能知之,也不能全行之。

朱熹又说:"常窃以为亘古亘今,只是一体,顺之者成,逆之者败。固非古之圣贤所能独然,而后世之所谓英雄豪杰者,亦未有能舍此理而得有所建立成就者也。但古之圣贤,从本根上便有惟精惟一功夫,所以能执其中,彻头彻尾,无不尽善。后来所谓英雄,则未尝有此功夫,但在利欲场中,头出头没。其资美者,乃能有所暗合,而随其分数之多少以有所立,然其或中或否,不能尽善,则一而已。来喻所谓三代做得尽,汉唐做得不尽者,正谓此也。然但论其尽与不尽,而不论其所以尽与不尽。却将圣人事业,去就利欲场中比并较量,见有仿佛相似,便谓圣人样子不过如此。则所谓毫厘之差,千里之谬者,其在此矣。"(同上,《答陈同甫》之六)

照上边所说的,"王"和"霸"并不是两种政治。政治就是政治,只有一个政治之理,那就是治国平天下之道。在中国历史上的具体政治中则有所谓"三代"和汉唐之分,据说三代的政治最好,称为"王",汉唐不那么好,称为"霸"。这就比如在方一类的东西中,有的很方,有的不很方。但是,方之理只有一个,只有方之理,没有"不很方"之理。所谓不很方者,只是说有些号称为方的东西,不很合方之理,更没有很不方之理。一个东西如果真是很不方,那它就不属于方的东西这一类了。

又譬如建筑,建筑学所讲的原理,就是建筑之理。凡是一个建筑,只要它不倒塌,它必然合于建筑学上的原理。大建筑师所修的建筑固然合乎建筑学的原理,一般的工匠所修的建筑,也必合于建筑学的原理。不过一般工匠没有系统地学过建筑学,所以他们的"合"只是暗合,不完全的合。这就是所谓"做得尽"和"做得不尽"的分别。

陈亮也承认,"三代做得尽,汉唐做得不尽"。朱熹认为,这种承认是对的,但是他还要进一步研究其所以然。朱熹说:"但古之圣贤,从本根上便有惟精惟一功夫,所以能执其中,彻头彻尾,无不尽善。"朱熹所说的"惟精惟一"出自《书经·大禹谟》,这四个字的上文是:"人心惟危,道心惟微。"道学家们认为所谓"人心"相当于所谓"气质之性",所谓"道心"相当于所谓"天地之性"。

朱熹引这句话，说明"三代"的本源是统治者的"道心"，汉唐的本源是统治者的"人心"。所谓"利欲场中，头出头没"，就是"人心"的表现。所谓英雄豪杰，固然有过人的才干，能办成很大的事业，但是他们的精神境界并不高，他们所追求的是个人的成功，这就是从"利"出发，不是从"义"出发。汉唐的统治者，都是这一类的人物，所以他们的政治就只能是"霸政"，"三代"统治者所追求的不是个人的成功，而是被统治者的幸福，他们从"至诚恻怛之心"出发，所以他们的政治自然是"王政"，而不是"霸政"。因为他们是为义，而不是为利。所以王、霸之分，推其本源也就是义利之辩。

第九节　朱熹易学中的辩证法思想

朱熹的思想大部分表现在他对于儒家经典的注解之中。在这些注解中，他用力最勤的是"四书"，最有新观点的是《诗经》，从表面上看最简略的是《周易》。《周易》是中国古代的一部真正的哲学著作，至少也是儒家的最有哲学意义的经典，而朱熹对于《周易》的注解却很简略。《周易本义》应该是他对于《周易》的正式注解，可是在大部分的地方只有本文，并无注解。他并不是不重视《周易》，也并不是对《周易》的本文没有自己的解释，对《周易》没有自己的看法。在他的《语录》中，这些解释和看法是很多的，《语类》中就编有十三卷。朱熹为什么不把这些内容收入他的《本义》，以便于学者们的研究呢?

朱熹关于儒家经典的著作,有各种不同的名称。对于《论语》《孟子》的注称为《集注》,对于《大学》《中庸》的注称为《章句》,对于《诗经》的注称为《集传》。为什么有这些不同的名称呢?这是由于著作的体裁不同。为什么有不同的体裁呢?这是由于著作的重点不同。《集注》和《集传》是一种体裁,都是着重在从文字的注解上阐明原文的义理;《章句》的体裁着重在对于原文断章分句。《大学》《中庸》在《礼记》的原文都是不分章的,朱熹把它们分章。在《大学》中分出经、传两部分,对于章也有新的编排。所以朱熹把他对于《大学》《中庸》的著作称为《章句》。《集注》是一种体裁,《章句》又是一种体裁,他关于《周易》的著作称为《本义》,这表明《周易本义》用的是又一种体裁,这种体裁的重点是什么呢?

在《周易本义》中有《卦变图》,在这个题目下,朱熹注说:"《彖传》或以卦变为说,今作此图以明之。盖《易》中之一义,非画卦作易之本指也。"在诸图之后,朱熹又总论说:"自伏羲以上皆无文字,只有图画最宜深玩,可见作易本源精微之意。"这里所说的两个"本"字就是《周易本义》的那个"本"字。《周易本义》就是要说明作《易》的本来的意思,这个意思见于邵雍所传的那些图中,所以说"最宜深玩"。

总论下文接着说:"文王以下方有文字,即今之《周易》,然读者亦宜各就本文消息,不可便以孔子之说为文王之说也。"从这些话可以看出来,朱熹认为研究作《易》"本源精微之意",要以邵雍所传的那些图为主要根据。至于《周易》的经文也只能就其本文研究阴阳消息,经文以外的《十翼》乃孔子之说,"不可便以孔子之说为文王之说也"。这就说明,为什么《周易本义》只对经文有注,对《系辞》等篇并无注,也说明《周易本义》并不简略,它的体裁本来就只能是这个样子。

本书讲朱熹的《易》学,以《本义》为主,以《语类》为辅。从这两种材料中可以看出来朱熹《易》学的大概。

照朱熹以前的传统说法,《周易》那个"易"字,有三个意思:一、简易,二、变易,三、不易。朱熹的《周易本义》开头就说:"有交易、变易之义,故谓之易。""交易""变易"这四个字概括了朱熹对于《周易》的全部看法。

《语录》记载说:"问:'《易》与天地准,故能弥纶天地之道。'曰:'凡天地有许多道理,《易》上都有,所以与天地齐准,而能弥纶天地之道。弥字,若今所谓封弥试卷之弥,又若弥缝之弥,是恁地都无缝底意思,解作遍满也不甚似。'又曰:'天地有不了处,易却弥缝得他。'"(《语类》卷七十四)这里所谓天地,意思是说宇宙。照朱熹这个说法,《周易》的对象就是宇宙,凡宇宙所有的道理,《周易》都有和它相应的话,不但相应,而且有些地方比它更明确。其中最主要的是阴阳的对待和流行。

朱熹说:"天地间道理,有局定底,有流行底。"(《语类》卷六十五)又说:"阴阳有个流行底,有个定位底。一动一静,互为其根,便是流行底,寒暑往来是也;分阴分阳,两仪立焉,便是定位底,天地上下四方是也。易有两义,一是变易,便是流行底;一是交易,便是对待底。魂魄以二气言,阳是魂,阴是魄;以一气言,则伸为魂,屈为魄。"(同上)

朱熹所谓"定位",是指宇宙的静态,也可以说是静态的宇宙;

所谓"流行",是指宇宙的动态,也可以说是动态的宇宙。严格地说,没有静态的宇宙,也没有宇宙的静态。整个的宇宙就是一个大流行,所谓"大化流行","大化"好比一条大河,时时刻刻滚滚不息地流着。《论语》记载说:"子在川上曰:逝者如斯夫,不舍昼夜。"道学家认为,这是孔丘见"道体"之言。所谓道体就是"大化流行"。他们认为孔丘所赞叹的不是那条河,而是"大化流行"。"大化"就是"流行",没有静态的"大化",但是人的理智可以有这样的理解,好比寒冷的气候可以使一条河流冻结。人们的理智也可以把"大化"分割成许多"小化",从其中看出一些事物的静态。整个的宇宙是一个大过程,其中有许多小过程,每一个事物就是一个小过程。每一个事物的暂时存在,从表面上看似乎有一个静止的状态,但这是现象。

总的说起来,"流行"或"过程"是真实的,"定位"是现象。本书第五十一章讲到蔡渊的一句话说:"天地之间,对待流行而已。"蔡渊是朱熹的学生,他就不讲"定位"了。朱熹讲《周易》的那个"易"字,也是说有"变易"和"交易"两个意思,"变易"就是"流行","交易"就是对待。

朱熹和道学家们讲到阴阳的时候,都举一年四季变化为例。这是举例的性质,并不是说所谓阴阳就专指这些变化。就其广泛意义说,阴阳是两个符号,表示"消长"、"屈伸"。用现在的话说,阴阳是表示正负的符号,阳为正,阴为负。在《系辞》中阴阳本来就有这两种意思,譬如说:"立天之道曰阴与阳,立地之道曰柔与刚,立人之道曰仁与义。"这里所谓阴阳是确有所指的,指的就是一年四时变化中的阴气和阳气。《系辞》又说:"一阴一阳之谓道。"

这里所谓阴阳就不是确有所指，只是一正一负的两个符号。

朱熹说："阴阳做一个看亦得，做两个看亦得。做两个看，是分阴分阳，两仪立焉；做一个看，只是一个消长。"（《语类》卷六十五）这几句话说明他对于辩论法的一个要点——矛盾的统一有所认识。对待两个对立面，这两个对立面是矛盾而又统一的。两个对立面既然是对立面，其间必有差异，差异就是矛盾。两个对立面又相互依存，相互渗透，相互转化，所以又是统一的。这三个"相互"可以概括为一个"交"字。朱熹所说的"交易"大概有这个意思，朱熹没有认识得这样清楚，至少没有说得这样清楚。他没有完全认识，但有所认识。

《语录》记载说："问：'自一阴一阳，见一阴一阳又各生一阴一阳之象。以图言之，两仪生四象，四象生八卦，节节推去，固容易见。就天地间着实处如何验得？'曰：'一物上又自各有阴阳，如人之男女，阴阳也。逐人身上，又各有这血气，血阴而气阳也。如昼夜之间，昼阳而夜阴也，而昼阳自午后又属阴，夜阴自子后又属阳，便是阴阳各生阴阳之象。'"（《语类》卷六十五）

这条语录中提问题的人所说的图就是邵雍所传的先天图中的六十四卦横图。朱熹的《周易本义》也载有此图，题为《六十四卦次序图》，其主要的意思是"自一阴一阳，见一阴一阳"。问者要求朱熹举实际的例。朱熹举了一些实际的例，其要点是"一物上又自各有阴阳"，"阴阳各生阴阳"。照这个意思说，每一个统一体之中都是一个对待。如果把宇宙作为一个统一体看，其中的总对待就是动静，动者为阳、静者为阴。阴阳是这个总对待的两个对立面，用《周易》的话说这就叫"太极生两仪"。这两个对立面中又各有一个对待，统共有四个对立面，这就叫"两仪生四象"。四象中又各有一个对待，这就叫"四象生八卦"。照这样推下去就有六十四卦。当然可以再往下推，那就没有穷尽了，暂且以六十四卦为止。

这就是邵雍的"加一倍法"。不过照这样的理解，这个加一倍法就不是一个机械的加法，它所得到的是一个可以用实际的例说明的公式。六十四卦横图所代表的就是这个公式。

如果把朱熹这样的理解和周敦颐、邵雍作一比较，就可以看出来他们之间的高低了。周敦颐的《太极图说》说："太极动而生阳，动极而静，静而生阴，静极复动，一动一静，互为其根。"照这个说法，阴阳、动静，有先有后，既有先后，它们就不是一个对待的两个对立面了。一个对待的两个对立面是同时而有，同时而无，不分先后的。它们是互相依存，有了这个，就有那个，有了那个，就有这个，这在社会关系中，尤其显著。在中国封建社会中，所谓"五伦"就是人与人之间的五种"对待"。社会中的阶级关系也是对待，有了地主，就有佃农，没有佃农也就没有地主。有了资本家，就有无产阶级，没有无产阶级也就没有资本家。周敦颐的那个说法，说明他对于对待还不十分了解。邵雍强立了"太阴""少阴""太阳""少阳""太刚""少刚""太柔""少柔"等名称又坐实了，它们所代表的是具体的东西，这就完全是主观武断了。不过朱熹在这些点上也没有对他们提出明确的批评，这说明朱熹在这些点上也还没十分明确的认识。

这些点牵涉到哲学上本体论和宇宙形成论的根本不同之处。上边所说的那个公式本来是对于具体的事物作逻辑的分析得出来的，讲的是本体论，如果照周、邵那样的理解，那就是宇宙形成论了。

这个分别《系辞》也没有认识到，所以它说："太极生两仪，两仪生四象，四象生八卦。"连用了几个"生"字，那就把本体论和宇宙形成论混而不分了。中国古代的哲学家对于这个分别都没有认识，朱熹也不例外。这并不是说，他们的哲学思想中没有这个分别，只是他们没有认识到这个分别。有没有这个分别是客观存在的问题，认识不认识这个分别是主观认识的问题，而这并不是一回事。

照上边所说的，阴阳的对待有不同的层次，但有一个共同的表现，那就是"新陈代谢"。"新"和"陈"是对待，"代谢"是流行。任何事物时时刻刻都在新陈代谢之中，这就叫"日新"。任何事物都在"日新"。

《系辞》有两句赞美宇宙的话："富有之谓大业，日新之谓盛德。"宇宙间的万事万物就是宇宙的"大业"，它们都在"日新"之中，这就是宇宙的"盛德"。朱熹说："一丛禾，他初生时共这一株，结成许多苗、叶、花、实，共成一个性命，及至收成结实，则一粒各成一个性命，只管生生不已，所谓日新也。富有之谓大业，言万物万事无非得此理，所谓富有也。日新是只管运用流行，生生不已。"（《语类》卷七十四）

现代辩证法家认为，在一个统一体的两个对立面中，必然有一个是主要的，有一个是次要的。主要的对立面决定这个统一体的性质，起主导作用；次要的对立面处于附属的地位。如其不然，这个统一体就破裂了。有朝一日它总是要破裂的，但是未破裂的时候，主导和附属的关系总是要维持的。这种情况《周易》用《乾》《坤》二卦的关系表示之。《乾》卦的"德"是"健"，《坤》卦的"德"是"顺"，《坤》卦的卦辞说，"先迷后得主"，就是说在两个对立面中，坤不能领先，如果领先，它就迷了道路；它只能以乾为主，而自己随于其后。

朱熹说："阴体柔躁，只为他柔所以躁，刚硬不躁，躁是那欲动而不得动之意，刚则便动矣。柔躁不能自守，所以说安贞吉。"（《语类》卷六十九）又说："资乾以始，便资坤以生，不争得霎时间，乾底亨时，坤底亦亨。生是生物，即乾之所始者。"（同上）又说："徐焕云：'天之行健，一息不停。而坤不能顺动以应其行，则造化生生之功，或几乎息矣。'此语亦无病。"（同上）

这是说，乾、坤这两个对立面，有则俱有（"不争得霎时间"），亨则俱亨，但是两者要配合得当，如果乾动而坤不能顺之以动，事情就搞不成了（"造化生生之功，或几乎息矣"）。

在中国封建社会中，《周易》所讲的这些道理曾被用以作为巩固君权、父权、夫权的理论根据。这是这些道理的阶级根源。但是除此之外，还有其认识论的根源，那就是如现代辩证法家所说的。

《语录》记载说："变化相对说，则变是长，化是消。问：'消长皆是化否？'曰：'然，也都是变。化则渐渐化尽，以至于无。变则骤然而长，变是自无而有，化是自有而无。'"（《语类》卷七十四）朱熹在这里说的是辩证法的渐变与突变、量变和质变的问题。不过无论"自无而有"，还是"自有而无"，都有这个问题，不必再作分别了。在一个统一体中的两个对立面此长彼消，彼消此长，本来都是一回事。譬如新和旧两个对立面，新的长，就是旧的消；旧的消，就是新的长，这些消长都是逐渐的，都是化。化到一定程度，新的一面得到主要的地位，这个统一体就完全变为新的了，这就是突变，也就是质变。

《语录》记载说:"一阴一阳之谓道,阴阳何以谓之道?曰:当离合看。"又说:"问一阴一阳之谓道,曰:'此与一阖一辟谓之变相似。阴阳非道也,一阴又一阳,循环不已,乃道。虽说一阴一阳,便见得阴阳往来,循环不已之意,此理即道也。又问:若尔则屈伸往来非道也,所以屈伸往来,循环不已,乃道也。'先生颔之。"又说:"道须是合理与气看。理是虚底物事,无那气质,则此理无安顿处。《易》说一阴一阳之谓道,这便兼理与气而言。阴阳,气也;一阴一阳则是理矣,犹言一阖一辟谓之变。阖辟非变也,一阖一辟则是变也。盖阴阳非道,所以阴阳者道也。"(同上)

朱熹的这几段话说明两个意思。第一个意思是"当离合看"。从"离"这方面看,阴是阴,阳是阳,都不是道。从"合"这方面看,一阴一阳才是道。这就如阖是阖,辟是辟,都不是变,一阖一辟才是变。第二个意思是"合理与气"。一阴一阳是说阴阳屈伸往来,循环不已。这里又有两层意思,一层是"所以屈伸往来,循环不已",这是理,但"理是虚底物事",必须和气联合起来,才能成为实际的东西。"一阴一阳之谓道"那个"道"是"理"与"气"合的产物。这个产物就是流行,这个道就是大化流行,这就是宇宙的动态,其基本内容就是"一阴一阳"。在大化流行之中有无数的"小化",其内容也是"一阴一阳"。这里所谓"阴阳",只是正负两个符号,所谓"一阴一阳",就是一正一负。

朱熹所作的这些分别,似乎是琐碎的,但是它说明,"一阴一阳之谓道"这句话不可以横看,只可以竖看。所谓横看就譬如把一个西瓜一刀切开一分为二,一面是阳,一面是阴。再把这两块各自切成两半,这就成为四块,这样继续分割下去,就成为许多块,都在那里并排放着，这并不说明什么问题。所谓竖看，就是说，把一阴一阳看成是一个流行，一会儿阴，一会儿阳，一会儿正，一会儿负，这就是变。《周易》的一个主要原理就是"变"。变的主要内容就是"对待"。对待是在变中显出来的。

《周易》的这个道理和近代辩证法家黑格尔所讲的三段法也是相合的。所谓"一阴一阳"就是一个肯定，一个否定。就拿新旧两个对立面说吧，旧的是肯定，新的是否定，这个新的还要被更新的所否定，这就是否定之否定。上一阶段的否定之否定又成为下一阶段的肯定，下边又为新的所否定，这个否定又有它的否定之否定。如果一个阶段、一个阶段地流行下去，就是《周易》所说的"往来无穷，循环不已"。但是说"往来无穷"是对的，说"循环不已"就错了，因为循环是表面的。任何事物每经一次否定，它就有所提高，这就是发展。发展这个观点是《周易》所没有的，因为《周易》是中国封建社会的产物。在封建社会中，人们是不习惯于这个观点的。

从卦象看，"一阴一阳"这个流行是坎、离这两个卦的互相交替。这个流行可以从中间截断来看，不论怎样截断都说明它是坎、离两卦的互相交替。如果从"一阳"截断，那就是一个阳爻，一个阴爻，又一个阳爻，这就是离卦。下边跟着一个阴爻一个阳爻，又一个阴爻，这就是坎卦。下边跟着又是一个离卦，离卦的下边又是一个坎卦，如此互相交替地继续下去，以至无穷。

《周易本义》中有两个八卦方位图，一个叫《伏羲八卦方位图》，在这个图中，乾南坤北，乾、坤两卦居于主要地位。另一个图叫《文王八卦方位图》，在这个图中离南坎北居主要地位。朱熹在这个图后面注说："右见《说卦》，邵子曰：'此文王八卦乃人用之位，后天之学也。'"从图象的传授这方面说，这两个图各有其来源，这里无需深考，所谓伏羲文王都是附会，也无须分辨，所可注意的是这两个图的内容。所谓伏羲图，以乾、坤居主要地位，这是容易理解的，因为在古代一般人都认为天地是一切事物的根源。所谓文王图，以坎、离居主要地位，这就比较难以理解了。关于这一点有各种不同的解释，这也无须深考。照上面所说的，坎、离两卦的交替可以形象地表示"一阴一阳之谓道"，使这个"道"可以一目了然。

这可能只是一个巧合，依照朱熹的注看，朱熹对于所谓文王图似乎也是这样理解的，他引邵雍的话说："此文王八卦乃入用之位，后天之学也。"不管邵雍的原意如何，朱熹对于"入用"和"后天"有他自己的理解，那就是《语录》中所说的理与气合。照他的分析，有"一阴一阳"，还有"所以一阴一阳"，后者是理，是抽象的，前者是具体的。具体的东西都是理与气合，理与气合就是"入用"，也就是"后天"。

《周易·系辞》说："易有圣人之道四焉，以言者尚其辞，以动者尚其变，以制器者尚其象，以卜筮者尚其占。"在这四"道"之中，第三"道"本来是一句空话，没有什么实际的意义。程颐的《易传》着重解释经文，这就是"尚其辞"。朱熹对于《周易》的研究着重在"尚其变"和"尚其占"。《周易》本来是一部卜筮的书，朱熹的"尚其占"，如《易学启蒙》这一类的著作，对于了解《周易》的来源是有帮助的，但从哲学的观点看就没有什么用处。朱熹的易学的价值在于"尚其变"。他把《周易》的"易"字理解为"变易"和"交易"，又指出"变"的基本内容是"流行"和"对待"，这就抓住了《周易》的要点，那就是辩证法。经过这样的说明，《周易》就显然是讲辩证法的经典,在世界讲辩证法的著作中占有重要的地位。当然在这部书中有许多不相干的东西。朱熹已经从书本中去掉了一些不相干的东西,但是,还有些有待于继续去掉。[1]

第十节 前期道学的高峰

道学的主要内容是用逻辑分析法得出的一个逻辑的宇宙结构。这个结构以理和气为其主要的两个支柱,因此道学也以理和气为其两个主要的观念。这两个观念所牵涉到的还是一般和特殊的关系的问题。玄学是围绕着这个问题而发展起来的。玄学以有、无这两个观念表现一般和特殊,道学以理、气这两个观念表现一般和特殊。从这个意义说,道学是玄学的真正继承和发展。

在道学中,二程首先提出"理"这个观念,他们兄弟二人对于"天理"有不同的理解,后来发展为理学和心学两派。但在他们活着的时候,这个不同还没有暴露出来,他们的学生和社会上一般人统称他们为程门。他们的语录往往统称为"程子曰",不分彼此。就当时说,二程这一派可以统称为理学。张载以"气"为主,在有些地

---

[1] 本节所根据的《周易本义》是吴革序本,上有吴革在咸淳乙丑年(1265)所写的序。上距朱熹之死(1200),只有六十五年,可能是《周易本义》的最早刻本。

方他似乎有意避免用理这个观念,这一派称为气学。就这一点说,二程和张载是对立的。朱熹并用理、气这两个观念,这就使上面所说的两个支柱发生同等的作用,使道学所讲的这个宇宙结构更加巩固,使道学的内容更加完善。但不能由此就说朱熹的哲学是二元论,因为他所讲的是宇宙结构的两个方面,不是宇宙构成的两种因素。没有人说柏拉图的哲学是二元论,也没有人说亚里士多德的哲学是四元论,所以没有说,因为不可能这样说。

道学家们用"理一分殊"这个命题表示一般与特殊的关系。每一类的东西都有一个所以然之理,这是"理一",又有许多具体的分子,这是"分殊"。这个命题应用到人类,就有伦理学上的含义。朱熹盛赞这个含义说:"一统而万殊,则虽天下一家,中国一人,而不流于兼爱之弊。万殊而一贯,则虽亲疏异情,贵贱异等,而不牿于为我之私。"(《西铭论》)

在战国时期,墨翟宣传"兼爱",杨朱宣传"为我"。朱熹认为他们都是不懂得"理一分殊"这个道理,而流于偏差。在道学前期这一阶段中,用三段法说,二程是肯定,张载是否定,朱熹是否定之否定。就事物发展的一个阶段说,否定之否定是这个阶段的总结和高峰。在道学前期这个阶段中,朱熹的哲学思想完成了这个两重任务。

第五十五章 陆、王心学的兴起

程、朱理学是前期道学，是前期道学发展的否定之否定，是前期道学发展的高峰。前期道学发展的否定之否定就是后期道学的肯定。随着这个肯定，它的对立面心学也就发生了。理学和心学的对立，在程氏兄弟中已经开始了，不过在当时还没有暴露出来，没有公开化、表面化。到了朱熹的时代，这个对立就公开化、表面化了。心学的代表人物是与朱熹同时的陆九渊和以后的王守仁。

第一节　陆九渊对于"无极而太极"的批评

陆九渊（1139—1193）字子静，江西抚州金溪（今江西临川县）人。

据《行状》说："先生……卯角时闻人诵伊川语，自觉若伤我者。亦尝谓人曰：'伊川之言，奚为与孔子、孟子不类？'初读《论语》，即疑有子之言支离。……他日读古书至宇宙二字，解者曰：'四方上下曰宇，往古来今曰宙。'忽大省曰：'宇宙内事，乃己分内事；己分内事，乃宇宙内事。'"（《陆象山全集》卷三十三）

在举世都认为只有一个程门的时候，陆九渊早年就看出了程颢和程颐的哲学思想的不同，并且特别提出程颐，认为他的哲学思想与"孔子、孟子不类"，可见他早年就有很高的哲学辨别能力。他对于伊川的话"自觉若伤我者"，这就是说，他不但在认识上辨别出程颐的错误，而且在感情上也受不了。

陆九渊和朱熹有两次大辩论。一次是本体论方面的，其具体的问题是"无极而太极";另一次是人生论方面的,其具体的问题是修养方法。本体论和人生论是道学的两个主要方面,也是哲学的两个主要方面,所以他们的这两次大辩论牵涉到道学中的全部重要问题,也牵涉到哲学中的全部重要问题。

"无极而太极"是周敦颐《太极图说》的头一句话,也是其主要的话。朱熹把它解释为"无形而有理",陆九渊和朱熹关于本体论的辩论就从这一句话开始。陆九渊给朱熹写信说:"梭山兄谓《太极图说》与《通书》不类,疑非周子所为;不然,则或是其学未成时所作;不然,则或是传他人之文,后人不辨也。盖《通书•理性命章》,言中焉止矣。二气五行,化生万物,五殊二实,二本则一,曰一曰中,即太极也。未尝于其上加无极字。《动静章》言五行、阴、阳、太极,亦无无极之文。假令《太极图说》是其所传,或其少时所作,则作《通书》时,不言无极,盖已知其说之非矣。"(《与朱元晦》,《陆象山全集》卷二)

梭山是陆九渊的哥哥陆九韶。陆九渊和朱熹的这场辩论,陆九韶也参加了,在这场辩论的开始,陆氏兄弟是反对"无极",不反对"太极"。其理由是《通书》只讲太极,不讲无极,无极是《老子》的话。朱熹对于这个批评作了辩解。陆九渊不接受这个辩解,他给朱熹的信中接着说:"尊兄向与梭山书云:'不言无极,则太极同于一物,而不足为万化根本;不言太极,则无极沦于空寂,而不能为万化根本。'夫太极者,实有是理,圣人从而发明之耳,非以空言立论,使后人簸弄于颊舌纸笔之间也。其为万化根本,固自素定,其足不足,能不能,岂以人言不言之故耶?"(同上)

反对"无极"只是一个开端,陆九渊的真正的意思是反对"太极"。

因为《周易·系辞》和《通书》都讲到太极，所以陆九渊在辩论中不好直接把他的真意思说出来，只好先批评无极。朱熹没有看出来，还是为"无极"作辩解，于是就说："不言无极，则太极同于一物，而不足为万化根本；不言太极，则无极沦于空寂，而不能为万化根本。"朱熹的意思本来是要说，如果不说无极，只说太极，你所说的太极就"同于一物，不足为万化根本"；如果只说无极，不说太极，你所说的无极就"沦于空寂，而不能为万化根本"，所以必须说"无极而太极"，这才全面。可是他的话说得太简练了，以致有语病。陆九渊就抓住这个语病说，如果真有一个"为万化根本"的太极，它就是万物的根本，并不因为人的言语而有"不足"和"不能"的问题。

关于"无极而太极"，陆九渊的批评如果仅限于"无极"，他和朱熹的对立还不算十分深刻，斗争还不算十分尖锐。可是他不限于此，他的真正的意思是反对"太极"。他给朱熹的另一信说："《中庸》曰：'中也者，天下之大本也；和也者，天下之达道也。致中和，天地位焉，万物育焉。'此理至矣，外此岂更复有太极哉？"（同上）意思就是说，天地万物的"位""育"是"致中和"的结果，并不需要再加一个"太极"。也就是说万化就是万化，不需要有"太极"作为万化的根源。

陆九渊认为，理学所谓太极倒有一个根源，他接着说："至如直以阴阳为形器而不得为道，此尤不敢闻命。《易》之为道，一阴一阳而已。先后、始终、动静、晦明、上下、进退、往来、阖辟、盈虚、消长、尊卑、贵贱、表里、隐显、向背、顺逆、存亡、得丧、出入、行藏，何适而非一阴一阳哉？奇偶相寻，变化无穷，故曰：'其为道也屡迁，变动不居，周流六虚，上下无常，刚柔相易，不可为典要,唯变所适。'……'是以立天之道,曰阴与阳,立地之道,曰柔与刚,立人之道,曰仁与义。'《下系》亦曰:'《易》之为书也,广大悉备,有天道焉,有人道焉,有地道焉,兼三才而两之,故六。六者非他也,三才之道也。'今顾以阴阳为非道,而直谓之形器,其孰为昧于道器之分哉?"(同上)

陆九渊列举了一些变化的具体情况,认为这些就是"道",并不是于这些情况之外别有一个"道"。这就是不承认有所谓"道器之分","形而上"和"形而下"之分,这是心学的一贯主张。《系辞》说:"一阴一阳之谓道。"程颢解释说:"阴阳亦形而下者也,唯此语截得上下最分明,元来只此是道,要在人默而识之也。"(《遗书》卷十一)这就是不承认有"形而上"和"形而下"的分别,不承认有"道"和"器"的分别。理学认为"一阴一阳"不是道,"所以一阴一阳"才是道。这就强调了"形而上"和"形而下"的分别,"道"和"器"的分别。从这个分别推下去就有太极之说。

朱熹为太极辩护说:"且夫《大传》之太极者何也?即两仪、四象、八卦之理,具于三者之先,而蕴于三者之内者也。圣人之意,正以其究竟至极无名可名,故特谓之太极。犹曰举天下之至极,无以加此云尔,初不以其中而命之也,至如北极之极,屋极之极,皇极之极,民极之极。诸儒虽有解为中者,盖以此物之极常在此物之中,非指极字而训之以中也。极者至极而已,以有形者言之,则其四方八面合辏将来,到此筑底更无去处,从此推出四方八面都无向背,一切停匀,故谓之极耳。后人以其居中而能应四外,故指其处而以中言之,非以其义为可训中也。"(《答陆子静》,《朱文公文集》卷三十六)

朱熹的这些话几乎是解释字义,并不足以为支持"太极"的理论根据。朱、陆在这场辩论中,有一部分是解释字义,这都没有哲学的意义。

从哲学的观点看,朱、陆关于"太极"的辩论,归根到底是关于"一般"在认识论上的地位的问题。一个名词都有其内涵和外延,其外延是具体的事物,有客观的存在,这是显而易见、不成问题的。其内涵是否也有一个客观对象呢?这不是显而易见的,这就有三种可能的不同意见。实际上,在西方中世纪的哲学史中就有三派不同的意见,第一派是唯名论,认为一个名词只是一个空名字,除了它的外延以外,客观上没有别的和它相应的对象。另一派是实在论,认为一个名词的内涵,客观上也有和它相应的对象。西方现代哲学中所谓新实在论,也有这样的主张。第三派是概念论,认为一个名词的内涵的对象是人的思想中的概念。同中国哲学比较起来,对于"一般"的问题,程、朱理学的主张是"实在论",陆、王心学的主张是唯名论。这并不是说东西哲学在近代以前就互相影响,那是不可能的。这只是说,由此可见关于"一般"在认识论上的地位问题,是一个真正的哲学问题,所以哲学家们在不同的地域,不同的时代,对它都有过认真的讨论。

第二节　陆九渊的宇宙观和修养方法

陆九渊说:"宇宙便是吾心;吾心便是宇宙。"(《年谱》,《陆象山全集》卷三十六)又说:"宇宙内事,乃己分内事;己分内事,乃宇宙内事。"(《行状》,《陆象山全集》卷三十三)这一两句话便说出了他的宇宙观的要点。他的宇宙观当然是唯心主义,但不一定是主观唯心主义。主观唯心主义和客观唯心主义的区别,在于承认或不承认有公共的世界。照佛教唯识宗所说,每个人都有他自己的山河大地,这是他自己的"识"变现出来的,各不相干,这就是不承认有一个公共的世界。陆九渊虽然说,"吾心便是宇宙",但没有说这个宇宙便是"我"的宇宙,照他的《语录》看起来,他还是承认有公共的世界。他所说的"心",可能是宇宙的心,不是个体的心。个体的心也是宇宙的心的一部分,所以任何人都可以称宇宙的心为"吾心"。陆九渊认为,对于这个宇宙论要点的认识是学者进行修养的前提和出发点,这就叫"先立乎其大者"。

陆九渊说:"近有议吾者云:'除了先立乎其大者一句,全无伎俩。'吾闻之曰:'诚然。'"(《语录》上,《陆象山全集》卷三十四)又说:"万物森然于方寸之间,满心而发,充塞宇宙,无非是理。"(同上)又云:"孟子云:'尽其心者知其性,知其性则知天矣。'心只是一个心,某之心,吾友之心,上而千百载圣贤之心,下而千百载复有一圣贤,其心亦只如此。心之体甚大,若能尽我之心,便与天同。为学只是理会此。"(《语录》下,《陆象山全集》卷三十五)又说:"此理塞宇宙,所谓道外无事,事外无道。舍此而别有商量,别有趋向,别有规模,别有形迹,别有行业,别有事功,则与道不相干,则是异端,则是利欲,谓之陷溺,谓之窠臼。说即是邪说,见即是邪见。"(《语录》下,《陆象山全集》卷三十五)又说:"道遍满天下,无些小空阙,四端万善,皆天之所予,不劳人妆点。但是人自有病,与他相隔了。"(同上)又说:

"道塞宇宙，非有所隐遁。在天曰阴阳，在地曰柔刚，在人曰仁义。故仁义者，人之本心也。……愚不肖者不及焉，则蔽于物欲而失其本心。贤者智者过之，则蔽于意见而失其本心。"（《与赵监书》，《陆象山全集》卷一）这就是陆九渊所说的："宇宙不曾限隔人，人自限隔宇宙。"

学者的修养就是要去掉这些"限隔"，以恢复心的本体，这就是所谓"本心"。陆九渊说："此理在宇宙间，何尝有所碍，是你自沉埋，自蒙蔽，阴阴地在个陷阱中，更不知所谓高远底。要决裂破陷阱，窥测破个罗网。"（《语录》下，《陆象山全集》卷三十五）这就是说，学者的修养就是自我解放。

"先立乎其大者"，开始只是一种知识。学者的修养是要把这个知识化为自己的精神境界。其主要的工夫就是消除个人和宇宙之间的"限隔"。"宇宙不曾限隔人，人自限隔宇宙"，就是说个人的心和宇宙本来是一体的，只是人自己把自己同宇宙"限隔"了。这种"限隔"的总根源就是"私"。"私"把个人从宇宙分割出来，"限隔"开来，束缚起来，学者自我解放的过程就是去私的过程。在这个过程中，学者逐渐体会到，所谓宇宙并不是一个空架子，其中充满了一切事物和一切原理、原则，这就是所谓"道"。有一种事物就有一种原理、原则，这就是所谓"道外无事，事外无道"。所谓"道"，"森然于方寸之间"，"充塞宇宙"。这里所谓"道"主要是道德方面的原理、原则，但不排除其他方面的原理、原则。

"先立乎其大者"是心学的一贯原则。程颢的《识仁篇》说："学者须先识仁，仁者浑然与物同体，义礼智信皆仁也。识得此理，以诚敬存之而已。"（《程氏遗书》卷二）程颢在这里也用了一个"先"

字,也是"先立乎其大者"的意思。程颢在下文说:"孟子言万物皆备于我,须反身而诚,乃为大乐。若反身未诚,则犹是二物有对,以己合彼,终未有之,又安得乐?"(同上)所谓反身而诚,就是要把"先立乎其大者"的知识化为自己的精神境界。如果还没有化为自己的精神境界,虽然知道"仁者浑然与物同体",但仍然"以己合彼,终未有之"。照这样解释,孟轲所说的"万物皆备于我",相当于陆九渊所说的"万物森然于方寸之间"。仅只是这样说还不行,仅有这种知识也还不行,必须有这种精神境界。有了这种精神境界,才能享受有这种境界的人所应该享受的快乐,这就是程颢所说的"反身而诚,乃为大乐"。这是道学家们所说的"寻孔颜乐处,所乐何事"的真正意义。

有这种精神境界的人,是道学家们所谓的"圣人",成为这样的"圣人"是理学和心学的共同目标,但是他们在达到这个目标的修养方法上有很大的不同。心学的方法是"先立乎其大者",理学的方法是"即物穷理"。

朱熹的《格物补传》在"而一旦豁然贯通焉"下边说:"则众物之表里精粗无不到,而吾心之全体大用无不明矣。"专就这两句话说,陆九渊和他没有不同。他们的不同在于怎样才能达到"而一旦豁然贯通焉"。陆九渊认为用"即物穷理"的方法是不行的。

这里就牵涉到所谓"穷物理"和"穷人理"的问题。心学认为达到"圣人"的精神境界是"穷人理"的问题,就是说,要把"人之所以为人者"那个理完全实现出来。"即物穷理"是穷物理,穷物理怎么会变成穷人理,或有助于穷人理?陆九渊说:"圣人之言自明白,且如弟子入则孝,出则弟,是分明说与你入便孝,出便弟，何须得传注。学者疲精神于此，是以担子越重。到某这里，只是与他减担，只此便是格物。"（《语录》下，《陆象山全集》卷三十五）陆九渊在这里提出"格物"，他大概是针对朱熹的《格物补传》说的。在他看来，无论如何，朱熹所讲的"今日格一物，明日格一物"，是给人加担，叫学者们的负担越来越重，所以心学指责理学的方法为"支离"。理学则认为，如果不从"今日格一物，明日格一物"着手，"先立乎其大者"就是一句空话。大则大矣，只是大而无当，所以理学指责这种方法为"空疏"。"支离"和"空疏"是心学和理学互相指责的两个主要形容词。

第三节　鹅湖之会和白鹿洞书院《论语讲义》

宋孝宗淳熙二年（1175），朱熹和陆九渊的一个共同的朋友吕祖谦，邀请两人和两派的人在江西的一个名胜鹅湖寺相会，讨论两人思想的异同。讨论集中在道学所谓"为学之方"的问题上。这个问题不仅是一个修养方法的问题，也牵涉到本体论的问题。

陆九渊的哥哥陆九龄提出了一首诗，说："孩提知爱长知钦，古圣相传只此心。大抵有基方筑屋，未闻无址忽成岑。留情传注翻蓁塞，着意精微转陆沉。珍重友朋相切琢，须知至乐在于今。"这首诗的立场和观点完全是心学一派的。朱熹看了说，陆九龄"早已上子静舡了也"。

陆九渊却认为这首诗的第二句还欠妥，因为他认为"此心"是天赋的，每个人生下来都有，并不是"古圣相传"，他和了一首诗，说："墟墓兴哀宗庙钦，斯人千古不磨心。涓流滴到沧溟水，拳石崇成泰华岑。易简功夫终久大，支离事业竟浮沉。欲知自下升高处，真伪先须辨只今。"第五、六句，陆九渊明确地说，他自己的方法是"易简功夫终久大"，朱熹的方法是"支离事业竟浮沉"。朱熹听了这两句诗，为之失色，大不高兴，会议不欢而散。（见《年谱》，《语录》，《陆象山全集》卷三十六、三十四）

又过了几年，朱熹在江西做地方官，修复了白鹿洞书院。淳熙八年，陆九渊适来访，朱熹很欢迎他，和他一起坐船游览，并说："自有宇宙以来，已有此溪山，还有此佳客否！"朱熹随后请他在白鹿洞书院作了一次讲演，他讲《论语》"君子喻于义，小人喻于利"那一章，他说："此章以义利判君子小人，辞旨晓白，然读之者苟不切己观省，亦恐未能有益也。某平日读此，不无所感，窃谓学者于此当辨其志。人之所喻，由其所习；所习，由其所志。志乎义，则所习者必在于义。所习在义，斯喻于义矣。志乎利，则所习者必在于利。所习在利，斯喻于利矣。故学者之志，不可不辨也。科举取士久矣，名儒巨公，皆由此出，今为士者，固不能免此。然场屋之得失，顾其技与有司好恶如何耳，非所以为君子小人之辨也。而今世以此相尚，使汩没于此而不能自拔，则终日从事者，虽曰圣贤之书，而要其志之所乡，则有与圣贤背而驰者矣。推而上之，则又惟官资崇卑、禄廪厚薄是计，岂能悉心力于国事民隐，以无负于任使之者哉？从事其间，更历之多，讲习之熟，安得不有所喻？顾恐不在于义耳。诚能深思是身，不可使之为小人之归，其于利欲之习，怛焉为之痛心疾首,专志乎义而日勉焉,博学、审问、慎思、明辨而笃行之。由是而进于场屋,其文必皆道其平日之学,胸中之蕴,而不诡于圣人。由是而仕,必皆供其职,勤其事,心乎国,心乎民,而不为身计,其得不谓之君子乎?秘书先生起废以新斯堂,其意笃矣。凡至斯堂者,必不殊志,愿与诸君勉之,以毋负其志。"(《陆象山全集》卷二十三)

这场讲演很成功,听讲的人都很感动,有的甚至落泪。朱熹也很受感动,把陆九渊的讲稿刻石,并且作了一个跋。跋中说:这篇《讲义》"发明敷畅,则又恳到明白,而皆有以切中学者隐微深痼之病,盖听者莫不悚然动心焉"(同上)。据陆九渊说,朱熹听了讲演再三说:"某在此不曾说到这里,负愧何言!"(《语录》上,《陆象山全集》卷三十四)

义利之辨是儒家的一个老问题。"君子喻于义,小人喻于利"又是《论语》中的两句老话,讲解的人不知已有多少,这都成为众所周知的"老生常谈"了。为什么陆九渊这次讲演会引起这样大的反响呢?这是因为他所讲的虽然是一个老题目,但其中有新意思。

这个新意思是说判断"君子""小人"的标准不在于他们的行为,而在于他们的"志"。同一事情,有不同的意义。事情是一样的,但人们为什么这样做,各人的"志"并不相同,也就是说同一样的事,对各人的意义不同。不同的意义构成了各人不同的精神境界。陆九渊联系当时知识分子的思想实际,说明这个问题。他指出在科举考试中,应试的人成千上万,但个人的"志"不同。有些人应考是从个人"身"上打算,希望得到一个功名,将来升官发财。这就是"喻于利",这就是"小人"。有些人希望得到一个功名,可以参加政权,

"治国安民"。这就是"喻于义",这就是"君子"。

这样的了解可以联系到上章所讲的"穷人理"和"穷物理"的问题。对于这两种事,不能就事论事,要看从事于这些事的人的"志"如何。如果"志"对了,"穷物理"就是"穷人理",所以"穷物理"不必就是"支离"。如果"志"不对,虽号称"穷人理",也与"穷人理"无关。上章所说的那个"弯"开始转了,但还不能说是完全转过来,因为陆九渊还没有明确地这样说,但已经开始转了。这就是陆九渊的那次讲演所有的新意思。

第四节　王守仁的《大学问》

继陆九渊之后,心学的发展和完成者是王守仁。所以中国哲学的传统,称道学中的心学一派为陆王学派,与理学的程朱相对立。

王守仁,字伯安,浙江余姚人。生于明宪宗成化八年(1472),卒于明世宗嘉靖七年(1529)。年十八时,"过广信谒娄一斋谅,语格物之学,先生甚喜,以为圣人必可学而至也。后遍读考亭遗书,思诸儒谓众物有表里精粗,一草一木,皆具至理。因见竹取而格之,沈思不得,遂被疾"。二十七岁时,"乃悔前日用功虽勤,而无所得者,欲速故也。因循序以求之,然物理吾心,终判为二。沈郁既久,旧疾复作。闻道士谈养生之说而悦焉"。三十七岁时,谪至贵州龙场驿。"忽中夜大悟格物致知之旨,不觉呼跃而起,从者皆惊。

始知圣人之道，吾性自足，向之求理于事物者误也。"四十三岁时，"始专以致良知训学者"（《年谱》，《阳明集要》卷首）。

　　道学所根据的经典是《四书》，其中的第一种就是《大学》。朱熹的"即物穷理"的说法是以《格物补传》的形式提出来的，《大学》成为他的说法的经典上的理论根据。陆九渊反对"即物穷理"，但没有对于《大学》作深入的讨论，所以没有能够从根本上推翻朱熹的说法在经典上的理论根据。这项工作，王守仁做了。他对于《大学》作了更进一步的研究，提出了一个通盘新的解释，以作为他的哲学体系在经典上的理论根据，这部著作就是《大学问》。他的大弟子钱德洪说："大学问者，师门之教典也。学者初及门，必先以此意授。……门人有请录成书者，曰：'此须诸君口口相传，若笔之于书，使人作一文字看过，无益矣。'嘉靖丁亥八月，师起征思田，将发，门人复请，师许之。"（《大学问》后附注，《王文成公全书》卷二十六）嘉靖丁亥，即王守仁死的前一年。《大学问》这篇著作是王守仁哲学体系的纲领，是他教学生的入门，也是他的最后的著作，代表他在哲学上的最后见解。

　　《大学问》说："'《大学》者，昔儒以为大人之学矣。敢问大人之学何以在于明明德乎？'阳明子曰：'大人者，以天地万物为一体者也。其视天下犹一家，中国犹一人焉。若夫间形骸而分尔我者，小人矣。大人之能以天地万物为一体也，非意之也，其心之仁本若是，其与天地万物而为一也。岂唯大人，虽小人之心，亦莫不然。彼顾自小之耳。是故见孺子之入井，而必有怵惕恻隐之心，是其仁与孺子而为一体也。孺子犹同类者也，见鸟兽之哀鸣觳觫而必有不忍之心焉，是其仁之与鸟兽而为一体也。鸟兽犹有知觉者也，见草木之摧折，而必有悯恤之心焉，是其仁之与草木而为一体也。草木犹有生意者也，见瓦石之毁坏，而必有顾惜之心焉，是其仁之与瓦石而为一体也。是其一体之仁也，虽小人之心，亦必有之，是乃根于天命之性，而自然灵昭不昧者也。是故谓之明德。……是故苟无私欲之蔽，则虽小人之心，而其一体之仁，犹大人也；一有私欲之蔽，则虽大人之心，而其分隔隘陋，犹小人矣。故夫为大人之学者，亦唯去其私欲之蔽，以自明其明德，复其天地万物一体之本然而已耳。非能于本体之外，而有所增益之也。'曰：'然则何以在亲民乎？'曰：'明明德者，立其天地万物一体之体也；亲民者，达其天地万物一体之用也。故明明德必在于亲民，而亲民乃所以明其明德也。……君臣也，夫妇也，朋友也，以及于山川、鬼神、鸟兽、草木也，莫不实有以亲之，以达吾一体之仁，然后吾之明德始无不明，而真能以天地万物为一体矣。……是之谓尽性。'曰：'然则又乌在其为止至善乎？'曰：'至善者，明德亲民之极则也。天命之性，粹然至善，其灵昭不昧者，此其至善之发见，是乃明德之本体，而即所谓良知者也。至善之发见，是而是焉，非而非焉，轻重厚薄，随感随应，变动不居，而亦莫不自有天然之中。是乃民彝物则之极，而不容少有拟议增损于其间也。少有拟议增损于其间，则是私意小智，而非至善之谓矣。"（《王文成公全书》卷二十六）

这是讲《大学》的"三纲领"。三纲领其实只有二纲领，那就是"明德"和"亲民"。"至善"不过是"明德"和"亲民"的极致。再进一步说只有一纲领，因"亲民"不过是"所以明其明德也"。所谓"明德"，就是陆九渊他们所说的"此心"，不过他们只提出"此心"，并没有说出来"此心"的主要内容。王守仁认为"明德"的主要内容就是"以万物为一体"之"仁",又举了许多例证以为说明,这就充实得多了。

《大学问》的这段话所说的意思,程颢本来已经说了,他的《识仁篇》开头就说:"学者须先识仁。仁者浑然与物同体,义礼智信皆仁也。"(《程氏遗书》卷二)王守仁以"万物为一体"为"仁",程颢以"浑然与物同体"为"仁",二人的基本观念是完全一致的。若把《大学问》的这一段和《识仁篇》作一详细的比较,可见他们二人的思想在细节上也是完全一致的。这并不是说王守仁抄程颢,这只是说有那么一个客观的道理,二人对于这个道理都有所见。程颢是道学中心学的开创者,王守仁是心学的完成者,他们所见到这个道理,是心学的一贯的中心思想。不过,程颢没有把这个中心思想和《大学》的三纲领结合起来。王守仁这样做了,这就使这个中心思想更加有了一个在经典上的理论根据。

王守仁自以为他所讲的《大学》是"古本"《大学》,所谓"古本"是对于朱熹的《大学章句》的新本而言,也就是《礼记》中的原本。《大学》的第二纲领原本作"在亲民",朱熹的新本把"亲"字改为"新"字。王守仁认为朱熹改错了,"新"字仍然应作"亲",这虽然只是一字之差,但这个字是有关键性的,所以改与不改关系重大。如果第一纲领是如王守仁解释的那样,第二纲领必定是"在亲民",不能是"在新民",朱熹改这个字并没有版本上的根据,从版本学上说,他是"以意改"。他的根据是《大学》有经、有传,在后边的传中有"作新民"的话,可是经与传之分,是朱熹自己作的,所以这个证据是不能成立的。在义理方面说,"亲"字和"新"字的意义大不相同。程颢说:"医书言手足痿痹为不仁,此言最善名状。

仁者以天地万物为一体，莫非己也。认得为己，何所不至？若不有诸己，自不与己相干。如手足不仁，气已不贯，皆不属己。故博施济众，乃圣人之功用。"（《程氏遗书》卷二）譬如一个人的身体，虽然有许多部分，但它们有内在的联系，它们是血脉相通，痛痒相关的。一部机器也是由许多零件合成的，但它们之间的关系是外在的，是没有血脉相通、痛痒相关的那种联系。"在亲民"的那个"亲"字表示出"己"与"民"的内在的联系，"新"字就只能表示外在的联系，那就不是"仁"了。"亲"表现为"爱"。我们常说"亲爱"，也常说"热爱"。"亲"是"热"的，"新"是"冷"的。

程颢也作过修订《大学》古本的工作（见《程氏遗书》）。他所修订的古本也没有把"亲"字改为"新"字。

朱熹和王守仁都认为《大学》所讲的是"大人之学"。所谓"大人"指完全的人，能完全实现人之理的人，即可为"完人"，亦即所谓"圣人"。《大学》的三纲领就是人之理的内容，也就是要成为"圣人"的人的修养目标，能达到这个目标就算是"穷人之理"、"尽人之性"。这完全是通过道德实践以提高精神境界的事，不是增进知识的事。

这个实践的过程，《大学》分为八个阶段，即所谓"八条目"。按功夫的程序说，最初一个条目就是这个过程的第一个阶段，也就是"穷人理"的下手处，这就是"格物"。不过，按大学的文字说，最后一条是"格物"。若照程、朱的解释，"格物"就是"即物穷理"，那就发生一个问题，"穷人理"为什么要从"穷物理"开始？《大学问》说："故致知必在于格物。物者，事也。凡意之所发，必有其事，意所在之事谓之物。格者，正也。正其不正以归于正之谓也；正其不正者去恶之谓也，归于正者为善之谓也。夫是之谓格。《书》

1853

言格于上下，格于文祖，格其非心，格物之格，实兼其意也。良知所知之善虽诚欲好之矣，苟不即其意之所在之物而实有以为之，则是物有未格，而好之之意犹为未诚也。良知所知之恶虽诚欲恶之矣，苟不即其意之所在之物而实有以去之，则是物有未格而恶之之意犹为未诚也。今焉于其良知所知之善者，即其意之所在之物而实为之，无有乎不尽，于其良知所知之恶者，即其意之所在之物而实去之，无有乎不尽，然后物无不格，而吾良知之所知者无有亏缺障蔽，而得以极其至矣。夫然后吾心快然，无复余憾而自谦（当作"慊"）矣。夫然后意之所发者，始无自欺而可以谓之诚矣。故曰，物格而后知至，知至而后意诚，意诚而后心正，心正而后身修，盖其功夫条理，虽有先后次序之可言，而其体之唯一，实无先后次序之可分。其条理功夫，虽无先后次序之可分，而其用之惟精，固有纤毫不可得而缺焉者。此格、致、诚、正之说，所以阐尧舜之正传而为孔氏之心印也。"

（《王文成公全书》卷二十六）

在这里所说的"意"，相当于陆九渊在《白鹿洞书院讲义》中所说的"志"。"意所在之事谓之物"，照这样的了解，所谓物就是"意"的对象，并不是客观世界中任何一件东西。因此，物就有善恶或正与不正可言了。格物就是为善去恶，"正其不正以归于正"，这就是格物。善恶或正与不正以什么为标准呢？由谁来判断呢？王守仁说，不必向外边去找标准和判断者，每一个人的"心"就是标准，它自己就是判断者，这就是他的"良知"。所谓"致知"的那个"知"就是每个人的"良知"，每一个人都发挥他的"良知"，就是"致良知"。"致良知"就是照"良知"办事，这就是"格物"。认真地照着自己的"良知"办事，没有一点虚假，这就是"诚意"。

这一套功夫可以用三个字概括起来，就是"致良知"。

《大学问》是一篇完整的哲学著作。照它所解释的，《大学》所讲的是"大人之学"。所谓"大人"是一个完全的人，是一个完全实现人之理的人。什么是人之理？怎样实现人之理？"三纲领"回答了第一个问题，"八条目"回答了第二个问题。"八条目"的最后一条就是实现人之理入手处。从这里下手就可以一步一步地达到三纲领的目标，那就是"明明德"。

《大学问》的这样解释是否就是《大学》作者的本意呢？那就无可考了，也没有考的必要。可以断言说不是。因为"格物在致知"以下的原文并没有说得这样深。如果本来就有这样深，《大学问》就不必作了。《大学问》可以说是《大学》的发展，但一个东西的发展和它本来的样子毕竟不同，所以《大学问》只能是宋明道学的作品，不能是两汉经学的作品。陆九渊说，"易简功夫终久大"，《大学问》就是心学的这种思想的最后完成。

《大学问》和朱熹的《格物补传》，是心学和理学两派的代表作，两派的目标都是使人成为完全的人，但两派各有其入手处。心学的入手处是"致良知"，理学的入手处是"即物穷理"。《格物补传》由"穷物理"转入"穷人理"，所以显得两橛。心学专讲"穷人理"，所以显得直截。

王守仁研究朱子之理那段经验，是从另一方面证明"即物穷理"的困难。研究竹子需要另一套观察自然的方法，专靠"沉思"是不行的。《格物补传》虽然讲"即物穷理"，却没有提出怎样"穷"的方法，这就使"即物穷理"成为空谈。

第五节 "致良知"与"知行合一"

"良知"又从何而来呢？王守仁在《大学问》中已经作了说明。他在《传习录》中说："人心是天渊，心之本体无所不该。原是一个天，只为私欲障碍，则天之本体失了。心之理无穷尽，原是一个渊，只为私欲窒塞，则渊之本体失了。如今念念致良知，将此障碍窒塞一齐去尽，则本体已复，便是天渊了。"（《传习录下》，《王文成公全书》卷三）陆九渊说："宇宙不曾限隔人，人自限隔宇宙。"王守仁在这里所说的就是陆九渊的那个意思。

这里所说的"心"，陆九渊和王守仁称为"心之本体"和"本心"，这个"本心"是每个人所都有的公共的"心"。每一个人都是一个具体的人，必须有一个身体。王守仁在《大学问》中说："若夫间形骸而分尔我者小人矣。"形骸就是一个人的身体。每一个人都以他自己的身体为"我"，而和一切别的东西对立起来，这就是私。一个人的身体是"私"的根本。人有了身体，他的思想行动往往都以他的身体的利益为出发点。这就是王守仁所说的从"躯壳上起念"（《传习录上》，《王文成公全书》卷一），这种"起念"就是"私欲"。人有了私欲，他的本心就要为私欲所遮蔽，好像空中有浮云，太阳的光辉就要为浮云所遮蔽，但是，浮云总不能完全遮蔽太阳的光辉，私欲总不能完全遮蔽"本心"的灵明。"本心"的灵明总还有所表现,这个表现就是人的分别善恶的能力。这是每一个人都不需要学习而自然就有的认识能力,所以称为"良知"。"良知"并不是全知,它的能力就是限于分辨善恶。王守仁并不是说,人有了"良知"就无所不知、无所不能,人可以不研究飞机的原理,而就能制造飞机,不学习开汽车的技术,而就能开汽车,这完全是误解。

"良知"的能力虽然有一定的限制,但它确实是人之理的重要内容。道学认为人和其他动物的分别就在于人能分别善恶,作道德的判断,所以要穷人理。要穷人理就要尽量发挥"良知"的作用,这就是"致良知"。

王守仁讲"良知",并不是一般地讲认识论。"良知"是知,"致良知"是行,这个"行"也不是一般的行。他讲"知行合一",并不是一般地讲认识和行为的关系,也不是一般地讲理论和实践的关系。"知行合一"是王守仁哲学思想中的一个重要部分,他所讲的"知行合一"也就是"致良知"。

《传习录》中有一条说:"爱曰:'如今人尽有知得父当孝、兄当弟者,却不能孝,不能弟。便是知与行分明是两件。'先生曰:'此已被私欲隔断,不是知行的本体了。未有知而不行者;知而不行,只是未知。圣贤教人知行,正是要复那本体,不是着你只恁地便罢。……某尝说:知是行的主意,行是知的功夫。知是行之始,行是知之成。若会得时,只说一个知,已自有行在。只说一个行,已自有知在'。"(《王文成公全书》卷一)

照这个说法,人心之本体,在其不为私欲所蔽时,知行只是一回事。王守仁引孟轲所举的例以为说明。孟轲说:一个人"乍见孺子将入于井,必有怵惕恻隐之心"(同上)。如果顺这个心自然发展,他必然要跑去救这个小孩。他为的是什么呢？他并不是想以此同孩子的父母交朋友，也不是想以此得到群众的称赞，他并不为什么，只是他的心的自然的反应，这就是他的"良知"的表现。顺着这个表现的自然发展，他必须要去救那个孩子。他的"怵惕恻隐之心"是知，跑去救孩子是行。这就是王守仁所说的"知是行之始，行是知之成"。如果在这个时候，这个人的心若有转念，或因畏难而不往，或因恶其父母而不往，则有知而无行，这并不是知行的本体，这就是为私欲所蔽。

这个人的"怵惕恻隐之心"，是他最初的反应，道学家们称为"初念"。顺着这个"初念"，他必然要去救那个孩子。他如果转了念头，而不去救，这个转了的念头，道学家称为转念。这个转念很重要，因为有了转念，他就不顺着他的良知行动，这就离开了他的良知，不"致良知"了。道学家们常说："初念是圣贤，转念是禽兽。"

照王守仁的说法，良知对于善恶的辨别，是一种直觉的认识，并不是一种道德的判断，就是说，是一种直接的反应，并不是经过思考而得到的命题。简单地说，它是一种直觉，不是一种知识。语录记载说："先生尝谓，人但得好善如好好色，恶恶如恶恶臭，便是圣人。直初时闻之觉甚易，后体验得来，此个功夫着实是难。如一念虽知好善恶恶，然不知不觉又夹杂去了。才有夹杂，便不是好善如好好色、恶恶如恶恶臭的心。善能实实的好，是无念不善矣。恶能实实的恶，是无念及恶矣。如何不是圣人？故圣人之学只是一诚而已。"（《传习录下》，《王文成公全书》卷三）

照王守仁的说法，良知的"知"是每一个人都有的，无论什么人，遇到什么事情，他的良知都启示他应该怎样做，怎样做是善，怎样做是恶。就这一方面说,"满街都是圣人"。但并不是任何人,遇见任何事,都能照着良知去做,都能"致良知"。是圣人或不是圣人,关键在于那个"致"字。陆九渊说了许多话,着重在于说明人都有良知;王守仁也说了许多话,着重在于"致良知"。就是说,陆九渊对于"行"说得不够,王守仁特别着重"行"。所谓"知行合一"的要点,就是说如果没有"行","知"就不能完成。

陆九渊和王守仁所讲的都是"穷人理"的事情,王守仁的"知行合一"的提法说明,"穷人理"的主要方法是道德的实践。"穷人理"的那个"穷"字不能靠语言,也不能靠知识,只能靠道德实践。

是不是也要"穷物之理"呢?当然要。语录有一条记载说:"爱曰:'……如事父一事,其间温清定省之类有许多节目,不亦须讲求否?'先生曰:'如何不讲求?只是有个头脑,只是就此心去人欲、存天理上讲求。就如讲求冬温,也只是要尽此心之孝,恐怕有一毫人欲间杂。讲求夏清,也只是要尽此心之孝,恐怕有一毫人欲间杂,只是讲求得此心。此心若无人欲,纯是天理,是个诚于孝亲的心,冬时自然思量父母的寒,便自要去求个温的道理;夏时自然思量父母的热,便自要去求个清的道理。这都是那诚孝的心发出来的条件。却是须有这诚孝的心,然后有这条件发出来。譬之树木,这诚孝的心便是根,许多条件便是枝叶,须先有根,然后有枝叶。不是先寻了枝叶,然后去种根。《礼记》言孝子之有深爱者必有和气,有和气者必有愉色,有愉色者必有婉容,须是有个深爱做根,便自然如此。'"(《传习录上》,《王文成公全书》卷一)

一个人对父母应当孝,这是他的良知告诉他的。要行孝必须做许多实际的事,这些事是什么,怎样做,这就需要许多关于实际事物的知识,这就是穷物理方面的事了。就王守仁本身说,他也是一个军事家。当时有一个藩王叛变了,王守仁带兵平定了这个叛变,打了许多仗。他要忠于皇帝,平定叛变,这是他的良知对他的启示。用兵打仗需要许多军事方面的知识,这就是穷物理方面的资料。"致良知"是穷人理方面的事;在许多场合,穷人理必须穷物理。穷物理是所以穷人理,这就是说,穷物理是为穷人理服务。朱熹的《格物补传》首先提出"即物穷理"。在心学看起来这就是先后失序,本末倒置了。

表面上看,上边所说的朱熹和陆九渊所没有转过来的"弯",王守仁似乎转过来了,实际上并不然。王守仁在他所作的《朱子晚年定论》中还是强调了"穷物理"和"穷人理"的分别,这就说明他还没有转过那个"弯"来。他虽然也说了事父尽孝,要讲究"冬温夏清"等具体措施,这只是就事论事,没有提到理论上的高度,这说明那个弯子他确实没有转过来。

第六节 "良知"与"爱有差等"

良知不是教条,也不遵奉教条。宇宙和人生都是很复杂的,其中的事物经常互相矛盾,情况也经常变化。人在其中,如果不能灵活应变,必然要寸步难行。譬如说,一个人若要维持自己的生存,必须要吃饭、穿衣。这就必须杀生,不仅吃肉要杀生,吃素也要杀生,因为一粒米也是一个生命。不仅穿丝绸要杀生,穿布衣也要杀生,因一朵棉花也是一个生命。以天地万物为一体的仁人,怎么办呢?《语录》记载说:"问:'大人与物同体,如何《大学》又说个厚薄?'先生曰:'唯是道理自有厚薄。比如身是一体,把手足捍头目,岂是偏要薄手足?其道理合如此。禽兽与草木同是爱的,把草木去养禽兽又忍得。人与禽兽同是爱的,宰禽兽以养亲与供祭祀,燕宾客,心又忍得。至亲与路人同是爱的,如箪食豆羹,得则生,不得则死,不能两全,宁救至亲不救路人,心又忍得。这是道理合该如此。及至吾身与至亲,更不得分别彼此厚薄。盖以仁民爱物皆从此出,此处可忍,更无所不忍矣。《大学》所谓厚薄,是良知上自然的条理,不可逾越。"(《传习录下》,《王文成公全书》卷三)这就是孟轲所说的"爱有差等",王守仁认为"这是道理合该如此"。所谓"道理"并不是教条,是"良知"上自然的条理,就是说,这是良知的自然反应。

因为"爱有差等",所以《大学》所讲的"仁"不同于墨翟所宣传的"兼爱"。语录记载说:"问:'程子云:"仁者以天地万物为一体。"何墨氏兼爱反不得谓之仁?'先生曰:'此亦甚难言,须是诸君自体认出来始得。仁是造化生生不息之理,虽弥漫周遍,无处不是,然其流行发生,亦只有个渐,所以生生不息。……譬之木,其始抽芽,便是木之生意发端处……父子兄弟之爱,便是人心生意发端处,如木之抽芽。自此而仁民,而爱物,便是发干,生枝生叶。墨氏兼爱无差等,将自家父子兄弟与途人一般看,便自没了发端处。不抽芽便知得他无根,便不是生生不息,安得谓之仁?'"(《传习录上》,《王文成公全书》卷一)这就是说"生生不息"是个一般的公式,如果讲到具体的"生生不息",那就有一个发展的先后次序。譬如一棵树,必须先有根,后有芽,先开花,后结果。以根为出发点,就可以看出其间的先后次序,轻重厚薄。人看事情总是从自己的身体出发的,具体的爱也是以自己的身体为出发点,从此推广。在推广的过程中,自然就有先后厚薄。以自己的身体为出发点,并不是以自己的身体为中心,如果以自己的身体为中心,那就是自私,不是仁爱了。

《语录》中又记载说:"侃去花间草,因曰:'天地间何善难培,恶难去?'先生曰:'……此等看善恶,皆从躯壳起念,便会错。……天地生意,花草一般,何曾有善恶之分子?欲观花,则以花为善,以草为恶;如欲用草时,复以草为善矣。此等善恶,皆由汝心好恶所生,故知是错。'曰:'然则无善无恶乎?'曰:'无善无恶者理之静,有善有恶者气之动。不动于气,即无善无恶,是谓至善'。曰:'佛氏亦无善无恶,何以异?'口:'佛氏着在无善无恶上,便一切都不管,不可以治天下。圣人无善无恶,只是无有作好,无有作恶,不动于气。然遵王之道,会其有极,便自一循天理,便有个裁成辅相。'曰:'草既非恶,即草不宜去矣。'曰:'如此却是佛老意见。草若有碍,何妨汝去?'曰:'如此又是作好作恶。'曰:'不作好恶,非是全无好恶,却是无知觉的人。谓之不作者,只是好恶一循于理,不去又着一分意思,如此即是不曾好恶一般。'曰:'去草如何是一循于理,不着意思?'曰:'草有妨碍,理亦宜去,去之而已;偶未即去,亦不累心。若着了一分意思,即心体便有贻累,便有许多动气处'。"(《传习录上》,《王文成公全书》卷一)

所谓"一循于理",就是"一循良知",因为良知就是理的标准。

第七节 "良知"与"动静合一"

"一循于理"就是"一循良知"之自然。王守仁说:"圣人致知之功,至诚无息。其良知之体,皦如明镜,略无纤翳。妍媸之来,随物见形,而明镜曾无留染,所谓情顺万事而无情者也。'无所住而生其心',佛氏曾有是言,未为非也。明镜之应物,妍者妍,媸者媸,一照而皆真,即是生其心处,妍者妍,媸者媸,一过而不留,即是无所住处。"(《答陆原静书》,《传习录中》,《王文成公全书》卷二)"情顺万事而无情"是程颢的话;"无所住而生其心",是佛教《金刚经》中的话。王守仁认为,这两句话的意思是一样的。单就程颢说,他在给张载的一封信中说:"夫天地之常,以其心普万物而无心;圣人之常,以其情顺万物而无情。故君子之学,莫若廓然而大公,物来而顺应。……人之情各有所蔽,故不能适道,大率患在于自私而用智。自私则不能以有为为应迹(一作"物"),用智则不能以明觉为自然。今以恶外物之心,而求照无物之地,是反鉴而索照也。"(《答横渠张子厚先生书》,《程氏文集》卷二)程颢认为,有这种精神境界的人,就可以"动亦定,静亦定"。

程颢所说的"明觉"就是"良知"。程颢也提到"良知"。他说:"良能良知,皆无所由,乃出于天,不系于人。"(《程氏遗书》卷二)又说,"盖良知良能久不丧失"(同上),"识仁"和"定性"

是程颢心学两大原则。他也提到"良知",但没有充分发挥。王守仁继承了这两大原则,又把"良知"提到主导地位,而加以充分发挥,这是他对于心学的发展。

王守仁晚年又把他的整个体系归结为四句:"无善无恶是心之体,有善有恶是意之动,知善知恶是良知,为善去恶是格物。"关于这四句话,学生们的理解分为两派。语录记载说:"德洪曰:'此意如何?'汝中曰:'此恐未是究竟话头,若说心体是无善无恶,意亦是无善无恶的意,知亦是无善无恶的知,物是无善无恶的物矣。若说意有善有恶,毕竟心体还有善恶在。'德洪曰:'心体是天命之性,原是无善无恶的,但人有习心,意念上见有善恶在。格、致、诚、正、修,此正是复那性体功夫。若原无善恶功夫,亦不消说矣。'是夕侍坐天泉桥,各举请正。先生曰:'我今将行,正要你们来讲破此意。二君之见,正好相资为用,不可各执一边。我这里接人原有此二种。利根之人直从本源上悟入,人心本体原是明莹无滞的,原是个未发之中。利根之人一悟本体即是功夫,人己内外一齐俱透了。其次,不免有习心在,本体受蔽,故且教在意念上实落为善去恶功夫,熟后,渣滓去得尽时,本体亦明尽了。汝中之见,是我这里接利根人的;德洪之见,是我这里为其次立法的。二君相取为用,则中人上下皆可引入于道。若各执一边,眼前便有失,人便于道体各有未尽。'既而曰:'以后与朋友讲学,切不可失了我的宗旨:无善无恶是心之体,有善有恶是意之动,知善知恶的是良知,为善去恶是格物。只依我这话头,随人指点,自没病痛。此原是彻上彻下功夫,利根之人,世亦难遇。本体功夫一悟尽透,此颜子、明道所不敢承当,岂可轻易望人?人有习心,不教他在良知上实用为善去恶功夫,只去悬空想个本体,一切事为俱不着实,不过养成一个虚寂。此个病痛不是小小,不可不早说破'。是日德洪、汝中俱有省。"(《传习录下》,《王文成公全书》卷三)

这里所说的两派,就是王门中的"左""右"两派。王守仁虽然对于两派都有所肯定,但明确地说,他的"宗旨"就是那"四句"。

王守仁的哲学体系,以《大学问》为其全貌,以"致良知"为其结论,以"四句"为全貌的概括,并为"致良知"的说明。他的体系有纲领,有条目,有功夫,简易明了,直截了当,所以是心学发展的高峰。

第八节　从哲学上看理学和心学的异同

照上边所讲的,理学和心学在方法论上的不同,已经是很显然的了。从哲学本身看,这两派的异同,还可以就这两个问题作进一步的研究。第一个是关于心、物的问题,第二个是关于一般、特殊的问题。

就心、物问题说,近来的中国哲学史工作者有不少人认为,魏晋玄学和宋明道学都是唯心主义。他们把玄学、道学和唯心主义等同起来。我认为这未免太笼统,太简单化了。魏晋玄学和宋明道学是一个时代的思潮,其中有唯心主义的派别,也有唯物主义的派别,不可一概而论。哲学史中的唯物主义和唯心主义的斗争,就是在一代思潮中进行的；一代思潮就是斗争的场地。

魏晋玄学中的唯心主义和唯物主义的斗争，本书在第四章中已经讲了。宋明道学中的三派，气学是唯物主义，理学和心学是唯心主义。唯心主义是理学和心学之所同。

唯心主义的内部又有客观唯心主义和主观唯心主义的斗争。理学和心学之所异，是否就是这种斗争呢？不少人认为是的，理学是客观唯心主义，心学是主观唯心主义。

理学是客观唯心主义，这是不成问题的，心学是不是主观唯心主义，这是一个可以讨论的问题。主观唯心主义和客观唯心主义的主要分别在于承认不承认有一个公共的世界。心学中有三个大人物，程颢、陆九渊和王守仁。我们可以用这个标准观察他们的哲学思想，看其是不是主观唯心主义。

程颢的代表作是《识仁篇》。这篇的头一句就说："仁者浑然与物同体。"通观全文可见，这里所说的"物"是公共的，他承认有一个公共的世界，所以他的哲学体系不是主观唯心主义。陆九渊说，"宇宙便是吾心，吾心便是宇宙"，这是一个彻底的唯心主义命题，但不是一个主观唯心主义的命题。因为他所说的宇宙不是他个人的，而是公共的。他说，"宇宙不曾限隔人，人自限隔宇宙"，可见他承认有一个不受人"限隔"的宇宙，那就是公共的世界。

王守仁的代表作是《大学问》。这篇的主题是阐明与天地万物为一体的"人"。所谓天地万物是公共的，有天地万物的世界是公共的世界。《大学问》所讲的是客观唯心主义。

主观唯心主义和客观唯心主义的区别又在于承认或不承认有公共的"理"。陆九渊和王守仁都承认有公共的"理"，如其不然，他们所讲的道德学说、修养功夫以及他们整个体系都成了他们的主观见解了，所谓"良知"的判断也成为主观的见解了，没有客观的普遍的效力了，这是他们所不能承认的。他们的这些说法都是以公共的"理"为前提的，他们也说"心外无理"，可是他们所说的"心"是宇宙的心，不是个体的心。这些前面已经详细讲过了。

关于理学与心学"性即理"和"心即理"的辩论，其中心问题在于理究竟是形上还是形下，而不是辩论理是不是公共的问题。

这里出现了一个问题。语录记载说："先生游南镇，一友指岩中花树问曰：'天下无心外之物，如此花树在深山中，自开自落，于我心亦何相关？'先生云：'你未看此花时，此花与汝心同归于寂。你来看此花时，则此花颜色一时明白起来，便知此花不在你的心外。'"（《传习录下》，《王文成公全书》卷三）又说："先生曰：'你看这个天地中间，什么是天地的心？'对曰：'尝闻人是天地的心。'曰：'人又什么教做心？'对曰：'只是一个灵明。''可知充天塞地，中间只有这个灵明，人只为形体自间隔了。我的灵明，便是天地鬼神的主宰。……天地鬼神万物离却我的灵明，便没有天地鬼神万物了。我的灵明离却天地鬼神万物，亦没有我的灵明。如此便是一气流通。如何与他间隔得？'又问：'天地鬼神万物，千古见在，何没了我的灵明，便俱无了？'曰：'今看死的人，他这些精灵游散了，他的天地万物尚在何处？'"（同上）

专就这两条语录说，其中有些话都不明确。但是它们明确地说"你心""无心""我的灵明""他的天地万物"，可见这两条所说的心是个体的心，"他的天地万物"不是公共的世界。不承认有公共世界，就是主观唯心主义。

语录和《大学问》有了矛盾，怎样解决这个矛盾呢？要以《大学问》为主，因为《大学问》是王守仁自己写的，正式发给学生的讲稿。语录是学生们记录他的讲话。语录可能有错误，但可以作为参考的资料。两下合起来看，可以说王守仁的哲学思想基本上也是客观唯心主义，但有主观唯心主义倾向和色彩。

关于一般和特殊的问题，理学和心学是完全对立的。一般和特殊的分别，道学称为形上和形下的分别。理学严格地阐明这个分别，心学不作这个分别，甚至不承认有这个分别。理学的最高范畴是太极。照朱熹的解释，太极是所有的"一般"的全体，每一个"一般"都是某一类"特殊"的标准，都是它们的"极"。太极包括所有的"一般"，所以称为太极。心学的最高范畴是"宇宙"或"心"或"人"，心学不承认有太极。理学认为心学所说的"宇宙""心""人"都是形而下者。关于这个问题的辩论，本书在前面已经讲得很多，现在再举一个例，以为说明。

例如"仁"和"爱"，有密切的关系，这是两派都承认的。是什么关系呢？两派的认识各有不同。照心学的说法，爱就是仁，或者说是仁的开端，理学的说法不同。朱熹说："仁者爱之理，心之德也。"（《论语集注》卷一）"爱之理"并不就是爱，也不是爱的开端，因为"爱之理"是形而上者，爱是形而下者。严格地说，"爱之理"并不爱，因为爱是一种特殊的感觉或行动，而"爱之理"不是任何特殊的感觉或行动，这就如红之理并不红，变之理并不变。可以说爱是热的，爱之理并不热。不但爱之理不热，热之理也不热。

关于这个问题，理学是魏晋玄学的继承和发展，心学是玄学的否定。理学和心学都反对道、佛"二氏"，但理学所反对的只是道教，心学就连玄学也反对了。

王守仁所讲的"良知",有经验上的根据。就经验说,人是有分辨善恶的能力的,人们对于事物最初的反应,总是比较正确的。照唯物主义的说法,这不是由于"本心的灵明",这是由于文化的积累。旧时代的中国人生于上千年的封建文化中,受到风俗习惯各方面的影响,不知不觉地就有一种见解,似乎是与生俱来的"良知"。所以心学和理学虽有许多不同,但在道德的基本问题上它们还是一致的。

在王守仁的时代,朱熹的理学已经成为教条,失去了活力。王守仁所提倡的心学一方面对于理学有批判作用,但也在很大程度上恢复了道学的活力。所以,在中国封建社会中心学是理学的反对者,但也是它的补充。

第五十六章 道学外的思想家——陈亮和叶适

心学和理学的辩论是道学内部的斗争。这个斗争，到了王守仁达到了高峰。除了内部斗争之外，道学还要同外部的批评者作斗争。这些批评者中，具有代表性的人物是陈亮和叶适。

第一节　陈亮的政治态度

陈亮（1143—1194）是浙江永康人，他的学派旧日称为永康学派，他的著作后人编辑为《龙川文集》。

从宋朝南渡和与金人讲和以后，朝野上下许多人乐于苟安的局面，忘记了收复中原、恢复统一的大事，但当时有志之士都主张用武力收复中原，恢复北宋时代的统一，陈亮就是其中的一个代表人物。他与当时抗战派的一个领袖辛弃疾志同道合。他寄辛弃疾的词中说："树犹如此堪重别？只使君从来与我，话头多合。"他寄辛弃疾的又一首词中说："斩新换出旗麾别，把当时一桩大义，拆开收合。"他对于收复中原是有信心的。他的一首词中说："尧之都，舜之壤，禹之封。于中应有，一个半个耻臣戎。万里腥膻如许，千古英灵安在？磅礴几时通，胡运何须问？赫日自当中。"（以上引文见《龙川文集》卷十七）

他几次上书，献中兴恢复之策，可是都没有被采纳。到晚年，他被取为进士第一名。他的《谢恩诗》中说："复仇自是平生志，勿谓儒臣鬓发苍。"（同上）

陈亮于1169年向宋孝宗献"中兴五论",提出收复中原的战略计划。后来他又向宋孝宗三次上书。在第二书里,他举周平王东迁的例,认为平王应该先"扫荡犬戎,洗国家之耻而舒臣子之愤,然后正纪纲,修法度"(《龙川文集》卷一)。他的主张是先"攘外"而后"安内",这与当时有些人的主张正是相对立的。他痛斥道学家对于抗战的态度说:"始悟今世之儒士自以为得正心诚意之学者,皆风痹不知痛痒之人也。举一世安于君父之仇,而方低头拱手以谈性命,不知何者谓之性命乎!"(《上孝宗第一书》,《龙川文集》卷一)

当时主张投降的人多认为兵力不足,财用不够,所以不能抗战。陈亮认为应该首先树立起抗战的旗帜,有这个明确的方向就可"以振天下之气,以动中原之心。虽未出兵而人心不敢惰矣,东西驰骋而人才出矣,盈虚相补而兵食见矣"(《上孝宗第一书》,《龙川文集》卷一)。

他的这些建议都没有被采纳,在他的抱负还没有实现之前他就死了。

第二节　陈亮的社会思想

在当时的民族矛盾中,陈亮坚决主张抵抗外来的侵略。在宋朝内部的阶级矛盾中,陈亮也有一套社会思想,以缓和矛盾。他反对

"庆历新政"和"熙宁变法"。他称赞宋太祖以来的传统政策,"于文法之内,未尝折困天下之富商巨室;于格律之外,有以容奖天下之英伟奇杰。皆所以助立国之势,而为不虞之备也"(《上孝宗皇帝第一书》,《龙川文集》卷一)。他批评"庆历新政"说:"岂惟于立国之势无所助,又从而朘削之。"(同上)又批评王安石说:"青田之政,惟恐富民之不困也。均输之法,惟恐商贾之不折也。"他认为王安石是"不知立国之本末者,真不足以谋国也"(同上)。陈亮又慨叹当时的情况说:"加惠百姓而富人无五年之积,不重征税而大商无巨万之藏,国势日以困竭。"(同上)陈亮是代表当时的富人和商人说话的。他所说的"巨室",当然是指官僚大地主,他所说的"富民"和"富人"是指比较富裕的中小地主和商人,特别是商人。

陈亮又说:"古者官民一家也,农商一事也。上下相恤,有无相通。民病则求之官,国病则资诸民。商借农而立,农借商而行。求以相补,而非求以相病。"(《四弊》,《龙川文集》卷十一)在这一段话中,可注意的是他特别提出商的重要性。

南宋时期的林勋作了一部《本政书》,讲井田之法。陈亮很称赞这部书,认为它"考古验今,思虑周密。世之为井数之学,所见未有能易勋者"。但他提出了一个重要的修正。他主张"于山林川泽邑居道路之外",其余的土地分为三份。"定其一为经数",在这个范围内行林勋所定之法。"以其二为余夫间田及士工贾所受田。凡朝廷郡县之官,皆使有田。参定其法,别立一官掌之,并使其属以掌山林川泽,大为之制,使民得尽力于其间,而收其贡赋,以佐国用,以苏疲民"(《书林勋〈本政书〉后》,《龙川文集》卷十六)。他这种对于工贾的优待办法,是一般讲井田制的人所没有讲过的。工贾于其本有职业外也可以"受田",致力于"山林川泽"的"民"也可能是工贾,他们的收入实际上可以比农民多得多。一般讲井田制的人,都是在土地问题上企图缓和农民与地主之间的对抗性的矛盾,陈亮又加上为工贾增加收入,由此可以断定,陈亮也是自由商人和手工业者的代言人。

第三节　陈亮对于程、朱"形上"和"形下"的批评

在表面上看起来,陈亮也是继承北宋道学的。他辑周敦颐、张载和二程的哲学著作及言论为《伊洛正源书》,又辑张载和二程讲"法度"的言论为《三先生论事录》,又辑程颐论"礼义"的言论为《伊洛礼书补亡》。他对于二程和张载的推崇不亚于朱熹,但实际上他的哲学思想是背叛了二程。陈亮主观上意识不到这一点,但实际上是如此。

陈亮在《上孝宗书》中,也讲所谓"天命"、"地气"和"气数",用了不少迷信的唯心主义的词句。我们固然不能说,这些词句对于他仅只是词句,但是就当时的思想斗争的情况说,他在思想战线上主要的是反道学。他的攻击的锋芒主要的是针对着程、朱一派的一个唯心主义论点,即"形上"与"形下"的分别。他说:"天下岂有道外之事哉?""夫道非出于形气之表,而常行于事物之间者也。"

(《勉强行道大有功》,《龙川文集》卷九)程颐和朱熹强调所谓"形上"与"形下"的分别,正是认为事物的"所以然之理"是在"形气之表";所谓"形上"就是"形气之表"的意思。陈亮的这两句话,就是针对程、朱的批评。

在表面上看起来,陈亮的这篇文章也用了不少道学的词句。他也说:"盖人心之危,道心之微,出此入彼,间不容发。"又说:"夫道岂有他物哉?喜怒哀乐爱恶得其正而已。"表面上看起来,这也是道学家的常谈。但是照程颐、朱熹的说法,这个"正"有在"形气之表"的"形而上"的"理"作为永恒的标准。照程颢和陆九渊的说法,这个"正"有超乎善恶的"本心"作最高的主宰。陈亮的批评,正是反对道学的这些说法。陈亮认为,就喜怒哀乐说,得其"正"就是"道"。道不是超乎喜怒哀乐之上,而是就在其中。

"勉强行道而大有功"本来是董仲舒对汉武帝说的,道学家对这句话也有解释。陈亮引他们的解释说:"说者以为武帝好大喜功,而不知强勉学问,正心诚意,以从事乎形气之表,溥博渊泉而后出之。故仲舒欲以渊源正大之理,而易其胶胶扰扰之心"。这里所说的"说者",就是指道学家而言。他们讲"正心诚意""从事乎形气之表",以求"渊源正大之理",这正是陈亮所反对的。他提出批评说:"夫渊源正大之理不于事物而达之,则孔孟之学真迂阔矣。"就是说,不能于事物之外有所谓"理"。当然在这篇文章里,陈亮所谓"正"、所谓"理"的内容,还是封建统治阶级的道德标准和社会制度。他不能,也不可能提出违反当时封建社会制度的"正"和"理",但是他反对"形上"、"形下"的分别,反对有所谓在"形气之表"的东西。他说:"夫盈宇宙者无非物,日用之间无非事。"(《经书发题·书经》,《龙川文集》卷十)所谓"道""理"就在具体事物之中。这些都是唯物主义的命题。

陈亮很推崇张载的《西铭》。他同意理学对于《西铭》的称赞之辞,也同意理学所说《西铭》的主要精神是"理一分殊"。他说:"《西铭》之书,先生(指程颐)之言,昭如日星。"(《西铭说》,《龙川文集》卷十四)从表面上看他似乎是同意理学对于《西铭》的理解,但是,实际上他在这篇文章里,批评了这个理解。

陈亮说:"今之言曰:亲亲而仁民,仁民而爱物。彼以其分之次第自取耳,非吾心之异也。取之虽异,而吾心则一,故曰理一而分殊。以是为言,则象忧亦忧,象喜亦喜,直应之云耳,而吾心未始有忧喜也。能好人,能恶人,直应之云耳,而吾心未尝有好恶也。如镜纳万象,过而不留者,盖止于此。而释氏以万法为幻化,未为尽不然也。将以一之而终不免于二,将黜异端而终流于异端。"(同上)他所说的"今之言者"指当时的道学家。照陈亮的了解,这些人认为"爱有差等",是由在"形气之表"的理所决定的。理决定如此,心对之有相应的反应,可是心并无爱,犹如他所说的心无喜、怒、好、恶。如果如此,所谓爱和喜怒等都不过如"镜纳万象,过而不留",倒有似于佛教"以万法为幻化"。结果是,"将黜异端而终流于异端"。陈亮的这个批评,指出了道学家"将黜异端而终流于异端",后来反道学的哲学家都从这一方面批评道学。

陈亮认为,要想了解"理一分殊"的道理,应该拿人的身体作比喻。他说:"尝试观诸其身,耳目鼻口,肢体脉络,森然有成列而不乱,定其分于一体也。一处有阙,岂惟失其用,而体固不完矣。是理一而分殊之说也。是推理存义之实也。"(同上)他认为《西铭》认识到天地万物是一个整体，在这个整体里面，"塞天地者吾之体也，帅天地者吾之性也"。在这个整体中间，有的人是"宗子"（最高统治者），有的人是"宗子之家相"，"老者视吾之亲，幼者视吾之子，鳏寡孤独者视吾无告之兄弟"，他说这就叫"定分"。就是说，在总体之中，有一定的位置，这个就叫"理一分殊"。他认为"理一"是指天地万物作为一个整体说，"分殊"是指在这个整体中每个人都有他一定的职分说。他说："故理一所以为分殊也，非理一而分则殊也。"他所说的"理一而分殊"的意思，同道学所说的大不相同。道学的意思正是"理一而分则殊也"。

陈亮对于《西铭》的了解，跟张载原来的精神也是不同的。《西铭》说"天地之塞吾其体，天地之帅吾其性"，意思是说，"我"的身体就是天地的身体（"其体"），"我"的性就是天地的性（"其性"）。陈亮把两个"其"字换为两个"之"字，意思就只是说，"我"的身体在天地间占有空间，我的性在天地间有创造领导的能力。《西铭》说："尊高年所以长其长，慈孤弱所以幼其幼"，"其"都是指天地。陈亮改为"老者视吾之亲，幼者视吾之子"。这就是把"其长"、"其幼"改为"我"的"长"、"我"的"幼"。陈亮还保留了"圣其合德，贤其秀也"这两句话中的"其"字，因为"圣人与天地合其德"已成为一个成语。

总的说起来，陈亮的这些改字，使张载《西铭》的精神有很大的改变。陈亮同张载相同的是，都认为天地万物合起来是一个整体，人是其中的一个主要成分。所不同的是，张载认为这是一个认识的问题，有这种认识的人可以达到一种精神境界。陈亮所说的整体是一个自然的整体，其中有许多部分，每一部分都有一定的作用。所以他虽举人身的耳目鼻口、肢体脉络以为整体各部分的比喻,但他所注重的只是其"森然有成列而不乱"。程颢也常举人的身体为例以说明他所说的"仁",但他举例时,注重的是其血肉相连、痛痒相关的内在有机联系。

　　陈亮虽沿用"理一分殊"那四个字,但其意义不同。道学所说的那个"分"字是"分别"之分,这个"分"字读第一声。陈亮所说的那个"分"字是"职分"之分,读第四声。按方块字说,同是一个分字,但读音不同,那就不是一个字了。现代中文用两个方块字代表它们,读第一声的写作"分",读第四声的写作"份"。道学所讲的是"理一分殊",陈亮所讲的是"理一份殊"。就哲学说,道学所讲的"理一分殊"是一般和特殊的关系,一般是"理一",特殊是"分殊"。陈亮所说的"理一份殊"是整体和部分的关系。陈亮说,"理一所以分殊也",就是说部分是对整体而言的,没有整体也就没有部分了。陈亮说"理一所以分殊也,非理一而分则殊也",这两句话准确地说明了,他所说的"理一分殊"和道学所说的"理一分殊"之间的不同。道学所说的"理一而分殊",需要作"形上"和"形下"的分别;陈亮所说的"理一所以分殊",不需要作这个分别。陈亮认为如果作这个分别,就不免要以"形上"的"一般"为真实,"形下"的特殊为虚幻。陈亮认为,这正是异端(佛家的说法),道学是"将黜异端而终流于异端"。

第四节　陈亮和朱熹关于"王霸"问题的辩论

陈亮反对理学"形上"和"形下"分别的斗争，又表现在陈亮和朱熹关于"王霸"问题的辩论。上章讲过，朱熹认为有永恒不生不灭的"理"，在一个他所谓"洁净空阔的世界"之中，社会的组织也有与之相应的"理"。朱熹认为三代的"圣王"都是照着这个"天理"办事，他们所统治的社会，也就是最完美的社会，他们的政治，称为"王道"，以"义"为出发点。汉唐的统治者都是为了自己的利益，照着所谓"人欲"办事，他们所统治的社会就只能是不完全的，他们的政治称为"霸道"，以"利"为出发点。这就是道学家所说的"王霸""义利"之辩。

陈亮驳斥了这些论点，他说："自孟、荀论义利王霸，汉唐诸儒，未能深明其说。本朝伊洛诸公，辩析天理人欲，而王霸义利之说于是大明。然谓三代以道治天下，汉唐以智力把持天下，其说固已不能使人心服。而近世诸儒遂谓三代专以天理行，汉唐专以人欲行，其间有与天理暗合者，是以亦能久长，信斯言也。千五百年之间，天地亦是架漏过时，而人心亦是牵补度日，万物何以阜蕃，而道何以常存乎？"（《甲辰答朱元晦》，《龙川文集》卷二十）陈亮认为"道"是不能离开事物而单独存在的，如果说，汉唐以来没有人能行"人道"，那就等于说，"人道"已不存在。

朱熹回答说:"千五百年之间正坐如此,所以只是架漏牵补,过了时日。其间虽或不无小康,而尧、舜、三王、周公、孔子所传之道,未尝一日得行于天地之间也。若论道之常有,却又初非人所能预,只是此个自是亘古亘今,常在不灭之物。虽千五百年被人作坏,终殄灭他不得耳。"(《答陈同甫第六书》,《朱文公文集》卷三十六)朱熹认为"周公、孔子所传之道,未尝一日得行于天地之间",但是又认为"道"还是常存,因为他认为"道"的存与不存,与人的行与不行没有关系,"道"的"常存","非人所能预"。

陈亮认为"道"不能离开事物而单独存在,所以不行就是不存。这就是说,一般不能离开特殊而单独存在。朱熹认为"道"可以不行,但是它总是常存,因为他认为"道"是离开事物而单独存在的,它的存在是"非人所能预"。这就是说,一般可以离开特殊而单独存在。这是陈亮和朱熹的根本差别。

陈亮又说:"人之所以与天地并立而为三者,非天地常独运,而人为有息也。人不立,则天地不能以独运,舍天地则无以为道矣。……天地而可架漏过时,则块然一物也;人心而可牵补度日,则半死半活之虫。道于何处而常不息哉?"(《甲辰答朱元晦书》,《龙川文集》卷二十)陈亮的这一段话主要的意思是根据天、地、人三才并立的说法,认为如果没有人,宇宙就不完全,所谓"人不立则天地不能独运"也就是这个意思。他并不是说,如果人不存在,天地也不存在,但是他确切是说,如果天地不存在,"道"也就不存在。这还是针对朱熹所说的"形上世界"说的。照朱熹的说法,"道"是永恒的。

陈亮又说:"故亮尝以为,得不传之绝学者,皆耳目不洪、见闻不惯之辞也。人只是这个人,气只是这个气,才只是这个才,譬之金银铜铁,只是金银铜铁,炼有多少,则器有精粗,岂其于本质之外换出一般,以为绝世之美器哉?故浩然之气,百炼之血气也。"(《与朱元晦秘书》,《龙川文集》卷二十)陈亮在这里,批判了道学家所说的"得不传之绝学"的自我吹嘘,认为无论金银铜铁,加以提炼,都可以成为美器,并不是于他们的本质之外,另外有一个一般的美器。他认为,孟子所说的"浩然之气",也就是经过百炼的血气。这是陈亮对"事外无道"的明确的说明。

朱熹认为,陈亮的理论是"义利双行,王霸并用"。陈亮驳斥说:"诸儒自处者,曰义,曰王;汉唐做得成者曰利,曰霸。一头自如此说,一头自如彼做,说得虽甚好,做得亦不恶。如此却是义利双行,王霸并用。如亮之说,却是直上直下,另有一个头颅做得成耳。"(《甲辰答朱文晦》,《龙川文集》卷二十)陈亮所说的"直上直下",就是否认程颐和朱熹所说的"形上"与"形下"的分别。

从表面上看,陈亮和朱熹的政治思想是完全对立的,其实并不是如此。从政治思想这方面看,他们倒是一致的。他们都承认有一个理想的政治,称为"王道",其内容就是"三代"的政治。以后的政治都差得多了,称为"霸道",如汉唐所表现的。这是朱熹和陈亮都承认的,以这个共同承认为前提推论下去,汉唐和"三代"的不同,是程度上的不同,不是种类上的不同。如果再追问下去,汉唐和"三代"为什么有这样的不同,那就牵涉到所谓"义利之辩",这就是陈亮所说的"三代做得尽,汉唐做得不尽"。朱熹回答说:为什么"做得尽",或"做得不尽"。这样一追问,王霸就不是程度上的不同,而是种类上的不同了。

从哲学方面看,陈亮和朱熹辩论的一个要点,是一般和特殊的关系的问题。举个比喻说，几何学中的"方"的定义，是方之所以为方者，是方之道，方之理，这是一般。具体的方的东西是特殊，方的一般是完全的方，具体的方的东西是方的特殊。方的特殊都不像方的一般那样方，只能是很方或不很方，但不能是很不方。如果是很不方，它就不是方的特殊了，这都是很明显的。有一个问题是，方的一般是不是可以离开方的特殊而单独存在呢？这个问题在陈亮和朱熹的辩论中表现为"王道"是不是可以离开具体的政治而单独存在，朱熹认为可以，陈亮认为不可以。这是他们二人在这场辩论中的一个主要分歧之点。

第五节　叶适的政治态度和社会思想

叶适（1150—1223）是浙江永嘉人，他的学派旧日称为永嘉学派。他的著作有《习学记言》和后人所编辑的《水心先生文集》。

在南宋时期的民族斗争中，叶适也坚决反对偏安，主张废除与金人的和约，用武力恢复中国的统一。他向宋孝宗说：当时"一大事"就是"二陵之仇未报，故疆之半未复，此一大事者，天下之公愤"（《上孝宗皇帝札子》，《水心先生文集》卷一）。他又向宋光宗建议要"先明所以治其国之意"，就是说要先明瞭形势，确定应付的方案（《上光宗皇帝札子》，《水心先生文集》卷一）。他提出了一套政治上的整理方案和反攻的战略计划，可是都没有被采纳。

后来韩侂胄起兵北伐，叶适却不同意。他认为"必备成而后动，守定而后战"，主张不打无准备之仗，反对韩侂胄的轻举妄动（《上宁宗皇帝劄子》，《水心先生文集》卷一）。韩侂胄果然失败，南宋对外的力量又受了一次很大的削弱。

叶适认为，当时有两种缓和阶级矛盾的主张，一种是"俗吏"的主张，"欲抑夺兼并之家，以宽细民"。一种是"儒者"的主张，"欲复古井田之制，使其民皆得其利"。他认为"夫二说者，其为论虽可通，而皆非有益于当时之制。为治之道，终不在此"。他认为，应当保护"富人"，他不承认"富人"因剥削穷人而致富，"富人"靠穷人养活。他反而认为穷人是靠富人养活的。他说："然则富人者州县之本，上下之所赖也。富人为天子养小民，又供上用，虽厚取赢以自封殖，计其勤劳，亦略相当矣。"他的结论是："故臣以为儒者复井田之学可罢，而俗吏抑兼富人之意可损。"（以上引文见《民事下》，《水心别集》卷二）他所说的"富人"主要是指商人，因为他们还要"供上用"，可见不是官僚大地主（形势户）。

叶适也同陈亮一样，认为不应该轻视商人。他认为，在春秋时期"皆以国家之力扶持商贾，流通货币"。他说："夫四民交致其用，而后治化兴。抑末厚本，非正论也。使其果出于厚本而抑末，虽偏尚有义。若后世但夺之以自利，则何名为抑。"（《习学记言》卷十九）他所说的"后世"，即指王安石而言。他说："熙宁之大臣慕周公之理财，为市易之司，以夺商贾之赢。""开阖敛散轻重之权，不一出于上，而富人大贾分而有之，不知其几千百年也。而遽夺之可乎？夺之可也，嫉其自利而欲为国利可乎？"（《财计上》，《水心别集》卷二）可见叶适是代表商人说话的。

第六节 叶适的哲学思想

张载的学生范育为《正蒙》作序,称张载继承了"道统"。叶适批评范育的见解,提出了他自己的关于所谓"道统"的说法。他同意道学家所说的孔丘以前的"道统",也认为有了孔子"然后唐虞三代之道,赖以有传"。但是他指出,子思、孟轲就有不很恰当的言论,《易传》也不是孔子所作。他指出道学家以排佛、老为名,而实则用佛教思想附会子思、孟轲和《易传》的"新说奇论",这样,子思、孟轲的错误就显著出来了。叶适又认为:二程、张载等道学家的论点"皆老、佛、庄、列常语也。程、张攻斥老佛至深,然尽用其学。……未有自坐佛老病处而揭其号曰,我固辨佛老以明圣人之道者也"(《习学记言》卷五十)。这是叶适对于道学的一个总估价。

叶适认为"夷狄之学本与中国异","佛在西南数万里外,未尝以其学求胜于中国",本来是各不相干的。"特中国好异者折而从彼,盖禁令不立而然。"他认为只要以政治的力量加以禁止,就可以达到反佛教的目的,不必与它"校是非,角胜负"(同上)。他把问题看得太简单了,思想斗争总是以思想方式进行,政治的禁令是不能解决问题的。

叶适的自然观是唯物主义的。他说:"夫天、地、水、火、雷、风、山、泽,此八物者,一气之所役,阴阳之所分,其始为造,其卒为化,而圣人不知其所由来者也。"(《进卷·易》,《水心别集》卷五)认为构成宇宙的基本的东西是天、地等"八物",这是《周易》原来的素朴的唯物主义思想。叶适继承了这个思想,又加以发挥,认为"八物"都是一个统一的元气的表现。每种东西都有始有终,但是气是无始无终的,所以说"圣人不知其所由来"。

叶适对于道学的批判,也集中在程、朱所讲的"形上"与"形下"的分别,这个分别把道与器、理与事、一般与特殊分别开来。永嘉学派反对这种分别。永嘉学派的另一个哲学家薛季宣说:"上形、下形,曰道,曰器。道无形埒,舍器将安适哉?且道非器可名,然不远物,则常存乎形器之内。昧者离器于道,以为非道,遗之;非但不能知器,且亦不知道矣。"(《答陈同甫书》,《浪语集》卷二十三)叶适也说:"物之所在,道则在焉。物有止,道无止也。非知道者不能该物,非知物者不能至道。道虽广大,理备事足,而终归之于物,不使散流。"(《习学记言》卷四十七)又说:"夫形于天地之间者,物也;皆一而有不同者,物之情也;因其不同而听之,不失其所以一者,物之理也。坚凝纷错,逃遁谲伏,无不释然而解,油然而遇者,由其理之不可乱也。"(《进卷·诗》,《水心别集》卷五)这都是说"道"和"理"并不是在"物"之外,或"物"之上,而就是在"物"之中,也不是在物之先,而是有物就有"道"。

对于《周易》,叶适采取了其中原来的素朴唯物主义思想,而排斥《易传》。对于《书经》中的洪范,叶适排斥了其中的"天人感应"思想,而借用"皇极"这个名词,发挥他的唯物主义思想。他说:"极之于天下,无不有也。耳目聪明,血气和平,饮食嗜好,能壮能老,一身之极也。孝慈友弟,不相疾怨,养老字孤,不饥不寒,一家之极也。""极"有标准、典范的意义。照程、朱的说法,有一个抽象的"极",离开事物而单独存在于"形上世界"中。叶适认为,天下的事物都有其"极",这个"极"就存在于事物本身之中。例如,"耳目聪明"等就是"一身之极"。除此之外,并没有别的抽象的准则。

叶适接着说:"至于士、农、工、贾,族姓殊异,亦各自以为极而不能相通,其间爱恶相攻,偏党相害,而失其所以为极。是故圣人作焉,执大道以冒之,使之有以为异而无以害异,是之谓皇极。"

叶适又接着说:"夫极非有物,而所以建是极者则有物也。君子必将即其所以建者而言之,自有适无,而后皇极乃可得而论也。"他举房子和车为例。凡是一座房子应该有的东西全有,人可以安然住在里面,房子的"极"就建立起来。一辆车应该有的东西全有,人可以坐在上面,往各地方行走,车的"极"就建立起来。他说:"夫其所以为是车与室也,无不备也,有一不备,是不极也。不极则不居矣。""极"是看不见的,所以建"极"的东西是看得见的,必须用具体看得见的东西来建极,这就是"自有适无"。如果离开了这些"有",而专求抽象的"极",这就是"不知为有而欲用之以无,是以无适无也"。他在这里对于"极"作了许多解释,这是对于理学所说的"太极"的批判。理学所讲的"太极"是"形上"的,可以离开"形下"的事物而有,叶适认为所谓"极"不能离开"形下"的具体事物而有。他所说的对于"极"的这些话是对"形上"和"形下"分别的总批判。

叶适又认为,建"极"必须用众力。他说:"自出其智力而不以众建，则亢爽而不安。以众建而不能大建，则其极朴固鄙近，可以苟安而不足以有为，治乱之效，皆在是矣。"（以上引文，见《进卷·皇极》，《水心别集》卷七）

对于道学家所推崇的《大学》，叶适也有他自己的解释。他说："学无小大之异也，书有刚柔比偶，乐有声器，礼有威仪，物有规矩，事有度数，而性命道德，未有超然遗物而独立者也。"这是因为，道学家所讲的《大学》正是要找出一个"超然遗物而独立"的"性命道德"，这正是他所反对的。他说："夫内有肺腑肝胆，外有耳目手足，此独非物耶？其主是物也，大为天地，幽为鬼神，微为虫鱼，远为万世，皆得而主之。此孰主之也？是其人欤？是其性欤？是未可知也。"这就是说，能作主宰的是整个的"人"，并不是他的"性"。

叶适接着说："人之所甚患者，以其自为物而远于物。夫物之于我，几若是之相去也。是故古之君子，以物用而不以己用。喜为物喜，怒为物怒，哀为物哀，乐为物乐。"这就是说，人本身也是一个物。可是自以为跟物不同，把主观和客观（"我"和"物"）绝对地对立起来，叶适认为这是一个"患"。他认为"我"与"物""相去"不远，应该让主观尽量服从客观，这就是所谓"以物用而不以己用"。

叶适接着说："自用则伤物，伤物则己病矣，夫是谓之格物。"这就是说，如果用主观决定客观，让客观服从主观，那就对于客观有所损害，而自己的知识也不会完全，这就是叶适对于"格物"的解释。叶适接着说："夫其若是，则知之至者，皆物格之验也。有一不知，是吾不与物皆至也。"（以上引文见《进卷·大学》，《水心别集》卷七）他把"致知"解释为"吾与物俱至"。就是说，主观与客观相符合。

叶适认为，人的道德修养，需要有从"耳目之官"得来的知识，这是"自外入以成其内"的；还需要有从"心"而来的思考，这是"自内出以成其外"的。他说："古人未有不内外交相成而至于圣贤。"他认为孟子的错误在于专注重于"心之官"。道学家受了孟子的影响，"专以心性为宗主，虚意多，实力少，测知度，凝聚狭，而尧舜以来内外交相成之道废矣"（《习学记言》卷十四）。这是他就道德修养说的，也是他在认识论中的一个唯物主义论点。

上面引叶适所说的"非知道者不能该物，非知物者不能知道"，其意义就是说，如果不能了解一个物的"道"，就不能真正了解那个物；但是要想了解一个物的"道"，必须先了解这个物，这也是叶适在认识论中的唯物主义论点。

对于道学家所尊崇的《中庸》，叶适有他自己的解释。他说："道原于一而成于两。古之言道者必以两。凡物之形，阴阳、刚柔、逆顺、向背、奇耦、离合、经纬、纪纲，皆两也。夫岂惟此？凡天下之可言者，皆两也，非一也。一物无不然，而况万物？万物皆然，而况其相禅之无穷者乎？"叶适认为社会上所有的问题，都是由于对于"两"没有足够的了解。他说："天下不知其为两也久矣，而各执其一以自遂。奇谲秘怪，塞陋而不弘者，皆生于两之不明。是以施于君者失其父之所愿，援乎上者非其下之所欲。乖迕反逆，则天道穷而人文乱也。及其为两也，则又形具而机不运，迹滞而神不化。然则是终不可邪？彼其所以通行于万物之间，无所不可，而无以累之，传于万世而不可易，何欤？呜乎！是其所谓中庸者邪！然则中庸者，所以济物之两而明道之一者也，为两之所能依而非两之所能在者也。水至于平而止，道至于中庸而止矣。"

叶适有见于辩证法的矛盾统一原则,但是,他认为,在一个统一体中矛盾的两个对立面应该以统一为主,以维持这个统一体的存在,没有"两"就不能"明道之一"。他的这种理论的结果,就是使社会维持现状,不可改变。就这一点说,叶适和道学并不冲突。其批评道学之处在于:叶适认为不能离开"两"而讲"一",就是说不能离开具体的社会情况或政治措施而凭空地、抽象地讲"一"。这就是他所说的"中庸所以济物之两,而明道之一者"。就是说,必须在"济物之两"中才能"明道之一";离开了"济物之两",就不能"明道之一"。

叶适所说的中庸正是这样的意思。他说:"日月寒暑,风雨霜露,是虽远也,而可以候推,此天之中庸也。候至而不应,是不诚也。艺之而必生,凿之而及泉,山岳附之,人畜附之,而不倾也,此地之中庸也。是故天诚覆而地诚载。惟人亦然。如是而生,如是而死,君臣父子,仁义教化,有所谓诚然也。"这就是说,天有天的现状,地有地的现状,社会有社会的现状,这些都是"物"。心应该受"物"的决定,应该与"物"一致。如果不一致,照他的说法,就为"伪"。他说:"是心与物,或起伪焉,则物不应矣。"

叶适认为,这些现状都是本来如此,不是人的力量所能造作改变的。他说:《中庸》"是智巧果敢之所不能为也"。又说:"所谓智巧果敢不能为者,非以智巧果敢为不足用也,以其所能为见其不能为而已矣。"(以上引文见《进卷·中庸》,《水心别集》卷七)就是说,人力并不是不能有所作为,但是也有他所不能为的。照叶适所说的,自然界和封建社会的现状都是人力所不能为的。

叶适的哲学思想,认为客观的物是第一性的,主观的心是第二性的,这是唯物主义的思想。在认识论方面,他似乎是认为人对于世界的知觉是消极直观的,像一面镜子,而不是能动的。他不知道,人是在改造自然和改造社会的活动过程中,就认识了周围世界。

第七节　陈亮和叶适重商思想的社会根源

汉朝的董仲舒有两句话说:"正其谊不谋其利,明其道不计其功。"叶适评论说:"此语初看极好,细看全疏阔。古人以利与人而不自居其功,故道义光明。后世儒者,行仲舒之论,既无功利,则道义者乃无用之虚语尔。"(《习学记言》卷二十三)这是叶适对于董仲舒那两句的批评。意思就是说,如果能够把利给别人,而自己不居其功,那是很好的道德行为。可是后来的道学家们把这两句话了解为,无论做什么事都不讲效益,这两句话就成为无用的空谈了。陈亮和叶适都注重效益,所以都被称为功利派。

在中国封建社会中有所谓"义利之辩",本末之分,重本抑末,重农轻商等提法,这些提法纠缠在一起,笼统一点说,义、本、农是在一起的,利、末、商是在一起的。一般的商人都被认为是从事"末业",讲究发财致富的。在旧日封建社会中,每逢新年,商业铺户一般都贴一副春联:"《洪范》五福先言富,《大学》十章半理财。"这是商人们的反批评。

这些提法各有所指,而又纠缠在一起,其所以纠缠在一起,因为它们有一个总根源,那就是地主和商人的阶级斗争。专从经济学方面说,重农轻商也有一定的道理,因为农是直接从自然界为社会创造财富的,商不能创造财富,不过是把社会中现有的财富转来转去,并不能增加财富。从阶级斗争方面说,重农轻商,重本抑末,是地主阶级和商人进行阶级斗争的一种理论武器。地主阶级也是依靠农业而存在的,所以他们也自然为农。在封建社会中,地主阶级居统治地位,他们本能地意识到能够同它争夺统治地位的是商人。因为商人能集中一定数量的财富,以与封建国家相对抗;又能吸引一定的群众离开农业生产,与封建国家争夺劳动力。所以,在中国封建社会中,地主阶级利用国家机器压迫商人,限制他们的活动,降低他们的社会地位。在中国封建社会中,士、农、工、商,商居其末,成为第四种人,使他们抬不起头来。

商业资本家,他们只能流通货物,不能创造财富,这是他们的弱点。但如果利用他们的资本从事生产,他们就成为产业资本家了。产业资本家的力量就不是地主阶级所能抵挡得了的。产业资本家的力量胜过了地主阶级,取得了统治地位,社会就由封建社会变为资本主义社会了。

陈亮和叶适都重视富人,提高商人的地位,这在中国封建社会中是罕见的。这说明当时的社会已经开始有所转变,他们的重富重商的思想就是这种转变的反应。在南宋时期中国和西方的交通日益开放,商业交换日益频繁,如福建的泉州,广东的广州,都是当时的大港口,商人的地位也跟着提高。中国的资本主义可能在那时就已经有萌芽了,反映在思想界就会有陈亮和叶适的那种思想。

第五十七章 气学的复兴和理学的自我修正及革新

道学中有三大派：理学、心学和气学。理学和心学代有传人，发展比较快，影响比较大。气学自张载以后没有比较大的发展，影响也比较小。到了明朝中叶以后，才有人提倡，其代表人物之一是王廷相。

第一节　王廷相对于道学的态度

王廷相（1474—1544）是明代的一个唯物主义哲学家。他做过南京兵部尚书。在他的政治生活中，他不断地和当时的宦官和奸臣作激烈的斗争。他对于自然科学，特别是天文学和音律学，都有深刻的研究。他有《慎言》与《雅述》两部哲学著作，在其中他发表了他的唯物主义哲学思想。

关于对道学的态度，王廷相说："然世逖风漓，异端窃起，而老、佛清净无为之论出，世乃为之大惑。……宋儒极力诋辩，以挽返洙、泗之风，而才性有限，不能拔出流俗，亦未免沾带泥苴。"他又说："不择义而广涉杂陋，不明圣而务偕时俗，不守经而奇尚纬略，秦汉以来，俗儒寡识，援邪阿世，害道甚矣。南宋诸儒，讲明道学，沿习既久，亦所不免。道实日蔽，嗟哉！"（《雅述》上篇）

王廷相对于道学并不是一概否定。对于道学排斥佛、老，恢复儒家的传统这个出发点，他是同情的，他认为这个出发点是正确的。但是道学中的人"才性有限"，以致后来又走入歧途，这是可惜的，所以说"嗟哉"。

第二节　王廷相的唯物主义哲学思想

王廷相在他所作的《太极辩》这篇论文里，提出了他的唯物主义自然观的纲领。他说："太极之说，始于'易有太极'之论，推极造化之源，不可名言，故曰太极。求其实，即天地未判之前，太始混沌清虚之气是也。虚不离气，气不离虚，气载乎理，理出于气，一贯而不可离绝言之者也。故有元气即有元道。"王廷相接着又指出"太极"、"元气"和"阴阳"这些名词，都是从不同的观点对于气的说明。他说："元气之外无太极，阴阳之外无气。以元气之上不可意象求，故曰太极；以天地万物未形，浑沦冲虚不可以名义别，故曰元气；以天地万物既形，有清浊、牝牡、屈伸、往来之象，故曰阴阳。三者一物也，亦一道也，但有先后之序耳。不言气而言理，是舍形而取影，得乎？"（《太极辩》，《家藏集》）

王廷相的气一元论是张载的气学的继续和发展。他引张载《正蒙》中的"太虚不能无气"一段，并加以评论说："横渠此论，阐造化之秘，明人性之源，开示后学之功大矣。"（《横渠理气辩》，《家藏集》）他发挥了中国哲学史中的气一元论的唯物主义传统。

例如在张载的《正蒙》中，对于"虚"与"气"的关系各处的说明不很一致，因而可能使人认为，他的哲学体系中，"虚"和"气"是对立的。王廷相明确地说明，"混沌清虚"是形容"元气"的状况，"虚不离气，气不离虚"，并不是于气之外另有所谓"虚"。这就使张载的气学的气一元论更加明确。

王廷相所说的"道",也就是他所说的"理",但是他沿用道学家所说的"理"的概念,没有比较明确的分析和说明。他所谓"理"也还是包含有规律、典范、准则等意义。不过他的关于"气"的理论确有与以前的唯物主义哲学家不同之处:

第一,他所说的"气",就是空气。他说:"气虽无形可见,却是实有之物。口可以吸而入,手可以摇而得,非虚寂空冥无所索取者。世儒类以气体为无,厥睹误矣。"(《答何柏斋造化论》)他认为自然界的事物都是空气所构成的,这显然是错误的,但是王廷相主要是要说明,他所说的"气"是物质性的东西,并不是一种抽象的概念。他不知道人所呼吸的空气只是物质的一种,这是由于当时自然科学知识的局限。

第二,他说:"以其气本言之,有蒸有湿,蒸者能运动,为阳为火;湿者常润静,为阴为水,无湿则蒸靡附,无蒸则湿不化。"(《答何柏斋造化论》)以前的唯物主义者认为阳气是"轻清"的,阴气是"重浊"的。王廷相似乎是企图用气的湿度不同,进一步说明阳气为什么是"轻清",阴气为什么是"重浊"。

第三,王廷相认为"气"之中包括有万物的种子。他说:"气不离虚,虚不离气,天地日月万形之种,皆备于内。一氤氲萌孽而万有成质矣。"(《雅述》上篇)又说:"若论天地水火本然之体,皆自太虚种子而出,道体岂不实乎?岂不有乎?"(《答何柏斋造化论》)王廷相本来是企图用这种说法证明"太虚"并不是"虚无",但是这个说法,若推至其逻辑的结论,那就要承认,物种都是固定的,不可能有新种出现,这就陷入形而上学的宇宙观了。

王廷相引朱熹的话说:"未有天地毕竟是有此理","源头只有此理,立乎二气五行万物之先。"王廷相指出,这是"支离颠倒"。他说:"万理皆出于气,无悬空独立之理。造化自有入无,自无为有。此气常在,未尝澌灭。"(《太极辩》)这里所说的造化,就是万物的生灭。万物虽有生灭,而气永恒存在。他又说:"理根于气,不能独存也。……若曰气根于理而生,不知理是何物,有何种子,便能生气?不然,不几于谈虚驾空之论乎?"(《横渠理气辩》)

朱熹认为"理"是亘古亘今常存不灭之物,王廷相驳斥说:"儒者曰:天地间万形皆有敝,唯理独不朽,此殆类痴言也。理无形质,安得而朽!以其情实论之,揖让之然后伐放,伐放之后为篡夺。井田坏而阡陌成,封建罢而郡县设,行于前者不能行于后,宜于古者不能宜于今,理因时致宜,逝者皆刍狗矣,不亦朽敝乎哉?"(《雅述》)他的这段话指出说"理"是"不朽"的,这是不通之论;说"理"是不变,也是无稽之谈。

王廷相指出,"道"有变化,是因为"气"有变化。他说:"元气即道体,有虚即有气,有气即有道。气有变化,是道有变化。气即道,道即气,不得以离合论者。或谓气有变,道一而不变,是道自道,气自气,歧然二物,非一贯之妙也。"(《雅述》上篇)王廷相认为"理"是"因时致宜"的,朱熹反而认为"理"是不变的。王廷相认为"气"是永恒存在的,朱熹反而认为"气"是有变化的。王廷相引朱熹的话说:"气之已散者,既散而无有矣,其根于理而日生者,则固浩然无穷。"(《横渠理气辩》)王廷相指出,朱熹的这个论断有两点重要的错误,第一,"气"不是"根于理而生";第二,"气"不能归于"无有"。他说:"气虽有散,仍在两间,

不能灭也。"（同上）

朱熹认为太极包括所有的"理"，而每个事物又都具有太极的全体。王廷相驳斥说："儒者曰：太极散而为万物，万物各具一太极，斯言误矣。何也？元气化为万物，万物各受之气而生，有美恶，有偏全，或人，或物，或大，或小，万万不齐，谓之各得太极一气则可，谓之各具一太极则不可。"（《雅述》上篇）

朱熹认为"理"是"生物之本"，气是"生物之具"，"人物之生，必本此理而后有性；必本此气而后有形"。人的性是从"理"来的，形是从"气"来的。

王廷相驳斥说："朱子答蔡季通云：人之有生，性与气合而已，即其已合而析言之，则性主于理而无形，气主于形而有质。即此数言，见先生论性，辟头就差，人具形气而后性出焉。今曰性与气合，是性别是一物，不从气出。人有生之后各相来附合耳，此理然乎？人有生气则性存，无生气则性灭矣。一贯之道，不可离而论者也。如耳之能听，目之能视，心之能思，皆耳、目、心之固有者，无耳目、无心，则视听与思尚能存乎？"（《雅述》上篇）王廷相在这里明确地指出来人的"形"和"性"并不是平行的两种东西，人的"性"是人的"形"所发生的作用。譬如人的听觉是耳朵发生的作用，视觉是眼发生的作用，思考是心所发生的作用。在这里，他把心和耳、目相提并论，可见他所说的"心"是指五脏之一的心。说人的心能发生思考作用，这是错误的，能发生这种作用的是脑。但是，他的主要的意思是说，思考是人身体中的一个生理器官所发生的作用，这是一个明确的唯物主义命题。

王廷相也继承了从王充以来关于"形神关系"的问题的唯物主义传统。他说："气者形之种，而形者气之化，一虚一实，皆气也。

神者,形气之妙用,性之不得已者也。三者一贯之道也。……夫神必借形气而有者,无形气则神灭矣。纵有之,亦乘夫未散之气而显者,如火光之必附于物而后见,无物则火尚在乎?"(《答何柏斋造化论》)王廷相所用的比喻,也就是桓谭和王充所用的"薪火之喻"。

第三节　王廷相的唯物主义认识论

王廷相的自然观是唯物主义的,他的认识论也是唯物主义的。

唐朝的一行制定了一种历法,名叫"大衍历",王廷相认为,这个名称是不恰当的。他指出,"大衍"这个名词,是从《易·系辞》来的,所讲的是占卦的方法,是一种人为的东西。历法所讲的是日月的运行等,这是自然界的规律。他说:"夫易乃人为,历由天度。天运有常,易道变易;以天就人,是谓颠越;以常就变,安能符契?"(《雅述》上篇)王廷相在这里,实际上提出了一个认识论的唯物主义原则,那就是以人就天,不可"以天就人";以变就常,不可"以常就变";这就是说以主观就客观,不可以客观就主观。他所谓"符契",就是指主观与客观的符合。客观是第一性的,人去认识它,认识与客观相符合就是真理。

因此,认识必从感觉开始,必以感性的认识为基础。他说:"心者,栖神之舍;神者,知识之本;思者,神识之妙用也。自圣人以下,必待此而后知。故神者在内之灵,见闻者在外之资。物理不见不闻,虽圣哲亦不能索而知之。使婴儿孩提之时,即闭之幽室,不接物焉,长而出之,则日用之物不能辨矣。而况天地之高远,鬼神之幽冥,天下古今事变,杳无端倪,可得而知乎?夫神性虽灵,必藉见闻思虑而知,积知之久,以类贯通,而上下天地,人于至细至精,而无不达矣。……夫圣贤之所以为知者,不过思与见闻之会而已。"(《雅述》上篇)王廷相在这里接触到了认识论中的几个基本问题:

第一,他接触到了认识能力的问题。他认为认识是"神"的作用。这里所谓"神",就是意识,他认为意识是从心发出来的。他这里所谓"心"也还是指的作为五脏之一的心。"心者,栖神之舍",可见"心"是一种物质性的东西,"神"是人的"在内之灵"。

第二,他接触到了认识来源的问题。他指出,认识的来源是"见闻",是人的感觉。因为认识的对象是"物理","物理"是"在外"的,如果没有"见闻",是无论如何不能知道的。这是认识的"在外之资"。

第三,他接触到了认识过程的问题。有了感觉还必须加以"思虑",这样,才可以把感性认识提高到理性认识,这种认识积累多了,就可"以类贯通",得到比较广泛深入的知识。

总起来说,就认识能力和认识来源说,一个认识的完成,必须"内外相须"。就认识的过程说,一个认识的完成,是由于"思与见闻之会",就是思考和感觉的结合。

张载提出所谓"德性之知",他认为,这种"知"是不依靠"见闻"的。王廷相不以为然,他说:"世之儒者乃曰:思虑见闻为有知,不足为知之至。别出德性之知为无知,以为大知,嗟乎!其禅乎!不思甚矣。殊不知思与见闻,必由吾心之神,此内外相须之自然也。德性之知,其不为幽闭之孩提者几希矣。禅学之惑人,每如此。"(《雅述》上篇)王廷相在这里提出了他和张载不同的意见,他对于张载是批判地继承的。

第四节　王廷相对于心学的批评

王廷相以他的唯物主义认识论为基础，对于心学提出批评。心学认为有天赋的道德观念，这是人不用学习而生来就有的。本来孟轲就是这样说的，孟轲说：小孩生下来就知道爱他的父母，到长大的时候，都知道尊敬他的兄长。陆九渊的哥哥陆九龄有两句诗说："孩提知爱长知钦，古圣相传只此心。"王廷相批评了这种说法，他说："婴儿在胞中自能饮食，出胞时便能视听，此天性之知，神化之不容已者。自余因习而知，因悟而知，因过而知，因疑而知，皆人道之知也。父母兄弟之亲，亦积习稔熟然耳，何以故？使父母生之孩提，而乞诸他人养之，长而惟知所养者为亲耳。涂而遇诸父母，视之则常人焉耳，可以侮，可以詈之。此可谓天性之知乎？"（《雅述》上篇）在批评心学天赋道德观念之说的时候，王廷相也得出了认识论的一般结论。他接着说："由父子之亲观之，则诸凡万事、万物之知，皆因习、因悟、因过、因疑而然，人也，非天也。"（同上）他指出，人对于事物的知识，有的从直接学习得来，有的是从触类旁通得来，有的是从错误中吸取教训得来，有的是从怀疑而作进一步的分析得来，总之都是人的努力的结果，没有什么知识是天赋的。

当时的陆、王学派提倡"虚静以养心"，程、朱学派提倡读书。这两派互相批评，程、朱学派说陆、王学派是"空疏"；陆王学派说程、朱学派是"支离"。王廷相认为这两派都是错误的，因为他们都是脱离实际的,不是以"实历"为基础的。他说:这都好像"闭户而学操舟之术",讲的可能很清楚,但是一到河里必然要翻船。他说:"何也?风水之险,必熟其机者,然后能审而应之。虚讲而臆度,不足以擅其功矣。夫山溪且尔,而况江河之澎汹,洋海之渺茫乎?彼徒泛讲而无实历者,何以异此?"(《石龙书院学辩》)

他认识到道学完全脱离实际的错误。他批判了陆、王一派的"徒务虚寂",也批判了程、朱一派的"徒事讲说",认为认识必须有一定的经验基础。有了这个基础,"理可以会通,事可以类推,智可以旁解"。他指出,这跟"世儒空寂寡实之学"不同。

第五节 罗钦顺对于心学的批评

罗钦顺(1465—1547)是与王守仁同时的一个唯物主义哲学家。在他的主要哲学著作《困知记》中,对于王守仁所宣传的心学展开了斗争。他对于心学的批评上溯到陆九渊和杨简,他指出,他们的唯心主义实在就是禅宗思想的翻版。他说:"慈湖顿悟之机,实自陆象山发。其自言,忽省此心之清明,忽省此心之无始末,忽省此心之无所不通,即释迦所谓自觉圣智境界也。书中千言万语,彻头彻尾,无非此个见解,而意气之横逸,辞说之猖狂,比之象山尤甚。"(《困知记》卷四)

本书第五十五章说陆九渊和王守仁的哲学还不是主观唯心主义,但有这个倾向,顺着这个倾向发展下去,他们的后学的哲学思想就真是主观唯心主义了。这在陆九渊的学生杨简的哲学思想中是很明显的,所以罗钦顺对于杨简着重批评。杨简的主要著作题为《己易》,意思就是说《周易》就是他自己。陆九渊和王守仁所以不就是主观唯心主义,因为他们所说的"心",可能是宇宙的"心",不是个体的"心"。杨简提出一个"己"字,这就说明他所说的"心"是个体的"心"。罗钦顺对于杨简所作的《己易》特别提出批判。他指出:所谓《己易》"与四圣之易绝不相干,参之佛氏之书,则真如符节之合"。他举例说,杨简在《己易》中说:"吾性澄然清明而非物,吾性洞然无际而非量。天者,吾性中之象;地者,吾性中之形。故曰,在天成象,在地成形,皆我之所为。"罗钦顺指出说:"《楞严经》所谓山河大地,咸是妙明真心中物,即其义也。"他指出《己易》中所说的是杨简的中心思想。他说:"阅斯集者,但看得此篇破时,譬之破竹,余皆迎刃而解矣。"(同上)

罗钦顺指出,陆九渊和杨简的唯心主义哲学,实在就是禅学。他说:"彼禅学者,惟以顿悟为主,必欲埽除意见,屏绝思虑,将四方八面路头一齐塞住,使其心更无一线可通,牢关固闭,以冀其一旦忽然而有省,终其所见,不过灵觉之光景而已,性命之理,实未尝有见也。"(同上)罗钦顺所谓"四面八方路头",就是人的主观和客观世界在各方面的接触。主观唯心主义哲学从根本上否认客观世界的存在,认为一切都是主观所本有的,因此它认为,所谓认识主要的是认识自己的主观,主观的觉醒就是所谓顿悟。其实它所得到的不出乎自己的意识范围,"不过灵觉之光景",像罗钦顺所说的。

罗钦顺正确地指出:"况天地之变化万古自如,人心之变化与生俱生,则亦与生俱尽,谓其常住不灭,无是理也,慈湖(杨简)误矣。藐然数尺之躯,乃欲私造化以为己物,何其不知量哉?"(同上）这就是说，客观世界的存在是永恒的，人的主观意识是与人的生命分不开的。人有生命的时候，也有主观意识，当人的生命消灭的时候，主观的意识也就不存在了。但是，无论人的生命存在与否，无论宇宙间有没有人的生命和意识，客观世界总是永远存在的。人不过是有一个七尺之躯，在整个的客观世界之中是极其微小的。然而主观唯心主义者竟然认为整个的客观世界都是他自己的意识的产物，真是太不自量了。罗钦顺对于主观唯心主义的批判是很明确的。

罗钦顺认为，陆九渊和杨简的主要的错误在于"以知觉为性"。他批判王守仁说："又有问仁者以天地万物为一体，答曰：'人能存得这一点生意，便是与天地万物为一体。'又问：'所谓生者，即活动之意否？即所谓虚灵知觉否？'曰：'然。'又曰：'性即人之生意。'此皆以知觉为性之明验也。"（《困知记》卷三）罗钦顺所谓知觉，就是主观意识。王守仁认为人的"生意"就是"天地万物"的"生意"，人的"生意"的集中表现就是"虚灵知觉"，也就是人的主观意识。主观唯心主义者认为，人的主观意识，更明确地说，"我"的主观意识，是天地万物的根本，这是错误的。

第六节　罗钦顺对于理学的修正革新

罗钦顺对于心学的态度是批判，对于理学的态度是扬弃。他认为理学中有正确的部分，也有不正确的部分，应该扬其正确的部分，弃其不正确的部分，这就是他对于理学的修正革新。

理学的主要之点,是作"形上"和"形下"的分别。所谓道与器的分别,理与气的分别,都是由此而起。理与气的分别尤为概括突出,所以反对这些分别的人的批评都集中在理与气的问题上。这些分别归根到底都是一般和特殊的分别,也就是理学所谓"理一分殊"的分别。反对作这些分别的,有些是道学以外的思想家,也有道学以内的心学。

罗钦顺认为,反对这些分别的人在他们的思想中,实际上也还是承认有这些区别,所以他们的批评在有些地方是自相矛盾的。

当时,有一个很有影响的道学家薛瑄著有《读书录》。罗钦顺指出在《读书录》中就有这样的矛盾,他说:"《录》中有云:'理气无缝隙,故曰,器亦道,道亦器。'其言当矣。至于反复证明气有聚散、理无聚散之说,愚则不能无疑。夫一有一无,其为缝隙也大矣。安得谓之器亦道,道亦器耶?盖文清(薛瑄)之于理气,亦始终认为二物,故其言未免时有窒碍也。"(《困知记》卷二)理学认为,"气"是构成事物的物质原料,"理"是构成事物的性质和形式。他们所作的"形上"和"形下"的区别,把理和气对立起来,把理和气说成是二物。罗钦顺批判了这种观点。他说:"尝窃以为,气之聚便是聚之理,气之散便是散之理,惟其有聚有散,是乃所谓理也。推之造化之消长,事物之终始,莫不皆然。如此言之,自是分明,并无窒碍,虽欲寻其缝隙,了不可得矣。"(同上)罗钦顺认为气有聚散,聚散之理就在其中,并不是超乎气之聚散之上另有聚散之理。

罗钦顺又说:"理须就气上认取,然认气为理便不是,此处间不容发,最为难言,要在人善观而默识之。只就气认理,与认气为理,两言明有分别,若于此看不透,多说亦无用也。"(同上)这几句话很重要。"认气为理"是认为理和气没有分别,罗钦顺认为这是错误的。"就气认理"是说理与气虽有不同,但是理不能离开气而单独存在,须于气中认识理。

罗钦顺不反对理与气的分别,认为作这个分别是必要的。他认为理学的错误不在于作这个分别,而在于没有正确地理解这个分别,这就是他所说的"就气认理"和"认气为理"的分别。"认气为理"就是不作"形上"、"形下"的分别,不"就气认理"就不能正确地理解这个分别。罗钦顺说:这一点很重要,"若于此看不透,多说亦无用也"。又说"最为难言"。他的这几句话是深知甘苦之言。为什么"难言"呢?这是因为古代哲学中所有的概念或术语都比较贫乏,有些意思难以表达。现代哲学中的概念、术语丰富多了,罗钦顺所认为是"难言"的,也就比较不难言了。

理学中所讲的"形上"和"形下"、"理"和"气"、"道"和"器"的分别,归根到底都是一般和特殊的分别。这个分别是人的理性认识对于宇宙及其间的事物所作的逻辑分析的结果,这是人类的理论思维所能达到的最高水平,对人的精神境界的提高有决定性的作用,所以这个分别是必要的。但这只是人的主观认识方面的问题,并不是客观存在的问题。若因此就认为在客观存在的问题上,一般也可以离开特殊而单独存在,或一般和特殊可以并行存在,这就错了,这就是把认识问题和存在问题混为一谈了。罗钦顺所认为是"难言"的,经这样解释,也就不难言了。没有这些概念和术语的帮助,罗钦顺大概不会想得这样清楚,至少没有说得这样清楚。但照上边所引的他的话看起来,他确实有这样的意思。他说:"气之聚,便是聚之理;气之散,便是散之理。"(《困知记》卷二)并不是于"分殊"之外还存在一个"理一",也不是于"气之聚"之外还存在一个"聚之理",在于散之外还存在一个"散之理"。所以罗钦顺说:"理一须就分殊上见得来，方是真切。"（同上）罗钦顺的这一句话明确地指出了理学的正确和错误之处，这是罗钦顺对理学的修正和革新。

罗钦顺在《困知记》中作了很多的论述，证明"理"与"气"不能分离而存在。这些论述的革新意义不能算大，因为朱熹本来就说"理"和"气"都是无始无终的，"天下无无理之气，亦无无气之理"。至于个别事物的种类，朱熹明确地认为有这一类的所以然之理，独立于这类的分支之外，居于这类分支之先，这是罗钦顺所反对的。他主张一类事物的所以然之理，不独立于这类事物之外，也不居于其先，而就在其中。他的这个意思，借助一句成语说，就是"理在事中"（这句成语似出于李塨《论语传注·子张》，李塨说："夫事有条理曰理，即在事中。"）。对于理事关系，理学的本来意思是"理在事上"和"理在事先"，罗钦顺关于"理在事中"的思想是对理学的最大修正和革新。

上边所说的对于"理"的认识是一个认识论的问题，并不是说"理"仅只是人的理性思维中的一个概念。概念是主观的，但概念也必须有其对象，这个对象就不是主观的了。人在感性认识中，看见一棵树的形象，这个形象是主观的认识，但是这个认识也有其客观的对象。人在理性认识中有一个概念，这个概念是主观的，但是它的对象就不是主观的了，这个对象就是"理"。关于一般和特殊的关系，在西方中世纪哲学中有二派主张：唯实论和唯名论，我认为罗钦顺的这种主张是介乎实在论和概念论之间，兼有其合理的部分。

罗钦顺的这种主张在西方近代哲学中也是有的，事中之理就是黑格尔所说的具体共相。具体共相好像是很难理解，其实在人类的言语中，日常所用的名词所指的都是具体共相。用逻辑学的话说，每一个名词都有其内涵和外延，把内涵和外延联系起来就是具体的共相。例如：我们说马，这个"马"所指的就是一个具体的共相。一说到马，人们就知道所说的不是牛，但也不限定于什么样的马。照这样说，这个道理岂不是太平凡了吗？广泛的道理都是既高深而又浅近，既奇诡而又平凡，这就是《易·系辞》所说的"百姓日用而不知"。

第七节　王廷相和罗钦顺在后期道学发展中的历史地位

在后期道学的发展中，王廷相和罗钦顺做了两件大事：一件是推崇张载，复兴了气学；另一件是提出了"就气认理"和"理在事中"这个主张，革新了理学。有了这两件大事，前期道学的高峰就向后期道学的高峰转化了。就后期道学的发展的三段法说，程、朱的理学是肯定，它在前期道学中是否定之否定。就事物的发展过程说，前一阶段的否定之否定到后一阶段就成为肯定。陆、王的心学是否定，王廷相和罗钦顺否定了心学，这就开始了后期道学的否定之否定。不过他们都没有提出一个广泛完整的哲学体系，所以他们还不是后期道学的高峰，而仅只是一个开始。虽然这是一个开始，但也是后期道学的发展过程中的一个必要环节。

第五十八章 心学的发展

理学和心学的根本对立是理学注重客观，心学注重主观。笼统一点说，理学是客观唯心主义，心学是主观唯心主义。在其发展过程中，客观唯心主义如果自己能修正其错误，可以转化为唯物主义，上章所讲的理学的自我修正就是一个例子。所以列宁说："客观唯心主义是转变为唯物主义的前'夜'。"（《哲学笔记》，人民出版社，1974年第三版，一七九页。）主观唯心主义发展下去，也只能越陷越深。本书在五十五章中认为陆九渊和王守仁还不就是主观唯心主义，虽然有其倾向，到了他们的弟子那就完全是主观唯心主义了。

黄宗羲在评论王守仁的弟子王畿的时候说："象山（陆九渊）之后不能无慈湖（杨简），文成（王守仁）之后不能无龙溪（王畿）。以学术之盛衰因之，慈湖决象山之澜，而先生（王畿）疏河导源，于文成之后，固多所发明也。"（《明儒学案》卷十二）黄宗羲的这个论断是对心学的发展有所认识的。他说："象山之后不能无慈湖，文成之后不能无龙溪。""不能无"三个字说明他认识到心学发展的必然趋势。

第一节 杨简的《己易》

杨简（1140—1226）字敬仲，浙江慈溪人。他的学生钱时所作的《慈湖先生行状》说："乾道五年，主富阳簿。……文安公（陆九渊）新第归来富阳。……夜集双明阁上，数提本心二字。因从容问曰：

'何为本心？'适平旦尝听扇讼，公即扬声答曰：'且彼讼扇者必有一是一非，若见孰是孰非，即决定某甲是，某乙非矣。非本心而何？'先生闻之，忽觉此心澄然，亟问曰：'止如斯耶？'公竦然端坐，复扬声曰：'更何有也！'先生不暇他语，即揖而归。达旦，质明正北面而拜，终身师事焉。每谓某感陆先生，尤是再答一语。更云云便支离。"（《慈湖遗书》卷十八）杨简所作的《象山行状》也记载了在富阳悟本心的事，说："一夕简发本心之问，先生举是日扇讼是非以答，简忽省此心之谓明，忽省此心之无始末，忽省此心之无所不通。"（《慈湖遗书》卷五）

这两个《行状》所说的富阳悟本心事，好像是禅宗所说的一段"公案"，在其中杨简得到禅宗所谓"顿悟"。这是他本人的经验，他更将这一类的经验发挥为一种理论，作《己易》一文。

他在《己易》中说："易者，己也，非有他也。以易为书，不以易为己，不可也。以易为天地之变化，不以易为己之变化，不可也。天地，我之天地；变化，我之变化，非他物也。私者裂之，私者自小也。……夫所以为我者，毋曰血气形貌而已也。吾性澄然清明而非物，吾性洞然无际而非量。天者，吾性中之象；地者，吾性中之形。故曰'在天成象，在地成形'，皆我之所为也。混融无内外，贯通无异殊，观一画其旨昭昭矣。……能识恻隐之真心于孺子将入井之时，则何思何虑之妙，人人之所自有也；纯诚洞白之质，人人之所自有也；广大无疆之体，人人之所自有也。此心常见于日用饮食之间，造次颠沛之间，而人不自省也。……是心本一也，无二也，无尝断而复续也，无向也不如是而今如是也，无向也如是而今不如是也。昼夜一也，古今一也，少壮不强，而衰老不弱也。……循吾本心以往，则能飞、能潜，能疑、能惕。……仕止久速，一合其宜。周旋曲折，各当其可，非勤劳而为之也，吾心中自有如是十百千万散殊之正义也。礼仪三百，威仪三千，非吾心外物也。故曰：'性之德也，合内外之道也，故时措之宜也。'言乎其自宜也，非求乎宜者也。"（《慈湖遗书》卷七）

中国有一个古老的传统，认为《周易》这部书"包罗万象"，包括宇宙间一切事物及其原则。杨简所谓《己易》就是说，宇宙一切事物及其原则都是一个人自己的心的表现，都包括在自己的心中。所以说："天地，我之天地；变化，我之变化，非他物也。"又说："私者裂之，私者小也。"就是说，一个人自己的心和天地万物本来是一体的，自私的人把这个一体分裂开了。所谓分裂，就是把这个一体分裂为主观和客观的对立。

心学的创始人程颢也说："仁者浑然与物同体。"他也是反对"分裂"的。不过，他反对分裂是主张"浑然与物同体"，这是要纳主观于客观。杨简反对分裂是主张以"易"为"己"，这是纳客观于主观。《己易》说了许多话，都是反复说明这个意思。这是一篇有系统地、明确地暴露主观唯心主义的作品。连黄宗羲也觉得暴露太过，所以说："慈湖决象山之澜。"

第二节　王畿的"四无"说

王畿（1498—1583）字汝中，别号龙溪，浙江山阳人，王守仁的大弟子。当时王门中有两大派,一派以钱德洪(绪山)为首,坚持王守仁的"四句","无善无恶心之体,有善有恶意之动,知善知恶是良知,为善去恶是格物";另一派以王畿为首,认为"四句"是王守仁的"权教",不是最后的真理,另立"四无"之说,和"四句"对立。对于"四无"而言,原来的"四句"被称为"四有"。两派争执不休,莫衷一是,最后请王守仁裁决。王守仁说:他教人原有两条路,钱德洪和王畿所认识的各自一条路,都不错。这个裁决被记录下来,称为《天泉证道纪》。

王畿的语录中有一段话说:"夫一体之谓仁,万物皆备于我,非意之也。吾之目,遇色自能辨青黄,是万物之色备于目也。吾之耳,遇声自能辨清浊,是万物之声备于耳也。吾心之良知,遇父自能知孝,遇兄自能知弟,遇君自能知敬,遇孺子入井自能知怵惕,遇堂下之牛自能知觳觫,推之为五常,扩之为百行,万物之变不可胜穷,无不有以应之,是万物之变备于吾之良知也。夫目之能备五色,耳之能备五声,良知之能备万物之变,以其虚也。致虚,则自无物欲之间,吾之良知自与万物相为流通而无凝滞。……后之儒者不明一体之意,不能自信其心,反疑良知涉虚,不足以备万物。先取古人孝弟爱敬五常百行之迹指为典要,揣摩依仿,执之以为应物之则,而不复知有变动周流之义,是疑目之不能辨五色而先涂之以丹臒,耳之不能辨五声而先聒之以宫羽,岂唯失却视听之用,而且汩其聪明之体,其不至于聋且瞆者几希!"(《宛陵会语》,《王龙溪先生全集》卷二)

这一段所说的意思和杨简《己易》的意思是一致的。王畿不承认颜色和声音的客观性,反而认为各种颜色都备于人的眼中,各种声音都备于人的耳中。这正是王夫之所说的："消所以入能，而谓能为所。"（《尚书引义》卷五）他更不承认是非的客观性，而认为是非完全是"良知"所决定的，这就是纳客观于主观，完全是主观唯心主义的说法。

王畿还有更进一步的说法，那就是"四无"说。他说："心意知物只是一事。若悟得心是无善无恶之心，意即是无善无恶之意，知即是无善无恶之知，物即是无善无恶之物。盖无心之心则藏密，无意之意则应圆，无知之知则体寂，无物之物则用神。天命之性粹然至善，神感神应其机自不容已。无善可名，恶固本无，善亦不可得而有也，是谓无善无恶。若有善有恶，则意动于物，非自性之流行，着于有矣。自性流行者，动而无动；着于有者，动而动也。意是心之所发，若是有善有恶之意，则知与物一齐皆有，心亦不可谓之无矣。"（《天泉证道纪》，《王龙溪先生全集》卷一）这就是所谓"四无"。"四无"者，"无心之心"，"无意之意"，"无知之知"和"无物之物"。上边所引那段语录的最后几句话，已经概括地说明了"四无"的意思。在那几句话里提出了"变动周流之意"，认为"良知之能备万物之变"，这就是纳客观于主观，是主观唯心主义的说法。

心学的创始人程颢有一段话说："夫天地之常，以其心普万物而无心；圣人之常，以其情顺万物而无情。故君子之学，莫若廓然而大公，物来而顺应。……人之情各有所蔽，故不能适道，大率患在于自私而用智。自私则不能以有为为应迹，用智则不能以明觉为自然。……圣人之喜，以物之当喜；圣人之怒，以物之当怒。是圣人之喜怒，不系于心而系于物也。是则圣人岂不应于物哉？焉得以从外者为非，而更求在内者为是也？今以自私用智之喜怒，而视圣

人喜怒之正为如何哉?"(《答横渠张子厚先生书》,《河南程氏文集》卷二)

程颢的这一段话,在字面上有些和"四无"说相似,但是思想内容不同,"心普万物"是一个唯心主义的命题,但是,它毕竟还承认"万物"有客观的存在,有一个客观的世界。程颢说:"圣人之喜,以物之当喜;圣人之怒,以物之当怒。"这就是承认"当喜""当怒"有客观的标准。所以下文接着说:"是圣人之喜怒,不系于心而系于物也。"又说:"是则圣人岂不应于物哉?焉得以从外者为非,而更求在内者为是也?"所谓"内"、"外",就是主观与客观。总的说起来,程颢还是承认有主观和客观分别的。而王畿说,"良知之能备万物之变",这就是不承认有主观和客观的分别,一个"备"字,就把客观纳入主观了。他在下文举耳目为例,更足以说明这一点。因为他在上文已经说过,五声的差异,不在于声而在于耳,五色的差异,不在于色而在于目。

关于修养方法的问题,程颢的方法是"廓然而大公,物来而顺应",其要点是忘我。王畿的方法是"无着"。就这一点说,王畿的"四无"说,倒是和禅宗所说的"无所住(着)而生其心"相类似(参看本书第四册第四十七章第四节)王守仁肯定了王畿的"四无"说,但也承认"四无"的道理是不能用言语说明的,要懂得这个道理,必须靠"悟"。他同时肯定了钱德洪和王畿的说法,认为这是两条路。王畿的说法是"顿悟"的路,最聪明的人可以走;钱德洪所说的是"渐修"的路,普通人可以走。"悟"、"顿悟"和"渐修"都是禅宗的范畴。

因为王畿的"四无"说也为王守仁所肯定,所以黄宗羲说:"先生疏河导源，于文成之学，固多所发明也。"

从程颢到王畿，其间的统一，就是心学发展的过程。

第三节 李贽的"童心"说

李贽（1527—1602）字卓吾，福建泉州人。泉州是当时的一个对外贸易的重要港口。他出身于一个信伊斯兰教的商人家庭。这种社会和家庭环境对于李贽的思想有所影响。他做过中等官僚，后来辞官不做，专门讲学著书，向封建正统思想展开激烈的斗争，终于受统治阶级当权派的迫害，死于北京的监狱中。

上节引王畿的话说："后之儒者不明一体之义，不能自信其心，反疑良知涉虚，不足以备万物。先取古人孝弟爱敬五常百行之迹指为典要，揣摩以仿，执之以为应万物之则，而不复知有变动周流之意。"在这几句话里，王畿认为"良知"足以备万物，这是主观唯心主义的夸张之词，至于批判"儒者"的那些话倒是真的。作为统治思想的理学，到后来已失去了生命力，成为教条主义、死的清规戒律、条条框框。心学的"变动周流之意"有冲击教条主义的作用，使人们有从清规戒律和条条框框中"解放"出来的感觉。李贽充分发挥了心学的这种作用。李贽生得比较晚，没赶上做王守仁的及门弟子，他作有《阳明先生道学钞》和《龙溪先生文录钞》，可见他是信服王畿这一派的心学的。

李贽也很推崇杨简。他说:"杨慈湖先生谓大悟一十八遍,小悟不记其数,故慈湖于宋儒中独为第一了手好汉,以屡疑而屡悟也。"(《答澹然师》第五书,《焚书》卷四《观音问》)

李贽说:"若无山河大地,不成清净本原矣,故谓山河大地即清净本原可也。若无山河大地,则清净本原为顽空无用之物,为断灭空不能生化之物,非万物之母矣,可值半文钱乎?然则无时无处无不是山河大地之生者,岂可以山河大地为作障碍而欲去之也?清净本原,即所谓本地风光也。视不见,听不闻,欲闻无声,欲嗅无臭,此所谓龟毛兔角,原无有也。原元有,是以谓之清净也。清净者,本原清净,是以谓之清净本原也。岂待人清净之而后清净耶?是以谓之盐味在水,唯食者自知,不食则终身不得知也。又谓之色里胶青,盖谓之曰胶青,则又是色,谓之曰色,则又是胶青。胶青与色合而为一,不可取也。是犹欲取清净本原于山河大地之中,而清净本原已合于山河大地,不可得而取矣。欲舍山河大地于清净本原之外,而山河大地已合成清净本原,又不可得而舍矣。"(《观音问》十七条之九《答自信》第三书,《焚书》卷四《观音问》)

佛教,特别是禅宗,称"本心"为"清净本原",这个心就是"我"的心,山河大地是心中所现的虚幻的形象。杨简也说:"天者吾性中之象,地者吾性中之形。"(慈湖《己易》)这是主观唯心主义的说法。可是照李贽在这里所说的,"山河大地"就是"清净本原",好像盐水里边的咸味,咸就在水中;又好像胶青的颜色,胶青就是颜色,都不能分而为二。他把离开山河大地的"清净本原"比作"龟毛兔角",佛学常用"龟毛兔角"说明虚构的东西,龟本来是没有毛的,兔本来是没有角的,所谓龟毛兔角就是一种虚构。李贽说离开天地万物的"清净本原"是"龟毛兔角",就是说本来无所谓"清净本原","清净本原"就是"山河大地"。他说:"清净本原"就是"本地风光"。所谓"本地风光"就是指现有的实际情况。

李贽虽然作了《阳明先生道学钞》和《龙溪先生文录钞》,但是他的哲学思想却不是完全照抄王守仁和王畿,他发展了王守仁和王畿的思想。他的发展在于认为"清净本原"就是"山河大地","山河大地"就是"清净本原"。但是,这种发展并没有出禅宗范围之外,而且比王守仁和王畿更深入禅宗。

"清净本原"就是"山河大地","山河大地"就是"清净本原",这不是一个单纯的知识问题。若作为一个单纯的知识问题看,这两句话好像是一句话,颠来倒去地说,那就成为一种戏论。照禅宗的说法,这是一个"修证"的问题,一个"悟"的问题。就是说,这是一种精神境界的经验,不是用单纯的言语可表示的。李贽说:"是以谓之盐味在水,唯食者自知,不食则终身不得知也。"这就是禅宗所说的"如人饮水,冷暖自知"。

李贽又说:"极而言之,天地一夫妇也,是故有天地然后有万物。然则天下万物皆生于两,不生于一,明矣。而又谓一能生二,理能生气,太极能生两仪,何欤? 夫厥初生人,惟是阴阳二气,男女二命,初无所谓一与理也,而何太极之有? 以今观之,所谓一者果何物? 所谓理者果何在? 所谓太极者果何所指也? 若谓二生于一,一又安从生也? 一与二为二,理与气为二,阴阳与太极为二,太极与无极为二,反复穷诘,无不是二,又乌睹所谓一者而遽尔妄言之哉?"(《夫妇论》,《焚书》卷三)这里所说的"理能生气","太极能生两仪",是理学的说法。李贽否定了这种说法,认为只有阴阳二气是真实的,从气生出来天地万物，没有超乎气之上的"一"和"太极"，也没有超乎气之上的"理"。这是李贽对于理学的批评。

李贽的主要贡献，是在于他对于封建正统思想的某些方面的怀疑和批判。他的怀疑和批判的理论根据是他的《童心说》。

李贽说："夫童心者真心也。"他在这里所谓"真心"并不是他在《解经文》中所说的"妙明真心"。所谓"妙明真心"那是一个哲学范畴。这里所谓"真心"就是普通人所说的真心真意，是对于假心假意而言的。他接着说："夫童心者，绝假纯真，最初一念之本心也。若失却童心，便失却真心；失却真心，便失却真人。人而非真，全不复有初矣。童子者，人之初也；童心者，心之初也。夫心之初曷可失也？然童心胡然而遽失也？盖方其始也，有闻见从耳目而入，而以为主于其内而童心失。其长也，有道理从闻见而入，而以为主于其内而童心失。其久也，道理闻见日以益多，则所知所觉日以益广，于是焉又知美名之可好也，而务欲以扬之而童心失；知不美之名之可丑也，而务欲以掩之而童心失。夫道理闻见，皆自多读书识义理而来也。古之圣人，曷尝不读书哉！然纵不读书，童心固自在也，纵多读书，亦以护此童心而使之勿失焉耳，非若学者反以多读书识义理而反障之也。夫学者既以多读书识义理障其童心矣，圣人又何用多著书立言以障学人为邪？童心既障，于是发而为言语，则言语不由衷；见而为政事，则政事无根柢；著而为文辞，则文辞不能达。非内含以章美也，非笃实生辉光也，欲求一句有德之言，卒不可得。所以者何？以童心既障，而以从外入者闻见道理为之心也。夫既以闻见道理为心矣，则所言者皆闻见道理之言，非童心自出之言也。言虽工，于我何与？岂非以假人言假言，而事假

1919

事文假文乎？盖其人既假，则无所不假矣。由是而以假言与假人言，则假人喜；以假事与假人道，则假人喜；以假文与假人谈，则假人喜。无所不假，则无所不喜。满场是假，矮人何辩也。然则虽有天下之至文，其湮灭于假人而不尽见于后世者，又岂少哉！何也？天下之至文，未有不出于童心焉者也。"（《童心说》，《焚书》卷三）

在这段话里，李贽所批评的对象，是当时的理学中的那些教条主义者。他们宣传理学的那些清规戒律和条条框框，而自己却不知道它们是怎么一回事。他也批评了当时的科举制度。在当时的科举考试中，主要是用八股文，八股文号称是"代圣人立言"，其实是一篇篇假话。

李贽并且把他的批评推及到整个的道学，他说："故世之好名者必讲道学，以道学之能起名也。无用者必讲道学，以道学之足以济用也。欺天罔人者必讲道学，以道学之足以售其欺罔之谋也。"（《道学》，《初潭集》卷二十）他又说："嗟乎！平居无事，只解打恭作揖，终日匡坐，同于泥塑，以为杂念不起，便是真实大圣大贤人矣。其稍学奸诈者，又搀入良知讲席，以阴博高官，一旦有警，则面面相觑，绝无人色，甚至互相推委，以为能明哲。"（《因记往事》，《焚书》卷四）当时有一个有名的海盗叫林道乾，李贽因为谈林道乾而提出对于道学家的这个批评。他认为林道乾是有二十分的才、二十分的胆、二十分的识的人，道学家们则是如上面所说的无用之辈。

儒家的经典从汉朝起就被统治阶级定为"圣经"，以后的地主阶级知识分子对于圣经可以有不同的解释，可以在圣经的名义下推销他们自己的思想，但是没有人敢于对圣经的性质发生怀疑。他们都承认圣经中所说的都是绝对真理，无可怀疑。如果有所怀疑，那就叫"离经叛道",这是封建社会中的一个最大的罪名。

李贽公开地对于圣经的内容提出怀疑。他说:"夫《六经》《语》《孟》,非其史官过为褒崇之词,则其臣子极为赞美之语。又不然,则其迂阔门徒,懵懂弟子,记忆师说,有头无尾,得后遗前,随其所见,笔之于书。后学不察,便谓出自圣人之口也,决定目之为经矣。孰知其大半非圣人之言乎?纵出自圣人,要亦有为而发,不过因病发药,随时处方,以救此一等懵懂弟子、迂阔门徒云耳。药医假病,方难定执,是岂可遽以为万世之至论乎?然则《六经》《语》《孟》,乃道学之口实,假人之渊薮也,断断乎其不可以语于童心之言明矣。"(《童心说》,《焚书》卷三)

李贽明确地肯定,所谓圣经并不都是"圣人之言",即令"圣人之言",也不是"万世之至论"。他所谓"童心之言",就是一个人根据自己对于事物最初的反应所作的独立的判断。他认为,这样的"言"才是最可靠的,这样的"言"可以与孔丘不合,但那是无关重要的。他说:"夫天生一人,自有一人之用,不待取给于孔子而后足也。若必待取足于孔子,则千古以前无孔子,终不得为人乎?"(《答耿中丞》,《焚书》卷一)

李贽又说:"人之是非初无定质,人之是非人也,亦无定论。无定质则此是彼非,并育而不相害。无定论,则是此非彼,亦并行而不相悖矣。……前三代吾无论矣,后三代汉唐宋是也。中间千百余年,而独无是非者,岂其人无是非哉?咸以孔子之是非为是非,故未尝有是非耳。……夫是非之争也,如岁时然,昼夜更迭,不相一也。昨日是而今日非矣,今日非而后日又是矣。虽使孔子复生于今,又不知作如何非是也,而可遽以定本行罚赏哉?"(《藏书·世纪

列传总目前论》)

李贽的《童心说》是王守仁"良知"说的发展,王守仁说:"知善知恶是良知。"其所说的良知只限关于善恶的判断,李贽的"童心"不受这个限制,凡人生来就有的能动性,都在"童心"的范围之内。照他所说,人只有根据"童心"说话,所说的话才是真话;根据他的"童心"办事,所办的事才是真事;根据"童心"而生活的人,这个人才是真人。这就是他对于王守仁"良知"说的发展。

李贽批判了道学家所虚构的道统说。他说:"道之在人,犹水之在地也;人之求道,犹之掘地而求水也。然则水无不在地,人无不载道也审矣。而谓水有不流,道有不传可乎?……彼谓轲之死不得其传者,真大谬也。惟此言出而后宋人直以濂、洛、关、闽接孟氏之传,谓为知言云。呀!自秦而汉、而唐、而后至于宋,中间历晋以及五代,无虑千数百年,若谓地尽不泉,则人皆渴死之矣,若谓人尽不得道,则人道灭矣,何以能长世也?终遂泯没不见,混沌无闻,直待有宋而始开辟而后可也,何宋室愈以不竞,奄奄如垂绝之人,而反不如彼之失传者哉?"(《德业儒臣前论》,《藏书》卷三十二)在表面上看,李贽的这一段话好像仅是重复陈亮和朱熹关于王霸的辩论,但是这也不是简单的重复。陈亮和朱熹辩论的时候,朱熹还不过是当时的道学家之一,到了明朝,程朱一派的道学已被规定为官方哲学的正宗,朱熹被认为是孔丘的正式代言人。李贽在这个时候所说的这些话,有更丰富的内容。

道学家最重视所谓"天理"和"人欲"的分别,他们称人欲为私欲。道学家认为从"天理"发出来的行为叫"义",从"人欲"发出来的行为叫"利"。"义利之辩"也是他们所最重视的。李贽反对道学家的这些论点。他说:"夫私者人之心也。人必有私而后其心乃见,若无私则无心矣。如服田者,私有秋之获而后治田必力;居家者,私积仓之获而后治家必力;为学者,私进取之获而后举业之治也必力。……此自然之理,必至之符,非可以架空而臆说也。然则为无私之说者,皆画饼之谈,观场之见,但令隔壁好听,不管脚根虚实,无益于事,只乱聪耳,不足采也。故继此而董仲舒有正义明道之训焉。……夫欲正义,是利之也,若不谋利,不正可矣。吾道苟明,则吾之功毕矣,若不计功,道又何时而可明也?"(《德业儒臣后论》,《藏书》卷三十二)

李贽也反对轻视妇女的封建传统。封建传统认为"妇女见短",就是说,没有远大的见识。李贽说:"故谓人有男女则可,谓见有男女岂可乎?谓见有长短则可,谓男子之见尽长,女人之见尽短,又岂可乎?"(《答以女人学道为见短书》,《焚书》卷二)他称赞卓文君再嫁(《司马相如传》,《藏书》卷二十九)。他称赞红拂自己择配,说"这是千古来第一个嫁法"(《评红拂记》)。李贽的这些见解,直接否定了道学家所说的"饿死事小,失节事大"的束缚妇女的论点。

最后这两条不能认为仅只是李贽个人的见解,这在一定程度上也是当时新时代即将到来的标志。在封建时代重农抑商,这是地主阶级的经济政策,也是地主阶级和商人阶级进行阶级斗争的主要策略。商人阶级的抬头就是地主阶级没落的开始,为私或重利是商人的特点,所以李贽为"私"和"利"辩护,就是商人抬头的标志。

在封建社会中,妇女的地位是很低的,妇女是低于男子一等的人。

李贽对于妇女的见解,是妇女解放的开始,也是封建社会开始没落的标志。

在中国封建社会开始没落的时代,理学是当时的统治思想,心学是思想领域中的反对派。在这个转变时期,理学是新时代冲击的对象。心学对于理学的批判,助长了这个冲击,而为之服务。

第五十九章　后期道学的高峰——王夫之的哲学体系

王夫之(1619—1692),字而农,号姜斋,湖南衡阳人,晚年隐居于衡阳的石船山,人称船山先生。王夫之出身于一个地主阶级知识分子家庭,自幼由他父亲和叔父传授经学,十四岁考中秀才,二十三岁考中举人。1643 年张献忠率军攻占衡州,招请王夫之参加农民军,王夫之用苦肉计逃脱。清朝建立后,王夫之积极参加了抗清斗争,先在衡阳起兵,后又至南明桂王的政权中任职。南明亡后,他坚持反清立场,更名隐居,潜心于讲学著书。他的遗著有一百多种,四百余卷,主要有:《张子正蒙注》《读四书大全说》《周易外传》《尚书引义》《思问录》《老子衍》《庄子通》《读通鉴论》等,总称为《船山遗书》。

第一节　论客观世界的真实性

王夫之认为,客观世界的真实性是无须证明的,一切证明都是多余的。《中庸》有一句话说,"诚者天之道也",王夫之解释说:"天固然其无伪矣,然以实思之,天其可以无伪言乎?本无所谓伪,则不得言不伪(自注:如天有日,其可言此日非伪日乎?),乃不得言不伪而可言其道曰诚。本无所谓伪,则亦无有不伪(自注:本无伪日,故此日更非不伪),乃无有不伪而必有其诚。"

王夫之指出,太阳是客观真实存在的,它不但不是假的,而且还不能说,也不必要说,它不是假的,因为本来没有一个假的太阳。

他认为"诚"并不是跟"伪"相对立的。这样的"诚",也不能解释为无"伪"。他说:"诚者无对之词也。……说到一个诚字,是极顶字,更无一字可以代释,更无一语可以反形。"这就是说,"诚"是哲学中的最高范畴。这样的"诚"只有客观实在足以当之(以上引文见《读四书大全说》卷九)。他又说:"夫诚者,实有者也,前有所始,后有所终也。实有者,天下之公有,有目所共见,有耳所共闻也。"(《说命上》,《尚书引义》卷三)又说:"诚也者,实也,实有之,固有之也。无有弗然,而非他有耀也。若夫水之固润固下,火之固炎固上,无所待而然,无不然者以相杂,尽其所可致而莫之能御也。"(《洪范三》,《尚书引义》卷四)这就是说,客观实在中的事物,都是有始有终的,人之所共同感觉的。它们确切就是如此,不能不是如此。其是如此是不以人的主观意志为转移的,这就是所谓"莫之能御"。王夫之正确地指出客观实在的这些特点。

这种客观实在是人所共见的,就是现代唯物主义所说的物质。照列宁所解释的,物质是一个哲学范畴,并不是物理学所讲的物质。从这个认识出发,王夫之分析了中国哲学中,特别是道学中的几个重要问题,并作了唯物主义的解决。

第二节 关于"有"、"无"问题

"有"和"无"是中国哲学中的重要范畴。"崇有"和"贵无"

是中国哲学史中唯物主义和唯心主义的一个重要斗争。

王夫之肯定客观实在的真实性是"有"而不是"无"。他有两个论点，证明客观实在是"有"。第一个论点是："天下之用，皆其有者也。吾从其用而知其体之有，岂待疑哉？"所谓"体"就是事物的本质，所谓"用"就是由本质所发生的现象或作用。王夫之的意思是说，事物的本质究竟是有是无，可以从它所发生的作用看出来。从现象看起来，什么东西就是什么东西，"桐非梓，梓非桐，狐非狸，狸非狐"。从事物所发生的作用看起来，"冬不可使炎，夏不可使寒，苴不可使杀，砒不可使活"。从这些现象和作用的不同，可以推知它们有不同的本质。老子说："三十辐共一毂，当其无，有车之用。埏埴以为器，当其无，有器之用。"王夫之指出，如果真是这样，"则车之无即器之无，器之无即车之无，几可使器载货而车注浆"？这就是说照老子的说法，车、室、器的"用"都是"无"，可是它们的"无"的作用是不同的，车的"无"的作用是运载；室的"无"的作用是居住；器的"无"的作用是装水。可见，这三种东西是发自这三种东西之"有"，而不是它们的无，它们的作用是决定于"有"，而不是决定于"无"。

王夫之概括地说："故善言道者由用以得体，不善言道者妄立一体而消用以从之。"例如，佛教认为"心"是世界的本体，这就是"妄立一体"，它以为"心"是真实的，客观世界是虚妄的，最后否定人生，这就是"消用以从之"。

王夫之指出，"由用以得体"是一个重要的思想方法。他举例说，譬如向一个孙子问他的祖父的姓名，他当然会告诉你。可是走到一个坟墓跟前，它不会告诉你他的孙子的姓名（以上引文见《周易外传》

卷二《大有》）。

王夫之的第二个论点是："物物相依，所依者之足依，无毫发疑似之或欺。"（《周易外传》卷二《无妄》）这是说，每一个东西都要依靠别的东西，才可以存在。它们所依靠的东西必定是完全可以依靠的，没有一点欺骗性。

王夫之又说："夫可依者有也，至常者生也，皆无妄而不可谓之妄也。"（同上）他指出，人必须住在地上，就是要依地；人必须要用火，就是要依火；人必须要喝水，就是要依水；人必须要吃饭，就是要依粮食。这些所依的东西，都必须是客观存在的东西，不能仅只是主观的、虚妄的东西。人确切是在生活，生活必定有所依靠，人的生活是"无妄"的，生活所依靠的客观实在也是"无妄"的，无妄就是"诚"。

王夫之指出，无是对于有而言。他说："言无者激于言有者而破除之也，就言有者之所谓有而谓无其有也。天下果何者而可谓之无哉？言龟无毛，言犬也，非言龟也。言兔无角，言麋也，非言兔也。"（《思问录》内篇）这就是说，说无是对于说有的一种破除。有是绝对的，无是相对的，必须对于一种有说无，这才有意义。

王夫之指出，所谓无是没有的。他说："天下恶有所谓无者哉？于物或未有，于事非无；于事或未有，于理非无。寻求而不得，怠惰而不求，则曰无而已矣。甚矣言无之陋也。"（同上）这就是说"无"是懒汉的哲学。

第三节 关于"动"、"静"问题

关于"动"、"静"的问题,也是中国哲学史中的一个重要问题。王夫之指出"气"是永恒运动的。他说:"太极动而生阳,动之动也;静而生阴,动之静也;废然无动而静,阴恶从而生哉?一动一静,阖辟之谓也。由阖而辟,由辟而阖,皆动也;废然之静,则是息矣。"(《思问录》内篇)这就是说,"动"和"静"并不是平等相对待的。"动"是绝对的,是无条件的;"静"是相对的,有条件的。王夫之在这里解释《中庸》中所说的"至诚无息"。照他的解释,这就是说,客观实在是经常在运动之中。他说:"动者不藉于静"(《周易外传》卷四《震》),但是静必借于动,因为静不过是动的一种形态。王夫之讲"二气之动"说:"此动字不对静字,言动静皆动也,由动之静亦动也。"(《读四书大全说》卷十)

王夫之关于"动"、"静"这样的唯物主义的理论,正是与关于"动"、"静"的唯心主义理论相对立的。王弼说:"凡动息则静,静非对动者也;语息则默,默非对语者也。"他也是认为动和静不是平等相对的,但是他认为静是绝对的,无条件的,动是相对的,有条件的,动不过是静的一种形态。王弼的这样的理论是跟他的"贵无"的唯心主义的自然观相联系的。他接着说:"然则天地虽大,富有万物,雷动,风行,运化万变,寂然至无是其本矣。"

(《周易·复卦注》）道学家周敦颐也提出"主静"的理论。后来的道学家无论理学和心学也都倾向于"主静"。王夫之驳斥了"贵无"的学说，也就驳斥了"主静"的理论。

上所引王夫之的一段话，同王弼《周易注》的那篇文章在时间上隔了一千多年，在内容上是针锋相对的。这可见道学中的斗争和玄学中的斗争是连贯的。

将本章第二节和本节联系起来看，可见王夫之所说的客观实在是运动中的物质。现代唯物主义就是这样说的。

第四节　关于"形上"、"形下"问题

理学所作的"形上"和"形下"的分别，受到当时许多人的反对。道学中的心学反对作这种分别，道学外的思想家也反对作这个分别，照上边的引文看起来，王夫之不反对这个分别，而且也作这个分别。《周易·系辞》说："形而上者谓之道，形而下者谓之器。"王夫之解释说："形而上者，当其未形而隐然有不可逾之天，则天以之化，而人以为心之作用。形之所自生，隐而未见者也。及其形之既成，而形可见，形之所可用以效其当然之能者，如车之所以可载，器之所以可盛，乃至父子之有孝慈，君臣之有忠礼，皆隐于形之中而不显。二者则所谓当然之道也，形而上者也。形而下即形之已成乎物，而可见可循者也。形而上之道隐矣，乃必有其形而后，前乎

所以成之者之良能著，后乎所以用之者之功效定，故谓之形而上而不离乎形。道与器不相离，故卦也、辞也、象也，皆书之所著也。器也，变通以成象；辞者，道也。民用，器也；鼓舞以兴事业者，道也，圣人之意所藏也。合道器而尽上下之理，则圣人之意可见矣。"（《周易内传》卷五下）他又说："形而上者，非无形之谓，既有形矣！有形而后有形而上。无形之上，亘古今，通万变，穷天穷地，穷人穷物，皆所未有者也。故曰：'唯圣人然后可以践形。'践其下，非践其上也。"（《周易外传》卷五《系辞上传第十二章》）

王夫之认为，形而上者是一类事物的"当然之道"，形而下者是一类事物的具体形态，这和理学是一致的。所不同的是一类的"当然之道"必依附一类的具体事物，不能离开具体事物而单独存在。这是第一点。第二点是"形上"和"形下"的分别必须从"形"开始，如果没有"形"，就无所谓"形上"和"形下"。

第五节　关于"理"及其各项对立面

王夫之指出，客观实在的本质，具体地说，就是"气"。他继承了张载的"气"一元论。他认为"张子之学上承孔孟之志，下救来兹之失，如皎日丽天，无幽不烛，圣人复起，未有能易焉者也"（《张子正蒙注·序论》）。王夫之的一个重要哲学著作，就是《张子正蒙注》。在这个著作里，他发展了张载的"气"一元论的唯物主义思想。他说：

"阴阳二气充满太虚。此外更无他物,亦无间隙。天之象,地之形,皆其所范围也。"(《张子正蒙注》卷一上)他又说:"虚空者气之量,弥沦无涯而希微不形,则人见虚空而不见气。凡虚空皆气也,聚则显,显则人谓之有;散则隐,隐则人谓之无。神化者,气之聚散不测之妙,然而有迹可见。性命者,气之健顺有常之理,主持神化而寓于神化之中,无迹可见。若其实则理在气中,气无非理,气在空中,空无非气,通一而无二者也。"(同上)所谓神化和性命,在张载的《正蒙》中,意义不很明确,可以有唯物主义的了解,也可以有唯心主义的了解。王夫之在这段注解中,明确了这些范畴的唯物主义意义。气之聚散,有各种不同的形式。这些形式有无限的差别,这就是所谓"不测之妙"。也因为"不测",所以称为"神化"。气之聚散必遵循一定的规律,这就是"理"。这些规律是神化所遵循的,就在"神化"之中。道学中的理学一派认为理先于气而存在,超于气之上而存在。王夫之的这段注解,认为理就在气中。

王夫之在许多地方批判理学的理先气后之说。他说:"理只是以象二仪之妙,气方是二仪之实。天人之蕴一气而已,从乎气之善而谓之理,气外更无虚托孤立之理也。"(《读四书大全说》卷十)又说:"理即是气之理,气当得如此便是理。理不先而气不后。"又说:"气者理之依也。气盛则理达。天积其健盛之气,故秩叙条理,精密变化而日新。"(《思问录》内篇)又说:"太和之中有气有神。神者非他,二气清通之理也。不可象者即在象中。阴与阳和,气与神和,是谓太和。"(《张子正蒙注》卷一)又说:"理只在气上见其一阴一阳,多少分合,主持调剂者,即理也。"(《读四书大全说》卷二)

这就是说,气的聚散并不是杂乱无章的。阴阳配合有一定的分剂,阴阳变化有一定的秩序条理,这都是气应当如此的,这就是"气之善",也就是气之"神"。这就是说物质运动有一定的规律,这些规律就是理。它就在气之中,并不是"虚托孤立",像理学所说的那样。

客观实在的具体内容就是事物,就是"器"。王夫之说:"天下惟器而已矣。道者器之道,器者不可谓之道之器也。无其道则无其器,人类能言之。虽然,苟有其器矣,岂患无道哉?……无其器则无其道,人鲜能言之,而固其诚然者也。洪荒无揖让之道,尧舜无吊伐之道,汉唐无今日之道,则今日无他年之道者多矣。未有弓矢而无射道,未有车马而无御道,未有牢醴璧币、钟磬管弦而无礼乐之道,则未有子而无父道,未有弟而无兄道。道之可有而且无者多矣。故无其器则无其道,诚然之言也。而人特未之察耳。"(《周易外传》卷五《系辞上传第十二章》)理学一派的客观唯心主义认为,每一种事物都有一种"道",超乎这种事物、先于这种事物而存在。例如没有弓矢就有射道,没有车马就有御道。王夫之这段话,驳斥了这种说法。他指出,事物的原理原则就在事物之中,不能离开事物而单独存在。他得出结论说:"据器而道存,离器而道毁。"(《周易外传》卷二《大有》)"器"是有始有终的,有成有毁的,但构成事物的物质性的实体,"气",是无始无终的,不生不灭的。王夫之说:"形而上者谓之道,形而下者谓之器。形而上即所谓清通而不可象者也。器有成毁,而不可象者寓于器以起用,未尝成,亦不可毁。器敝而道未尝息也。"(《张子正蒙注》卷一上)这里所说的道,是指"既聚而散,散而复聚"的"气之本体"。作为事物的原理原则的道，是器敝而道息；作为气的本体的道，是"器敝而道未尝息"。

王夫之举例说："车薪之火，一烈已尽，而为焰、为烟、为烬。木者仍归木，水者仍归水，土者仍归土，特希微而人不见尔。一甑之炊，湿热之气，蓬蓬勃勃，必有所归。若掩盖严密，则郁而不散。汞见火则飞，不知何往，而究归于地。有形者且然，况其絪缊不可象者乎？"（同上）程颐和朱熹认为气是有生灭的，一个事物毁了，构成这个事物的气也就灭尽无余。新的事物是新生的气所构成的，并不是原有的气。这就是认为物质有生有灭。王夫之驳斥说："倘如散尽无余之说，则此太极浑沦之内，何处为其翕受消归之府乎？又云造化日新而不用其故，则此太虚之内，亦何以得此无尽之储，以终古趋于灭而不匮邪？"（同上）

这是王夫之对于道学中"道"、"器"这一对范畴的理解，他认为"道"有两层意义。作为一种事物的原理、原则的"道"，存在于这种事物之中，如果这一种事物不存在了，这个"道"也就不存在了，这就是器敝而道息。作为一种事物所以存在的物质基础的"道"，是"器敝而道未尝息"。王夫之所举的"车薪"之喻说明了这一点。根据上面所说的原则，王夫之驳斥了佛教和道教的谬论。他指出，佛教"以真为妄，以妄为真。故其至也，厌弃此身，以拣净垢。有之既妄，趣死为乐。生之既妄，灭伦为净"。他又指出，道教"以有为迹，以无为常。……究其所归，以得为妄，以丧为真。器外求道，性外求命。……以生为妄，哀乐俱舍，又何怪其规避昼夜之常以冀长生之陋说哉？"（《周易外传》卷二《无妄》）

道学家虚构出"天理"和"人欲"的对立，认为人的生活的欲望都是所谓"人欲",传统中的道德标准是所谓"天理","天理"和"人欲"是对立的,人们应该克制他们的"人欲",以服从"天理"。

王夫之反对这种说法。他说:"天理充周,原不与人欲相为对垒。"又说:"礼虽纯为天理之节文,而必寓于人欲以见(自注:饮食货、男女色)。……唯然,故终不离人而别有天,终不离欲而别有理也。"(《读四书大全说》卷八)他又说:"人欲之各得,即天理之大同。"(同上,卷四)就是说,每个人的基本欲望,如饮食、男女等,都能得到满足,这就是"天理"。每个人都得到满足,"欲"就不是私而是公了。王夫之说:"于此声色、臭味,廓然见万物之公欲,而即为万物之公理。"(同上,卷八)

"理"和"势"也是道学中的一对对立的范畴,王夫之在他的历史观中,提出了"理"和"势"的关系问题。"理"就是历史发展的规律,"势"就是历史实际发展的形势或趋势。他指出,"理"和"势"是统一的。他说:"势之当然者又岂非理哉?""理当然而然则成乎势矣。"这就是说,历史的趋势总是合乎规律的,所以"理"、"势"不可以截然划分。

在历史中"理"和"势"的关系,也就如在自然中"理"和"气"的关系。他说:"理本非一成可执之物,不可得而见,气之头绪节文乃理之可见者也。故其始之有理,即于气上见理。迨已得理则自然成势,又只在势之必然处见理。"(以上引文见《读四书大全说》卷九)这就是说"理"表示历史发展的当然,"势"表示历史发展的必然。当然和必然,在历史中是统一的。

总的说起来,道学中所讲的"理"和"气"等的关系归根到底就是一般和特殊的关系。理学在这一方面作了许多分别。王夫之不反对作这些分别,而且认为应该作这些分别。他所反对的是对于这些分别的理解。他认为,一般不在特殊之上,也不在特殊之先,一般不能离开特殊而单独存在,只能依附特殊而存在,这就是所谓"理在事中"。这是他的哲学思想的中心。

一般和特殊的关系是中国哲学史中的一个传统问题。先秦诸子哲学中的名、实问题,魏晋玄学中的有、无问题,宋明道学中的理、气问题,都是围绕这个问题而发展的。这个问题好像一条线贯穿于中国哲学史的发展过程中,直到王夫之才得到正确的解决。

第六节　王夫之的认识论及其对心学的批判

王夫之认为认识的发生需三种条件。他说:"形也、神也、物也,三相遇而知觉乃发。"(《张子正蒙注》卷一上)这就是说认识的发生,需要有人的感官("形"),及人的精神或思维("神"),以及被认识的外物。三者遇在一起,就有认识发生。这是他的认识论的唯物主义的基本命题。

王夫之在他的自然观中,驳斥了道学中程朱一派的客观唯心主义;在他的认识论中,驳斥了道学中陆王一派的主观唯心主义。王夫之指出,主观唯心主义的荒谬,在于"能其所,所其能,消所以入能,而谓能为所"。"能"和"所"是佛教认识论中的范畴。"能"指认识的能力,"所"指认识所知的对象。王夫之说:"境之俟用者曰所，用之加乎境而有功者曰能。能、所之分，夫固有之，释氏为分授之名，亦非诬也。"就是说"能"和"所"的分别，是认识论中应该有的，佛教分"能"、"所"之名，并不为错，但是要正确地认识"能"和"所"的不同及其相互的关系。王夫之说："乃以俟用者为所，则必实有其体，以俟乎用。用而可有功者为能，则实有其用。体俟用则所固（因）以发能，用用乎体，则能必副其所。体用一依其实，不背其故，而名实各相称矣。"这就是说，"能"和"所"都是真实的。必须有客观的实体，才可以有作为认识的对象；必须有认识的能力，才可以有认识的作用。认识是对象所引起的，这就是"因以发能"。正确的认识必须与客观实在相符合，这就是"能必副其所"。在认识的过程中，客观实在是第一性的，是"体"；认识是"体"所引起的作用，是第二性的，是"用"。王夫之指出，照这样了解，"能"和"所"就是"名实各相称"。就是说，是合乎客观实际的。

但是，佛教虽然作出了"能"和"所"的分别，它实际的企图是取消"能"和"所"的分别，"消所入能"。就是说，把客观归结为主观，这就是佛教主观唯心主义的根本错误。心学一派的主观唯心主义跟佛教是一致的。王夫之驳斥说："耳苟未闻，目苟未见，心苟未虑，皆将捐之，谓天下之固无此乎？越有山，而我未至越，不可谓越无山，则不可谓我之至越者为越之山。"王夫之继续指出，主观和客观的区别是严格的，不能混乱。他说："所孝者父，不得谓孝为父；所慈者子，不得谓慈为子；所登者山，不得谓登为山；所涉者水，不得谓涉为水。"（以上引文见《尚书引义》卷五《召诰无逸》）

王夫之又从认识论方面证明事物之存在是客观的。他指出，某一种东西有某种颜色，某种声音，某种味道。这些色、声、味都是天下所固有的。他说:"不然,则色、声、味惟人所命,何为乎胥天下而有其同然者?"(《尚书引义》卷六《顾命》)这就是说,如果事物的色、声、味都是主观的感觉,为什么人们对于同样的色、声、味会有同样的感觉?这可见事物的色、声、味也是客观的。

王夫之认为,认识的方法有两种。他说:"夫知之方有二,二者相济也,而抑各有所从。"(《尚书引义》卷三《说命中二》)一种方法是"格物",另一种方法是"致知"。这两种方法是互相补充的,但是各有所偏重。王夫之说:"大抵格物之功,心官与耳目均用,学问为主,而思辨辅之。所思所辨者,皆其所学问之事。致知之功,则唯在心官,思辨为主而学问辅之。所学问者,乃以决其思辨之疑。"(《读四书大全说》卷一)王夫之所说的学问近于感性认识,他所说的思辨近于理性认识。他所说的"格物"与"致知"的分别,似乎是认识的两个阶段。认识由感性认识开始,提高到理性认识,这是一个统一的过程。王夫之把它们对立起来,这也是不恰当的。

第七节 关于知行问题

王夫之在认识论方面的唯物主义哲学思想,也表现在他对于知行关系的理论中。

关于知行的关系也是道学家们所经常讨论的一个问题。心学主张"知行合一,知不先,行不后"。理学主张"先知后行"。王夫之认为,这都是错误的。他特别着重批判"知行合一"的错误主张。他说:"其所谓知者非知,而行者非行也。知者非知,然而犹有其知也,亦惝然若有所见也;行者非行,则确乎其非行,而以其所知为行也。以知为行,则以不行为行,而人之伦,物之理,若或见之,不以身心尝试焉。"(《尚书引义》卷三《说命中二》)王守仁所说的知是所谓"良知"对于善恶的认识,并不是普通的知识。在这一方面,他所说的知,"恍乎若有所见"。但是,他既然认为"良知"是主要的,就以关于"人之伦""物之理"的一般性知识为次要的,纵然在这方面"若或见之",也不尝试去作。王守仁"以知为行",结果是"以不行为行",也就是"消行以归知"。

王夫之又认为"知先行后"的主张,也是错误的。他认为这是"立一划然之次序,以困学者于知见之中",使人"惮行之艰,利知之易以托足焉"(同上)。所以理学和心学关于知行关系的理论虽有不同,但其危害性是一致的。

王夫之认为应该说"行先知后"。他引《书经·说命》一句话说:"知之非艰,行之惟艰。"又引《论语》一句话说,"仁者先难"。难的必须在先,难的解决了,容易的自然也跟着解决了,所以说:"艰者必先也,先其难,而易者从之易矣。"(同上)

王夫之认为,行可以包括知,而知不可以包括行。他说:"且夫知也者固以行为功者也,行也者不以知为功者也。行焉可以得知之效也,知焉未可以得行之效也。……行可兼知,而知不可兼行。"(同上)就是说,能够行某种事,对于这种事必然有所知。但是只对于某种事有所知,未必就能行某种事。

王夫之认为,知行是有分别的,他说:"知行相资以为用。惟其各有致功而亦各有其效,故相资以互用,则于其相互,益知其必分矣。同者不相为用,资于异者乃和同而起功,此定理也。不知其各有功效而相资,于是而姚江王氏(王守仁)知行合一之说得借口以惑世。"(同上)就是说王守仁否认知行的分别,其企图就是要"消行以归知"。

但是,王夫之又认为,"知"和"行"也不是可以截然划分的。他举例说:譬如人学下棋,如果仅仅是自己打谱,这是不会学好的,必须实际跟人对下,才可以有所长进。但是,他用心去打谱,这其中也就有行。这就是"知中有行"。在做一件事情的时候,有些问题是已经知道应该怎样解决,而需要边行边研究,这就是"行中有知"(《读四书大全说·大学》)。

总起来说,王夫之认为知和行既有分别,又有联系。他说:"盖云知行者,致知力行之谓也。惟其为致知力行,故功可得而分。功可得而分,则可立先后之序。可立先后之序而先后又互相为成,则由知而知所行,由行而行则知之,亦可云并进而有功。"(《读四书大全说》卷四)

在中国哲学史里,"知"和"行"的关系问题,其实就是认识和实践的关系问题。对于这个问题王夫之有比较正确的解决。

王夫之的"行先知后"的见解,表示他认识到实践的重要。但是他不知道,行之所以在先,并不是由于"知易行难",而是由于在本质上认识是从实践开始的。但是,照上面所引的话看起来,他初步认识到,知和行是既有分别而又有联系的,知和行是一个统一体中的两个对立面,在其中"行"是主要的。这就比较接近于辩证唯物主义的知行统一的认识论。

第八节　关于"性"和"命"问题

中国的哲学家，无论是唯物主义者还是唯心主义者，都认为"性"和"命"是在人生的时候决定的。既决定以后，就不可改变。王夫之指出，这样的见解是完全错误的。

王夫之认为所谓"命"就是人所受于自然界以为营养的东西。他说："夫所取之精，所用之物者，何也？二气之运，五行之实也。二气之运，五行之实，足以为长养，犹其足以为胎孕者，何也？皆理之所成也。"人所用于营养的东西，都是人所受于"天"的。从"天"的这一方面说，就是"天"所授予人的。就"天"授予人说，叫"命"。从人受于"天"说，叫"性"。人在胎孕之中，受"命"而成"性"。在出生以后的"长养"之中，也受"命"以成"性"。人在胎孕之中是发展的，在出生以后长养之中也是发展的。他说："形日以养，气日以滋，理日以成，方生而受之。一日生而一日受之。受之者有所自授，岂非天哉？故天日命于人，而人日受命于天，故曰：性者，生也。日生而日成之也。"他提出了关于性命的一个重要命题，就是："命日受则性日生。"他说："天日临之，天日命之，人日受之；命之自天，受之为性。终身之永，终食之顷，何非受命之时？皆命也，则皆性也。"所以在人的生活之中，无有不可改变的东西。他说："未成可成，已成可革。性也者，岂一受成侧，不受损益也

哉?故君子之养性,行所无事,而非听其自然。"(以上引文见《尚书引义》卷三《太甲二》)

王夫之对于人性的这样的看法是辩证的,也跟他的自然观是完全一致的。《易·系辞》说:"富有之谓大业,日新之谓盛德。"这是就宇宙说的。宇宙就是一切事物的总体,所以它是最富有的,这就是它的"大业"。宇宙的主要内容是生长变化,这就是"日新","日新"是宇宙的"盛德"。宇宙间的事物,都有新的和旧的,新的东西经常替代旧的东西。旧的东西经常"屈"而"消",新的东西经常"伸"而"息"。他说:"其屈而消,即鬼也;伸而息,则神也。神则生,鬼则死。消之也速,而息不给于相继则夭而死。守其故物而不能日新,虽其未消,亦槁而死。不能待其消之已尽而已死,则未消者槁,故曰:'日新之谓盛德。'"(《思问录》外篇)

王夫之的这种人生观,是以运动和变革为主要内容的。他指出,人如果守着旧东西而不能"日新",他虽没有死,但跟死也差不多。

"性"、"命"是中国哲学中两个古老的范畴,也许是最古老的范畴,在中国哲学史中历来都给予唯心主义的解释。王夫之翻了旧案,给予唯物主义的解释。照他的解释,这两个范畴所说的问题是人和自然的关系。照他的解释,这两个范畴并没有什么奥妙,也没有什么神秘。人和自然的关系也确实是那样。

第九节　王夫之的历史观

　　道学家认为历史是退化的，一天不如一天。王夫之反对这个说法。他说："考古者以可闻之实而已，知来者以先见之几而已。故吾所知者，中国之天下，轩辕以前，其犹夷狄乎？太昊以上，其犹禽兽乎？"（《思问录》外篇）这就是说，讲历史必须有所根据。"轩辕以前"，"太昊以上"究竟是个什么样子，谁也不知道，怎样讲都是没有根据的。既然没有根据，也就不必讲了。

　　道学家们又认为，"三代"是中国历史中的黄金时代，他们谈到社会政治上的变革时，都以"三代"为样板，《周礼》为蓝本。这种情况王安石也不能免，而以张载为尤甚。张载认为，"三代"有三个根本制度：井田、分封、肉刑。如果要实现"三代之治"，必须恢复这三项制度（见本书五十三章第七节）。王夫之是个道学家，而且自认为是继承张载的，可是他却完全反对这种说法，他说："如唐虞三代之中国也，既人力所不通，而方彼之盛、此之衰而不能征之，迨此之盛则彼又衰，而弗能述以授人，故亦蔑从知之也。"（《思问录》外篇）意思是说，"三代"的情况也是不可知的，因而不能用"三代之治"作为现代统治的样板。

　　王夫之特别反对分封制，他说："两端争胜而徒为无益之论者，辩封建者是也。郡县之制垂二千年而弗能改矣，合古今上下皆安之。

势之所趋,岂非理而能然哉?"(《读通鉴论》卷一)意思就是说,为分封制作辩护的言论是毫无意义的。郡县制已经实行了一两千年,已经成为固定的制度了,这固然是历史的形势所造成的,但也不能不是合于"理"的。王夫之主张"理在事中",在历史的发展中没有不依靠"势"而存在的"理",也没有不依靠"理"而存在的"势"。郡县制已经实行了一两千年,这就证明它也是合理的。在这种情况下,还要为分封制作辩护,而且还要恢复分封制,那简直是废话。

郡县制的"理"是什么呢?王夫之认为,就是"公"。他认为,秦朝实行中央集权的郡县制,在主观上是为了维护一姓的统治,这是完全出于私心,但是在客观上所得的结果,确是合乎"公"之理。因为照他说,在郡县的制度下,世袭的诸侯没有了,凡是有才能的人都可以出来参加政治。他说:"秦以私天下之心,而罢侯置守,而天假其私以行其大公。"(同上)他所谓的"天",就是"理"和"势"的统一。

周朝的封建诸侯,以及秦朝实行郡县,都是历史中的现象,都是生产力的发展和阶级斗争的结果。王夫之没有,也不可能看到历史发展的真正原因,他只看见一些现象。但是,即使这些现象,以前的哲学家也是看不见的。王夫之就这些现象得出了历史进化的结论。

在封建社会中,人们都是靠过去的经验而生活的。他们认为,现在必须以古为法,今不如古,贵古贱今。王夫之的历史哲学推翻这个旧案,认为古不如今,贵今贱古。这就是他的贡献。

第十节　王夫之的辩证法思想

王夫之的重要贡献是他的辩证法思想。上面讲过，他认为，事物经常在变化之中。他说："太虚者，本动者也。动以入动，不息，不滞。"（《周易外传》卷六《系辞下传第五章》）"太虚"即气，气的运动表现为气的聚散。气聚则成为事物，这是自虚而实；气散则事物消灭，这是自实而虚。他说："自虚而实，来也；自实而虚，往也。来可见，往不可见；来实为今，往虚为古。"（同上）往也称为"屈"，来也称为"伸"。往不可见，所以也称为"幽"；来可见，所以也称为"明"。他说："故曰往来，曰屈伸，曰聚散，曰幽明，而不曰生灭。生灭者，释氏之陋说也。"（《张子正蒙注》卷一）"往来屈伸"就是事物的变化。

王夫之指出，一个事物的存在有五个阶段。他说："凡生而有者，有为胚胎，有为流荡，有为灌注，有为衰减，有为散灭。"（《周易外传》卷二《无妄》）"胚胎"是一个事物的开始形成，"流荡"是一个事物的运动，"灌注"是事物之间的互相影响，"衰减"是一个事物开始毁坏，"散灭"是一个事物的完全毁坏。"散灭"和"衰减"是就一个事物说的。就气说，只有聚散，没有生灭。就气说，一个事物的毁坏意味着"推故而别致其新"。

上面所说的五个阶段，也是相对的。实际上一个事物是时时刻刻在变化之中的。王夫之说:"天地之德不易,天地之化日新。今日之风雷非昨日之风雷,是以知今日之日月非昨日之日月也。风同气,雷同声,月同魄,日同明,一也。抑以知今日之官骸非昨日之官骸,视听同喻,触觉同知耳。皆以其德之不易者,类聚而化相符也。"(《思问录》外篇)这就是说,今日的事物并不是昨日的事物,其所以看起来似乎还是昨天的事物,因为它和昨天的事物有同样的性质,在性质上没有改变("其德之不易")。它和昨天的事物是同类的,发生与昨天的事物相同的作用("类聚而化相符")。譬如今天的太阳并不是昨天的太阳,但能发出来同样的光明,所以在表面上看起来似乎还是昨天的太阳。我今天的眼睛并不是昨天的眼睛,但是,它照样能看见东西,所以好像还是昨天的眼睛。《易·系辞》说:"富有之谓大业,日新之谓盛德。"王夫之指出,正是因为"日新",所以才"富有"。他说:"知其富有者,惟其日新。"

王夫之的辩证法思想的第二点,就是"物物相依"。任何事物都与其他的事物互相依存,互相联系。这一点上面已经说过。

王夫之的辩证法思想的第三点是任何事物都是对立面的统一,他对于"太极"就是这样了解的。他说:"太者,极其大而无尚之辞;极,至也,语道至此而尽也。其实阴阳之浑合者而已。"(《周易内传》卷五下)阴阳是对立的,阴阳对立的统一成为太极。王夫之指出,任何事物都有太极,他说:"是故乾纯阳而非无阴,乾有太极也;坤纯阴而非无阳,坤有太极也……无所变而无太极也。"(《周易外传》卷五《系辞上传第十一章》)理学认为"人人有一太极","物物有一太极"。他们的意思是说,任何事物都具有天地万物之理的全体。王夫之认为"无所变而无太极",意思是说,任何事物都是对立面的统一。这里所说的阴中有阳，阳中有阴，就是说，对立面可以互相渗透。

王夫之又指出，对立面也可以互相转化。他说："天下有截然分析而必相对待之物乎？求之于天地，无有此也。求之于万物，无有此也。……天尊于上而天入地中，无深不察；地卑于下而地升天际，无高不彻。其界不可得而剖也。……存必于存，邃古之存，不留于今日；亡必于亡，今者所亡，不绝于将来。其局不可得而定也。天下有公是，而执是则非，天下有公非，而凡非可是。……金炀则液，水冻则坚，一刚柔之无畛也。齿发不知其暗衰，爪甲不知其渐长，一老少之无时也。云有时而不雨，虹有时而不晴，一往来之无法也。截然分析而必相对待者，天地无有也，万物无有也。"（《周易外传》卷七《说卦传》）这就是说，凡是相对待的东西都是可以互相转化的，其间的分别，并不"截然分析而必相对待"。既是天下的公认为正确的东西，如果把它绝对化，也可以变为错误。天下所公认为不好的东西，在一定的条件下，坏事可以变为好事。

因为对立面经常互相渗透，互相转化，王夫之反对"物极则反"之说。他说："动极而静，静极复动。所谓动极静极者，言动静乎？此太极也。如以极至言之，则两间之化，人事之几，往来吉凶，生杀善败，固有极其至而后反者，而岂皆极其至而后反哉？"他指出，动静不是绝对相对立的。他说："方动即静，方静旋动；静即含动，动不舍静。善体天地之化者，未有不如此者也。"

封建社会中有一种普遍流行的历史观，认为历史的过程，不过是治乱循环。王夫之说："治乱循环，一阴阳动静之几也。今云乱极而治，犹可言也。借曰治极而乱，其可乎？乱若生于治极，则尧、舜、禹之相承，治已极矣，胡弗即报以永嘉、靖康之祸乎？"（以上引文见《思问录》外篇）他指出，实际情况是方乱而治、方治而乱，就是说，乱之中有治，随时可以治；治之中有乱，随时可以乱。

王夫之的辩证法思想有这些要点。对于对立面的统一以及对立面的互相渗透、互相转化，他都有所认识。这在中国古代哲学中是一套比较完整的辩证法思想，是《周易》辩证法思想的最后发展。

王夫之的辩证法思想是直截继承张载的。张载把事物发展的辩证过程，归结为一个公式："有象斯有对，对必反其为。有反斯有仇，仇必和而解。"王夫之注解说："以气化言之，阴阳各成其象，则相为对。刚柔、寒温、生杀必相反而相为仇。乃其究也，互以相成，无终相敌之理，而解散仍返于太虚。以在人之性情言之，已成形则与物为对，而利于物者损于己，利于己者损于物，必相反而仇。然终不能不取物以自益也，和而解矣。气化、性情其机一也。"（《张子正蒙注》卷一上）王夫之也是主张"仇必和而解"的。

他们的这种主张有其宇宙观方面的根据。张载说："太和所谓道。"王夫之注说："太和，和之至也。道者，天地万物之通理，即所谓太极也。阴阳异撰，而其絪缊于太虚之中，合同而不相悖害，浑沦无间，和之至矣。未有形器之先，本无不和；既有形器之后，其和不失，故曰太和。"（同上）这就是说，"太和"是一个贯穿天地人物的总然之理。阴阳在太虚中要符合这个理，事物的生成和发展也要符合这个理，这就使矛盾不致激化，避免统一体的破裂。所以王夫之强调说：相对待的事物"互以相成，无终相敌之理"。

第十一节　王夫之哲学思想的局限性

王夫之的历史任务是对于中国封建社会的文化,特别是哲学中的各种问题作总结。这个任务他出色地完成了。他对担负这个任务是自觉的,他有句诗说:"六经责我开生面。"一个"责"字表现了他的责任感,在他的努力之下,六经果然有了新的精神面貌,但也在他的思想中留下了一些残余。例如他说:"呜呼!三代以下,统愈乱,世愈降,道愈微,盗憎主,夷猾夏,恬不知怪,以垂至于今,岂徒实之不逮哉?名先丧也。汉鉴秦之丧实,而昧于秦之丧名,苟政去而礼乐不兴,劣一贾、董之粗陈古道,且如病者之忌药也,则先先王之道,非丧于秦而丧于汉。然其声暴秦之罪,发义帝之丧,名廑存焉,而汉之流风,固以贤于唐、宋。"(《尚书引义》卷四《泰誓牧誓》)这是典型的历史退化论,如果不是《尚书引义》具在,人们很难相信这一段话是王夫之说的。他写了那么多的书,时间拉得那么长,前后有自相矛盾之处,也是在所难免,无足深怪。

所可注意的是他对于古代的一些传统问题作了比较恰当的总结,但对于当时现实的政治社会的斗争竟不能提出比较好的解决办法。他的时代,是中国历史上阶级斗争和民族斗争最激烈的一个时代。对于当时的这些斗争,他实在是束手无策。

当时明朝的统治在内受农民大起义的冲击,在外受当时还是异族的满洲的入侵。明朝的统治就是在这内外夹攻之下崩溃的。王夫之站在明朝统治的立场,痛恨起义的农民,称之为"盗贼",把入侵的异族称之为"夷狄"。他认为"盗贼""夷狄""禽兽"这三者是一类的。

王夫之也提出了解决农民问题的办法。他的历史观使他认识到复古是不可能的。他认为古代的井田究竟是个什么样子,已经无可考了。所谓恢复井田也是不可能的。他主张"得井田之意而通之,不必问三代之成法,而可以百世而无弊"(《噩梦》)。

他所提的实际办法,在表面上看起来,是扶助自耕农,逐渐使耕者有其田。他说:"处三代以下,欲抑豪强富贾也难,而限田又不可猝行,则莫若分别自种与佃耕,而差等以为赋役之制。人所自占为自耕者,有力不得过三百亩,审其子姓丁夫之数,以为自耕之实。过是者皆佃耕之科。轻自耕之赋而佃耕者倍之,以互相损益而协于什一之数。水旱则尽蠲自耕之税,而佃耕者非极荒不得辄减。"(《读通鉴论》卷二)王夫之认为这样就可以给豪强大地主一定的打击。他所谓的"自种"者,可以占有田地三百亩,人多的家还可以占更多一些。这样的自种户实际上包括富农和中小地主。他的目的是打击豪强大地主,而维持中小地主和富农的利益。

道学家们多认为,封建和井田是三代之治的主要制度,王夫之反对恢复封建和井田,这是他和以前道学家的不同之处,但是他所提出的办法也还是不能解决封建社会中的农民问题。他所提出的办法实际上是中小地主和豪强大地主斗争的反映。

对于商人,王夫之主张坚决制裁。他说:"夫尤要者,则自困辱商贾始。商贾之骄侈,以罔民而夺之也。……且其富也不劳,则其用也不恤,相竞以奢,而殄天物以归糜烂。……故生民者农,而戕民者贾。……非此之惩,国固未足以立也。"(《读通鉴论》卷三)王夫之对于商人的批判,其主要目的是维持自给自足的封建社会的农业经济。他所想到的办法,也就是从来儒者所讲的"崇本抑末"。

就这一点看,王夫之对于当时的"几"是毫无所见了。当时的"几"是商人逐渐抬头,由商业资本家转变为产业资本家。这一转变一旦完成,原来的封建社会就转变为资本主义社会了,中国社会的这个转变从南宋就开始了,这是当时的"几"。陈亮和叶适已有见于这个"几",王夫之则毫无所见,虽然他的时代比陈亮、叶适又晚了几百年。

在当时民族矛盾激化的情况下,王夫之积极参加了反抗清朝的武装斗争。他的民族主义情感是非常激烈的。他说:"民之初生,自纪其群,远其害沴,摈其□□,统建维君。故仁以自爱其类,义以自制其伦,强干自辅,所以凝黄中之纲缊也。今族类之不能自固,而何他仁义之云云也哉。"(《黄书》后序)这就是说,所谓"仁义"都是以维护自己的民族利益为目的,维护民族利益是最高的目的,其他一切都是达到这个目的的手段。

王夫之主张,汉族的事情只有汉族自己解决,别的民族不能过问。他说:"可禅,可继,可革,而不可使异类间之。"(《黄书·原极第一》)

王夫之的这些话,如果是作为民族自决的原则,也还是可以的。但是,他的民族主义实际上已发展成为大汉族主义。他说:"中国于夷狄弗言战。……殄之不为不仁,欺之不为不信,斥其土、夺其资不为不义。苟与战而必败之也,殄之以全吾民之谓仁,欺以诚行其所必恶之谓信,斥其土则以文教移其俗,夺其资而以宽吾民之力之谓义。仁义以信,王伯之所以治天下,匡人道也。"(《春秋家说》卷三中)在这些话里,表现出了王夫之的狭隘的民族主义的危害性。

第十二节　王夫之的著作的幸与不幸

　　唯物主义和辩证法是王夫之的哲学思想的主要的一面,他的哲学体系是后期道学的高峰。

　　王夫之晚年给他自己作了一个墓志铭,铭文说:"抱刘越石之孤愤而命无从致,希张横渠(张载)之正学而力不能企。幸全归于兹丘,固衔恤以永世。"(《薑斋文集补遗》卷二)这四句话的前两句表示他的一生的抱负,后两句表示他的最后的悲愤。前两句的第一句表示他积极参加民族斗争,第二句表示他继承道学中的唯物主义的传统。他在民族斗争的锻炼中接受和发展了唯物主义。

　　王夫之的学问广博,对于儒家的重要经典都作了注解,对于以前的哲学思想都有所讨论和批判。他的哲学体系庞大而细密,对于当时所有的哲学问题,都提出了唯物主义的或近乎唯物主义的解决。

　　在学问广博和体系庞大这两方面,他都可以成为后期道学的主将,跟前期道学的主将朱熹并驾齐驱。

　　王夫之的著作很多,大部分是在湖南西部深山中写成的。当时没有流传出来,这是不幸。因此也没有受到清朝当局的注意,如其不然，以其坚决反清的态度，在清初的几次文字狱中可能被销毁，他的家族必然受到迫害，这又是不幸中之幸了。他的全部著作一直到清朝末年才被刻板印行，影响及于全国。当时中国革命正处在排满的阶段，他的著作起到了很大的作用。他的著作在过去一二百年之间好像是在养精蓄锐，以待在适当时期发挥生命力。他的著作对于中国封建文化和古典哲学作了总结，可以为继承人所凭借，这是他的最大的贡献。

历史家向来认为明末清初有"三大儒"：顾炎武、王夫之和黄宗羲。这三个人诚然都是中国文化中的大人物，但他们的贡献各不相同，顾炎武基本上是一个学者，不是一个哲学家，他的贡献另有所在。王夫之的贡献是旧时代的总结，黄宗羲的贡献是新时代的前驱。

1954

第六册

自 序

本书第四册和第五册的自序中,我提出了关于哲学史方法论的几点意见,现在将要出版的第六册是自觉地照着那些意见写作的。在实践的过程中,我觉得我的那几点意见基本上还是不错的,但有一点需要加以说明。

在第五册序文中我说:"每一个时代思潮都有一个真正的哲学问题成为讨论的中心。"我的哲学史工作向来是注重于对于狭义的哲学问题的讨论。在20世纪30年代,我的两卷本《中国哲学史》出版时,我就自己说,我的书是哲学多而历史少。当时在学术界引起了一番辩论。有的人认为,哲学史不应该限于狭义的哲学。有人说,应该限于狭义的哲学,如果不是如此,那就是学术史或思想史了。当时确有些人把他们的类似哲学史的著作称为学术史或思想史。现在这本《新编》第六册没有指出什么真正的哲学问题是这个时代思潮所讨论的中心。这一册《新编》看起来好像是一部政治社会思想史,这种情况是有的,但这不是由于我的作风改变,而是由于时代不同了。

这个时代是中国历史的第二次大转变,这个转变比第一次大转变更剧烈,更迅速,范围也更广大,这是一次东西文化的全面斗争,其范围牵涉到每一个中国人的生活和思想，其结果关系到中华民族的生死存亡。所以在这个时候，几乎每一个中国人都不得不思考这个问题，参加这个斗争。每一个大思想家同时也是一个政治社会活动家，他们都是一派政治社会活动的领袖，他们的思想和活动就是这个时代思潮的中心。要想在他们的思想和活动之外另找一个纯哲学的中心问题，那是不现实的，也是不可能的。

在实践的过程中，我又有了关于哲学史方法论的一点意见，写哲学史要通过复杂繁乱的事实看出历史发展的线索和脉络，透过现象见本质，这就是中国传统的历史学所谓"史识"，这是历史学家的最主要的才能。要想达到这两个目的、得到这个才能，有个方法，那就是对具体问题做具体分析。

中国维新时代的主题是向西方学习，进步的人们都向西方学习，但不能倒过来说，凡向西方学习的都是进步的人们。这要具体地分析，要看他要学习的是什么。中国所要向西方学习的是西方的长处，并不是西方的缺点，洪秀全和太平天国所要学习而搬到中国来的是西方中世纪的神权政治，那正是西方的缺点。西方的近代化正是在和这个缺点的斗争中而生长出来的，中国所需要的是西方的近代化，并不是西方中世纪的神权政治。洪秀全和太平天国如果统一了全国，那就要使中国倒退几个世纪，这是我对于洪秀全和太平天国的评价。这个评价把洪秀全和太平天国贬低了，其自然的结果就是把它的对立面曾国藩抬高了。曾国藩是不是把中国推向前进是可以讨论的，但他确实阻止了中国的倒退，这就是一个大贡献。

我的这个看法和时贤的看法正相反对，他们会说这是为曾国藩翻案。但我不是为翻案而翻案，故意标新立异，这是对具体问题作

1957

具体分析的结果。

阻止中国的中世纪化，这是曾国藩的大功，他也有大过，那就是他开创并推行了以政带工的方针政策。西方国家的近代化走的是以商带工的道路，这是一个国家从封建进入近代化的自然道路。曾国藩违反了这个自然道路，因而延缓了中国的近代化，这反映于他的洋务派思想，详在书中。总起来说，曾国藩的功是阻止中国中世纪化，他的过是延缓中国的近代化，功就是功，过就是过。宇宙间没有一个人，也没有一个事物是一好百好，一坏百坏的，历史学家的任务是说明其功过的内容及其所以致此的原因，这也就是对具体的事物作具体的分析。

涂又光同志帮助我写作曾国藩一章，通读了卷帙浩繁的曾国藩全集，提供了许多材料。关于满汉斗争的三个阶段的提法，也是涂又光同志提出的。

在这一册的写作中，张跃同志始终帮助我工作，他也提了不少宝贵的意见，朱伯昆同志读了稿子中的几章，提了宝贵意见，乘此册出版之际，我向他们致谢。

冯友兰
1988 年 3 月

绪论

中国的近代史是从1840年第一次鸦片战争开始的，这个近代并不是专就时间说的。本书第一册的序言中说，中国历史有两个社会大转变时期：第一个大转变时期是春秋战国；第二次大转变时期是近代。1840年是第二次大转变时期的开始。

在中国封建社会中，有所谓四民：士、农、工、商。这个次序是按照他们的社会地位排列的，士的社会地位最高，被称为"四民之首"，商的地位最低。

封建社会的政治是地主阶级专政，其中有直接参加国家机器的，这是地主阶级的当权派；有不直接参加国家机器的，这是地主阶级的不当权派。士是知识分子，介乎当权派和不当权派之间。他们还没有直接掌握国家机器，但经过国家的选拔，可以取得直接参加国家机器的资格。所以他们虽然仍为四民之一，但是居于"四民之首"。

士的家庭出身绝大多数是地主阶级。一般的地主阶级也自称为农，这不是没有道理的，因为地主阶级确实是在农业生产上参加了分配这一环节。在封建社会中，一般地主阶级都自称为"耕读传家"，"耕"指他们也是农，"读"指他们也是士。因为农也包括地主阶级，所以在四民之中地位排在第二。

至于工、商就不同了，他们和地主阶级毫无联系。在封建社会中，工被称为手艺人，言其是专靠手艺吃饭的，完全是体力劳动者。商被称为买卖人，言其专以买卖为生。商人买东西是为了卖，卖东西是为了买，在一买一卖之间，商人在价格的差别上赚了钱。所赚的钱，就是他的本钱所得的利息，钱在他们的手中会生利，所以又被称为生意人。

在封建社会中，商人的社会地位最低，但专政的地主阶级所最

1960

怕的是商人，因为他们的阶级本能使他们觉得商人是他们在政治上的潜在敌人。因为商人有可能积聚财力、人力以夺取他们的政权，又引诱农民弃农经商，和他们争夺劳动力。在西汉的时候，举行过一次盐铁会议，关于这些问题有很激烈的讨论（参看本书第三册第三十章）。在中国封建社会中，地主阶级的政权都采取重农抑商的政策，反映在人们的思想中，当时的思想家们也都发出类似的言论。

在南宋时期，沿海一带对外贸易很活跃，商人的地位提高了，陈亮、叶适等功利派也发出了重商的言论。到了明朝，李贽等人也发出了类似的言论，这是中国封建社会开始发生动摇的信息。

工商开始翻身了。这个时候的工还不过是手工业者，还是手艺人，这个时候的商还不过是贩卖货物的商人，还是买卖人，但他们的社会地位不同了，他们活跃起来了，他们从社会的最下层爬上来，成为市民了。市民是资产阶级的前身，但还不是资产阶级。不过，在中国封建社会中已经有了资本主义的萌芽，那就不是原来的封建社会了，所以称之为半封建社会。如果由此再进一步，商人有了更大的资本，直接经营手工业作坊，直接生产他们所需要卖出的商品，合工、商为一体，这就是产业资本家了。如果再进一步，利用产业革命的成果，以蒸汽机为动力，召集成千上万的工人制造面向全国和全世界的商品，那就是近代的资本家，真正的资产阶级了。中国的市民阶级如果有机会自由发展下去，也会成为真正的资产阶级，中国的封建社会也会成为资本主义社会。可惜没有这个机会。

资本家和商人虽有不同，但在根本上是一致的。商人靠买卖商品之间的价格上的差别得到利润，资本家靠制造和出售商品之间价格的不同得到利润。资本家在制造商品的时候，一方面需要原料资

1961

源,一方面需要销售商品的市场。一国的资本家工厂越办越大,往往需要全国的资源以为原料,需要全国的消费者以为市场。工厂再大资本家就要越过国界,以全世界的资源为其原料,以全世界的消费者为市场。如果别的国家不吃这一套,资本家就使他们的政府用武力打开门户。这样,使用武力的国家就是帝国主义。帝国主义所压迫的对象就是殖民地。中国的资本主义刚露萌芽,中国就已经成为殖民地了,不过还不是某一个帝国主义的殖民地,没有像非洲那样被瓜分,而是成为许多帝国主义国家的公共殖民地,所以被称为半殖民地。当非洲被瓜分的时候,中国也曾惊慌了一阵,但不久就过去了,终于停留在半殖民地的地位。美国对中国的门户开放政策就是维持中国这个半殖民地地位。

按照社会发展的规律,任何一个封建的国家或社会,在历史发展的过程中都会自然地进入资本主义社会,但各社会的历史条件不同,各封建社会的发展有迟速的不同,所以其进入资本主义社会有先后。

在世界进步的潮流中,中国又落后了一步。为什么落后呢?这是一个大问题。这样大的历史变化必定有很多的原因,绝不是用一个原因可以说明的。儒家思想的统治是其原因之一,除此之外至少还有两个原因,一个是地理上的,一个是政治上的。从地理方面看,中国基本上是一个大陆国家,虽然海岸线很长,但内陆的地面更广,沿海地区的进步比内地的进步快得多,到现在还是这样。沿海地区,如福建的泉州,广东的广州,是不是可以撇开内陆地区先行快跑呢?不行。因为在政治上是一个统一的国家,有一个中央集权的政府,把地方管住了,使沿海与内陆不能有很大的差别。内陆拖住了沿海的后腿。西方有一句成语说:"一个舰队的速度,决定于其中最慢的船。"一个舰队的司令不能使慢船开快,只能使快船开慢,慢船拖住了快船的后腿。

统一是一件好事,也是一件不容易的事。欧洲的历史中也有几次统一,但没有巩固下来,至今还保持着像中国春秋战国时代的诸侯割据的局面。现在的欧洲人想组织一个像美洲合众国那样的一个欧洲合众国,以便欧洲在世界政治中有发言的资格。他们搞了几十年,才搞成了一个欧洲共同体,距欧洲合众国的理想相差很远。中国从秦汉统一以来,中间也经过几次分裂,但大体上保持着统一,有一个中央集权的政府统治全国。到了明清两代,中央政府的权力尤为强大。统一是好事,有时也是坏事。中国沾统一的光,有时也吃统一的亏。上边所说的拖后腿的情况,就是吃亏的一个例子。

在中国近代史中,中国这个社会有两种势力,一个是自发地进入资本主义的势力,即半封建势力,一个是外来的帝国主义势力。后者用政治上、经济上、军事上的压力迫害前者,使其不能发展;前者极力反抗这种压迫,在挣扎中前进。这是中国近代社会这个统一体的两个对立面,这两个对立面的斗争就是中国近代史的主要内容。

毛泽东同志和共产党的理论家们断言中国近代社会就其性质说是半封建、半殖民地社会。这个断言是科学的,合乎历史实际的。这个断言已经是家喻户晓、人人赞同的了。人们虽然都赞同这个论断,但对于半封建、半殖民地这两个观念的理解却不完全相同。

如果把我所了解的中国近代的历史事实和那个论断联系起来,我认为半封建是指中国社会内自发地向资本主义发展的趋势,半殖

1963

民地指外来的帝国主义的束缚。

半封建是对于全封建而言的。半封建本来不是一个有贬意的名称。它是一个由封建社会转入资本主义社会的过渡时期,是中国的资本主义在中国封建社会中所蕴育的一个胎儿。如果能够自然发展,中国的封建社会也会生出资产阶级的。可惜这个胎儿还未出娘胎,就被帝国主义扼杀了。于是中国就沦为半殖民地。半殖民地是一个完全贬意的名称,半封建则不然。半封建对于全封建来说也是一个进步,其所以含有贬意,是因为中国社会停留在半封建,其所以停留在半封建,是由于帝国主义的侵略和压迫。

我没有专门研究过中国经济史,不能指出中国在什么时候发生了资本家和产业工人那样的雇佣关系,也不能指出在什么时候中国资本主义生产达到全社会总生产的百分之五十。作为一部哲学史,本书也不需要举出这些事实的细节。我所强调的是上边所说的那种趋势。其所以强调这种趋势,是要说明中国社会如果能够自然地发展下去,也会进入资本主义。我反对有些人对于中国的半封建、半殖民地地位的错误了解。有些人认为,在这个地位中的中国社会好比一个西瓜,一刀分为两半,一半是封建,一半是殖民地。这种了解不但误解了半封建,也误解了半殖民地。半殖民地是对于全殖民地而言,近代中国虽然已经成了殖民地,但还不是某一个帝国主义单独霸占的殖民地,所以称为半殖民地。1937年日本发动了对中国的全面侵略,就是要使中国成为它独霸的殖民地。如果中国抗战不成功,中国就成了日本独占的殖民地了。

我也反对又一种说法,认为帝国主义对中国的经济侵略有刺激中国资本主义发展的作用。照这种说法,如果没有帝国主义的经济侵略，中国就不能出现资本主义。实际的情况是中国的民族资本家是在和外国资本的斗争中兴起的。中国社会并不是因为有外国资本的侵略而才有民族资本家，而是虽然有外国的经济侵略而民族资本家还能挣扎出来。

帝国主义对中国的经济侵略都是用通商的形式进行的，这就是在近代维新时期先进的中国人们所谓的"商战"。早在1896年，康有为的"公车上书"就说："古之灭国以兵，人皆知之；今之灭国以商，人皆忽之。以兵灭人，国亡而民犹存；以商贾灭人，民亡而国随之。"他的这几句话揭发了帝国主义以通商为名，剥削殖民地人民的实质，也指出了受剥削的殖民地人民的悲惨命运，极其深刻，也极其沉痛。过了差不多一个世纪，对于"灭国以商"这个道理还不是人人都清楚，康有为不愧为当时中国的先进人们的领袖人物。

康有为及其集团所代表的正是我所说的半封建势力，慈禧太后及其集团所代表的是全封建势力。戊戌变法失败了，全封建势力暂时压倒了半封建势力，但并未扭转历史潮流的趋势。这是不可能扭转的。好比海边上的潮水，一阵波浪退下去了，接着来的是又一阵更大的波浪。每经一次进退，潮水的水位就升高一级。全封建势力暂时占优势以后不久，更大的一次波浪又来了，这次波浪不但冲击了全封建势力，也冲击了半封建势力。辛亥革命前夕有一次革命派和立宪派的大论战，在这次论战中全封建势力已经不在话下，不成为冲击对象了，冲击的主要对象是代表半封建势力的立宪派。立宪派斗争的对象已经不是全封建势力，而是革命势力了。在这种情况下，所谓维新就转化为守旧了，康有为也从维新派的代表人物转化为守旧派的代表人物，所谓半封建也从褒意转化为贬意。人们不禁

1965

诧异，康有为怎么变了。其实康有为并没有变，他的思想没有变，他的言论行动也没有变。不是康有为变了，而是时代变了。时代变了而他没有变，所以他就落后了，落伍了。落后者，落于时代之后；落伍者，落于先进人物之伍。康有为对此没有自觉，一直落下去，一直到民国成立了，他还是想方设法企图使清朝的小皇帝复辟，以至于在他的晚年一举一动都成为笑柄。所以有一个讽刺的对联说："国家将亡必有，老而不死是为。"

康有为由先进转化为落后的过程，就是半封建这个名词由褒意转化为贬意的过程。

上面所说的偏重于理论，所引的事实不过是作为一个例子。下面再转回到具体的历史。无论怎样，到了19世纪中叶，中国的大门终于被西方资本主义和帝国主义打开了。中国一向闭关自守，关起门来坐在家里妄自尊大，自居为"天朝"，认为没有受中国文化影响的国家的人都是"夷"（野蛮人）。但是在现实面前，"天朝"对于外来的侵略竟然毫无抵抗之力。1840年英帝国主义发动第一次鸦片战争，夺取香港岛，得到了一个根据地，把住了广州门户。此后，各资本主义和帝国主义国家纷纷打入中国，以武力强迫清政府增加通商口岸，从上海一直开发到中国的内地，长江上游的重庆。所谓通商，就是允许他们用低价购买中国的资源，运回他们本国，在工厂中加工为成品，然后把成品运回中国，以高价出售，在价格的一高一低之间获得暴利。这就是使中国永远成为他们的工业原料来源地和成品推销的市场，这也就使中国永远成为他们的殖民地。

"天朝"和"夷"的地位竟然倒置了，这使当时的中国人大惊不已，也大惑不解，不知道事情究竟错在什么地方。在无情的事实面前，他们不得不总结出一个解决问题的办法。这个总结就是"以夷为师","师夷之长技以制夷"。这个总结大家都承认了,但什么是"夷之长技"呢？人们的意见又不同了。这是因为对于"夷"的认识有深浅的不同,所以近代各时期的人们对于学习的对象也有差别。概括地说大约有五种意见。

第一种曰：师其武器。这是对于西方的一种最粗浅的感性认识。这派人认为,中国的失败只是战场上的失败,其所以失败,是因为中国的武器不如敌人,"夷之长技"是"船坚炮利"。中国最早办的一些近代化工厂是造船厂和兵工厂,所根据的就是这种认识。

第二种曰：师其宗教。太平天国的神权政治就是这样的。

第三种曰：师其经济。主要的是工业,当时称为实业,也包括矿业和交通业等。办理这些事的人,当时称为洋务派。有人认为,洋务派都是卖国的,但事实并非如此。不过他们都是以封建官僚的身份办工矿、交通等企业,这些企业不久都成了衙门机关,以赔钱而失败。

第四种曰：师其政治。其最高的标准是君主立宪,其实际表现是戊戌变法。

第五种曰：师其文化。其主要内容是民主与科学。在五种意见中这种对于西方的了解是最深刻的。不过,这种意见是在五四运动时期才提出的,为时较晚,不在中国近代史的阶段之内。

清朝的统治集团镇压了太平天国,在洋务方面也做了一些事情。封建的历史家称这段时期为"同治维新",也称为"同治中兴"。清朝统治集团被"中兴"两个字冲昏了头脑,妄想恢复"天朝"的地位。他们急于在东亚显示"天朝"的权威,一方面派左宗棠率领大军向西镇压受英国支持的分裂势力,重新恢复对西北一些少数民族地区的控制;一方面派李鸿章建立海军。中国的海岸线很长,建立海军以为海防,这是无可非议的,但是,当时建立海军的直接目的是和日本争夺对朝鲜的控制权。左宗棠的大军胜利了,建立了一个行省,称为新疆,这大概是"同治维新"的成果。在这段时期中,中国向西方学习,知道了一些比较新的武器,左宗棠的大军在武器上占了优势,所以就所向无敌了。李鸿章的海军在与日本争夺朝鲜的海战中全军覆没,这就是1894年的甲午之战。在这次失败中,中国不但失去了对朝鲜的控制,而且被迫割让台湾,向日本交出大量的赔款。日本的海军也是新建立的,在当时中日两国海军力量不相上下,而胜败如此悬殊,这在中国引起了比1840年更大的震动。中国的先进人物认识到,中日两国的胜败不同只是由于中国没有进行政治上的改革。日本的"明治维新"建立了君主立宪的制度,中国应该向日本学习,也建立这种制度。这就是1898年的"戊戌变法"的主要目标。如果沿用封建历史家所谓"同治维新"的例,可以称"戊戌变法"为"光绪维新"。这两个"维新"的主要不同在于:"同治维新"着重在物质文明方面,着重在社会的经济基础;"光绪维新"着重在精神文明方面,着重在社会的上层建筑。

  清朝的光绪皇帝年轻有为,亲自主持变法。他得到康有为、梁启超、谭嗣同等人的帮助,下了许多命令,定了许多政策,虽然还都是一些空文,但也搞得轰轰烈烈。刚刚搞了三个月,以慈禧太后为首的顽固派就发动了宫廷政变,夺去了光绪手中的政权,并把他囚禁起来。参加变法的人有的逃走,有的被捕。变法派中最激进的理论家谭嗣同坚决不走,他说:"各国变法,无不从流血而成,今日中国未闻有因变法而流血者,此国之所以不昌也。有之,请自嗣同始。"(梁启超《谭嗣同传》,《谭嗣同全集》下册,五四六页)他同另外五个人被顽固派杀害了。人们怀着崇敬的心情称他们为"六君子"。

六君子的血不是白流的,他们所流的血变成了对于中国人民发出的一个信号:此路不通,流血的革命是不可避免的。

中国近百年历史的发展,在思想上看有四个层次:第一层是全封建思想,以慈禧太后为代表;第二层是半封建思想,以康有为为代表;第三层是半资产阶级思想,以严复为代表;第四层是全资产阶级思想,以孙中山为代表。等到全资产阶级思想形成一种政治社会运动,为多数人民所支持的时候,中国近百年历史就由近代维新进入现代革命。

1969

第六十章

中国历史第二次大转变时期思想界中的先行者——黄宗羲

黄宗羲（1610—1695）在明末的民族斗争中是一个积极的爱国主义战士。他参加了明末清初的反满斗争，失败以后，他拒绝做清朝的官，专门讲学著书。他是一个哲学家，也是一个历史家，特别是哲学史家。主要著作有《宋元学案》《明儒学案》《明夷待访录》和他自编的《南雷文案》文集，后来他又把它改编为《南雷文定》。

第一节　《宋元学案》和《明儒学案》

《宋元学案》和《明儒学案》在中国哲学史研究工作中具有划时代的意义。在此以前中国还没有一部成书可以称为哲学史，这两部书是具有成熟形式的断代中国哲学史，从这一方面说这两部书有同样的意义。从体裁说它们又有所不同，《宋元学案》是一部正规的断代哲学史；《明儒学案》虽也有断代之名，但实际上是明代心学的发展史。

黄宗羲说："有明学术，从前习熟先儒之成说，未尝反身理会，推见至隐，所谓'此亦一述朱，彼亦一述朱'耳。高忠宪云，'薛敬轩、吕泾野《语录》中，皆无甚透悟'，亦为是也。自姚江指点出'良知人人现在，一反观而自得'，便人人有个作圣之路。故无姚江，则古来之学脉绝矣。然'致良知'一语，发自晚年，未及与学者深究其旨，后来门下各以意见挠和，说玄说妙，几同射覆，非复立言之本意。"（《姚江学案》，《明儒学案》卷十）

这是说，在明朝初年，哲学上只是简单地"述朱"，没有什么新的东西。王守仁提出"致良知"，这是一个大革新，但是对于"良知"的解释，他的学生们有不同的说法，形成了许多不同的派别。黄宗羲认为，对于这种情况应该作一番澄清，一方面说明他所认为是"良知"的正确意义；一方面分析各流派之间的异同。上边的引文实际上是一篇《明儒学案》的序。

《明儒学案》实际上是从《姚江学案》开始的。《姚江学案》以后，有很多的学案分别叙述各地区的"王门"流派。这是《明儒学案》全书的主题。此后还有三个学案虽不称为"王门"，但也是与"王门"有关系的。其与"王门"没有关系的，统归为《诸儒学案》。所谓"诸儒"有几种人，其中有一种是"骤闻阳明之学而骇之，有此辨难，愈足以发明阳明之学，所谓他山之石可以攻玉也"（《诸儒学案》上一）。罗钦顺是理学的革新者，黄宗羲也把他列入《诸儒学案》中，大概是认为他就是这种可以"攻玉"的"儒"。从《明儒学案》的编排上看，《姚江学案》以前的几个学案是全书的引论，《诸儒学案》是全书的一个附录。

黄宗羲在心学发展史中的地位，有似于罗钦顺在理学发展史中的地位。他对于罗钦顺的"他山之石"也很重视，在《师说》中也有讲罗钦顺的一段。在叙述罗钦顺的思想的时候，在很多地方有所评论。根据这个线索可以看出心学和理学在许多哲学问题上的不同看法。

《明儒学案》从卷四十三起至卷五十七为《诸儒学案》，共十五个学案，每个学案下边都注明《诸儒学案》字样。从卷五十八起至卷六十二为《东林学案》和《蕺山学案》，这两个学案下边都不注《诸儒学案》了。从全书的编排上来看，黄宗羲是认为这两个学案既不属于"王门",也不属于诸儒。如果"王门"是全书的主题,"诸儒"是全书的附录,最后这两个学案就是全书的续篇了。为什么这两个学案有这样的特殊地位呢?

在《东林学案》中有黄宗羲的父亲黄尊素,这是黄宗羲的家学。刘宗周是黄宗羲的老师,这是他的师门。在《明儒学案》中,黄宗羲不好为自己立一个学案,可以借父、师的地位以表明他自己的地位。他是心学的继承和发展者,又是心学的修正和革新者,所以他既不属于王门,也不属于诸儒。他是怎样完成这个任务呢?下节详述。

黄宗羲在完成《明儒学案》以后,又继续写《宋元学案》,还没有完成他就去世了。遗留下一部分稿子和资料,他的儿子黄百家和学生们做了一些编排和补充。最后一次的大编排大补充是在一百多年以后由全祖望做的,经过了他的手《宋元学案》才有了现在的面貌。

黄宗羲基本上是一个哲学家,全祖望基本上是一个史学家,经过他大编排的《宋元学案》在精神上和面貌上和《明儒学案》都不大相同了。这两部书都不失为前无古人的断代哲学史,但《宋元学案》史学多于哲学,《明儒学案》哲学多于史学。

第二节 对于罗钦顺的评论

在本书第五册的结尾中说过,王夫之是旧时代的后殿,黄宗羲是新时代的前驱。道学是旧时代的统治思想,因此无论前驱或后殿,都有对于道学做总结的任务,就是说,都需要对于道学提出自己的一个总的看法，对于其中的主要问题提出自己的解决办法。王夫之和黄宗羲都做了这个工作，不过他们二人虽是同时，但彼此不相知。罗钦顺从理学的观点对于理学作了修正，为王夫之铺平了道路。这个观点和修正，黄宗羲是知道的，并且有所评论。

黄宗羲引他的老师刘宗周的话说："释典与圣人所争毫发，其精微处，吾儒具有之，总不出无极二字；弊病处，先儒具言之，总不出无理二字。其意似主于无，此释氏之所以为释氏也"。（《蕺山学案》，《明儒学案》卷六十二）这几句话虽然是刘宗周说的，然而黄宗羲引入他所著的《蕺山学案》序中，可以认为是他自己说的。

照这段话所说的，黄宗羲认为，主张"有理"或"无理"是儒家和佛家的主要分别。也就是说"理"是道学的中心范畴，这是不错的。道学的中心问题，是一般和特殊的关系的问题，"理"就是一般。一般和特殊究竟是什么关系呢？这在道学中有不同的说法。依这个不同，道学分为三派，理学、心学和气学。

黄宗羲说："（罗钦顺）乃本程、朱格致之说而求之，积二十年久，始有见于所谓性与天道之端，一口打并，则曰'性命之妙，理一分殊而已矣'。又申言之曰，'此理在心目间，由本而之末，万象纷纭而不乱，自末而归本，一真湛寂而无余'，因以自附于卓如之见。如此，亦可谓苦且难矣。"（《明儒学案·师说》罗钦顺条）黄宗羲认为，这是罗钦顺的哲学思想的第一层意思。他接着评论说："窃思先生所谓心目之间者，不知实在处，而其本之末、末归本者，又孰从而之之、归之乎？理一分殊，即孔子一贯之旨，其要不离忠恕者，是则道之不远于人心，亦从可决矣。乃先生方断断以心性辨儒、释，直以求心一路归之禅门，故宁舍置其心以言性，而判然二之。处理于不外不内之间,另呈一心目之象。终是泛观物理。如此而所云之之、归之者,亦是听其自之之而自归之,与我无与焉,则亦不自觉其堕于怳忽之见矣。"(同上)这是说,罗钦顺把"理"和"心"分开,分开以后,"理"在什么地方呢?这就很难说了。只能说,"理"不在心内,也不在心外,只在"心目之间"。"理"既然与"心"分开,究竟什么是本,什么是末,那就很难分别了。用这些话分别儒家和佛家,其实是走上了佛家的路。这些话都是泛泛之说,恍惚之词。跟儒家的"穷理尽性"毫无关系。

黄宗羲接着说:"考先生所最得力处,乃在以道心为性,指未发而言;人心为情,指已发而言。自谓独异于宋儒之见。且云:'于此见得分明,则无往而不合。'"(同上)黄宗羲认为,这是罗钦顺的哲学思想的第二层意思,其实这是罗钦顺对于"理一分殊"的进一步的理解,进一步说明了一般和特殊的关系。一般是"未发",是"性",就是说还没有体现为特殊。特殊是"已发",是"情",就是说,是已经体现出来的一般。

程颐说:"体用一源,显微无间。"(《周易传序》)"体"和"微"指的都是一般,"用"和"显"指的都是特殊。道学中有几种范畴,未发和已发,性和情,体和用,微和显,名称虽然不同,但都是从不同的方面说一般和特殊的关系。

在日常语言中,"性"字还有上边所说的那种意义。譬如说,方的东西有方之性。对于性而言,已发谓之情。不过"情"字的这个用法在日常语言中已经没有了。这样用法的"情"只是道学中的一个术语。

黄宗羲接着说:"试以先生之言思之,心与性情,原只是一人,不应危是心而微者非心。止缘先生认定佛氏以觉为性,谓觉属已发,是情不是性,即本之心,亦只是唯危之心,而无唯微之心,遂以其微者拒之于心外,而求之天地万物之表,谓'天下无性外之物,格物致知,本末一贯,而后授之诚正,以立天下之大本'。若是,则几以性为外矣。我故曰:'先生未尝见性,以其外之也。'"(同上)这是黄宗羲对于罗钦顺的评论。《书经》中有一句话说:"人心唯危,道心唯微。"道学家中有的人把"人心"和"道心"对立起来,以为"人心"就是"人欲",是危险的;"道心"就是"天理",是微妙的。罗钦顺不以这种说法为然,以为"人心""道心"都是心。黄宗羲认为,在这一点上罗钦顺是对了。可是,因为佛家"以觉为性",罗钦顺受其影响,也认为,"觉属已发,是情不是性,即本之心,亦只是唯危之心,而无唯微之心",这就又把"人心"和"道心"对立起来,认为"性"是心外,"而求之天地万物之表"。黄宗羲说:"先生未尝见性,以其外之也。"所谓"外"就是心之外。

黄宗羲接着说:"夫性果在外乎?心果在内乎?心性之名,其不可混者,犹之理与气,而其终不可得而分者,亦犹之乎理与气也。先生既不与宋儒天命、气质之说,而蔽以'理一分殊'之一言,谓'理即是气之理',是矣。独不曰'性即是心之性'乎?心即气之聚于人者,而性即理之聚于人者,理气是一,则心性不得是二;心性是一,性情又不得是二。使三者于一分一合之间,终有二焉,则理气是何物?心与性情又是何物?天地间既有个合气之理,又有个离气之理,既有个离心之性,又有个离性之情,又乌在其为一本也乎?"(同上)这就是说"心"、"性"、"情"既需要分别清楚,又不可截然分开,为什么呢?照他说,因为"心即气之聚于人者,而性即理之聚于人者"。有已聚于人之气，必有尚未聚于人之气，有已聚于人之理，必有尚未聚于人之理，所以"心"、"性"、"理"、"气"之名不能相混。就是说，它们是有分别的。佛家以知觉为性，他们所说的性并不是儒家所说的性。从儒家的观点看，佛家不承认有性，那就是不承认有理，就是主张"无理"。这是佛家的一个大弊病。

黄宗羲接着说："吾儒本天，释氏本心，自是古人铁案。先生娓娓言之，可谓大有功于圣门。要之，善言天者，正不妨其合于人；善言心者，自不至流而为释。先生不免操因咽废食之见，截得界线分明，虽足以洞彼家之弊，而实不免抛自身之藏。"（同上）这是说，罗钦顺对于理、气、心、性的分别分析得很清楚，这是他对于儒家的大功劳。他对于佛家的弊病看得很清楚，但是"因咽废食"，又走到另一极端，把心拒之于性之外，这是把儒家原来有的宝藏也抛弃了。

黄宗羲接着说："考先生于格物一节，几用却二三十年工夫。迨其后，即说心、说性、说理气一字不错，亦只是说得是，形容得著，于坐下毫无受用。"（同上）这里所说的"一字不错"等，并非褒词，只是说，即使他的分析不错，对于人的精神境界也没有关系，人不能从他所讲的得到享受。

这就回复到理学和心学所争论的老问题。心学说理学的方法是"支离"，理学说心学的方法是"空疏"。所以黄宗羲在下文引罗钦顺给王守仁的信以说明心学和理学的争论的要点。

黄宗羲在下文称赞罗钦顺的聪明才力，说他的本质是好的，但因在出发点上"有毫厘之差"，所以虽然用了二三十年功夫，受尽了辛苦，但终没有得到正当的成就。

本节对于《明儒学案》关于罗钦顺的这一段予以不厌其烦的分析，因为这一段不仅评论了罗钦顺，也说明了心学在王守仁以后所起的变化。

关于理气问题，黄宗羲说："盖先生（罗钦顺）之论理气最为精确，谓通天地，亘古今，无非一气而已。气本一也，而一动一静，一往一来，一阖一辟，一升一降，循环无已。积微而著，由著复微，为四时之温凉寒暑，为万物之生长收藏，为斯民之日用彝伦，为人事之成败得失，千条万绪，纷纭胶轕，而卒不克乱，莫知其所以然而然，是即所谓理也。初非别有一物，依于气而立，附于气以行也。或者因《易》有太极一言，乃疑阴阳之变易，类有一物主宰乎其间者，是不然矣。斯言也，即朱子所谓'理与气是二物，理弱气强'诸论，可以不辩而自明矣。"（《诸儒学案》中一，《明儒学案》卷四十七）这是说朱熹认为"理与气是二物"。罗钦顺加以修正，认为理就是气的运动的条理规律，不能把气的运动和它的条理规律分别开来，对立起来。黄宗羲赞赏这个修正，认为"最为精确"。

黄宗羲接着说："第先生之论心性，颇与其论理气自相矛盾。夫在天为气者，在人为心，在天为理者，在人为性。理气如是，则心性亦如是，决无异也。人受天之气以生，只有一心而已，而一动一静，喜怒哀乐，循环无已。当恻隐处自恻隐，当羞恶处自羞恶，当恭敬处自恭敬，当是非处自是非，千头万绪，感应纷纭，历然不能昧者，是即所谓性也。初非别有一物，立于心之先，附于心之中也。先生以为天性正于受生之初，明觉发于既生之后，明觉是心而非性。信如斯言，则性体也，心用也；性是人生以上，静也；心是感物而动，动也；性是天地万物之理，公也；心是一己所有，私也。明明先立一性以为此心之主,与理能生气之说无异,于先生理气之论,无乃大悖乎?岂理气是理气,心性是心性,二者分,天人遂不可相通乎?虽然,心性之难明,不自先生始也。"(同上)这是说,罗钦顺关于理气的说法虽然是不错,但他关于心性的说法不能与之一致。罗钦顺关于心性的说法仍然把心和性分别开来,对立起来。罗钦顺不知道性就是心的运动的条理规律,也不了解"恻隐""羞恶""恭敬""是非"就是心的运动,这些运动的条理规律就是性,这就和他关于理气的说法不相一致了。

第三节 对于心学的修正

黄宗羲说,罗钦顺"谓通天地,亘古今,无非一气而已"。黄宗羲赞成这个说法,岂不是抛弃了心学的立场,违背了心学的路线了吗?那又不然。因为他所了解的"气"并不是理学和气学所理解的"气"。从上边所引的话看起来,黄宗羲认为:"人受天之气以生,只有一心而已。"这就提示心和气本来是一体的。在别的地方他就更明确地这样说了,他说:"理不可见,见之于气;性不可见,见之于心,心即气也。"(《孟子师说》卷二)这是黄宗羲在讲孟轲论"浩然之气"时说的。"浩然之气"的那个"气"字所指的并不是一种客观实在的实体,而只是一种主观的精神状态,如勇气、气概、气象之类。虽只是一个气字,但所代表的是两个概念,这就是说,这个"气"字有歧意。黄宗羲利用这个字的歧意,把两个本来不相干的概念混淆起来,就得出"心即气也"的论断。这在逻辑上说是不可以的,但这也不能专怪黄宗羲。本来有一种说法认为"浩然之气"是一种客观存在的实体,文天祥的《正气歌》就是一个例子。

黄宗羲的心学的正式表现是他所说的那个命题:"盈天地皆心也。"(《明儒学案》序)这是一个正式的心学命题。黄宗羲对原来的心学有没有修正呢?有的,而且有重要的修正,那就是下边所说的那两句话:"心无本体,工夫所至,即其本体。"(同上)原来的心学都认为心有个本体,如陆九渊所说的"本心",王守仁所说的"良知",这是永恒不变的。黄宗羲断言说"心无本体",这是一个根本的修正。

什么是"工夫"呢?黄宗羲认为,孟轲讲"养"浩然之气,那个"养"字就是"工夫"。他说:"养气即是养心,然言养心犹觉难把捉,言养气则动作威仪,且昼呼吸,实可持循也。"(《孟子师说》卷二)又说:"知者,气之灵者也。气而不灵,则昏浊之气而已;养气之后,则气化为知,定静而能虑,故知言养气是一项工夫。"(同上)人的修养程度有高有低,所以他们的表现也不尽相同。这些不同是他们修养程度的高低所决定的,并没有一个永恒不变的"本心"可以作为准则,其实并没有那样的一个"本心"。

黄宗羲又认为心本来是"变化不测,不能不万殊。……故穷理者,穷此心之万殊,非穷万物之万殊也。是以古之君子,宁凿五丁之间道,不假邯郸之野马,故其途亦不得不殊。奈何今之君子,必欲出于一途,使美厥灵根者,化为焦芽绝港。夫先儒之语录,人人不同,只是印我之心体,变动不居,若执定成局,终是受用不得"(《明儒学案》序)。

1981

这是说，心本来是变动万殊，所以人的思想见解也必然变动万殊，不能"出于一途"。人各自走自己的那"一途"，这就是他的一种享受（"受用"）。如果照抄别人，走别人的路，那就"受用不得"。这是黄宗羲从另一个角度说明事物之变动没有一个永恒不变的一定之规，也就从另一个角度说明了"心无本体"。

黄宗羲的这种思想有一个要点：心是发展的。在这一点上，他大概是受他的老师刘宗周的另一个学生陈确的影响。陈确说："盖人性无不善，于扩充尽才后见之也。如五谷之性，不艺植，不耘耔，何以知其种之美耶？"又说："今老农收种，必待受霜之后，以为非经霜则谷性不全。此物理也，可以推人理矣。"（《陈乾初先生墓志铭》，《南雷文案》卷八）这就是说，没有一个现成的性，性是发展的。黄宗羲原来不同意这个论点，他批评陈确说："夫性之为善，合下如是，到底如是，扩充尽才而非有所增也。即不加扩充尽才而非有所减也。"（《与陈乾初论学书》，《南雷文案》卷三）后来黄宗羲逐渐同意陈确的论点。他为陈确写的墓志铭，统共写了三次，表示他对于陈确的哲学思想的评估先后不同。最后他说"盈天地皆心也。变化不测，不能不万殊。心无本体，功夫所至，即其本体"（《明儒学案》序）。陆王心学认为"人同此心，心同此理"，无论什么地方什么时代的"圣人"，都是"此心同，此理同也"。这也就是说，封建统治阶级的道德标准和社会秩序是"万世不变"、"放之四海而皆准"的。

黄宗羲认为没有现成的一致的"心"，这就是说没有一成不变的道德标准和社会秩序。这就是半封建时代的社会情况在人们思想中的反应。

在半封建社会中，工商业已被重视了，工人和商人的地位提高了，封建社会的道德标准和秩序已经从根本上动摇了。黄宗羲对于工商业的看法也是和封建社会不同的，他说："此古圣王崇本抑末之道，世儒不察，以工商为末，妄议抑之，夫工固圣王之所欲来，商又使其愿出于途者，益皆本也。"（《明夷待访录·财计三》）在这几句话里，他承认工商是本，不是末，但还是引用了封建时代的经典以为证明，这就明显地说明他的思想还是半封建的。

半封建是对于新时代而言。黄宗羲的更大贡献是为这个新时代的政治社会制度拟定了一个具体的轮廓，画出了一个蓝图，并且著了一部书，名为《明夷待访录》，以宣扬之。

第四节　《明夷待访录》所画的蓝图

《明夷待访录》的第一篇是《原君》。在这一篇里，他揭露了封建社会所谓"君"的本质。他说："（封建社会的君主）以我之大私，为天下之大公，始而惭焉，久而安焉，视天下为莫大之产业，传之子孙，受享无穷。……是以其未得之也，屠毒天下之肝脑，离散天下之子女，以博我一人之产业。曾不惨然，曰：我固为子孙创业也。其既得之也，敲剥天下之骨髓，离散天下之子女，以奉我一人之淫乐，视为当然，曰：此我产业之花息也。然则为天下之大害者，君而已矣。"这是新时代中反封建的一篇大文。封建社会的最高统治者自称为"天子",自封为"奉天承运皇帝",捧他的人也说他的统治是"天予人归",其实他的政权完全是靠武力征服得来的。他用武力战胜了与他争夺政权的人,镇压了老百姓的反抗,把整个的国家变成为他一个人的私产。反封建的第一步是揭露封建政权的本质。《明夷待访录》的第一篇做了这个工作。

黄宗羲又指出,臣本来是与君共同管理政治事务、共同"治天下"的,他说:"夫治天下犹曳大木然,前者唱邪,后者唱许,君与臣共曳木之人也。"可是实际上,封建专制主义的君主既然以天下为自己的私产,所以臣就成了他的仆妾。黄宗羲说:"又岂知臣之与君,名异而实同耶。"(《原臣》)黄宗羲又指出,"天下之治乱,不在一姓之兴亡,而在万民之忧乐"(同上)。为臣的责任,也不是为一姓服务的。

黄宗羲又指出,封建专制君主所制定的法律是以保护他自己的私人产业为目的的,所以"其所谓法者,一家之法,而非天下之法",也就是"非法之法"。"非法之法"的作用是"桎梏天下人之手足",使他们不能反抗(《原法》)。

为了免除专制主义的危害,黄宗羲建议加重宰相的职权,使他实际上掌握统治权。他说:"古者不传子而传贤,其视天子之位,去留犹夫宰相也。其后天子传子,宰相不传子,天子之子不皆贤,尚赖宰相传贤,足相补救,则天子亦不失传贤之意。"(《置相》)

他又说:"宰相一人,参知政事无常员。每日便殿议政,天子南面,宰相、六卿、谏官东西面,以次坐,其执事皆用士人。凡章奏进呈,六科给事中主之。给事中以白宰相,宰相以白天子,同议可否。天子批红,天子不能尽,则宰相批之,下六部施行。"(同上）这就是说，关于国家的政事的决定都需要经过天子和宰相的会议通过才能实行。在这个会议中，宰相和天子是平起平坐的。

他还主张充实各级学校，使学校不仅是教育机关，而且是一种政权机关。他说："必使治天下之具，皆出于学校，而后设学校之意始备。……天子之所是未必是，天子之所非未必非，天子亦遂不敢自为非是，而公其非是于学校。是故养士为学校之一事，而学校不仅为养士而设也。"（《学校》）

照黄宗羲的设想，学校是政权的一部分，而又独立于政权中的其他部分。各级学校的领导都是由学校中的人推选，不由皇帝任命。其不称职者学校中的人可以把他罢免。黄宗羲说："郡县学官，毋得出自选除。郡县公议，请名儒主之，自布衣至宰相之谢事者，皆可当其任，不拘已仕未仕也。其人稍有干于清议，则诸生得共起而易之。"（同上）

在明朝中叶以后，一部分地主阶级知识分子和一部分地方上的绅士，以书院为中心，组织成一种讲学和议论政治的团体。东林书院和复社就是其中特别有影响的。黄宗羲的父亲黄尊素是东林党人，黄宗羲本人也是复社的积极参加者。

黄宗羲说："论者以东林为清议所宗，祸之招也。子言之，君子之道，辟则坊与，清议者天下之坊也。夫子议臧氏之窃位，议季氏之旅泰山，独非清议乎？清议熄而后有美新之上言，媚奄之红本，故小人之恶清议，犹黄河之碍砥柱也。熹宗之时，龟鼎将移，其以血肉撑拒，没虞渊而取坠日者，东林也。毅宗之变，攀龙髯而蓐蝼蚁者，属之东林乎？属之攻东林者乎？数十年来，勇者燔妻子，弱者埋土室，忠义之盛，度越前代，犹是东林之流风余韵也。一堂师友，冷风热血，洗涤乾坤，无智之徒，窃窃然从而议之，可悲也夫！"(《东林学案》序，《明儒学案》卷五十八) 这是说，东林之所以在当时能有很大的影响，因为它是一个有组织的团体，主持并领导当时的"清议"。所谓"清议"就是在野的人关于政治的议论。在野的人不在朝而议论朝政，他们实际上是一个和朝政相对立的反对派。

黄宗羲就是这样一个反对派。他从他本身的政治生活中认识到"清议"的威力，所以他设想把学校当作政治制度的一部分，和"君"、"相"并立。

学校可以与"君"、"相"并立，也有其社会根源。学校是士集中的地方。本书在第四册绪论中讲到士族是封建贵族，在第五册绪论中讲到士族下降为士，士不是封建贵族了，但还是封建社会中的"四民之首"，社会地位还是相当高的。学校凭借这个传统，所以能作为政府的反对派主持和领导"清议"。

黄宗羲所设想的政治制度有三大支柱，一个是君，一个是相，一个是学校。这是现代西方资产阶级政治中的君主立宪制的一个雏形。在18世纪90年代中国戊戌变法的时期，变法运动中的人以君主立宪为变法的目标。他们只知道这是西方的一种先进的政治制度，可不知道在一百多年以前黄宗羲已经设计了这种制度的一个雏形了。显而易见，黄宗羲所说的"君"相当于英国的王，所说的"相"相当于英国的内阁，他说的学校相当于英国的议会。在表面上看起来，英国的王还是像中世纪那样掌握政权，可是实际上政权已转移到内阁了。在中世纪时期，内阁的大臣们听英王的话，英王叫他们怎么办，他们就怎么办。现在呢？英王听内阁的话，内阁怎么办，王就怎么说。内阁怎么会有这么大的权力呢？因为它有议会的支持。

在黄宗羲的时代，中国人对于西方的知识是有限的，黄宗羲不可能知道有所谓君主立宪的制度。他在《明夷待访录》中的设想都是他从中国历史和他本人的经验推衍出来的，他对于"学校"的设想是从中国封建社会中"士"的地位推衍出来的，这在上文已经指出了。关于"相"，黄宗羲是从明朝政治的腐败而得出的教训。他在《置相》篇开头就说："有明之无善治，自高皇帝罢丞相始也。"明朝最大的弊病是宦官当权，黄宗羲认为，宦官之所以能当权就是因为朝廷中没有"相"。

当然黄宗羲的设想只是一个雏形，在当时也只能如此。如果当时的工商业能够顺其自然地发展，当时的工商业者也会自然地成为资产阶级。有了资产阶级，自然会有资产阶级的君主立宪。这说明中国社会的自然发展是被西方帝国主义所扼杀了。

就中国封建社会说，新时代的出现已经是山雨欲来风满楼了，黄宗羲的思想就是这股大风的风头。

1987

第六十一章 颜元对于道学的批判

宋明道学是中国封建社会的理论支柱，也就是和新时代相对立的旧时代的理论支柱。黄宗羲的思想虽然是新时代的风头，但它的本身还是道学的一部分。他还没有对于道学提出总批判，展开总攻击。在这个时期担任这项任务的哲学家是颜元。

颜元（1635—1704），号习斋，河北博野人。其父颜昶是一个朴实的农民，家境贫困，无以为生，到蠡县当朱氏的养子，改姓朱。颜元生于朱家，四岁时父亲去关东，遂无音信；十岁时母亲改嫁；童年很孤苦。十九岁以后，靠自己种田灌园、行医卖药、教授学徒为生。三十九岁归宗，复姓颜。颜元学习道学，先属于陆王心学一派，后改属于程朱理学一派，最后改为批判道学。他是钻进了道学，而又从道学内部打出来批判道学的。因为他钻进了道学，所以他的思想有一部分还是属于道学。因为他从道学内部打出来批判道学，所以他的批判很能击中道学的要害。他的著作，学生们编辑为四部分，称为《四存编》——《存治编》《存学编》《存人编》《存性编》；另外一部分称为《习斋记余》。

第一节　颜元的《四存编》

颜元的《存治编》基本上是重弹道学的老调，其中的第一篇题为《王道》，第一句话就说："昔张横渠对神宗曰：'为治不法三代终苟道也。'然欲法三代宜何如哉？井田、封建、学校皆斟酌复之，则无一民一物之不得其所,是之谓王道,不然者不治。""无一民一物不得其所"是颜元的崇高理想,但他所说的实现这个理想的方法基本是道学家的老套。在新时代思想到来之际,这样的复古主义思想完全是时代的错误。

《存学编》的第一篇题为《由道》。在这篇里颜元开头就说:"圣人学、教、治皆一致也。'民可使由之,不可使知之',是孔子明言,千圣百王持世成法,守之则易简而有功,失之徒繁难而寡效。故罕言命,自处也;性道不可得闻,教人也;立法鲁民,歌怨为治也。他如予欲无言、无行不与、莫我知诸章,何莫非此意哉?当时及门皆望孔子以言,孔子唯率之以下学而上达,非吝也,学教之成法固如是也。道不可以言传也,言传者,有先于言者也。颜、曾守此不失。子思时异端将盛,或亦逆知天地气薄,自此将不生孔子其人,势必失性学治本旨,不得已而作《中庸》,直指性天,已近太泻。故孟子承之,教人必以规矩,引而不发,断不为拙工改废绳墨。离娄、方员、深造诸章,尤于先王成法致意焉。至宋而程朱出,乃动谈性命,相推发先儒所未发。以仆观之,何曾出《中庸》分毫,但见支离分裂,掺杂于释老,徒令异端轻视吾道耳。若是者何也?以程朱失尧舜以来学教之成法也。"

这就是颜元所想象的"学校"的内容。他认为在所谓"三代"之世,政治和教育是一致的,政治上的方针政策也就是学校教育的内容,那些"圣王"们怎么样治,也就怎么样教,学生们也就怎么样学。只有一套,没有两套,这就是所谓"易简"。孔丘说:"民可使由之,不可使知之。""圣王"们对于老百姓只要求他们跟着走,并不要求他们于此外还有更多的知识,政治上并没有这样的需要。也因为关于性命天道是很难讲的，不可以言传，所以孔丘罕言命。孔丘的学生们也说："夫子之文章，可得而闻之，其言性与天道，不可得而闻也。"这并不是孔丘的吝啬，因为这些道理本来是不可言传的。子思和孟轲因为应付战国时代的百家争鸣，不得已讲了一些，也讲得够了。宋代的道学家们大讲性命天道这些问题，更掺杂了一些佛教和道教的思想，这就明显破坏了"三代"之世的学校的成规。颜元认为要恢复那些成规。颜元的这些思想和他的"存治"一样，在新时代即将来临的时候，完全是时代的错误。

《存人编》所收集的主要是一些宣传作品，劝人不要迷信佛教、道教和其他宗教。

在《存性编》中，颜元倒是讨论了道学，特别是程朱理学，对所讨论的问题提出了自己的看法。道学分别所谓"天地之性"和"气质之性"，认为"天地之性"是善的根源，"气质之性"是恶的根源，对此，颜元不以为然。他说："孟子一生苦心，见人即言性善，言性善必取才情故迹，一一指示，而直指曰：形色天性也，惟圣人然后可以践形。明乎人不能作圣，皆负此形也；人至圣人，乃充满此形也。此形非他，气质之谓也。以作圣之具而谓其有恶，人必将贱恶吾气质。程朱敬身之训，又谁肯信而行之乎？因思一喻，曰：天道浑沦，譬之棉桃。壳包棉，阴阳也；四瓣，元亨利贞也；轧弹纺织，二气四德流行以化生万物也；成布而裁之为衣，生人也；领袖襟裾，四肢五官百骸也，性之气质也。领可护项，袖可藏手，襟裾可蔽前后，即目能视，耳能听，子能孝，臣能忠之属也。其情其才皆此物此事，岂有他哉？不得谓棉桃中四瓣是棉，轧弹纺织是棉，而至制成衣衫即非棉也。又不得谓正幅直缝是棉，斜幅旁杀即非棉也。如是，则

气质与性是一是二，而可谓性本善，气质偏有恶乎？"（《存性篇》卷一）

这是颜元就气质之性这个问题上对程朱理学的批判，还不是他对于道学的总批判。

颜元的学生李塨认为，道学中也有合于周孔的言论，他把这些言论收集起来，编为一个集子，题为《未坠集》。颜元为之作序，其中说："嗟乎！端木子云，文武之道，未坠于地，在人。谓道在人身而未坠也。今观诸儒之论，在其身乎？在世乎？徒纸笔耳。则言之悖于尧舜周孔者，坠也；言之不悖于尧舜周孔者，亦坠也。故予读之而心益伤。虽然，策我者至矣。予之视听言动，果克己复礼、践形而尽性也，则存性于身矣；诸友信拙言而皆践形尽性也，则存性于世矣。予日以仁智诸德、孝友诸行、礼乐诸艺为学，则存学于身矣；诸友亦皆以是为学，则存学于世矣。否则'四存'诸编，亦犹之诸儒之论而已矣，其坠也无乃更甚焉。"（《未坠集序》，《习斋记余》卷一）

意思就是说，一种学说，必须体现在个人的修养上和政治社会的措施上，才算是"不坠"。道学讲"尧舜周孔"之道，但是把它停留在口头上或"纸笔"上。无论道学家们讲的是不是真的"尧舜周孔"之道，经他们一讲，这个道并不是"不坠"，而是"坠"了。因为经过他们一讲，这个道就成为空文了。颜元在这里仍然尊崇"尧舜周孔"之道，但从方法上对于道学作了一个总批判。

第二节　颜元对于"格物致知"的新解释

道学以《大学》为"四书"之一，作为他们的主要经典。《大学》有"三纲领""八条目"。"八条目"是实现"三纲领"的功夫，其最后的目的是"平天下"，最初的下手处是"格物"，格物是最重要的条目。但是什么是"物"，怎么样"格"，有各种解释，各不相同。道学中也有程朱理学、陆王心学两大派的不同的解释，互相批评，各不相下。颜元提出了他自己的解释。

颜元认为，"物"是客观存在的事事物物，是认识的对象。离开客观的"物"，就不能有认识。他说："知无体，以物为体，犹之目无体，以形色为体也。故人目虽明，非视黑视白，明无由用也；人心虽灵，非玩东玩西，灵无由施也。"（《四书正误》）

颜元对"格物"的"格"字作出了全新的解释。他说："格物之'格'，王门训'正'，朱门训'至'，汉儒训'来'，似皆未稳。窃闻未窥圣人之行者，宜证之圣人之言；未解圣人之言者，宜证诸圣人之行。但观圣门如何用功，便定格物之训矣。元谓当如史书'手格猛兽'之格，'手格杀之'之格，乃犯手搥打搓弄之义，即孔门六艺之教是也。"（《阅张氏（王学质疑）评》，《习斋记余》卷六）

他接着解释"致知"，说："如欲知礼，凭人悬空思悟，口读耳听，不如跪拜起居，周旋进退，捧玉帛，陈笾豆，所谓致知乎礼者，斯确在乎是矣。如欲知乐，凭人悬空思悟，口读耳听，不如手舞足蹈，搏拊考击，把吹竹，口歌诗，所谓致知乎乐者，斯确在乎是矣。推之万理皆然。"（同上）

颜元反复强调这样的解释，在另一个地方说："今言致知者，不过读书、讲问、思辨已耳，不知致吾知者皆不在此也。譬如欲知礼，任读几百遍礼书，讲问几十次，思辨几十层，总不算知，直须跪拜周旋，捧玉爵，执币帛，亲下手一番，方知礼是如此，知礼者斯至矣。譬如欲知乐，任读乐谱几百遍，讲问、思辨几十层，总不能知，直须搏拊击吹，口歌身舞，亲下手一番，方知乐是如此，知乐者斯至矣。"（《四书正误》）

必须"亲下手"，才能得到知识，这是颜元的认识论的要点。他还说："格物谓犯手实做其事。"（《言行录》）他又以尝菜为例加以说明："如此蕨蔬，虽上智老圃，不知为可食之物也。虽从形色料为可食之物，亦不知味之如何辛也。必箸取以纳之口，乃知如此味辛。故曰手格其物而后知至。"（《四书正误》）颜元认识到，认识必须从实践开始，必须通过实践。毛泽东说："你要有知识，你就得参加变革现实的实践，你要知道梨子的滋味，你就得变革梨子，亲口吃一吃。"（《实践论》）颜元正是强调"亲口吃一吃"。

颜元说："盖致知在是物上，便亲见了那物，不尤胜于宋儒与今人全不见梅、枣，便自谓穷尽酸甜之理乎？嗟乎！通五百年学术成一大谎，其如此局何哉！"（《阅张氏〈王学质疑〉评》，《习斋记余》卷六）他还说："朱门一派，口里道是即物穷理，心里见得、日间做得却只是读书讲论。他处穷事理之理，说教好看，令人非之无举，此处现出本色。其实莫道不曾穷理，并物亦不能即。半日静坐，半日读书,那曾去格物?莫道天下事物,只礼乐为斯须不可去身之物,亦不曾即而格之!"(同上)这就是"大谎"。

这是他对于当时的思想传统提出的更广泛而又深刻的批判。他所批判的已不限于道学,而是整个的"学术"了,他反对这个局面,而又觉得无可如何。这正是一个新时代即将来临之际,一个先进的人的心理。颜元正是"山雨欲来风满楼"那种风的一个风头。

第三节 颜元对于"格物致知"新解释的历史意义

颜元的格致说的中心内容是实践,他所举的例是礼乐等六艺的实践,但他也明说"推之万理皆然"。这个实践并不限于道德上的实践,而是认识论中所说的与认识相对的实践。这个实践虽与认识相对,而又与认识不可分开,认识就是在实践中发生的。

颜元引用"手格猛兽"这个成语以说明"格"字,这也是很有意义的。在这个成语里,"格"有搏斗、斗争的意义。要知道猛兽是怎样地猛,那就需要和它搏斗一番。这正是像毛泽东说的那样,要知道梨子是什么滋味,那就得亲自咬它一口。

就中国封建社会中的"四民"来说,中国封建社会的学术主要是掌握在"士"的手中,士所习惯用的求得知识和传播知识的方法,主要是读书、写文章。久而久之,他们就认为,这是唯一的方法了。他们不知道,真正的知识,真正的学术,是从实践来的;一切的认识,都来源于实践。他们专从书本上、文字上研究学术,从实践的观点看,他们的学术就是一个"大谎"了。

颜元虽然也是个"士",但他出身寒微,长期亲自种田灌园,行医卖药卖卜,他所接触的社会比单纯的士要广泛多了。他可能熟悉当时工商业者的意识,并把这些意识反映在他的思想中。从这个意义上说,颜元更是新时代的风的一个风头。

这些都是颜元格致说的历史意义,这些历史意义颜元是不自觉的。实践的充分的意义,颜元也是不能充分了解的。这不足为怪。历史上大人物的言行,往往都是不自觉的,他们往往不知道他们做的是什么事。

从实践观点出发的理论,必然重视实践的结果,以结果为检验实践的标准,义与利互为内容。颜元发挥了这个思想。他说:"以义为利,圣贤平正道理也。……利者,义之和也。……义之利,君子所贵也。后儒乃云正其谊不谋其利,过矣。宋人喜道之,以文其空疏无用之学。予尝矫其偏,改云:正其谊以谋其利,明其道而计其功。"(《四书正误》)又说:"世有耕种而不谋收获者乎?世有荷网持钩而不计得鱼者乎?……盖正谊便谋利,明道便计功,是欲速,是助长;全不谋利计功,是空寂,是腐儒。"(《言行录》)"以义为利",是以义为利的内容;"利者,义之和也",是以利为义的内容。这是义利统一观。

附　记

  颜元的讲学活动范围不大，限于河北、河南之间。他的学生李塨的活动能力比较大，为他做了许多宣传工作。在当时的封建社会中，颜、李并称，他们的学派称为"颜李学派"。其实李塨并不完全了解颜元的思想。李塨在他所写的《大学辨业》中批评了前人对于格物的解释，并强调了自己对于格物的解释，可是完全没有提到颜元的新解释。大概颜元从道学打出来的时候，并没有把他的学生们都带出来，大部分的学生仍然留在道学里边，他们把颜元不违背道学观点的文章编为《四存编》，以为颜元的主要著作；而把颜元具有新观点的文章编为《习斋记余》，"记余"两个字表示他们的轻重倒置，完全不知道颜元的贡献之所在。不过颜元还是为《大学辨业》作序，并且承认《四存编》的编法，这可能是他对于道学的藕断丝连，所以表现为拖泥带水。

  所以本书不用"颜李学派"这个名称，不讲李塨，而只讲颜元。

1998

第六十二章 戴震反道学的斗争

戴震（1724—1777）字东原，是18世纪我国一个最大的学问家。他对于文字学、音韵学、经学有重要的贡献，对于天文学、算学、地理学等自然科学学科也有深入的研究。他是一位唯物主义哲学家，他的哲学思想是对当时占统治地位的道学的尖锐而深刻的批判，这是他的科学知识的结晶，同时也是当时工商业者的意识在思想界的反映（据段玉裁《戴东原先生年谱》记载，戴震年轻时曾随父行商）。他的主要哲学著作有《原善》《孟子字义疏证》。

第一节 戴震论"道"

戴震说："道犹行也，气化流行，生生不息，是故谓之道。"又说："阴阳五行，道之实体也。"（《孟子字义疏证》卷中）戴震在这里所说的道，有很明确的唯物主义的意义。他明确地肯定了两件事情。第一他肯定道的实体就是阴阳五行，就是说，道是物质性的实体。道不是超乎阴阳五行之上，像程朱理学所说的，道就是阴阳五行。

阴阳五行为什么叫道呢？这就是戴震所肯定的第二件事情。他肯定道就是"行"，行就是运动。照他说，五行之行，也就是运动。戴震认识到，运动是物质的存在形式。他又说，阴阳五行的物质实体一方面是"气"，一方面是"化"，总而言之叫"气化"。整个的宇宙，就是一个气化的过程，所谓"气化流行"。在气化流行过程中，就生出来宇宙间各种事物。生而又生，没有停止的时候，这就叫"生生不息"。这个实体与过程，总而言之就叫道。

这里所说的"生生不息",就是生生不已。"生生不息"是一句成语,"息"是停止的意思。戴震借用这句成语以说明"气化流行"没有停止的意思。

怎么会没有停止呢?戴震又用"息"字加以说明,这个"息"字就不是停止的意思了。

戴震认为,在生生不已的过程中,有潜藏的"生",叫"息"。他说:"生则有息,息则有生,天地所以成化也"(《原善》上)。他又举例解释道:"生者至动而条理也,息者至静而用神也。卉木之株叶华实,可以观夫生;果实之白,全其生之性,可以观夫息。"(同上)果实的主要部分是生的潜能,表面上看起来是静止的,其实是生的过程的一个组成部分。这个"息"字就不是停止的意思,所指的就是这段过程。

戴震说:"大戴《礼记》曰:'分于道谓之命,形于一谓之性。'言分于阴阳五行以有人物,而人物各限于所分,以成其性。"(《孟子字义疏证》卷中)这就是说,人和宇宙间其他事物,都是从阴阳五行分出来的,也就是从道分出来的。它们都得到阴阳五行的一部分,也就是得到道的一部分。它们所得到的这一部分,从道的观点说,就叫"命",好像是道命令给它的。从事物的观点说,就叫"性",因为是它生来就有的。它生来就有这一部分,而成形为它这样一个个体,这就是"形于一谓之性"。

戴震所说的阴阳五行,都是沿用中国哲学原有的范畴。他的主要的意思是,宇宙间的事物,包括人在内,都是自然的一部分。无论什么事物,都从物质世界中取得一部分的物质以成为它自己。这样的见解,明确地是唯物主义的。

第二节　戴震论"形上"、"形下"

程朱理学认为，有所谓"形上"、"形下"的分别，认为阴阳五行是形而下的，超乎阴阳五行之上的"理"是形而上的。戴震指出，没有超乎阴阳五行之上的理，但是"形上"与"形下"的分别还是有的。他说："气化之于品物，则形而上下之分也。形乃品物之谓，非气化之谓。……形谓已成形质。形而上犹曰形以前，形而下犹曰形以后，阴阳之未成形质，是谓形而上者也，非形而下明矣。"（《孟子字义疏证》卷中）这就是说，还没有分为各种事物的阴阳五行之气是形而上的，形就是各种各样的成形的事物。阴阳五行之气还未成形以前当然是形以前，已经成形为各种各样的东西当然是形以后。照戴震的说法，我们所能感觉到的水火木金土，也有一定的形质，也是形而下的；"五行之气"是形而上的。

戴震指出程朱理学关于"形上"、"形下"的理论的错误，并且指出这种错误的历史根源。他说："在老庄释氏，就一身分言之，有形体，有神识，而以神识为本。推而上之，以神为有天地之本，遂求诸无形无迹者为实有，而视有形有迹为幻。在宋儒，以形气神识同为己之私，而理得于天。推而上之，于理气截之分明，以理当其无形无迹之实有，而视有形有迹为粗。"（同上）这就是说，老庄和佛教认为，就一个人说，意识是第一性的，身体是第二性的；

就宇宙说，精神是第一性的，物质世界是第二性的。精神是无形无迹的，他们反而认为是实有；物质世界是有形有迹的，他们反而认为是虚幻。程朱理学认为，身体和意识都是个人所私有的，理是公共的，把理和气截然分开。理是无形无迹的，反而是实有；具体的东西，他们虽然没有说是虚幻，但是和理比较起来，是"粗"，即糟粕。这两种说法，虽然有所不同，但基本上是一致的。戴震指出："其以理为气之主宰，如彼以神为气之主宰也。以理能生气，如彼以神能生气也。"（《孟子字义疏证》卷中）戴震自以为，这样就刨出了程朱理学的老根。

第三节　戴震论"理"

戴震也承认"理"的重要。道学家所讲的理，有自然规律和道德规律的双重意义，这在他们是混而不分的。戴震所讲的理也有双重意义，他在一定程度上作出了应有的分别。作为自然规律说，戴震指出，理有两方面的作用。一方面的作用是"条理"，他指出，气化的过程是有条理的，条理就是理。他说："由其生生有自然之条理，观于条理之秩然有序，可以知礼矣。观于条理之截然不可乱，可以知之矣。……惟条理是以生生，条理苟失，则生生之道绝。"（《孟子字义疏证》卷下）这里所说的条理，就是自然界的规律。因为有规律，气化的过程才能继续不绝。

作为自然规律的理的另一方面的作用是"区分"。戴震说:"理者,察之而几微必区以别之名也。是故谓之'分理'。……得其分则有条而不紊,谓之'条理'。"(《孟子字义疏证》卷上)"是故明理者,明其区分也。"(同上)这就是说,事物之间是有区别的。每一类的事物都有它固定的特点,有使它与别类事物不同的本质。这样的特点和本质就是理。戴震说:"分之各有其不易之则,名曰理。"(同上)戴震认为,类的不同是很重要的。他说:"气化生人生物以后,各以类滋生久矣。然类之区别,千古如是也,循其故而已矣。"(《孟子字义疏证》卷中)戴震指出事物之间有类的不同,这是正确的。

理就是事物的发展规律和本质,它们都是真实的,但是,它们只能是在事物之中,而不能超乎事物之上。这一点,正是程朱理学的根本错误之所在。戴震批判说:"举凡天地人物事为,求其必然不可易,理至明显也。从而尊大之,不徒曰天地人物事为之理,而转其语曰'理无不在',视之'如有物焉',将使学者皓首茫然,求其物不得。"(《孟子字义疏证》卷上)程朱所说的超乎事物之上的理本来是不可能有的,当然是求之不得的。

第四节　戴震论"性"、"气"

事物所有的特点和本质,就是它们的性。戴震说:"性者,分于阴阳五行,以为血气心知,品物区以别焉。举凡既生以后,所有之事，所具之能，所全之德，咸以是为其本。"（《孟子字义疏证》卷中）这就是说，一种事物在既生以后，所作所为，都是性所发生的作用。严格地说，每个事物的性，都有所不同，但是，"性虽不同，大致以类为之区别"（同上）。

戴震说："血气心知，性之实体也。"（《孟子字义疏证》卷中）心必须以血气为根本，戴震说："有血气，夫然后有心知。"（同上）这就是说，精神意识是以形体为根本。事物的形体不同，所以它们属于不同的类，而它们的性也就不同。戴震指出，犬之性跟牛之性不同，牛之性跟人之性不同。（同上）

戴震指出，在这一点上，他和程朱理学又有根本的分歧。程朱理学把血气说成是气质，把由气质所发生的心知说成是气质之性。他们认为此外还有从理下来的本性，称为"天地之性"或"义理之性"。他们认为，在气质方面，人和其他东西是不同的。但是，他们的"义理之性"都是相同的。他们说，"义理之性"好比一颗明珠，人和其他东西都有这颗明珠，不过人的明珠好像在清水之中，它的光芒能完全显现出来；其他东西的明珠就像在浑水污泥之中，它的光芒不能完全显现出来，或者完全不能显现出来。戴震指出，程朱理学的这种错误见解的历史根源是道家和佛教。他说："老庄释氏自贵其神而外形体。"（《孟子字义疏证》卷中）程朱理学所说的"天地之性"或"义理之性"相当于道家和佛教所说的"神"。他们重视"天地之性"，轻视"气质"和"气质之性"，这正是"自贵其神而外形体"。

戴震指出，性就是血气所发生的作用，是以血气为根据的。他说："凡有生即不隔于天地之气化。阴阳五行之运而不已，天地之气化也。人物之生生本乎是。由其分而有之不齐，是以成性各殊。知觉运动者，统乎生之全言之也。由其性各殊，是以本之以生，见乎知觉运动也亦殊。"（同上）又说："一言乎分，则其限之于始，有偏全厚薄清浊昏明之不齐，各随所分而形于一，各成其性也。"（同上）这就是说，人物之生，都是从气分出来的，不过他们所分的气，有厚薄清浊不同，所以他们的性也有不同。因为性不同，所以从性发出来的知觉运动也都有不同。

戴震认为，人和其他的生物都有其"本受之气"和"所资以养者之气"（同上）。前者是他们在初生时所分得的那一部分气，后者是他们有生以后所继续吸收以为营养的那一部分气。戴震认为，人和其他生物在有生以后所继续吸收的气，跟他们在初生时所分得的气是相同的，他说："所资以养者之气虽由外而入，大致以本受之气召之。……本受之气，及所资以养者之气，必相得而不相逆，斯外内为一。"（同上）这就是说，人和其他动物，原来受清而明之气的，在有生以后，还是继续吸收清而明之气。在有生时，受浊而浑的气的，在有生以后，还是继续吸收浊而浑的气。所以他们之间的分别继续存在。总而言之，人和其他动物所受的气不同，所以形质不同。因为形质不同，所以性也不同，由此而发生出来的作用也都不同。

但是也有相同的部分。戴震认为，植物"气远而形不动"，动物都有血气，都有运动知觉。他说："知觉云者，如寐而寤曰觉，心之所通曰知。"（同上）他认为知觉运动是动物所都有的，但是"人则能扩充其知至于神明"（同上）。

戴震不知道物质有各种的组织形式，人的思想是具有最高组织形式的脑所发生的作用。戴震不知道这一点，只得沿用旧说，认为气有清浊昏明等不同的性质。这样,气就似乎有伦理的色彩。这是不妥当的。但是戴震的主要企图是以物质的原因说明人和其他动物不同,这种唯物主义的精神是应该肯定的。

第五节 戴震论"欲"、"情"、"知"

戴震认为,"欲"、"情"、"知"是人性表现的三个方面。他说:"人生而后有欲、有情、有知,三者血气心知之自然也。"他指出,欲是关于"声、色、臭、味"的欲望;情是喜、怒、哀、乐等感情;知是分别美、丑、是、非的能力。(见《孟子字义疏证》卷下)情、欲、知是血气心知的性所自然发生的作用。按这一方面说,它们和其他自然界现象是一类的东西,但是就另一方面说,它们又是社会现象。作为社会现象看,它们可能有错误。戴震说:"欲之失为私,私则贪邪随之矣;情之失为偏,偏则乖戾随之矣;知之失为蔽,蔽则差谬随之矣。不私,则其欲皆仁也,皆礼义也;不偏,则其情必和易而平恕也;不蔽,则其知乃所谓聪明圣智也。"(《孟子字义疏证》卷下)

要避免欲之私、情之偏,就要用"以情絜情"的方法。例如自己有好恶,专注重自己的好恶,忘记了别人的好恶,结果就是只图满足自己的好恶,妨碍别人的好恶。这就有私与偏之失。在这种情况下,应该反躬自省,如果别人这样待我,我将要怎样。这样的好恶就有了一定的节制。这样的好恶之节,就叫"天理"。戴震说:"理

也者,情之不爽失也。"(《孟子字义疏证》卷上)

程朱理学认为,所谓天理与人欲是对立的。戴震说:"宋以来之言理也,其说为不出于理则出于欲,不出于欲则出于理,故辨乎理欲之界,以为君子小人于此焉分。"(《孟子字义疏证》卷上)他指出,理学家"以理为如有物焉,外乎人之性之发为情欲者而强制之也"(同上)。戴震认为,理并不是和欲相对立的,也不是独立于人的情欲之外而强制情欲的,它就是情欲的节制所依的标准。戴震说:"理者,存乎欲者也。"(同上)

戴震这里所说的理就是道德的规律。他承认,道德的规律和自然的规律有所不同。自然界的事物,一定是合乎自然规律的。情欲可能有私偏等偏差,因此,就不一定合乎道德的规律。因此,戴震认为,在社会道德方面,对于情欲说,除了自然之外,还有必然。情欲自发的活动是出于自然,活动而没有私偏等偏差,这就合乎必然。

但是,他指出必然和自然并不是相对立的,必然就是自然的完全发展。戴震说:"由血气之自然而审察之,以知其必然,是之谓理义。自然之与必然,非二事也。就其自然明之尽而无几微之失焉,是其必然也。如是而后无憾,如是而后安,是乃自然之极则。若任其自然而流于失,转丧其自然,而非自然也。故归于必然,适完其自然。"(《孟子字义疏证》卷上)

戴震讨论了避免知之蔽的方法。在这方面的讨论中,表现出他的唯物主义的认识论思想。他指出,道学家认为理在人心,其实是"理在事情"。理是客观存在的。戴震说:"味也、声也、色也在物而接于我之血气,理义在事而接于我之心知。血气心知有自具之能:口能辨味,耳能辨声,目能辨色,心能辨夫理义。味与声色在物不在我，接于我之血气，能辨之而悦之，其悦者，必其尤美者也。理义在事情之条分缕析，接于我之心知，能辨之而悦之，其悦者，必其至是者也。"（同上）这就是说，作为自然界规律的理和作为道德规律的理，都和味与声色一样，都是客观的，不依主观为转移的。不过人的心知能够辨别认识它们，并且能够赏识它们。

这种辨别认识是心的能力。戴震说："是思者，心之能也。精爽有蔽隔而不能通之时，及其无蔽隔，无弗通，乃以神明称之。凡血气之属，皆有精爽。其心之精爽，巨细不同。如火光之照物，光小者，其照也近，所照者不谬也，所不照斯疑谬承之，不谬之谓得理。其光大者，其照也远，得理多而失理少。且不特远近也，光之及又有明暗，故于物有察有不察。察者尽其实，不察斯疑谬承之，疑谬之谓失理。"（同上）这就是说，理是客观的，认识的能力是主观的，对于客观的理的认识可能有错误。理是客观存在的东西，我们可以得到它，也可以失掉它。得到理的就是正确的认识，失掉理的就是错误的认识，它不是理，只是意见。

程朱理学家在表面上也说"即物穷理"，可是实际上他们是即心穷理。戴震说："宋儒亦知就事物求理也，特因先入于释氏，转其所指为神识者以指理，故视理'如有物焉'，不徒曰'事物之理'，而曰'理散在事物'。事物之理必就事物剖析至微而后理得。理散在事物，于是冥心求理，谓'一本万殊'，谓'放之则弥六合，卷之则退藏于密'。"（《孟子字义疏证》卷下）程朱理学认为，有一个公共的理散在事物之间，同时也就在人心之内，所以他们认为，专用反省思考就可以得理。其实理是事物之理，所以必须对于事物进行分析，以至于极细微的地步，才可以得理。戴震说："古人曰理解者，即寻其腠理而析之也。"（段玉裁：《戴东原先生年谱》）这就是说：分析也不是任意的，应顺从事物本有的规律。他又说："总须体会孟子'条理'二字，务要得其条理，由合而分，由分而合，则无不可为。"（同上）戴震认识到分析和综合的对立统一，只有分析还不能够得到理的全面，分析和综合必须互相补充。

这是戴震的方法论。他认为用这样的方法就可以充分发挥认识的能力，对于事物有全面的认识而不致有所蔽。

戴震指出，情、欲、知的完全发展是要依靠学问的。他指出，人的身体依靠耳、目、鼻、口吸收外界的声、色、臭、味以为自己的营养，"外内相通，资于外足以养其内"。在"德性"方面，也有同样的需要。学问就是"外内相通"的途径。耳、目、鼻、口从外界吸收进来的东西，经过消化就成为自己的血气。从学问吸收进来的东西，经过自己的消化也成为自己德性的一部分。戴震说："如血气资饮食以养，其化也即为我之血气，非复所饮食之物矣。心知之资于问学，其自得之也亦然。以血气言，昔者弱而今者强，是血气之得其养也。以心知言，昔者狭小而今也广大，昔者暗昧而今也明察，是心知之得其养也。"（《孟子字义疏证》卷上）

戴震指出，程朱理学认为人的"天地之性"就是天理，是本来至善完全自足的，但是为气禀所蔽，它的光辉不能完全发挥出来。学问的作用是去掉气禀之蔽，恢复"天地之性"的本来面目，即所谓"复其初"。戴震指出，这是完全错误的。他说："试以人之形体与人之德性比而论之。形体始乎幼小，终乎长大。德性始乎蒙昧，终乎圣智。其形体之长大也，资于饮食之养乃长日加益，非复其初。德性资于学问，进而圣智，非复其初，明矣。"（《孟子字义疏证》卷上）

第六节　戴震对于道学的政治的批判

戴震认为，最好的政治是让人都能满足自己的欲望，他说："圣人治天下，体民之情，遂民之欲，而王道备。"道学家把欲和理对立起来，认为政治的作用就是用理压迫老百姓，使他们的欲望得不到满足。戴震说："尊者以理责卑，长者以理责幼，贵者以理责贱，虽失谓之顺。卑者、幼者、贱者以理争之，虽得谓之逆，于是下之人不能以天下之同情、天下所同欲达之于上。上以理责其下，而在下之罪人人不胜指数。人死于法，犹有怜之者，死于理其谁怜之！呜乎，杂乎释老之言以为言，其祸甚于申、韩，如是也。"（《孟子字义疏证》卷上）

戴震所批判的就是封建社会的所谓"名教"。这种"教"专注重"名"，而不管实，就是说，只管一般，不管特殊。在所谓"纲常名教"中，君为臣纲，父为子纲，夫为妻纲。不管君、父、夫是什么样的人，臣、子、妻都要绝对地服从，因为他们在名义上是君、父、夫。至于作为君、父、夫的个人实际上是什么样的人，那就不是臣、子、妇所能过问的了。如果违反这个原则，那就叫得罪"名教"，这是封建社会中最大的罪名。因为不敢得罪"名教"，不知道有多少人负屈含冤而死，这就是戴震所谓"以理杀人"。戴震说："人死于法，犹有怜之者，死于理其谁怜之！"这是对于道学的最痛切的批判。戴震言之又有余痛。

戴震的一生受过了三重迫害。封建社会中"名教"的迫害是第一重。他父亲是个小商人，他本人也曾随父经商。在封建社会中，商人是最低的阶层，在政治上、社会上比"四民"中的士、农都受到更多的歧视和不公平的待遇。这是戴震所受的第二重压迫。在清朝初期的文字狱中戴震曾受胡中藻《坚磨生诗钞》的牵连，十多年不敢出头露面，这是他所受的第三重压迫。当时清朝的雍正皇帝处理文字狱有一种特别的办法，他不仅从"法律"上处置"犯人"，而且要求"犯人"在理论上承认他们的错误。在1728年的著名的曾静案中，他就针对曾静的观点逐条反驳，直到曾静表示服罪。接着他又下令把自己与曾静的辩论及曾的忏悔书《归仁录》编为《大义觉迷录》颁至全国，以示"犯人"了解他的大义，从迷悟中觉醒过来。这也是"以理杀人"。

戴震身受三重迫害，所以能提出"以理杀人"这样的批判。颜元批判道学还只限于学术，戴震又从政治上加以批判，这是又更进一步了。

从学术的观点看，戴震以经学家的资格，依据道学家所根据的经典，特别是《孟子》，把道学的重要范畴，一一加以分析和批判，这可以说是"以子之矛，攻子之盾"。他又以《孟子》为依据，根据他自己的理解，建立了一个与道学完全对立的哲学体系。无论从政治上或从学术上看，他对于道学的批判都已达到封建社会可能有的高峰。因为当时的工商业者还是属于封建社会中的"四民"，还没有成为居于社会上层的资本家，中国社会原有的统治阶级还有很大的势力，这就是说中国社会在当时是半封建社会。

但是，从对于道学的批判的一步一步深入，可以看出，中国的封建社会已在一步一步没落。如果这个趋势得到自然的发展，中国社会是可以自然而然地脱离半封建社会，而进入资本主义社会的。

"山雨欲来风满楼"。戴震的思想是这阵风中最猛的一个风头。

第六十三章 魏源应付大转变的新形势的总对策及其哲学思想

"山雨欲来风满楼"。这阵风所要引来的山雨，应该是资本主义。有了这阵山雨，中国封建的残余就可以一扫而光了，中国社会也就不是半封建社会了。可是，正在这个紧要关头，忽然从西方刮来了一阵逆风，阻碍了山雨的来临。它就是西方资本主义和帝国主义的侵略势力。这种势力不但使中国停留在半封建社会，而且又加上许多殖民主义的枷锁，这就使中国沦陷为半封建、半殖民地社会。

中国先进的人们前仆后继，为反对殖民主义和封建主义而斗争，这个斗争成为中国近代史和现代史的主流，他们的思想和言论也成为中国近代和现代哲学史的主流。

这股逆风的风头是1840年的第一次鸦片战争。这个战争给中国的打击太大了，使中国人不分上下都晕头转向，茫然不知所措。这个战争形成了一种新形势。怎样应付这种新形势呢？当时的一个先进人物魏源，提出了一个总对策。

第一节　魏源的总对策

魏源（1794—1857）字默深，湖南邵阳人，是19世纪中叶中国的一个著名的学者和先进思想家。他的学问方面很广，在经学、子学、历史、地理各方面，都有很重要的著作，特别重要的是他是当时比较了解西方情况的人。

在鸦片战争时期，他参加了裕谦的幕府，在浙江跟英国的侵略军队打仗。战争失败后,他极为悲愤,他说:这种情况"凡有血气者所宜愤悱,凡有耳目心知者所宜讲划"(《海国图志》序)。当时,他就是积极提出"讲划"的一个人。

魏源的主要著作是《海国图志》《圣武记》《古微堂集》等。

魏源根据林则徐所搜集的西方历史、地理的材料,加上他自己搜集的,编成《海国图志》,这是当时介绍西方情况的最主要的一部著作。《海国图志》记叙英国的事情特别详细。他对于英国的评论说:"四海之内,其帆樯无所不到。凡有土有人之处,无不睥睨相度,思得胶削其精华。"(《海国图志》卷五十二)魏源对于资本主义国家扩张殖民地,剥削殖民地人民的事实,有相当深刻的认识,这几句话说出了资本主义的本性。

对于当时的新形势,他的总对策是"以夷为师","师夷之长技以制夷"。在很长时间内,中国封建社会的统治者,实行闭关主义的政策,关起门来自尊为"天朝",认为没有受中国文化影响的地方的人都是野蛮(夷)。"天朝"有最高的文明,怎么反而向野蛮人学习呢?在当时有许多人转不过这个弯来。魏源转过来了,而且是"心悦诚服"地转过来了。他认识到,西方不但并非野蛮,并且有比中国更进一步的文明(详下)。不过他还是用当时通行的名词,称西方为"夷"。

他认为:"夷之长技三,一战舰,二火器,三养兵练兵之法。"(《筹海篇》三,《海国图志》卷二)因此,他提出了"以夷为师"的具体办法。即:"置造船厂一,火器局一,行取佛兰西、弥利坚二国,各来夷目一二人,分携西洋工匠至粤,司造船械。并延西洋柁师,司教行船演炮之法,如钦天监夷官之例,而选闽粤巧匠精兵以习之。工匠习其铸造，精兵习其驾驶攻击。"（同上）另外，"武试增设水师一科，有能造西洋战舰、火轮舟，造飞炮、火箭、水雷奇器者为科甲出身"。

当时有人认为，战舰、火炮的需要量有一定限度，若干年后"已无铸造之事，尚远重修之期，更何局厂之设乎"？魏源说："盖船厂非徒造战舰也。战舰已就，则闽广商艘之泛南洋者，必争先效尤，宁波、上海之贩辽东、贩粤洋者，亦必群就构造，而内地商舟皆可以不畏风飓之险矣。……讵非军国交便，战舰有尽，而出鬻之船无尽。此船厂可推广者一。火器亦不徒配战舰也。战舰用攻炮，城垒用守炮，况各省绿营之鸟铳、火箭、火药皆可于此造之。此外量天尺、千里镜、龙尾车（火车）、风锯、水锯、火轮机、火轮舟、自来火、自转碓、千斤秤之属，凡有益民用者，皆可于此造之。是造炮有数而出鬻器械无数。此火器局之可推广者二。"（《海国图志》卷二）

他的意思是说，中国自己首先设厂制造兵船、枪炮，然后在这个基础之上发展自己的民族工业。造船厂生产了足够用的兵船之后，就可以制造商船；枪炮厂制造了足够用的枪炮之外，就可以制造各种机器。"凡有益民用者，皆可于此造之。"（《海国图志》卷二）他主张从军事工业开始，逐渐转变为民用工业，由国强而至民富。

当时那些愚昧无知、嚣然自大的地主阶级分子极力反对制造和使用机器，他们诬蔑机器为"奇技淫巧"，为"形器之末"。魏源对于这种思想提出有力的批判。他说："古之圣人刳舟剡楫、以济不通，弦弧剡矢，以威天下，亦岂非形器之末？""有用之物，即奇技而非淫巧。今西洋器械，借风力、水力、火力，夺造化，通神明，无非竭耳目心思之力，以前民用。因其所长而用之，即因其所长而

制之，风气日开，智慧日出，方见东海之民犹西海之民。"（《海国图志》卷二）

从上述话中可以看出，魏源认识到西方有比中国更进一步的文明，他也认识到这个更进一步的要点是制造机器和培养能制造和使用机器的人才。如果能做到这一点，就学到了西方的长处，这样，"东海之民犹西海之民"，中国人的文明就赶上西方人的文明了。

西方的近代化开始于产业革命，产业革命的要点是开始使用以蒸汽为动力的机器。以这种机器代替人力，生产就可以提高几十倍以至几百倍。生产力的提高改变了西方的经济基础，随着经济基础的改变，上层建筑也改变了。这就是西方的近代化。这个道理魏源不可能知道，他只是在现象上认识到制造和使用机器的重要。虽然如此，他的认识是对了。

第二节　魏源的"经世"精神

魏源的思想继承了中国封建文化的优良传统。这个优良传统成为他的思想上的条件，使他能比较正确地认识现实。这与他的进步思想对于西方有比较正确的认识是分不开的。

在学术方面，他是当时今文经学运动的一个先驱者。在汉朝初年，新得到政权的地主阶级需为新的封建社会制定一套新的政治社会制度，当时的知识分子适应这种需要，用孔丘的名义提出了一些设想。

他们的口号是"为汉制法"。所谓"为汉制法"就是为封建社会"制法"。这一派的思想后来被称为"今文经学"。这个学派的历史任务是"改制"。西汉以后，封建社会的各种制度都逐渐确定下来了，不需要"改制"了，"今文经学"也就没人讲了。这是中国社会第一次大转变时期的情况。到了第二次大转变时期，又需要"改制"了。这种情况反映在思想上，就是"今文经学"的复兴。其历史的意义到康有为才充分表现出来，但在康有为以前已经有先驱了，魏源就是其中之一。

今文经学的一个主要精神是"经世致用"，就是要联系实际，解决实际问题。魏源在给当时的一个著名的今文经学家刘逢禄的文集所写的序中说："今日复古之要，由诂训声音以进于东京典章制度，此齐一变至鲁也，由典章制度以进于西汉微言大义，贯经术、政事、文章于一，此鲁一变至道也。"（《刘礼部遗书序》，《古微堂文稿》）这里所谓"西汉微言大义"，就是指"为汉制法"的西汉今文经学。意思是说，现在讲今文经学，表面上看是复古，但不像古文经学那样主要在训诂和考证方面下功夫。它的要点是把经学与当前的政治结合起来，这实际上不是复古，而是论今，是面向现实，解决实际问题。这也就是"经世致用"。

魏源受了当时的一个大官僚贺长龄的委托，搜集了清朝的有这种精神的文章，编为一部书，名为《皇朝经世文编》，用贺长龄的名义发表。在书的序文中魏源提出四项原则：一是"事必本夫心"，但是，"善言心者必验于事"。这就是说，不能离客观而专靠主观。二是"法必本夫人"，但是，"善言人者必有资于法"。这就是说，不能离工具法度而恃聪明。三是"今必本夫古"，但是，"善言古者必有验于今"。这就是说，不能离开现代而谈古代。四是"物必本夫我"，但是，"善言我者必有乘于物"（《古微堂外集》卷三）。这就是说，不能离别人的意见而专凭自己的意见。

魏源所提出的这四项原则，都有两个方面。一个方面是实际的客观独立性，一个方面是主观能动性。人的正确认识和行动都是以这两个方面的结合为基础的。"经世致用"必须从这四项原则出发。

《经世文编》的凡例说："盖欲识济时之要务，须通当代之典章。欲通当代之典章，必考屡朝之方策。""盖土生禾，禾生米，米成饭，而耕获舂炊，宜各致其功，不可谓土能成饭也。脉知病，病立方，方需药，而虚实补泻之万变，宜各通其变，不得谓一可类推也。"这就是说，要解决实际问题，必须通过许多调查研究的功夫。土不能成饭，但饭必须从土中来。执着一个死的方案，也不能解决实际问题，需要随机应变。

本着这样的"经世致用"精神，他研究历史，参考英国人的材料，著《元史新编》。他研究地理，著有许多关于西北地理的著作。他研究"掌故"（清朝历史制度），著有《圣武记》。他研究当时的所谓漕政、盐政，提出改善的办法。本着这样的思想方法，他研究西洋的历史、地理与政治，编成了上面所讲的《海国图志》。

他说："明臣有言，欲平海上之倭患，须先平人心中之倭患。"他认为，当时人心之患有二：一是"寐"，就是昏庸无知；二是"虚"，就是空虚不实。革除"寐""虚"就是所谓"祛二患"。"祛二患"的推动力是"愤与忧"，就是对于中国当时失败的愤慨，以及对于中国将来前途的忧虑。他又说："国家欲兴数百年之利弊，在综合名实始。欲综合名实，在士大夫舍楷书帖括而讨章程、讨国故始，舍胥吏例案而图计谟、图远猷始。"（《圣武记》卷十一）这就是说：要"祛二患"，就要"实事求是"，废除书法、八股，学习法律（"章程"）、历史（"国故"）等有实用的学问。

第三节　魏源的哲学思想

魏源讲到所谓"形器之末"。关于"形""器"的问题也是当时哲学思想中的一种斗争。道学中的理学一派作"形而上"和"形而下"的分别，把"道"和"器"对立起来。他们重视"道"而轻视"器"，这是从宋朝以来道学中的心学一派和道学以外的唯物主义哲学家所一贯反对的。在鸦片战争以后这种关于"道"和"器"的斗争具有更现实的意义。保守派本能地意识到，机器的使用将会引起重大的社会变革，这是于他们不利的。道学家关于"道""器"的理论成为他们反对使用机器的工具。魏源在上面所引的话中，以《易传》为根据，驳斥了这种理论。

魏源的这些哲学思想，表示他对科学技术的进步作用有一定的认识，对资本主义政治制度比封建制度为优越，他也有一些粗浅认识。他说："墨利加北洲（指美国）之以部落代君长，其章程可垂奕世而无弊。"（《海国图志》后序）所谓"章程"就是指美国的宪法。

魏源有一个著作，名为《默觚》，其中的思想表示他对辩证法有所认识。他在《默觚》中讲到事物的对立时说："天下物无独必有对……有对之中必一主一辅，则对而不失为独。"（《古微堂内集》卷二）照他所举的例子说，乾坤是相对的，但乾为主而坤为辅。君同臣，父同子，夫同妇是相对的，但是"君令臣必共，父命子必宗，夫唱妇必从"。"四夷"同中国是相对的，小人同君子是相对的，但是"四夷非中国莫统，小人非君子莫为饼蠓。相反适以相成也"。他认识到在矛盾对立中，必有一个对立面是主要的，一个是次要的，所以矛盾的对立仍是统一。

他也谈到相反的东西互相转变。他举例说："暑极不生暑而生寒，寒极不生寒而生暑。""不如意之事，如意之所伏也。快意之事，忤意之所乘也。"他指出，有祸中之福，有利中之害。"消与长聚门，福与祸同根。"（同上）他说：这是"物理"。

他的"寒来暑往"的循环观念，也表明他没有超过封建哲学的局限性，但是他于此认识到事物是变动的，这是他的思想中的进步成分。

在认识论方面，关于知行问题，魏源认为"知"必从"行"中得来。《默觚》说："及之而后知，履之而后艰，乌有不行而知者乎？"他注重对于实际生活的体验。他举例子说，往往看许多书，得不到什么益处，而从师友的一句话，或从一个活的事例，可以得到很大的启发。所以"今人益于古人"，"身教亲于言教"。他注重对于实际事物的观察。他说："披五岳之图以为知山，不如樵夫之一足；谈沧溟之广以为知海，不如估客之一瞥。"他的这种见解，同多数地主阶级知识分子之专靠书本求知识的思想，大有不同。

他注重"变"，又能注意从实际观察事物，因此魏源对于历史、政治都有同封建社会传统思想大不相同的看法。他认识到历史是进化的。他指出：有许多星是古有而今无，也有些星是古无而今有，所以古今的天是不同的。三楚没有"长鬣"，勾吴也没有"文身"，所以古今的人是不同的。有许多动植物，古有而今无，也还有许多动植物，古无而今有，所以古今的物也是不同的。他得出结论说："故气化无一息不变者也，其不变者道而已，势则日变而不可复者也。……执古以绳今，是谓诬今。执今以律古，是谓诬古，诬今不可以为治，诬古不可以语学。"（《古微堂内集》卷三）又说："天下事，人情所不便者，变可复；人情所群便者，变则不可复。"（同上）他认为历史变动是进步的。社会越变动，就越于人民方便。"变古愈尽，便民愈甚。"（同上书，卷二）比之于封建社会传统的历史观，这是一个有革命性的说法。他也认识到"诬古不可以语学"，这也是历史主义的学术观点。

《默觚》在一定程度上认识到群众的力量和智慧。书中说："天下其一身欤！后，元首；相，股肱；诤臣，喉舌；然则孰为其鼻息？夫非庶人欤！九窍百骸四支之存亡，视乎鼻息。"（《古微堂内集》卷三）"故天子自视为众人中之一人，斯视天下为天下之天下。"（同上）"独得之见，必不如众议之参同也。""合四十九人之智，智于尧禹。"（同上）

魏源有了这些比较进步的哲学思想，处在中国历史上大转变的时代，就可能对事物有他的比较正确的认识，也就能提出比较正确的解决问题的对策。也可以说，中国哲学的优良传统，以他的体现，在历史大转变中起了很大的进步的作用。

不过，这只是魏源的哲学思想的一个方面。上边已指出，他还是认为有"不变之道",把"道"同"势"对立起来,认为"变"只适用于"势"。这就是认为变是现象,不变的是本质。在他所著的《老子本义》中,他的这种思想,有更清楚的表现。他说:"盖道无而已,真常者指其无之实,而玄妙则赞其常之无也。老子见学术日歧,滞有泥迹,思以真常不变之道救之。"(《老子》第一章注)。他说:"凡有起于虚,动起于静,故万物虽并动,卒复归于虚静。"(《老子》第十五章注)讲到历史和实际的政治社会问题时,他注重"实",注重"变",注重"动",可是谈到哲学根本问题,他又以所谓"无"、所谓"真常"、所谓"虚静"为主了。因此,他所谓"实",所谓"变",所谓"动",也就是肤浅的,这说明魏源对于辩证法的认识是不彻底的。

第四节 魏源"以夷为师"思想的影响及其局限性

我们所注重的还是在于说明魏源思想的进步方面。他的思想在当时发生社会影响的,也是这一方面。他的儿子魏耆作的《事略》把《圣武记》及《海国图志》的序文全篇抄入,至于他的别的著作,仅只提到名字。可见在他的著作中,这两部书在当时是最受人重视的。

魏源的进步思想代表他对西方资本主义生产力的认识。根据这个认识,他提出一些向西方学习的具体计划,这就是后来所谓的"洋务"。后来主持"洋务"的人所行的"新政",例如:设枪炮局、造船厂,练新军,以及"以夷制夷"的外交政策,都不出乎魏源《筹海篇》所提出的计划的范围。所以主持"洋务"的一个领导人物左宗棠说："《海国图志》所拟方略，非尽可行，而大端不能加也。"（《重刊〈海国图志〉序》）

魏源所认识的"夷之长技"主要是在物质文明方面。照上边所说的，他也注意到美国的宪法"可垂奕世而无弊"，但只是附带提起，并没有把政治改革提出来。

这也是当时先进人物所共同有的局限性。第一次鸦片战争的打击只能使这些人们觉醒到这一步，要进一步地觉醒还需要第二次打击，那就是1894年的中日甲午之战。

第六十四章 农民大起义和太平天国的神权政治

第一节　鸦片战争以后中国的社会情况

在第一次鸦片战争以后,中国内部已酝酿着一次农民大起义。当时的一个大诗人和今文学家龚自珍已经预感到这次大变的来临,把这样的时代称为"衰世"。他认为,"衰世"的特征就是"无才"。他认为,当时不但没有有才的官吏,而且没有有才的工商,甚至没有有才的盗贼。他指出,其实并非真正没有有才的人,而是,假如有有才的人出现,就要"见戮",就是说要受迫害。他是不甘于受迫害的。他说:"才者自度将见戮,则蚤夜号以求治,求治而不得,悖悍者则蚤夜号以求乱。……然而起视其世,乱亦竟不远矣。"(《乙丙之际著议第九》,上海人民出版社出版《龚自珍全集》第一辑)龚自珍形容当时的当权派的腐败情况说:"遂乃缚草为形,实之腐肉,教之拜起,以充满于朝市。风且起,一旦荒忽飞扬,化而为泥沙。"(《与人笺》五,《龚自珍全集》第五辑)

龚自珍指出,在朝廷和在都市的当权派既然如此腐败,社会的重点就不在"京师"而在"山中"了。他说:"京师贫,则四山实矣。""京师贱,贱则山中之民有自公侯者矣。如是则豪杰轻量京师,轻量京师,则山中之势重矣。如是则京师如鼠壤,如鼠壤,则山中之壁垒坚矣。""朝士寡助失亲,则山中之民,一啸百吟,一呻百问疾矣。""夜之漫漫,鹖旦不鸣,则山中之民,有大音声起,天地

为之钟鼓,神人为之波涛矣。"(《尊隐》,《龚自珍全集》第一辑)

龚自珍所说的"山中之民",主要的还是指有才而不被用的"隐士",并不是指乡村农民。不过他的话预示当时的社会即将有重大的变革。他也初步见到当时的一些比较根本的社会问题。他指出当时富豪兼并、贫富不均的情况,说:"五家之堡必有肆,十家之邮必有贾,三十家之城必有商……肆有魁,贾有枭,商有贤桀,其心皆欲并十家、五家之财而有之。"(同上《平均篇》)

龚自珍认为,社会中贫富的矛盾是历史变革的根本原因。他说:"大略计之,浮(有余,指富人)不足(贫人)之数相去愈远,则亡愈速;去稍近,治亦稍速。千万载治乱兴亡之数直以是券矣。……有如贫相轧,富相耀。……贫者日愈倾,富者日愈壅。或以羡慕,或以愤怨。……至极不祥之气,郁于天地之间,郁之久乃必发,为兵燹,为疫疠。生民噍类,靡有孑遗,人畜悲痛,鬼神思变置。其始不过贫富不相齐之为之尔!小不相齐,渐至大不相齐,大不相齐,即至丧天下。"(《平均篇》)

贫富的差别越大,阶级矛盾就越尖锐,人民的反抗也越来越激烈,统治者便不能保持其政权。龚自珍不知道阶级,更不认识阶级斗争,不过他看到了一些现象。

这是龚自珍对于当时社会现状的分析。照这个分析看起来,他所说的"山中之民"不仅是隐居在山中的有才之士,也包括受剥削的劳动人民。

在龚自珍逝世后不久,他所预感的"大变"果然来到了,那就是洪秀全所领导的农民大起义。

第二节　洪秀全传略

洪秀全（1814—1864）原来是一个农村知识分子，随着他的父亲往来于广东、广西之间，做乡村教师。他本来也是希望从科举得一个出身，但参加了两次乡试都没有成功。以后他受了西方传教士的影响，宣传基督教，并称之为"拜上帝教"，并利用传教的机会组织农民。他对于当时的清朝政府的腐败无能和当时的社会现象很不满意，他批评说："中土十八省之大，受制于满洲狗之三省，以五万万兆之花（华）人，受制于数百万之鞑妖，诚足为耻为辱之甚者。兼之每年化中国之金银几千万为烟土，收花（华）民之脂膏数百万为花粉。一年如是，年年如是，至今二百年，中国之民，富者安得不贫？贫者安能守法？不法安得不问伊黎（犁）省或乌龙（黑龙）江或吉林为奴为隶乎？"（见洪仁玕《英杰归真》）

他这一段话，不但说出了他自己对清朝政府和社会现状的愤怒，也说出了当时人民群众的愤怒。

在这些基础上，他于1851年在广西金田举行了农民大起义。

他领导的这支起义大军从广西打入湖南，沿长江东下，所向无敌，一直打到南京。他在南京建立了自以为是全国性的政权，称为太平天国，自立为天王。这个政权一直支持到1864年才因内部交讧和清政府的镇压而失败。太平天国虽然失败了，但其支持的时间之久以及社会体制变革之剧，在中国农民起义的历史中是无前例的。

第三节　洪秀全的宗教思想发展的三个阶段和太平天国的神权政治

在现有的太平天国的文献中，被称为"太平诏书"的有三篇文章：《原道救世歌》、《原道醒世训》和《原道觉世训》。这三篇文章从题目的形式上看似乎是一组。据瑞典人韩山文的《太平天国起义记》所载："一八四五、一八四六两年，秀全留在家中，仍执教鞭为业。在此期间，彼曾作数篇文章、问答及诗歌，均发挥宗教真理者。如《百正歌》、《原道救世歌》、《原道醒世训》、《原道觉世训》、《改邪归正》等篇。其后均加增内容，编入后来在南京印行之《太平诏书》。"韩山文这样说，根据的是洪仁玕提供的材料，应该是可信的。由此可以知道，这三篇文章是洪秀全还未起义的时候宣传拜上帝教的宣传品。

这三篇虽然是同一个时期的同类作品，但三篇之间也有个先后。现在没有材料可以证明它们的先后，但就其内容看，这个先后是有的，代表洪秀全宗教思想的发展过程。

照历史的正规方法，应该先证明这三篇的先后次序，然后照着这个次序说明其内容的发展过程。现在却以其内容的发展过程规定其出现的先后次序，这是不正常的，不是历史学的正规方法。但在材料不足的情况下，也只好如此。下边所说的发展过程是我的推断。

照我的推断，这三篇的先后次序应该是：《原道救世歌》在先，

《原道醒世训》次之,《原道觉世训》又次之。

《原道救世歌》中用了许多中国历史中的思想资料以说明拜上帝的意义,但其立场基本上还是中国封建社会中普通知识分子的立场,并从这个立场上分别"正"与"不正"。例如,其中讲到有六种"不正":"第一不正淫为首,人变为妖天最瞋";"第二不正忤父母,大犯天条急自更……孝亲即是孝天帝,逆亲即是逆天帝";"第三不正行杀害,自戕同类罪之魁";"第四不正为盗贼,不仁不义为所宜";"第五不正为巫觋,邪术惑众犯天条";"第六不正为赌博,暗刀杀人心不良"。这些说法与中国传统思想并无二致,尤其是以淫为第一,以忤父母为第二,这就是封建传统中所说的"万恶淫为首,百行孝为先"。洪秀全又举周文王、孔丘、颜回为"正"的例,以黄巢、李自成为"不正"的例,这就更说明了他的立场。

在《原道醒世训》中,洪秀全把《礼运》中所记录的孔丘的话"大道之行也"一段完全抄下来。这段话所说的是一种理想社会,是乌托邦思想。在近代,康有为、孙中山都引过这段话,作为他们斗争的目标。乌托邦思想是人们对于现实社会不满和希望改革的表现。《原道醒世训》引这段话,说明洪秀全的立场已经不同于中国封建社会中的普通知识分子的立场。他的立场开始转变了,他的思想也开始转变了,他希望把世界改造成为"公平正直之世"。这是他的宗教思想在发展过程中的一个进步。

这个进步在《原道觉世训》中充分地表现出来。这篇的内容是宣传拜上帝教的教义,并提出"阎罗妖"这个名称。这篇作品反复证明上帝的存在,说上帝是天地万物的创造者,又是天地万物的养育者,是"天下凡间大共之父",是唯一的至上神,上帝之外没有别的神。要以上帝的是非为是非，凡不合于上帝旨意的言论行动都是"阎罗妖"，"阎罗妖乃是老蛇妖鬼也"。照基督教的《圣经》中说，人类的祖先住在上帝为他们所设的"乐园"中，本来是极幸福的，后来听信了一个毒蛇的话，上帝大怒把他们赶出"乐园"，让他们到现在的世界上受苦。《原道觉世训》肯定"阎罗妖"就是那个毒蛇的变种，这说明这时的洪秀全离开了传统的思想资料，而直接以西方的《圣经》作为立论的根据。这样，他就同中国的传统文化决裂了。

这是洪秀全宗教思想发展的三个阶段。在《原道觉世训》这个阶段，洪秀全的宗教思想已经定型，不再发展了，后来太平天国的一切措施就是这个思想的表现。

太平天国成立时以上帝为天父，耶稣为天兄，洪秀全自称为天王，天父通过天王统治天国。本来封建社会中的皇帝也是自称奉天命进行统治，不过洪秀全的办法很特别，据他说，天父可以下凡，附在他的身上，用他的嘴发号施令，等到话说完之后，说一句"我回天矣"，这句话说完后，洪秀全的嘴就开始又说他自己的话了。太平天国的官方文件中有一部分就记录这种情况，称为"天父下凡诏书"。

太平天国的第二号人物是东王杨秀清。洪秀全和杨秀清二人之间有矛盾，当矛盾激化的时候，洪秀全就自称"天父下凡"依附在他的身上，传天父的命令打杨秀清的屁股。据韩山文的记载，天父附在人身上说话的办法本来是杨秀清创造的，他当然知道这是骗人的，他有时也自称天父附在他自己身上，传天父的话，打洪秀全的屁股。洪杨内讧是太平天国灭亡的一个重要原因。

第四节　洪秀全和太平天国在中国近代史中的作用

说鬼神能附在人的身上说话，这是很原始的宗教迷信。太平天国的神权政治就是以这种原始迷信为其表现形式。这种神权政治使其社会体制的改革都成了有名无实，起不了积极作用。

中国的近代维新有两个基本课题：反对封建主义和向西方学习。就反封建这一方面说，洪秀全和太平天国似乎是很彻底的。洪秀全在《原道觉世训》中已经表示和中国传统文化彻底决裂。在太平天国的官方文件中有一个建议，要把"四书五经"全部烧毁，禁止流通。从表面上看，洪秀全和太平天国的反封建可以说是很彻底了。

什么是中国封建主义的主要内容呢？那就是毛泽东同志所说的"四大绳索"，他说："中国的男子，普通要受三种有系统的权力的支配，即：（一）由一国、一省、一县以至一乡的国家系统（政权）；（二）由宗祠、支祠以至家长的家族系统（族权）；（三）由阎罗天子、城隍庙王以至土地菩萨的阴间系统以及由玉皇上帝以至各种神怪的神仙系统——总称之为鬼神系统（神权）。至于女子，除受上述三种权力的支配以外，还受男子的支配（夫权）。这四种权力——政权、族权、神权、夫权，代表了全部封建宗法的思想和制度，是束缚中国人民特别是农民的四条极大的绳索。"（《湖南农民运动考察报告》，《毛泽东选集》第一卷，三三页）

洪秀全和太平天国彻底和中国传统文化决裂，应该把这四大绳索一扫而光，但深入一点看并不是如此。他以上帝为"天父"，耶稣为"天兄"，他自己为"天王"，这是以全社会为一个大宗族，"天父"为其天上的族长，"天王"是其地上的族长。地上的族长自称奉天上的族长的命令进行统治，这就把君权和族权统一起来了。

太平天国的组织本身就是一部国家机器，天王凭着这部机器进行统治，这就是政权。太平天国虽然废除了阎罗天子、城隍土地的鬼神系统，但它自己有它自己的一套鬼神系统，如"天父""天兄"之类。在太平天国，妇女的地位似乎有所提高，但这只限于个别的人，对于一般的妇女还是强调夫权。在太平天国的官方文件即《旨准颁行诏书》中，有一组《幼学诗》，标题为《妻道》的一首说："妻道在三从，无违尔夫主。牝鸡若司晨，自求家道苦。"这是对夫权的强调。另有一组《天父诗》，其中第三百七十八首说："只有媳错无爷错，只有婶错无哥错，只有人错无天错，只有臣错无主错。"这是对于四大绳索的总强调。

就这些文件看起来，太平天国并没有真正废除封建主义的四大绳索，把老百姓解放出来，而是改头换面，把封建主义的绳索集中在一个人的手中。天王是族长，是皇帝，又是教主，这样的"三位一体"使天王更容易成为一个中央集权的专制主义的独裁者。

关于向西方学习，在太平天国的官方文件中有一个文件题为《天条书》，其中说："又有妄说拜皇上帝是从番，不知上古之世，居民一体，皆敬拜皇上帝，盖拜皇上帝这条大路，当初皇上帝大造成天地山海人物以来，中国、番国俱是同行这条大路，但西洋各番国行这条大路到底，中国行这条大路，近一二千年则差入鬼路，被阎罗妖所捉。"这是说，基督教所指引的人生道路是一条大路，西方国家顺着这条大路一直走下去，中国则受了阎罗妖的迷惑，走入了邪路。言外之意是说，西方走的是大路，所以兴盛；中国走的是邪路，所以衰落。他的意思也是向西方学习，不过他认为，西方的"长技"是基督教，所以中国人也要信奉基督教，排除阎罗妖。

另一个文件《诏书盖玺颁行论》提出了一个排除的具体办法。它说："当今真道书者三，无他，《旧遗诏书》、《新遗诏书》、《真天命诏书》也。凡一切孔孟诸子百家妖书邪说者尽行焚除，皆不准买卖藏读也，否则问罪也。"所谓《旧遗诏书》和《新遗诏书》就是基督教《圣经》中的《旧约》和《新约》，所谓《真天命诏书》就是太平天国的官方文件。

这个办法是否真已实行，历史学家有不同的说法。不过当时有这一种议论、一种建议直接作为官方文件发布出来，这是事实，这就足以说明当时思想斗争的情况。

初步看来，洪秀全和太平天国是主张向西方学习的，但所要学习的是西方的宗教，是西方中世纪的神权政治，这就与近代维新的总方向和中国近代史的主流背道而驰了。中国近代维新的总方向是工业化和学习西方的科学技术，洪秀全和太平天国的神权政治却要把中国中世纪化、宗教化。其实西方的近代化是在和中世纪的神权政治的斗争中发展起来的，西方的科技是在和宗教的斗争中发展起来的。

在近代向西方学习的过程中，对于什么是西方的"长技"这个问题有不同的回答。1919年的五四运动把西方的"长技"归结为两个方面：民主与科学。学习西方和批判封建主义，必须从这两个方面的观点出发,批判才有正确的意义,学习才有正确的方向;如果不从这两个方面出发,而从专制和宗教的观点出发,那就不只是"以五十步笑百步",而且简直是以百步笑五十步了。那不仅没有什么意义,简直是一个笑话了。

在社会的新旧交替中常有两种情况,一种是旧瓶装新酒,换药不换汤;另一种是新瓶装旧酒,换汤不换药。前一种虽然不直截了当,有点拖泥带水,但还不失其进步性,因为瓶子虽然是旧的,酒却是新的。后一种表面上看来是直截了当,但实际上酒还是旧酒,药方上的汤头名字虽然换了,可是药没有换,这种情况不但没有进步性,而且还有很大的危害性。

英国的变革是前一种情况的例子,英国的国王到现在还享有中世纪的排场,但是他与内阁的关系变了。在中世纪,内阁听国王的话,国王怎么说,内阁就怎么办。现在是内阁怎么办,国王就怎么说。所以,英国虽然还保存着国王和皇室,但还是资产阶级民主的一个典型。太平天国的改革表面上看好像反封建,但实际上是新瓶装旧酒,换汤不换药。

西方中世纪是神权政治统治的时代,后世称为黑暗时代。资产阶级势力的兴起,削弱了神权政治的统治,出现了人本主义的文艺复兴时代,这是打破黑暗时代的曙光。中国传统文化在中国近代时期虽然落后于西方,但已接近于西方的人本主义的文艺复兴,所需要的是进一步的近代化,而不是退一步的中世纪化。洪秀全和太平天国的神权政治不是把中国历史推向前进,而是拉向后退。

第五节　太平天国的《天朝田亩制度》

太平天国有一个官方文件，称为《天朝田亩制度》。这个制度实行过没有，历史学家有不同的说法，但这无论如何总是官方的一种思想。

这个制度废除土地私有，由国家按人口分配，称为"授田"。它指出："凡天下田天下人同耕。此处不足，则迁彼处；彼处不足，则迁此处。凡天下田丰荒相通。此处荒则移彼丰处，以赈此荒处；彼处荒则移此丰处，以赈彼荒处。务使天下共享天父上主皇帝大福，有田同耕，有饭同食，有衣同穿，有钱同使，无处不均匀，无人不饱暖也。"

制度又规定：每家住宅的周围都要种上桑树，每家还要养五只母鸡，两口母猪。在粮食收获的时候，每家留下足够一年吃的粮食，其余的收入都交"圣库"。制度规定说："盖天下皆是天父上主皇上帝一大家，天下人人不受私物，物归上主，则主有所运用，天下大家处处平均，人人饱暖矣。"

制度规定：每二十五家设一个"圣库"和一个礼拜堂。二十五家中，如有婚丧等事，都由"圣库"另行补助。每逢礼拜日，二十五家的人都聚在礼拜堂"读圣经，讲道理"。

在太平天国，手工业工人都组织起来，生产资料都归公有，由国家按技术分别设立"营"或"衙"，称为"诸匠营"或"百工衙"，集体生产。

在天京（南京），有一个总管公有财富的府库，叫"天朝圣库"。在天京内，政府和部队中的人，以及天京的人民，都没有私人财产。一切财富都归天朝圣库。自天王以至人民，每日的生活所用，都由圣库供给，实行供给制。

《天朝田亩制度》用了许多规定，想建立理想化的社会秩序，使人民觉得它很了不起。特别是它以天父的名义废除土地私有制，这确实是一个革命的措施，是任何封建政权所不能做也不肯做的。

就制度的全面说，它有两方面的意义：一方面是政治上的，一方面是经济上的。

就政治方面说，这个制度是用军队的组织办法把农民家庭编制起来，成为一个产业大军。这个大军平日从事生产，到礼拜日"由伍长各率男妇至礼拜堂，分别男行女行，讲听道理，颂赞祭奠"，接受思想教育，从事宗教活动。这是加强对于老百姓的管制，使整个社会成为一个大兵营。诸匠营和百工衙的组织也有这样的意义。

从经济方面说，这个制度的指导思想是小农生产的自然经济和中国农民传统的平均主义。其具体的办法类似于孟轲所宣传的井田制度。孟轲以后，历代的社会思想家都以这种制度的设想作为缓和封建社会中阶级矛盾的办法，不过向来没有实行过。人们对这个设想越来越感觉到其陈腐，《天朝田亩制度》仍然在这个设想中打圈子，那就不仅是陈腐，而且是时代的错误。

中国近代史的主流是近代化。近代化的农业应该是以机械化的大农业替代个体生产的小农业，以商品经济替代自然经济，以按劳分配的原则替代平均主义。洪秀全还没有认识到这个历史潮流。

第六节　洪仁玕的《资政新篇》

也不能说太平天国没有了解近代化的人,洪仁玕就是这样的一个人。

洪仁玕(1822—1864)是洪秀全的一个族弟,在洪秀全创"拜上帝教"的时候,他就积极参加,随同洪秀全做宣传工作。他于太平天国后期才到南京。洪秀全封他为干王,任命他为军师,"总理朝政"。他一跃成为太平天国的第二号人物。他接受了这个任务之后,向洪秀全呈奏了一篇文章,称为《资政新篇》。这是他的一篇施政纲领。

这篇文章的开头说:"事有常变,理有穷通,故事有今不可行而可豫定者,为后之福;有今可行而不可永定者,为后之祸,其理在于审时度势与本末强弱耳。然本末之强弱适均,视乎时势之变通为律。则自今而至后,自小而至大,自省而至国,自国而至万国,亦无不可行矣。其要在于因时制宜,审时而行而已。"

"因时制宜"四个字是《资政新篇》的总精神,也是这篇文章的理论上的大前提。从总精神出发,这篇文章又泛论了各国的情况和经济方面的进步,认为西方强国"技艺精巧,国法宏深,宜先许其通商"。也就是说西方有先进的工业文明,所以落后的国家应优先与其交往,向其学习。文章中又提到了一些具体的实例以为证明,例如："俄罗斯邦……屡为英、佛（法）、瑞、罗、日耳曼等国所迫，故遣其长子伪装凡民，到佛（法）兰西邦学习邦法、火船技艺，数年回邦，无人知其为俄之长子也。及归邦之日，大兴政教，百余年来声威日著。""暹罗邦近与英邦通商，亦能仿造火船、大船往各邦采买，今亦变为富智之邦矣。"又预言："日本邦近与花旗邦（美国）通商，得有各项技艺以为法则，将来亦必出于巧焉。"在当时的条件下，能认识到这个程度是很难得的。洪仁玕论及各国情况，就是要点出"因时制宜"的那个"时"字，以见太平天国所处的"时"，这个"时"的主要内容就是学习西方的先进技术，实现工业化。这是这篇文章在理论上的小前提。

在这种"时"中，所制的"宜"应该是什么呢？照上面所说的大小前提推论下来，应该是走工业化的路，推行一些工业化的措施。这是这篇文章的理论结论。这篇文章通篇看起来是一个三段论法。在太平天国的官方文件中，这是一篇大文。

《资政新篇》也讲了不少向西方学习、推行工业化的具体措施。一个是"兴车马之利，以利轻捷为妙。倘有能造如外邦火轮车，一日夜能行七八千里者，准自专其利，限满准他人仿做"。一个是"兴舟楫之利，以坚固轻便捷巧为妙。或用火、用气、用力、用风，任乎智者自创。首创至巧者赏以自专其利，限满准他人仿做。……若天国兴此技……国内可得无虞，外国可通和好"。一个是"兴器皿技艺。有能造精奇利便者，准其自售，他人仿造，罪而罚之"。一个是"兴银行……或三四富民共请立，或一人请立，均无不可也"。再一个是"兴市镇公司，立官严正，以司工商水陆关税"。其他还有采矿、发展邮政等具体办法。其基本的精神是，具体的工业化应该交给民间的商人和能工巧匠自己去做，国家可以提倡和鼓励，用政治权力保护私人企业的经济权益和技术专利，并用税收的办法予以调节，但不必插手。这是洪仁玕论述工业的特点。

在1840年第一次鸦片战争以后，向西方学习和实行工业化已成为中国近代史的一个主流。在实行工业化的过程中发生一些问题，其中最主要的一个是由谁来带动工业化。工业化并不是一个空谈，它需要一种新的社会力量来带动它。有两种可以走的道路：由下而上的道路和由上而下的道路。这两种道路在开始的时候好像是相差不远，但是越走差别就越大。洪仁玕所主张的是由下而上的道路，可以称为以商带工。曾国藩在清朝政权下所走的道路是从上而下的道路，可以称为以政带工。

洪秀全对于《资政新篇》表示同意和赞赏，但是经过洪杨内讧，太平天国内部已经是四分五裂，不能有所作为了，所以《资政新篇》所提的建议都没有得到实施，一篇大文成为一片空谈。以商带工的道路没有实际走下去，其实践中的效果也就不得而知了。

第七节　总论洪秀全和太平天国

无论研究什么事物，都要对具体的问题作具体的分析。如其不然，而只笼统地看，笼统地说，那就要被事物现象和主观成见所蒙蔽，得不到事物的本质。

笼统地看，洪秀全是农民起义的领袖，他领导了农民大起义，建立了太平天国农民政权，支持了十几年之久，这在中国是史无前例的，是应该充分肯定的。分析地看，洪秀全领导农民起义这是事实，至于太平天国是不是农民政权那还是一个可以讨论的问题。在中国封建社会中是不是有可能出现一个全国性的真正的农民政权，这也还是一个可以讨论的问题。农民是封建社会中的一个阶级，不代表新的生产力，转来转去还是在封建的生产关系中打圈子。一个农民起义的领袖，打倒了当时统治的王朝，建立了新的政权，他自己登上了统治者的宝座。等他登上宝座的时候，他自己就变了质，他所建立的新政权也变质了，它就是一个封建政权，而不是农民政权了。在元朝末年的农民大起义中，朱元璋起初确实是一个农民起义的领袖，当农民起义打倒元朝统治以后，朱元璋建立了新政权，登上了皇帝的宝座，这时他就不是农民起义的领袖，而是明朝太祖皇帝了。他所建立的新政权也就不是农民政权，而是封建政权了。

明朝的统治后来为李自成农民起义大军所推翻，李自成登上了皇帝的宝座，建立了大顺政权。如果这个政权能支持下去，那也只是在中国历史中的许多王朝中又加了一个大顺朝。

照一般的说法，农民不代表新的生产力，所以历次起义的胜利果实都为野心家所篡夺。实质上这也说不上是篡夺，而是势所必至。因为农民不代表新的生产力，所以只好在旧的生产关系中打圈子。在起义胜利以后，他会想到用选举的办法选举总统吗？这是不可能的。他只好另立一个皇帝，这个皇帝只好由他们自己的领袖担任，这是势所必至。

洪秀全在南京建立了太平天国，他自己做了统治者，这也是势所必至。所不同的是，他不用中国历代封建王朝所用的封建统治那一套，而是用一种新的制度、新的意识形态。他自称为天王，以上帝为天父，以耶稣为天兄，天王奉天父、天兄的命令进行统治，天父、天兄通过天王进行间接统治，所以称为"天国"。这是西方中世纪式的神权政治。

笼统地看，这是洪秀全向西方学习的成绩，他是向西方学习的先进人物。分析地看，向西方学习是要学习西方之所长，而不是西方之所短，是要把中国近代化，而不是把中国中世纪化。中国要向西方学习的是工业化和科学技术，而不是西方的宗教。西方的近代化是在和中世纪的神权斗争中发展出来的，西方的科学技术也是在和西方的宗教斗争中发展起来的。

第一次鸦片战争以后，西方的资本家和帝国主义者强迫当时的中国政府签定了许多不平等条约，其中有两个基本的要求，一个是通商，一个是传教。通商是对中国人民的物质剥削，传教是对中国人民的精神麻醉。洪秀全宣传基督教，实行神权政治，这在客观上和西方的侵略起了里应外合的作用。

中国历史中的农民起义向来都以一种宗教为组织形式，因为农民是散漫的，如果没有一种宗教作为中心，他们就组织不起来。洪秀全等人用拜上帝教组织农民，这是农民起义的规律，和黄巾起义用太平教作为组织形式完全一样。不过洪秀全等人适逢其会，自己先受了西方传教士的影响，先信了基督教，所以就利用基督教组织农民。这正说明西方的传教士已经在中国社会中发生了影响，在这种影响下，洪秀全的太平天国起了这些西方传教士所不能起的作用。

就宗教这一点说，宗教学家认为基督教是一神教，比之于多神教是进步的。洪秀全宣传基督教,称之为"拜上帝教",认为只有上帝是真神,中国的民间迷信,如阎罗天子、城隍土地之类都是阎罗妖。据他说,"天父"能附在他的身上说话,这是用了中国民间迷信的说法,这样的上帝真正成了妖魔鬼怪,不是一神教的上帝了。他所宣传的拜上帝教实际上是西方的基督教和中国民间迷信相混合的一个大杂烩,是地道的多神教,不是一神教。

在一种社会大转变的过程中,有些社会力量顺着历史发展的主流推动历史前进;也有一些社会力量违反社会发展的趋势,把历史拉向后退。在中国社会第二次大转变的发展过程中,历史的主流是近代化,其主要的内容是振兴工业,提倡科学和技术,这是近代维新的主流。从本章的分析看,洪秀全的宗教宣传和太平天国的神权政治正是逆流而行,把中国历史拉向后退。推动前进或拉向后退是评价历史人物的最高标准。[1]

---

[1] 本章所引的有关太平天国的资料均根据中国史学会主编的《中国近代史资料丛刊·太平天国》。

第六十五章 所谓『同治中兴』和『同治维新』的中心人物——曾国藩

洪秀全和太平天国的对立面,名义上是清朝皇帝,实际上是当时的湘军统帅曾国藩。

曾国藩(1811—1872),字涤生,湖南湘乡人。在清朝道光年间,他是一个信奉程朱理学的道学家,已官至内阁学士,历兼礼、吏、兵、刑、工五部侍郎。在咸丰年间,因清朝正规军绿营腐败已极,不堪太平军一击,清朝需要新的武装,故令曾国藩丁忧在籍时办理团练,进而建立湘军,对抗太平天国。在同治年间,打败太平天国以后,他着重办理洋务。后人将其著作编为《曾文正公全集》。

第一节 曾国藩与太平天国斗争的历史意义

洪秀全和太平天国在南京以西方的基督教为教义,以神权政治为推动力,以太平军的武装力量为支持,三位一体,力量雄厚。曾国藩以宋明道学为理论,以清朝政权为靠山,以湘军的武装力量为支持,与太平天国的三位一体势均力敌。但他率领湘军追袭太平军,到安庆就追不下去了,他只好在安庆扎下大营,与南京遥遥相峙,一直到太平天国一步一步地因洪杨内讧而分裂,他才乘机攻下南京,灭了太平天国。

湘军的骨干人物中,有一部分本是道学家或与道学有密切关系者,如罗泽南、江忠源、李续宾、李续宜等人。其中突出者为罗泽南。可见,湘军不是由武人建立起来的,而是由文人特别是道学家建立起来的。曾国藩本人是一个道学家。罗泽南是专门讲学的道学大师，学者称为罗罗山先生。曾国藩发出了建军的号召，罗泽南率领他的学生前来和他合作，而且自己和学生李续宾都先后战死了。这不能说都是出于私人的交情，他们有一个共同的目标，出于共同的激愤，这个目标和激愤集中表现在曾国藩的所谓《讨粤匪檄》之中：

"自唐虞三代以来，历世圣人扶持名教，敦叙人伦；君臣父子上下尊卑，秩然如冠履之不可倒置。粤匪窃外夷之绪，崇天主之教，自其伪君伪相，下逮兵卒贱役，皆以兄弟称之；惟天可称父，此外凡民之父皆兄弟也，凡民之母皆姊妹也。农不能自耕以纳赋，而谓田皆天王之田；商不能自贾以取息，而谓货皆天王之货；士不能诵孔子之经，而别有所谓耶稣之说，新约之书。举中国数千年礼义人伦、诗书典则，一旦扫地荡尽，此岂独我大清之变，乃开辟以来名教之奇变，我孔子孟子之所痛哭于九原，凡读书识字者又乌可袖手安坐，不思一为之所也？！

"自古生有功德，没则为神；王道治明，神道治幽；虽乱臣贼子，穷凶极丑，亦往往敬畏神祇。李自成至曲阜不犯圣庙，张献忠至梓潼亦祭文昌。粤匪焚郴州之学宫，毁宣圣之木主，十哲两庑，狼藉满地。嗣是所过郡县先毁庙宇，即忠臣义士如关帝、岳王之凛凛，亦皆污其宫室，残其身首，以至佛寺道院，城隍社坛，无庙不焚，无像不灭。斯又鬼神所共愤怒，欲一雪此憾于冥冥之中者也。"（《曾文正公文集》卷二）

檄文中说太平天国"乃开辟以来名教之奇变，我孔子孟子之所痛哭于九原，凡读书识字者又乌可袖手安坐，不思一为之所也？！"这几句话说出了曾国藩、罗泽南等人共同的激愤和目标。"为之所"，就是说要有一个对付的办法，他们组织湘军就是一个办法。

照这些话看起来，曾国藩和太平天国的斗争，是中西两种文化、两种宗教的斗争，即有西方宗教斗争中所谓"圣战"的意义。这是曾国藩和太平天国斗争的历史意义。曾国藩认识到，在这个斗争中所要保护的是中国的传统文化，特别是其中的纲常名教。从这一点说曾国藩是守旧的，他反对中国进步。笼统地说是这个样子，但分析起来看，守旧和进步是相对而言的。纲常名教对于神权政治说还是进步的，因为它是建立在人权之上的。这里所说的人权是对于神权而言，并不是资产阶级所说的人权。西方在文艺复兴时代，出现了人道主义，这个人道也是对于西方中世纪的神权政治的神道说的，人道主义是作为西方中世纪的神权政治的对立面而出现的。西方文艺复兴时代出现的人道主义与西方的神权政治做斗争，为西方的近代化开辟道路，是西方近代化的先锋。同西方相比，中国是落后了，所以要向西方学习。神权政治正是西方的缺点，洪秀全和太平天国所要向西方学习的正是这个缺点。如果洪秀全和太平天国统一了中国，那就要把中国拉回到西方的中世纪，使中国的近代化推迟几个世纪。

当时，西方帝国主义所强加于中国的不平等条约，大都提出两个要求：一个是通商，一个是传教。通商是向中国的经济侵略，从经济上剥削中国，使中国人永远贫穷；传教是向中国的文化侵略，使中国人永远愚昧。洪秀全和太平天国以国家政权力量推行基督教，这就起了帝国主义所不能起的作用。在这一点上，洪秀全可能不自觉，但客观上就是如此。

曾国藩的成功阻止了中国的后退，他在这一方面抵抗了帝国主义的文化侵略，这是他的一个大贡献。

第二节　曾国藩的哲学思想

曾国藩所保卫的中国传统文化，主要是宋明道学。他是一个道学家，但不是一个空头道学家。他的哲学思想的发展有两个阶段，其主要标志是由信奉程朱发展到信奉王夫之。这个发展是在和他的对立面作斗争中实现的。

第一阶段：1841年起，曾国藩开始从唐鉴学道学，信奉程朱。其表现为尔后十年之间历兼五个部的侍郎时，曾提出一些改革时政的意见，但多未实行，深感苦恼。此时他坚持唐鉴的"居敬而不偏于静，格物而不病于琐，力行而不迫于隘"的原则（曾国藩《书〈学案小识〉后》，《文集》卷二），虽信奉程朱，而他又认为程朱"指示之语，或失于隘"，唯"张子之《正蒙》，醇厚正大，邈焉寡俦"（《致刘孟容》，《书札》卷一）。

第二阶段：1852年起，曾国藩在政治上和军事上成为洪秀全和太平天国的对立面。在这场斗争中，曾国藩自觉地以道学的教义与对方的基督教教义相对抗。本书第五册曾指出，道学有气学、理学、心学三派。当时流行的理学、心学两派，照曾国藩的理解，是或"偏于静"，或"病于琐"，或"迫于隘"（《书〈学案小识〉后》），其教义不宜作为斗争的武器。这种斗争武器，自然只有到气学一派中去寻找。他本来就认为唯有张载的《正蒙》"醇厚正大，邈焉寡俦"，这时候更发现王夫之的《正蒙注》以及全部《船山遗书》正是他所要寻找的武器。

正因为《船山遗书》中的教义是他所需要的武器，我们才能理解，为什么他在和太平军作战的最紧张、最激烈的时刻，竟然刊刻《船山遗书》。他亲自校阅他认为最重要的一百一十七卷，占全书三百二十二卷的三分之一以上，刊正了七十余处。于1864年在安庆设书局开刻，很快就在1865年完成。在1866年，他又"拟阅校船山《周易内传》"（丙寅七月日记），这是他前所未校的。同年十月日记云："夜，又批船山礼记二条。余阅此书，本为校对讹字，以便修版，再行刷印"，而自许为"精勤"。此年八月在家书中嘱儿子纪泽、纪鸿读王夫之的《读通鉴论》（《家训》卷下）。其后他本人在批示文牍时屡引王夫之言论，如1868年批杨德亨禀云："先正王船山"以"察吏安民"四字"为人臣屋漏自课之道"（《批牍》卷四）。1871年批苏松太道禀云："近世儒者王船山于社仓、义仓等事，皆反复讥议，乍见似骇听闻，深思乃有至理。"（《批牍》卷五）当然，《船山遗书》作为精神武器的作用，是不能只从文字求之的，但从这些文字也可窥见一斑了。

曾国藩写了《船山遗书序》，序文说：

"王船山先生遗书，同治四年十月刻竣，凡三百二十二卷，国藩校阅者：《礼记章句》四十九卷，《张子正蒙注》九卷，《读通鉴论》三十卷，《宋论》十五卷，《四书》、《易》、《诗》、《春秋》诸经《稗疏》、《考异》十四卷；订正讹脱百七十余事。军中鲜暇，不克细细全编。乃为序曰：

"昔仲尼好语'求仁'，而雅言'执礼'，孟氏亦仁、义并称。

盖圣王所以平物我之情,而息天下之争,内之莫大于仁,外之莫急于礼。自孔孟在时,老庄已鄙弃礼教;杨墨之指不同,而同于贼仁。厥后众流歧出,载籍焚烧,微言中绝,人纪紊焉。汉儒掇拾遗经,小戴氏乃作记以存礼于什一。又千余年,宋儒远承坠绪,横渠张氏乃作《正蒙》,以讨论为仁之方。船山先生注《正蒙》数万言,注《礼记》数十万言;幽以究民物之同原,显以纲维万事,弭世乱于未形。其于古昔明体达用、盈科后进之旨,往往近之。

"……先生殁后,巨儒迭兴:或攻良知捷获之说,或辨《易图》之凿,或详考名物、训诂、音韵,正《诗集传》之疏,或修补三《礼》时享之仪,号为卓绝。先生皆已发之于前,与后贤若合符契。虽其著述太繁,醇驳互见,然固可谓博文约礼、命世独立之君子已。……同治初元,吾弟国荃乃谋重刻……庀局于安庆,蒇事于金陵,先生之书于是粗备。后之学者,有能秉心敬恕,综贯本末,将亦不释乎此也。"(《文集》卷一)

序文还说王夫之匿迹终老于石船山,"荒山敝榻,终岁孳孳以求所谓育物之仁,经邦之礼,穷探极论,千变而不离其宗"。照曾国藩的理解,船山之学的精神,就是内仁外礼。内仁就是"幽以究民物之同原",外礼就是"显以纲维万事"。仁是体,礼是用,内仁外礼就是"明体达用"。但是内仁是"幽",看不见;外礼是"显",才看得见。所以曾国藩进一步认为:"古之君子之所以尽其心养其性者不可得而见,其修身齐家治国平天下则一秉乎礼。自内焉者言之,舍礼无所谓道德;自外焉者言之,舍礼无所谓政事。……荀卿、张载兢兢以礼为务,可谓知本好古,不逐乎流俗。"(《笔记·礼》,《杂著》卷一)曾国藩又更加简单明了地说:"盖古之学者,无所谓经世之术也，学礼焉而已。"（《孙芝房侍讲〈刍论〉序》，《文集》卷一）所以李鸿章说曾国藩的"学问宗旨，以礼为归"（《曾文正公神道碑》）。专就经世之术说，曾国藩之学实可称为"礼学"。李鸿章还说：曾国藩"尝谓圣人者，自天地万物推极之至一室之米盐，无不条而理之"（同上）。就是说，从天地万物以至一家一户的柴米油盐，都是他的礼学的对象。

但是曾国藩的礼学，仍然强调"所谓有《关雎》、《麟趾》之精意，而后可行《周官》之法度"（《复刘霞仙中丞》，《书札》卷十四）。这是引用二程的学生杨时所记程颢的话："明道云：'必有《关雎》、《麟趾》之意，然后可行周公法度。'"（《程氏外书》卷十二引《龟山语录》）二程和王安石都主张行"周礼"，但王安石是从富国强兵的"利"出发，二程的出发点则是"《关雎》、《麟趾》之意"，也就是"至诚恻怛之心"（《代吕公著应诏上神宗皇帝书》，《程氏文集》卷五）。"至诚恻怛之心"就是"内仁"，行《周礼》就是"外礼"。

曾国藩一贯主张"不诚无物"（如《复贺耦庚中丞》，《书札》卷一），当然也就"不诚无礼"。"《关雎》、《麟趾》之意"，"至诚恻怛之心"，概括起来就是仁，所以也就"不仁无礼"。上文已引，曾国藩主张"舍礼无所谓道德"，也就"舍礼无诚"，"舍礼无仁"。总而言之，曾国藩的礼学，是将礼与诚、仁融为一体，而不是就礼论礼。

曾国藩对于辩证法亦有所见。他说："盖天下之道，非两不立。是以立天之道，曰阴与阳；立地之道，曰柔与刚；立人之道，曰仁与义。乾坤毁则无以见易，仁义不明则亦无所谓道者。"（《答刘孟容》，《书札》卷一）又说："一则生两，两则还于一。一奇一偶，互为其用，是以无息焉。物无独，必有对。"（《送周荇农南归序》，《文集》卷一）后来更概括地说："国藩亦看得天下万事万理皆成两片。"（《题方友石书后》，《书札》卷六）这就是说，每个事物都是一个统一体，其中有两个对立面，这是辩证法的一个基本原则。据曾国藩说，他"看得天下万事万理皆成两片"，这说明这个原则对于他已经不是一种理论上的知识，而是一种直觉，一种体会，一种经验。这说明他对于这个原则有了比理论知识更进一步的认识。这些辩证思想，论其渊源，显然是从张载《正蒙》的"两不立则一不可见，一不可见则两之用息"，"有象斯有对"，（均见《太和篇》）"地所以两，分刚柔男女而效之，法也；天所以参，一太极两仪而象之，性也"（《参两篇》）而来。

曾国藩之所以接受并信奉从张载到王夫之的气学，这是由于，在与太平天国的斗争中，在教义方面，只有气学的"气"不可能曲解为类似上帝的东西，而理学的"理"和心学的"心"都有可能解释为类似上帝的东西，所以只有气学可以与洪秀全的"上帝"划清界线。曾国藩未必自觉到这一点，但这一点确实能划清两种对立的教义的界线。这一点，用我们现在的话说，就是，只有唯物主义才能彻底反对宗教。

以上是从曾国藩用道学的教义与洪秀全的基督教教义进行思想斗争中，论述曾国藩的哲学思想。至于在当时的实际斗争中，曾国藩还利用中国固有的宗教与西方传入的宗教作斗争，这已不属于哲学史范围，本书不予论述。

第三节　曾国藩的军事思想

曾国藩本是文人，但在长期和太平天国的武装斗争中，依据亲身经验，发展出一套军事思想。他这一套有四个方面：（一）军礼，（二）行军之本，（三）用兵之道，（四）用兵之法。

曾国藩的"礼学"，表现在军事上，就是"军礼"。他说："军礼既居五礼之一，吾意必有专篇细目，如戚元敬氏所纪各号令者，使伍两卒旅，有等而不干；坐作进退，率循而不越。今十七篇独无军礼，而江氏永、秦氏蕙田所辑，乃仅以兵制、田猎、车战、舟师、马政等当之，使先王行军之礼，无绪可寻。国之大事，在祀与戎，而古礼残阙若此，则其他虽可详考，又奚足以经纶万物！"（《复刘霞仙中丞》之二，《书札》卷十四）

就是说，古代有吉礼、凶礼、军礼、宾礼、嘉礼五礼，他以为军礼一定有专篇细目，像戚继光的《纪效新书》《练兵实纪》所纪的各种号令那样详细。现存的《仪礼》十七篇唯独没有军礼。江永的《礼书纲目》和秦蕙田的《五礼通考》所辑的军礼资料，也未能为古代军礼寻出头绪。他认为祭礼、军礼特别重要，二者若残缺不全，即使其他各礼能考其详，仍然不能经纶万物。

但是曾国藩并没有致力于古代军礼典籍的恢复，而于1858年制订《初定营规二十二条》，于1859年制订《营规》《营制》《马队营制》（均见《杂著》卷二）。这些营制营规，起了当时的军礼的作用。李鸿章说曾国藩，"尝慨古礼残阙，无军礼；军礼要自有专篇细目，如戚敬元氏所纪。若公所定营制营规，博稽古法，辨等明威，其于军礼，庶几近之"（《曾文正公神道碑》）。这就是承认曾国藩所制订的营制营规大致相当于古代军礼。

军队是一个作战的集体，必须在任何情况下，特别是生死呼吸之际不散不乱，要达到这个目的，就必须有一套严密的组织法，明确的规章制度和操作规程，这就是曾国藩所谓军礼。至于古代五礼中所说的军礼，是不是就是这个样子，那就无可考，也不必考了。不过由此可以了解，曾国藩所说的礼的意义。这个意义，倒是和古代所谓礼相合的。例如《周礼》的内容，本来就是一种政府和社会的组织法，但古人不称为"法"，而称为"礼"。由此可以了解，曾国藩关于礼的作用是"经世"那个提法的意义。

曾国藩认为，行军之本是"爱民"。他说："兵法千言万语，一言以蔽之曰：爱民。"（《爱民歌序》，《杂著》卷二）他告诫部将说："总宜时时警省：以爱民为行军第一要义。"（《批管带祥字营刘守备胜祥贺年禀》，《批牍》卷二）他所说的"爱民"就是"不扰民"，他的"八本"格言之一是"行军以不扰民为本"（《格言四幅书赠李芋仙》，《杂著》卷二）。为此他"特撰爱民歌，令兵勇读之。歌曰：三军个个仔细听：行军先要爱百姓。……第一扎营不要懒，莫走人家取门板。莫拆民房搬砖石，莫踹禾苗坏田产。莫打民间鸭和鸡，莫借民间锅和碗。莫派民夫来挖壕，莫到民间去打馆。筑墙莫拦街前路，砍柴莫砍坟上树。挑水莫挑有鱼塘，凡事都要让一步。第二行路要端详，夜夜总要支帐房。莫进城市占铺店，莫向乡间借村庄。人有小事莫喧哗,人不躲路莫挤他。无钱莫扯道边菜,无钱莫吃便宜茶。更有一句紧要书:切莫掳人当长夫。一人被掳挑担去,一家啼哭不安居。娘哭子来眼也肿,妻哭夫来泪也枯。从中地保又讹钱,分派各团并各部:有夫派夫无派钱,牵了骡马又牵猪,鸡飞狗走都吓倒,塘里吓死几条鱼。第三号令要严明,兵勇不许乱出营。走出营来就学坏,总是百姓来受害,或走大家讹钱文,或走小家调妇人。……在家皆是做良民,出来当兵也是人。……军士与民如一家,千记不可欺负他。日日熟唱爱民歌,天和地和又人和"(《杂著》卷二)。这首歌并不只是唱唱而已的教材,而是列入《营规》的《禁扰民之规》,以军法执行的纪律。

照这首歌看来,所爱的"民"并不限于某一阶级,而是泛指城乡居民。"大家"富人和"小家"穷人,概在禁扰之列。这和他1852年所上的《备陈民间疾苦疏》是一脉相通的。

作为军事思想来看,曾国藩是要把军事建立在政治的基础上。他不是单纯军事观点,他是从国家、社会的全局看军事,看"爱民"。他说:"凡天之立君,国之设官,皆以为民也。……仆尝谓:统兵而不知爱民,即百战百胜,也是罪孽;居官而不知爱民,即有名有位,也是罪孽。"(《复高云浦观察》,《书札》卷三十一)又说:"戒扰民,戒吸烟,勤字,廉字,人生之根本,即我楚师水陆两军之根本也。"(《批水师正前营王副将明山禀》,《批牍》卷二)他认为,人生之根本,即军事之根本。在他看来,人生的主要内容是修身齐家治国平天下,包括军事在内,所以其根本都是一个。他是从整个人生看军事,看爱民;表现在学问上便是从外礼内仁的统一看军事,看爱民。

虽然曾国藩要把军事建立在政治的基础上,与单纯军事观点不同,但是他的政治所代表的根本利益是地主阶级的,他的军队也就必然是地主阶级的武装。所以他所说的"爱民",都是就消极方面说的。至于军队爱民的积极方面,如帮助人民生产,为人民抗灾,这些方面,他都看不到了。这是他的阶级性所决定的。

曾国藩说:"用兵之道,在人而不在器。"(《复李少荃中丞》,《书札》卷十一)这就是说,人的因素与武器因素相比,人的因素更重要。若不是与人相比,而是单独看武器,曾国藩则认为武器也重要。他不像孟轲那样迂阔,以为只要有了"仁政",有了人,便可以使人拿着木棍去打"秦楚之坚甲利兵"。坚甲利兵还是要用坚甲利兵去对抗。他知道,武器和使用武器的技术是重要的,但是武器要人用,技术要人掌握,武器和技术与人相比,人是第一位的。曾国藩在此前提下,对于"器"也作了很大努力。

在用兵之法方面,曾国藩讲究"主、客、奇、正"的变化。他说:"凡用兵,主、客、奇、正,夫人而能言之,未必果能知之也。守城者为主,攻者为客。守营垒者为主,攻者为客。中途相遇,先至战地者为主,后至者为客。两军相持,先呐喊放枪者为客,后呐喊放枪者为主。两人持矛相格斗,先动手戳第一下者为客,后动手即格开而戳者为主。中间排队迎敌为正兵,左右两旁抄出为奇兵。屯宿重兵,坚扎老营,与贼相持者为正兵;分出游兵,飘忽无常,伺隙狙击者为奇兵。意有专向,吾所恃以御寇者为正兵;多张疑阵,示人以不可测者为奇兵。旌旗鲜明,使敌不敢犯者为正兵;羸马疲卒,偃旗息鼓,本强而故示以弱者为奇兵。建旗鸣鼓,屹然不轻动者为正兵;佯败佯退,设伏而诱敌者为奇兵。忽主忽客,忽正忽奇,变动无定时,转移无定势,能一一区而别之,则于用兵之道,思过半矣。"(《笔记·兵》,

《杂著》卷一）

这种变化亦有其条件，主要是随地形、敌势而变化，并无一定之规，可泥之法。曾国藩说："臣窃谓用兵之道，随地形、贼势而变者也，初无一定之规，可泥之法。或古人著绩之事，后人效之而无功；或今日致胜之方，异日狃之而反败。惟知陈迹之不可狃，独见之不可恃，随处择善而从，庶可常行无弊。"（《再议练军事宜摺》，《奏稿》卷三十四）这就是说，不要犯经验主义，也不要犯主观主义，不要照搬老一套，不要只相信自己正确，要听从别人的好意见，要从主客观实际出发，灵活运用。

曾国藩还说："兵者，不得已而用之，常存一不敢为先之心，须人打第一下，我打第二下。"（咸丰九年二月日记）这就是后发制人。他在《陆军得胜歌》中通俗而形象地发挥了这个意思："他呐喊来我不喊，他放枪来我不放。他若扑来我不动，待他疲了再接仗。起手要阴后要阳，出队要弱收要强。初交手时如老鼠，越打越强如老虎。"（《杂著》卷二）后发制人，可以说是有中国特色的兵法。

曾国藩更认为："兵者，阴事也。哀戚之意，如临亲丧；肃敬之心，如承大祭；庶为近之。……以人命为浪搏轻掷之物，无论其败丧也，即使侥胜，而死伤相望，断头洞胸，折臂失足，血肉狼藉，日陈吾前，哀矜之不遑，喜于何有？故军中不宜有欢欣之象。有欢欣之象者，无论或为和悦，或为骄盈，终归于败而已矣。"（《笔记·兵》，《杂著》卷一）所以他告诫两个儿子："尔等长大之后，切不可涉历兵间。此事难于见功，易于造孽，尤易于诒万世口实。余久处行间，日日如坐针毡，所差不负吾心、不负所学者，未尝须臾忘爱民之意耳。近来阅历愈多，深谙督师之苦。尔曹惟当一意读书，不可从军，亦

不必作官。"（咸丰十一年三月十三日谕纪泽、纪鸿，《家训》卷上）

他的心和他的所学是什么呢？这里没有说。因为他已在《讨粤匪檄》中明白地说了，是众所周知的。就是太平天国要毁灭中国传统文化，推行基督教的"教义"；曾国藩要维护中国传统文化，维护他自己的"教义"。曾国藩认为，他这样做是为了"爱民"。他认为太平天国是用武力推行其"教义"，他也只得用武力去对付，这就叫"不得已而用之"。曾国藩说，因为他有这些思想的支持，所以虽在军中"日日如坐针毡"，也还可以忍受。至于战争本身则是最悲惨的事，是所谓"阴事"。虽然打了胜仗，但是，悲哀还来不及，也就没有什么可以庆幸的。他教训他的儿子们不可统率军队。

曾国藩本以军"功"而致显位，但他告诫他的儿子们"切不可涉历兵间"，"不可从军"。这可见他的军事思想密切联系着他的哲学思想——内仁外礼这个总纲。

第四节　曾国藩的洋务措施和洋务派思想

曾国藩镇压了太平天国以后，清朝的统治暂时稳定。这就是清朝历史家所说的"同治中兴"。在以后的短暂期间，清朝的统治者也办了一些工业，引进了一些西方的近代科学技术。这在当时称为洋务，主持洋务的人称为洋务派，曾国藩也是其中之一。

1860年，英法侵略者与清廷订立《北京条约》后，即有数国向清廷提出与清军联合攻打太平军，"情愿领价采办台米洋米"由海道运到津沽。清政府就这两件事征求曾国藩的意见，曾国藩表示赞成，在其《复陈洋人助剿及采米运津折》中说："此次款议虽成，中国岂可一日而忘备；河道既改，海运岂可一岁而不行。如能将此两事妥为经画，无论目前资夷力以助剿济运，得纾一时之忧；将来师夷智以造炮制船，尤可期永远之利。"（《奏稿》卷十五）曾国藩的答复不限于所问的两件事，而更进一步提出"将来师夷智以造炮制船"的设想。

曾国藩在此折中还指出："驭夷之道，贵识夷情。""夷情"是什么呢？他接着叙述和比较了英、法、俄、美四国近年来对于中国的态度，虽说也是"夷情"，可是尚非问题的本质。到了1863年，曾国藩在答复执政的奕䜣（恭亲王）的信中说："国藩于洋务素未谙究，然体察情形，参之众论，大抵如：卫鞅治秦，以耕战二字为国；泰西诸洋，以商战二字为国。用兵之时，则重敛众商之费；无事之时，则曲顺众商之情。众商之所请，其国主无不应允。"（《复恭亲王》，《书札》卷二十八）

曾国藩首先认识到，中国经济以农为主，西方经济以商为主。他能从经济上看出中西社会之所以不同，这就抓住问题的本质了。下面几句话实际上说的是西方近代的政治制度和社会制度，这些制度是建立在国主和商人的关系上。在国家有事的时候，国主可以用征税的办法把商人的财力集中起来，以应付事变；在平时国主就要听商人的话，照着商人的要求办事。这里所谓商人就是资本家。社会的财富集中在资本家手里，他们掌握了经济权，也就掌握了政权，这就是资产阶级专政。曾国藩不知道这些名词，可是他所说的就是这么一回事。当时中国先进的人们只看到西方的工业，曾国藩对于西方的认识比他们又深了一层，进了一步。

曾国藩洋务活动的重点是建设机器制造局，在与太平天国交战驻扎安庆时即开始建立。太平天国失败后，曾国藩更加努力建设此局，他于1868年向清廷写了一个总结报告，就是《新造轮船折》，其中说："窃中国试造轮船之议，臣于咸丰十一年（1861）七月复奏购买船炮折内即有此说。同治元二年（1862—1863）间驻扎安庆，设局试造洋器，全用汉人，未雇洋匠。虽造成一小轮船，而行驶迟钝，不甚得法。二年（1863）冬间派令候补同知容闳出洋购买机器，渐有扩充之意。湖广督臣李鸿章自初任苏抚，即留心外洋军械；维时丁日昌在上海道任内，彼此讲求御侮之策、制器之方。四年（1865）五月在沪购买机器一座，派委知府冯焌光、沈保靖等开设铁厂，适容闳所购之器亦于是时运到，归并一局。始以攻剿方殷，专造枪炮；亦因经费支绌，难兴船工。至六年（1867）四月，臣奏请拨留洋税二成，以一成为专造轮船之用，仰蒙圣慈允准。于是拨款渐裕，购料渐多。苏松太道应宝时及冯焌光、沈保靖等朝夕讨论，期于必成。"接着谈试造轮船，"此次创办之始，考究图说，自出机杼。本年（1868）闰四月间臣赴上海察看，已有端绪；七月初旬第一号工竣，臣命名曰恬吉轮"。"先在吴淞口外试行"，"复于八月十三日驶至金陵，臣亲自登舟试行至采石矶"。"将来渐推渐精"，"中国自强之道或基于此"（《奏稿》卷三十三）。

上一节说到曾国藩为武器制造作了很大努力，在此折中说："开局之初，军事孔亟，李鸿章饬令先造枪炮两项，以应急需。""各委员详考图说，以点线面体之法，求方圆平直之用，就厂中洋器，以母生子，触类旁通，造成大小机器三十余座，即用此器以铸炮。""制造开花、田鸡等炮，配备炮车、炸弹、药引、木心等物，皆与外洋所造者足相匹敌。至洋枪一项……巧式百出，枪成之后，亦与购自外洋者无异。"（同上）

这些叙述也表现出曾国藩本人平素"留心""讲求"此道，以其日记证之尤为明显。如己未（1859）八月日记备载武昌火药局制造火药之法。同年日记又备载制造藤牌、"群子"之法。壬戌（1862）七月日记备载华蘅芳、徐寿的小火轮做法与表演，说："窃喜洋人之智巧，我中国人亦能为之，彼不能傲我以其所不知矣。"戊辰（1868）五月日记备载机器局造船技术资料。辛未（1871）十月日记备载炮厂各种新炮演习。

此折还说，局中"另立学馆，以习翻译。盖翻译一事，系制造之根本。洋人制器，出于算学，其中奥妙，皆有图说可寻。特以彼此文义扞格不通，故虽日习其器，究不明夫用器与制器之所以然。本年局中委员于翻译甚为究心，先后订请英国伟烈亚力，美国傅兰雅、玛高温三名，专择有裨制器之书，详细翻出。现已译成《汽机发轫》、《汽机问答》、《运规约指》、《泰西采煤图说》四种。拟俟学馆建成，即选聪颖子弟随同学习，妥立课程，先从图说入手，切实研究，庶几物理融贯，不必假手洋人，亦可引申另勒成书"（同上）。制造局的这个翻译馆，既译又编，出版了许多新书。后来康有为在《桂学答问》中说，为了兼通"外学"，即西学，"若将制造局书全购尤佳"，主张将制造局出的书全部买来阅读。可见其影响是很大的。

照上边所引的材料看，曾国藩所要办的洋务仍然以制造兵器为主。他比以前向西方学习的人进步的，在于认为制造兵器要以培养中国人自己的能力为主，中国人要进一步了解制造的原理和技术，这就进一步地认识到西方科学和技术的重要性。

关于这一点，当时存在着不同的甚至相反的意见，曾国藩进行了反驳。例如同治元年（1862）他在答复奕䜣的信中说："顷又接劳辛阶总制咨到折稿，其意欲全用外国人，不欲参杂用之。国藩愚见：既已购得轮船，即应配用江楚兵勇，始而试令司柁司火，继而试以造船造炮，一一学习，庶几见惯而不惊，积久而渐熟。"（《复恭亲王桂中堂》，《书札》卷十）曾国藩反对"全用外国人"，主张中国人与外国人"参杂用之"，逐步代替外国人，终于"不必假手洋人"，"使彼之所长，我皆有之"。

曾国藩在同治元年壬戌五月日记中说："欲求自强之道，总以修政事、求贤才为急务，以学作炸炮、学造轮舟等具为下手工夫。但使彼之所长，我皆有之，顺则报德有其具，逆则报怨亦有其具。若在我者挟持无具，则曲固罪也，直亦罪也，怨之罪也，德之亦罪也；内地之民，人人媚夷，吾国无能制之；人人仇夷，吾亦不能用也。"

意思是说，应以当时急需的军事工业为自强之"具"。有了这个具，则洋人或顺我，或逆我，我都有恃无恐。没有这个具，则我无理（"曲"）固然有罪，有理（"直"）也是有罪；怨恨他固然有罪，感谢他也是有罪。没有这个具，则国民媚外，我固然无能制之；国民仇外，我也不能利用之。

尽管这个"具"如此极端重要，但是他不靠单纯引进，而是靠中国人自己学习制造。到同治十年（1871），他与李鸿章会奏清廷：派"幼童出洋学习"。他始终致力于培养和依靠中国人自己的力量，"使彼之所长，我皆有之"，以此为中国自强的根本。

曾国藩晚年对李鸿章说："东南新造之区，事事别开生面"，"自强之策，应以东南为主"（《复李中堂》，《书札》卷三十二）。他已经在其权力所及的东南地区办了一些洋务，还希望在全国兴办洋务。

西方的近代化，是由于产业革命，用以蒸汽为动力的机器进行社会化的大生产。这种社会化的大生产，要有个社会力量来带动，在西方就是以商带工，这在马克思《共产党宣言》中讲得很清楚。洪仁玕主张私人办工业（见《资政新篇》），也属于以商带工。曾国藩也知道西方议会制度，在议会中作为资本家的商人可以控制政权，使君主听其指挥，但这正是曾国藩所要避免的。他最怕的是商人成了资本家，会凭议会的力量指挥君主，所以主张以政带工，而不许以商带工。

在中国历史中，专政的地主阶级向来意识到在社会的各阶层中只有商人有和它争夺政权的潜力，所以一贯采取抑制商人的政策。这在汉朝盐铁会议中有过激烈的辩论。曾国藩所推行的以政带工的政策是有历史根源的。曾国藩虽然认识到西方以商立国，但实际做的不是以商带工，而是以政带工。他委派一批中级官僚兴办工业，所以以政带工其结果必然是以官代商。于是造成官工、官商，使工业、商业官僚化、衙门化。因此他所办的工业无不赔钱，不能维持。其赚的钱，已为官商所中饱。

以政带工在经济上的后果是严重的，其政治上的后果则更为严重。其中饱的官商逐渐成为官僚资本家。代表封建的官僚资本家和代表帝国主义的买办资本家狼狈为奸，使中国更深地陷入半封建、半殖民地的地位。如果以商带工，中国原来的商人就会更早地成为民族资本家，中国就可能早一点进入近代化，早一点从半封建、半殖民地的地位中自拔出来。

曾国藩主张以政带工并不是偶然的，这是他的洋务派思想的具体表现。严复在批判张之洞的时候，指出了洋务派的三个要点：一个是"中学为体，西学为用"，一个是"政本艺末"，一个是"主于中学而以西学辅其不足"（详下第七十章）。曾国藩的思想具备了这三个要点。他的基本思想是保卫中国封建社会中的纲常名教，这在他的《讨粤匪檄》中已经清楚地表现出来了，这是讨太平天国的檄文，也是他的政治宣言。从这点出发，他就知道在当时的情况下，非引进一些西方的科技、工业不能维持封建统治，所以也要办一些洋务。这正是严复所说的后两点。

总起来说，曾国藩镇压了太平天国，阻止了中国的中世纪化，这是他的功；他的以政带工延迟了中国近代化，这是他的过。他的思想是一贯的，那就是保卫中国传统文化，其主要内容是纲常名教，即所谓"礼"。但因形势变了，所应付处理的问题不同，所以功过各异。在"同治维新时期"曾国藩的这种思想就是洋务派思想。所谓同治维新基本上都是这种思想支配的，那种维新表面上看似乎是把中国的近代化推进了一步，其实是延迟了中国的近代化。

第五节　曾国藩与满汉斗争

关于满汉斗争这个问题，笼统地看，清廷是满人，太平天国是汉人，曾国藩为清廷效力，反对太平天国，这是汉奸的行为，但是，对于具体问题要做具体分析，这个分析章炳麟早已做了。在旧民主主义革命时期，章炳麟组织了一个光复会，以排满为革命的唯一宗旨，不像同盟会那样，只以排满为革命的宗旨之一。他对于满汉斗争这个问题是很敏感的，对于有关这个斗争的事情，他所做的判断，不会偏向满人的。

本章上文指出了曾国藩刻印《船山遗书》的重要性，这一点章炳麟也早已提出，他写了一篇文章，题为《书曾刻〈船山遗书〉后》，全文如下：

"王而农著书，壹意以攘胡为本。曾国藩为清爪牙，蹈洪氏以致中兴，遽刻其遗书，何也？衡湘间士大夫以为国藩悔过之举，余终不敢信。最后有为国藩解者曰：'夫国藩与秀全，其志一而已矣。秀全急于攘满洲者，国藩缓于攘满洲者。自湘淮军兴，而驻防之威堕，满洲人亦不获执兵柄，虽有塔齐布、多隆阿辈伏匿其间，则固已为汉帅役属矣。自尔五十年，房权日衰。李鸿章、刘坤一、张之洞之伦，时抗大命，乔然以桓文自居。巡防军衰，而后陆军继之，其卒徒皆汉种也。于是武昌倡义，尽四月而清命斩，夫其端实自国藩始。刻王氏遗书者，固以自道其志，非所谓悔过者也。'

"余谓国藩初起抗洪氏时，独以拒袄教、保桑梓为言。或云檄文宜称大举义旗以申天讨者，国藩不肯用。然则种族之辨，夫固心知之矣。洪氏纲纪不具，又诪于异教之说，士大夫虽欲为之谋不可得。国藩之屈而之彼，势也。及金陵已下，戏下则有惰归之气。而左李诸子新起，其精锐乃逾于旧，虽欲乘胜仆清，物有相制者矣。独有提挈湘淮，以成百足之势，清之可覆与否，非所睹也。然其魁柄已移，所谓制人不制于人，其计亦或如论者所言。观其刻王氏书，无所删削，独于胡虏丑名,为方空以避之。其不欲厚诬昔贤,亦彰彰矣。虽然,论国藩者,如《公羊》之贤祭仲,汉史之与平勃,可也。自君子观之,既怀阴贼以覆人国,又姑假其威以就功名,斯亦谲之甚矣。狄梁公为武氏相,卒复唐祀,其姑犹以事女主为诮。国藩之志,乃不如一老妇人哉?

"问者曰:'湘潭王闿运尝言:国藩在翰林时,数趋穆彰阿之门,以是骤贵。及其与远西列国交,事事缩朒,斯诚受教于穆彰阿者。其性不爱国至是,谓其志覆满洲可乎?'应之曰:'世有一得而一失者,虽圣哲不能易其事。国藩于外交,盖有穆彰阿所不为者矣。观其立江南制造局以储兵械,不内就奥区,而暴露于海上。敌兵突至,则是以其械予敌也。夫其力足以制洪氏,智足以弊清宗,以之应远西,其暗劣乃如是。此非独国藩一人然也。当曾胡合兵克安庆时,乍一外舰溯江而上,使林翼望风呕血,以至于死,此则心眢气夺,固已久矣。夫力所不敢校者,如鼠遇狸,其神智铄焉以尽。此与摧破洪氏事校,优诎相去何其远哉!故曰世有一得而一失者,以是谓其不欲覆清,则未可也。'"

这是章炳麟经过具体分析后,所提出的不同于当时时论的看法。其所以敢于提出这个不同的看法,因为他的看法不是随便说的,而是他的分析研究的结论。

在上引章炳麟的"书后"中,有一部分是章炳麟转述别人的看法,有一部分是他自己的看法。"书后"的第一段中所说的"解者"一段,是章炳麟转述的别人的看法。这位解者说,曾国藩虽然打败了太平天国,但是提高了汉人在清廷政治上的势力,所以在客观上起了太平天国所要起的作用,他和太平天国是一致的,可以说是有异曲同工之妙。若仅就这一方面说,那倒是有理由的,其理由还要在下面详细说。若说曾国藩在主观上本来就有取清廷而代之或排满的思想,那就是臆测了,没有什么迹象可以作为根据。从曾国藩的家庭出身及所受的教育看,他不可能有这样的思想。

从"余谓"起才是章炳麟讲他自己的看法。他用"余谓"两个字以划清他自己和解者的界线。本章在上文对于曾国藩与太平天国的问题已经作了一些分析,其分析与章炳麟的分析基本上是相同的或类似的。在对付太平天国的问题上,曾国藩和清廷的目的是相同的,但其出发点不同。清廷的出发点是维持自己的统治,曾国藩的出发点是保卫传统文化。他和清廷是同床异梦,同归殊途。曾国藩也不隐讳他的异梦,他的殊途,这已在他的《讨粤匪檄》中明显地表示出来。章炳麟在"书后"中说"或云檄文宜称'大举义旗,以申天讨'者,国藩不肯用"。这说明曾国藩是有意识地要在檄文中表示他自己的独立的宗旨。

这里所说的"异梦"是专就对付太平天国这一件事说的。这固然是一件大事,但不能由此作出推论,以为对于任何事件曾国藩和清廷都是"异梦",更不能作出推论,以为曾国藩本来就有取清廷而代之的预谋。这样的推论在逻辑上是错误的,在事实上是没有根据的。章炳麟也不以为然。

曾国藩为什么要刻印《船山遗书》呢?章炳麟转述了他当时的两种说法,一是"悔过",一是"自道其志"。对于这两种说法,他未置可否,他自己只称赞一句,"不欲厚诬昔贤",没有提出正面的说法。他没有看到,曾国藩当时刻印《船山遗书》的政治意义,其政治意义是,要以此书丰富中国古典哲学的宝库,加强中国传统文化的阵地,从而加强他自己保卫中国传统文化的阵地。

"自君子观之"以下,是章炳麟转述当时别人的对于曾国藩的一些评论,和他自己对于这些评论的评论。所谓"君子"是指当时时贤,他们说曾国藩太"谲",这是根据上面所说的臆测和推论而做的评论。照这个评论,曾国藩简直是一个大阴谋家。对于这个评论,章炳麟也不以为然。

章炳麟引用了狄仁杰的故事。狄仁杰身为武周的宰相,做的是恢复李唐的事,他的姑母提出讥诮。章炳麟问:"国藩之志,乃不如一老妇人哉?"他用这句话否定了这个评论,也含蓄地否定了这个评论所根据的臆测。

章炳麟的"书后"中还引了王闿运的评论。王闿运认为,曾国藩办外交过于软弱,是继承了满人如穆彰阿之流之教。章炳麟为曾国藩辩解说,任何人做事都有得有失,曾国藩做事也有得有失,不可以其失而不承认其得。王闿运的说法固然不对,章炳麟的辩解也不正确。曾国藩的根本看法是,中国必须学习西方科学技术,兴办工业,凡是外国所能做的中国也都必须能做。有了这一点,对付外国人,硬也行,软也行;没有这一点,软不行,硬也不好。这是曾国藩的洋务思想的根本出发点。

曾国藩打下南京后,为什么不乘胜北上,一举而推翻满清呢?章炳麟所举的那些理由都不得要领。对于这个问题,最明显的答复是,他根本没有推翻满清的思想。打下南京以后,他的想法是要在东南半壁推行洋务,然后以此为基础推行到全国。

曾国藩虽然没有推翻满清的思想,但是在客观上他确实使汉人的势力在清廷的政治上占了优势。他们俨然成了一派,可名之曰汉人优势派，李鸿章、左宗棠都包括在这一派中，曾国藩自己成了这一派第一代领袖。他死了以后，李鸿章为他作神道碑文，李鸿章的哥哥李瀚章为他编辑全集，这是一个信息，这个信息表明，这一派的人宣布，曾氏弟兄的领导权已经转移给李氏弟兄了。

李鸿章以淮军起家，镇压了企图恢复太平天国的捻军，成为这一派的第二代领袖。袁世凯亦淮军后起之秀，被委任训练北洋新军。李鸿章在遗折中说："环顾宇内人才，无出袁世凯右者。"向清廷保荐袁世凯为他的继承人。袁世凯以新军起家，发展为北洋派，在辛亥革命中，和革命军里应外合，迫使清朝皇帝交出政权，结束了清朝二百多年的统治。

在政治上各派之间的斗争还不能用投票的方式解决的时候，有武装实力的人必然占优势，最后取得政权。清朝的灭亡，在它的正规军绿营失去了作用之时，就已经注定了。但是"百足之虫，死而不僵"，又勉强支持了几十年。但是勉强支持是不能持久的，所谓"同治中兴"是它的回光返照。

章炳麟的这篇文章以满汉之争为中心问题，他对这个问题是敏感的。同盟会本以排满为其宗旨之一，但清朝交出政权以后，它就把"排满"改为"联满"，主张汉、满、蒙、回、藏五族共和。中华人民共和国成立后，共产党的民族政策也基本上是沿着这个方向前进。时至今日，在中华民族的大团结之中，满汉之争也成了历史了。

第六十六章

戊戌变法（所谓『光绪维新』）的组织者和领导者——康有为

1894年第一次对日战争——甲午之战的失败，使中国人受了更进一步的大震动，先进的中国人认识到必须作进一步的、更全面的改革，这个改革当时称为变法，这个认识表现为戊戌变法运动，其组织和领导者是康有为。

第一节　康有为的生平和著作

康有为（1858—1927）原名祖诒，字广厦，号长素，戊戌变法后又号更生，广东南海人。

康有为出身于封建官僚地主家庭，从小接受封建正统教育，十八岁时从师于广东的一个知名学者朱次琦，学习中国的经学和史学。三十五岁以前康有为在科场上屡次失意，这期间他开始学习和研究西方新思想、新学问。1891年他在广州长兴里开堂讲学，同时从事著述。1893年，康有为中举，二年后中进士。

康有为一直关心国家大政。1888年，他首次上书光绪皇帝，指出民族危亡迫在眉睫，必须自强政治，虽未到光绪手中，但引起了一定影响。1895年，中日甲午战争失败后，康有为乘在北京参加会试之机，联合各省参加会试的举人上书皇帝，这是有名的"公车上书"。书中反对与日本签订投降和约，主张变法图强。后来他又连续上书，提出有关变法的建议，直到促成了1898年的"百日维新"，即戊戌变法。他还很重视群众性集会的作用，在戊戌变法前夕，先后在北京组织强学会，在上海组织强学分会。这些会的成员大多数是知识分子。当时工农还未有发动起来，所以能参与变法活动的，也只能限于知识分子。

戊戌变法失败后，康有为逃亡国外，直到1913年才回国。在流亡期间，康有为坚持君主立宪的主张，反对孙中山所领导的同盟会的反清主张和革命活动。回国后，他逆时代潮流而动，办《不忍杂志》，反对民主共和，鼓吹虚君共和，宣传孔教为国教，并在1917年积极参加了宣统复辟，成为历史的一个笑柄。

他的主要著作有《新学伪经考》《孔子改制考》《春秋董氏学》《春秋笔削大义微言考》《中庸注》《孟子微》《论语注》《礼运注》《官制议》《不幸而言中，不听则国亡》《大同书》《诸天讲》及自编年谱等，还有别人编辑的《七次上书汇编》《戊戌奏稿》《代草奏议》及诗文集等。

第二节　康有为早期变法思想

早在甲午之战失败以前，在清廷正在沉醉于"同治中兴"之际，康有为就预感到大祸的来临，"山雨欲来风满楼"，康有为感到这个风了，在中法战争失败以后，他于1888年就向清朝的光绪帝上书，其中提出了三点建议："变成法，通下情，慎左右。"可注意的是康有为在这里没有提出"船坚炮利"、机器制造等事，他没有提出这些事,并不是不承认这些事的重要,只是认为有比这一类的事物更重要的,那就是他所说的三事。这三事其实就是一事,他认为最重要的是政治上的改革。当时有许多人已经著书写文章,要求政治上的改革,康有为用变法这个观念把这些要求概括起来。他引日本明治维新作为先例,他说:"日本崎岖小岛,近者君臣变法与治,百废具举。"他认为变法是"百废具举"的先决条件,这说明当时先进的人们已经把注意力转移到政治上的改革了,这是从生产力转到生产关系,从经济基础转到上层建筑,从物质文明转到精神文明,这是对于中国当时的问题在认识上更深了一层,更高了一步。

从唯物史观的观点看,经济基础比上层建筑更根本,物质文明是精神文明的先决条件。这是更深一层,更高一步的看法,在康有为的时代还说不到此。但是这是历史发展的规律,康有为的变法思想反映了这个规律。

第三节 康有为所领导的"公车上书"

康有为1888年的上书在清廷没有引起什么反应。中日甲午战争以后日本的先例就更突出了。他所预感的大祸忽然来到了。甲午之战失败了,而且失败得很惨,中国新建成的海军全军覆没。康有为在甲午之战的第二年,利用各省的举人到北京会试的机会,领导了所谓"公车上书"。

"公车上书"本身就是一件大事。中国的知识分子，士，有一个直接干预政治的传统，在国家有大事的时候，有危难的时候，通过群众性运动的方式发表意见。黄宗羲曾设想以学校作为政府组织的一部分，利用学校的"清议"从道义上批评政府，监督政府。他的这个设想在康有为"公车上书"运动中得到部分的实现。康有为所联系的那一部分到北京会试的举人就是一个临时学校，他们的上书就是这个临时学校所发出的"清议"。根据留传下来的文献在上书的书上签名的举人只有六百零三个，虽然人数不多，但确实是一个带有群众性的运动。

在这个会试正在举行的时候，清廷已经派特使到日本，向日本投降，并和日本议定了和约，即所谓"马关条约"，但尚未经清朝皇帝最后批准。和战正处在关键时刻，"公车上书"就出来了。

"公车上书"首先要求清廷继续对日战争，反对议和，书中提出和战的得失，说："夫言战者固结民心，力筹大局，可以图存；言和者解散民体，鼓舞夷心，更速其亡。"

康有为提出了对日继续战争状态后清廷应持有的对应策略，他说："伏乞皇上下诏鼓天下之气，迁都定天下之本，练兵强天下之势，变法成天下之治。"第一项所说的"诏"就是所谓"罪己诏"。这一项要求清朝皇帝对于战争的失败，公开承认错误，承担责任。第四项所说的"变法"，就是培养自己的实力，以为战争的后盾。

这个变法包括两大项，第一项是"富国之法"，第二项是"养民之法"。他说："夫富国之法有六：曰钞法，曰铁路，曰机器轮舟，曰开矿，曰铸银，曰邮政。"这里也说到"开矿""轮舟"，但是他注意的是经济政策，"钞法"和"铸银"都是他所设计的解决当时社会上的经济问题和政府的财政问题的办法。

康有为在这里所说的变法没有包括他一向所主张的君主立宪制，也没有提出日本明治变法的先例。这可能是因为公车上书是一个群众性的运动，这些问题提出来可能不为群众所接受。在当时的情况下，一般人仇日的情绪很高涨，绝不能接受赞扬日本的话和向日本学习的言论。

1895年带有群众运动性的"公车上书"和1919年群众性的五四运动很有相同之处。五四运动所用以号召的主题是反对巴黎和约，"公车上书"所用以号召的是反对向日本投降。在这两个问题上，五四运动胜利了，中国没有在巴黎和约上签字，终于收回了青岛和胶东半岛；"公车上书"失败了，清廷向日本投降，签定了《马关条约》。

第四节　康有为的《统筹全局折》

在"公车上书"以后，康有为又屡次上书。在光绪二十四年（1898）一月七日的《应诏统筹全局折》中，他说："自甲午和议成后，臣累上书，极陈时危，力请变法。……观大地诸国，皆以变法而强，守旧而亡。"又说："夫方今之病，在笃守旧法而不知变，处列国竞争之世而行一统垂裳之法。……夫物新则壮，旧则老；新则鲜，旧则腐；新则活，旧则板；新则通，旧则滞；物之理也。法既积久，弊必丛生，故无百年不变之法。况今兹之法，皆汉唐元明之弊政，何尝为祖宗之法度哉？"这是康有为把变法提到关系国家存亡的高度，从原则上说明了变法的必要。他又提出要实行变法还必须有一个前提，就是"定国是"。他说："国之有是，犹船之有舵，方之有针，所以决一国之趋向而定天下之从违者也。"如果"国是未定，众论不一，何从而能舍旧图新哉"？而国是之定应"大集群臣于天坛太庙，或御乾清门，诏定国是，躬申誓戒，除旧布新，与民更始"。用现在的话说，就是以最高权威把全国人的思想和行动都统一于变法。到了四月，康有为又上《请告天、祖，誓群臣以变法定国是折》，催促光绪"诏定国是"。光绪采纳了他的建议，于四月二十三日下诏"明定国是"。从此，戊戌变法就正式开始了。

随后，光绪于四月二十八日召见了康有为，叫他统筹全局，并授予专折上奏之权。康有为利用这个机会，于五月初一就直接上奏了《统筹全局折》。折中说："臣今所欲陈者：曰统筹全局以图变法，御门誓众以定国是，开局亲临以定制度，三者而已。"他所提的这三件事，头一件事是请清皇帝自己有变法的决心；第二件事是把这个决心公开宣布，使之成为全国上下共同奋斗的目标，这就是所谓"国是"；第三件事是设制度局，把"国是"的内容定为制度以保证其实施。这三件事本来是他以前的上书早已提过的，这个折子又重复提出。为什么要重复呢？这是因为他在统筹全局中，认为最重要的就是这三件事。也可能因为他以前的上书都是由别人代奏，这个折子是他直接上奏，所以把已经说过的话又重新说一遍。

奏折中说，他不列举那些办工厂、修铁路那一类的事，认为："若是者，变事而已，非变法也。变一事者，微特偏端不举，即使能举，亦于救国之大体无成，非皇上发愤自强之意也。周公思兼三王，孔子损益四代,乃为变法。"这就是说,变法是一种政治社会制度的改变,并不是就某一种具体事物枝枝节节地说的,那只是变事,不是变法。

奏折又说:"臣前请用日本例,开制度局于内廷,选天下通才任之,皇上亲临,日共商榷,其有变法之折,并下制度局商议,拟旨施行,然后挈领振裘,目张纲举,新政可行,自强有效。臣所请开设制度局者,此也。"

康有为所说的三事之中,开制度局一事为当时守旧的人所反对,尚未施行。康有为于同年七月又上了一个《请开制度局议行新政折》。折中说:"今频频新政,而不先开法度局以统裁之,定其千条万理之宜,明其先后缓急之序,而漫听群臣之条陈,遽为涣汗而颁下,枝枝节节不相凑合,乱次而济,散无友纪,何以异于所笑营室裁衣者之所为也。""伏乞皇上躬秉乾断,立开制度局,选一国之才,而公议定之统筹全局,乃次第施行,其于变法,庶能少弊。"他所设想的制度局并不是仅只定制度而已,它实际是一个帮助皇帝推行变法的智囊团、小内阁。照这个说法,他所讲的制度局并不仅只是一个规定制度条文的机关。

第五节　康有为所理解的君主立宪制

康有为认为,变法的最重要的一项是"立宪法,开国会"。他替当时的一个内阁学士写了一篇奏稿,其中说:"臣窃闻东西各国之强，皆以立宪法开国会之故。国会者，君与国民共议一国之政法也。盖自三权鼎立之说出，以国会立法，以法官司法，以政府行政，而人主总之，立定宪法，同受治焉。人主尊为神圣，不受责任，而政府代之。东西各国，皆行此政体。故人君与千百万之国民，合为一体，国安不得强？吾国行专制政体，一君与大臣数人共治其国，国安得不弱？盖千百万之人，胜于数人者，自然之数矣。""伏乞上师尧舜三代，外采东西强国，立行宪法，大开国会，以庶政与国民共之，行三权鼎立之制，则中国之治强，可计日待也。"

接着康有为自己又上了一个奏折，其中说："窃臣顷闻内阁学士阔普通武奏请行宪法而开国会，廷议不以为然，皇上决欲行之，大学士孙家鼐谏曰：'若开议院，民有权而君无权矣。'皇上曰：'朕但欲救中国耳；若能救民，则朕虽无权何碍！'大哉王言！臣闻感泣曰：'非尧舜之大圣，真有公天下之心者，安得有此哉！'……窃谓东西各国之所以致强者，非其政治之善、军兵炮械之精也，在其举国君民合为一体、无有二心也。夫合数千百万之人为一身，合数千百万人心为一心，其强大至矣；不必大国，虽比利时、荷兰、丹麦、瑞典之小，而亦治强也。近者欧美，尤留意民族之治，凡语言政俗，同为国民，务合一之。近者日本以之，日本地与民族，仅比吾四川一省，而今强盛若彼矣。盖民合于一，而立宪法以同受其治，有国会以会合其议，有司法以保护其民，有责任政府以推行其政，故也。吾国人主抚有其国，仅与数大臣共治之，或十数疆臣分治之；虽有多民，仅供租税，不得预政事焉，其视国家国土，若秦越人相视之肥瘠也，苟不及其乡土，亲受奴虐，皆无关焉。……夫分则弱，合则强，治法之公理也。武王有臣三千人为一心，故胜；

纣臣万亿为万亿心,故亡。然则国无小大,人无多寡,视其分合如何而已。今吾国有四万万之民众,大地莫多焉,而不开国会,虽有四万万人,而不预政事,视国事如秦越,是有众民而弃之。……但一君主与数大臣为政,尊则尊矣,制则制矣,然孤寡若此,而与列强合数千百万人为一者,相校相遇,安得不败?不然,安有以万里之大国,四万万之众民,而败于日本者哉!论者不察本末,而妄言治体,繁为条陈,夫天下岂有本不立而能举其末者哉!即末治能举,亦何益矣。《易》曰:'正其本,万事理。'臣昧昧思之,早夜筹之,为中国计,而求其治本,唯有君民合治,满汉不分而已。定其治本以为国是,乃可以一人心而求治理。"(《请君民合治、满汉不分折》)

在光绪二十一年(1895)闰五月上清帝书中,康有为便已提出"设议院以通下情","开门集议,令天下郡邑十万户而推一人,凡有政事,皇上御门,令之会议,三占从二,立即施行;其省府州县咸令开设,并许受条陈,以通下情"。现在光绪帝竟然不怕"若开议院,民有权而君无权";竟能认为"朕但欲救中国耳;若能救民,则朕虽无权何碍",下了决心。所以康有为又连上一折,"乞定开国会期",要求具体确定召开国会的日期。此折中说:

"今欧、日之强,皆以开国会行立宪之故。皇上翕受嘉谟,毅然断行,此中国之福也,生民之幸也。请即定立宪为国体,预定国会之期,明诏布告天下。然宪法、国会条例至繁,尚待选集,取资各国。今未开国会之先,请采用国会之意:一曰集一国人才而与之议定政制,一曰听天下人民而许其上书言事。臣今敢以报尧舜之君者,在此二者而已。"(《谢赏编书银两,乞预定开国会期,并先选才议政、许民上书言事折》)

康有为认为，变法的要点就是在政治上实行君主立宪制。以上所引的材料就是他所了解的君主立宪制，他的立场也是光绪帝的立场。他的问题是光绪帝怎样把政权下放到国会，以求全国上下同心协力抵抗外来的侵略，这样可以救国，也可以使光绪帝得到老百姓的拥护。他主张下放政权，但不主张全部下放政权。他所理解的君主立宪并不是或不全部是在当时西方所已实行的君主立宪。君主立宪的实质是君主把统治权全部交给内阁，而自己居于一个有名无实的虚位。英国是君主立宪的典型。从形式上看，国王仍然是一国之主，安享尊荣，和中世纪的君主没有差别，但是他没有实权了。在一个新国会开会的时候，国王仍然摆全副銮驾，带着王子、王孙到国会去参加开会典礼，在会上他也发表演说，宣布施政方针。实际上他的演说稿子是内阁替他写的，内阁叫他怎么说他就怎么说，这样的君主就是康有为后来所说的"虚君"。在戊戌变法的时候，康有为还不知道"虚君"是君主立宪制的实质。他也谈到三权分立、宪法等名词，但只是谈谈而已，并不多说，更不准备实行。他提出"君民合治"这个说法，所谓"君民合治"，也就是介乎君主和民主之间的君民共主。这倒是他所理解的君主立宪制的真正内容，他也不隐讳这个内容。

直到民国成立，康有为从国外回来，提出"虚君共和"，这才提出"虚君"这个概念。他认为共和也得立一个"虚君"，并试图证明虚君和共和并不矛盾。如果君是虚君，本来与共和是不矛盾的，所以英美可以并为民主政治的典范。为什么英国有虚君而美国没有呢？这是一个事实问题，不是理论问题，应当做具体分析。

谁可以当中国的虚君呢？康有为认为有两个可能的人：一个是

已经退位的宣统帝，一个是衍圣公孔德成。他显然是主张宣统复辟，提衍圣公不过是一个陪衬。如果他在戊戌变法期间提出虚君之说，让光绪帝当虚君，那倒是进步的思想。在清帝已经退位、共和已经成立之后提出虚君之说，希望变相复辟，那就是反动的了。在张勋复辟失败以后，康有为就又出来，说，"不幸而言中，不听则国亡"，以此证明设虚君的必要。其实，张勋复辟就是他所策划的。他顺着这条反动的道路一直走下去，成为一个笑柄。

第六节　康有为的重商思想

　　变法的具体内容是什么呢？康有为在"公车上书"的书中已经提出来了。他提出"富国之法"和"养民之法"，这都是他的经济思想。养民之法包括四项："一曰务农，二曰劝工，三曰惠商，四曰恤贫。"他在这里把四项平列，但他所注重的是"劝工"和"惠商"。对于农和商的轻重，他说："凡一统之世，必以农立国，可靖民心；并争之世，必以商立国，可侔敌利，易之则困蔽矣。故管仲以轻重强齐国，马希范以工商立湖南。且夫古之灭国以兵，人皆知之；今之灭国以商，人皆忽之。以兵灭人，国亡而民犹存，以商贾灭人，民亡而国随之。中国之受弊，盖在此也。"他认为，农商的轻重不是绝对的，要看在什么时代。这比一般人的看法进了一步。曾国藩曾认为中国以农立国，西方以商立国，康有为指出，重农还是重商，并不是由于东西之分，而是由于时代的不同，这比曾国藩又进了一步。

康有为又提出"惠商"的具体办法，他说："一人之力有限，不若合公股，故有大会大公司，国家助之。"他不主张国家自办商业，而是鼓励私人合办公司，国家可以帮助它们，但不可替代它们。这些公司为了自己的利益，自然会多开工厂，多出产品，这就是以商带工，这和曾国藩的"以政带工""以官代商"的政策，有根本上的不同。

关于"劝工"，他说："《周官》考工，《中庸》劝工，诸葛治蜀，工械技巧，物究其极，管仲治齐，三服女工，衣被天下；木牛之制，指南之车，富强之效也。……前大学士曾国藩手定大难，考知西人自强之由，创议开机器之局。近者各直省渐为增设，而只守旧式绝无精思，创为新制，盖国家未尝教之也。宜令各州县咸设考工院，译外国制造之书，选通测算童，分门肄业，入制造厂阅历数年，工院既多，图器渐广，见闻日辟，制造日精，凡有新制绘图贴学，呈之有司，验其有用，给以执照，旌以功牌，许其专利。工人自为身名，必殚精竭虑，以求新制，枪炮之利，器用之精，必有以应国家之用者。彼克虏伯炮、毛瑟枪，为万国所必需，皆民造也。"（同上）基本的意思是鼓励工业民办。

康有为随后上了两个奏折，分别申明劝工、惠商的意思。一个是《请励工艺奖创新折》，其中说："乞下明诏，奖励工艺，导以日新。令部臣议奖创造新器，著作新书，寻发新地，启发新俗者。著新书者，查无抄袭，酌量其精粗长短，与以高科，并许专卖。创新器者，酌其效用之大小，小者许以专卖，限若干年；大者加以爵禄；未成者出帑助成。其有寻新地而定边界，启新俗而教苗蛮，成大工

2083

厂以兴实业，开专门学以育人才者，皆优与奖给。则举国移风，争讲工艺，日事新法，日发新议，民智大开，物质大进，庶几立国新世，有恃无恐。"

另一个是《条陈商务折》，其中说："夫商之源在矿，商之本在农，商之用在工，商之气在路。……先出矿质，发农产，精机器之工，精转运之路。然后开商学，译商书，出商报，以教诲之；立商律以保险，设兵舰以保卫之，免厘金税，减出口征，以体恤之；给文凭，助游历经费，以奖励之；行比较赛珍厂，以鼓励之；定专利，严冒牌，以诱导之；定册籍草簿之式，以整齐之。故宜开局讲求，自内国之中，外国之情，土产若何，矿质若何，工艺制造若何，及税则之轻重，价值之低昂，转运之难易，天时之寒暖，地利之险夷，何道而浮费可省，何法而利源可兴，何经营而贸易可旺，何物可畅销，何物可自制，何方之货物最多，何国之措施最善，荟萃诸法，草定章程，行之各省埠，则万宝并出，岂复患贫？"

康有为在这里说明了商的重要，也明确了商和工的关系。他认为工和商是互相为用的。他不主张政府直接办工商业。政府可以做的事是为商业培养人才，创造条件。"惠商"即所以"劝工"。

这就是以商带工。上章讲过，曾国藩主张政府直接办工业，这是以政带工。康有为主张，商业和工业都由私人兴办，而政府加以提倡、帮助、保护，这和曾国藩的办法成为鲜明的对比。以政带工和以商带工，是中国工业化的两条道路。这两条道路所带来的后果，在中国的历史的发展中，越来越显现出来。

第七节　康有为的《官制议》

康有为在统筹全局的奏折中提出了设制度局，认为这是在变法中一件极关重要的措施。这个建议在当时没有实现。他在出国流亡期间写了一部《官制议》，其中所讨论的问题，大概就是他所设想的制度局所应该讨论的。从《官制议》中可以看出来，他的思想已经有所改变，但其大体轮廓还是照旧。

在《官制议》中，他集中讨论了"君"、"相"关系，并引了中国历史中一些关于这个问题的事实。他说："汉世之政事，可分君、相两门观之。……然中国人主专制者也。权归丞相，则人主自多不便，多于除免则太繁，且宰相或无大过亦不忍弃，不若自收其权之为切实也。……此盖君相争权而为君所胜，亦中国政界一大案也。"（《中国汉后官制第三》）他认识到这是中国历史中的一大案，就是说，这是一个大转变。因为从相权被战胜后，君权独尊，这就成为真正的个人独裁的专制主义政治了。

在说到他当时所讨论的君主和国会的关系的时候，他说："盖天下万事，皆有知而后有行，有虚论而后有事实，有宏议而后有美政，论之反覆，辩难极明，然后行之，宣布设施鲜弊。故非合举国之人才，各地之贤智，聚之一院，提议辩难，必不能得宜也。盖同一法也，施之南方而合，施之北方而不合；施之海滨而合，施之于山僻而不合；比比然也。故必合各地千百之贤才，为昼夜岁月之讨论，折衷中外，穷极细微，行舍少从众之公义，然后议定施行之，乃见其可也。……故当大臣总裁以定之，人君称制以监之。当大变方始之时，际人心未明之候，以君权行之，有如雷霆之震，万物昭苏，其效更速也。故当两者兼用之，即今各国议院亦行两者合定之意也。"（《开议院第七》）这里所说的大臣当然就是相了。照康有为所说的，相的职能就是总结国会议员们的意见，报告给君主，请他下令施行。

从上边的引文中，可见康有为虽然打着君主立宪的旗帜，可是他完全不了解什么是真正的君主立宪。照他所说的，在中国历史中相的地位最高也只能到君相分权；在他所讲的君主立宪制中，相只能是君主和国会之间的一个中间人。他完全不了解，在真正的君主立宪制中内阁和君主的关系。在这个关系中，相是君主的对立面，不是君主的附属品，也不是君主与国会之间的中间人。这个相不管用什么名字，是内阁的代表，内阁是国会的代表。内阁凭借国会，国会凭借选民以进行统治。君主在名义上仍然可以称制，但不过是照例画诺，这样的君主就是所谓的虚君。必须君是虚君，才可以行君主立宪制，这个道理康有为是不了解的，所以他所提倡的"君主立宪"充其量不过是"君民合治"。

不过在《官制议》中有一点倒是值得注意。在《官制议》中，康有为说："吾国有工人，无商人，又商人太贱，而无保护教学之事，此商务所以不兴也。今立商部，专以振兴商务而保护之。……各道、县皆置商务会，令大商公举议员，商部人员并于此拔用焉。"（《增司集权第十一》）又主张议员的产生，除按行政区域公举以外，还特别设置商人名额，他说："其中外大商镇设有商务局，许举大商

一人；大矿、大制造厂皆许举一人。"（《开议院第七》）

如果照着这个思想推论下去，就可能出现以资本家为中心的国会。这样的国会，凭经济上的优势，强迫君主成为虚君，那倒是西方资本主义的君主立宪。这一点是康有为所不及料，也是他所不能料的。

第八节　康有为与今文经学

康有为在光绪二十一年（1895）闰五月初八上皇帝书中说："为治之道，在审理势，势本无强弱大小，对较而后分。理难定是非美恶，随时而易义。"他从当时中国与西洋资本主义国家之间的强弱对比，证明非"变法"不可，这是就"势"而言。他说："夫物新则壮，旧则老；新则鲜，旧则腐；新则活，旧则板；新则通，旧则滞，物之理也。"（《应诏统筹全局折》）他以"物之理"证明，不仅法必须变，任何东西都时常在变，这也是他的思想比以前的主张改革的人的思想进步之处。

康有为认为儒家的最重要的经典是《周易》与《春秋》。他说：《周易》"专明变易之义"，"孔子之道，至此而极矣"。康有为发挥《周易·系辞》所说"穷则变，变则通，通则久"的意义，他说："如使天有昼而无夜，有夏而无冬，万物何从而生？故天唯能变通，而后万物成焉。且如极星所谓不动者也，然唐虞时在二十四度，今则二十三度二十九分耳。""故至变者莫如天。夫天久而不弊者,为能变也。"天时常在变。人也常在变。人"自少至老,颜貌万变,自不学而学,心智万变。""流变之微,无须臾之停。"社会也常在变,"千年一大变,百年一中变,十年一小变"。这是1895年康有为应朝考的卷子上的话。这个卷子在当时同他的几次上皇帝书一样有很大的影响。(见徐勤《南海先生四上书记》)

在19世纪后半期中,今文经学成为地主阶级不当权派知识分子进行改革运动的一个合法武器,康有为充分利用了这个武器。

今文经学的主要经典是《春秋公羊传》。《公羊传》的主要思想是孔丘受天命为王,为汉制法。所谓"为汉制法",就是为中国封建社会制法,为中国封建社会制定一套政治社会制度。照公羊家的说法,这套制度就寄托在《春秋》这部书上。照他们的说法,在孔丘活着的时候,公开制法的条件还没有具备,所以孔丘不能公开地讲他所制的法,所以只好把它寄托在《春秋》这部书中。《春秋》的文字很简略,但是孔丘有他的"书法",每一种"书法"都包含有很深奥的"微言大义"。《春秋》的"书法"好像一个"谜",谜有"谜底",谜底不会公开写出来,只好由老师和学生之间口耳相传,一直到汉初才由公羊高写出来,作为《春秋》的注解,所以称为《公羊传》。

中国封建社会的政治社会制度都是汉朝的儒家们所制定的,表现在流传下来的《礼记》之中。他们都托为孔丘的话,这就是"托古改制"。公羊家所说的孔丘受天命为王,为汉制法的说法,就是为这些儒学家们"托古改制"作一个掩护。

中国的封建社会巩固下来了,不需要再改制了,公羊学也没有人讲了。

到了19世纪后半期，中国封建社会动摇了，又需要改制了，公羊学又有人讲了。康有为所说的"变法"就是"改制"。为了说服顽固守旧的人们，他也要"托古"。他大讲孔丘的"托古改制"，正是因为他自己要"托古改制"。

照《公羊传》的说法，孔丘受天命为王，他是一个新王朝的新王，可是实际上他并没有居王位，所以称为"素王"。康有为自比"素王"，但又不好自称"素王"，所以自号"长素"。这个"素"就是"素王"之"素"，他自命为"素长"，这两个字颠倒过来就是"长素"。

在现有的经学中，《春秋》有三个传：《公羊传》《左氏传》《穀梁传》。《左氏传》简称为《左传》。《公羊传》和《穀梁传》是今文经学，《左传》是古文经学。为了宣传今文经学，就要打倒《左传》。康有为的《新学伪经考》就是为了打倒《左传》而作的。照他的说法，《左传》是刘歆伪作的。王莽的国号是"新"，因为刘歆曾经歌颂王莽，所以康有为称《左传》为"新学"。因为《左传》是刘歆伪作的，所以称《左传》为"伪经"。康有为著有《春秋笔削大义微言考》，所谓"微言大义"，就是上边所说的"谜底"。

照公羊家的说法，《春秋》的主要思想是"三世说"。《公羊传》说："所见异辞，所闻异辞，所传异辞。"（隐公元年）"所见"、"所闻"、"所传"就是所谓"三世"。照董仲舒的了解，三世是孔丘对于春秋这个时期的认识的来源，是这个时期历史发展的三个段落。到了西汉末年的何休，三世就被理解为历史发展的三个阶段，也可以说是人类文化发展的三个阶段。何休说："于所传之世，见治起于衰乱之中，用心尚粗觕，故内其国而外诸夏。""于所闻之世，见治升平,内诸夏而外夷狄。""至所见之世,著治太平,夷狄进至于爵,天下远近小大若一。"(《春秋公羊传解诂·隐公元年》)照这个说法,《春秋》这部书是孔丘为人类进化所作的一个蓝图。这个蓝图就是整个《春秋》的谜底。

照公羊家的说法,同一类的事情在春秋的不同的"世"中有不同的书法,这就是所谓"异辞",这些"异辞"就是谜,注解《春秋》就是猜谜,这是《公羊传》和《穀梁传》都承认的大前提。它们所猜的不同,所以成为两个"传";因为它们的大前提相同,所以同是今文。

《礼记》中的《礼运》篇有"大道之行也,天下为公"这一段话,据说也是孔丘说的。这段话说有"小康"和"大同"两种政治,认为传统中所说的文王周公的政治也不过是"小康"而已,再进一步就是"大同"之治了。康有为以公羊家的三世说解释这一段,认为这一段所说的"小康"相当于何休所说的"升平世","大同"相当于何休所说的"太平世"。

康有为认为三世就是人类社会进化的三个阶段。他说:"人类进化,皆有定位,自族制而为部落,由部落而成国家,由国家而成大统。由独人而渐立酋长,由酋长而渐至君臣。由君臣而渐为立宪,由立宪而渐为共和。由独人而渐为夫妇,由夫妇而渐定父子,由父子而兼锡尔类,由锡类而渐为大同,于是复为独人。盖自据乱进为升平,升平进为太平,进化有渐,因革有由,验之万国,莫不同风。"孔子之为春秋,张为三世……盖维进化之理而为之"(《论语注》卷二)。照这段话看起来,康有为虽然沿用何休所用的名词,但是他所说的"三世"具有资产阶级民主主义的要求,在内容上与过去公羊春秋学派所说的"三世"绝不相同。

康有为把他的历史观应用到他的政治主张的各方面。他说:"孔子生当据乱之世,今者大地既通,欧美大变,盖进至升平之世矣。异日大地大小远近如一,国土既尽,种类不分,风化齐同,则如一而太平矣。孔子已预知之。"(同上)

"欧美大变"已至"升平之世",而中国以前的旧制度还是"据乱世"的制度,当然应该变。他说:"孔子之法,务在因时,当草昧乱世,教化未至,而行太平之制,必生大害。当升平而仍守据乱,亦生大害也。譬之今当升平之时,应发自立自主之义,公议立宪之事,若不改法,则大乱生。"(《中庸注》)这是他的"变法"的主张在哲学上的根据。

可是照他的说法,"变法"也有限度,因为"人道渐化,皆有定位","进化有渐,因革有由"。他特别注重"渐"。照他看起来,只应有渐变,不应有突变;只应有改良,不应有革命。这是一种庸俗进化论思想。他在戊戌后反对革命,都以此为根据。

康有为又以"三世"之说处理种族问题。他说:"据乱世为爱种族之世,升平世为合种族之世,太平世则一切大同,种族不分,无种族之可言,而义亦不立。"(《春秋笔削大义微言考》卷三)当时有满汉的民族界限,反对清朝政权的人,正以种族问题为进攻的一个重要武器。康有为则以"合种族"之说,抵制这个进攻,缓和这个斗争。

公羊春秋本来是董仲舒所提倡的经学。以这派经学为基础,董仲舒建立了他的唯心主义、神秘主义的体系。在这个体系中,孔丘被神圣化了,据说他不是人而是神,是儒教的教主。康有为利用董仲舒的公羊春秋，也利用神圣化了的孔丘，借以表达和宣传他的变法的主张。他并且企图建立一个宗教组织，以与基督教相对抗。神圣化了的孔丘就是这个宗教组织的教主。

康有为组织孔教会的企图，一方面是出于他的抵抗外国资本主义国家侵略的思想，一方面也说明，康有为及其集团是以封建的正统思想为基础的。他们批判了封建道德标准和社会秩序的某些方面，可是他们的批判还是借用孔丘的口说出来。他们又特意加强孔丘的地位，这在一方面加强了他们的批判的力量，一方面也维护了封建社会的道德标准和社会秩序的另外的一些方面。

因此，康有为的公羊春秋的经学有进步的一面，也有反动的一面。在戊戌维新运动的时期，进步的一面发生了作用。到戊戌以后，康有为坚持改良主义，反对革命，他的经学的反动的一面就成为主要方面了。

第九节　康有为与孔教

照今文家的说法，孔丘受天命为王，他能预先知道后来的汉朝，并为汉制法。这样说起来，孔丘并不是一个一般的人，至少说也是一个超人。后来从今文经学派生出谶纬，谶纬明确地说，孔丘是黑帝之子，他确切是神了。康有为倒不讲谶纬，他用向西方学习的观点，认为应该承认孔丘是一个宗教的教主，他所创立的这个宗教，称为"孔教"。

早在戊戌变法时期，康有为上了《统筹全局折》之后，紧接着又上一个奏折：《请尊孔圣为国教，立教部、教会，以孔子纪年，而废淫祀折》。折中说，以前进呈的《日本明治变法考》、《俄大彼得变政致强考》等著作，"凡此只言治术，未及教旨，未足以上酬圣意也"。

这就是说，他所主张的君主立宪，仅只是政治上的一种制度，并不是文化的全体。除了政治上的改革之外，还要有文化上的全部改革，就是他所说的关于"教旨"方面的改革。折中说："今并将臣所著《孔子改制考》、《新学伪经考》、《董子春秋学》进呈"，"窃惟孔子之圣，光并日月；孔子之经，流亘江河；岂待臣愚，有所赞发。惟中国尚为多神之俗，未知专奉教主，以发德心"。"欧美游者，视为野蛮，拍像传观，以为笑柄，等中国于爪哇、印度、非洲之蛮俗而已"。这就是说，在各种宗教之中，一神教和多神教比较起来，一神教是进步的、高一级的，多神教是落后的、低一级的。一神教或多神教是一个国家和民族的文化高低的标志。当时西方的文明国家都是信一神教，落后的国家则信多神教。中国的民间信仰还是多神教，所以为西方文明国家所笑，所以他认为也要立一个一神教的宗教。民间信仰的多神教的神，应该称为"淫祀"，予以废除。但他并不是像太平天国那样，把西方的基督教原封不动地搬过来。他主张中国要有一个自己的一神教。

康有为在奏折中接着说："夫大地教主未有不托神道以令人尊信者，时地为之。若不假神道而能为教主者，惟有孔子，真文明世之教主，大地所无也。及刘歆起，伪作古文经，托于周公，于是以六经为非孔子所作，但为述者。唐世遂尊周公为先圣，抑孔子为先师，于是仅以孔子为先师，于是仅以孔子为纯德懿行之圣人，而不知为教主矣。""遂令中国诞育大教主而失之，岂不痛哉！臣今所编撰，特发明孔子为改制教主，六经皆孔子所作，俾国人知教主，共尊信之。"

这就是说，如果中国自立一个宗教，以谁为教主呢？康有为说，中国本来有一个现成的教主，那就是孔丘。西方各宗教的教主，都是靠迷信起家，而成为教主的；孔丘不以迷信起家，只靠他所作的六经，以得到人们的信仰，这才是真正的教主。他认为，人类世界的文化日益进步，靠迷信起家的教主已逐渐不适宜为文明世界的教主了；只有不以迷信起家的孔丘，才真正是文明世界的教主。言外之意，是说，以孔丘为教主的宗教，不但适合于中国，而且适合于全球的文明世界。

这篇奏折还说："故今莫若令治教分途，则实政无碍而人心有补焉。夫举中国人皆孔教也，将欲令治教分途，莫若专职业以保守之，令官立教部而地方立教会焉。首宜定制，令举国罢弃淫祀，自京师城野省府县乡，皆独立孔子庙，以孔子配天，听人民男女，皆祠谒之，释菜奉花，必默诵圣经。所在乡市，皆立孔教会，公举士人通六经四书者为讲生，以七日休息，宣讲圣经，男女皆听。讲生兼为奉祀生，掌圣庙之祭祀洒扫。乡千百人必一庙，每庙一生，多者听之。一司数十乡，公举讲师若干，自讲生选焉。一县公举大讲师若干，由讲师选焉，以经明行修者充之，并掌其县司之祀，以教人士，或领学校，教经学之席。一府一省，递公举而益高尊，府位曰宗师，省曰大宗师，其教学校之经学亦同，此则于明经之外，为通才博学者矣。合各省大宗师公举祭酒老师，耆硕明德，为全国教会之长，朝命即以为教部尚书，或曰大长可也。""至凡为传教，奉职讲业之人，学业言行，悉以后汉宋明之儒先为法，矩矱礼法，不得少逾，执持大义，匡弼时风。虽或极迁，非政客士流所堪，难从难受，而廉耻节义，有所扶赖，政教各立，双轮并驰，既并行而不悖，亦相反而相成。国势可张，圣教日盛，其于敬教劝学，匡谬正俗，岂少补哉？""乞明诏设立教部，令行省设立教会讲生，令民间有庙，皆专祀孔子以配天，并行孔子纪年以崇国教。其祀典旧多诬滥；或人神杂揉，妖怪邪奇；或无功德。应令礼官考据经典，严议裁汰。除各教流行久远，听民奉教自由，及祀典昭垂者外，所有淫祀，乞命所在有司，立行罢废，皆以改充孔庙，或作学校，以省妄费，而正教俗。"

这是康有为所设计的文教政策和知识分子政策，其中有可以注意的几点：第一是自下而上的选举。各级教会的领导，都由下一级选举产生。作为全国教会的最高领导的祭酒，也是由各省教会选举产生，皇帝加命祭酒为教部尚书，作为行政上的领导；他只能对祭酒加命，不能随意任命别人；这就等于说，教部尚书也是由自下而上的选举产生的。第二是治教分立。皇帝只能加命祭酒为教部尚书。这就是说，皇帝的治权，不能干预教会的教权。教会选举什么人为祭酒，他就必须任命什么人为教部尚书，这就叫治教分立。他把治教分立，比作一个车的两个轮子，他说这两个轮子相反相成，这就是说，两个轮子之间可能有矛盾，但彼此都不能相离，必须在同一条道路上运行。第三是分别多神教和一神教。把完全以迷信为根据的多神的信仰称为"淫祀"，必须废除。第四是信教自由。现有的宗教之中，其不完全是根据迷信的仍可听其存在，任凭人们信仰。

在康有为的《官制议》中，他建议设立商部，"以振兴商务而保护之"。就是说，商部的职务不是管制商业，也不是领导商业，只是提倡和保护商业。商部的主持人员，都是各地方各级商务会选举而来的，其注重自下而上的选举，和上面所说的教部大致相同。上文说过，照康有为的设想，所谓商部的职责实际上是代表商人的利益向政府提出要求。上文说，这些商人就是将来的资本家。资本家的势力大了，可以向政府提出政治上的要求。照这样发展下去，倒是可以成为真正的君主立宪。照康有为的治教分立思想发展下去，教会可以成为黄宗羲所设想的那种学校，学校可以发出"清议"，从道义上批评政府，监督政府。这就是中国文化中所谓"士"的职能。

在清朝末年，革命的人们不甘心于用清朝皇帝的年号纪年，在公开的文章中改用"孔子诞生若干年"以为纪年。不能说这些人这样的做法是受康有为的影响，他们的出发点和康有为是不同的，他们的出发点是反抗清朝，康有为的出发点是尊崇孔丘。民国成立，改用纪年，以宣统四年为民国元年，这个问题就解决了。

民国成立以后，康有为继续坚持以孔教为国教的主张，并继续从事建立孔教会的活动。1912年即民国元年，他为《孔教会杂志》写了两篇《孔教会序》，第一篇序中说："中国数千年来奉为国教者，孔子也。""惟今者共和政体大变，政府未定国教，经传不立于学官，庙祀不奉于有司。""则孔子之大道，一旦扫地，耗矣哀哉！""夫国所与立，民生所依，必有大教为之桢干，化于民俗，人于人心；奉以行止，死生以之，民乃可治，此非政事所能也，否则皮之不存，毛将焉附。中国立国数千年，礼义纲纪，云为得失，皆奉孔子之经，若一弃之，则人皆无主，是非不知所定，进退不知所守，身无以为身，家无以为家，是大乱之道也。即国大安宁，已大乱于内，况复国乱靡定乎？恐教亡而国从之。""且夫虽为野蛮，岂有无教之国者，况欲立于天下者哉？昔者吾国人人皆在孔教之中，鱼相忘于江湖,人相忘于道术,则勿言孔教而教自在也。今则各国皆有教而我独为无教之国,各教皆有信教、奉教、传教之人,坚持其门户而日光大之,惟孔教昔者以范围宽大,不强人为仪式之信从,今当大变,人人虽皆孔教,而反无信教、奉教、传教之人。""若无人保守奉传,则数千年之大教将归于地,而中国于以永灭,岂不大哀哉!"

第二篇序中说:"今之谬慕欧、美者,亦知欧、美今所以强盛,不徒在其政治,而有物质为之耶。欧美所以为人心风俗之本,则更教化为之耶。""万国自小蛮夷,莫不有教。嗟乎!天下岂有无教而可为国者哉?""彼(反孔者)以孔教为可弃,岂知中国一切文明,皆与孔教相系相因,若孔教为可弃,则一切文明随之而尽也,即一切种族随之而灭也。""岂知孔子弟子传道四方,改制立法,实为中国之教主,岂与夫索格拉底仅明哲学者等量齐观哉?"

在民国初年,国会制定宪法,有一部分议员主张在宪法中规定以孔教为国教,另一部分议员竭力反对,双方各执一词,历久不决。后来用一种调和折中的办法,在宪法草案中写上"国民教育以孔子之道为修身大本"。这倒是与康有为的上述主张相呼应的。

第十节　康有为的《大同书》和他的哲学思想

1884年中法战争的时候,康有为二十七岁。在这一年他写了一部著作——《大同书》。这部书直到辛亥革命以后才发表一小部分,至1935年才全书出版。在这几十年的过程中，他又陆续补充了一些材料。

这部书的基本思想，是从他的"三世说"发展出来的。他认为，当时的欧美资本主义国家已经达到"升平世"的阶段，但是也仅只达到这个阶段。比这个阶段更高的还有"太平世"。他根据《礼运》大同章的理想，加上了他所知道的当时资本主义国家里面的一些社会改良的措施和理想，再加上他自己的主观希望和幻想写成这一部著作。这部书的内容充满了民主主义的平等精神，也带有社会主义的空想。

康有为在《大同书》里把人类描写成为一个受苦的人类。他把人类"诸苦"罗列出来，共有六类三十八项之多。他认为在现存的社会中，无论什么样的人，都是苦的。不仅是被统治被剥削的人是苦的，就是统治剥削的人也是苦的。他认为，甚而至于"神圣仙佛"也是苦的。他认为人类诸苦的原因，是由于有九种分别。他说："总诸苦之根源，皆因九界而已。九界者何？'一曰国界，分疆土、部落也；二曰级界，分贵贱、清浊也；三曰种界，分黄、白、棕、黑也；四曰形界，分男女也；五曰家界，私父子、夫妇、兄弟之亲也；六曰业界，私农、工、商之产也；七曰乱界，有不平、不通、不同、不公之法也；八曰类界，有人与鸟兽、虫鱼之别也；九曰苦界，以苦生苦，传种无穷无尽，不可思议'。"（《大同书》，中华书局1959年版，五一至五二页）

康有为接着说："吾救苦之道，即在破除九界而已。第一曰去国界，合大地也；第二曰去级界，平民族也；第三曰去种界，同人类也；第四曰去形界，保独立也；第五曰去家界，为天民也；第

六曰去产界，公生业也；第七曰去乱界，治太平也；第八曰去类界，爱众生也；第九曰去苦界，至极乐也"。（同上，五三页）

康有为认为，"界"是一切"诸苦"的根源，要脱离"诸苦"的最根本的办法是去"界"，这是何休的"三世说"的引申。何休认为春秋的"据乱世""内其国而外诸夏"。这就是说，在中国的内部各诸侯之间也有国界；在"升平世"中国内部的国界都没有了，但还有中国与非中国之间的界；在"太平世"这个界也没有了，"大小远近如一"。康有为认为，在大同世界中不但没有国界，人类和其他动物之间的界也没有了，这样，大同之道就实现了。康有为说："大同之道，至平也，至公也，至仁也，治之至也，虽有善道，无以加此矣。"（《大同书》，八页）照他所说，这是一个人人独立、自由平等的世界。在这个世界中，国家的界限都消灭了，只有一个统一的政府。各种族都混合了，只有一个种族。男女一律平等，家庭的界限也没有了。农工商都为社会底公产。"不平、不通、不同、不公"的法律，都废除了。普爱众生，"人与鸟兽虫鱼之别"，也没有了。这样的世界，"去众苦，至极乐"，生在这个世界中的人，"浩然自在，悠然至乐，太平大同，长生永觉"（同上，五二页）。

在当时世界中资本主义正兴盛的时候，康有为一方面看出了资本主义制度比封建制度优越，另一方面也指出了资本主义社会并不是社会发展的最高阶段。他看出了资本主义社会内部的矛盾，他说："故今者一大制造厂，一大铁道轮船厂，一大商厂乃至一大农家，皆大资本家主之。一厂一场，小工千万仰之而食，而资本家复得操纵轻重小工之口食而控制之或抑勒之。于是富者愈富，贫者愈贫矣。""夫人事之争，不平则鸣，乃势之自然也；故近年工人联党之争，挟制业主,腾跃于欧美,今不过萌蘖耳。又工党之结联,后此必愈甚,恐或酿铁血之祸。其争不在强弱之国而在贫富之群矣。从此百年,全地注目者必在于此。故近者人群之说益昌,均产之说益盛,乃为后此第一大论题也。"(同上,二三五至二三六页)

但是,《大同书》里面也有很多的幼稚的和反动的论点。康有为甚至认为帝国主义吞并弱小民族,也是通往大同世界的一个途径。这样,他所说的"去国界"就接近于资产阶级世界主义了。他要求"去种界",可是他心中先有种族分别的成见。他认为白人第一,黄人次之,其余都是劣等民族。他认为经过改换居住地带,改换饮食,以及种族杂婚的方法,可以使世界上大多数人都变成白人。这些都是反动的思想。

上面提到他的"人道渐化,皆有定位"的主张。这就是说,历史的发展只能逐渐改良。他认为他所讲的大同世界是不知道在什么时候才能够实现的。他提出了许多看起来是很高尚的理想,但是归结总是说,这些理想是现在所不能实现的,他永远说现在不能实现,也不争取使之实现。这是他的思想的改良主义本质。

无论如何,康有为把有界、无界和人的苦乐联系起来,这就把问题向前推进一步,深入一层。

康有为的《大同书》也表现出他的自然观。他认为,宇宙本体是所谓"元气",他说:"夫浩浩元气,造起天地。天者一物之魂质也,人者亦一物之魂质也。""神者有知之电也,光电能无所不传,神气能无所不感","无物无电,无物无神。夫神者,知气也,魂知也,精爽也。灵明也,明德也,数者异名而同实。"(同上,三页)他认为物质是有意识的,神是"有知之电"。元气也是有意识的物质。所谓魂质，就是有意识的物质。人与其他自然界中的东西，都是有意识的物质。物质的世界，就是最完美的世界，人生在其中，是可乐的。诸宗教家都幻想修炼成功，可以脱离世界，成为"天人"。康有为指出：人本来都是天人。他说："自水、火、土、木诸星中夜望吾地，其光华烂烂运行于天上，亦一星也。夫星必在天上者也。吾人既生于星中，即生于天上，然则吾地上人，皆天上人也。""庄子曰：'人之生也，与忧俱来。'吾则以为人之生也，与乐俱来。生而为天人，诸天之物咸备于我，天下之乐，孰大若是？"（《诸天讲》序）

宗教家所谓"天人"，本来是出于幻想，也就是出于迷信。康有为用他所知道的天文学的知识给"天人"一种新的解释。照这样的解释，人本来都是"天人"。

康有为认为生物的脑是有高度意识的物质。他说："夫生物之有知者，脑筋含灵，其与物非物之触遇也，即有宜有不宜，有适有不适。其于脑筋适且宜者，则神魂为之乐，其于脑筋不适不宜者，则神魂为之苦。况于人乎，脑筋尤灵，神魂尤清，明其物非物之感入于身者，尤繁伙、精微、急捷，而适不适尤著明焉。适宜者受之，不适宜者拒之。故夫人道只有宜不宜，不宜者苦也，宜之又宜者乐也。故夫人道者，依人以为道，依人之道苦乐而已。为人谋者，去苦以求乐而已，无他道矣。"（同上，五页）他认为社会道德制度，"其为术不过为人增益其乐而已"（同上）。他把道德归结为增益人之乐，而人之苦乐又归结为脑筋与外物接触时受感受的宜不宜，适不适。

这样的道德观念，就是康有为的《大同书》的前提。人道的原则及目的是去苦以求乐，只有大同世界才是有乐无苦的世界，所谓

"极乐世界"。照他看起来,大同世界的实现,在人类进化方面说,是必然的,在道德原则方面说,是当然的。

什么力量使大同世界能实现呢?康有为认为这首先是靠人的"不忍"之心。他说:"有觉知则有吸摄,磁石犹然,何况于人。不忍者,吸摄之力也。"(同上,三页)他说:人有"不忍之爱质","如气之塞于空而无不有也,如电之行于气而无不通也,如水之周于地而无不贯也,如脉之周于身而无不澈也"(同上)。"人皆有不忍人之心",本来是孟轲的思想。康有为以所谓"不忍"与磁力、电力混同起来,称为"爱质"。

康有为在这里讲了他所认为是苦乐的本质,这就把有界、无界和苦乐的问题又向前推进了一步,进入了更深的一层。

在他的这些理论中,他接触到常规哲学各方面的问题。在宇宙观、世界观、价值观等方面,他提出了自己的看法,可以说这是他的思想中的哲学部分。照常规哲学的标准看,他的问题的提出是轻率的,答案是简单的,论证是粗糙的、肤浅的。他甚至不能分别精神和物质的界线,把二者混同起来,这是很幼稚的。

这种混乱情况,是可以理解的。从鸦片战争以后,进步的思想家对于西方的自然科学都很推崇,康有为也是这样。他们极力吸取当时自然科学的知识,并且对于它极其信赖。他们在这方面的知识是极其有限的,他们用这些有限的知识解释他们所比较熟知的封建唯心主义哲学的某些方面,于是有混乱的现象,也往往得出幼稚可笑的结论。但是他们的倾向是接近唯物主义。

康有为的最大的事业是组织和领导戊戌变法运动。在这个运动中他胸怀全局,在政治、经济、文化三个方面都提出了明确的主张和论证。在政治方面，他主张号称为君主立宪的"君民合治"。在经济方面，他提出以商带工。在文化方面，他提出建立以孔丘为教主的孔教，并以之为国教。这些就是他屡次向光绪帝上书和奏折的主要内容。

共和成立，康有为失去了他发表言论的对象，有许多新事物是他所不能理解的，他只好从他过去的理论中引申出和常规哲学有关的哲学思想，这是他的余事，与上边所说的三个方面的主张和言论很不相称。他是戊戌变法运动的组织者和领导者，在这一方面，他是近代维新时期的一个大领袖，但他不是一个常规的哲学家。在领导戊戌变法的一般人中，最类似常规哲学家的理论家是谭嗣同。

第十一节 近代维新时期的"格义"

康有为的思想带有时代的特点，这个特点可以称为"格义"。在两种文化接触的初期，接受外国文化的人们总喜欢把所接受的外国文化的某一方面，比附在中国文化的某一方面。在魏晋时期，讲佛学的人喜欢把佛学比附于老庄，这种比附当时称为"格义"。一个初学外国语言的人听见一句外国话，首先要把这句话翻成本国话，这才可以成为他的思想的一部分，他不能直接用所学的外国话思想。

在东西文化互相接触的时候，中国思想界的领袖人物，为了更好地理解形势，更明智地适应形势，就有时候用过去解释现在，又有时候用现在解释过去。换句话说,他们将西方来的新文化与中国固有的文化联系起来,使西方文化变成中国人可以理解的东西。他们或以中国文化解释西方文化,或以西方文化解释中国文化,有时候以中国文化的眼光批评西方文化,又有时候以西方文化的眼光批评中国文化。这种解释与批评,是东西文化在中国会合的产物,构成当时中国思想的一部分主要内容。

康有为在提出维新变法的各项主张的时候,常用"托古改制"的方法,说明他所要做的,并不是采用西方新文化,倒是实现孔丘的教义。他都不与外来文化相对抗,倒是赞赏它们的价值。不过他的赞赏,只以合于据说是孔丘的三世说教义为限。他是以旧的解释新的,以中国固有的文化的眼光批评西方传来的文化。

当中国和西方接触的初期,先进的人们觉得有一点是他们所熟悉的,他们觉得西方各国的并立和纷争很像中国的春秋战国时期。在这种情况下,他们不免用中国的历史去套西方的历史,用中国的理论去套西方的理论,这也可称为"格义"。

这种互相解释和批评,是两种文化在接触和融合的过程中所必有的现象。在近代维新时期是如此,在现代革命时期中也是如此。但在近代维新时期中,主要倾向是从中国传统文化的观点看西方文化,用中国传统文化的模式去套西方文化。在现代革命时期中,主要倾向是从西方文化的观点看中国传统文化,用西方文化的模式去套中国传统文化。前者是用旧的批评和赞赏新的,后者是用新的批评和赞赏旧的。

第六十七章 戊戌维新运动的激进理论家和哲学家——谭嗣同

康有为是戊戌维新运动的组织者和领导者。他为这个运动提出了一个总纲领，这个纲领的重点是政治上的改革。谭嗣同把改革扩展到道德上、思想上、文化上，并且提出了一个相当完整的哲学体系，作为总的说明，这就把改革的范围扩大了，深度加深了。

谭嗣同（1865—1898）字复生，号壮飞，湖南浏阳人，出身于封建官僚家庭。他的父亲谭继洵，官至湖北巡抚，是一个大官僚。谭嗣同幼年时期，因家庭环境特殊，受了封建伦理道德的压抑，养成了他的反抗思想。他不守封建家庭的常规，四出游历，也接受了一些西方的新知识。他在浏阳设立了一学会，讲求新学，又设立了算学格致馆，介绍一些西方的科学知识。他听说康有为在北京办强学会，进行维新活动，就赶赴北京去见康有为。他对康有为十分敬仰。

1896年，谭嗣同的父亲为他捐了一个知府的职位，叫他在南京候补。他趁此机会向住在南京的佛学大师杨文会学习佛学。湖南巡抚陈宝箴在长沙办南学会，宣传新学，谭嗣同是一个主要参加者。1898年在康有为的推荐下，光绪帝召他进京，做一个军机处的章京。章京是军机处的下级人员，但康有为所安排的章京实际上等于他所拟订的制度局的成员，是皇帝的智囊团、小内阁。才过了几十天，戊戌维新就失败了，谭嗣同也被顽固派杀害了。

他的主要著作是《仁学》，他死后才在日本东京出版，连同他的其他著作，后人编为《谭嗣同全集》。

第一节　谭嗣同对于封建制度和道德的批判

谭嗣同对于中国封建社会的批判，在当时说是最激烈的。照他所说的社会发展阶段看，他认为当时的中国社会正是处在由据乱世向升平世过渡的时代，当时的任务就是打倒君统。他认为，黄宗羲的《明夷待访录》是孔子以后最有价值的著作。他对君统的批判，是黄宗羲的有关思想的进一步发展。他说："生民之初，本无所谓君臣，则皆民也。民不能相治，亦不暇治，于是共举一民为君。"他指出，既然君为民所共举，"则非君择民，而民择君也"，"则其分际又非甚远于民，而不下侪于民也……则因有民而后有君，君末也，民本也"，"则且必可共废之"。他指出"君也者，为民办事者也；臣也者，助办民事者也。赋税之取于民，所以为办民事之资也。如此而事犹不办，事不办而易其人，亦天下之通义也"（《仁学》三十一，《谭嗣同全集》，中华书局1981年版，下册三三九页。本章以下简称《全集》）。

谭嗣同指出："非君择民，而民择君也。"这个事实已说明"民本""君末"，这就比《明夷待访录》的《原君篇》更进了一步。这也是孟轲所说的民重君轻的正确的解释。孟轲也是说民可能换君，君不能换民。任何统治者都不能把他原来所统治的民都驱逐出去，另外调来一批新的民归他统治。他把原来的民驱逐到什么地方去呢？他所要调的新的民又从什么地方调来呢？所以换民显然是不可能的。民换君则是历史中常见的事实，中国历史中的"改朝换代"就是民换君。在封建社会中，民不能用和平的办法换君，但可以用武装革命的办法。中国历史中历次的农民大起义都是用的这个办法。

封建专制君主之所用以统治人民，除了有一套国家机器之外，还有一套思想工具。这套工具的主要部分就是"名教"。谭嗣同说："俗学陋行，动言名教，敬若天命而不敢渝，畏若国宪而不敢议。嗟乎，以名为教，则其教已为实之宾，而决非实也。又况名者，由人创造，上以制其下而不能不奉之，则数千年来，三纲五伦之惨祸烈毒，由是酷焉矣。君以名桎臣，官以名轭民，父以名压子，夫以名困妻，兄弟朋友各挟一名以相抗拒，而仁尚有少存焉者得乎？"（《仁学》八，《全集》下册，二九九页）谭嗣同指出，名教的名的作用在于分别封建等级，都是"上以制其下"的工具。在封建的道德中，忠孝是重要的道德，是跟着君父之名来的。君父可以用忠孝的封建道德责备他们的臣子，臣子不能反过来从忠孝的封建道德责备他们的君父。"忠孝既为臣子之专名，则终必不能以此反之"（同上），所以被统治的人只可受压制而不能反抗。

谭嗣同指出，束缚人民的"名教"都是专制君主所制定出来以维护他的统治。他说："君臣之祸亟，而父子夫妇之伦遂各以名势相制为当然矣。此皆三纲之名之为害也。名之所在，不惟关其口，使不敢昌言，乃并锢其心，使不敢涉想。愚黔首之术，故莫以繁其名为尚焉。"（《仁学》三十七，《全集》下册，三四八页）

作为封建统治阶级工具的宋明道学，特别宣传名教。谭嗣同引当时朝鲜的进步思想家的话说："地球上不论何国，但读宋明腐儒之书，而自命为礼义之邦者，即是人间地狱。"（《仁学》

三十四,《全集》下册,三四三页)这是当时对于宋明道学最尖锐的批判。

谭嗣同指出,在所谓五伦之中,"于人生最无弊而有益"的,就是朋友。他认为朋友的关系有三个特点,"一曰平等,二曰自由,三曰节宣惟意,总括其义,曰不失自主之权而已矣"(《仁学》三十八,《全集》下册,三五〇页)。

谭嗣同对于名教的批判可以说是戴震对于"理"的批判的继续和发展。谭嗣同的批判特别注重一个"名"字,这是针对着名教那个"名"字而发的,这就更打中了名教的要害。他又引"名者实之宾也"以说明名和实的关系问题,这就使对于名教的批判更深入了一步。名教的要害是只讲名,不讲实。照名教的说法,臣对于名义上的君必须尽忠,不管实际上的君是什么样的人;子对于名义上的父必须尽孝,不管实际上的父是一个什么样的人。这就是只管名不管实。谭嗣同引"名者实之宾也"那句话就是要说明应该以实为主,不应该以名为主。

谭嗣同对于封建制度和道德的批判显然是比戴震和黄宗羲更进了一步,更深入了一层,但是如果他的批判停留在此,那还只是一种社会思想。谭嗣同并不满意于停留在此,他还要把这个批判提高到哲学的高度,这个哲学就是他的"仁学"。

据他自己说,"仁学"的主要目的就是"冲决网罗",他说:"网罗重重,与虚空而无极。初当冲决利禄之网罗,次冲决俗学若考据、若词章之网罗,次冲决全球群学之网罗,次冲决君主之网罗,次冲决伦常之网罗,次冲决天之网罗,次冲决全球群教之网罗,终将冲决佛法之网罗。然真能冲决,亦自无网罗;真无网罗,乃可言冲决。

故冲决网罗者,即是未尝冲决网罗。循环无端,道通为一,凡诵吾书,皆可于斯二语领之矣。"(《仁学·自叙》,《全集》下册,二九〇页)

照这一段话看,谭嗣同的冲决网罗可以说是最彻底的了,封建社会的制度和道德,如名教之类,当然不在话下,但是结尾说"冲决网罗者,即是未尝冲决网罗",这就奇怪了。笼统地说,这是他的阶级本质所决定的,但是还要对他的体系作一番分析的功夫,才能看出他的哲学思想的内部逻辑,才能看出戊戌维新的哲学内容。

第二节 谭嗣同论"仁"和"以太"

谭嗣同说:"凡为仁学者,于佛书当通《华严》及心宗、相宗之书;于西书当通《新约》及算学、格致、社会学之书;于中国书当通《易》、《春秋公羊传》、《论语》、《礼记》、《孟子》、《庄子》、《墨子》、《史记》及陶渊明、周茂叔、张横渠、陆子静、王阳明、王船山、黄梨洲之书。"(《仁学·界说》二十五,《全集》下册,二九三页)他开的这个大书单包括科学、宗教、哲学,也可以说包括中西文化各方面的著作。他把这些方面混合在一起,互相比附,成为他的仁学。这种互相比附,就是上章所说的"格义"。这是中西文化在接触比较深入的时期,互相了解所必有的现象,相互比附就是互相了解。谭嗣同的仁学就是这种现象的集中的表现,是表现当时时代精神的样品。

谭嗣同认识到算学是一门最精确的学问。他把他的仁学搞得像算学那样精确，他一定没有见到斯宾诺莎的《伦理学》，但是他有和斯宾诺莎一样的企图。但是算学和自然科学（即谭嗣同所谓格致之学）是两类的学问，和哲学也是两类的。要想使哲学和算学相似，那只能是形式上的相似。

为了要和几何学相似，他的《仁学》开始于作定义，他称为"界说"。为了要和代数学相似，他在《仁学》中又列了一些方程式。但是，这些界说和方程式实际上是他的全书的一些结论，并不能作为全书的大前提。把结论作为大前提那就是逻辑上所谓丐词，这一点谭嗣同是不自觉的。

《仁学》中的界说共二十七条。第一条说："仁以通为第一义。以太也，电也，心力也，皆指出所以通之具。"谭嗣同认为仁的主要内容是"通"，而通之所以能通是因为以电和以太为工具。这和康有为的见解基本是相同的。上章讲过，康有为认为人之所以为人，因为有"不忍之心"，而人之所以有不忍之心，因为人与人和物之间有电相通。谭嗣同于电之外又加上以太。

在当时传入中国的自然科学中有"以太"这个概念。这个概念立即为当时重视西方自然科学的人所接受。当时西方的物理学认为电的传播，必须凭借一种物质以为媒介，这种物质名之曰以太。中国重视西方科学的人们因此认为，以太是比电更细微、更根本的东西。谭嗣同说："遍法界，虚空界，众生界，有至大至精微、无所不胶粘、不贯洽、不筦络而充满之一物焉。目不得而色，耳不得而声，口鼻不得而臭味，无以名之，名之曰以太。"（《仁学》一，《全集》下册，二九三页）谭嗣同用"以太"代替了中国古典唯物主义所说的气,也可以说,他用当时西方自然科学中的概念,解释中国古典唯物主义,把气解释为"以太"。

谭嗣同认为,自然界的东西,都是由许多"质点"构成的,质点配合不同,所以有不同的性质。他说:"彼动植之异性,为自性尔乎?抑质点之位置与分剂有不同耳?质点不出乎六十四种之原质。某原质与某原质化合则成一某物之性,析而与他原质化合,或增某原质,减某原质,则又成一某物之性。即同数原质化合,而多寡主佐之少殊,又别成一某物之性。纷纭蕃变,不可纪极。"(《仁学》十一,《全集》下册,三〇六页)至于原质之原,"则一以太而已矣。一,故不生不灭;不生,故不得言有;不灭,故不得言无"(同上)。又说:"如向所言化学诸理,穷其学之所至,不过析数原质而使之分,与并数原质而使之合,用其已然而固然者,时其好恶,剂其盈虚,而以号曰某物某物,如是而已;岂能竟消磨一原质,与别创造一原质哉?"(《仁学》十二,《全集》下册,三〇六至三〇七页)谭嗣同以他所知道的当时化学的知识,肯定了自然的物质性。

中国古代唯物主义哲学家,如张载和王夫之,都初步认识到物质不灭的原理。他们都认为气是永恒存在的,无始无终的,也就是所谓"不生不灭","不生"言其无始,"不灭"言其无终。谭嗣同用当时传来的西方自然科学知识,把张载、王夫之的这种认识加以发挥,加以明确。在这一方面,他比前人进了一步。但是,"以太"和六十四原质既然不生不灭,那就应该是永恒的有。在这一点上张载和王夫之都是坚定明确的。谭嗣同说,"不生故不得言有",这是他受佛教的影响。在这一点上,他比张载和王夫之又后退了一步。

以太和原质是不生不灭的,但是,由它们所构成的具体东西,却是有生有灭的,而且时时刻刻在生灭之中。谭嗣同说:"求之过去,生灭无始;求之未来,生灭无终;求之现在,生灭息息,过乎前而未尝或住。是故轮回者,不于生死而始有也,彼特大轮回耳。无时不生死,即无时非轮回。自有一出一处,一行一止,一语一默,一思一寂,一听一视,一饮一食,一梦一醒,一气缕,一血轮,彼去而此来,此连而彼断。去者死,来者又生;连者生,断者又死。"(《仁学》十五,《全集》下册,三一三页)这样的生灭,谭嗣同称为"微生灭"或"细轮回"。

谭嗣同认为"微生灭"或"细轮回"都是"以太"的作用。他说:微生灭,"乃以太中自有之微生灭焉"(同上)。又说:"细轮回不已,则生死终不得息,以太之微生灭亦不得息。"(同上)谭嗣同根据他所知道的科学知识,肯定了物质运动的永恒性。

谭嗣同根据他所知道的当时的自然科学的知识,认为"天地万物之始,一泡焉耳,泡分万泡,如镕金汁,因风旋转,卒成圆体"。当时的自然科学用所谓星云说说明天体的起源。谭嗣同这里所说的泡,大概是指当时科学家所说的"星云",他所说的圆体就是太阳。他接着说:"日又再分,遂得此土。遇冷而缩,由缩而干;缩不齐度,凸凹其状。"有了地球,就有生物出现,谭嗣同根据他所知道的生物进化的学说,接着说:"微植微生,螺蛤蛇龟,渐具禽形。禽至猩猿,得人七八。人之聪秀,后亦胜前。"(以上见《仁学》二十五,《全集》下册,三三〇页)

谭嗣同认为所谓天地万物之始,其实就是太阳和地球之始,他说:"其谓有始者,乃即此器,世间一日一地球云尔。若乃日、地未生之前,必仍为日、地,无始也;日、地既灭之后,必仍为日、地,无终也。以以太固无始终也。"(《仁学》二十六,《全集》下册,三三一页)这就是说,具体的世界即太阳和地球,这是有始有终的,凡是具体的事物(器)都是有始有终的,但是,作为一切事物的根本的"以太"是无始无终的。

谭嗣同的宇宙发生论,照上面所说,是很粗浅的,但是,这是以他所知道的当时的自然科学知识为基础的,是倾向于唯物主义的。

但是,这只是谭嗣同的自然观的一方面。在当时的自然科学中,以太是个物质的概念,在谭嗣同的《仁学》中,大多数地方提到的以太也是一个物质的概念,但是他又说:"以太者,亦唯识之相分。谓无以太可也,既托言以太矣,谓以太有始终不可也。"(《仁学》二十六,《全集》下册,三三一页)佛教唯识宗所说的"相分"是认识的对象,是对"见分"而言,见分是认识的能力,相分是认识的对象。照唯识宗所说,相分是依赖于见分而存在的。谭嗣同在这里把以太说成是"唯识之相分",就否定了以太的客观独立性。

他又说:"人和万物之所以处于生死轮回之中,由念念相续而造之使成也。例乎此,则大轮回亦必念念所造成。佛故说三界唯心,又说一切唯心所造。"(《仁学》十五,《全集》下册,三一三页)他又牵扯到佛教唯识宗所虚构的宇宙发生论,认为天地万物都是由于人的"藏识"发生出来的。他说:"天地乎,万物乎,夫孰知其在内而不在外乎?"(《仁学》二十五,《全集》下册,三三〇页)照这句话所说的,他就从唯物主义转向主观唯心主义了。

谭嗣同的哲学思想并不限于此,他说:天地万物"在内不在外",可是又接着说:"虽然,亦可反言之曰:心在外而不在内。是何故乎?曰:心之生也,必有缘,必有所缘。"(同上)所以照他说,这个心也是要有所"依"。他说:"非皆依于真天地万物乎,妄天地万物乎,过去之天地万物乎,未来之天地万物乎。"(同上)这样说,心又是天地万物的产物了。"心在内不在外",就是说,天地万物的存在依赖于心,这是一个唯心主义的命题;"心在外而不在内",就是说,心的存在依赖天地万物,这是一个唯物主义的命题。谭嗣同认为这两个命题都可以成立,这说明他的哲学思想是徘徊于二者之间。徘徊于二者之间是我们的评论,谭嗣同并不自觉。如果自觉,他就不徘徊了。

谭嗣同认为自然界任何东西都是有意识的。无生物是有意识的,他说:"至若金石沙砾水土屎溺之属,竟无食息矣,然而不得谓之无知也。何以验其有知?曰:有性情。何以验其有性情?曰:有好恶。有好恶,于是有攻取;有攻取,于是有异同;有异同,于是有分合、有生克。有此诸端,医家乃得而用之,水火电热声光学乃得而用之,农矿工艺制造学乃得而用之(按:据《国民报》补此二句)。夫人之能用物,岂有他哉!熟知其好恶之知,而慎感之已耳。"(《仁学》十四,《全集》下册,三一〇页)当时的自然科学认为物质有一种主要的性质:吸引和排斥。谭嗣同这里所说的攻就是指物质的互相排斥,他所说的取就是指物质的互相吸引。谭嗣同认为这些物理的现象,同时也是心理的现象。物质的东西互相吸引和排斥,就表示它们相互之间有爱好和憎恶,这就表示它们是有意识的。

他认为,一般人认为无生物没有意识,是因为他们拿人的意识作为标准。跟人类的意识比较起来,无生物的意识当然低得多,但也不是完全没有意识。他说:"而世咸目植物以下者为无知,直不当以人所知之数例之,所以疑莫能明。人之知为繁,动物次之,植物以下惟得其一端,如葵之倾日,铁之吸电,火之炎上,水之流下。知虽一端,要非人所不能有也。在人则谓之知,在物乃不谓之知,可乎?"(同上,三一〇至三一一页)

谭嗣同又指出,人的意识是由于脑力活动,但是脑力活动也无非是"好恶攻取"。他接着说:"且夫人固号为有知矣,独是所谓知者,果何等物也?谓知出乎心,心司红血紫血之出纳,乌睹所谓知耶?则必出于脑,剖脑而察之,其色灰败,其质脂,其形洼隆不平,如核桃仁;于所谓知,又无有也。切而求之,心何以能司血?脑之形色何所于用?夫非犹是好恶攻取也欤?人亦一物耳,是物不惟有知,抑竟同于人之知,惟数多寡异耳。"(同上,三一一页)这就是说,从人类到无生物都是有意识的,其差别只在于数量上。人类意识较高,无生物的意识较低。

谭嗣同认为,任何东西都有意识,因为任何东西都是以太所构成的。他说:"知则出于以太,不生不灭同焉,灵魂者,即其不生不灭之知也。而谓物无灵魂,是物无以太也,可乎哉?"(同上)谭嗣同在上文说:"同一大圆性海,各得一小分,禀之以为人,为动物,为植物,为金石,为沙砾水土,为屎溺,乃谓惟人有灵魂,物皆无之,此固不然矣。"(同上,三一〇页)这里所说的大圆性海,谭嗣同把它解释为有意识的以太,这就是"格义"。

谭嗣同在有些地方所说的灵魂实际上是在他想象中的一种最轻微的物质,他说:"如今之电学,能无线传力传热,能照见筋骨肝肺,又能测验脑气体用。久之必能去其重质,留其轻质,损其体魄,益其灵魂。兼讲进种之学,使一代胜于一代,万化而不已,必别生种人,纯用智不用力,纯有灵魂,不有体魄。"(《仁学》四十六,《全集》下册，三六六页）谭嗣同认为，这样的人"可以住水、可以住火、可以住风、可以住空气。可以飞行往来于诸星诸日"（同上）。他所说的这样的人，是他所想象的一种比人更高一级的生物，跟宗教迷信所说的灵魂还有不同。

谭嗣同所说的"心力"也就是指"以太"的意识。他说：对于心力"吾无以状之，以力学家凹凸之状状之"（《仁学》四十五，《全集》下册，三六三页）。他举出"心力"表现为十八种的力量，其中有所谓"反力""摄力""拒力""折力""能力""速力""动力"，还有所谓"弹力"（同上）。他用这些名词形容他所谓"心力"，可见他所谓心力也是有物质性的。

谭嗣同认为，以太的作用的最明显的表现，在人身就是脑，在空间就是电。照他说，脑也就是"电之有形质者"。他说："脑为有形质之电，是电必为无形质之脑，人知脑气筋通五官百骸为一身，即当知电气通天地万物人我为一身也。"（《仁学》二，《全集》下册，二九五页）他接着说："学者又当认明电气即脑，无往非电，即无往非我，妄有彼我之辨，时乃不仁。"（同上）

谭嗣同认为，根据他所说的以太的原理，可以证明人我之间的分别是不存在的，这就是所谓"通"。照他说，"通"有四义：第一是中外通，就是世界各国互相协作。第二是上下通，就是取消封建等级的差别。第三是男女内外通，就是取消封建男尊女卑的制度，男女平等。第四是人我通，就是取消别人跟自己之间的界限。谭嗣同认为通的主要表现就是平等，他说："通之象为平等。"（《仁学·界说》，《全集》下册，二九一页）

照他这样说，"仁"是贯通于自然界和社会之中的一个最高原则，所以他称他的著作为《仁学》。

谭嗣同把物理的东西、生理的东西、社会的东西,都混为一谈了。他首先混淆了物质现象和精神现象的分别,把物质现象的吸引和排斥跟精神现象的喜好和憎恶等同起来。精神本来是物质所发生的作用,但是只有有高度组织的物质才能发生这样的作用。谭嗣同认为,任何形式的物质,甚而至于以太,也发生精神作用,就是说都有意识。

照上面所引的谭嗣同的话看起来,他的哲学思想是混乱的,他引用大圆性海这个概念,表示他的哲学思想由主观唯心主义变为客观唯心主义。他认为任何事物都有意识,这是物活论。他又认为意识也是物质,这是庸俗唯物主义。"格义"的方法把这些"主义"都混为一谈,当然这也是他不自觉的。

谭嗣同说:"以太也,电也,粗浅之具也,借其名以质心力。"(《仁学·界说》,《全集》下册,二九一页)又说:"仁以通为第一义,以太也,电也,心力也,皆指出所以通之具。"(同上)可见以太、电和心力,其实都是一个东西。谭嗣同认为,以太所发生的作用也就是"仁"。他说:"其(以太)显于用也,孔谓之仁,谓之元,谓之性;墨谓之兼爱;佛谓之性海,谓之慈悲;耶谓之灵魂,谓之爱人如己,视敌如友;格致家谓之爱力,吸力,咸是物也。"(《仁学》一,《全集》下册,二九三页)

谭嗣同说,"冲决网罗者,即是未尝冲决网罗"。因为照他所说的什么都是以太,那就是本来没有网罗,如果再下一转语就可以说,如果懂得"未尝冲决网罗",那才是真正"冲决网罗"。

第三节　谭嗣同对于事物发展的了解和认识过程的分析

谭嗣同认为天地万物开始于"以太之动机",他说:"俄而有动机焉,譬之于云,两两相遇,阴极阳极,是生两电,两有异同,异同攻取,有声有光,厥名曰雷。振微明玄,参伍错综,而有有矣,有有之生也,其惟异同攻取乎?其成也,其惟参伍错综乎?"(《仁学》二十五,《全集》下册,三三〇页)谭嗣同初步地认识到事物的发展是由于其内部矛盾。矛盾的两个对立面有统一也有斗争。这就是谭嗣同所说的"异同攻取"。在另一个地方,他说:"两则有正有负,正负则有异有同,异则相攻,同则相取。"(《仁学》十九,《全集》下册,三二〇页)由于对立面的"异同攻取",事物就有发展,这个事物与那个事物之间互相联系,又互相制约,这样的关系,谭嗣同叫"参伍错综"。

对立面的差异矛盾,谭嗣同称为"对待"。他认识到对立面的差异矛盾不是永恒的、绝对的,是可以互相转化的。对立面的绝对的对立只是一种假象,用他的话说,是"瞒人"的。他说:"譬如陶埴,失手而碎之,其为器也毁矣。然陶埴,土所为也,方其为陶埴也,在陶埴曰成,在土则毁;及其碎也,还归乎土,在陶埴曰毁,在土又以成。但有回环,都无成毁。譬如饼饵,入胃而化之,其为食也亡矣;然饼饵,谷所为也,方其为饼饵也,在饼饵曰存,在谷曰亡；及其化也，还粪乎谷，在饼饵曰亡，在谷又以存，但有变易，复何存亡？"（《仁学》十二，《全集》下册，三〇七页）"复何存亡"就是说没有存亡的差别。谭嗣同证明存亡的对待是相对的，可以互相转化，这是辩证法。但是因此认为存亡的差别就不存在，这就不是辩证法，而是相对主义了。

谭嗣同认为大小的分别也是相对的，他说："虚空有无量之星日，星日有无量之虚空，可谓大矣。非彼大也，以我小也。有人不能见之微生物，有微生物不能见之微生物，可谓小矣。非彼小也，以我大也。何以有大？比例于我小而得之，何以有小？比例于我大而得之。然则但有我见，世间果无大小矣。多寡长短久暂，亦复如是。疑以为幻，虽我亦幻也。何幻非真？何真非幻？真幻亦对待之词，不足疑对待也。"（《仁学》十七，《全集》下册，三一六页）

谭嗣同在这里，完全陷入了相对主义。大和小，久和暂，长和短，多和寡，真和幻，这些对待，虽然都是相对的，可以互相转化，但是这些相对的差别还是存在的。指出这些差别的相对性，这是辩证法思想。认为既然这些差别可以互相转化，因此就不存在这些差别，这是相对主义。

谭嗣同又用他所知道的自然科学知识加以发挥说："涨也缩之，微也显之，亡也存之，尽也衍之。声光虚也，可贮而实之。形质阻也，可鉴而洞之。声、光、化、电、气、重之说盛，对待或几几乎破矣。欲破对待，必先明格致，欲明格致，又必先辨对待。有此则有彼，无独有偶焉，不待问而知之，辨对待之说也。无彼复无此，此即彼，彼即此焉，不必知，亦无可知，破对待之说也。辨对待者，西人所谓辨学也，公孙龙、惠施之徒时术之，坚白异同之辨曲达之，学者之始基也。由辨学而算学,算学实辨学之演于形者也。由算学而格致,格致实辨学、算学同致于用者也,学者之中成也。格致明而对待破,学者之极诣也。"(同上,三一七页)

谭嗣同在这里本来是企图证明佛教华严宗所说的"一多相容""三世一时"的唯心主义理论。他用相对主义的诡辩证明"对待"是相对的,因此是不存在的,所以一和多可以相容,三世也就可以会于一时。不过,在上所引的辩证中,也有一部分是正确的。

他指出,"辨对待"的是辨学,就是形式逻辑。形式逻辑告诉人们此就是此,彼就是彼,是就是是,非就是非。这是思维的一般规律,是研究任何学问都必须要知道的"学者之始基"。

在这一段话里,谭嗣同把人的知识分为两大类,一类是辨对待,一类是破对待。他认为辨对待的根本原理是形式逻辑,当时称为辨学。由辨学衍化出算学。自然科学当时称为格致,谭嗣同认为自然科学是算学的应用。谭嗣同对于形式逻辑、算学和自然科学三者的认识是不错的,这说明他对于"西学"的了解是相当深入的。他认为中国哲学中的名家属于辨对待这一派,这也是"格义"。这个"义""格"得不错,这说明他对于"中学"也是很有研究的。

可是,他又认为自然科学虽然是从辨对待出发,但在它的发展过程中,它又转化为破对待了。因为照他说,自然科学能把本来膨涨的东西压缩,把本来微小的东西放大,这就证明涨和缩、微和显的对待是相对的,可以互相转化,这是人类的认识升高了一级,"学者之中成也"。

再高一级的思想,"学者之极诣",本来应该是辩证法。可是照谭嗣同所说的"破对待"就是"此即彼,彼即此",彼此的差别就不存在,"无彼复无此",这就是相对主义。从相对主义出发,谭嗣同就得到"不必知,亦无可知"的结论,这就否定了知识,陷入神秘主义。

谭嗣同所说的辨对待,有似于康德所说的理性认识。他所说的破对待,有似于康德所说的悟性认识。照康德说,人类的知识从理性认识上升到悟性认识是一个飞跃。谭嗣同不会见到康德的著作,也许还不知道有康德这位哲学家,他只好用他所知道的佛学知识作格义。照他的格义,破对待的最高理论就是华严宗所说的"一多相容""三世一时",这就完全陷入了神秘主义。

谭嗣同在讲到认识的过程的时候认为,人的感觉的来源是外界事物的刺激。(本书作者按:即使洛克所说的"第二性质"也有客观的根据。)他说:"香之与臭,似判然各有性矣,及考其成此香臭之所以然,亦质点布列微有差池,致触动人鼻中之脑气筋,有顺逆迎拒之异,故觉其为香为臭。苟以法改其质点之聚,香臭可互易也。"(《仁学》十一,《全集》下册,三〇六页)从这些话看起来,谭嗣同似乎是在讲反映论。但是他对于这个反映有他自己的了解。

谭嗣同又说:"吾大脑之所在,藏识之所在也,其前有圆洼焉,吾意以为镜,天地万物毕现影于中焉。继又以天地万物为镜,吾现影于中焉。两镜相涵,互为容纳;光影重重,非内非外。"(《仁学》二十五,《全集》下册,三三一页)谭嗣同的这段话,肯定脑是意识的物质基础,意识是客观世界在脑中的反映,人又是客观世界的一部分。人是客观世界的一部分,而他的意识又反过来反映客观世界。谭嗣同在这里所说的就是他所了解的反映论。这其实就是华严宗所说的因陀罗网的境界。他所说的"其前有圆洼焉",这是他所了解的生理学。他用他所了解的生理学解释华严宗的因陀罗网，这也是"格义"。

人的意识是物质客体的反映，感觉和知觉是物质客体的摹写、摄影、影像，是同它所反映的事物相符合的。这是正确的反映论。如果这一点不能确定，则虽承认感觉是对外物的反映，而所说的外物，就成为康德所说的"物自体"了。谭嗣同正是这样。他根据他在当时所知道的生理学的知识，分析了感觉的过程，得出结论说，感觉的对象是永远不可知的。他说："且眼耳所见闻，又非真能见闻也。眼有帘焉，形入而绘其影，由帘达脑而觉为见，则见者见眼帘之影耳，其真形实万古不能见也。岂惟形不得见，影既缘绘而有，是必点点线线而缀之，枝枝节节而累之。惟其甚速，所以不觉其劳倦。迨成为影，彼其形之逝也，亦已久矣。影又待脑而知，则影一已逝之影，并真影不得而见也。"照同样的分析，"真声"也是"万古不能闻"，"闻者闻耳鼓之响耳"。"响又待脑而知，则响一已逝之响，并真响不得而闻也。"（《仁学》十七，《全集》下册，三一七至三一八页）照这样的理论推下来，客观的世界是不可知的，人所能认识的不过是他自己的感觉。照谭嗣同所说，就是他自己的感觉，他也不能真正地认识。这样的说法，使他在理论上陷入了不可解决的困难。

谭嗣同怎样解决这个困难呢？他说："苟不以眼见，不以耳闻，不以鼻嗅，不以舌尝，不以身触，乃至不以心思，转业识而成智慧，然后，'一多相容''三世一时'之真理乃日见乎前。"（同上）事实上没有不以感觉为基础的认识。谭嗣同所说的"转业识而成智慧"，是佛家法，他在这里又倒向了神秘主义。

第四节　谭嗣同的道器说和三世说

自第一次鸦片战争以后，先进的人们都承认要向西方学习，学习西方的"长技"以抵抗西方的侵略。什么是西方的长技呢？因他们对于西方的认识有深浅的不同，而有不同的见解。他们首先认识到的是物质文明这方面的东西，如武器、机器制造之类，康有为领导的戊戌变法运动认识到更重要的是政治上的改革，这就从物质文明进到精神文明了。

当时的顽固派认为，西洋资本主义国家仅只是在工艺制造方面比中国优越，但是中国的精神文明还是在西洋资本主义国家之上。这种见解就牵涉到中国哲学中所谓"道器"问题。他们认为工艺制造是属于"器"一方面的，精神文明是属于"道"一方面的，器可以变，而道不可以变。

谭嗣同根据王夫之关于道器的理论证明"道器相为一也"。他说："故道，用也；器，体也。体立而用行，器存而道不亡。"封建唯心主义认为，"道"是"体"，"器"是"用"。谭嗣同把这种说法颠倒过来。他接着说："夫苟辨道之不离乎器，则天下之为器亦大矣。器既变，道安得独不变？"（《报贝元征》，《全集》上册，一九七页）这就是说，中国所应该改变的，不仅只在于工艺制造方面，也不仅在于政治制度方面，而且在于哲学思想方面。

谭嗣同认识到，不仅只在经济和政治方面中国和西洋有显著的不同，在哲学思想方面也有显著的差别。他认为，中国人的哲学思想是以老子的思想为基础的。老子思想的要点是"言静而戒动，言柔而毁刚"。（《仁学》十九，《全集》下册，三二〇页）谭嗣同认为这是与人的本性不合的。事物都是"微生灭"，经常在运动变化之中，这就是《易传》所说的"日新"。谭嗣同说："日新乌乎本？曰：以太之动机而已矣。"（同上，三一九页）以太之运动贯串于人的本性，所以老子的主张是违反人性的。

谭嗣同说："李耳之术之乱中国也，柔静其易知矣。若夫力足以杀尽地球含生之类，胥天地鬼神以沦陷于不仁，而卒无一人能少知其非者，则曰'俭'。"（《仁学》二十，《全集》下册，三二一页）谭嗣同指出，"私天下者尚俭，其财偏以壅，壅故乱；公天下者尚奢，其财均以流，流故平"（《仁学》二十二，《全集》下册，三二七页）。又说："言静者惰归之暮气，鬼道也；言俭者龌龊之昏心，禽道也。率天下而为鬼为禽，且犹美之曰静德俭德，夫果何取也？"（《仁学》二十，《全集》下册，三二三页）

谭嗣同认为应该反对静而提倡动，反对俭而提倡奢。他承认奢也有许多弊害，但是，奢能够散财，把财富分散出来，使很多人都能享受。他指出，有一个"有百利而无一害"的办法，这个办法并不要求富人分散财富，反之，还要求他们把财富大大地集中起来，用机器开矿、种田、修铁路、办工厂。他说："大富则为大厂，中富附焉，或别为分厂。富而能设机器厂，穷民赖以养，物产赖以盈，钱币赖以流通，己之富亦赖以扩充而愈厚。不惟无所用俭也，亦无所用其施济，第就天地自有之利，假吾力焉以发其复，遂至充溢溥遍而收博施济众之功。故理财者慎毋言节流也，开源而已。源日开而日亨，流日节而日困，始之以困人，终必困乎己。犹大旱之岁，土山焦，金石流，惟画守蹄涔之涓涓，谓可私于己；果可私于己乎？则孰若浚清渠，激洪波，引稽天之泽，苏渺莽之原，人皆蒙惠，而已固在其中矣。"（《仁学》二十一，《全集》下册，三二四页）

谭嗣同在这里企图从道义上证明近代化是合理的。照他所说，资本家固然是聚财，但聚财正所以散财；固然是利己，但利己正所以利人。

谭嗣同又指出，近代化的生产还有一个很大的作用，就是可以节省时间。他认为，这与人的精神生活有很大的关系。他说："轮船铁道，可以延年永命，无则短祚促龄。"因为有了轮船铁道，"一日可兼十数日之程，则一年可办十数年之事，加以电线邮政机器制造，工作之简易，文字之便捷，合而计之，一世所成就，可抵数十世，一生之岁月，恍阅数十年，志气发舒，才智奋起，境象宽衍，和乐充畅，谓之延年永命，岂为诬乎？故西国之治，一旦轶三代而上之，非有他术，惜时而时无不给，犹一人并数十人之力耳。《记》曰，'为之者疾'，惟机器足以当之"（《仁学》二十四，《全集》下册，三二九页）。

他所说的俭与奢、静与动的差别，也是封建社会与西方近代化社会生产力的差别的反映。封建社会的生产力很低，对于自然处于被动的地位，所以"主静"。封建社会的生产也很低，不得不减少消费，所以"尚俭"。西方近代化社会的生产力，比封建社会高得多了，生产也高得多了，所以就不"主静"而"主动"，不"尚俭"而"尚奢"。谭嗣同也认识到，西方近代化社会进步的速度比封建社会大得很多。这个速度不仅对于人的物质的生活有极大的意义，而且对于人的精神生活也有极大的意义。

谭嗣同关于道器的说法认为道不能离器，这是继承王夫之的"理在事中"的说法，他讲"日新"也是继承王夫之。但是他明确地提出器体、道用，用体用这一对范畴说明道和器的关系，这就明显地违反了传统哲学的说法。在哲学思想方面，他"主动"，反对"主静"。在生活方式方面，他"尚奢"反对"尚俭"，这在当时都是直接违反传统的说法，是对于封建主义的严厉批判和彻底决裂。

谭嗣同所知道的西方近代化社会是资本主义社会，但他看到西方资本主义社会并不是人类的最高理想，也不是社会发展的最后阶段。谭嗣同也主张康有为所说的"三世说"，也认为西方资本主义社会所达到的是"升平世"的阶段，也仅只是这个阶段。在这个阶段之上，还有"太平世"。

谭嗣同认为有两种"三世"，一种是"逆三世"，一种是"顺三世"。据他说，在人类社会刚开始的时候，没有宗教，也没有政治；没有教主，也没有君主。这样的社会叫"元统"，这样的历史阶段，也叫"太平世"。谭嗣同认为，中国所谓"洪荒太古"就是这样的时代。由这种的"太平世"进步到升平世。在这个阶段，逐渐有了教主和君主，但是他们和人民的距离不很大。在这个阶段，教主的权力比较大，所以这样的社会，称为"天统"。谭嗣同认为，中国所谓三皇五帝，就是这个阶段。社会再进步，由升平世到据乱世，这个历史阶段是君主专制，所以这样的社会称为"君统"。谭嗣同认为，中国社会，从孔子一直到19世纪末年，都处在这个阶段。历史的发展，所经过的这样的三世，称为"逆三世"。

中国由当前的据乱世，经过变法改革，就进入到升平世。升平世的社会，又称为"天统"。谭嗣同说："地球群教，将同奉一教主，地球群国，将同奉一君主，于时为大一统。"从"升平世"，又上升一阶段，就到"太平世"。这样的社会，又是"元统"。在这样社会中，"人人可有教主之德，而教主废；人人可有君主之权，而君主废。于时遍地为民主"。（以上见《仁学》四十八，《全集》下册，三七〇页）人类社会这样的发展，也经过"三世"。这样的三世，称为"顺三世"。

谭嗣同描写这样的"太平世"说："君主废，则贵贱平。公理明，则贫富均。千里万里，一家一人。视其家，逆旅也。视其人，同胞也。父无所用其慈，子无所用其孝，兄弟忘其友恭，夫妇忘其倡随。若西书中百年一觉者，殆仿佛《礼运》大同之象焉。"（《仁学》四十七，《全集》下册，三六七页）

谭嗣同认为，他所理想的太平世是社会发展的最后阶段。为什么是最后呢？因为人人都是自由平等。他把自由平等作为社会进步的标志。上边说过，谭嗣同认为在封建社会的五伦中，以朋友一伦为比较合理，因为朋友的关系是以自由平等为基础的。

第五节　谭嗣同对戊戌变法的说明和辩解

谭嗣同对于传统思想的批判，开始是很彻底的，但是他又说：

"且道非圣人所独有也,尤非中国所私有也,唯圣人能尽之于器,故以归诸圣人。以归圣人,犹之可也。彼外洋莫不有之。以私诸中国,则大不可。以彼处乎数万里之海外,隔绝不相往来,初未尝互为谋而迭为教。及证以相见,则所食者谷与肉,不闻其或异也;所饮者酒与浆,不闻其或异也;所衣者布帛裘褐,所宝者金玉珠玑,不闻以冠代履,以贵贸贱也;所需之百工器用,商贾输贩,与夫体国经野,法度政令,不闻有一不备也;与中国通商互市,易器物而用之,又未尝不各相宜也。独于伦常,窃窃然疑其偏绝。夫伦常者,天道之所以生生,人道之所以存存,上下四旁亲疏远迩之所以相维相系,俾不至瓦解而土崩。无一息之或离,无一人之不然,其有节文之小异,或立法之相去甚远,要皆不妨各因其风俗,使捷于知而便于行,未有一举伦常而无之者。"(《报贝元征》,《全集》上册,一九七页)

这就是说,中西文化虽各不相同,但其原理原则是一致的,这就是道。譬如中餐、西餐,烹调不同,口味亦异,西餐以肉类为主食,中餐以谷类为主食,主食不同,但所吃的不出肉类、谷类,没有吃砖头、石头的。这是因为人的生理是相同的。社会组织中西虽有不同,但都是人组织的。中西的人都是人,是相同的,所以道德伦常也必然是相同的。道是客观的真理,"圣人"不过是首先发现它,能用器把它实现,所以不是圣人所能私有的,也不是哪一种文化所私有的。

谭嗣同又说:"在人言之,类聚群分,各因其厚薄以为等差,则有中外之辨,所谓分殊也。若自天视之,则固皆其子也,皆具秉彝而全界之者也,所谓理一也。夫岂天独别予一性,别立一道,与中国悬绝,而能自理其国者哉?而又何以处乎万里之海外,隔绝不相往来,初未尝互为谋而迭为教,及证以相见,莫不从同,同如所云云也?唯性无不同,即性无不善,故性善之说,最为至精而无疑,而圣人之道,果为尽性至命,贯彻天人,直可弥纶罔外,放之四海而准。乃论者犹曰:'彼禽兽耳,乌足与计是非、较得失?'呜呼!安所得此大不仁之言而称之也哉!其自小而小圣人也,抑又甚矣。故中国所以不振者,士大夫徒抱虚憍无当之愤激,而不察夫至极之理也。苟明此理,则彼既同乎我,我又何不可酌取乎彼?酌取乎同乎我者,是不啻自取乎我。由此而法之当变不当变,始可进言之矣。"(同上,一九九至二〇〇页)

谭嗣同又说:"来语'数十年来士大夫争讲洋务,绝无成效,反驱天下人才,尽入于顽钝贪诈'。嗣同以为足下非唯不识洋务之谓,兼不识何者为讲矣。中国数十年来,何尝有洋务哉?抑岂有一士大夫能讲者?能讲洋务,即又无今日之事。足下所谓洋务,第就所见之轮船已耳,电线已耳,火车已耳,枪炮水雷及织布、炼铁诸机器已耳。于其法度政令之美备,曾未梦见,固宜足下之云尔。凡此皆洋务之枝叶,非其根本。执枝叶而责根本之成效,何为不绝无哉?况枝叶尚无有能讲者。"(同上,二〇二页)

谭嗣同的这两段话就是说,变法必须到了变道才算彻底,道是客观的普遍的真理,不是哪一个国家所私有的。中国变道,并不是舍己从人,而是同世界各国一起共同实现这个真理。谭嗣同曾经说过"冲决网罗者,即是未尝冲决网罗"。他也许可以说:变道者,即是未尝变道。也可以再下一转语说,了解未尝变道,即是真正变道。

谭嗣同从哲学的高度为戊戌变法作了概括的说明和深刻的辩解。当时的先进的人们都没有达到这样的高度和深度,所以他就成为戊戌变法运动的最高理论家。

谭嗣同有哲学的天才，但他的仁学是一个在创作中尚未完成的体系。在两种文化接触的初期，有一个互相了解、互相渗透的过程，谭嗣同的仁学是当时这个过程的产物。他企图用中西两种文化互相说明，他所用的方法是"格义"。当时的人们对于西方文化这个庞然大物的认识各有不同，犹如笑话中所说的瞎子摸象，各有猜测。谭嗣同企图把西方文化的全貌用中国传统哲学的范畴加以说明，这就是"格义"。格义不免有生搬硬套的地方，这在谭嗣同的仁学中也在所不免，可以说他的仁学是在创作中尚未完成的体系。

谭嗣同尊重西方的自然科学，他企图用当时西方物理学中流行的"以太"这个概念把自然和人生都贯串起来，做一个统一的解释。他的这个解释在开始的时候有唯物主义的意义，但经过几次格义就转化为主观唯心主义、客观唯心主义，最后至于神秘主义。

谭嗣同在开始讲到事物的互相转化的时候有辩证法的意义，经过几次格义就转化为相对主义，以至于神秘主义了。他对于认识过程的分析开始是反映论，经过几次格义就也转化为神秘主义了。

谭嗣同在物质文明和精神文明的关系这个问题上认识到道不能离器，器变道也必须要变。这似乎是和传统哲学彻底决裂，但又认为传统哲学也有一定的道理。这不能说是对传统哲学的决裂不彻底，宁可说是在同西方资本主义比较之下，对于中国传统文化有进一步的理解，所以能对于它有所扬弃。

在这些方面，谭嗣同的思想是相当混乱的。这是因为他所用的方法没有超过格义的阶段，但是他能看出一些问题，这就了不起，这就是他超过他的前人和当时一般人之处。

当时的中国人的心中都有"中国向何处去"这个问题，谭嗣同明确地指出要走西方资本主义的道路，并指出资本主义的世界观和生活方式的特点，要求人们学习。同时又指出西方资本主义并不是社会发展的最后阶段，也不是人类的最高理想。

谭嗣同回答了当时时代提出的问题，指明了时代前进的方向，就这两点上说他不愧为中国历史中的一个大运动的最高理论家，也不愧为中国历史中一个代表时代精神的大哲学家。

历史学家知人论世，对于历史人物的评价应该着重在超过他的前人之处，不应该纠缠在他不及他的后人之处。历史的发展日新月异，特别在近代尤为迅速，前人不及后人又何待言。如果纠缠在一个历史人物不及他的后人之处，那就是所谓"事后有先见之明"。事前的先见之明是不可多得的预见，事后的先见之明是不值一笑的笑话。

第六十八章 中国第一个真正了解西方文化的思想家——严复

第一次鸦片战争失败以后,中国进步的人们对于西方这个庞然大物都想有所认识,也都有所认识,但是他们的认识正如一个流行的笑话所说的瞎子摸象,限于局部。他们从局部推论全体,自然是出于猜测,有时且不免成为笑话。谭嗣同企图全面地认识西方文化,从宗教到科学,他都有所认识,但是限于当时的条件,他的认识虽然广泛,但不深入,有时且不免于错误。严复有如谭嗣同同样的企图,但是他的认识比谭嗣同深入了一层。中国近代史的发展又前进了一步。

严复(1854—1921),字又陵,又字几道,福建侯官(福州)人。当他十四岁的时候,当时的洋务派左宗棠在福建办了一个海军学校,称为船政学堂,严复进了这个学校学习海军。毕业后在军舰上实习,以后又被派到英国海军学校里留学三年。在三年中他读了一些当时在西方流行的政治、哲学名著。回国后,在福州母校教了一年书。李鸿章练海军,在天津办了一个海军学校,叫北洋水师学堂,调严复任总教习,后来又当过这个学校的会办和总办。他是当时海军建军中的一个人物,但是他没有直接参加海军,更没有参加甲午之战的海战。他只有一个海军的虚衔:海军协都统(据墓碑)。

甲午之战失败后,中国已经没有海军了,严复在天津创办《国闻报》,又在上海开会讲学,到北京任京师大学堂(北京大学前身)译局总办,到上海任复旦大学校长,到北京任学部(教育部)名词馆总纂。辛亥革命以后,严复担任了北京大学校长,但不久就辞职了。当时的政府尊他为"硕学通儒",把他作为一个装饰门面的点缀品。他浮沉于其间,一直到被迫成为恢复帝制的筹安会的发起人之一。正是如前人所说的:"'行百里者半九十',言晚节末路之难也。"

严复一生的主要工作是翻译西方哲学名著,其中重要的是《天演论》《穆勒名学》《名学浅说》《原富》《群学肄言》《群己权界论》《社会通诠》《法意》，商务印书馆辑为"严译名著丛刊"。中华书局出有《严复集》，其中收有严复的论文和诗文。

严复的一生是很奇特的。他在英国学习海军，但他所注意的不是海军，而是政治、哲学。他帮助李鸿章，而没有直接参加海军。他在戊戌变法时期鼓吹西学，而没参加变法的政治活动。他的学问遍及于他在英国时所学习的那些名著，他的事业的中心是翻译那些名著。他的翻译并不仅只是文字上的翻译，他于原文之中时常加上一些按语，以发挥他自己的见解。他的翻译工作实际上是现在所谓的"评介"。

第一节　严复对于当时所谓中学和西学的"格义"

严复对于当时西学的了解比谭嗣同深入，这是显而易见的，也是众所周知的，所以不必多说了。他们对于中学和西学都做了一些"格义"，这是两种文化初相遇时互相理解的一个必然过程，谭嗣同和严复所做的格义就是他们在这个过程中所做的工作，他们所做的工作相同，但是立场不同，观点不同。谭嗣同是站在中学的立场，以中学为主，从中学看西学，对于西学做格义；严复是站在西学的立场，以西学为主，从西学看中学，对于中学做格义。

谭嗣同在接触西学的时候，他的中学已经很有根基了，中学好比他的本国语，西学好比他所要学的外国语，所以他必须对于西学用中文做一番格义。他是站在中学的立场了解西学的。例如他说仁就是以太，这就是用仁对于以太进行格义，用仁去了解以太。

严复正与谭嗣同相反，他十四岁就入海军学校，以后就往英国，他对于中学所知很少。到了英国认真学习当时的名著，对于西学进行了认真的研究，于是西学就先入为主了。好比说话，他虽是一个中国人，英文成了他的本国语，中文倒成了他的外国语了。后来他的学问，就以西学为主，对于中学进行格义。举一个例子：

他说："司马迁曰：'《易》本隐而之显，《春秋》推见至隐。'此天下至精之言也。始吾以谓本隐之显者，观《象》、《系辞》以定吉凶而已；推见至隐者，诛意褒贬而已。及观西人名学，则见其于格物致知之事，有内籀（归纳）之术焉，有外籀（演绎）之术焉。内籀云者，察其曲而知其全者也，执其微而会其通者也；外籀云者，据公理以断众事者也，设定数以逆未然者也。乃推卷起曰：有是哉！是固吾《易》、《春秋》之学也。迁所谓本隐之显者，外籀也；所谓推见至隐者，内籀也，其言若诏之矣。"（《译〈天演论〉自序》）

照严复的说法，特殊的事物是"显"，一般的规律是"隐"。《周易》讲一般的规律，把它应用到特殊的事物，这是从一般到特殊，这是从隐至显。《春秋》记载各诸侯国历史中的特殊的事情，从其中找出规律，作为"春秋大义"，这是从特殊到一般，"推见至隐"。西学中的逻辑学有演绎法和归纳法。演绎法从一般到特殊，照严复的说法，这就是《周易》之学。归纳法从特殊到一般，照严复的说法，这就是《春秋》之学。这就是严复站在西学的立场，从西学的观点了解中学，并以中学对西学做格义。谭嗣同大概没有见过西学中的逻辑学。如果见过，他大概会说，《周易》之学是西方逻辑学中的演绎法，《春秋》之学就是西方哲学的一种归纳法。如果他这样说，那就是站在中学的立场，用中学的观点了解西学，并以西学对中学做出格义。

在上段引文后，严复接着说："近二百年，欧洲学术之盛，远迈古初，其所得以为名理、公例者，在在见极，不可复摇。顾吾古人之所得，往往先之，此非傅会扬己之言也，吾将试举其灼然不诬者，以质天下。夫西学之最为切实而执其例可以御蕃变者，名、数、质、力四者之学是已。而吾《易》则名、数以为经，质、力以为纬，而合而名之曰《易》。大宇之内，质、力相推，非质无以见力，非力无以呈质。凡力皆乾也，凡质皆坤也。奈端（牛顿）动之例三，其一曰，静者不自动，动者不自止，动路必直，速率必均。此所谓旷古之虑。自其例出，而后天学明，人事利者也。而《易》则曰：乾其静也专，其动也直。后二百年，有斯宾塞尔者，以天演自然言化，著书造论，贯天地人而一理之，此亦晚近之绝作也。其为天演界说曰：翕以合质，辟以出力，始简易而终杂糅。而《易》则曰：'坤其静也翕，其动也辟。'至于全力不增减之说，则自强不息为之先，凡动必复之说，则有消息之义居其始，而《易》不可见，乾坤或几乎息之旨，尤与热力平均，天地乃毁之言相发明也。此岂可悉谓之偶合也耶？虽然，由斯之说，必谓彼之所明，皆吾中土所前有，甚者或谓其学皆得于东来，则又不关事实，适用自蔽之说也。夫古人发其端，而后人莫能竟其绪；古人拟其大，而后人未能议其精，则犹之不学无术未化之民而已。祖父虽圣，何救子孙之童昏也哉！大抵古书难读，中国为尤。二千年来，士徇利禄，守阙残，无独辟之虑。

是以生今日者,乃转于西学,得识古之用焉。此可与知者道,难与不知者言也。"(同上)

这些都是格义,用中学对于西学进行格义。严复在这里提出一个问题,他问中学和西学可以互相格义,"此岂可悉谓之偶合也耶"?他的意思是说不是偶合。为什么不是偶合呢?

他说:"岂徒言语文字之散者而已,即至大义微言,古之人殚毕生之精力,以从事于一学,当其有得,藏之一心,则为理;动之口舌,著之简策,则为词,固皆有其所以得此理之由,亦有其所以载焉以传之故。呜呼,岂偶然哉!"(《译〈天演论〉自序》)严复已经接近于承认有一个客观的理。古今中外研究学问的人所说的话有许多是相同的,这是因为他们所说的都是客观的理。譬如:古今中外的人在说到太阳和月亮的时候所说的话都是相同的,这是因为他们所看到的都是那一个太阳,那一个月亮。严复没有明确地这样说,这是因为他在英国所接受的是经验论的传统,这个传统不容许这个说法。(参看下文)

在世界史的近代阶段,西方比东方先走了一步,先东方而近代化了。在中国近代史中,所谓中西之分,实际上是古今之异。以中学为主,对西学进行格义,实际上是以古释今;以西学为主,对中学进行格义,实际上是以今释古。譬如说,程朱是客观唯心主义,陆王是主观唯心主义,这是以今释古。如果说客观唯心主义是程朱,主观唯心主义是陆王,这就是以古释今了。现在普通人的思想都多少不等地近代化了,以古释今对于他们毫无意义,只有以今释古才可以帮助他们了解古代,这才有意义。譬如说,客观唯心主义是程朱,主观唯心主义是陆王,这样的以古释今,只是对西方哲学毫无所知的人才有意义，而这样的人越来越少，以至于无了。现在讲中国学问，都必须用以今释古的方法。在20世纪初，胡适的《中国古代哲学史大纲》风行一时，因为他是第一个真正用西方资产阶级的观点和方法解释中国古代哲学的。其中有不少牵强附会之处，这是开辟新路的人所难免的。

所谓以今释古，或以古释今，不能专从一个命题的形式断定，要看一个人思想的全部精神面貌。从全部精神面貌看，谭嗣同是以古释今，严复是以今释古，这是一个大进步。

在中西文化接触的初期，严复能以今释古，开了一代的风气，其中也不免有牵强附会之处，不足为训。这就是所谓"但开风气不为师"，这不足为怪。能开一代风气，甚至是以后代代的风气，这就了不起。

第二节　严复对于当时中国的问题的看法

严复从资产阶级的观点看当时的中国，所以他对中国的问题有更深刻的见解。

他于1895年在天津《直报》上连续发表了四篇文章：《论世变之亟》、《原强》（中华书局出版《严复集》中附有：《原强修订稿》和《原强续篇》）、《辟韩》、《救亡决论》。这四篇文章自成一组。第一篇提出中国当时的问题，第二、三篇对这些问题作进一步的说明,第四篇提出他自己认为是解决这些问题的办法,作为四篇的结论。四篇合起来是一个有头有尾的完整的体系。

当时中国的问题最根本的是什么呢?严复说:"今之夷狄,非犹古之夷狄也。今之称西人者,曰彼善会计而已,又曰彼擅机巧而已。不知吾今兹之所见所闻,如汽机兵械之伦,皆其形下之粗迹,即所谓天算格致之最精,亦其能事之见端,而非命脉之所在。其命脉云何?苟扼要而谈,不外于学术则黜伪而崇真,于刑政则屈私以为公而已。斯二者,与中国理道初无异也。顾彼行之而常通,吾行之而常病者,则自由不自由异耳。"(《论世变之亟》,《严复集》第一册,二页)

严复的这段话好像是紧接着魏源说的。魏源主张"以夷为师","师夷之长技以制夷"。"夷之长技"是什么呢?严复说,普通人认为,夷之长技不过是工("技巧")、商("会计")。严复指出,这些都是粗浅的事("形下之粗迹"),不是西方的根本("命脉之所在")。西方的根本是什么呢?严复指出:是学术和政治。其学术的精神是"黜伪而崇真",政治的精神是"屈私以为公而已",贯穿于这两种精神之间的是"自由"。严复的几句话说透"夷之长技"的根本,也指出了向西方学习的正确道路。

《原强》继续说明这个主要意思,严复说:"且其为事也,又一一皆本之学术;其为学术也,又一一求之实事实理,层累阶级,以造于至大至精之域,盖寡一事焉可坐论而不可起行者也。推求其故,盖彼以自由为体,以民主为用。一洲之民,散为七八,争雄并长,以相磨淬,始于相忌,终于相成,各殚智虑,此日异而彼月新,故能以法胜矣,而不至受法之敝,此其所以为可畏也。"(《原强》,《严复集》第一册,一一至一二页)在这一段话里,严复指出,西方长处的根本在于政治与学术,而政治又以学术为根本。西方的国家互相竞争,竞争是相反而又相成。概括地说,西方文化的要点是"以自由为体,以民主为用"。

《原强》指出西方之所以强,《辟韩》指出中国之所以弱。中国封建社会的突出之点是君主专制,这正是自由和民主的反面。严复以批判韩愈为名,借古讽今,指桑骂槐,批判了中国的封建社会。

严复引韩愈《原道》中的一段话:"君者,出令者也;臣者,行君之令而致之民者也;民者,出粟米麻丝、作器皿、通货财以事其上者也。君不出令,则失其所以为君;臣不行君之令,则失其所以为臣;民不出粟米麻丝、作器皿、通货财以事其上,则诛。"严复批判说:"嗟乎!君民相资之事,固如是焉已哉?夫苟如是而已,则桀、纣、秦政之治,初何以异于尧、舜、三王?且使民与禽兽杂居,寒至而不知衣,饥至而不知食,凡所谓宫室、器用、医药、葬埋之事,举皆待教而后知为之,则人之类其灭久矣,彼圣人者,又乌得此民者出令而君之?且韩子胡不云:民者,出粟米麻丝、作器皿、通货财以相为生养者也,有其欺相夺而不能自治也,故出什一之赋,而置之君,使之作为刑政、甲兵,以锄其强梗,备其患害。然而君不能独治也,于是为之臣,使之行其令,事其事。是故民不出什一之赋则莫能为之君,君不能为民锄其强梗、防其患害则废,臣不能行其锄强梗、防患害之令则诛乎?孟子曰:'民为重,社稷次之,君为轻。'此古今之通义也。而韩子不尔云者,知有一人而不知有亿兆也。老子言曰:'窃钩者诛,窃国者侯。'夫自秦以来,为中国之君者,皆其尤强梗者也,最能欺夺者也。"(《辟韩》,《严复集》第一册,三三至三四页)

这里所说的问题是君与民谁为谁的问题,是君为民而存在,还是民为君而存在。照韩愈的说法是民为君而存在,不是君为民而存在。严复指出,这违反了孟轲所说的民重君轻的天下之通义,又不合于西方的政治原则。他指出,中国封建社会的君主都是靠武力、欺骗得到政权的,都是老子所说的"大盗"。

严复又引西方的政治原则说:"是故西洋之言治者曰:'国者,斯民之公产也,王侯将相者,通国之公仆隶也。'而中国之尊王者曰:'天子富有四海,臣妾亿兆。'臣妾者,其文之故训犹奴虏也。夫如是则西洋之民,其尊且贵也,过于王侯将相,而我中国之民,其卑且贱,皆奴产子也。设有战斗之事,彼其民为公产公利自为斗也,而中国则奴为其主斗耳。夫驱奴虏以斗贵人,固何所往而不败?"(同上,三六页)严复把中国封建社会的君主专制和中国的积弱联系起来,这就是对于当时的问题做了一个总的诊断。

一个医生对于病人的病情做了诊断以后,就根据诊断开出方子。严复的《救亡决论》就是他对于中国的病情根据他的诊断开出的方子。严复指出,中国病情的根本在于学术。中国的旧学术,无论是考据、义理或词章都是没有用的,至于八股那就更不用说了。他指出这些学术"经营八表,牢笼天地。夫如是,吾又得一言以蔽之,曰:无实。非果无实也,救死不赡,宏愿长赊。所托愈高,去实滋远,徒多伪道,何裨民生也哉!故由后而言,其高于西学而无实;由前而言,其事繁于西学而无用。均之无救危亡而已矣"(《救亡决论》,《严复集》第一册,四四页)。接下来他指出,救危亡必须用西方的学术。

严复在《论世变之亟》中提出政治和学术两点,在《救亡决论》中他只提到学术一点,这说明他认为学术的改变是最根本的。这不是他迂阔,二十多年后的新文化运动正是这样说和这样做的。文化是一个外来的名词,如果用中国的旧名词,那就是学术。严复在《救亡决论》中所提出的主张,如果发展为一个运动,就可以成为新学术运动。新文化运动提出"民主与科学"这个口号,指出此二者是西方的"长技"的根本。上边所说的严复的四篇文章虽然没有说得这样明确,但有这个意思。

严复在1898年还有一篇《拟上皇帝书》。照标题看,这是一篇用上书的体裁写的一篇论变法的文章,文中总括了四篇文章的意思,主张变法。文中说:"臣惟中国之积弱,至于今为已极矣。此其所以然之故,由于内治者十之七,由于外患者十之三耳。"(《严复集》第一册,六一至六二页)所以要救中国的危亡,必须变法。他说:"其在内治云何?法既敝而不知变也。臣闻天下有万世不变之道,而无百年不变之法。"(同上,六三页)他在下文指出:在中国历史中,朝代经常变更,这是因为它们不知道法是要常变的。西方的国家其君主可以累世不变,这是因为它们知道变法。他认为,如果清朝的皇帝知道变法,实行变法,也可以累世不变。他也是主张君主立宪的,在这一点上他和康有为没有什么不同。所不同的是康有为所说的君主立宪是"君民共主",严复所说的君主立宪是"以自由为体,以民主为用",这就大不相同了。康有为所说的君主立宪是新瓶装旧酒,换汤不换药;严复所说的君主立宪是旧瓶装新酒,换药不换汤。

严复在此文的最后一段说:"未变法之前,陛下之所亟宜行者三……一曰联各国之欢。……二曰结百姓之心。……三曰破把持之局。……盖不联各国之欢,则侮夺之事,纷至沓来,陛下虽变法而不暇;不结百姓之心,则民情离涣,士气衰靡,无以为御侮之资;

虽联各国之欢，亦不可恃；而不破把持之局，则摇手不得，虽欲变法而不能也。一其事在各国，二其事在万民，而三则在陛下之一心。陛下果采臣议而次第行之，则为旷古之盛节，机关阁开，而数千年之治运转矣，然后因势利导。所谓既变法所宜先者，臣请竭其愚陋，继今而言之。"（同上，六九至七七页）

有人认为，严复的这段话是为变法制造障碍，他不是主张变法，而是阻止变法，要把变法无限期地推迟下去，由此推出论断说严复是戊戌变法时期的右派。这是对于严复的误解和曲解。严复在这篇文章里大部分是说变法的必要性和紧迫性，到结尾却说变法要无限期地推迟下去。一个人在同一篇文章里如此先后矛盾，前提和结论完全不对头，没有这样的情理，也没有这样的逻辑。

严复所说的那三件事：第一事是说要在国际上使西方列强对于中国保持均势，不致联合一起把中国瓜分。这就是说，中国要在国际关系上以和平的姿态维护独立和主权。第二事是说要使朝廷和人民的关系上维持和平。第三事是说要使全国人，特别是社会的上层的思想都统一到变法上来。文章的最后几句话说得很清楚，这是为变法创造条件，不是为变法制造障碍。严复不是戊戌变法中的右派，而是左派。

严复真正站在西方资产阶级的观点看中国的问题，也企图用西方资产阶级的方法解决当时中国的问题，这是严复和戊戌变法运动中的人的根本不同之处。本书所以说戊戌变法是半封建，其意义就在于此。

如果说康有为和戊戌变法运动中的人是半封建，严复虽然在当时是比较深通西学，但在政治上还是半资产阶级。如果是全资产阶级，他就不主张变法，而主张革命了。半资产阶级虽然不及全资产阶级，但和半封建比较起来毕竟是前进了一大步了。

上边所讲的严复的五篇文章，前四篇写于 1895 年，后一篇写于 1898 年。那正是戊戌变法运动的酝酿和发动时期，也就是康有为发动群众、组织班子、说服光绪帝的时候。那时严复的影响已经很大，声望很高，为什么康有为不找严复合作呢？严复既然主张变法，为什么也不找康有为合作呢？这两个大人物谁也不找谁，谁也不提到谁，这两个人好像是并世而不相知，这是为什么呢？原来这两个人并不是"志同道合"，而是志同而道不合。他们都主张变法，这是志同，但是变法的内容不同，这是道不合。因为志同，谁也不批评谁；因为道不合，谁也不拥护谁，所以就似乎是并世而不相知了。他们二人的不同并不是由于个人的偶然的意见分歧，而是由于他们的阶级立场和中学、西学的出发点不同，这本来就是不可调和的。本书的叙述说明了这一点。

第三节　严复所介绍的《天演论》

严复在当时的最有影响的著作是他所介绍的《天演论》。他在英国留学的时候，达尔文的《物种探源》正在流行，达尔文主义恰好可以作为变法的理论根据。严复在《原强》中就介绍了达尔文的《物种探源》，他说其中有特别重要的两篇："其一篇曰物竞。又其一曰天择。物竞者，物争自存也。天择者，存其宜种也。意谓民物于世，樊然并生，同食天地自然之利矣，然与接为构，民民物物，各争有以自存。其始也种与种争，群与群争，弱者常为强肉，愚者常为智役。及其有以自存而遗种也，则必强忍魁桀，遹捷巧慧，而与其一时之天时地利人事最其相宜者也。"（《原强修订稿》，《严复集》第一册，一六页）这几句话说出了变法的必要性和紧迫性。

紧接着《原强》，严复就翻译了英国科学家赫胥黎所著的《天演论》。严复所以没有翻达尔文的《物种探源》，而翻赫胥黎的《天演论》，大概是因为达尔文的这部书完全是一部自然科学的著作，从生物的进化发现了"天演公例"，即所谓达尔文主义。赫胥黎则把达尔文主义和社会联系起来，因此有人称赫胥黎所讲的是社会达尔文主义，认为是把达尔文主义应用到人类社会，为帝国主义侵略殖民地的人民提供理论的根据。其实，把达尔文主义同人类社会联系起来是一回事，而把达尔文主义应用到人类社会又是一回事。赫胥黎并不是要把达尔文主义应用到人类社会，而是认为达尔文主义不能应用于人类社会，这是本节所要说明的主要之点。

赫胥黎的这部书是一个论文集，其中主要的一篇的题目是《天演与伦理》，所以全书也用这个题目。这一篇论文所讨论的主要问题是天演和伦理的矛盾，用严复译文中所用的名词来说就是"天行"和"人智"的矛盾。譬如说，一个人得了病，就是因为他的抵抗力弱，他是个弱者；别人不得病，因为他们的抵抗力强，他们是强者。照天演论的规律说，强者应该生存，弱者应该消灭。一个人得病而死，这是活该，可是在人的社会中有医院为人治病，这是保护弱者。这就是人智与天行的矛盾。赫胥黎并不是主张废除医院，他只是提出这个问题。

这是一个老问题。中国9世纪的一个诗人哲学家刘禹锡，作有《天论》三篇，提出了"天人交相胜"的论点。他所说的天是自然，所说的人是社会。他在《天论上》开头就说,"大凡入形器者,皆有能有不能。天,有形之大者也;人,动物之尤者也。天之能人固不能也,人之能天亦有所不能也。故余曰:天与人交相胜尔"。他又说:"天之道在生植,其用在强弱。人之道在法制,其用在是非。"他所说的"交相胜",就是自然与社会的矛盾,这个矛盾的两个对立面谁也消灭不了谁,但其地位可以互相转化,有时这个对立面居于主导的地位,有时那个对立面居于主导的地位,这就是所谓"交相胜"。(参看本书第四册第四十八章)

赫胥黎的书所注意的正是这个矛盾。他的书的原名是《天演与伦理》,天演相当于刘禹锡所说的"天之道",伦理相当于刘禹锡所说的"人之道"。严复也注意到赫胥黎所讨论的问题就是刘禹锡所提出的问题,他说:《天演论》的各篇"皆以尚力为天行,尚德为人治,争且乱则天胜,安且治则人胜。此其说与唐刘、柳诸家天论之言合"("严译名著丛刊",《天演论》,九二页按语)。严复更进一步说:"且专言由纯之杂、由流之凝,而不言由浑之画,则凡物之病且乱者,如刘、柳元气败为痈痔之说,将亦可名为天演。此所以二者之外,必益以由浑之画而后义完也。"(同上,七页按语)这是说赫胥黎的《天演论》所讨论的问题虽然和刘、柳所讨论的是一个问题,但是《天演论》比刘、柳讲得更清楚,这就是"由浑之清"。

赫胥黎提出了这个问题,但没有说出怎样解决。英国的另一个哲学家斯宾塞尔倒是把这个问题解决了。严复很推崇斯宾塞尔,他在《天演论》的按语中有一部分不是讲赫胥黎,而是讲斯宾塞尔。就中国哲学史说,他是用斯宾塞尔的理论解决了"天人交相胜"的问题。照斯宾塞尔的解释,天之道和人之道是统一的,不是天人交相胜，而是天人一贯。

严复说：赫胥黎"谓群道由人心善相感而立，则有倒果为因之病，又不可不知也。盖人之由散入群，原为安利，其始正与禽兽下生等耳，初非由感通而立也。夫既以群为安利，则天演之事，将使能群者存，不群者灭；善群者存，不善群者灭。善群者何？善相感通者是。然则善相感通之德，乃天择以后之事，非其始之即如是也。……赫胥黎执其末以齐其本，此其言群理所以不若斯宾塞氏之密也"（同上，三二页按语）。这是说赫胥黎仍然是从天行与人治对立的观点出发，以物竞、天择讲天行，以"善相感通"讲人治，不知道善相感通是天择以后之事，是天择的结果。也可能曾经有不能相感通的人，可是那些人已经为天择所淘汰了。赫胥黎把善相感通和天择对立起来，那就是"倒果为因"。

严复说，斯宾塞尔就不这样看。严复说："大斯宾塞所谓民群任天演之自然，则必日进善不日进恶，而郅治必有时臻者，其竖义至坚，殆难破也。何以言之？一则自生理而推群理。群者，生之聚也，今者合地体、植物、动物三学观之，天演之事，皆使生品日进，动物自孑孓蠉蠕，至成人身，皆有绳迹可以追溯。……斯宾塞氏得之，故用生学之理以谈群学，造端此事，綮若列眉矣。然于物竞天择二义之外，最重体合，体合者，物自致于宜也。彼以为生既以天演而进，则群亦当以天演而进无疑。而所谓物竞、天择、体合三者，其在群亦与在生无以异，故曰任天演自然，则郅治自至也。"（同上，八九至九〇页按语）

严复认为，斯宾塞尔于物竞、天择之外，又加上一个"体合"原则，"体合"就是"群"，就是社会组织。所谓体合，就是人在物竞、天择的过程中,"自致于宜者"。从这个观点看,人治与天行就不是对立的了,这就是天人一贯。由于严复认为斯宾塞尔解决了这个老问题,所以他非常推崇斯宾塞尔,他说:"斯宾塞尔者,与达同时,亦本天演著《天人会通论》,举天、地、人、形气、心性、动植之事而一贯之,其说尤为精辟宏富。其第一书开宗明义,集格致之大成,以发明天演之旨;第二书以天演言生学;第三书以天演言性灵;第四书以天演言群理;最后第五书,乃考道德之本源,明政教之条贯,而以保种进化之公例要术终焉。呜乎!欧洲自有生民以来,无此作也。"(同上,四至五页按语)

严复的《天演论》出来以后,立即发生了很大的影响。人们所注意的倒不是刘禹锡和赫胥黎所提出的那个哲学问题,而是所谓天演公例。天演公例所讲的竞争生存,优胜劣败,弱肉强食,成为当时知识分子经常引用的话。严复在《原强》中说:"吾所谓无以自存,无以遗种者,夫岂必'死者以国量平〔乎〕泽若蕉,而后为尔耶?第使彼常为君而我常为臣,彼常为雄而我常为雌,我耕而彼食其实,我劳而彼享其逸,以战则我居先,为治则我居后,彼且以我为天之谬民,谓是种也固不足以自由而自治也。"(《原强》,《严复集》第一册,一二页)这一段话和天演公例联系起来,使当时的中国人惊心动魄,人们都认识到,中国如果不能自强,必将堕入这种为牛为马的地位。

戊戌变法已经失败了,但斗争并未停止。譬如海上的潮水,一个浪头退下去,接着来的是一个更高的浪头。变法失败了,接着来的就是革命。严复不主张革命,也不赞成革命。他的《天演论》出在戊戌变法失败之后,推动变法已经来不及了,就成为推动革命的力量,这是严复所不及料的。

第四节　严复论"自由"

严复最推崇的思想家是斯宾塞尔,他在所译《天演论》中表面上是讲赫胥黎,实际上是讲斯宾塞尔。斯宾塞尔所谓"群"就是社会,他所讲的群学现在称为社会学。他所注意的一个主要问题是个人和社会的矛盾,更确切一点说,是个人自由和社会制裁的矛盾。他的群学侧重在社会制裁这一方面,严复也是这样。穆勒有一个论自由的著作,照严复译书的惯例,应该把这部书的名称译为"自由论",或"原自由",可是他不这样翻,而把它译为《群己权界论》。这说明他所着重的不是个人自由,而是个人自由的界限。

严复在这部书的《译凡例》中说明了他所以用"群己权界"这四个字的意思,他说:"自由者,凡所欲为,理无不可。此如有人独居世外,其自由界域,岂有限制?为善为恶,一切皆自本身起义,谁复禁之?但自人群而后,我自由者人亦自由,使无限制约束,便入强权世界,而相冲突。故曰:人得自由,而必以他人之自由为界。此则《大学》絜矩之道,君子所恃以平天下者也。"又说:"斯宾塞伦理学,《说公》(*Justice in Principle of Ethics*)一篇,言人道所以必得自由者,盖不自由则善恶功罪,皆非己出,而仅有幸不幸可言,而民德亦无由演进。故惟与以自由,而天择为用,斯郅治有必成之一日。佛言:'一切众生,皆转于物,若能转物,即同如来。'能转物者,真自由也。是以西哲又谓:'真实完全自由。'形气中本无此物,惟上帝真神,乃能享之。禽兽下生,驱于形气,一切不由自主,则无自由,而皆束缚。独人道介于天物之间,有自由,亦有束缚。治化天演,程度愈高,其所得以自由自主之事愈众。由此可知自由之乐,惟自治力大者为能享之,而气禀嗜欲之中,所以缠缚驱迫者,方至众也。卢梭《民约》,其开宗明义,谓:'斯民生而自由。'此语大为后贤所呵,亦谓初生小儿,法同禽兽,生死饥饱,权非己操,断断乎不得以自由论也。"

严复翻译《群己权界论》,其中所谓"群"就是社会,所谓"己"就是个人。这个书名表示社会和个人都有自己的"权",但他们的权又都有其界限。每个人都有权行使他的自由,其界限是不侵犯他人的自由。如果妨碍别人的自由,社会有权制裁他。但其制裁的目的是保护别人的自由,不能超过这个目的,社会的权不能超过这个界限。所以个人和社会都有自己的权,但其界限却是一致的。严复说:"穆勒此篇,所释名义,只如其初而止。柳子厚诗云:'破额山前碧玉流,骚人遥驻木兰舟。东风无限潇湘意,欲采苹花不自由。'所谓自由,正此义耳。"(同上)严复引这首诗是要说明,自由的本义并不是像顽固派了解的那样坏。在中国文化传统中,所谓自由的本义可能是如严复所说的,但是这个本义对于个人自由和社会制裁那个矛盾说来并没有多大的意义。因为照这个解释,自由是一种精神境界,每个人都有自己的精神境界,各行其事,互不相妨,本来用不着社会制裁。只有自由表示为行动,这才发生和社会制裁的矛盾。和社会制裁发生矛盾的个人自由必须是社会上、政治上的自由,否则就不会发生与社会制裁的矛盾了。

穆勒和严复所讲的"群己权界",固然无可非议,但是他们在社会与个人这一对矛盾中侧重于社会这个对立面,他们认为,社会这个对立面是这对矛盾中的主要对立面，个人是次要对立面。严复所谓"以自由为体，以民主为用"，其中的自由是有限制的自由。这个侧重是严复思想中的保守成分。随着他的年龄的增长，这种保守成分也越来越明显。他之所以成为筹安会的六个发起人之一，固然是由于环境的逼迫，但是他的思想中的保守成分也是其内因。

一个重要的哲学论点，必须能解决一种矛盾，使矛盾的两个对立面统一起来。而严复通过翻译和译述《天演论》所要解决的是天行与人治的矛盾，他发挥了斯宾塞尔的天人一贯论，把这对矛盾统一起来。他在《群己权界论》中所要解决的是个人自由与社会制裁的矛盾，他发挥了穆勒的群己权界论，把这对矛盾统一起来。哲学并不能把本来没有同一性的东西统一起来。在一个统一体中，两个矛盾的对立面本来就有同一性，哲学的作用只是把原来有的同一性指出来，并说明它们是怎样统一的。

第五节　严复与逻辑学

逻辑学严复译为名学。穆勒有一部逻辑学的著作，《逻辑学体系》，严复翻译此书才及半部就停止了，以后因为别的事忙，精力不继，无力继续翻下去。因为教学的需要，他只好翻译耶方斯的《逻辑学教程》作为教材，称为《名学浅说》（见《名学浅说》译者自序）。严复所翻译的关于逻辑学的书就是这两部：《穆勒名学》和《名学浅说》。当时有系统的讲逻辑学的书也就是这两部。《名学浅说》

其说也并不浅,所谓浅者,是对于穆勒的《逻辑学体系》而言。

当时也有人译逻辑学为辨学,严复译为名学,这是很有意义的。

严复在他所译的《穆勒名学》中加了许多按语,其第一条是照着穆勒的意思说明逻辑学为什么叫逻辑学,并且说:"逻辑最初译本为固陋所及见者,有明季之《名理探》,乃李之藻所译;近日税务司译有《辨学启蒙》。曰探、曰辨,皆不足与本学之深广相副。必求其近,姑以名学译之。盖中文惟'名'字所涵,其奥衍精博与逻各斯字差相若,而学问思辨皆所以求诚、正名之事,不得舍其全而用其偏也。"("严译名著丛刊"之一,《穆勒名学》二页按语)严复说,名这个中国字意义最为广泛,他用名这个字译逻各斯,是用其全而不用其偏。但是要说明逻辑学确切是个什么学问,那正应该用其偏而舍其全。严复在按语中说:"逻各斯一名兼二义,在心之意、出口之词皆以此名。"(同上)这句话倒可以说明逻辑学何以应该译为名学,但他没有进一步发挥。

我替他发挥几句。严复认识到逻辑学是思维之学,是思维就必用名言,名代表概念,即在心之意;言就是在口之言。逻辑学的范围限于"名言之域",逻辑学的对象就是关于名言的规律。任何学问都必须用名言,所以必须遵守名言的规律。逻辑学成为一切学问的形式,所以称为形式逻辑。译逻辑学为名学,可以表达逻辑学的这个意义。

译逻辑学为名学,可以上接着先秦诸子中的名家。名家专讲名不顾实。公孙龙讲白马非马,他并不是不知道,在实际中,白马是马,他只是从马之名和白马之名上指出这两个名是不同的。他的"白马论"在中国哲学史中一直被认为是一种诡辩。现代逻辑学指出:一个名的意义有内涵和外延(严译为外举)两个方面,这两个方面说清楚了,人们可以很清楚地看出来,"白马非马"并不是诡辩,而是常识。

当然严复并没有想得这样清楚，至少没有说得这样清楚。不过他的名学这个译名是很有意义的，可惜没有沿用下来。

严复译逻辑学为名学，说明他是真懂得什么是形式逻辑，不过用名学这个译名，逻辑学就不能包括归纳法，而只可以包括演绎法。因为归纳法所讲的并不是一种思维的形式，而是一种思维，其对象并不是名言，而是自然界，所以现代的逻辑学就不讲归纳法。这是逻辑学的合乎逻辑的发展。穆勒和耶方斯所讲的逻辑学是旧式的逻辑学。严复继承了旧式逻辑的传统，并且认为归纳法比演绎法更重要。

这并不是说归纳法不重要，只是说它讲的不是思维的形式，而是一种思维。它所讲的这种思维是科学方法，科学方法是很重要的，特别对于当时的中国人更是如此。

第六节　严复论科学精神和科学方法

赫胥黎的不可知论哲学理论虽然有严复的介绍，但是在当时中国并没有很大的影响。一则因为这些理论跟当时的迫切的社会政治问题距离较远，在当时不会引起很大的注意。再则因为严复对于这些理论也没有作很多的宣传。严复本来是学自然科学和航海技术的，他所宣传比较多的，是当时自然科学的科学精神和科学方法。这在当时有很大的进步意义。在此以前，像他这样系统扼要地介绍西方科学方法，还是很少见的。

关于科学精神，他说："一理之明，一法之立，必验之物物事事而皆然，而后定之为不易。其所验也贵多，故博大；其收效也必恒，故悠久；其究极也必道通为一，左右逢原，故高明。方其治之也，成见必不可居，饰词必不可用，不敢丝毫主张，不得稍行武断，必勤，必耐，必公，必虚，而后有以造其至精之域，践其至实之途。"（《救亡决论》，《严复集》第一册，四五页）

严复指出，最违反科学精神的，是陆王主观唯心主义。他指出："夫陆王之学，质而言之，则直师心自用而已。……盖陆氏于孟子，独取良知不学、万物皆备之言，而忘言性求故、既竭目力之事。唯其自视太高，所以强物就我。"（同上，四四至四五页）照前几句所说的科学的精神正是"强我就物"。

严复继续指出，科学精神也是对于人的思想的一种训练。他说："且西士有言：凡学之事，不仅求知未知，求能不能已也。学测算者，不终身以窥天行也；学化学者，不随在而验物质也；讲植物者，不必耕桑；讲动物者，不必牧畜。其绝大妙用，在于有以练智虑而操心思，使习于沉者不至为浮，习于诚者不能为妄。是故一理来前，当机立剖，昭昭白黑，莫使听荧。凡夫恫疑虚猲，荒渺浮夸，举无所施其伎焉者，得此道也。"（同上，四五页）他所说的"荒渺浮夸"等正是封建知识分子的最严重的缺点。

严复又说：西洋"制器之备，可求其本于奈端（牛顿）；舟车之神，可推其原于瓦德（瓦特）。……而二百年学运昌明，则又不得不以柏庚氏（培根）之摧陷廓清之功为称首。学问之士，倡其新理，事功之士，窃之为术，而大有功焉。……至于晚近，言学则先物理而后文词，重达用而薄藻饰。且其教子弟也，尤必使自竭其耳目，自致其心思，贵自得而贱因人，喜善疑而慎信古。其名数诸学，则藉以教致思穷理之术。其力质诸学，则假以导观物察变之方。而其本事,则筌蹄之于鱼兔而已矣"(《原强修订稿》,《严复集》第一册,二九页)。严复所宣传的这样的科学精神在当时起了很大的进步的作用。

关于科学方法,严复指出:"大抵学以穷理,常分三际。一曰考订,聚列同类事物而各著其实。二曰贯通,类异观同,道通为一。"他指出,在聚列同类事物的时候,有些事物"非人力所能变换者,如日星之行,风俗代变之类",对于这些事物只能用"观察"的方法。有些事物"可以人力驾御移易者,如炉火树畜之类"。对于这些事物,就可以用"演验"的方法。他接着说:"考订既详,乃会通之,以求其所以然之理,于是大法公例生焉。"他指出,考订是科学方法的第一层,贯通是第二层。在中古时代,科学家仅只用这两层,但是这还不够,仅用这两层还不能保证所得的大法公例一定没有错误,"于是近世格致家乃救之以第三层,谓之试验。试验愈周,理愈靠实矣"(《西学门径功用》,《严复集》第一册,九三页)。

严复指出,这样的科学方法,用逻辑的理论说,就是内导和外导,也就是归纳和演绎两个方法。他说:"内导者,合异事而观其同而得其公例。"这就包括上面所说的考订和贯通两层。他指出,外导的方法是用一个已有的公例作为前提,由此推出断案。如果这个断案合乎事实,这就证明公例是正确的。所以外导就是"试验印证之事"。"印证愈多,理愈见坚确也。"(同上,九四页)这就是上面所说的科学方法的第三层。

严复又指出,研究科学"第一要知读无字之书"。他说:"赫胥黎言:'能观物观心者读大地原本书。徒向书册记载中求者,为读第二手书矣。'读第二手书者,不独因人作计,终当后人,且人心见解不同,常常有误,而我信之,从而误矣。"(同上,九三页)

他这里所说的"无字之书",就是自然和社会本身。

他所说的三层科学方法用现在的话说,第一层就是调查研究,搜集第一手的材料,第二层就是于其中找出规律性的东西,第三层就是在实践或科学实验中检查那些对于规律性的认识是否正确。第二层是旧逻辑学的归纳法的应用,第三层是旧逻辑学演绎法的应用。

第七节　严复的哲学思想

严复的哲学思想是以英国的经验主义为基础的。从这个基础出发,他得出了三个方面的理论。第一个方面是快乐主义的伦理学,第二个方面是感觉主义的认识论,第三个方面是不可知主义的本体论。

伦理学中的快乐主义,把人的快乐和苦痛作为伦理上善恶的标准。它认为人生最后的目的就是避免苦痛,追求快乐。严复介绍和发挥了这样的学说。

苦乐是善恶的标准,这是快乐主义的一个根本原则。康有为和谭嗣同也不同程度地主张这个原则。从中国哲学史的发展上看,这是资产阶级思想对于道学的一个重要的否定。道学把天理和人欲对立起来,认为应该是天理为主,人欲听命,并且认为在人生最高的精神境界中,"人欲尽处,天理流行"。苦乐是属于人欲的,把苦乐作为善恶的标准,这就把道学的理论完全翻过来了。

严复也承认,在现在的社会中,苦乐和善恶还不能完全等同起来,他说:"然宜知一群之中,必彼苦而后此乐,抑己苦而后人乐者,皆非极盛之世。极盛之世，人量各足，无取挹注。于斯之时，乐即为善，苦即为恶，故曰善恶视苦乐也。"（"严译名著丛刊"，《天演论》，四六页按语）这就是说，在现在的社会中，还不是人人都有乐无苦，所以在彼此之间，苦乐之间要互相调剂（"挹注"），这说明现在的社会还不是最完善的社会（"极盛之世"）。在最完善的社会中人人都有乐无苦，那就可以看出善恶和苦乐是等同的。

严复和康有为、谭嗣同都主张向西方学习，但也都认为西方的资本主义社会还不是社会发展的最后和最高阶段。严复所说的极盛之世相当于康有为和谭嗣同所说的太平世。

严复说："有叩于复者曰，人道以苦乐为究竟乎？以善恶为究竟乎？应之曰，以苦乐为究竟，而善恶则以苦乐之广狭为分。乐者为善，苦者为恶，苦乐者所视以定善恶者也。使苦乐同体，则善恶之界混矣，又乌所谓究竟者乎？"（同上）他认为，人的行为都是以避苦求乐为目的。他说："人度量相越远，所谓苦乐，至为不齐，故人或终身汲汲于封殖，或早夜遑遑于利济，当其得之，皆足自乐，此其一也。"（同上）这就是说，损人利己和舍己为人，在本质上没有区别。因为舍己为人的人以舍己为人为乐，他的舍己为人，也无非是自求快乐。严复举例说："慈母之于子也，劬劳顾恤，若忘其身，母苦而子乐也。至得其所求，母且即苦以为乐，不见苦也。"（同上）

严复更具体地指出西方资本主义社会的缺点，他说：西洋"制作之精"，"加以电邮、汽舟、铁路三者，其能事足以收六合之大，归之一二人掌握而有余，此虽有益于民生之交通，而亦大利于奸雄之垄断。垄断既兴，则民贫富贵贱之相悬，滋益远矣"。"于是均贫富之党兴，毁君臣之议起。""深识之士，谓西洋教化，不异唐花，

语虽微偏,不为无见。至盛极治,固如此哉。"(《原强修订稿》,《严复集》第一册,二四至二五页)

严复对于赫胥黎的不可知论作了充分的发挥。他首先发挥了笛卡尔的"我思故我在"的理论,他说:"然则吾生之中,果何事焉,必无可疑,而可据为实乎?原始要终,是实非幻者,惟意而已。何言乎惟意为实乎?盖意有是非而无真妄。疑意为妄者,疑复是意。若日无意,则亦无疑。故曰惟意无幻,无幻故常住,吾生终始,一意境耳。积意成我,意自在,故我自在。非我可妄,我不可妄,此所谓真我者也。特嘉尔(笛卡尔)之说如此。"严复认为,赫胥黎的不可知论就是笛卡尔的理论的发展。他接着说:"后二百余年,赫胥黎讲其义曰,世间两物,曰我非我。非我名物,我者此心。心物之接,由官觉相。而所觉相,是意非物。意物之际,常隔一尘。物因意果,不得径同。故此一生,纯为意境。"("严译名著丛刊",《天演论》,六九至七〇页按语)

严复又举许多例说明人的认识不能超过人的感觉。他认为,事物所有的属性,经过分析,都不属于外物,而仅只是人所有的感觉。

赫胥黎也承认,有客观外物的存在,不过认为,主观的心与客观的物之间,总隔有一堵墙,"常隔一尘",只靠感官的感觉相沟通。他也承认感官所以有感觉,必是受了外物的刺激。外物是因,感觉是果。但是认为"物因意果,不得径同"。严复更申明说:"非不知必有外因,始生内果。然因同果否,必不可知。所见之影,即与本物相似可也。抑因果互异,犹鼓声之与击鼓人,亦无不可。"(同上,七一页按语)这就是说,人所有的感觉,也可能跟引起感觉的外物相类似,也可能仅只是一种符号,他认为这是没有法子可以决定的。因此他说:"是以人之知识,止于意验相符,如是所为,已足生事,更鹜高远，真无当也。"（同上）这就是说，人的知识，仅只要求感觉和概念的自相一致。只要如此，就可以解决问题，不需要追求感觉以外的事物的本来面目。

严复又认为哲学上的根本问题都是"不可思议"的。他说："佛所称涅槃，即其不可思议之一。他如理学中，不可思议之理，亦多有之。如天地元始，造化真宰，万物本体是已。至于物理之不可思议，则如宇、如宙，宇者太虚也，宙者时也。他如万物质点，动静，真殊，力之本始，神思起讫之伦，虽在圣智，皆不能言，此皆真实不可思议者。"（同上，七三至七四页按语）这就是说，哲学上的根本问题都牵涉到不可知的领域，因此是不可能解决的，也就是他所说是不可思议的。因此对于这些问题只好不谈。如果仅只认为只好不谈，所谓"存而不论"，这不是不可知论的理论。严复在这段话的下文，又牵涉到佛教，似乎认为，只有不谈才是真正的理解和最高的知识，这就倒向神秘主义了。

严复在早期的著作中就指出：西方文化的"命脉""不外于学术则黜伪而崇真，于刑政则屈私以为公而已"（《论世变之亟》，《严复集》第一册，二页）。这就是说，西方真正的长技就是这两点，中国向西方学习最主要的也就是这两点。严复在以后的著作中也主要宣传这两点。他在政治上宣传"以自由为体，以民主为用"，在学术上宣传科学精神和科学方法，这就抓住向西方学习的要点了。后来五四时期的新文化运动更明确地提出"民主与科学"的口号，这当然比严复所提出的那些议论明确得多了。严复所以还没有这样明确，是因为他的时代比新文化运动的时代早了二十年。

第六十九章 中国近代美学的奠基人——王国维

西方近代哲学主要分为英国经验派和大陆理性派，严复是经验派的介绍者，王国维是理性派的宣传人。

王国维（1877—1927），浙江海宁县人，出身于一个没落的地主家庭。青年时代既接受了封建传统教育，又受到维新变法思想的影响。戊戌变法前夕（1898年初），他来到上海，进入当时变法运动的喉舌《时务报》工作，业余时间到罗振玉主办的东文学社学习。《时务报》因变法的失败而被封闭后，王国维转到东文学社当职员，同时学习哲学、外语和自然科学。1901年在罗振玉的资助下东渡日本留学，数月后即因病返国。回国后他先后在苏州和南通的师范学堂教授哲学、伦理学、心理学和社会学。

1906年王国维到北京任学部总务司行走，后入京师图书馆任编译及名词馆协调。辛亥革命爆发后，王国维随罗振玉亡命日本，做清朝遗民。1916年回国，后担任清华大学国学研究院教授，清皇室叫他教废帝溥仪读书，官衔是南书房行走。1927年投颐和园中谐趣园的湖自杀。

王国维学问广博，著书宏富，对于历史学、文学、哲学、美学都有深刻的研究，但他在文学、美学、哲学等方面的成就为其历史学所掩，这三方面的著作收于他的文集《静安文集》中。《静安文集》分为正编和续编。本书以《静安文集》和《人间词话》作为根据，分析叙述他的哲学和美学等方面的思想。

第一节　王国维对于康德的推崇

英国经验派哲学认为，人的知识都来源于经验。这个说法如推至极端，就遇到很大的困难。照休谟的说法，明天是不是有太阳从东方出来是不能断定的，因为人们凭现在或过去的经验只知道太阳昨天或今天从东方出来，至于明天是否还是如此，那就没有保证了。人们可以说，过去和现在的经验可以作将来的经验和保证，但是这个保证又有什么保证呢？所以极端的经验主义最终只能是怀疑主义和武断主义。无论怀疑还是武断，都是理性所不能满意的。

西方近代最大的理性主义者康德（王国维译为汗德，概从日文）认为，要解决这个问题，必须先审查理性的性质和能力，这就是对于理性的批判，批判是审查的意思。1949年以来，在中国批判成了否定的同义语，这就失去了西方所谓批判的原意了。

王国维作了一篇《康德像赞》，说："人之最灵，厥维天官。外以接物，内用反观。小知闲闲，敝帚是享。群言淆乱，孰正其柱？大疑潭潭，是粪是除。中道而反，丧其故居。笃生哲人，凯尼之堡，息彼众喙，示我大道。观外于空，观内于时。诸果絭然，厥因之随。凡此数者，知物之式，存于能知，不存于物。匪言之艰，证之维艰。云霾解驳，秋山巉巉。赤日中天，烛彼穷阴。丹凤在霄，百鸟皆喑。谷可如陵，山可为薮。万岁千秋，公名不朽。"（《静安文集续编》）

王国维在这里所说的"天官",就是理性,这是"人之最灵"。人有了理性,才能在客观上接受事物,在主观上审查自己,康德自己所作的理性批判就是"反观"。下文说有各种哲学派别,各执其说,莫衷一是,康德是天生哲人,出来指示"大道"。王国维认为他的主要贡献是"观外于空(空间),观内于时(时间)。诸果粲然,厥因之随。凡此数者,知物之式,存于能知,不存于物"。就是说康德知道时间和空间是存在的形式,这些形式是主观的,不是客观的。这就从纯粹理性批判转到实践理性批判。有了这两个批判,康德的哲学就如同"云霾解驳,秋山巉巉。赤日中天,烛彼穷阴。丹凤在霄,百鸟皆喑。谷可如陵,山可为薮。万岁千秋,公名不朽"。从这些话看起来,王国维是懂得康德的,他抓住了康德哲学的要点,他用了极高的赞誉,但不是乱赞,他赞得中肯。

王国维又自己叙述他研究康德的经过,说:"余之研究哲学始于辛壬之间,癸卯春始读汗德之《纯理批评》,苦其不可解,读几半而辍。嗣读叔本华之书,而大好之。自癸卯之夏以至甲辰之冬,皆与叔本华之书为伴侣之时代也。其所尤惬心者,则在叔本华之知识论,汗德之说得因之以上窥。然于其人生哲学,观其观察之精锐与议论之犀利,亦未尝不心怡神释也。后渐觉其有矛盾之处。去夏所作《〈红楼梦〉评论》,其立论虽全在叔氏之立脚地,然于第四章内,已提出绝大之疑问。旋悟叔氏之说,半出于其主观的气质,而无关于客观的知识。此意于《叔本华及尼采》一文中始畅发之。今岁之春复返而读汗德之书,嗣今以后将以数年之力研究汗德。他日稍有所进,取前说而读之,亦一快也。"(《静安文集·自序》)这段话是王国维在1905年重新研究康德时说的,在后来的一篇文章中，他又追述了1905年回到康德的情况，说："至二十九岁更返而读汪德之书，则非复前日之窒碍矣。嗣是于汪德之《纯理批评》外兼及其伦理学及美学。至今年（1907年）从事第四次之研究，则窒碍更少，而觉其窒碍之处大抵其说之不可持处而已。"（《静安文集续编·自序一》）

从这两篇自序看起来，王国维研究哲学始于康德，终于康德，中间他放弃康德而研究叔本华，又从叔本华"上窥"康德。经过这几次反复，他研究康德所遇的"窒碍之处"越来越少，最后他于康德哲学全通了。虽然还有一些"窒碍之处"，但是这些很少的"窒碍之处"并不是由于他不懂康德，而是由于康德哲学本身的错误。

这些话不说明王国维的哲学高于康德的哲学，但可以说明王国维对于康德研究得比较透，理解得比较深。凡研究一家哲学，总要到能看出这一家哲学的不到之处，才算是真懂得这一家。王国维对于康德自以为做到这一步了。

第二节　王国维的《论性》

《静安文集》有王国维的自序，看起来这是他自己编定的，至少也是别人经过他的同意而编定的。第一篇是《论性》。人性善恶问题是中国哲学自古遗留下来的一个传统问题。照王国维这篇文章的题目看，他似乎是要继续讨论这个传统问题以决定人性善或人性恶,其实是不然。

王国维转述康德的认识论说:"今夫吾人之所可得而知者,一先天的知识,一后天的知识也。先天的知识,如空间时间之形式,及悟性之范畴,此不待经验而生,而经验之所由以成立者。自汗德之知识论出后,今日始为定论矣。后天的知识,乃经验上之所教我者,凡一切可以经验之物皆是也。二者之知识,皆有确实性,但前者有普遍性及必然性,后者则不然,然其确实则无以异也。今试问性之为物,果得从先天中或后天中知之乎?先天中所能知者,知识之形式,而不及于知识之材质,而性固一知识之材质也。若谓于后天中知之,则所知者又非性。何则?吾人经验上所知之性,其受遗传与外部之影响者不少,则其非性之本来面目,固已久矣。故断言之曰,性之为物,超乎吾人之知识外也。"(《静安文集·论性》)

王国维于下文历举中国哲学史中的善恶论者的言论,认为他们都能持之有故,言之成理。不但性善论者不能完全驳倒性恶论者,分析起来他自己的性善论中也有性恶论的成分。性恶论者也是如此。他说:"故从经验上立论,不得不盘旋于善恶二元论之胯下。然吾人之知识,必求其说明之统一,而决不以此善恶二元论为满足也。于是性善论、性恶论及超绝的一元论(原作者注:即性无善无不善说及可以为善可以为不善说)接武而起。"(同上)王国维下文又历举性无善恶论,认为是超绝的一元论。

王国维在这里所说的二元论就是康德所说二律背反的表现,他所说的超绝的一元论其实并不超绝,并没有超过二律背反,不过是想在二律背反的范围内做一种折衷调和,所以还是可以和性善论、性恶论并列的。王国维的意思总起来说,性善性恶是不能讨论的，他说："欲论人性者，非驰于空想之域，势不得不从经验上推论之。夫经验上之所谓性，固非性之本然。苟执经验上之性以为性，则必先有善恶二元论起焉。"又说："至执性善、性恶之一元论者，当其就性言性时，以性为吾人不可经验之一物故，故皆得而持其说。然欲以之说明经验或应用于修身之事业，则矛盾即随之而起。余故表而出之，使后之学者勿徒为此无益之议论也。"（同上）

王国维的这篇论文的主题并不是要解决中国哲学中的一个古老的传统问题，而是用康德的认识论取消这个问题。这是康德的认识论在王国维哲学中的应用。

第三节　王国维的《释理》

《静安文集》的第二篇是《释理》。文章从语言训诂开始讲起，其中有一句话值得注意，这句话说："吾人对种种之事物而发见其公共之处，遂抽象之而为一概念，又从而命之以名。"就是说事物有许多类，每一类的事物都有公共之处。人们从这一类的具体事物中把它们的共同之处抽象出来，成为一个概念，名之曰这一类的理。理是一个抽象的概念。

王国维在下边接着说，理字"兼有理性与理由之二义，于是理之解释不得不分为广义的及狭义的二种"。"理之广义的解释，即所谓理由是也。天下之物,绝无无理由而存在者,其存在也,必有所以存在之故,此即物之充足理由也。在知识界则既有所与之前提,必有所与之结论随之。在自然界则既有所与之原因,必有所与之结果随之。然吾人若就外界之认识而皆以判断表之,则一切自然界中之原因即知识上之前提,一切结果即其结论也。若视知识为自然之一部,则前提与结论之关系亦得视为因果律之一种。故欧洲上古及中世之哲学皆不区别此二者而视为一物,至近世之拉衣白尼志(莱布尼茨)始分晰之,而总名之曰充足理由之原则。于其《单子论》之小诗中,括之为公式曰:'由此原则,则苟无必然或不得不然之充足理由,则一切事实不能存在,而一切判断不能成立。'汗德亦从其说而立形式的原则与物质的原则之区别,前者之公式曰'一切命题,必有其论据',后者之公式曰'一切事物,必有其原因'。"

又说:"理之广义的解释外,又有狭义的解释,即所谓理性是也。夫吾人之知识分为二种,一直观的知识,一概念的知识也。直观的知识自吾人之感性及悟性得之,而概念之知识则理性之作用也。直观的知识人与动物共之,概念之知识则惟人类所独有。古人所以称人类为理性的动物或合理的动物者,为此故也。人之所以异于动物而其势力与忧患且百倍之者,全由于此。动物生活于现在,人则生活于过去及未来。动物但求偿其一时之欲,人则为十年百年之计。动物之动作,由一时之感觉决定之,人之动作则决之于抽象的概念。"

王国维关于理是一类事物的共同之点这个意思,用现代逻辑的话说并不难以理解。照现代逻辑的说法,每一个普通名词都有其内涵与外延,其内涵就是这个名词所指的那一类事物的共同之点,其外延就是这一类的共同事物。一个名词的内涵并不是于它的外延之外独立存在,而就是它的外延所具有的性质。这就是王国维所说的不是"离心物之外别有所谓'有'也","有"就是一切事物。再用现代哲学的话说,这里所讲的就是一般和特殊的关系。一类事物的共同之处就是这一类事物的一般,这一类的事物就是这一类的特殊。

王国维说,知道有理及有理性是人和动物的不同之处,即人之所以异于禽兽者。这些思想都是王国维的美学思想的基础。他的美学思想就是在这个基础上又下一转语。

第四节 王国维的《〈红楼梦〉评论》

曾有一个时期,王国维推崇叔本华,认为叔本华的哲学是康德哲学的进一步发展,他的《〈红楼梦〉评论》就是在这个时期写的。这篇论文的第一章泛论美学,这是他第一次提出的美学纲领,这部纲领是在叔本华哲学的影响下提出的。《人间词话》是他第二次提出的美学纲领。

王国维用尼采的说法,认为"生活之本质"是"欲",有欲则常有所求,常有所求则常感不足,常感不足则常感苦痛。他说:"人生之所欲既无以逾于生活,而生活之性质又不外乎苦痛,故欲与生活与苦痛三者一而已矣。"

他接着又说:"吾人之知识与实践之二方面,无往而不与生活之欲相关系,即与苦痛相关系。兹有一物焉,使吾人超然于利害之外而忘物与我之关系,此时也,吾人之心无希望,无恐惧,非复欲之我,而但知之我也。……然物之能使吾人超然于利害之外者,必其物之于吾人无利害之关系而后可。易言以明之,必其物非实物而后可。然则非美术何足以当之乎?"

他又接着说:"然此物既与吾人有利害之关系,而吾人欲强离其关系而观之,自非天才,岂易及此?于是天才者出,以其所观于自然人生中者,复现于美术中,而使中智以下之人亦因其物之与己无关系而超然于利害之外。"

这几段话说出了艺术的本质和艺术家的作用,这是王国维的第一个美学纲领的要点。

这篇论文的第二章转入了《红楼梦》的本题。王国维指出,《红楼梦》一书的主旨在于说明"生活之欲之先人生而存在,而人生不过此欲之发现也。此可知吾人之堕落,由吾人之所欲而意志自由之罪恶也"。如《红楼梦》第一百一十七回贾宝玉经和尚的"点化"而放弃了他的宝玉,这个宝玉就是他的生活之欲。王国维认为,贾宝玉放弃了他的生活之欲,这就从根本上解决他一生中所有的问题,解脱了他一生中所受的束缚。这是人生的唯一的解脱之道。出家和自杀都不能使人生得到解脱。但是,贾宝玉实际上是怎样从生活之欲解脱出来的呢?还是出家。

论文的第三章认为,《红楼梦》的美学价值在于它是一个彻头彻尾的悲剧。他说:"由叔本华之说,悲剧之中又有三种之别。第一种之悲剧由极恶之人极其所有之能力以交构之；第二种由于盲目的运命者；第三种之悲剧由于剧中之人物之位置及关系而不得不然者。非必有蛇蝎之性质与意外之变故也，但由普通之人物，普通之境遇，逼之不得不如是，彼等明知其害，交施之而交受之，各加以力而各不任其咎，此种悲剧其感人贤于前二者远甚。……若《红楼梦》正第三种之悲剧也。"所以"可谓悲剧中之悲剧也"。《红楼梦》一书的美学价值就在于其所写的是悲剧中的悲剧。

王国维自述说，他作《〈红楼梦〉评论》，"其立论虽全在叔（本华）氏之立脚地，然于第四章内，已提出绝大之疑问。旋悟叔氏之说，半出于其主观的气质，而无关于客观的知识"。因此他又"复返而读汗德之书"（《静安文集·自序》）。

这个大疑问是什么呢？叔本华认为，人生的根源是由于"生活之意志"，人生的主要内容是"苦痛"，是忧患。人类对于忧患尤为敏感，所以人类对于解脱的要求也最为迫切。忧患和解脱是互相对待的，天堂和地狱也是互相对待的。王国维说："今使人日日居忧患，言忧患，而无希求解脱之勇气，则天国与地狱彼两失之。"

怎样解脱呢？王国维说："由叔氏之哲学说，则一切人类及万物之根本一也。故充叔氏拒绝意志之说，非一切人类及万物各拒绝其生活之意志，则一人之意志亦不可得而拒绝。何则？生活之意志之存于我者，不过其一最小部分，而其大部分之存于一切人类及万物者，皆与我之意志同。而此物我之差别，仅由于吾人知力之形式。故离此知力之形式而反其根本而观之，则一切人类及万物之意志皆我之意志也。然则拒绝吾一人之意志，而姝姝自悦曰解脱，是何异于决蹄涔之水而注之沟壑，而曰天下皆得平土而居之哉？佛之言曰，若不度尽众生，誓不成佛。其言犹若有能之而不欲之意。然自吾人观之，此岂徒能之而不欲哉？将毋欲之而不能也。故如叔本华之言一人之解脱，而未言世界之解脱，实与其意志同一之说不能两立者也。叔氏于无意识中亦触此疑问。"

这就是说，人类和一切其他生物是一个总的"生活之意志"的表现，一个人拒绝其"生活之意志"，并不等于一切生物都拒绝其"生活之意志"，而且后者是不可能的。

这是第一个疑问，还有第二个疑问。王国维说："夫世界有限而生人无穷，以无穷之人生有限之世界，必有不得遂其生者矣。世界之内有一人不得遂其生者，固生生主义之理想之所不许也，故由生生主义之理想，则欲使世界生活之量达于极大限，则人人生活之度不得不达于极小限。盖度与量二者，实为一精密之反比例，所谓最大多数之最大福祉者，亦仅归于伦理学者之梦想而已。"这是说人类的数量的增多，和生活资料的增长是不相适应的，所谓人人各得其所也是不可能的。

回到《红楼梦》本书，王国维说："吾人之畏无也，与小儿之畏暗黑何以异？自已解脱者观之，安知解脱之后，山川之美，日月之华，不有过于今日之世界者乎？读'飞鸟各投林'之曲，所谓'一片白茫茫大地真干净'者，有欤？无欤？吾人且勿问，但立乎今日之人生而观之，彼诚有味乎其言之也。"

为什么"有味"呢？王国维认为，作为一个艺术创作，《红楼梦》对于现在这样的人类才有意义。他说："美术之价值，对现在之世界人生而起者，非有绝对的价值也。其材料取诸人生，其理想亦视人生之缺陷逼仄而趋于其反对之方面。如此之美术，唯于如此之世界、如此之人生中,始有价值耳。今设有人焉,自无始以来,无生死,无苦乐,无人世之窒碍,而唯有永远之知识,则吾人所宝为无上之美术,自彼视之,不过蛙鸣蝉噪而已。何则?美术上之理想,固彼之所自有,而其材料,又彼所未尝经验故也。又设有人焉,备尝人世之苦痛,而已入于解脱之域,则美术之于彼也,亦无价值。何则?美术之价值,存于使人离生活之欲而入于纯粹之知识。彼既无生活之欲矣,而复进之以美术,是犹馈壮夫以药石,多见其不知量而已矣。然而超今日之世界人生以外者,于美术之存亡,固自可不必问也。"

这是说王国维对于叔本华的哲学虽然有很大的疑问,但对《红楼梦》没有疑问。也可以说,他对于《红楼梦》做了更高的评价,因为他认为作为一个艺术创作,它对于像现在这样的人类最有意义。

王国维在这篇论文的第一章提出了一个以叔本华哲学为基础的美学纲领。他既然对于叔本华哲学有了很大的疑问,这个美学纲领就不适用了,所以他又提出了第二个美学纲领,那就是《人间词话》。这是王国维的美学思想的一个重要发展。在这个发展的过程中有什么线索可寻?有什么转折点可见?王国维的这篇论文中还有第五章,题为《余论》。虽然说是余论,但实际上是一段很重要的正文,因为他回答了上面所说的问题。

这个余论提出了两个重大美学原则。王国维说:"夫美术之所写者,非个人之性质,而人类全体之性质也。惟美术之特质,贵具体而不贵抽象,于是举人类全体之性质置诸个人之名字之下。譬诸副墨之子,洛诵之孙,亦随吾人之所好,名之而已。善于观物者,能就个人之事实而发见人类全体之性质。今对人类之全体而必规规焉求个人以实之,人之知力相越,岂不远哉?"有些红学家推测贾宝玉本人是谁,有人说是曹雪芹本人,有人说是纳兰性德,王国维认为这都是毫无意义的争论。

第二个原则是,艺术作品的内容主要是出于先天。他说:"夫美术之源,出于先天,抑由于经验,此西洋美学上至大之问题。"然后他引叔本华的话回答这个问题:"美之知识,断非自经验的得之,即非后天的,而常为先天的。即不然,亦必其一部分常为先天的也。……真正之美术家,其认识之也,极其明速之度,而其表出之也,胜乎自然之为。此由吾人之自身,即意志,而于此所判断及发见者,乃意志于最高级之完全之客观化也。唯如是,吾人斯得有美之预想。而在真正之天才,于美之预想外,更伴以非常之巧力。彼于特别之物中,认全体之理念,遂解自然之嗫嚅之言语而代言之,即以自然所百计而不能产出之美,现之于绘画及雕刻中,而若语自然曰:此即汝之所欲言而不得者也。苟有判断之能力者,必将应之曰:是。……此美之预想,乃自先天中所知者,即理想的也。比其现于美术也,则为实际的。"这就是说,最高的艺术作品能写出自然所不能完成的东西,概括地说,最高的艺术作品是出于自然,高于自然。

王国维的两个美学纲领是相衔接的,他在上面的引文中提到理念,这是柏拉图哲学中的一个中心思想。照这段引文看起来,王国维是从叔本华上接柏拉图。

王国维自己说,他在对于叔本华哲学有重大疑问之后,又回到了康德,他在回到康德之后有什么哲学研究的成果,他没有写出来。在《人间词话》中,他从叔本华上窥柏拉图,倒是相当明显的。这是他的两个美学纲领的转折点,也是他的美学思想的发展线索。

第五节　王国维的《论哲学家及美术家之天职》

王国维的这篇论文很短,但在王国维的哲学和美学思想的发展中占有重要地位。它把纯粹的哲学和纯粹的美学并列,认为它们都是提高人类的精神生活的手段。它们有一个共同的目标,那就是追求宇宙人生的真理,但其作用又有不同。哲学的作用是"发明此真理",美术的作用是"以记号表之"。他说:"夫人之所以异于禽兽者,岂不以其有纯粹的知识与微妙之感情哉?"追求"纯粹之知识",是哲学的事,表达"微妙之感情"是美术的事。这些与人类的"生活之欲"都没有直接的关系,所以都被视为"无用"。但是,"夫哲学与美术之所志者,真理也;真理者,天下万世之真理,而非一时之真理也。其发明此真理(哲学家),或以记号表之(美术)者,天下万世之功绩,而非一时之功绩也。唯其为天下万世之真理,故不能尽与一时一国之利益合,且有时不能相容,此即其神圣之所存也"。意思就是说,哲学和美术被视为无用,其实所谓无用,正是它们的大用。

王国维的这些话含蓄地说,人类以外的其他动物是没有精神生活的,它们的生存活动都是受本能的支配,遇见可吃的东西就吃,遇见可怕的东西就跑,如斯而已。只有人类才有精神生活,还有提高精神生活的手段,这就是哲学和美术。哲学和美术的"天职"也就在于此。

王国维说:"今夫人积年月之研究,而一旦豁然,悟宇宙人生之真理,或以胸中惝怳不可捉摸之意境,一旦表诸文字、绘画、雕刻之上,此固彼天赋之能力之发展,而此时之快乐,决非南面王之所能易者也。"这是说,哲学和美术的工作都是一种创作,一个创作家在其创作成功的时候都感觉到最大的快乐。

在这里,王国维提出"意境"这个概念,这是他的美学思想中的一个最重要的概念。在《〈红楼梦〉评论》的第五章中,王国维引叔本华的话说到,美术家"有美之预想"(参看上节),人们可以推测,艺术家的意境就是艺术家的预想。为什么"惝怳不可捉摸"呢?因为它不过是预想而已,还没有用某种工具把它表达出来,确定出来。他在《人间词话》对此有深入的讨论。

王国维本来是把哲学和美术平列并重的,可是后来他不搞哲学,专发展他的美学思想了,这又是什么缘故呢?他说:"哲学上之说,大都可爱者不可信,可信者不可爱。余知真理,而余又爱其谬误。伟大之形而上学、高严之伦理学与纯粹之美学,此吾人所酷嗜也,然求其可信者,则宁在知识论上之实证论、伦理学上之快乐论与美学上之经验论。知其可信而不能爱,觉其可爱而不能信,此近二三年中最大之烦闷。"(《自序二》,《静安文集续编》)王国维所说的三项之中,有两项正是西方近代哲学中的大陆理性派和英国经验派之间的主要矛盾问题。康德的哲学正是为了解决这些矛盾而出现的。他的三个"批判"与王国维所说那三项是一致的。《纯粹理性批判》针对着形而上学,《实践理性批判》针对着伦理学,《判断力批判》针对着美学。王国维对于康德的推崇大概也是由于康德所遇的问题,正是他心中的问题。王国维本来可以更深入地研究康德以解决这些问题,不过他不甘心于做一个哲学史家,他说:"以余之力,加之以学问,以研究哲学史或可操成功之券,然为哲学家则不能,为哲学史则又不喜。"(同上)他又说:"余之性质,欲为哲学家则感情苦多而知力苦寡,欲为诗人则又苦感情寡而理性多。"(同上)于是他决定致力于介乎"二者之间"的学问,那就是美学。在美学中没有可爱与可信的矛盾。

王国维又说:"近年嗜好之移于文学,亦有由焉,则填词之成功是也。余之于此词,虽所作尚不及百阕,然自南宋以后,除一二人外,尚未有能及余者,则平日之所自信也。虽比之五代、北宋之大词人,余愧有所不如,然此等词人亦未始无不及余之处。"(同上)他对于词有深入的研究和成功的创作,所以他就把美学理论和词结合起来,写出一部完整的美学著作,这就是《人间词话》。

第六节 王国维的《人间词话》

《人间词话》(以下简称《词话》)是王国维的美学基本著作,因其言简意赅,文约义丰,各条之间又没有形式上的联系,读者但觉其意味深厚,而苦于难准确地把握其理论系统,所以《词话》号称难读。本书企图把各条连贯起来,说明王国维的美学理论系统,其间也掺加了一些本书作者个人的经验,希望不至于"喧宾夺主"、

"画蛇添足"。

《词话》第一条说:"词以境界为最上,有境界则自成高格,自有名句。"这是王国维美学的第一义,他是就词说的,但其意义不限于词。任何艺术作品如果不表达一个境界,那就不成其为艺术作品,至少说不能成为艺术作品的上乘。什么是境界?王国维在《词话》中没有说。

如果要继续往下说,本书认为必须先在名词上做一番调整。王国维在这里所说的境界他已称为"意境",他说:"古今词人格调之高,无如白石。惜不于意境上用力,故觉无言外之味、弦外之响,终不能与于第一流之作者也。"(《词话》第四十二条)王国维这里所说的意境正是他在别条所说的境界。本书认为哲学所能使人达到的全部精神状态应该称为境界,艺术作品所表达的可以称为意境,《词话》所讲的主要是艺术作品所表达的,所以应该称为意境。这里所说的"应该"并不是本书强加于王国维的,这是从他的美学思想的内部逻辑推出来的,而且是王国维自己用的一个概念。所以在以下讨论中除引文外,本书都用意境这个名词。

《词话》的第二条说:"有造境,有写境,此理想与写实二派之所由分。然二者颇难分别。因大诗人所造之境,必合乎自然,所写之境,亦必邻于理想故也。"这条所说的就是真正艺术家的意境的内容,其中有自然的东西,也有艺术家的理想。所以真正的艺术家的"意境"是出于自然而又高于自然。真正的艺术家有了这样的意境,而又用语言、文字、声音等手段把它表达出来,这就是最高的艺术作品。

王国维的这些话不但说明了什么是意境,而且说明了为什么叫意境。在一个艺术作品中，艺术家的理想就是"意"，他所写的那一部分自然就是"境"。意和境浑然一体，就是意境。

总起来说，王国维认为，一个艺术作品都有理想和写实两个成分。写实是艺术家取之于自然的，理想是艺术家自己所有的。前者是"境"，后者是"意"，境加上意就成为意境。意境是艺术作品的意境，也是艺术家的意境。这里所说的两个成分，所说的"加上"，是艺术批评家的话，艺术批评家对于一个艺术作品做了分析以后才这样说的。实际上艺术家并不这样说，也不这样想，在他的作品中理想和写实是浑然不分。《词话》第二条所说的就是这个道理。

《词话》又补充了一项。第六条说："境非独谓景物也。喜怒哀乐，亦人心中之一境界。故能写真景物、真感情者，谓之有境界。否则谓之无境界。"这里所说的景就是一个艺术作品所写的那一部分自然，称之为景，是对情而言。对情而言则曰景，对意而言则谓之境，这条是说一个艺术作品还要表达一种情感。意、境、情三者合而为一，浑然一体，这才成为一个完整的意境。

浑然一体是就实际上的艺术意境说的。美学作为一种理论，则必须把它们分割起来做进一步的分析。王国维的《词话》所做的就是这个工作，本书也企图就这一方面说明他的美学思想。什么是感情，这是很明显的，就不必多说了，下边所要着重说明的是意和境的分别。

王国维很欣赏冯延巳写春草的那一句词："细雨湿流光"，认为这是"摄春草之魂"（第二十三条）。春草本来是没有魂的，所谓春草之魂就是词人的意境。这一句词不但写了春草，也写了作者的感情。

《词话》第二十六条说:"古之成大事业、大学问者,必经过三种之境界:'昨夜西风凋碧树。独上高楼,望尽天涯路。'此第一境也。'衣带渐宽终不悔,为伊消得人憔悴。'此第二境也。'众里寻他千百度,回头蓦见,那人正在,灯火阑珊处。'此第三境也。"王国维在这里先说是"三种境界",后来又说是"三境"。如果把境界了解为意境,那就只能称为三境。因为所说的三阶段是客观上本来有的,其中并没意义,所以不能称为意境。不过,王国维把这三阶段和词人的那几句词联系起来,那就是对于三阶段有理解,有感情,王国维的那一段话就成为一种意境了。但是,这不是原来的词人的意境,而是王国维的意境。意境和境是不同的,二者不是同义语。了解这个不同,对于了解什么是意境大有帮助。

《词话》第三条说:"有有我之境,有无我之境。'泪眼问花花不语,乱红飞过秋千去','可堪孤馆闭春寒,杜鹃声里斜阳暮',有我之境也。'采菊东篱下,悠然见南山','寒波澹澹起,白鸟悠悠下',无我之境也。有我之境,以我观物,故物皆着我之色彩。无我之境,以物观物,故不知何者为我,何者为物。古人为词,写有我之境者为多,然未始不能写无我之境,此在豪杰之士能自树立耳。"

这里所说的两个"境",也就是境,不是意境。所谓"以我观物"和"以物观物"都是"观"。观必有能观和所观,能观是"我",所观是"物"。"采菊东篱下"那一首诗说到"悠然见南山"的"见"者是"我"。"山气日夕佳,飞鸟相与还"是见者之所见,是"物"。结尾说:"此中有真意,欲辨已忘言。"陶潜认识到一个"真意",这个真意可怎么说呢?他想说,可是已经"忘言"了。这就是观者与所观已经融合为一了,这是这首诗的意境,也就是陶潜的意境。

由上边所讲的看起来,所谓意境,正是如那两个字所提示的那样,有意又有境。境是客观的情况,意是对客观情况的理解和情感。《词话》第七条说:"'红杏枝头春意闹'。著一'闹'字,而境界全出。'云破月来花弄影'。著一'弄'字,而境界全出矣。"如果只写"红杏枝头",月下花影,那就是有境而无意,"闹"字和"弄"字把意点出来了,这才出来了意境,这就成为这件艺术作品和它的作者的意境。

以上是本书对于王国维所说的"境"的分析和说明。以下是本书对于他所说"意"的分析和说明。在一个艺术作品的意境中,意是艺术家的理想,在一个艺术作品的意境中占主导的地位。

一个西方人看了京剧中的一个著名的男旦的表演后说,他所表演的女性比女性更女性,就是说比实际中的妇女更像妇女。实际中的女性就是自然,那个男旦所表演的女性是艺术。艺术出于自然高于自然。

《古诗十九首》中有一首《西北有高楼》,写一个妇女在唱一首悲歌,诗中说:"清商随风发,中曲正徘徊;一弹再三叹,慷慨有余哀。"这首诗的作者不知是什么人,但一定是一个音乐家。所谓"中曲",就是那个曲子发展到顶峰,唱曲的人就徘徊了。怎样"徘徊"呢?下句说:"一唱再三叹",那个"再三"就是徘徊。"余哀"就是说比实际上的哀更哀,这个哀比实际的哀还多,所以称为余哀。这里所说的作曲者和唱曲者的意境不是一般的人所能理解的,所以下边接着说:"不惜歌者哭,但伤知音稀。"歌唱和欣赏一个音乐作品必须理解甚至"入于"作品的意境中,才算知音。

一个真正的艺术作品都有这个"余"所表示的那种意境,所以人们欣赏起来就觉得有"言外之味,弦外之响"。就是说,人们于艺术作品本身之外还有更多的享受,好像是从艺术作品本身横溢出来的。中国传统的文艺批评中有一句常用的话:"言有尽而意无穷。"这句话所说的就是这个道理。

上边说到,"比女性还女性","比实际的哀还哀",这都是比较之词。比较必须有个标准,这里所用的标准是什么呢?照叔本华的说法,这个标准就是柏拉图式的理念。王国维在《〈红楼梦〉评论》第五章中,全文引用了叔本华的这段话,可见他也是这样想的。一类事物的理念,就是这一类事物的最高标准,就是这一类事物之所以为这一类事物者。这一类的事物有得于这个标准,才成为这一类的事物。但实际上没有完全合乎这个标准的,所以柏拉图认为,实际中的事物都是理念的不完全的摹本。艺术作品可以用各种不同的手段写出理念,所以叔本华说,如果自然看到艺术作品会说,这正是我所要做而做不出的东西。这就是艺术家和艺术作品的意境。可以说艺术家的最高的理想是对于"理念"的直观的认识。

所谓直观就是说它不是就一类事物的共同之处用逻辑的归纳法得来的。用逻辑归纳法得来的只能是一个抽象的概念,而不是一个"理念",它可以作为一个科学的定义,而不能作为一个艺术作品的意境。王国维在《释理》那篇论文中说,事物有许多类,每一类的事物都有公共之处;人们从这一类的具体事物中把它们的共同之处抽象出来,成为一个概念,这些概念就是科学定义一类的东西,这些都是无情的理智的产物。艺术的意境不是抽象的概念,它具有情感。科学的定义和艺术的意境完全是两回事,不能混淆。如果混淆了,在科学就成为坏科学,在艺术就成为坏艺术。

懂得这个道理，也就懂得《词话》所讨论的第二个问题："隔"与"不隔"。

《词话》第四十条说："问'隔'与'不隔'之别，曰：陶、谢之诗不隔，延年则稍隔矣。东坡之诗不隔，山谷则稍隔矣。'池塘生春草''空梁落燕泥'等二句，妙处唯在不隔。词亦如是。即以一人一词论，如欧阳公《少年游》咏春草上半阕云："阑干十二独凭春，晴碧远连云。千里万里，二月三月，行色苦愁人。'语语都在目前，便是不隔。至云：'谢家池上，江淹浦畔。'则隔矣。白石《翠楼吟》：'此地宜有词仙，拥素云黄鹤，与君游戏。玉梯凝望久，叹芳草，萋萋千里。'便是不隔。至'酒祓清愁，花消英气'，则隔矣。然南宋词虽不隔处，比之前人，自有浅深厚薄之别。"

《词话》第四十一条接着说："'生年不满百，常怀千岁忧。昼短苦夜长，何不秉烛游？''服食求神仙，多为药所误。不如饮美酒，被服纨与素。'写情如此，方为不隔。'采菊东篱下，悠然见南山。山气日夕佳，飞鸟相与还。''天似穹庐，笼盖四野。天苍苍，野茫茫，风吹草低见牛羊。'写景如此，方为不隔。"

《词话》第五十一条又说："'明月照积雪'，'大江流日夜'，'中天悬明月'，'长河落日圆'，此种境界，可谓千古壮观。求之于词，唯纳兰容若塞上之作，如《长相思》之'夜深千帐灯'，《如梦令》之'万帐穹庐人醉，星影摇摇欲坠'差近之。"

《词话》第五十二条接着说："纳兰容若以自然之眼观物，以自然之舌言情。此由初入中原，未染汉人风气，故能真切如此。北宋以来，一人而已。"

上边所引的诗词各句都是作者的直观所得，没有抽象的概念，没有教条的条条框框,所以作者能不假思索,不加推敲,当下即是,脱口而出,这就是不隔。用抽象的概念加上思索、推敲,那就是隔了。

《词话》第六十二条说:"'昔为倡家女,今为荡子妇。荡子行不归,空床难独守。''何不策高足,先据要路津?无为久贫贱,辘轳长苦辛。'可谓淫鄙之尤。然无视为淫词、鄙词者,以其真也。"所谓"真"就是不隔。

《词话》提出了两个大原则:一个是意境,一个是不隔。这两个原则其实只是一个原则,那就是意境。隔与不隔是就意境说的,如果没有意境,那也就无所谓隔与不隔了。

王国维在评论中国文学史中的大作家的时候,提出了一个文艺批评的典范。他说:"三代下之诗人,无过于屈子、渊明、子美、子瞻者。此四子者,苟无文学之天才,其人格亦自足千古。故无高尚伟大之人格,而有高尚伟大之文学者,殆未之有也。""天才者,或数十年而一出,或数百年而一出,而又须济之以学问,帅之以德性,始能产真正之大文学。此屈子、渊明、子美、子瞻等所以旷世而不一遇也。""屈子感自己之感,言自己之言者也。宋玉、景差,感屈子之所感,而言其所言,然亲见屈子之境遇与屈子之人格,故其所言,亦殆与自己之言无异。……""屈子之后,文学上之雄者,渊明其尤也。韦、柳之视渊明,其如贾、刘之视屈子乎!彼感他人之所感,而言他人之所言,宜其不如李、杜也。""宋以后之能感自己之感、言自己之言者,其唯东坡乎!山谷可谓能言其言矣,未可谓能感所感也。"(《文学小言》第六、七、十、十一、十二条,《静庵文集续编》)

这就是说,一个大诗人必须有极高的天才,伟大的人格,然后能感普通人所不能感,能用自己的话说出来。这就是说,他有自己的意境,用自己的话说自己的意境,所以他所写的是当下即是,脱口而出,别人看起来也感到语语都在眼前,这自然就是最高的艺术作品。这就是真,这就是不隔。

艺术作品最可贵之处是它所表达的意境。一个大艺术家有高明的天才,伟大的人格,广博的学问,有很好的预想,作出来的作品自然也有很高的意境,这是不可学的。王国维认为,北宋的词所以高于南宋者就在于前者有很高的意境,后者只在格律技巧上用功夫,后人都学南宋,不学北宋,因为意境是不可学的,格律技巧是可以学的,但是如果仅在格律技巧上取胜,那就不是艺术,至少不是艺术的上乘。(见《词话》第四十三条)

艺术作品所写的虽然都是作者直观所得的形象,但其意境又不限于那些形象,这就是艺术的普遍性。

《词话》第五十五条说:"诗之《三百篇》、《十九首》,词之五代北宋,皆无题也。非无题也,诗词中之意,不能以题尽之也。自《花庵》、《草堂》每调立题,并古人无题之词亦为之作题。如观一幅佳山水,而即日此某山某河,可乎?诗有题而诗亡,词有题而词亡。然中材之士,鲜能知此而自振拔者矣。"这就是艺术的普遍性。

《词话》第六十条说:"诗人对宇宙人生,须入乎其内,又须出乎其外。入乎其内,故能写之。出乎其外,故能观之。入乎其内,故有生气。出乎其外,故有高致。美成能入而不出。白石以降,于此二事皆未梦见。"所谓"入乎其内",就是入于实际的自然和人生。所谓"出乎其外",就是从实际的自然和人生直观地认识"理念"。

《词话》共六十四条，这一条已近尾声了。其中所说的理论也可以说是王国维的美学思想的总结。

附　记

我在写这一章的时候，受到了不少的启发，也做了不少引申。因其不是王国维所说的，所以不便写入正文，但也许有助于人们理解王国维，所以另为附记。

1. 关于意境，我也有些经验。

1937年中国军队退出北京以后，日本军队过了几个星期以后才进城接收政权。在这几个星期之间，在政治上是一个空白。我同清华校务会议的几个人守着清华。等到日本军队进城接收了北京政权，清华就完全不同了。有一个夜晚，吴正之（有训）同我在清华园中巡察，皓月当空，十分寂静。吴正之说："静得怕人，我们在这里守着没有意义了。"我忽然觉得有一些幻灭之感。是的，我们守着清华为的是替中国守着一个学术上、教育上完整的园地。北京已不属于中国了，我们还在这里守着，岂不是为日本服务了吗？认识到这里，我们就不守清华了，过了几天，我们二人就一同往长沙去找清华了。后来我读到清代诗人黄仲则的两句诗："如此星辰非昨夜，为谁风露立中宵。"我觉得这两句诗所写的正是那种幻灭之感。我反复吟咏，更觉其沉痛。

到了长沙，我住在朋友家中的一个小楼上，经常凭栏远望，看见栏下有一棵腊梅花，忽然想起李后主的几句诗："独自莫凭栏，无限江山，别时容易见时难。"我觉得这几句话写亡国之痛深刻极了，沉痛极了。我也写了首诗，其中有一句说："凭栏只见腊梅花。""只见腊梅花"而已，至于广大北方的无限江山，那就"别时容易见时难"了。

清朝的一个大文艺批评家金圣叹，在评论小说的时候，遇见这种情况常用一句话说："千载以下同声一哭。"为什么"同声一哭"呢？因为有同类经验的人有相同的感受，所以就同声一哭了。

一类的人有相同的乐事，他们就会像《庄子》上所说的，"相视而笑，莫逆于心"。古代有个传说，伯牙弹琴，钟子期能听出其志在高山或志在流水，这个"志"字也应当作意境解。对于一个艺术作品，其技巧的高下是很容易看出的，对于其意境那就比较难欣赏了。钟子期能欣赏伯牙弹琴的意境，所以伯牙引为平生知音。

2. 陶潜的"采菊东篱下"是一首众所周知的好诗，另外还有一首好诗："孟夏草木长，绕屋树扶疏，众鸟欣有托，我亦爱吾庐。"仅用了四句就写出了天地万物各得其所的意境。这两首诗出现在两组组诗之内，第一组的总题是《饮酒》，第二组的总题是《读山海经》。虽然都有总题，但单就这两首说是无题的。李商隐有几首诗都以无题为题，他有意以无题为题，可见他对于无题更是心知其意。其中有两句说："春蚕到死丝方尽，蜡炬成灰泪始干。"这是哀民生之长勤。又说，"晓镜但愁云鬓改"，这是谈生死之无常。又说，"身无彩凤双飞翼，心有灵犀一点通"，这是痛好事之多磨。像这样的宇宙人生的大事，岂是用几个字的题目可以限制的？王国维对于无题特别发挥，这是特别有见于艺术的普遍性。

3. 王国维在《〈红楼梦〉评论》一文中，认为自杀并不是一个解脱之道，可是他自己却自杀了，这是什么原因呢？

他曾经说："《三国演义》无纯文学之资格，然其叙关壮缪之释曹操，则非大文学家不办。《水浒传》之写鲁智深，《桃花扇》之写柳敬亭、苏昆生，彼其所为，固毫无意义，然以其不顾一己之利害，故犹使吾人生无限之兴味，发无限之尊敬，况于观壮缪之矫矫者乎！若此者，岂真如康德所云，实践理性为宇宙人生之根本欤？抑与现在利己之世界相比较，而益使吾人兴无涯之感也？则选择戏曲、小说之题目者，亦可以知所去取矣。"（《文学小言》第十六条，《静庵文集续编》）

王国维特别尊敬关羽，尤其是关羽"释曹"这一段经过，这就是所谓"身在曹营心在汉"。无论怎么说这总是一个矛盾。王国维也有一个矛盾，那就是"身在民国心在清"。在他的思想中这是一个实际的矛盾，并不是用什么空话可以解决的，他只好用实际的行动解决之，那就是自杀。

他死以后，清华的国学研究院为他立了一个纪念碑，陈寅恪作碑文，为他写诗。陈寅恪又在《颐和园词》中用一句诗概括地说王国维是"从容一死殉大伦"。

在现代革命时期，知道"大伦"这个名词的人已经不多，懂得其意的人就更少了。王国维的诗在政治上不起作用，在社会上也没有影响，所以本书也就存而不论了。

第七十章 关于中学、西学斗争的官方结论

从第一次鸦片战争以后,中国的进步人们都同意要以西方为师,学西方之长技以制西方。在学习的过程中,人们对于什么是西方的长技这个问题是有不同的意见的。但对于总方向,进步的人们的看法是一致的。这就是本书所说的近代维新运动的主题。这个运动牵涉到中国近代社会的各个方面,从思想到生活方式都要有根本的改变,自然要引起保守的人们的反对与斗争。就其性质说,这是东方和西方、近代和中世纪不同文化的斗争。用当时的话说,就是中学和西学的斗争。在斗争的过程中,西学原来略占优势,人们对于西方的认识也越来越深入。《红楼梦》中有一句话:"不是东风压倒西风,就是西风压倒东风。"中国从第一次鸦片战争以后的历史,是西风压倒东风的历史,其主流是向西方学习。

康有为领导的戊戌变法运动是这段中国历史中的重要环节,它挟清朝皇帝的威力,在中央政府推行变法改制。虽然时间不长,但来势很猛。当时的湖南巡抚陈宝箴是拥护变法改制的,他在长沙开办南学会,宣传变法改制;又办了时务学堂,传授西学。戊戌变法中的主要人物梁启超和谭嗣同都参加了南学会的活动和时务学堂的工作。在一个时期内,长沙成了一个戊戌变法活动的中心。虽然时间不长,却也轰轰烈烈,对全国起了很大影响。

与此同时,长沙也成了一个反对戊戌维新的中心。守旧的人们也组织起来反抗。有一个守旧的知识分子苏舆搜集了当时一些守旧的人们的言论文章,编为一书,名为《翼教丛编》。所谓教,就是"孔教"。康有为也是拥护"孔教"的,但是苏舆认为康有为是假拥护,真反对,别有用心。他在《翼教丛编》的序文中说:

康有为等人"伪六籍，灭圣经也；托改制，乱成宪也；倡平等，堕纲常也；伸民权，无君上也；孔子纪年，欲人不知有本朝也"。苏舆就康有为的几个学术问题指出了他的政治上的企图，和康有为针锋相对。

差不多与此同时，清朝的一个大官僚湖广总督张之洞作了一部《劝学篇》，对于中学、西学的斗争做了一个官方的结论。他认为，中学、西学在当时的社会中都是有用的，只要把它们放在适当的位置，就能各尽其用。他在序文中说："图救时者言新学，虑害道者守旧学，莫衷于一。旧者因噎而食废，新者歧多而羊亡。旧者不知通，新者不知本。不知通则无应敌制变之术，不知本则有非薄名教之心。夫如是，则旧者愈病新，新者愈厌旧，交相为愈，而恢诡倾危乱名改作之流，遂杂出其说以荡众心。学者摇摇，中无所主；邪说暴行，横行天下。敌既至，无与战；敌未至，无与安。吾恐中国之祸不在四海之外，而在九洲之内矣。"这是说，新学和旧学的斗争应该停止，如果继续下去，会有严重的后果。

张之洞的《劝学篇》分为内、外两篇。内篇的第一篇叫《同心》，其中说："吾闻欲救今日之变者，其说有三：一曰保国家，一曰保圣教，一曰保华种。夫三事一贯而已矣。保国、保教、保种合为一心，是谓同心。保种必先保教，保教必先保国。"下面说，要达到"三保"的目的，就必须用旧学。他说，历代圣王都"宗尚儒术，以教为政"，"盖政教相维者，古今之常经，中西之通义"。这是说，"三保"的中心是保教，教的主要内容是旧学中的儒家，更确切一点，就是纲常名教。

关于外篇，张之洞说："外篇务通，以开风气。"第一篇是《益智》,其中说:"自强生于力,力生于智,智生于学。"以下列举了十四个题目,当时主张新法新政的人所提出的办法几乎都包括在内。张之洞很重视教育,在序文中说:"窃惟古来世运之明晦,人才之盛衰,其表在政,其里在学。"张之洞是一个典型的洋务派,他在湖北办了一些轻、重工业,也办了一些在当时是新式的学校。他办学的主导思想是"新旧兼学。四书五经、中国史事政书地图为旧学,西政、西艺、西史为新学。旧学为体,新学为用,不可偏废"(外篇《设学》第三)。这是他用道学中的一对范畴,说明新学和旧学的关系。"旧学为体,新学为用"这两句话是张之洞有意识地对于中学和西学的斗争做了一个官方的总结。

清朝的光绪皇帝也看见了这部书,很加欣赏,认为该书"持论平正通达,于学术人心大有裨益"。苏舆的《翼教丛编》选了《劝学篇》的五篇,其中有四篇是内篇中的。

在皇帝的提倡之下,张之洞所提出的官方结论相当流行。严复对此提出了尖锐的批评,他说:"夫中国之开议学堂久矣,虽所论人殊,而总其大经,则不外中学为体,西学为用也;西政为本,而西艺为末也。主于中学,以西学辅其不足也。"严复批评说:"体用者,即一物而言之也。有牛之体,则有负重之用;有马之体,则有致远之用。未闻以牛为体,以马为用者也。中西学之为异也,如其种人之面目然,不可强谓似也。故中学有中学之体用,西学有西学之体用,分之则并立,合之则两亡。议者必欲合之而以为一物。且一体而一用之,斯其文义违舛,固已名之不可言矣,乌望言之而可行乎?其曰政本而艺末也,愈所谓颠倒错乱者矣。且其所谓艺者,非指科学乎?名、数、质、力四者皆科学也。其通理公例，经纬万端，而西政之善者，即本斯而立。故赫胥黎氏有言：'西国之政，尚未能悉准科学而出之也。使其能之，其政治且不止此。'中国之政，所以日形其绌，不足争存者，亦坐不本科学，而与通理公例违行故耳。是故以科学为艺，则西艺实西政之本。设谓艺非科学，则政艺二者，乃并出于科学，若左右手，然未闻左右之相为本末也。且西艺又何可末乎？无论天文地理之奥殚，略举偏端，则医药通乎治功，农矿所以相养，下洎舟车兵冶，一一皆富强之实资。迩者中国亦尝仪袭而取之矣。而其所以无效者，正坐为政者，于其艺学一无所通。不通而欲执其本，此国财之所以縻，而民之所以病也。若夫言主中学而以西学辅所不足者，骤而聆之，亦若大中至正之说矣。措之于事，又不然也。往者中国有武备而无火器，尝取火器以辅所不足者矣；有城市而无警察，亦将取警察以辅所不足者矣。顾使由今之道，无变今之俗，是辅所不足者，果得之而遂足乎？有火器遂能战乎？有警察者遂能理乎？此其效验，当人人所能逆推，而无假深论者矣。"（《与〈外交报〉主人书》，《严复集》第三册，五五八至五五九页）

严复没有点张之洞的名，也没有提到《劝学篇》这部书，因为有他所批判的那些思想的人并不限于张之洞。当时有一派人有这样的思想，而且把这样的思想实现为政治上的措施。这一派就是所谓洋务派。当时把西方的科技、工业统称为洋务，洋务派是提倡洋务的当权派，他们提倡洋务为的是用西方的科技、工业以加强封建政权，这就是严复所批判的第一点，"中学为体，西学为用"。洋务派虽然提倡洋务，但并不是真知道科技、工业的重要，所以统称之为"艺";又恐怕科技、工业在政治社会上占主导地位,所以有"政本艺末"的说法,其最后的目的是"主于中学而以西学辅其不足"。若往上推,曾国藩也是这一派的,他的思想也正是"主于中学而以西学辅其不足"。虽然他没有明确这样说,但实际上也是这样办了。严复批评了这三点,明确地揭发了洋务派的思想内容,并给予针锋相对的批判。但严复只是从理论上指出了洋务派这些思想的不同,没有明确地指出其政治意义。他对于体用的批评,也主要是形式的,而不是实质的。尽管如此,他还是对于洋务派的主张做了一个概括性的批评,说那是"主于中学而以西学辅其不足",这确实是《劝学篇》的主题。《劝学篇》分为内外两篇,内篇的内容是"主于中学",外篇的内容是"以西学辅其不足",两篇合起来就是"主于中学而以西学辅其不足"。《劝学篇》没有明确地把这个意思概括起来,严复替他做了这个概括。

严复虽然用一句话做了这个概括,但对于这个概括的深远意义还没有深刻的认识,至少是没有做出明确的说明。如果他有深刻认识,而且又明确地说明了,《劝学篇》的政治意义就自然显露出来了。这可能是由于有些社会现象在清朝末年还没有出现。

在民国初年,在报纸的广告上常有一些征婚启事,那些启事有一个现成的套子,总是说:"某某女士,新知识,旧道德。"有一个女学校的校长告诫学生们说:"叫你们来上学,是要你们于旧规矩之外再学习一点新知识,并不是用新知识替代旧规矩,旧规矩还是要的。"这些话恰好就是"主于中学而以西学辅其不足"那一句话的注解。

在封建社会中，女人是男人的附属品，男人是统治者，女人是被统治者。男人总希望女人有旧道德，以维持他们的统治地位，也希望女人有新知识，以更好地为他们服务。

在政治上也是如此。封建的统治者总希望他所统治的老百姓维持旧道德，以维持他的统治地位，也希望老百姓有新知识，以更好地为他服务。《劝学篇》说出了居统治地位的人的心事，所以书一出来，虽主张变法的清朝光绪皇帝也大加欣赏。这就是《劝学篇》的政治意义。

在社会生活的历史发展中，如果对体、用这一对范畴有正确的了解，也还是可以用的。这对范畴在宋明道学中说的是一个事物的本质和这个本质所发生的作用。例如一个电灯泡，其构造是它的本质，发光是这个构造所发生的作用。严复对于这对范畴的理解是不错的，但他未从实质上说明"旧学为体，新学为用"的错误，所以他的批评还是逻辑的、形式的，没有击中这个错误的要害，如果把这对范畴正确地应用到当时的政治社会问题，上边所说的那错误就更清楚地显现出来了。

照马克思主义唯物史观的原理，一个社会的经济基础决定一个社会的上层建筑，有了什么样的经济基础，就要有什么样的上层建筑。上层建筑是保护经济基础的，是为经济基础服务的。照这个意义说，经济基础是体，上层建筑是用。洋务派的主张实际上是要以资本主义的经济基础中的工业科技为中国的封建主义服务，这在理论上是不通的，在实际上也是不可能的。

这个原理不是一句空话，是在实际上发生作用的。在中国社会中，这个作用发展到一定的时候，中国社会就由近代维新进入现代革命，1911年的辛亥革命就是这个作用的表现。具有讽刺意义的是，这次革命正是发动于武昌，首举义旗的革命者正是张之洞所训练的新军。

第七册

自　序

《中国哲学史新编》第一、二册于1964年6月印行。很快我就感到不满意，遂又从头撰写，将已出的两册作为"试稿"。经过二十多年的努力，《新编》七册终于完成了。回顾二十多年的工作过程，不禁感慨系之矣。

我的老妻任载坤在1977年去世的时候，我写了一副挽联："同荣辱，共安危，出入相扶持，碧落黄泉君先去；斩名关，破利索，俯仰无愧怍，海阔天空我自飞。"在那个时候，我开始认识到名、利之所以为束缚，"我自飞"之所以为自由。在写本册第八十一章的时候，我真感觉到"海阔天空我自飞"的自由了。

在写第八十一章的时候，我确是照我所见到的写的，并且对朋友们说："如果有人不以为然，因之不能出版，吾其为王船山矣。"船山在深山中著书达数百卷，没有人为他出版；几百年以后，终于出版了，此所谓"文章自有命，不仗史笔垂"。

在写第七册的过程中，张跃同志为搜集材料，提出意见；陈来同志也提出很多重要意见；朱伯崑同志也帮助看稿子。趁第七册出版之际，我谨向他们致谢。

冯友兰

1990年7月11日

绪论

第一节　中国现代革命时期的阶级分析

西方的近代化是从产业革命开始的,以蒸汽为动力的机器使社会生产力一下子提高了几百倍,甚至几千倍,这就使整个社会的结构发生了天翻地覆的变化。封建社会的经济是自然经济,产业革命打破了自然经济,代之以商品经济,这就是那个大变化的主要内容。

在中国封建社会的自然经济中,男耕女织,男的用一些简单的农具耕种一百亩左右的土地,每年收入的粮食就足够他一家几口人吃了;女的靠一张织布机,每年织几匹布就够她一家人穿了。他们的生产都是为自家的消费,这就是自然经济。

产业革命以后,这样的自然经济就不能存在了。一个纺织工厂用机器生产,机器一开动,几分钟之内就可以生产很多匹布。它生产的布就不是为了自用,而是为了卖钱。这种经济就是商品经济。

有了以蒸汽为动力的机器,人们就不能不用它,因为它的生产比手工业生产快得多,它的产品比手工业产品好得多。但是,一用它,生产力的结构就要大变。一架大机器制造起来要用很大的本钱,使用起来要用很多的工人。手工业工人所用的简单的生产工具不能用了,他们要依靠机器生产,才能维持他们的生活。一架机器需要很多工人才能开动,拥有机器的人则不开动机器,于是社会中就产生两个新的阶级:一个是资本家,即资产阶级;一个是工人,即无产阶级。他们就成了一个统一体中的两个对立面，互相依存，而又互相斗争，互相转化。他们真正是一个矛盾中的统一体。

一个封建社会如果听其自然，它就会照着这个程序向前发展。这在本书第六册绪论中已经讲过。

中国的封建社会受了外来的压迫，不能自然发展，但在第一次鸦片战争以后，在半封建半殖民地的形式下也还是出现了新的阶级。

在资产阶级方面，出现了民族资产阶级、买办资产阶级和官僚资产阶级。民族资产阶级的前身是中国的商人，是从中国封建社会中自然发展出来的资本家，买办资产阶级是外国资本家在中国的代理人，官僚资本家是从中国封建官僚转化过来的。买办资产阶级是依靠外国的势力发家致富的，官僚资产阶级是依靠他们手中的政权发家致富的，民族资产阶级却是依靠自己的经营发家致富的。民族资产阶级是在买办资产阶级和官僚资产阶级的夹攻中艰难地挣扎出来的，他们是真正的中国资产阶级。

资产阶级虽有三个，但无产阶级只有一个，因为无论哪一个资产阶级都要有无产阶级作为它的对立面。资产阶级和无产阶级是相互依存的。

第二节　旧民主主义革命

在现代革命时期，有两个革命的阶级：民族资产阶级和无产阶级。随着革命的深入，这两个阶级先后领导了两次革命：旧民主主义革命和新民主主义革命。这两个革命的阶级各自在旧社会中找到了他们的天然同盟军，结为联盟，共同进行革命。民族资产阶级找到的是地主阶级不当权派，无产阶级找到的是农民。无产阶级和农民结成工农联盟，这是众所周知的。民族资产阶级和地主阶级不当权派的联盟，则尚未为历史学家所注意。好像民族资产阶级单枪匹马在几个月之内就推翻了帝制，建立了共和。其实事情并不那么简单。在这一点上要多说一点，以明历史的真相。

清朝的慈禧太后在发动宫廷政变、镇压了戊戌变法运动之后，迫于中外舆论，也说是要实行立宪。她声称实行立宪要有充分准备。为了欺骗中外舆论，她订了一个时间表，提出以九年为准备时期，每年把皇权下放一点于民。她所谓"民"是地主阶级不当权派，当时称为"绅"。

照清朝的制度，受皇帝直接任命、掌握国家机器的人称为"官"。在各省做官的人都要回避本省，就是说，不能在他的本省内做官。已经取得做官资格的人，或已经在别省做过官的人就称为"绅"，他们就算作本地区的"民"。清朝末年所谓"民意"、"民办"，其实就是"绅意"、"绅办"。慈禧太后在她的准备立宪的时间表中，声称要把皇帝的权力分期下放于民，这个民其实就是"绅"。

慈禧太后和以后的清廷，为了装饰门面，也设立了所谓"民意机关"，在中央设了资政院，在各省设谘议局，作为中央和地方议会的象征。这些民意机关的议员，也还是由上面指派的，可是他们不是官而是绅，更好听一点说就是"民"。在1911年辛亥革命中，这些民意机关在实际上也起了革命的作用。在各省的革命军起义以后，往往推举谘议局的议长主持民政，也有些省是由谘议局出头发动革命。再看一些出头露面的人物的行动，事情就更清楚了。

袁世凯本来是清朝的一个大官僚，戊戌变法的时候，他出卖了谭嗣同，帮助了慈禧，以致变法失败。慈禧死了以后，光绪的兄弟当了摄政王，迫使袁世凯退居原籍河南。于是，他就不是官而是绅了。1911年武昌起义后，清廷用北洋新军打革命军，因为袁世凯是北洋新军的创始人，又起用袁世凯为两湖总督作为统帅，于是他又由绅而成为官了。

袁世凯有他自己的打算，他想利用各省的绅和革命军的声势，以及他自己手中的兵权，取清朝皇帝的地位而代之。他所统率的政府军打了一次比较硬的胜仗，攻占了汉阳，他的前线指挥官就联名发出通电，请清朝皇帝退位，交出政权。清朝的隆裕太后没有办法，就任命袁世凯为总理大臣，组织政府，与革命军议和。当时南北议和达成的协议，南京参议院制定的《临时约法》，以及当时的人事安排，就是南北统一的条件，也就是当时资产阶级和地主阶级联盟的条件。

南北统一以后，孙中山来到北京，袁世凯待以元首之礼。在一次正式欢迎宴会上，孙中山说，他要办一个中国铁路公司，修铁路二十万里；要袁世凯训练一百万军队，认为这样中国就富强了。孙中山的这个演说的含义是民族资产阶级和地主阶级要分工合作，资产阶级负责经济方面的建设，地主阶级负责政治军事方面的建设，这也是两个阶级联盟的条件。

袁世凯当然接受这个条件，下命令成立中国铁路公司，任命孙中山当全国铁路督办。可是修铁路的资金一点也不给，孙中山只好在上海的一个小马路上挂了一个"中国铁路公司"的空头招牌。

孙中山不久就知道受骗了。他于1913年发动了"二次革命"，但是失败了。袁世凯把中华民国改为中华帝国，由他自己当皇帝，这就是地主阶级完全复辟。革命的进程最终是只能前进的。袁世凯的复辟受到了全国人民的反对，他的帝制失败了，他自己也死了。此后就成了军阀混战的局面，孙中山所领导的旧民主主义革命也面目全非。

在中国长期的封建社会中，各朝代政权的转移有两种形式，一种是以传说中的尧、舜为典型的，称为"揖让"；另一种是以传说中的汤、武为典型的，称为"征诛"。旧民主主义革命是这两种形式的结合。从革命军这一方面说，它是用武力把清朝皇帝和几千年的帝制打倒的，这是"征诛"。从袁世凯这方面说，他是接受清朝统治者的命令组织政府，这是"揖让"。这种"揖让"和"征诛"相结合取得政权的方式本来是不彻底的，所以，虽然从武昌起义到民国成立只用了几个月的时间，快固然是快，但革命是不深入的，其不能持久也是必然的。

第三节　新民主主义革命

"十月革命一声炮响，给我们送来了马克思列宁主义。"这是一整套完全新的哲学体系。在它的指导下，中国的无产阶级觉悟了，成为一个"自为"的政治势力。中国无产阶级成立了自己的先锋队中国共产党,进行了新民主主义革命,建立了中华人民共和国。在这个时期有两个大问题。

第一个是同盟军的问题。在中国长期封建社会中,有一个农民起义的传统,有些朝代就是被农民起义所推翻的。农民所用的夺取政权的形式,就是上边所说的"征诛"。但农民是地主阶级的一个对立面,并不代表一种新的生产关系,因此也不能创造新的政治形式。旧的朝代被推翻了,代之而起的是一个新的朝代,原来的农民起义领袖成了新朝代的皇帝。从表面上看起来,好像是农民起义的领袖篡夺了农民起义的果实,其实这不是篡夺,而是势所必至。到了20世纪初期,世界和国内形势都已大变,袁世凯还要称帝,这就不是势所必至,而是倒行逆施,自取灭亡。

无产阶级和农民都处在旧社会中的最下层,这两个阶级是天然的盟友。在无产阶级领导革命的时候,所谓"绅"就成为革命的对象了,这就是所谓"土豪劣绅"。

在西方,无产阶级和资产阶级进行斗争没有同盟军这个问题,因为资产阶级和无产阶级都集中在城市,工人也有人权,受法律保护,资本家可以在经济上剥削和压迫工人,但不能用非法手段在政治上迫害工人。按照马克思和列宁的设想,工人在平时用合法的手段,如罢工之类,和资本家进行斗争,一旦时机成熟,就发动武装暴动,一举而取得城市,由城市推及全国,建立全国性的政权,实行社会主义。可是中国的形势就不同了。在20世纪二三十年代,统治中国的是大大小小的军阀。他们既不讲理,也不讲法,而且掌握了整套的国家机器,对工人和劳动群众可以为所欲为。当时领导共产党的教条主义者，在城市开展工人运动，这简直是自我暴露，不但劳而无功，甚至使共产党的组织在大城市也不能存在。毛泽东提出和制定了工农联盟、农村包围城市的理论和政策，使党的组织下乡，找到了天然同盟军，结成工农联盟。农民本来不代表新的生产关系，这样也跟着共产党代表新的生产关系了。共产党得到农民起义的支持，如虎添翼；工农两个阶级互相支持，相得益彰。终于打倒了军阀，赶走了帝国主义，建立了新中国。

这不仅是毛泽东对于中国革命的大贡献，也是对马克思主义的大贡献，由此建立了中国的马克思主义——毛泽东思想。毛泽东思想是马克思主义的普遍原理和中国革命的实践相结合。既然是与中国革命实践相结合，那就是中国的马克思主义了。

同盟军的问题解决了，继之而起的是社会性质的问题。按教条主义的说法，中国革命既然由无产阶级领导成功，成功后的中国社会当然是社会主义了。但实际上社会主义的经济基础是商品经济，而当时中国的经济基本上还是封建社会的自然经济。在这种经济基础上面能建立起社会主义的上层建筑吗？在20年代，中国共产党的领导人陈独秀，就已经看出这个问题了。他看出了这个问题，但没有提出正确的解决方案。在第一次和第二次世界大战以后，东欧的几个国家的革命，也都是由无产阶级领导的，它们的经济也比较落后，基本上也没有进入商品经济。列宁、斯大林看出了这个问题，就不称这些国家为社会主义，而称它们为新民主主义。就是说，这些国家要经过一个"过渡阶段"才能进入社会主义。在这个过渡阶段中，由他们本国自己的无产阶级领导，实行民主主义。因其是无产阶级领导的，所以称为新民主主义。中国共产党也赞成这个理论，实行这个方针政策，在当时也自称为新民主主义社会。1949年中华人民共和国成立的时候，共产党和各民主党派在第一次人民政治协商会议中达成了一个协议，称为《共同纲领》，实际上就是临时宪法。其中规定五种经济并存，称为新民主主义经济，"土洋结合"，两条腿走路。当时中国共产党、毛泽东得到全国人民的信任，其威望之高，是中国历史上的统治者所未有的，这是上层建筑和经济基础相适应的结果。

第四节　"以夷为师"（向西方学习）

第一次鸦片战争的失败，使中国人不仅大惊不已，而且大感不解。在此以前，中国闭关自守，妄自尊大，自称为"天朝"。对中国以外的地方，均视为"夷狄"，为文化所不及。何以"天朝"竟败于"夷狄"之手？然而，失败总是失败，对于这种事实，中国如何应付？开明的中国人都以为应该向西方学习，"以夷为师"。但是，对于首先要学习什么，人们的意见各自不同。有的人认为，首先要学习西方的兵器；有的人认为，学习西方的工业，当时称为"实业"；还有的人要学习西方的政治；有的人要学习西方的宗教。最后，人们提出要学习西方的文化，具体的内容是民主与科学。人们认识到这里，新文化运动就开始了。到现在，几十年过去了，没有人不承认科学的重要，但对于什么是民主，还没有一致的认识。

第七十一章 革命派和立宪派的宣传斗争与章炳麟

戊戌变法运动的失败，使中国人民认识到：维新运动不能解决救亡图存的问题，必须用武力革命推翻清朝的统治。

孙中山代表民族资产阶级于1905年在日本东京成立了中国同盟会，这是革命派；康有为的残余势力也逃到日本东京，这是立宪派。这两派是中国20世纪初期两大政治势力，各在日本东京设了宣传机关。立宪派的机关报是《新民丛报》，其总编辑是梁启超；革命派的机关报是《民报》，其总编辑是章炳麟。

章炳麟（1869—1936）初名学乘，后改名炳麟，字枚叔，号太炎，浙江余杭人。早年参加戊戌变法运动，后来组织了一个革命的党，名"光复会"，以"排满"为宗旨，和同盟会的总纲有一部分相合，因而与同盟会合作。章炳麟为《民报》的总编辑兼发行人，和《新民丛报》相对立。章炳麟在东京的时候，有不少革命的留学生和革命者向他学习国学，他和他的学生们在中国经学、文学、诗学、哲学、语言学、文字学、音韵学等方面都自成一派，称为"章门"。他的著作很多，上海人民出版社曾编为《章太炎全集》（以下简称《全集》）出版。

第一节　《民报》与《新民丛报》斗争的要点

《民报》曾把当时和《新民丛报》斗争的要点归纳为十二条，称为《〈民报〉与〈新民丛报〉辩驳之纲领》（《民报》第三期号外）。

其中有：

"一、《民报》主共和；《新民丛报》主专制。

"二、《民报》望国民以民权立宪；《新民丛报》望政府以开明专制。

"三、《民报》以政府恶劣，故望国民之革命；《新民丛报》以国民恶劣，故望政府以专制。

"五、《民报》主张政治革命，同时主张种族革命；《新民丛报》主张政府开明专制，同时主张政治革命。

"六、《民报》以为，国民革命自颠覆专制而观，则为政治革命，自驱除异族而观，则为种族革命；《新民丛报》以为，种族革命与政治革命不能相容。

"七、《民报》以为，政治革命必须实力；《新民丛报》以为，政治革命只须要求。

"十一、《民报》以为，革命所以求共和；《新民丛报》以为，革命反以得专制。

"十二、《民报》鉴于世界前途，知社会问题必须解决，故提倡社会主义；《新民丛报》以为，社会主义不过煽动乞丐流民之具。"

在这个文件里，《民报》把革命派与维新派的纲领作了一个针锋相对的对比。

革命派与维新派的要求的内容和实现要求的手段都是绝对不相同的。维新派主张的开明专制和君主立宪，其专制的君主，具体地说，就是清朝的皇帝。他们反对以"排满"为内容的种族革命，也反对以"民主共和"为内容的政治革命，更反对以"平均地权"为内容的社会革命。他们认为"只须要求"，反对暴力。他们在一切方面都是和革命派对立的。

维新派的主张确是如此说的。当时《新民丛报》的总编辑是康有为的大弟子梁启超（1873—1929）。他在《新民丛报》中，根据康有为的"三世说"，认为进步要有一定的阶段，在行民主共和之前，须先行君主立宪。而且立宪也不是马上所能做到的，还要等待。"立宪政体者，必民智稍开而后能行之"，"与其共和，不如君主立宪，与其君主立宪，不如开明专制"。至于社会革命更是他所惧怕的。他说："敢有言以社会革命与他种革命相提并行者，其人即黄帝之逆子，中国之罪人也。"（《开明专制论》，《新民丛报》第七十五期）他怕的是革命派"利用此（革命）以博下等社会之同情，冀赌徒、光棍、大盗、小偷、乞丐、流氓、狱囚之悉为我用"。

第二节　章炳麟对于康有为的驳斥

《民报》所提出的十二点是革命派对立宪派所作的批判。在此以前，章炳麟已经以个人名义对于康有为的言论作了驳斥。

汉族与满族之间的民族矛盾，自明末清初以来，一直继续存在。这个矛盾从太平天国以后，又激化了。戊戌变法运动失败以后，汉族反对异族统治的民族主义思想，成为推翻清朝统治的一个革命武器。章炳麟是这种民族主义思想较早的一个传播者和鼓动者。

康有为向在美洲的华侨宣传说：中国只可立宪，不能革命。章炳麟针对康有为的论点痛加驳斥。康有为反对排满，主张"不论种族异同，唯计情伪得失"。章炳麟驳斥说：种族异同不能不论，满族和汉族确是不同的民族。即就"情伪得失"而论，在清朝的统治之下，汉人确切是在各方面都受严重的压迫。他向康有为指出："载湉（光绪皇帝）者，固长素（康有为字）之私友，而汉族之公仇也。"（《驳康有为论革命书》，《全集》第四册，一七八页）

康有为的另外一个论点是说，革命必须有很大的牺牲。"革命之惨，流血成河，死人如麻，而其事卒不可就。"章炳麟驳斥说，革命固然是要流血，但立宪也不是可以用口舌要求得来的。英、奥、德、意以及日本，都是实行君主立宪，这些国家的国民，都是经过血战才能得到"自由议政之权"。章炳麟指出，维新派请求立宪，这是一个笑话。他说："岂有立宪而上书奏请者。立宪可请，则革命亦可请乎？以一人之诏旨立宪，宪其所宪，非大地万国所谓宪也。"他指出，如果皇帝赐予立宪，还是君权专制，并不是立宪。

章炳麟和当时的革命派初步认识到，在政权转移的问题上没有和平过渡的可能。统治者决不会自动放弃他的统治。即使在所谓"立宪"中，专制君主放弃了一部分统治权，这也是武装斗争的结果。

章炳麟对于革命的信念是坚定的，他说："长素以为中国今日之人心，公理未明，旧俗俱在，革命以后，必将日寻于戈，偷生不暇，何能变法救民，整顿内治？夫公理未明，旧俗俱在之民，不可革命，而独可立宪。此又何也？岂有立宪之世，一人独圣于上，而天下皆生番野蛮者哉？虽然，以此讥长素，则为反唇相讥，校轾无已。吾曰不可立宪，长素犹曰不可革命也。则应之曰：'人心之智慧，自竞争而后发生。今日之民智，不必恃他事以开之，而但恃革命以开之。'且勿举华（华盛顿）、拿（拿破仑）二圣，而举明末之李自成。李自成者，迫于饥寒，揭竿而起，固无革命观念，尚非今日广西会党之侪也。然自声势稍增，而革命之念起；革命之念起，而剿兵救民、赈饥济困之事兴。岂李自成生而有是志哉？竞争既久，知此事之不可已也。虽然，在李自成之世，则赈饥济困为不可已，在今之世，则合众共和为不可已。是故以赈饥济困结人心者，事成之后，或为枭雄；以合众共和结人心者，事成之后，必为民主。民主之兴，实由时势迫之，而亦由竞争以生此智慧者也。"（同上，一八〇页）这是说，人不是在学习怎样革命以后才能进行革命，因为只有在革命中才能学习革命。

章炳麟又说："人心进化，孟晋不已。以名号言，以方略言，经一竞争，必有胜于前者。"（同上，一八一页）就是说，在革命斗争的实践中，纲领和政策都是可以逐步提高的，也只有在革命实践中，才可以逐步提高。章炳麟说："然则公理之未明，即以革命明之；旧俗之俱在，即以革命去之。革命非天雄、大黄之猛剂，而实补泻兼备之良药矣！"（同上）这就是说，革命的实践对于人民，是夺取政权的最有效的斗争武器，也是提高政治水平的最有效的学习方法。

章炳麟又指出，康有为所以主张立宪，因为在立宪中，满人可以借立宪之名，维持满人统治汉人的地位。他说："所谓立宪者，固将有上下两院，而下院议定之案，上院犹得以可否之。今上院之法定议员，谁为之耶？其曰皇族，则亲王贝子是已；其曰贵族，则八家与内外蒙古是已；其曰高僧，则卫藏之达赖、班禅是已。是数者，皆汉族之所无，而异种之所特有，是议权仍不在汉人也。"（同上，一七八页）

从阶级的观点看，立宪派所代表的是半资产阶级、半封建思想，革命派所代表的是全资产阶级思想。从戊戌变法的1898年到同盟会成立的1905年，不到十年之间，政治活动家和领导人的思想已经大变了，原来主张变法的已经成为守旧的了。近代维新进入现代革命，是急转直下的。

第三节　章炳麟对于康有为今文经学的评论

本书第三册讲过，两汉经学中的一个主要斗争是古文经学和今文经学的斗争。今文经学尤为突出的是以《春秋公羊传》为基础的公羊派。《公羊传》认为，孔丘受天命为王，因其并没有实际的王位，所以作《春秋》以为一王之法，实行这个法的是汉，这就是"为汉制法"。从中国历史的实际发展看，"为汉制法"就是为中国封建社会制法。中国奴隶社会的社会制度行不通了，新的封建社会就要改制。公羊学家用孔丘的旗帜为改制的根据，这就叫"托古改制"。到了近代，中国社会又要改制了，康有为所领导的戊戌变法就是一种改制。康有为又打出公羊学的旗帜，作为改制的根据。康有为的一系列经学著作都是为戊戌变法服务的。

章炳麟的《检论》是他早年鼓吹革命的《訄书》的修订本。《检论》第一卷也先谈到种族的问题，但是到第二卷就转入经学的问题了。章炳麟特别反对今文经学所主张的儒家经典是孔丘创作之说，认为孔子是"述而不作"的。他以《春秋》为例说："《慎子》曰：'《诗》，往志也；《书》，往诰也；《春秋》，往事也。'庄生亦言，《春秋》经世，先王之志。志者，古文识字，其字诂曰：史，记事者也；事，职也；职，记微也，识常也。微为徽号，常为旗志。故志者，史官所记当世徽号，谓书契图象之属矣。事亦从史，而义为记徽。《春秋》，往昔先王旧记也。孟子亦言，《春秋》天子之事。此由史官皆自周出，而诸侯史记当臧王官，不可私案，故曰'天子之记'。"（《全集》第三册，四〇七至四〇八页）章炳麟的这一段话，说明《春秋》本来的性质是一种史官的史书，并不是孔丘的创作。

章炳麟认为，不仅《春秋》为史官之书，《六经》都是史官之书。他说："孔氏之教，本以历史为宗，宗孔氏者，当沙汰其干禄致用之术，惟取前王成迹可以感怀者，流连弗替。《春秋》而上，则有《六经》，固孔氏历史之学也。《春秋》而下，则有《史记》、《汉书》，以至历代书志、纪传，亦孔氏历史之学也。"（《答铁铮》，《全集》第四册，三七一页）章炳麟把《六经》看成是历史，是与康有为的主张针锋相对的。这一点在他对《春秋》的评价中表现得最清楚。

章炳麟说："综观《春秋》，乐道五伯，多其攘夷狄，扞种姓，虽仲尼所以自任，亦曰百世之伯主也。……今以立言不朽，为中国存种姓，远殊类，自谓有伯主功，非曰素王也。"（《检论》卷二，《全集》第三册，四一二页）照这段所说，《春秋》的贡献不在于"诛乱臣贼子"，而在于"攘夷狄，扞种姓"。孔丘之所以称赞管仲，也在于此。然而，春秋时代的霸主，其功只及于一世，而孔丘提倡《春秋》，其功及于百世，他是"百世之伯主"，但并不是"素王"。所以他说："世儒不明，或言孔子素王，将定法制以待汉家。汉法既不原本《春秋》，而孔子又不能草具仪法，徒以时事寄言，令人占射，其拙甚于上古结绳。若将自任素王者，是乃规为更姓改物以创制而旌其伐。"（同上）这是对康有为明确的批评。章炳麟和康有为都是尊崇孔丘的，但他们所持的理由不同。康有为尊崇孔丘是因为其"托古改制"，章炳麟尊崇孔丘是因为其"攘夷保种"，两个人在经学上的主张都是为他们的政治主张服务的。

章炳麟的经学也是当时所谓"国学"的一部分，他的国学研究在当时是有现实意义的，是跟当时的种族革命相结合的。他说："故仆以为民族主义如稼穑然，要以史籍所载人物、制度、地理、风俗之类为之灌溉，则蔚然以兴矣。不然，徒知主义之可贵，而不知民族之可爱，吾恐其渐就萎黄也。"（《答铁铮》，《全集》第四册，三七一页）他认为，研究当时所谓"国学"有提高民族主义的意义。这里所谓"民族主义"，就是满汉斗争。当时有革命思想的人也都是这样想的，也都是这样看的。当时上海有一个刊物，名为《国粹学报》，被认为是一种革命刊物。章炳麟在东京一面鼓吹革命，一面提倡国学，当时的人认为这两方面是一致的，他提倡国学也是他的革命活动。

在《国粹学报》纪念出版三周年的时候，章炳麟作了一篇祝辞，其中说："部娄无松柏，故日本因成于人，而中国制法自己，儒、墨、道、名尚已。虽汉、宋诸明哲专精厉意，虑非岛人所能有也。自弃其重，而倚于人，君子耻之，焉始反本以言国粹。"（《国粹学报祝辞》，《全集》第四册，二〇七页）日本明治维新，实行君主立宪一举成功。中国的维新派推崇日本，事事都要向日本学习，章炳麟认为可耻。他的这一段话是为提倡国学辩解，也是对中国维新派的批判。

在种族问题上，康有为拥护满人的统治，章炳麟主张排满；在政治问题上，康有为主张立宪，章炳麟主张革命；在经学问题上，康有为主张今文，章炳麟主张古文。在这三大问题上，他们两个人都是针锋相对的。从历史发展的大阶段看，孙中山是康有为的对立面。从其中的细节看，章炳麟是康有为的对立面。

第四节　章炳麟所理解的社会革命

章炳麟承认，在革命成功以后必然要实行民主共和，但是他反对资产阶级议会制度。他说："议院者，受贿之奸府；富民者，盗国之渠魁。"他指出，议会中的议员，"大抵出于豪家。名为代表人民，其实依附政党，与官吏相朋比，挟持门户之见，则所计不在民生利病，惟便于私党之为。故议院者，国家所以诱惑愚民，而钳制其口者也"（《五无论》，原载《民报》十八号，《全集》第四册，四三一页）。这就是说，在他看来，资产阶级民主是虚伪的，其议会是欺骗人民的工具。

章炳麟是从左的方面反对旧民主主义革命；康有为是从右的方面反对旧民主主义革命。然而，旧民主主义革命是势在必行，章炳麟和康有为各以不同的原因，成为时代的落伍者。就章炳麟本人说，他是宣传民族革命的前锋，提倡传统国学的后殿。

第七十二章 旧民主主义革命的最大理论家和最高领导人——孙中山

从康有为所领导的变法运动失败以后,中国的历史就由维新时期进入了革命时期,就是现代革命时期。这个时期分为两个阶段:旧民主主义革命时期和新民主主义革命时期。这两种革命在时间上是有交叉的,但以革命的性质说,这两种革命是截然不同的。旧民主主义革命的理论家和领导者是孙中山。

孙中山(1866—1925),广东香山县(今中山县)人,名文,字德明,号日新,后改号逸仙,中山是在日本所用的化名。幼年入私塾,1878年到美国檀香山居住,次年入小学、中学,1886年在广州博济医院附设的南华医学校学医,次年又转入香港雅丽医院附设的由维新派何启创办的西医书院学医。1894年,他到檀香山组织兴中会。1905年他在日本东京组织中国革命同盟会,这是中国现代的第一个革命政党。1911年,辛亥革命成功,中华民国成立,他被选为临时大总统,不久即辞职,但仍以维护中国的共和政体为己任,直到1925年在北京逝世。他的重要著作和言论,人民出版社编为《孙中山选集》(以下简称《选集》)。

第一节 孙中山的思想和政治活动的发展

在中国近代和现代的思想和政治上的领导人物中,孙中山的优点是,他的思想和政治活动是随着历史潮流的变动而变动的。在这一点上,他和康有为形成了鲜明的对比。康有为说过,他的学术和政治思想在三十岁以前就完全定了,以后不能改变,也不求改变。所以,他从早年的先进人物变成晚年的顽固派。人们觉得奇怪,康有为为什么变了呢?其实康有为并没有变,而是时代变了。

章炳麟也多少有类似的情况。他早年在日本东京主持《民报》,宣传革命,也是一时的先进人物。晚年退居苏州,传授传统的国学,对于当时的政治和社会学术思想的问题失去了发言权,大概他也不想发言了。人们觉得奇怪,章炳麟怎么变了呢?其实他并没有变,而是时代变了。

孙中山不是这样,他早年是维新派的追随者,其思想是半封建的;中年是资产阶级革命的领导人,其思想是全资产阶级的;晚年是无产阶级革命的同路人,其思想是半无产阶级的。其所以有这些转变,是因为他对于中国的问题的认识越来越深刻,他解决问题的对策越来越革命化。他的认识是从他的革命实践中总结出来的,不是道听途说、人云亦云,所以他的转变也不是看风使舵、随波逐流。他的政治遗嘱说明了这一点。

《遗嘱》说:"余致力国民革命,凡四十年,其目的在求中国之自由平等。积四十年之经验,深知欲达到此目的,必须唤起民众,及联合世界上以平等待我之民族,共同奋斗。现在革命尚未成功。凡我同志,务须依照余所著建国方略、建国大纲、三民主义及第一次全国代表大会宣言,继续努力,以求贯彻。最近主张开国民会议及废除不平等条约,尤须于最短时间,促其实现。是所至嘱。"(《选集》下卷,九二一页)

这篇遗嘱,虽只有一百多字,但是一篇大文。它概括了孙中山一生革命斗争的过去,指示了国民党同志们未来斗争的方向。他首先指出，国民革命的目标是争取中国的自由平等。怎样争取呢？他从四十年的经验中"深知欲达到此目的，必须唤起民众，及联合世界上以平等待我之民族，共同奋斗"。这两句话说明他的"深知"是从他四十年的革命经验中总结出来的。只有从实践中得来的知识才是深知。他积累了四十年的经验才得出这个"深知"，这不仅说明他现在有了新的认识，也含蓄地承认了他过去的错误。他过去第一个错误是没有唤起民众，只联合地主阶级不当权派，以推翻满族皇帝的统治。推翻以后，就自以为是革命成功了。等到袁世凯背叛了联盟，恢复帝制，孙中山没有民众的支持就没有办法了。第二个错误是对于资本主义国家，甚至帝国主义抱有幻想，错误地认为它们是支持中国革命的。其实它们就是使中国变为殖民地的殖民主义者，要向它们要求中国的自由平等，岂不是与虎谋皮？它们就是不"以平等待我之民族"。中国的国民革命是要"联合世界上以平等待我之民族，共同奋斗"。孙中山遗嘱中的这几句话概括说明了国共合作后孙中山"联俄、联共、扶助农工"的三大政策。

《遗嘱》接着说："现在革命尚未成功。凡我同志，务须依照余所著建国方略、建国大纲、三民主义及第一次全国代表大会宣言，继续努力，以求贯彻。"在所举四项文件中，前两项是孙中山在国共合作以前写的，是全资产阶级思想；后两项是他在国共合作以后写的，是半无产阶级思想。

《遗嘱》最后说："最近主张开国民会议及废除不平等条约，尤须于最短时间，促其实现。是所至嘱。"当时，北京政府的当权者段祺瑞邀请孙中山来北京共商国是。《遗嘱》中所说的两项主张，是孙中山准备向段祺瑞提出的。可是他一到北京就病了，终于不起。

正如大诗人杜甫吊诸葛亮两句诗所说的:"出师未捷身先死,长使英雄泪满襟。"

第二节　孙中山追随维新派时期的半封建思想

孙中山1892年到澳门行医,他自叙说:"予在澳门,始知有一种政治运动,此种运动大可视为少年中国政党之形成。其党有见于中国之政体,不合于时势之所需,故欲以和平手段,渐进方法,请愿于朝廷,俾倡行新政。其最要者,则在改行立宪政体,以代专制及腐败的政治。予当时深表同情,即投身为党员,自信固为国利民福计耳。"(《伦敦被难记》,《选集》上卷,二二页)在这一段话里,孙中山不仅说明了他的政治活动的开始,也概括地说明了维新派思想的要点。

1894年,孙中山向李鸿章上书,指出当时民族的危机和挽救的方法。他指出:"欧洲富强之本,不尽在于船坚炮利,垒固兵强,而在于人能尽其才,地能尽其利,物能尽其用,货能畅其流。此四事者,富强之大经,治国之大本也。我国家欲恢扩宏图,勤求远略,仿行西法以筹自强,而不急于此四者,徒惟坚船利炮之是务,是舍本而图末也。"(《上李鸿章书》,《选集》上卷,七至八页)

孙中山指出,追求"坚船利炮"是"舍本而图末"。这是正确的。但他所提出的"四事",也还不是"本"。他所谓"人尽其才",

主要是在教育制度和官僚任用制度上作一些资产阶级性的改革。他所谓"地尽其利"，主要是采用当时所有的科学技术，改良农业生产。他所谓"物尽其用"，主要是学习资本主义国家的科学和技术，兴办工业。他所谓"货畅其流"，主要是发展交通和保护商业。

这次上书的总的精神是发展农业、工业，以使中国独立富强。他希望依靠清朝统治者的势力，从上而下地进行改革。

孙中山的上书没有得到清朝官僚的重视。他到了檀香山，在华侨里面得到了同情。当时，国外的华侨有一大部分是从小生产者和商人发展起来的资产阶级。这种人在国内还很少。上边说过，这样的资产阶级和城市小资产阶级知识分子是革命派的社会基础。孙中山首先在檀香山的华侨中找到了这个基础。

他在1894年，在檀香山组织了兴中会。在宣言中，他开始对于清朝的封建统治展开了攻击。这表示他放弃了维新派依靠清朝政府推行政革的企图，开始从下做起，"集会众以兴中，协贤豪而共济"（《兴中会宣言》，《选集》上卷，一九页）。同时，孙中山又在入会会员的誓词中明确提出了"驱逐鞑虏,恢复中华,创立合众政府"这一革命口号。

1895年，在中日甲午战争的刺激下，他回到香港，组织了兴中会总会机关，并开始和当时主张"反清复明"的会党联系，确立了民族革命的信心和主张。但是在政治革命方面，目的还是不很明确。

1895年，他会合当时的会党分子在广东举行武装起义。失败以后，他于1897年在伦敦发表论文，明确地提出了政治革命的主张。他说："不完全打倒目前极其腐败的统治而建立一个贤良政府，由道地的中国人（一开始用欧洲人作顾问，并在几年内取得欧洲人行政上的援助），来建立起纯洁的政治，那么，实现任何改进就是完全不可能的。"（《中国的现在和未来》，《中国哲学史资料选集》近代之部，六〇六页）这里所说的"道地的中国人"指汉族。在这里孙中山指出，没有汉族的种族革命和政治革命，就不可能有任何改革。孙中山一步一步地同维新派决裂，把中国历史的发展由近代维新推进为现代革命。

第三节 孙中山领导民主主义革命的全资产阶级思想——建国方略

1905年，孙中山在东京组织成立了同盟会，举起了革命的大旗。它所发出的宣言在形式上和实际上都是一个革命军或革命政府的布告，开头说："中华国民军都督奉军政府命，以军政府之宗旨及条理，布告国民。"（《同盟会宣言》，《选集》上卷，六八页）布告提出了"驱除鞑虏，恢复中华，建立民国，平均地权"的纲领，也提出了"自由、平等、博爱"和"民有、民治、民享"的口号。

孙中山在《〈民报〉发刊词》中正式提出了民族、民权、民生三大主义的名称，并进一步地阐述其内容。他说："罗马之亡，民族主义兴，而欧洲各国以独立。洎自帝其国，威行专制，在下者不堪其苦，则民权主义起。十八世纪之末，十九世纪之初，专制仆而立宪政体殖焉。世界开化，人智益蒸，物质发舒，百年锐于千载，经济问题继政治问题之后，则民生主义跃跃然动。二十世纪不得不为民生主义之擅场时代也。是三大主义皆基本于民，递嬗变易，而欧美之人种脋冶化焉。"（《选集》上卷，七一页）照这里所说的，民族主义并不限于满汉之争，而是中国民族怎样可以独立于世界民族之林的问题。世界各地都有民族革命、政治革命、社会革命。孙中山自以为他的三民主义是要把这三种革命联系起来，毕其功于一役，这一"役"成功了，中国就可以长治久安了。

孙中山的这些阐述都是原则性的，究竟怎么样实施，还没有具体地说。新文化运动给他一个新推动力。新文化运动是中国从旧民主主义革命转入新民主主义革命的一个关键性转折点，孙中山在这个时候提出了实施三民主义的具体方案。当时有一部分人认为三民主义只是一些空谈，也有人认为，孙中山的革命只能破坏，不能建设，所以孙中山发表这些具体的方案，以说明他所进行的革命，不但是破坏，也是建设。

《建国方略》分为三部分，第一部分是《心理建设》。孙中山认为，这是他的思想的中心，所以也称为"孙文学说"。其具体的主张是行先知后，行易知难。儒家的经典中，有"知之非艰、行之惟艰"的说法，王守仁有"知行合一"的说法，孙中山批评了这些说法，提出他自己的主张：行先知后，行易知难，不知亦能行，有知必有行。知行问题是中国哲学中的一个传统问题，孙中山自以为他的主张是关于这个问题的全新的说法，正确解决了这个问题。他的这个主张的政治含义是：对于中国革命，他的三民主义是"知"，既然有知了，就不怕不能行。他企望中国人民都有这个信念，以这个信念作为建国的心理建设。

这个政治含义是重大的,但作为解决中国传统哲学中的知行问题,并不是针锋相对的。中国儒家经典所说的"知之非艰、行之惟艰",王守仁所讲的"知行合一",都是就个人的修养说的。孙中山所举的"行易知难"的例,都是就社会发展说的,这两者并不是一回事。用后者批评前者是文不对题。

以《心理建设》作为《建国方略》的第一部分,这是有理由的。但如果从哲学观点看,他的主张未必可以成立。

《建国方略》的第二部分是《物质建设》。第三部分是《社会建设》,在这一部分中,人们期望孙中山提出关于民权主义的具体实施方案,可是,他只提出了一个《民权初步》。这是他根据西人沙德的著作编译而成的。其内容是一般会议的形式和会议进行的程序。人们不免觉得孙中山是大题小做,空言搪塞,其实不然。《民权初步》所讲的固然是一些小节,但是,表现了一个大义,那就是民主与集中的问题。孙中山在《民权初步》的序文中说:"中华民族,世界之至大者也,亦世界之至优者也。中华土地,世界之至广者也,亦世界之至富者也。然而以此至大至优之民族,据此至广至富之土地,会此世运进化之时,人文发达之际,犹未能先我东邻而改造一富强之国家者,其故何也?人心涣散,民力不凝结也。"(《选集》上卷,三三九页)这里所说的"凝结"就是集中的问题。序文的大意是说,人民要行使民权,必须首先把自己组织起来,成为有组织的团体。这个团体如果要对某一事采取行动,它必须召开会议,对于这一事做充分讨论。开会必有一定的形式,讨论必有一定的程序。这些形式和程序,并不就是民权,只是行使民权的必要条件,所以称为"民权初步"。

会议的程序大致可以分为三个阶段,第一是讨论,第二是提案,第三是表决。会议开会后,先就本次会议所要讨论的问题展开讨论。参加会议的每个人都可以发表自己的独立见解,畅所欲言,这是会议程序的第一阶段。这个阶段以后,每一个参加会议的人都可以把上阶段的讨论集中起来,加上他自己的意见,成为一个拟议的议决案,称为提案。有了提案,参加会议的人再对于提案进行讨论,可以补充,也可以修正,这是会议程序的第二阶段。提案只是拟议中的表决案,还要加以投票表决。如果得到了多数的赞成,它就成为正式的议决案。经过表决的程序,这个议决案就成为这个团体的公共意见,这个团体就可以采取行动了。这个程序的主要精神是如《民权初步》的《结论》中所说的:"一社会中,其会员人人有言论表决权于大小各事,则知识能力必日加,而结合日固,其发达进步,实不可限量也。"(同上,四一八至四一九页)

近年以来,一般的议论认为,社会主义的民主是民主集中制,而资产阶级的民主则没有集中。其实,任何民主都不能没有集中。如果没有集中,那个社会就要四分五裂,不能存在了。问题是怎样集中,由谁来集中。照《民权初步》所说的,社会上的事,尤其是政治上的事,人人可以讨论,人人可以提案,人人可以表决,这样,民主与集中就不是对立的,而是统一的了。

孙中山关于民权的具体措施见于《建国大纲》《五权宪法》。他的这些思想,如果真能实现,中国就成为有中国特色的资产阶级的民主主义国家。但是他有一个没有解决的问题,那就是有什么力量可以使他的这些理想成为现实。政治上的事情靠政权,政权靠一种力量。在封建社会中,这种力量是军队。在民主主义的社会中,这种力量是选票。这两种力量孙中山都没有，所以他虽有一套完整的资产阶级的政治理想，但总是停留在宣传的阶段上，不能前进。

然而历史没有停止前进，中国革命也没有停止前进。在1920年前后，世界上出现了苏联，中国出现了共产党。这在世界政治上和中国政治上是两种完全新的力量，这两种力量都愿意帮助孙中山继续前进。孙中山接受了他们的援助，改组国民党，制定了联俄、联共和扶助农工的三大政策，形成了第一次国共合作的局面。这是中国革命由资产阶级领导的民主主义走向无产阶级领导的民主主义的一个转折点、一个过渡。相对而言，前者称为旧民主主义，后者称为新民主主义。

第四节　孙中山在国共合作中的半社会主义思想

改组国民党的党员代表大会发表了《中国国民党第一次全国代表大会宣言》（以下简称《宣言》）。《宣言》第一段说："海禁既开，列强之帝国主义，如怒潮骤至，武力的掠夺与经济的压迫，使中国丧失独立，陷于半殖民地之地位。满洲政府既无力以御外侮，而钳制家奴之政策，且行之益厉，适足以侧媚列强。"（《选集》下卷，五二〇页）在这段话中，《宣言》提出了三点对于当时形势的认识：第一点是所谓西方列强的性质是帝国主义，第二点是中国处于半殖民地地位，第三点是帝国主义和封建统治者之间存在互相勾结、互相利用的关系。

这三点认识，现在已经成为中国人民的常识。但在当时，却只有少数先进人物才知道有帝国主义和殖民地这些名词，并了解其意义。帝国主义和殖民地是一个共同体的两个对立面。帝国主义对于殖民地实行武力掠夺和经济压迫，殖民地是受掠夺和被压迫者。殖民地原有的封建统治者利用帝国主义以维持其地位，帝国主义者利用殖民地原有的封建势力以推行其侵略。当时，欧洲的帝国主义者瓜分非洲，在中国曾引起一阵惊慌，后来他们没有来瓜分。《宣言》指出，这是易瓜分为共管，在共管下的殖民地就是半殖民地。

维新派和旧民主主义者都认为，所谓西方列强，特别是英美，都同情和支持中国的革新和革命。他们从个人经历中获得了这样的例证。他们不知康有为在香港受到保护，是英国政府推行他们保护政治犯的传统政策。孙中山在伦敦中国使馆被囚禁，英国政府出面干预，是维护他们的主权。因此，维新派和旧民主主义者都反封而不反帝。新民主主义的先进人物才认识到反封也要反帝，反封必须反帝。反封和反帝是中国革命两方面的任务。

孙中山看见俄国十月革命成功后自动废除帝俄对中国的不平等条约，这才知道世界上不平等条约是可以废除的，世界上真有"以平等待我之民族"。他又看见苏维埃政权，这才知道，革命必须依靠农、工。他又受到苏联在军事上的帮助，在广州训练他自己的军队。他又看见中国共产党是真正的革命者。这些情况使他大开眼界，这些新认识使他能够改组国民党，制定"联俄、联共和扶助农工"三大政策，也使他重新解释了三民主义，成为新三民主义。在《宣言》中也提到了新解释的一些要点。其全面的解释见他在广州所作的演讲中。

关于民族主义，《宣言》解释说："国民党之民族主义，有两方面之意义：一则中国民族自求解放；二则中国境内各民族一律平等。"（同上，五二五页）在这个解释中，孙中山已完全放弃了"排满"的思想，而代之以"中国境内各民族一律平等"。他在《临时大总统就职宣言》中说："合汉、满、蒙、回、藏诸地为一国，如合汉、满、蒙、回、藏诸族为一人，是曰民族之统一。"（《选集》上卷，八二页）此即宣布五族共和。关于民族主义的另一方面，孙中山在《演讲》中又有进一步的发挥，他说："民族主义就是国族主义。中国人最崇拜的是家族主义和宗族主义。所以中国只有家族主义和宗族主义，没有国族主义。外国旁观的人说中国人是一片散沙，这个原因是在什么地方呢？就是因为一般人民只有家族主义和宗族主义，没有国族主义。"（《三民主义》，《选集》下卷，五九〇页）孙中山所说的"国族"，在西方的意义是民族国家。在西方历史中，罗马帝国崩溃以后，它原来所统治的各民族各自独立，成为民族的国家。民族国家的出现是欧洲近代化的一件大事。各民族国家互相竞赛，互相竞争，在精神和物质方面都有前所未有的很大、很快的进步，使欧洲成为一时世界上最先进的地区，但也使欧洲陷于分裂，至今还联合不起来。孙中山在辛亥革命成功后，立时改排满为联满，宣布汉、满、蒙、回、藏一律平等，建立中华民国，称为五族共和。他又以国族思想把五族融合起来，称为中华民族。"中华"两字从此成为中国这个国族的名称。振兴中华至今成为中国人民奋斗的目标。

关于民权主义，《宣言》解释说："国民党之民权主义，于间接民权之外，复行直接民权，即为国民者，不但有选举权，且兼有创制、复决、罢官诸权也。"(《选集》下卷，五二六页）孙中山在《三民主义》中又深入说："欧美对于民权问题的研究，还没有彻底。因为不彻底，所以人民和政府，日日相冲突。因为民权是新力量，政府是旧机器。我们现在要解决民权问题，便要另造一台新机器，造成这种新机器的原理，要分开权和能。人民是要有权的，机器是要有能的。"(同上，七五一页）他举例说，比如一个工厂，工厂的"总办是专门家，就是有能的人，股东就是有权的人，工厂内的事只有总办能够讲话，股东不过监督总办罢了。现在民国的人民，便是股东，民国的总统便是总办。我们人民对于政府的态度，应该把他们当作专门家看。如果有了这种态度，股东便能够利用总办，整顿工厂，用很少的成本，出很多的货物，可以令那个公司发大财"。(《三民主义》，《选集》下卷，七三九页）

孙中山所说的"新机器"就是他理想中的五权宪法，这种宪法用五权分立代替西方国家所行的三权分立。其中的考试权和监察权是中国传统政治体制中所原有的，所以孙中山认为他所理想的五权宪法是融合东西最完备的政治体制，也是他的民权主义的最具体的实施方案。

关于民生主义，《宣言》解释说："国民党之民生主义，其最重要之原则不外二者：一曰平均地权；二曰节制资本。"（《选集》下卷，五二六页）《三民主义》又发挥说："民生就是人民的生活，社会的生存，国民的生计，群众的生命。"（同上，七六五页）孙中山指出，近代世界的最大变动是用机器替代人工，用机器的生产"一个人可以替代一千人，用一点钟可以替代一日"。因此在用机器的地方，很多的工人都要失业，这"便发生社会问题"。"这个社会问题,就是今天所讲的民生主义。"西方新兴起的社会主义或共产主义都是以解决这个社会问题为其宗旨的。

孙中山接着说:"民生主义就是共产主义,就是社会主义。所以我们对于共产主义,不但不能说是和民生主义相冲突,并且是一个好朋友,主张民生主义的人,应该要细心去研究的。"(同上,七九七页)

孙中山又说:"我们讲到民生主义,虽然很崇拜马克思的学问,但是不能用马克思的办法到中国来实行。这个理由很容易明白,就是俄国实行马克思的办法,革命以后,行到今日,对于经济问题还是要改用新经济政策。……在中国实业尚未发达的时候,马克思的阶级战争和无产专制便用不着。所以我们今日师马克思之意则可,用马克思之法则不可。我们主张解决民生问题的方法,不是先提出一种毫不合时用的剧烈办法,再等到实业发达以求适用。"(同上,八〇二至八〇三页)他的办法就是"平均地权","节制资本"。

孙中山认为,当时的社会问题,就是贫富不均,他的民生主义就是要解决这个问题。平均地权是解决中国原有的封建社会中的社会问题,节制资本就是预防中国即将到来的资本主义社会中的社会问题。平均地权是用赎买政策限制地主阶级的封建权力,节制资本是用国家资本限制资本家的垄断。孙中山举俄国革命为例,说明"用革命手段不能完全解决经济问题"。马克思的唯物史观证明,一个社会的经济基础决定这个社会的上层建筑,上层建筑不能改变经济基础。孙中山的论断也蕴含这个道理。

以上说明孙中山的民生主义和马克思的共产主义的不同。除此之外,还有一个更深刻、更根本的不同,那就是阶级斗争的问题。

孙中山早在《孙文学说》中就说："夫进化者，时间之作用也，故自达尔文氏发明物种进化之理，而学者多称为时间之大发明，与牛顿氏之摄力，为空间之大发明相媲美。而作者则以为进化之时期有三：其一为物质进化之时期，其二为物种进化之时期，其三则为人类进化之时期。"（《选集》上卷，一四一页）孙中山说到人类的进化时期指出："此期之进化原则，则与物种之进化原则不同，物种以竞争为原则，人类则以互助为原则。社会国家者，互助之体也，道德仁义者，互助之用也；人类顺此原则则昌，不顺此原则则亡。此原则行之于人类当已数十万年矣，然而人类今日犹未能尽守此原则者，则以人类本从物种而来，其入于第三期之进化，为时尚浅，而一切物种遗传之性，尚未能悉行化除也。然而人类自入文明之后，则天性所趋已莫之为而为，莫之致而致，向于互助之原则，以求达人类进化之目的矣。人类进化之目的为何？即孔子所谓'大道之行也，天下为公'。"（同上，一四一至一四二页）这段话的言外之意是说，马克思主义的阶级斗争学说是错误地把物种进化时期的斗争原则应用到人类社会，也可以说是人类在未有社会组织以前的斗争，即"天竞"的遗留。这个意思他在《三民主义》这篇演讲中明确地说了出来，他说："阶级斗争不是社会进化的原因，阶级斗争是社会当进化的时候，所发生的一种病症。这种病症的原因，是人类不能生存。因为人类不能生存，所以这种病症的结果，便日起战争。马克思研究社会问题所有的心得，只见到社会进化的毛病，没有见到社会进化的原理。所以马克思只可说是一个'社会病理家'，不能说是一个'社会生理家'。"（《选集》下卷，七七九页）他把民生主义看成是社会生理学，把马克思主义看成是社会病理学。

就是说，民生主义所讲的是社会的正常现象，是社会发展的常规，马克思所讲的是社会变态。

但是，孙中山在《三民主义》讲演中又说："我们不能说共产主义与民生主义不同。我们三民主义的意思，就是民有、民治、民享。这个民有、民治、民享的意思，就是国家是人民所共有，政治是人民所共管，利益是人民所共享。照这样的说法，人民对于国家，不只是共产，什么事都是可以共的。人民对于国家要什么事都是可以共，才是真正达到民生主义的目的，这就是孔子所希望的大同世界。"（同上，八〇五页）

这就是孙中山重新解释的三民主义，称为新三民主义。关于孙中山的新三民主义和马克思的共产主义的异同，毛泽东评论说："我们共产党人承认'三民主义为抗日民族统一战线的政治基础'，承认'三民主义为中国今日之必需，本党愿为其彻底实现而奋斗'，承认共产主义的最低纲领和三民主义的政治原则基本上相同。"（《毛泽东选集》第二卷，人民出版社1966年横排大字本，六五〇页。以下凡引《毛泽东选集》，均为此版本。）这就是国共合作的政治基础和理论依据。

第七十三章

新文化运动的创始人、教育家、哲学家
——蔡元培

孙中山所创建的旧民主主义共和国，因袁世凯的叛变而失败，中国形成了军阀割据、四分五裂的局面。各地区的军阀和他们所依靠的帝国主义势力互相勾结，使中国的半封建半殖民地的地位越陷越深；但中国人民的革命，正如黄河、长江的水，是不会倒流的，历史的车轮是不会逆转的。紧跟着旧民主主义革命的失败，又一次更深刻的革命到来了，那就是新文化运动。为这次革命开辟道路、创造条件的领导人是教育家、哲学家蔡元培。

蔡元培（1868—1940），浙江省绍兴县人，字鹤卿，号孑民。1892年中进士，为翰林院庶吉士；1894年，任翰林院编修；1898年出京，任绍兴中西学堂总理；1901年，任南洋公学（今交通大学）特班教习；1902年，任爱国学社及爱国女学校总理；1906年，任北京译学馆教习；1907年，到德国柏林；1908年，到莱比锡，进大学听讲；1911年，革命军起，归国；1912年，中华民国政府在南京成立，任教育总长；政府移北京，仍任教育总长；7月辞职，9月复到德国莱比锡；1913年4月回国，9月赴法国；1916年回国，次年初任北京大学校长。南京国民政府成立，任大学院院长、中央研究院院长。著有《中学修身教科书》《中国伦理学史》《哲学大纲》《简易哲学纲要》《石头记索隐》等书，以及各种"专集"。近人高平叔编辑有《蔡元培全集》，由中华书局出版。又，北京大学学生所设新潮社印有《蔡孑民先生言行录》（根据《自书简历》）。

第一节　新文化运动的历史意义

　　新文化运动是中国现代革命发展的一个重要环节。孙中山说："自北京大学学生发生五四运动以来，一般爱国青年，无不以革新思想为将来革新事业之预备。于是蓬蓬勃勃，发抒言论。国内各界舆论，一致同倡。各种新出版物，为热心青年所举办者，纷纷应时而出。扬葩吐艳，各极其致，社会遂蒙绝大之影响。虽以顽劣之伪政府，犹且不敢撄其锋。此种新文化运动，在我国今日，诚思想界空前之大变动。推原其始，不过由于出版界之一二觉悟者从事提倡，遂至舆论放大异彩，学潮弥漫全国，人皆激发天良，誓死为爱国之运动；倘能继长增高，其将来收效之伟大且久远者，可无疑也。吾党欲收革命之成功，必有赖于思想之变化，兵法'攻心'，语曰'革心'，皆此之故。故此种新文化运动，实为最有价值之事。"（《孙中山选集》上卷，四二九页）

　　毛泽东说："二十年前的五四运动，表现中国反帝反封建的资产阶级民主革命已经发展到了一个新阶段。五四运动的成为文化革新运动，不过是中国反帝反封建的资产阶级民主革命的一种表现形式。由于那个时期新的社会力量的生长和发展，使中国反帝反封建的资产阶级民主革命出现一个壮大了的阵营，这就是中国的工人阶级、学生群众和新兴的民族资产阶级所组成的阵营。而在'五四'

时期，英勇地出现于运动先头的则有数十万的学生。这是五四运动比较辛亥革命进了一步的地方。"（《五四运动》，《毛泽东选集》第二卷，五二二页）

这是现代革命时期两大革命的领袖对于新文化运动的评价。孙中山着重于新文化运动的内容，用"攻心""革心"两个词汇说明新文化运动的作用。毛泽东从阶级斗争的观点，用反帝反封两个概念说明新文化运动的作用。这两方面联合起来，就是新文化运动的全面的历史意义。

本书第六册已经指出，第一次鸦片战争以后，当时的进步人物都承认必须"以夷为师"。"师夷之长技以制夷"，就是说，要向西方学习，学习西方的长处，以抵制西方。但是，什么是西方的长处，各个时期的人有深浅程度不同的认识。首先有人认为，要学习西方的兵器；其次有人认为，要学习西方的宗教（太平天国）；再有人认为，要学习西方的工业（洋务派）；也有人认为，要学习西方的政治（戊戌维新派）。旧民主主义革命家提出要进行更全面的革命，更全面地向西方学习，但没有成功。新文化运动提出西方的长处是文化，要废除中国传统的旧文化，代之以西方的新文化，这就比以前的认识更深刻，革命更彻底了。

所谓"文化"是很广泛的，有物质、精神两方面，包括一个社会的经济基础和上层建筑。一般地用起来，这个名词偏重于精神方面，偏重于一个社会的上层建筑，如意识形态、风俗习惯、思想学术、生活方式、宗教信仰等方面，所以孙中山称这方面的革命为"攻心""革心"。

新文化运动把新文化的要点归结为两件事：民主与科学。民主，并不是专指一种社会制度,而是一种人生态度和人与人的关系;科学,并不是指一种学问,而是一种思想方法。新文化运动讲到这里,可以说是把西方的长处认识透了,把向西方学习说到家了。它所要求的实际上是一种比较彻底的思想改造,要求人们把封建主义世界观和人生观改变为资产阶级的世界观和人生观,这就是所谓"攻心"与"革心"的真实意义。

蔡元培所以能成为新文化运动的创始人,是因为他已经对于这种转变有了相当充分的认识。

第二节 蔡元培论世界观与人生观

蔡元培早在1912年在德国留学的时候,就写了一篇文章,题为《世界观与人生观》。这篇文章的内容,不是泛论世界观与人生观,而是专讲一种世界观与人生观,这就是他自己的世界观与人生观,至少也是他所认为正确的世界观与人生观。

文章开头说:"世界无涯涘也,而吾人乃于其中占有数尺之地位;世界无终始也,而吾人乃于其中占有数十年之寿命;世界之迁流,如是其繁变也,而吾人乃于其中占有少许之历史。以吾人之一生较之世界,其大小久暂之相去,既不可以数量计;而吾人一生,又决不能有几微遁出于世界以外。"(《世界观与人生观》,《蔡元培全集》第二卷,二八八页。以下简称《全集》)蔡元培所说的世界就是宇宙。宇宙是一切事物的总体，它是无限的，无始无终的，包罗万象的。和宇宙比起来，人是渺小不足道的。但人是宇宙的一部分，人和宇宙的关系，是部分和全体的关系。

蔡元培在德国受了叔本华的影响，认为宇宙的本体是意志，意志是宇宙和人生的根本动力，并以这种观点作为新的人生态度的理论根据。照这个理论，作为宇宙本体的意志，没有目标，所以称为"盲瞽的意志"。在这个大意志的推动下，宇宙及其间的事物都不断地向前发展，这就是进化。蔡元培一下子就转入了进化史，这是那篇文章的主题。

文章在下文讲到由植物、动物进化到人类的过程。讲到人类的时候，文章说："及进而为人类，则由家庭而宗族、而社会、而国家、而国际。其互相关系之形式，既日趋于博大，而成绩所留，随举一端，皆有自阂而通、自别而同之趋势。例如昔之工艺，自造之而自用之耳。今则一人之所享受，不知经若干人之手而后成。一人之所操作，不知供若干人之利用。昔之知识，取材于乡土志耳。今则自然界之记录，无远弗届。远之星体之运行，小之原子之变化，皆为科学所管领。"（同上，二八九页）

蔡元培所举的工艺之例，正是西方近代经济由自然经济转入商品经济的过程。在商品经济中，人与人的关系似乎是比自然经济中人与人的关系疏远了，其实是更密切了。从封建主义宗法的观点看，资本主义中的人"六亲不认"；从经济方面看，人与人的关系却更密切了，人与人之间更不能不互相依赖。在半工业化的城市中，如果发电厂停电了，人们会感到不方便；在完全工业化的城市中，如果停了电，人简直就无法生活。

文章引《老子》第八十一章中关于理想社会的说法之后，批评说："此皆以目前之幸福言之也。自进化史考之，则人类精神之趋势，乃适与相反。人满之患，虽自昔借为口实，而自昔探险新地者，率生于好奇心，而非为饥寒所迫。南北极苦寒之所，未必于吾侪生活有直接利用之资料，而冒险探极者踵相接。由椎轮而大辂，由桴槎而方舟，足以济不通矣；乃必进而为汽车、汽船及自动车之属。近则飞艇、飞机，更为竞争之的。其构造之初，必有若干之试验者供其牺牲，而初不以及身之不及利用而生悔。文学家、美术家最高尚之著作，被崇拜者或在死后，而初不以及身之不得信用而辍业。用以知：为将来牺牲现在者，又人类之通性也。"接着又历举近代科学、技术的进步，并预测"循是以往，必有菽粟如水火之一日，使人类不复为口腹所累，而得专致力于精神之修养"，并得出结论："进化史所以诏吾人者：人类之义务，为群伦不为小己，为将来不为现在，为精神之愉快而非为体魄之享受，固已彰明而较著矣。"（同上，二九〇页）这个结论所说的正是一种新的人生态度和人与人之间的关系。

蔡元培在文章之末批评了"世之误读进化史者"。自从严复把赫胥黎的《天演论》引入中国以后，"天演竞争，优胜劣败"，弱肉强食，适者生存，成为人们的常识，称为天演公例。很有些人把这些"公例"应用于社会。赫胥黎本来也有这种倾向。照这样的说法，在国际社会中，强国侵略弱国，帝国主义掠夺殖民地，就是合乎天演公例的。照这样讲，达尔文主义就成为社会达尔文主义了。蔡元培在这篇文章中所说的"种姓"问题，就是这个问题。所谓"种姓"，就是民族。帝国主义就是为了扩张自己的民族而侵略，甚至灭亡弱小民族的。蔡元培含蓄地批判了社会达尔文主义的"弱肉强食"的理论。他指出,照进化史的趋势看起来,人类的前途是合作,不是竞争:"是犹同舟共济,非合力不足以达彼岸,乃强有力者以进行为多事,而劫他人所持之棹楫以为己有,岂非颠倒之尤者乎"。(同上,二九一页)

蔡元培在这篇文章里以进化为主题,但他只讲进化史,不讲进化论,更不讲达尔文主义,这也可能是因为达尔文主义可以引申为社会达尔文主义,但还有更深一点的道理。进化史是客观的事实,达尔文主义是一家的学说。科学的研究只能以客观的事实为根据,不可以某一学派的一家之言为根据,这是科学的基本精神,也是科学的思想方法。

第三节　蔡元培与新文化运动

蔡元培于1917年到北京大学担任校长。一到任,他就本着上面所说的那篇文章的精神,施行了一系列的措施。这些措施实际上是为新文化运动创造条件,开辟道路。那一篇文章的精神,可以说是新文化运动的思想基础。当时的北京大学是全国的最高学府,对于全国的思想界、知识界、教育界,有无形的领导权威,这是新文化运动的政治基础。蔡元培当北大校长,可以说"有其德"又"有其位"。他在北大就职后,首先聘任陈独秀为文科学长,把当时有名望的思想家聚集在北大，以北大为他们的讲学基地，以北大的讲堂为他们宣传的讲坛。蔡元培在这样的思想基础和政治基础上，着手改造北京大学，同时也创始了新文化运动。

北京大学的前身是戊戌变法时期的京师大学堂。戊戌变法失败，"新政"多被撤销，京师大学堂幸免。辛亥革命后，民国的临时政府成立，蔡元培任教育总长。"南北"统一，临时政府迁到北京，他继续任教育总长。在总长任内，他改组京师大学堂为北京大学，并任命严复为校长。改组之事，当是他和严复共同商定的。

京师大学堂的组织还是半封建性质的，其中设有经科，每一儒家的经典，都独立为一门（一系），如易经门、诗经门，等等。改组后的北京大学废除经科，把儒家的经典分配入文、史、哲等门。

蔡元培于1917年1月到北大就任校长时，发表了一篇就职演说，向学生提出了三点要求，即"三事"。其中二事比较重要。

他说："一曰抱定宗旨……大学者，研究高深学问者也。外人每指摘本校之腐败，以求学于此者，皆有做官发财思想，故毕业预科者，多入法科，入文科者甚少，入理科者尤少，盖以法科为干禄之终南捷径也。因做官心热，对于教员，则不问其学问之浅深，唯问其官阶之大小。官阶大者，特别欢迎，盖为将来毕业有人提携也。"（《就任北京大学校长演说》，《全集》第三卷，五页）当时科举虽废，但社会上的人们仍以看待"科举"的眼光看待新设的学校。科举本来是封建统治者选拔官僚的考试制度，考试取得的资格，称为功名；全国最高考试及格所取得的功名，称为"进士"。当时的人们认为京师大学堂既然是全国最高学校，它的毕业生应该相当于"进士"了；在京师大学堂上学的学生自然都是待中的"进士"，候补的官僚；京师大学堂就是一个官僚养成所。京师大学堂虽然改组为北京大学，但学生们的这种思想并没有改变。蔡元培的演说所说第一事，就是要改变这种思想。

学生们既自命为候补的官僚，也就预先要过当时官僚的腐败生活；他们虽尚未成为官僚，但已学会了腐败官僚的生活方式。蔡元培演说中所说的第二事，就是要改变这一点。

蔡元培的演说强调："大学者，研究高深学问者也。"就是说，大学并不是官僚养成所，也不像各种专门学校那样教人以某种谋生技能；大学不讲升官发财之道，而讲知识，是研究或传授高深学问的地方。在这个地方，学问是主体。有没有学问，是衡量一切价值的最高标准。大学的教授，应该是某一门高深学问的权威，他们应该领导大学。本着这个意思，蔡元培在北大推行了一系列的措施，当时人称为"学术第一"、"教授治校"、"讲学自由"、"兼容并包"，其中尤以"兼容并包"为人们所注意。所谓"兼容并包"，就是聘请教授只问其学术上的成就，不管其政见如何。"兼容并包"为的是"讲学自由"；离开"讲学自由"，"兼容并包"就没有意义了。在一个历史过渡时期，"兼容并包"可能是为旧的东西保留地盘，也可能是为新的东西开辟道路。蔡元培的"兼容并包"是后者，不是前者。这一点，学生们在看见他发布陈独秀为文科学长的布告时，就完全明白了，社会上的人也全明白了。

后来胡适发表《中国古代哲学史大纲》，蔡元培为其写了一篇长序，向社会推荐。新文化运动提倡白话文，桐城派文学家林纾表示反对，蔡元培发表致林纾的公开信，为白话文辩护，这就更表明了他本人的立场。

在蔡元培的领导和鼓舞下，北大的学风大变，各方面都动起来了，尤以出版刊物为活跃。教师们出版了《新青年》，学生们出版了《新潮》，师生之间，并驾齐驱，互相支援。蔡元培的号召好比一声春雷，起到惊蛰的作用。随之而来的就是百花齐放、百家争鸣的局面。

蔡元培在几个月之内，就把一个死气沉沉的官僚养成所，改造成为一个生龙活虎般的近代大学。学生还是那些学生，可是他们都好像变成了新人。清朝诗人龚自珍有一首诗说："九州生气恃风雷，万马齐喑究可哀。我劝天公重抖擞，不拘一格降人材。"（《己亥杂诗》第一二五首）其实，无论何时何地，人才都是不少的，要看教育他们的人怎样培养他们，指导他们。从这个意义上说，蔡元培是一个大教育家。他没有专门著作讲他的教育思想，但是他在北大的一切措施，就是他的教育思想的实践。他的思想，不仅改造了北大，而且开创了新文化运动。

当时正是军阀混战、全国黑暗的时候，蔡元培所领导的新北大的出现，好像一座灯塔，使全国的人们看见了光明，认识了前途，看清了道路，获得了希望。全国风起云涌，互相呼应，这就是震撼全社会、移风易俗的新文化运动。它不仅范围广大，而且发展迅猛，一两年之间就达到了高潮，那就是1919年的五四运动。新文化运动是一个总名，五四运动是它的高潮。现在，这两个名称常被互用，而实际上是有区别的。

胡适曾经转述美国哲学家杜威的话说："拿世界各国的大学校长来比较一下，牛津、剑桥、巴黎、柏林、哈佛、哥伦比亚，等等，这些校长中，在某些学科上有卓越贡献的，固不乏其人；但是，以一个校长身份，而能领导那所大学对一个民族、一个时代起到转折作用的，除蔡元培而外，恐怕找不出第二个。"（据高平叔《蔡元培改革北京大学》，见1987年第二期《群言》杂志）杜威的论断是中肯的。我还要附加一句：岂但在并世大学校长中没有第二个，在全中国历代的教育家中也没有第二个。

由这个意义说，蔡元培不是一个普通的教育家，而是一个大教育家。

第四节　蔡元培的哲学观

蔡元培的《简易哲学纲要》是德国哲学家文德尔班的《哲学入门》的意译本。但据该书的《凡例》说，其自序和结论是蔡元培自己的见解。自序说："哲学是人类思想的产物，思想起于怀疑，因怀疑而求解答，所以有种种假定的学说。普通人都有怀疑的时候，但往往听到一种说明，就深信不疑，算是已经解决了。一经哲学家考察，觉得普通人所认为业经解决的，其中还大有疑点；于是提出种种问题来，再求解答。要是这些哲学家有了各种解答了，他们的信徒认为不成问题了，然而又有些哲学家看出其中又大有疑点，又提出种种问题来，又求解答。有从前以为不成问题而后来成为问题的；有从前以为是简单问题，而后来成为复杂问题的。初以为解答愈多，问题愈少，哪知道问题反随解答而增加。几千年来，这样的递推下来，所以有今日哲学界的状况。从今以后,又照样的递推下去,又不知道要发展到怎样?这一半是要归功于文化渐进的成效;一半要归功于大哲学家的天才。"(《全集》第四卷,三八九页)蔡元培用这一段话说明了哲学的性质。哲学只能对于宇宙人生各方面发生疑问,提出问题。哲学天才并不能解释疑问,解决问题;而只能引出新疑问,提出新问题。一部哲学史就是一大堆疑问和问题。疑问和问题不是越来越少,而是越来越多。这样的哲学有什么用处呢?对于这个问题,王国维有一个回答,蔡元培同意这个回答。

蔡元培有《五十年来中国之哲学》一文,这篇论文实际上是一篇中国现代哲学史。他指出,中国现代哲学的主要部分是西方哲学的引入。引入英国经验学派的主要哲学家是严复,引入欧洲大陆理性学派的主要哲学家是王国维。《中国哲学史新编》第六册也正是这样说的。因为本册中有蔡元培的专章,所以第六册中没有提蔡元培。蔡元培也是引入欧洲大陆理性学派的一个主要哲学家。在引入中,蔡元培和王国维一样,也是着重于康德和叔本华,也是着重于他们的美学思想,并且以之为基础,建立自己的美学学说。他对于王国维的美学思想的评价是很高的。他说:"王氏介绍叔本华与尼采的学说,固然很能扼要;他对于哲学的观察,也不是同时人所能及的。彼作《论哲学家与美术家之天职》一篇,说:'天下有最神圣最尊贵而无与于当世之用者,哲学与美术是已。天下之人,嚣然谓之曰"无用",无损于哲学美术之价值也。至为此学者,自忘其神圣之位置,而求以合当世之用,于是二者之价值失。……且夫世之所谓有用者,孰有过于政治家实业家者乎?世人喜言功用,吾姑以功用言之。夫人之所以异于禽兽者,岂不以其有纯粹之知识,与微妙之感情哉？至于生活之欲，人与禽兽无以或异。后者，政治家及实业家之所供给。前者之慰藉满足，非求诸哲学及美术不可。就其所贡献于人之事业言之，其性质之贵贱，固以殊矣。至于其功效之所及言之，则哲学家与美术家之事业，虽千载以下，四海以外，苟其所发明之真理（哲学）与其所表之记号（美术）之尚存，则人类之知识感情，由此而得其满足慰藉者，曾无以异于昔。而政治家及实业家之事业，其及于五世、十世者希矣。此久暂之别也。然则人而无所贡献于哲学、美术，斯亦已耳。苟为真正之哲学家、美术家，又何慊乎政治家哉？'"（同上，三五九页）王国维指出人类所以异于禽兽者，在其能有"纯粹之知识"和"微妙之感情"。前者表现为哲学，后者表现为美术。蔡元培摘录了王国维这一段话，表示他们二人的见解是相同的。

王国维又作《教育偶感》四则，其中有《大学及优级师范学校之削除哲学科》一则，说明哲学的性质及意义。蔡元培在《五十年来中国之哲学》一文中，也作了摘录。据他的摘录，王国维说："抑吾阅叔本华之言曰：'大学之哲学，真理之敌也，真正之哲学，不存于大学。哲学惟恃独立之研究，始得发达耳。'……且宇宙人生之事实，随处可观，而其思索，以自己为贵。"哲学并不需要什么特别资料，它不过是对于"随处可观"的宇宙人生之事实的体会和了解，也就是说，是对于生活的体会和了解。这种体会和了解是哲学家所亲自得到的，并不是从道听途说中得来的。大学中的哲学课，都是讲别人的体会和了解，所以是"真理之敌也"。蔡元培在文中摘录了王国维这些话，表示他的见解和王国维是一致的。

在《简易哲学纲要》的结论中，蔡元培对比了哲学和宗教，他说：

"哲学自疑入,而宗教自信入。哲学主进化,而宗教主保守。哲学主自动,而宗教主受动。哲学上的信仰,是研究的结果,而又永留有批评的机会;宗教上的信仰,是不许有研究与批评的态度,所以哲学与宗教是不相容的。世人或以哲学为偏于求真方面,因而疑情意方面,不能不借宗教的补充;实则哲学本统有知情意三方面,自成系统,不假外求的。"(同上,四六二页)在哲学与宗教的对比中,蔡元培简明扼要地肯定了哲学,批判了宗教。

第五节 蔡元培的美学思想

在哲学的各部门中,蔡元培贡献最大的是美学。他指出:在美学中有两个主要的主义,一个是自然主义,一个是理想主义。"理想主义,是要求艺术超过实体的。"怎样超过呢?蔡元培说:"与自然派最相反对的,是理想派。在理想派哲学上,本来有一种假定,就是万物的后面,还有一种超官能的实在;就是这个世界不是全从现象构成,还有一种理性的实体。美学家用这个假定作为美学的立足点,就从美与舒适的差别上进行。在美感的经历上,一定有一种对象与一个感受这对象的'我',在官觉上相接触而后起一种快感。但是这种经历,是一切快感所同具的。我们叫做美的,一定于这种从官能上传递而发生愉快的关系以外,还有一点特别的;而这个一定也是对象所映照的状况。所以美术的意义,并不是摹拟一个实物;

而实在把很深的实在，贡献在官能上；而美的意义，是把'绝对'现成可以观照的形式，把'无穷'现在'有穷'上，把理想现在有界的影相上。普通经验上的物象，对于他所根据的理想，只能为不完全的表示；而美术是把实在完全呈露出来。这一派学说上所说的理想，实在不外乎一种客观的普通的概念，但是把这个概念返在观照上而后见得是美。他的概念，不是思想的抽象，而是理想所本有的。"（《美学的趋向》，《全集》第四卷，一〇八页）

譬如一幅画马的画，人们可以评价说："这幅画的马，真像一匹自然的马。"其实真正大艺术家所画的马，不是真像一匹自然的马，而是比自然的马更像马，其所以如此，是因为"美术的意义，并不是摹拟一个实物；而实在把很深的实在，贡献于官能上"。大画家在画马的时候，当然要根据于自然的马；但是画出来的马比自然的马更像马。这就是所谓"出于自然、高于自然"。

一件艺术作品所表现的总是一个形象，不是一个公式；是具体的，不是抽象的；它的来源是直观，不是推理。一个大画家所画的马，总要表现马的特点，这些特点是画家的直观所得，并不是用归纳法推论出来的。归纳法的推论可能得出一个科学的公式，不可能得出一个艺术的形象。公式化或抽象化是艺术的大忌。任何艺术作品一有了这些，便不成其为艺术了。蔡元培用"观照"二字表示直观的意义。一面镜子反映一个事物，只是如实地反映出它的形象，不杂一点概念或公式。这个问题就是王国维的《人间词话》所讨论的"隔"与"不隔"的问题。一个诗人凭其直观所得，当下即脱口而出，便成名句，这就是"不隔"；如果加工为概念或公式，那就是"隔"了。（参看本书第六册第六十九章）

蔡元培对于自然主义有所肯定，也有所批评，对于理想主义则作了大段的扼要中肯的发挥，可见他的美学思想也是理想主义的，他自己也是一个理想派。他在叙述自己的世界观与人生观时说："科学者，所以祛现象世界之障碍，而引致于光明。美术者，所以写本体世界之现象，而提醒其觉性。"（《世界观与人生观》，《全集》第二卷，二九〇页）可以证明此点。

蔡元培也作了一个艺术与宗教的对比，他本来说宗教的根据是信仰，每一种宗教都认为它这一教的信仰是绝对真理，其他宗教信仰都是不可容许的异端邪说。每一种宗教都企图把人类社会统一于它的教义之下，其结果是在人类社会中制造分裂，以致引起战争，自相残杀。艺术就不是这样。蔡元培说："鉴激刺感情之弊，而专尚陶养感情之术，则莫如舍宗教而易以纯粹之美育。纯粹之美育，所以陶养吾人之感情，使有高尚纯洁之习惯，而使人我之见、利己损人之思念，以渐消沮者也。盖以美为普遍性，决无人我差别之见能参入其中。食物之入我口者，不能兼果他人之腹；衣服之在我身者，不能兼供他人之温，以其非普遍性也。美则不然。即如北京左近之西山，我游之，人亦游之；我无损于人，人亦无损于我也。隔千里兮共明月，我与人均不得而私之。中央公园之花石，农事实验场之水木，人人得而赏之。……美以普遍性之故，不复有人我之关系，遂亦不能有利害之关系。马牛，人之所利用者，而戴嵩所画之牛，韩干所画之马，决无对之而作服乘之想者。狮虎，人之所畏也，而卢沟桥之石狮，神虎桥之石虎，决无对之而生搏噬之恐者。植物之花，所以成实也，而吾人赏花，决非作果实可食之想。善歌之鸟，恒非食品。灿烂之蛇，多含毒液。而以审美之观念对之，其价值自若。……盖美之超绝实际也如是。……要之,美学之中,其大别为都丽之美,崇闳之美(日本人译言优美、壮美)。而附丽于崇闳之悲剧、附丽于都丽之滑稽,皆足以破人我之见,去利害得失之计较,则其所以陶养性灵,使之日进于高尚者,固已足矣。又何取乎佹言阴鸷,攻击异派之宗教,以刺激人心,而使之渐丧其纯粹之美感为耶?"(《以美育代宗教说》,《全集》第三卷,三三至三四页)一个真正能审美的人,于欣赏一个大艺术家的作品时,会深入其境,一切人我之分,利害之见,都消灭了,觉得天地万物都是浑然一体,人们称这种经验为神秘经验。这是一种最高的精神境界。一般的人固然不能得到这种经验,达到这种境界,但也可以于审美之中陶冶感情,"使有高尚纯洁之习惯",这是艺术的社会作用。所以,蔡元培主张"以美育代宗教",这是他的美学思想的一个重要原则。

这个主张是蔡元培在当时一个学术团体演说中提出来的。这篇演说词的文本刊登在《新青年》第三卷第八号,也被采入"新潮社"出版的《蔡孑民先生言行录》,可见这篇文章的重要性。

蔡元培认为,每一种文化的精神文明都有四个主要成分:宗教、科学、哲学、艺术。随着人类知识的进步,宗教的影响越来越小,艺术的影响越来越大。一些不明社会进步真相的人,见西方在中世纪时宗教统治一切,误以为中国也要建立宗教。他们不知西方的现代化是在反对宗教的斗争中产生出来的。中国要现代化,不是要建立宗教,而是要提倡艺术,就是要以美育代宗教。这是蔡元培为新文化运动指出的一条正确的道路,也是蔡元培为中国建设新文化提出的重要建议。

第七十四章

新文化运动的右翼——胡适、梁漱溟

第一节　新文化运动内部的派别

现代革命时期有两次革命,第一次是旧民主主义革命,第二次是新民主主义革命。这两次革命在时间上是有先后的,但是,第二次革命的初期和第一次革命的末期,在时间上是交叉的。在交叉时期,两个革命势力有联合和合作,其在政治上的表现是第一次国共合作,其在文化上的表现是新文化运动。

新文化运动是由两个革命势力发动起来的,所以在一开始,内部就有两个主要派别。其间主要的不同,在于承认或不承认帝国主义的侵略是中国贫穷落后的一个主要原因,接受或不接受马克思主义为政治上和学术上的指导思想。承认和接受的一派是新文化运动的左翼,不承认、不接受的一派是新文化运动的右翼。

陈独秀说:"五四运动,是中国现代社会发展之必然的产物,无论是功是罪,都不应该专归到那几个人;可是蔡先生、适之和我,乃是当时在思想言论上负主要责任的人。"(《蔡孑民先生逝世后感言》,《蔡元培先生纪念集》,七一页)陈独秀的这段话,说的正是新文化运动内部的左翼和右翼。他自己是左翼,胡适是右翼,蔡元培兼容并包,对于左、右两翼一视同仁地为他们创造条件,开辟道路。

由蔡元培的这种态度,人们会想到他是调和妥协、和稀泥;其实,并不是这样。这样的调和妥协，必定出现在左、右两翼之后，然后才能取而调和妥协之；必定先有"稀泥"，然后才能取而"和"之。调和妥协的出发点是别人的意见，而不是客观事实，一开始就落在第二乘，这就没有什么意义了。在新文化运动中，蔡元培的地位出现在左翼、右翼之前，而居于其上，这就说明他的作用不是调和妥协、和稀泥。上面所引陈独秀的那段话的上文说："一般地说来，蔡先生乃是一位无可无不可的老好人；然有时有关大节的事或是他已下决心的事，都很倔强的坚持着，不肯通融，虽然态度还很温和；这是他老先生可令人佩服的第一点。""无可无不可的老好人"正是调和妥协、和稀泥的人，蔡元培在表面上似乎是这样的人，其实，他是有原则的。遇到有关原则的事，他坚持原则，决不调和妥协，不管不同的意见是从左或从右来的。

第二节 胡适引进美国哲学——实验主义

胡适（1891—1962）字适之，安徽省绩溪县人。1910年到美国留学，先在康奈尔大学农学院学习，1912年转至该校文学院。1915年9月至1917年5月进入哥伦比亚大学哲学系学习，该系主任为杜威。1917年通过博士学位考试。回国后，任北京大学教授，参加新文化运动。抗日战争期间任中国驻美大使，1946年回国，任北京大学校长。1948年北平解放前夕，离职往南京，后往美国，1958年到台湾，任"中央研究院"院长。著有《中国哲学史大纲》卷上，《胡适文存》一、二、三集，《四十自述》，《胡适文选》，《胡适论学近著》一、二集等。

在引进西方近代哲学到中国的工作中，严复是引进英国经验派的首要人物，王国维和蔡元培是引进欧洲大陆派理性主义的首要人物。其时，美国哲学尚在萌芽，还不能独树一帜，自立门户。胡适在美国留学时，这些萌芽已经发展成熟，可以称为美国哲学了。胡适适逢其会，就成为引进美国哲学到中国的首要人物。美国哲学的主流，就是实用主义，亦称实验主义，这是英国经验派发展的一个支流。胡适有一篇文章：《五十年来之世界哲学》，说明美国哲学的起源及其在当时世界哲学中的地位。

在这篇文章中，胡适着重指出达尔文的《物种由来》在哲学上的意义。他说："达尔文的主要观念是'物类起于自然的选择，起于生存竞争里最适宜的种族的保存'。他的几部书，都只是用无数的证据与事例来证明这一个大原则。在哲学史上，这个观念是一个革命的观念。"（《胡适文存》二集卷二，二三三页）"达尔文不但证明'类'是变的，而且指出'类'所以变的道理。这个思想上的大革命，在哲学上有几种重要的影响。最明显的是打破了有意志的天帝观念。"（同上，二三四至二三五页）在这段话的前面，胡适曾引用 1859 年《物种由来》刚出版之际，赫胥黎在《泰晤士报》上作"书评"的最后一节，说："达尔文先生最忌空想，就同自然最怕虚空一样（"自然最怕虚空"，Nature abhors a vacuum. 乃是谚语）。他搜求事例的殷勤，就同一个宪法学者搜求例案一样。他提出的原则，都可以用观察与实验来证明的。他要我们跟着走的路，不是一条用理想的蜘蛛网丝织成的云路,乃是一条用事实砌成的大桥。那么,这条桥可以使我们渡过许多知识界的陷坑;可以引我们到一个所在,那个所在没有那些妖艳动人而不生育的魔女——叫做最后之因的——设下的陷人坑。"(同上,二三一至二三二页)胡适在此文的第六部分中指出:"许多哲学史家都不提起赫胥黎,这是大错的。他们只认得那些奥妙的'哲学家的问题',不认得那惊天动地的'人的问题'!如果他们稍有一点历史眼光,他们应该知道二千五百年的思想史上,没有一次的思想革命比1860—1890年的思想革命更激烈的。一部哲学史里,康德占四十页。而达尔文只有一个名字,而赫胥黎连名字都没有,那是决不能使我心服的。"(同上,二七一页)胡适的这篇文章,就是一部现代世界哲学史。在他的这部哲学史里,他把达尔文和赫胥黎推到他们应有的高度,把他们的地位推到应有的高度,这是哲学史工作中的一个大进步。

据胡适说:"美国人莱特(Wright)要想把达尔文的学说和一般的哲学研究,连贯起来。这个莱特在美国康桥办了一个'玄学会',这个会便是实验主义的发源之地。"(同上,二四六页)美国人本来是从英国移民到这个新大陆的。他们来的时候,也带来了旧大陆的思想。土生土长的美国哲学是实验主义。实验主义的出发点是想"把达尔文的学说和一般的哲学研究,连贯起来"。实验主义的第一代创始人是皮尔士,第二代创始人是詹姆斯,他们和达尔文的学说有一脉相传的联系。这个"一脉"是什么呢?他们自己没有说,胡适也没有说。我认为,这个"一脉"就是"适者生存"那个原则。达尔文只是把这个原则应用到生物学,实验主义则把这个原则推广到观念上,指出人类观念也有适或不适的问题。胡适引皮尔士的话说:"一个观念的意义完全在那观念在人生行为上所发生的效果。凡试验不出什么效果来的东西,必定不能影响人生行为。所以我们如果能完全求出承认某种观念时有那么些效果,不承认他时又有那么些效果,如此我们就是这个观念的完全意义了。除掉这些效果之外,更无别种意义。这就是我所主张的实验主义。"(同上,二四六至二四七页)这就是说,有意义的观念是"适者",无意义的观念是"不适者"。无意义的观念用不着说,说了也是白说,等于废话。胡适也解释说:"他(指皮尔士)这一段话的意思是说,一切有意义的思想都会发生实际上的效果。这种效果便是那思想的意义。若问那思想有无意义或有什么意义,只消求出那思想能发生何种实际的效果;只消问若承认他时有什么效果,若不承认他时又有什么效果。若不论认他或不认他,都不发生什么影响,都没有实际上的分别,那就可说:这个思想全无意义,不过胡说的废话。"(同上,二四七页)

实验主义第二代创始人是詹姆斯,他是一个心理学家,有一部哲学著作是《信仰的心愿》,就是讨论观念的"适"或"不适"的问题的。他承认观念的"适"或"不适"决定于"有意义"或"无意义",不过,他不泛论一般的观点,而只限于一个观念,上帝的观念。科学家们不承认上帝的存在,因为宗教家们不能"拿证据来",赫胥黎的"存疑主义"就是科学家们的思想的代表。詹姆斯认为这也不能一概而论,对于科学家们和相信科学的人们,"上帝"这个观念固然没有什么意义,但对于有些人们,这个观念还是有意义的。譬如,宗教家们和相信宗教的人们,觉得如果他们相信"上帝"的存在,他们就可以得到上帝的保佑,平安、愉快,这就是"上帝"

这个观念对于他们的意义。对于他们,"上帝"这个观念就是"适者",而非"不适者"。这个"适"或"不适"的标准,就不是客观的事物,而是主观的心愿。照这个说法,宗教和科学可以并行不悖,人们可以各照着自己的心愿,走他们自己认为有意义的路。这是詹姆斯对于宗教的让步。在科学和宗教的对立与斗争中,詹姆斯想用一种"和稀泥"的办法调和折中。胡适也批评说:"实验主义本来是一种方法,一种评判观念与信仰的方法;到了詹姆斯手里,方法变松了,有时不免成了一种辩护信仰的方法了。"(同上,二五七页)

实验主义第三代创始人,也是奠基者,是杜威。据胡适说:"杜威把詹姆斯论实验主义的话,总括起来,作为实验主义的三个意义:第一,实验主义是一种方法;第二,是一种真理论;第三,是一种实在论。"杜威引詹姆斯的话来说明这三种意义如下:"(1)方法论:詹姆斯总论实验主义的方法是'要把注意之点从最先的物事移到最后的物事;从通则移到事实,从范畴移到效果'。(2)真理论:'凡真理都是我们能消化受用的;能考验的,能用旁证证明的,能稽核查实。凡假的都是不能如此的。如果一个观念能把我们一部分的经验引渡到别一部分的经验,连贯得满意,办理得妥帖,把复杂的变简单了,把烦难的变容易了。——如果这个观念能做到这步田地,他便'真'到这步田地,便含有那么多的真理。'(3)实在论:'理性主义以为实在(Reality)是现成的,永远完全的;实验主义以为实在还在制造之中,将来造到什么样子便是什么样子。''实在好比一块大理石到了我们手里,由我们雕成什么像。'"(同上,二五八—二五九页)

本节在上文说,实验主义的目的是评论观念的"适"或"不适"。这个看法,正可以说明杜威所提的这三点。他指出实验主义是方法论,其内容就是评论观念的"适"与"不适"。"适"与"不适",以什么为标准呢?这就把问题推到第二点和第三点。经过杜威的说明,詹姆斯就不仅是一种信仰的辩护人,而确切是实验主义的第二代创始人。

杜威最着重的第一点,是说实验主义是一种方法。他把这种方法的应用分析为三点:"(甲)用来规定事物(Objects)的意义,(乙)用来规定观念(Ideas)的意义,(丙)用来规定一切信仰的意义。"(同上,二六九页)在这三个规定的过程中,某一观念、某一信仰的"适"或"不适",就可以清楚地看出来了。

杜威有一部很流行的著作,名为《思维术》,胡适曾经把这部书作为一种逻辑学来宣传,其实,这并不是讲逻辑的书。照这部书的名字所表示的,它是讲人的一般思想的过程。照胡适的说明:"凡是有条理的思想,大概都可以分作五步:(1)感觉困难;(2)寻出疑难所在;(3)暗示的涌现;(4)评判各种暗示的解决,假定一个最适用的解决;(5)证实(就是困难的解决)。"(同上,二六三页)

杜威有一部哲学著作,题为《哲学的改造》,胡适引了这部书的一大段以后,解释说:"经验的活用,就是理性,就是智慧,此外更没有什么别的理性。人遇到困难时,他自然要寻求应付的方法,当此时候,他的过去的经验知识里,应需要的征召,涌出一些暗示的意思来。经验好像一个检查官,用当前的需要做标准,一项一项的把这些暗示都审查过,把那些不相干的都发放回去,单留下一个最中用的;再用当前的需要做试金石,叫那个留下的假设去实地试验,用试验的成败定他的价值。这一长串连贯的作用,——从感觉困难到解决困难,——都只是经验的活用。若说'既有作用,必还有一个作用者',于是去建立一个主持经验的理性:那就是为宇宙建立一个主宰宇宙的上帝的故智了!"(同上,二六八—二六九页)一个哲学思想的发展过程,也正如人们的普通的思想的发展过程,开始于经验,终于经验。从开始到终结,就是经验的自我完善、自我提高。

胡适又引了杜威在《创造的智慧》中的一段话,并解释说:"杜威觉得哲学史上有许多问题都是哲学家作茧自缚的问题,本来就不成问题,现在更用不着解决了。我们只好'不了了之'。他(杜威)说:'如果哲学不弄那些"哲学家的问题"了,如果哲学变成解决"人的问题"的哲学方法了,那时候便是哲学光复的日子到了。'"(同上,二七〇页)

照胡适所解释的,杜威的哲学思想是一种极端的经验主义。照这个说法,人的思想和行动都限于他的经验之内,在他的经验之外,是不是还有一个独立的客观的世界,那是一个无法回答的问题。所以,也就不必问了,不成问题了。杜威用这个标准评论传统的哲学观念,看其"适"或"不适",那就发现大多数是"不适"的,现在用不着讨论了。这就是他的哲学改造的中心思想。

胡适的哲学思想并没有出乎杜威之外,也没有重要的发挥,他的工作主要是把杜威的哲学思想引入中国。

胡适说:"我的思想受两个人的影响最大:一个是赫胥黎,一个是杜威先生。"(《胡适文选》,三页)他于杜威之外,又提到赫胥黎,这倒是把他自己的思想同中国哲学史的发展联系起来了。本书第六册讲到严复翻译赫胥黎的《天演论》,少年的胡适正处在这部书在中国发生很大影响的时期,当时的知识分子都知道"优胜劣败""适者生存"的"天演公例",胡适的名字正是从这个"公例"

得来的。

对于实验主义,胡适又作了一个总结。他说:杜威先生"只给了我们一个哲学方法,使我们用这个方法去解决我们自己的特别问题。他的哲学方法,总名叫做'实验主义';分开来可作两步说:(1)历史的方法——'祖孙的方法'。他从来不把一个制度或学说看做一个孤立的东西,总把他看做一个中段:一头是他所以发生的原因,一头是他自己发生的效果;上头有他的祖父,下面有他的子孙。捉住了这两头,他再也逃不出去了!这个方法的应用,一方面是很忠厚宽恕的,因为他处处指出一个制度或学说所以发生的原因,指出他的历史的背景,故能了解他在历史上占的地位与价值,故不致有过分的苛责。一方面,这个方法又是最严厉的,最带有革命性质的,因为他处处拿一个学说或制度所发生的结果来评判他本身的价值,故最公平,又最厉害。这种方法是一切带有评判(Critical)精神的运动的一个重要武器。(2)实验的方法⋯⋯"关于"实验的方法"上面已经讲了很多,不重复了。

第三节　胡适的实验主义的应用

1917年,新文化运动发动了,胡适应蔡元培、陈独秀的邀请,回国任北京大学文科哲学门教授。新文化运动的一个主要课题是评论封建文化中的一些观念,看其"适"或"不适"于新时代的需要。

用当时的话说，是对于它们重新估价。评论必须有一个方法，一个工具。美国的实验主义正是自命为一种这样的方法，这样的工具。胡适适逢其会，带来了实验主义，这就如英雄有了用武之地，可以大加应用了。

关于这一点，胡适是很自觉的。他说："据我个人的观察，新思潮的根本意义只是一种新态度。这种新态度可叫做'评判的态度'。评判的态度，简单说来，只是凡事要重新分别一个好不好。仔细说来，评判的态度含有几种特别的要求：（1）对于习俗相传下来的制度风俗，要问：'这种制度现在还有存在的价值吗？'（2）对于古代遗传下来的圣贤教训，要问：'这句话在今日还是不错吗？'（3）对于社会上糊涂公认的行为与信仰，都要问：'大家公认的，就不会错了吗？人家这样做，我也该这样做吗？难道没有别样的做法比这个更好，更有理，更有益的吗？'尼采说现今时代是一个'重新估定一切价值'的时代。'重新估定一切价值'八个字便是评判的态度的最好解释。"（《新思潮的意义》，《胡适文选》，五七页）他所说的"新思潮"，就是新文化运动；他所说的"评判的态度"，就是把"适者生存"的"天演公例"应用到传统的观念，看其是否是"适者"，是的就保存，不是的就抛弃。

他的第一个功效卓著的应用，表现为《中国古代哲学史大纲》。他在美国哥伦比亚大学的博士论文是《中国名学发展史》，本来是讲中国古代哲学的。他到北大后，又补充了一些资料，用中文写出来，便成为《中国古代哲学史大纲》了。他先以讲义的形式在校内发表，1918年又公开发表。蔡元培为这部书写了一篇长序，向社会推荐。蔡序认为这部书有四种特长，其第二种是"扼要的手段"，第三种是"平等的眼光"。蔡元培极力赞赏胡适的这种手段和眼光，却没有说出它们是从何而来，也没有说出它们的历史意义。所谓"扼要的手段"的意义是批判了封建文化中的"贵古"的观念。这个观念认为事情越古越好，讲中国哲学史要从三皇五帝讲起。胡适以前，在北大讲中国哲学史的教授，讲了半年，才讲到周公。胡适讲中国哲学史则从"老子"讲起，以前的三皇五帝、文王、周公都不提了。这不仅是扼要，更重要的是否定了封建传统文化中的"贵古"的观念。所谓"平等的眼光"的意义，是批判了封建社会中的"正统"的观念。中国封建文化以孔丘的儒家为学术思想的正统，其他的派别都是异端邪说，旁门外道。"平等的眼光"对于一切派别的学术思想都一视同仁，这就否定了封建传统文化中的正统观念。

蔡序所说的第一种特长是"证明的方法"，其主要内容是考实一个哲学家生存的时代，辨别其遗著的真伪。以后，胡适把这个方法应用到中国文学史和所谓"国学方面"，做了大量的工作，有很多的贡献；但这对于哲学没有直接的关系，所以本书就不论了。

蔡元培所说的第四种特长，是"系统的研究"，是说明胡适用西方近代历史学的方法讲中国哲学史。当时中国学术界研究哲学史的方法，是黄宗羲《宋元学案》的方法。中国哲学没有形式上的系统，哲学史家的工作，首先是要把某一哲学家的思想的实质系统整理出一个形式的系统，黄宗羲的学案在这一方面做了一些工作，但基本上仍然只是一种编排史料的工作。胡适的《中国古代哲学史大纲》，确实是为中国古代哲学家的实质系统加上了一个形式的系统。虽然其所加的未必全对，但在中国学术界，则是别开生面的。

胡适这部书的写作形式，在当时说，也有特别之处。在封建社会中，儒家的经典被认为是最高的真理，后来的著作则被认为是经典的注解，以注疏的形式发表出来。在形式上，经典的原文是正文，用大字顶格写出；注疏是注解，用小字低一格写出。胡适的哲学史则与此相反。他以自己的话为正文，用大字顶格写出；所引的经典著作，以小字低一格写出。这也是上面所说的两个否定的表现。因为这部书在内容形式上，都使人耳目一新，所以这部书一出来就风行一时，在学术界和社会上引起轰动。

蔡序希望胡适"努力进行，由上古而中古，而近世，编成一部完全的《中国哲学史大纲》"。这也是当时社会所希望的。以后胡适又断断续续地写了一些片断。这些片断还能继续蔡序所说第一和第四两种特长，至于第二、第三两种特长就无法继续了。这是因为时代变了，新文化运动对于哲学史工作的要求也不同了。中国现代史发展很快，旧民主主义和新民主主义两个革命，在时间上交叉起来了。这个交叉，在政治上就形成为第一次国共合作；在文化上，形成为新文化运动。随着形势的发展，新文化运动也在发展。它需要对于封建传统文化中的一些观念有更新的估价、更新的评论、更深刻的批判。胡适还停留在原来水平上，就显得落后了。新文化运动左、右两翼的分化，也越来越明显，胡适自然就成为右翼了。

本章上文说过，左翼和右翼的分别，在于承认或不承认帝国主义的压迫和剥削是中国所以贫穷、落后的一个主要原因，在于接受或不接受马克思主义为中国革命的指导思想。胡适正是在这两点上成为右翼的。

胡适认为，中国之所以贫穷、落后，完全是由于自己的错误，不承认如果没有帝国主义的束缚，中国完全可能自发地进入资本主义社会。他要求中国人完全承认自己的错误，不要把错误推到别人身上。他说："我们全不肯认错。不肯认错，便事事责人，而不肯责己。我们到今日还迷信口号标语可以打倒帝国主义。我们到今日还迷信不学无术可以统治国家。我们到今日还不肯低头去学人家治人富国的组织与方法。所以我说，今日第一要务是要选一种新的心理：要肯认错，要大彻大悟地承认我们自己百不如人。"（《请大家来照照镜子》，《胡适文选》，一八八页）

在这段话里，有一句似乎是文不对题。问题是有没有帝国主义，中国革命要不要打倒帝国主义。标语、口号是一种宣传工具。如果真有帝国主义，中国革命就是要打倒帝国主义，那就得用标语、口号以宣传。胡适不从正面回答这个问题，只是举以为例，以说明中国人"事事责人，而不肯责己"。由此可见胡适拒绝承认帝国主义的侵略和压迫是中国贫穷落后的一个主要原因。

胡适说："从前陈独秀先生曾说实验主义和辩证法的唯物史观是近代两个最重要的思想方法，他希望这两种方法能合作一条联合战线，这个希望是错误的。辩证法出于海格尔的哲学，是生物进化论成立以前的玄学方法。实验主义是生物进化论出世以后的科学方法。这两种方法所以根本不相容，只是因为中间隔了一层达尔文主义。达尔文的生物演化学说，给了我们一个大教训：就是教我们明了生物进化，无论是自然的演变，或是人为的选择，都由于一点一滴的变异，所以是一种很复杂的现象，决没有一个简单的目的地可以一步跳到，更不会有一步跳到之后可以一成不变。辩证法的哲学本来也是生物学发达以前的一种进化理论；依他本身的理论，这个一正一反相毁相成的阶段应该永远不断地呈现。但狭义的共产主义者却似乎忘了这个原则,所以武断的虚悬一个共产共有的理想境界,以为可以用阶级斗争的方法一蹴即到,既到之后又可以用一阶级专政方法把持不变。这样的化复杂为简单,这样的根本否定演变的继续,便是十足的达尔文以前的武断思想,比那顽固的海格尔更顽固了。"(《介绍我自己的思想》,《胡适文选》,三至四页)胡适的这一段话,牵涉到很多哲学上、政治上的问题,说来话长,此处没有说的必要,也就不必说了。有一点是明确的,那就是胡适不接受马克思主义作为中国革命的指导思想。

旧民主主义革命反封而不反帝,胡适的思想没有超出这个范围。在新文化运动中,他是一个反封的中间人物。但在新文化运动进入了反帝的阶段,他就成为右翼了。

第四节　梁漱溟对于新文化运动的态度

梁漱溟(1893—1988),原名焕鼎,字寿铭,广西桂林人,生于官僚家庭,从青年时期就开始从事哲学创作。蔡元培很赏识他的一篇论文,聘任他到北京大学文科中国哲学门任教。其时新文化运动在北大已经开始,对于学术问题,特别是关于文化的问题,各家各派讨论热烈。梁漱溟作为其中的一家,积极参加讨论。1924年辞离北大,作为社会活动家,主张"乡村自治",主办"村治学院",主编《村治月刊》。著有《东西文化及其哲学》《印度哲学概论》《中国文化要义》《人心与人生》等。其中的代表作是《东西文化及其哲学》。

梁漱溟充分承认文化问题，特别是东西文化的问题在当时的重要性和紧迫性，但他认为要讨论这些问题，首先要明确什么是文化，什么是东西文化。他认为当时很多人都在谈文化和东西文化，但对于文化和东西文化究竟是什么，并没有明确了解。他举了一个例子：有一次蔡元培和几位教授要到欧美去，教职员开欢送会，梁漱溟说："那时候我记得有几位演说，他们所说的话大半都带一点希望这几位先生将中国的文化带到欧美而将西洋文化带回来的意思。我当时听到他们几位都有此种言论，于是我就问大家：'你们方才对于蔡先生同别位先生的希望是大家所同的，但是我很想知道大家所谓将中国文化带到西方去是带什么东西呢？西方文化我姑且不问——而所谓中国文化究竟何所指呢？'当时的人却都没有话回答。及至散会后，陶孟和先生同胡适之先生笑着对我说：'你所提出的问题很好，但是天气很热，大家不好用思想。'我举此例就是证明大家喜欢说好听、门面、虚伪的话。如果不晓得中国文化是什么，又何必说呢！如将'中国文化'当作单单是空空洞洞的名词而毫无意义，那么，他们所说的完全是虚伪，完全是应酬！非常无味，非常要不得！"（《东西文化及其哲学》，1987年2月商务影印本，一至二页）当时社会上有一班人空谈文化问题，梁漱溟在欢送会上所提出的问题，也就是他要向这一班人提出的。陶、胡两人一方面肯定梁漱溟所提出的问题，一方面又幽默地为那一班人做了解嘲。

梁漱溟也充分地认识到新文化运动的必要性和进步性。他指出：中国到了19世纪中叶，才开始认真地考虑向西方学习。他们认为所谓船坚炮利、声、光、化、电,都是可以枝枝节节学来的。好像一盆花草,可以随便搬来搬去,事实证明不行。戊戌变法又加上政治上的改革,事实证明也不行。"于是大家乃有更进一步的觉悟,以为政治的改革仍是枝叶,还有更根本的问题在后头。假使不从更根本的地方做起,则所有种种做法都是不中用的,乃至所有西洋文化都不能领受接纳的。此种觉悟的时期很难显明的划分出来,而稍微显著的一点,不能不算新青年陈独秀他们几位先生。他们的意思要想将种种枝叶抛开,直截了当去求最后的根本。所谓根本就是整个的西方文化——是整个文化不相同的问题。如果单采用此种政治制度是不成功的,须根本的通盘换过才可。而最根本的就是伦理思想——人生哲学——所以陈先生在他所作的《吾人之最后觉悟》一文中以为种种改革通用不着,现在觉得最根本的在伦理思想。对此种根本所在不能改革,则所有改革皆无效用。到了这时才发现了西方化的根本的所在,中国不单火炮、铁甲、声、光、化、电、政治制度不及西方,乃至道德都不对的!这是两方问题接触最后不能不问到的一点,我们也不能不叹服陈先生头脑的明利!因为大家对于两种文化的不同都容易麻糊,而陈先生很能认清其不同,并且见到西方化是整个的东西,不能枝枝节节零碎来看!这时候因为有此种觉悟,大家提倡此时最应做的莫过于思想之改革——文化运动。经他们几位提倡了四五年,将风气开辟,于是大家都以为现在最要紧的是思想之改革——文化运动——不是政治的问题。"(同上,五至六页)

在这段话里,梁漱溟简明扼要地说出了新文化运动的历史意义。他指出:自从中国认真地向西方学习以来的一个大进步,是经过多年的摸索,最后算是知道了问题之所在,摸着一条正路了。为了对这个问题作进一步研究,梁漱溟开始回答他在北大欢送会上所提出的那些问题。在新文化运动的高潮中,他的回答以讲演的形式发表出来,《东西文化及其哲学》那部书,就是那个讲演的记录。这是他参加新文化运动的一个活动。

梁漱溟对于新文化运动的态度,第一是赞成,第二是参加活动。对于陈独秀、胡适等新文化运动的领导人来说,他的活动是别树一帜的。但是,这个"一帜"是新文化运动内部的"一帜",不是新文化运动以外的对立面。他不如陈、胡的影响大,但还是新文化运动的一个人物。他所认识的中国和西方诸国的关系,只是弱国和强国的关系,没有认识到这是帝国主义和殖民地的关系;他也反对马克思主义的唯物史观,所以,虽然是新文化运动中的一个人物,但是它的右翼。

第五节　梁漱溟对于孔丘的新估价及其对于儒家的新解释

新文化运动对于孔丘和儒家思想完全否定,称孔丘为"孔老二",儒家为"孔家店"。当时流行的口号是"打倒孔老二","打倒孔家店"。梁漱溟的别树一帜,就是不同于这种态度。他认为,当时所有的批评都是就社会制度、道德伦理说的,这些都是外部东西。孔丘和儒家思想的中心,并不在这里,其中心是一种人生态度和生活方式。

梁漱溟说:"孔子从那形而上学(指《周易》的形而上学)所得的另一道理,他对这个问题就是告诉你最好不要操心。你根本错误就在找个道理打量计算着去走,若是打量计算着去走,就调和也不对,不调和也不对,无论怎样都不对;你不打量计算着去走,就通通对了。人自然会走对的路,原不须你操心打量的。遇事他便当下随感而应,这随感而应,通是对的,要于外求对,是没有的。我们人的生活便是流行之体,他自然走他那最对、最妥帖、最适当的路。他那遇事而感而应,就是个变化,这个变化自要得中,自要调和,所以其所应无不恰好。"(同上,一二五页)不打量计算,随感而应,就是直观。

梁漱溟认为,这种态度和方式,就是孔丘和儒家所说的"仁"。他说:"此敏锐的直觉,就是孔子所谓仁。""儒家完全要听凭直觉,所以唯一重要的就在直觉敏锐明利;而唯一怕的就在直觉迟钝麻痹。所有的恶,都由于直觉麻痹,更无别的原故,所以孔子教人就是'求仁'。人类所有的一切诸德,本无不出自此直觉,即无不出自孔子所谓仁,所以一个'仁'就将种种美德都可代表了。而对于仁的说法,可以种种不一,此孔子答弟子问仁各个不同之所由来也。大家见他没有一定的说法,就以为是一个空荡荡理想的好名称了。"又说:"仁就是本能,情感,直觉……在直觉、情感作用盛的时候,理智就退伏;理智起了的时候,总是直觉、情感平下去;所以二者很有相违的倾向。孔子说'刚毅木讷近仁',又说'巧言令色鲜矣仁',我们都可以看出这仁与不仁的分别。""仁之重要意味,则为宋明家所最喜说而我们所最难懂的'无欲'……欲念多动一分,直觉就多钝一分；乱动的时候，直觉就钝得到了极点，这个人就要不得了。……仁初非甚高不可攀企之物也。然而仁又高不可穷，故虽颜子之贤只能三月不违，其余只能日月至，而人以诸弟子之仁否为问，孔子皆不许其仁；乃至孔子亦自云：'若圣与仁则吾岂敢。'曾子说：'士不可以不弘毅，仁以为己任不亦重乎？死而后已不亦远乎？'可见仁是顶大的工程，所有的事没有大过它的了；而儒家教人亦唯要作此一事，一事而无不事矣。"（同上，一二六至一三〇页）

这是梁漱溟思想中的哲学部分。宋明道学中本有程朱和陆王两派。梁漱溟的哲学思想是陆王派所本有的，但梁漱溟是"接着"陆王讲的，不是"照着"陆王讲的。上面所引的梁漱溟的几大段话，其根本意思是陆王所本有的，但以前陆王派中没有哪一家讲得这样清楚明白。从不清楚明白到清楚明白，这就是发展，发展就是进步。梁漱溟比以前的陆王派进了一步。

梁漱溟又补充说："大约孔子是极平实的一个人，于高深玄远之理似都不肯说的。""与此相连有中庸之一义，我们略加说明以为讲孔家之结束。这与开头所叙不认定的态度也是相连，因为都是对外面看的一个回省。我们在以前专发挥孔子尚直觉之一义。这也应有一个补订——非常重要的补订。譬如纯任直觉则——所得俱是表示，初无无表示之一义；无表示之义，盖离开当下之表示，有一回省而后得之者；此离开当下而回省者，是有意识的、理智的活动。孔子差不多常常如此，不直接任一个直觉，而为一往一返的两个直觉；此一返为回省时附于理智的直觉。又如好恶皆为一个直觉，若直接任这一个直觉而走下去，很容易偏，有时且非常危险，于是最好自己有一个回省，回省时仍不外诉之直觉，这样便有个救济。《大学》所谓'毋自欺'，实为孔家方法所在，但此处不及细讲；又如孔子之作礼乐，其非任听情感，而为回省的用理智调理情感，即甚明了。然孔子尚有最著明说出用理智之处，则此中庸之说是也。你看他说'道之不行也，我知之矣，贤者过之，不肖者不及也；道之不明也，我知之矣，智者过之，愚者不及也'；又说舜执其两端而用中；又说'极高明而道中庸'这明明于直觉的自然求中之外，更以理智有一种拣择的求中。双，调和，平衡，中，都是孔家的根本思想；所以他的办法始终着眼在这上头，他不走单的路，而走双的路；单就怕偏了，双则得一调和，平衡。这双的路可以表示如下：（一）似可说是由乎内的，一任直觉的，直对前境的，自然流行而求中的，只是一往的；（二）似可说是兼顾外的，兼用理智的，离开前境的，有所拣择而求中的，一往一返的。像墨家的兼爱；佛家的慈悲，殆皆任情所至，不知自返，都是所谓贤者过之；而不肖者的纵欲不返，也都是一任直觉的。所以必不可只走前一路，致因性之所偏而益偏；而要以'格物''慎独''毋自欺'为之先，为之本，即是第二路；《中庸》上说过慎独，才说到中和者此也。更须时时有一个执两用中、极高明而道中庸的意思，照看外边以自省，免致为'贤者之过'。《中庸》之说实专对贤者与高明人而发者也。此走第二路之尤为显著者矣。亦唯如此走双路而后合乎他的根本道理。"（同上，一四三至一四四页）

梁漱溟的"补订"很重要。他不但注重直觉，而且注重理智。所谓"双的路"，就是直觉与理智并行的路。

第六节　梁漱溟的文化论

梁漱溟认为，所谓"文化"就是一个民族的人生态度和生活方式，其范围是极广泛的。当时有一种流行的看法，认为西方文化是物质文明，东方文化是精神文明。梁漱溟指出，这种看法是错误的。无论哪一种民族的文化，都有它的物质文明，也都有它的精神文明。在这一点上，梁漱溟和胡适是一致的。

梁漱溟认为，每一个民族的文化都有一个哲学作为中心和基础。这个哲学就是这个民族的人生态度。一个民族的文化，包括一切生活方式，都是从这个中心发出来，在这个基础上建立起来的。梁漱溟认为，人生的本质就像叔本华所说的"意欲"，人生的态度就是对于"意欲"的态度。各民族的态度不同，其生活方式也不同，也就是说，其所走的路不同。有三条可能有的路。第一条是向前奋斗，以求得"意欲"的满足。西方从古希腊起，就走上了第一条路，经过中世纪的一段波折到近代，又开始更认真地走这条路，这就是西方的近代文化。他同意陈独秀的看法，认为西方近代文化的特点是"民主"与"科学"。他补充说，这就是向前奋斗的路。科学是向自然奋斗，以征服自然；民主是向社会的传统势力奋斗，以求从传统势力的束缚下解放出来。第二条路是"意欲"的自我调整，使其要求适可而止，调和折中，随遇而安，这就是中国文化的路。第三条路是限制或消灭"意欲",使其无所要求,不向前奋斗,而向后退却,这是印度文化的路。梁漱溟认为,这三条路的本身,并无好坏可言,可言者是看某一民族的文化能否应付它所处的环境,解决它当时的问题。从这个标准看,中国和印度的文化是不合时宜的。中国人和印度人不等第一条路走完,就转入第二条和第三条路,这就是文化"早熟"。其所以"早熟",是因为这两个民族所出的天才太大了,他们看得太远了,于是过早地提出了他们的人生态度和生活方式。

梁漱溟认为,历史上已经出现了代表这三条路的三种文化,这是人类文化史的自然的衍变,自发的发展。人类文化总是从第一条路出发的,在这条路上,人们逐渐认识到"意欲"的要求有些是绝对不能满足的。例如:人都怕死,而死是绝对不可避免的。有些生活方式,总是要出毛病的。当人确切认识到这些问题的时候,第一条路就走到尽头,人们就要选择新的路了。路只有那三条,这样的选择,就成为三条路线的"重现"。这个"重现"是自觉的,而不是自发的。

梁漱溟认为,在第一条路走到尽头之后,人们的选择必然是第二条路,因为它是和第一条路最相近的,不是像第三条路那样,和第一条路正相反对。梁漱溟认为:"世界未来文化就是中国文化的复兴,有似希腊文化在近世的复兴那样。"(同上,一九九页)又说:"所以中国文化复兴之后,将继之以印度文化复兴,于是古文明之希腊、中国、印度三派,竟于三期间次第重现一遭。"(同上,二〇〇页)不过,重现和原来的出现有所不同,原来的出现是不自觉的,后来的重现是自觉的。

梁漱溟的三种路线的说法，作为一种泛论提出来，未尝不可自成一说。若和古希腊、中国、印度联系起来，那就不是泛论，而是讲历史了。讲历史必须有足够的史料，在这一点上梁漱溟则嫌不足。至于所谓世界未来文化，那就更是臆测推论了。其推论的前提也是没有根据的。走第一条路的人是不会认为这条路会有尽头的。以向前奋斗为人生态度的人们，无论在什么情况下，都是再接再厉，日新又新。

以中国而论，从第一次鸦片战争以后，中国开始向西方学习。所谓船坚炮利，声、光、化、电，以至立宪、革命，其根本意义就是向西方文化学习。这个根本意义，到了新文化运动，才明确地点出来，才明显地提出：要学习西方近代的人生态度和生活方式。这就是对于梁漱溟所说的三种路线明确地做了选择。梁漱溟承认这个选择是正确的。他说："第一，要排斥印度的态度，丝毫不能容留；第二，对于西方文化是全盘承受，而根本改过，就是对其态度要改一改；第三，批评的把中国原来态度重新拿出来。"（同上，二〇二页）

梁漱溟所说的这三条，其第一、第二两条和新文化运动的左翼是一致的。特别是第二条所主张的"全盘承受"，从文字上看，简直就是全盘西化了，但他又强调"根本改过，就是对其态度要改一改"。梁漱溟是把这个问题和他所说的三种人生态度——三种文化路线联系起来讲的，这是他的特别之处。在这一点上，梁漱溟的思想比较复杂，有必要简单地说明一下。

当时正是第一次世界大战刚结束之际。有些西方人由于对战争的厌倦，发出厌倦西方文化、向东方学习的言论，中国的新文化运动则主张向西方学习。从表面上看,好像是东西两方在互相学习。梁漱溟认为,这两方学习,实际上有层次的不同。西方向东方学习,是三条路线的重现。西方已经把第一条路走到尽头,不能再往前走了,所以,自然地要转到第二条路。中国没有把第一条路走完,就转到第二条路,所以,原来的中国文化是早熟。现在,要转回来向西方学习,这是"补课"。好像两班学生,西方这一班是按部就班地升级,中国这一班是跳班升级。因为跳班,有些课程没有学,所以要补课。缺的课是不能不补的,梁漱溟说:"照我们历次所说,我们东方文化其本身都没有什么是非好坏可说,或什么不及西方之处;所有的不好不对,所有的不及人家之一点,就在步骤凌乱,成熟太早,不合时宜。并非这态度不对,是这态度拿出太早不对,这是我们唯一致误所由。我们不待抵抗得天行,就不去走征服自然的路,所以至今还每要见厄于自然。我们不待有我就去讲无我,不待个性伸展就去讲屈己让人,所以至今也未曾得从种种威权底下解放出来。我们不待理智条达,就去崇尚那非论理的精神,就专好用直觉,所以至今思想也不得清明,学术也都无眉目。并且从这种态度就根本停顿了进步,自其文化开发之初到它数千年之后,也没有什么两样。它再也不能回头补走第一路,也不能往下去走第三路;假使没有外力进门,环境不变,它会要长此终古!"(同上,二〇二至二〇三页)所以必须要补课,把还没有走完的第一条路走到尽头。梁漱溟认为,到了那个时候,中国自然就会转到第二条路,同世界上其他民族共同进入未来的文化,那就是第二条路线在世界范围内重现,也就是孔丘的儒家哲学在世界范围内复兴。梁漱溟也认为这是将来的事。在现阶段中,中国必须补课,必须向西方学习,要老老实实地学,全心全意地学。新文化运动就是这样学的表现,所以是正确的,也是必要的。

话说到这里,应该就完了,但梁漱溟在他的书中又加了一段,题目是《我提出的态度》。他说:"我要提出的态度便是孔子之所谓'刚'。……我今所要求的,不过是要大家往前动作,而此动作最好要发于直接的情感,而非出自欲望的计虑。孔子说'枨也欲,焉得刚',大约欲和刚都像是很勇的往前活动;却是一则内里充实有力,而一则全是假的——不充实,假有力;一则其动为自内里发出,一则其动为向外逐去……要求自由,不是计算自由有多大好处便宜而要求,是感觉着不自由的不可安而要求的。"(同上,二一一至二一二页)

从中国哲学史看,梁漱溟的这段话接触到儒家哲学的基本问题。在宋朝,王安石和道学家们都主张变法,也都主张变法要以《周礼》为蓝图,可是道学家和王安石互相反对,不能合作。其根本分歧在于:道学家认为,主张变法的人必须从至诚恻怛之心出发,而不可从计算功利之心出发。他们认为,没有至诚恻怛之心的人,是不能行周公之法的。梁漱溟所说的"不自由的不可安",就是一种至诚恻怛之心。孔丘、孟轲所说的义利之辨,朱熹、陈亮所辩论的王霸之辨,都是这个问题。上面所引的那一段话就是梁漱溟紧接着儒家的传统而讲的。他没有提到义利之辨和王霸之辨,这没有关系,这可以说明他是接着讲的,不是照着讲的。

第七十五章 新文化运动的左翼——陈独秀、李大钊

陈独秀（1879—1942），原名庆同，字仲甫，安徽省怀宁县（今属安庆）人。生于知识分子家庭，受过封建教育，十七岁（1896）考中秀才。1902年去日本，在中国留学生中组织爱国团体"中国青年会"，不久被遣送回国，旋又两度赴日。1915年夏再从日本回国，在上海创办《青年杂志》，从第二卷起改名《新青年》。1917年初，受北京大学校长蔡元培之聘，任北大文科学长（文学院长），《新青年》也改在北京发行，成为新文化运动的指导刊物，1920年又成为各地共产主义组织的机关刊物。1921年，中国共产党成立，他被选为中央局书记。1922年9月，在他主持下，创办了中国共产党的机关刊物《向导》。《青年杂志》、《新青年》和《向导》是新文化运动中最有权威的刊物。这三种刊物出现的次第，就是新文化运动发展的过程。

在国民革命军将近完全胜利、北洋军阀将被消灭之际，发生了一个问题：中国是否可以不经过资本主义阶段而直接进入社会主义？对于这个问题，陈独秀和共产党其他领导人有不同看法。陈独秀认为，资本主义是社会进化的一个必经的阶段。北洋军阀消灭以后，共产党应该让国民党单独执政，让它建设资本主义社会；经过一段过程，中国才能建设社会主义社会。共产党广大党员想不通，认为这是于革命即将胜利之际，取消革命。1929年11月，中共中央政治局决定开除陈独秀党籍。陈独秀的思想被称为"右倾机会主义""取消主义"，后又被称为"托洛茨基主义"。

共产党对于陈独秀的态度是严厉的，国民党对他也不宽容，1932年，又在上海逮捕了他，并判处他十三年徒刑；抗战爆发后，国民党以共同抗战相号召，陈独秀被释放，但仍处于被监视之下。

1942年，病殁于四川江津。

陈独秀的思想，散见于发表在各刊物的论文中，三联书店出版有《陈独秀文章选编》，上海人民出版社出版有《陈独秀著作选》等。

第一节　陈独秀论新的人生态度和生活方式

在《青年杂志》创刊号中，陈独秀发表了一篇开宗明义的文章，题为《敬告青年》。在上章我们说过，新文化运动的内容是提出一种新的人生态度和生活方式，陈独秀的这篇文章所说的正是这个内容。文章开头说："窃以少年老成，中国称人之语也；年长而勿衰，英美人相勖之辞也；此亦东西民族涉想不同现象趋异之一端欤？青年如初春，如朝日，如百卉之萌动，如利刃之新发于硎，人生最可宝贵之时期也。青年之于社会，犹新鲜活泼细胞之在人身。新陈代谢，陈腐朽败者无时不在天然淘汰之途，与新鲜活泼者以空间之位置及时间之生命。人身遵新陈代谢之道则健康，陈腐朽败之细胞充塞人身则人身死；社会遵新陈代谢之道则隆盛，陈腐朽败之分子充塞社会则社会亡。"（《陈独秀文章选编》上册，三联书店本，七三页）这里所说的"涉想"，就是人生态度；所谓"现象"，就是文化方面的表现，陈独秀说这是东西民族不同之一端。照这篇文章的下文看，陈独秀是要说：这是东西民族不同的主要原因。陈独秀没有用"主要原因"这四个字，而且用一种不十分肯定的口气把话说出来，这是他的谦虚。

陈独秀提出六义,以为青年的指导。六义是"自主的而非奴隶的","进步的而非保守的","进取的而非退隐的","世界的而非锁国的","实利的而非虚文的","科学的而非想象的"(同上,七三至七八页)。

陈独秀这篇文章,对于每一义,都有大段说明。在最后一义的说明中,陈独秀说:"近代欧洲之所以优越他族者,科学之兴,其功不在人权说下,若舟车之有两轮焉。今且日新月异,举凡一事之兴,一物之细,罔不诉之科学法则,以定其得失从违;其效将使人间之思想云为,一遵理性,而迷信斩焉,而无知妄作之风息焉。国人而欲脱蒙昧时代,羞为浅化之民也,则急起直追,当以科学与人权并重。"又说:"凡此无常识之思惟,无理由之信仰,欲根治之,厥维科学。夫以科学说明真理,事事求诸证实,较之想象武断之所为,其步度诚缓;然其步步皆踏实地,不若幻想突飞者之终无寸进也。宇宙间之事理无穷,科学领土内之膏腴待辟者,正自广阔。青年勉乎哉。"(同上,七十八页)

陈独秀所说的"六义",就是根据新的人生态度而来的生活方式。在"六义"中,他指出近代西方之所以超过东方,其根本的原因是西方重视人权与科学。他指出人权与科学是相辅而行,互相为用,如车之两轮。这就是后来新文化运动所高举的两面大旗:"民主"与"科学"。

陈独秀的这篇文章,不仅为《青年杂志》开宗明义,也为新文化运动开宗明义。因为在此以前,讨论东西文化的人们,还没有人能这样明确地点出问题之所在,而加以这样简明扼要的说明。

陈独秀在《新青年》上发表了一篇文章,题为《人生真义》。在文章中,他设了两个问题:"人生在世,究竟为的什么?究竟应该怎样?"这两个设问很扼要,第一个设问是关于人生态度的问题,第二个设问是关于生活方式的问题。他列举了古今中外许多哲学家、宗教家的答案,予以批驳,最后他说:"我敢说道:个人生存的时候,当努力造成幸福,享受幸福;并且留在社会上,后来的个人也能够享受。递相授受,以至无穷。"(同上,二四〇页)这几句话所说的,正是西方近代人们的人生态度和生活方式。陈独秀提出这几句话,开头用"我敢说道"四个字,并且在这几句话下面加上了"着重点";他不用不很肯定的语气,而用十分肯定的语气,并且称之为"人生真义",他从理论上说明这种人生态度和生活方式是正确的。

第二节 陈独秀论新文化运动的历史根源和奋斗目标

陈独秀在《新青年》上又一篇文章,题为《吾人最后之觉悟》。文章开头说:"人之生也必有死,固非为死而生,亦未可漠然断之曰为生而生。人之动作必有其的,其生也亦然。洞明此的,斯真吾人最后之觉悟也。"(同上,一〇五页)下面又说:"欧洲输入之文化,与吾华固有之文化,其根本性质极端相反。数百年来,吾国扰攘不安之象,其由此两种文化相触接相冲突者,盖十居八九。"(同上)他从具体历史发展上,指出中国近代、现代社会的中心问题,是东西文化的交叉与矛盾。他指出,这个问题从明朝中叶已经开始了。其后,所牵涉到的范围越来越广,新旧的矛盾和斗争也越来越激烈。其过程,陈独秀分为六朝。在六期中,中国人对于西方的认识愈来愈深刻,中国人的觉悟,越来越提高;但还不能解决中国的问题。陈独秀说:"此等政治根本解决问题,不得不待诸第七期吾人最后之觉悟。"

陈独秀把"最后之觉悟"分为两个方面——"政治的觉悟"和"伦理的觉悟",而尤着重于后者。他说:"吾敢断言曰:伦理的觉悟,为吾人之最后觉悟之最后觉悟。"(同上,一〇九页)。

当时进步的人们皆以孔丘为封建道德的象征,而要"打倒孔家店",这属于伦理的觉悟之类。《新青年》发表这一类的文章很多,使社会上守旧的人们也都以此而反对《新青年》。陈独秀在《新青年》上发表了一篇《答辩书》,书中说:"社会上非难本志的人,约分二种:一是爱护本志的,一是反对本志的……这第二种人对于本志的主张,是根本上立在反对的地位了。他们所非难本志的,无非是破坏孔教,破坏礼法,破坏国粹,破坏贞节,破坏旧伦理(忠、孝、节),破坏旧艺术(中国戏),破坏旧宗教(鬼神),破坏旧文学,破坏旧政治(特权人治)这几条罪案。这几条罪案,本志同人当然直认不讳。但是追本溯源,本志同人本来无罪,只因为拥护那德莫克拉西和赛因斯两位先生,才犯了这几条滔天的大罪。要拥护那德先生,便不得不反对孔教、礼法、贞节、旧伦理、旧政治。要拥护那赛先生,便不得不反对旧艺术、旧宗教。要拥护德先生又要拥护赛先生,便不得不反对国粹和旧文学。大家平心细想,本志除了拥护德、赛两先生之外,还有别项罪案没有呢?……西洋人因为拥护德、赛两先生，闹了多少事，流了多少血，德、赛两先生才渐渐从黑暗中把他们救出，引到光明世界。我们现在认定只有这两位先生，可以救治中国政治上、道德上、学术上、思想上一切的黑暗。若因为拥护这两位先生，一切政府的压迫，社会的攻击笑骂，就是断头流血，都不推辞。"（《〈新青年〉罪案之答辩书》，同上，三一七至三一八页）

所谓"德莫克拉西"和"赛因斯"，就是民主与科学。自从第一次鸦片战争失败以后，中国进步的人们，都知道要向西方学习，学习西方的长处，以抵制西方。但什么是西方的长处，各派的见解不同，好像瞎子摸象，各执一词，莫衷一是。到了新文化运动，才认识到西方的长处，千头万绪，归根到底是民主与科学。认识到底了，话也说到头了，这真是"最后觉悟之最后觉悟"。

民主与科学，是新文化运动奋斗的主要目标。除此之外，新文化运动还有许多别的目标。陈独秀还写了一篇文章，纠正了人们对于新文化运动的一些误解，并且勾画出理想社会的全幅蓝图。在一篇题为《新文化运动是什么？》的文章中，他说："宗教在旧文化中占很大的一部分，在新文化中也自然不能没有他。人类底行为动作，完全是因为外部的刺激，内部发生反应。有时外部虽有刺激，内部究竟反应不反应，反应取什么方法，知识固然可以居间指导，真正反应进行底司令，最大的部分还是本能上的感情冲动。利导本能上的感情冲动，叫他浓厚、真挚、高尚，知识上的理性，德义都不及美术、音乐、宗教底力量大。知识和本能倘不相并发达，不能算人间性完全发达。"（同上，五一三页）人们见新文化运动注重科学，便以为新文化运动专注重知识。陈独秀纠正说，在新文化中，宗教、文学、美术，也都是很重要的。他说："詹姆士不反对宗教，凡是在社会上有实际需要的实际主义者，都不应反对。因为社会上若还需要宗教，我们反对是无益的，只有提倡较好的宗教来供给这需要，来代替那较不好的宗教，才真是一件有益的事。罗素也不反对宗教，他预言将来须有一新宗教。我以为新宗教没有坚固的起信基础，除去旧宗教底传说的附会的非科学的迷信，就算是新宗教。有人嫌宗教是他力，请问扩充我们知识底学说，利导我们情感底美术、音乐，那一样免了他力？又有人以为宗教只有相对价值，没有绝对的价值，请问世界上什么东西有绝对价值？现在主张新文化运动的人，既不注意美术、音乐，又要反对宗教，不知道要把人类生活弄成一种什么机械的状况，这是完全不曾了解我们生活活动的本源，这是一桩大错，我就是首先认错的一个人。"（同上，五一三至五一四页）

人们见新文化运动反对旧道德，便以为它全盘否定旧社会的道德传统。陈独秀纠正说："我们不满意于旧道德，是因为孝悌底范围太狭了。说什么爱有等差，施及（当作"由"）亲始，未免太滑头了。就是达到他们人人亲其亲、长其长的理想世界，那时社会的纷争恐怕更加厉害；所以现代道德底理想，是要把家庭的孝悌扩充到全社会的友爱。现在有一班青年却误解了这个意思，他并没有将爱情扩充到社会上，他却打着新思想新家庭的旗帜，抛弃了他的慈爱的、可怜的老母。这种人岂不是误解了新文化运动的意思？因为新文化运动是主张教人把爱情扩充，不主张教人把爱情缩小。"（同上，五一四页）

人们见新文化运动主张白话文，反对旧文学，便以为它不要文学。陈独秀纠正说："通俗易解是新文学底一种要素，不是全体要素。现在欢迎白话文的人，大半只因为他通俗易解，主张白话文的人,也有许多只注意通俗易解。文学、美术、音乐,都是人类最高心情底表现,白话文若是只以通俗易解为止境,不注意文学的价值,那便只能算是通俗文,不配说是新文学,这也是新文化运动中一件容易误解的事。"(同上)

陈独秀在这里指出"文学、美术、音乐,都是人类最高心情底表现"。他引蔡元培的话说:"新文化运动莫忘了美育。"他在这篇文章中,用半诙谐、半讥讽的口气,举了许多例子。从这些例子中,可以看出,在他的蓝图中,他认为人类社会是一个能生能长的有机体,并不是一部无机的机器;作为一个社会成员的个人,也不是一部机器中的一个小零件,只能跟着机器转。人,是有说有笑,能歌能哭,有血有肉,能思能想的活生生的动物。这种动物,在知、情、意三方面的天赋才能,都应该予以全部的发展,其需要也都应该予以全部的满足。陈独秀认为,这是新文化运动的理想社会,也就是新文化运动的社会理想。

第三节 陈独秀对于当时社会各阶级的分析

陈独秀于1923年发表了一篇文章,题为《中国国民革命与社会各阶级》。文章开头说:"人类经济政治大改造的革命有二种:一是宗法封建社会崩坏时,资产阶级的民主革命;一是资产阶级崩坏时,无产阶级的社会革命。此外又有一种特殊形式的革命,乃是殖民地或半殖民地的国民革命。国民革命含有对内的民主革命和对外的民族革命两个意义。"(《陈独秀文章选编》中册,三六二页)他指出中国当时的革命,并不是单纯的资产阶级民主革命,也不是单纯的无产阶级的社会革命,而是国民革命。陈独秀说:"殖民地的经济权政治权都完全操在宗主国之手,全民族之各阶级都在宗主国压迫之下,全民族各阶级共同起来谋政治经济之独立,这是殖民地国民革命的特有性质。半殖民地的经济权大部分操诸外人之手,政治权形式上大部分尚操诸本国贵族军阀之手,全国资产阶级无产阶级都在外国帝国主义者及本国贵族军阀压迫之下,有产无产两阶级共同起来,对外谋经济的独立,对内谋政治的自由,这是半殖民地国民革命的特有性质。"(同上)这就是第一次国共合作的理论根据。第一次国共合作是列宁的特使所促成的。这一段理论,可能也是这位特使所带来的列宁的意思。无论如何,国民党和共产党是合作了。国民党提出了联俄、联共、扶助农工三大政策,共产党全部党员加入国民党,成为一个统一的革命党,称为中国国民党。这个党所领导的革命,称为国民革命;所组织的政府,称为国民政府;所建立的军队,称为国民革命军。这几个名称,除了国民党是原有外,其余的"国民"二字都不是随意加的,而是以上面所说的理论为根据的。

这个统一的党集中了中国当时的革命势力,得到了全国人民的支持。国民革命军从广东出师北伐,所向无敌,在很短的时间内,就占领了上海和武汉。国民革命军拟长驱北上,一举完成国民革命的大业。正在这一紧急关头,蒋介石叛变了,第一次国共合作分裂了,但蒋介石仍冒用国民革命旗帜,使国民政府定都南京,不彻底地消灭了北洋军阀,统一了全中国。国民革命的胜利是不真实的,正如辛亥革命的胜利是不真实的一样，但都标志着国民革命的两个段落。真实的革命仍然继续进行，但那是中国革命史的新篇章了。

当时中国的无产阶级是一个新出现的政治势力。陈独秀认为新兴的政治势力，必须和其他政治势力合作，才能壮大起来；当时的资产阶级，也必须和无产阶级合作，才能战胜它的敌人。

陈独秀说："辛亥革命本身的性质，是资产阶级的民主革命，而非民族革命，更非其他阶级的革命，这是如上文所述在经济的历史的观察上及革命的前因后果上可以充分说明的。但以革命运动中主要分子而论，却大部分不出于纯粹的资产阶级，而属于世家官宦堕落下来非阶级化之士的社会；这种非阶级化的'士'之浪漫的革命，不能得资产阶级亲密的同情，只可以说明辛亥以来革命困难不易完成的原因，不能以此说明它不是资产阶级的民主革命。……观察过去及现在的革命运动，确是资产阶级的民主革命，而且我们也应该希望它能成功一实实在在的资产阶级的民主革命。因为依世界的政治状况及中国的经济文化状况和在国际的地位，资产阶级的民主革命正负着历史的使命，这是毫无疑义的。半殖民地的中国社会状况，既然需要一个资产阶级的民主革命，在这革命运动中，革命党便须取得资产阶级充分的援助；资产阶级的民主革命若失了资产阶级的援助，在革命事业中便没有阶级的意义和社会的基础，没有阶级意义和社会基础的革命，在革命运动中虽有一二伟大的人物主持，其结果只能造成这一二伟大人物的奇迹，必不能使社会组织变更，必没有一个阶级代替他一个阶级的力量，即或能够打倒现在统治阶级（北洋军阀），而没有真实力量牢固地占住他的地位，被打倒的阶级时时都有恢复故物之可能。因此，我们以为中国国民党应该明白觉悟负了中国历史上资产阶级民主革命的使命,在这革命运动中,不可有拒绝资产阶级之'左'倾的观念,我们对于这种'左'倾的观念,自然十分感佩,但是在目前革命事业上,这种浪漫的'左'倾,实是一个错误的观念;因为每个阶级的革命,都要建设在每个阶级的力量上面,决不是浪漫的'左'倾观念可以济事的。"(《资产阶级的革命与革命的资产阶级》,《选编》中册,二五六至二五七页)

陈独秀不承认当时有人认为资产阶级是不革命的看法,他对于资产阶级是有分析的。他的分析与毛泽东后来所作的分析一样,认为有依附于帝国主义的买办资产阶级,有依附于封建军阀的官僚资产阶级,有民族资产阶级。前二者是不革命而且是反革命的,只有民族资产阶级才是陈独秀所说的"真正资产阶级"。陈独秀认为:"真正资产阶级""以前非政治的态度,现在半和平半革命的态度,将来更趋向革命的态度,都不是他们主观上的意识决定的,乃是他们客观上的经济条件决定的。社会上每个阶级都有他阶级的利己心,他阶级的力量长养到非革命不能除去他发展之障碍时,他必须出于革命,愿意革命不愿意,始终没有这回事。"(《中国国民革命与社会各阶级》,《选编》中册,三六四至三六五页)

陈独秀又指出,当时的包括知识分子和小工商业者的小资产阶级,也是革命的。他特别讲到知识分子,他说:"小资产阶级的知识阶级,他本没有经济的基础,其实不能构成一个独立的阶级,因此他对于任何阶级的政治观念,都摇动不坚固,在任何阶级的革命运动中,他都做过不少革命的功劳,也做过不少反革命的罪恶,小资产阶级的中国,知识阶级特别发达,所谓居四民(士农工商)之首的士,有特殊的历史地位,他介在贵族与市民(农工商)间,恒依附贵族而操纵政权，所以有布衣卿相之说，其仕宦久而门阀高者，自身且成为贵族。他们在历史上操纵政权尤其有垄断教权的优越地位，比欧洲中世僧侣阶级有过之无不及。即以近事而论，在坏的方面：议员政客们都属士的阶级，没有强大的资产阶级来吸收他们，只得附属军阀作恶；在好的方面：戊戌前后的变法自强运动，辛亥革命运动，'五四'以来国民运动，几乎都是士的阶级独占之舞台。因西方文化输入之故，旧的士的阶级固然日渐退溃，而新的士的阶级却已代之而兴；现在及将来的国民运动，商人工人农民固然渐变为革命之主要的动力，而知识阶级（即士的阶级）中之革命分子，在各阶级间连锁的作用，仍然有不可轻视的地位。"（同上，三六五至三六六页）

陈独秀承认中国的农民人数众多，应该是国民革命的一个主要动力；但他不认为当时的农民是革命的。他说："农民占中国全人口之大多数，自然是国民革命之伟大的势力，中国之国民革命若不得农民之加入，终不能成功一个大的民众革命。但是农民居处散漫势力不易集中，文化低生活欲望简单易于趋向保守，中国土地广大，易于迁徙被难苟安，这三种环境是造成农民难以加入革命运动的原因。"（同上，三六六至三六七页）他也承认农民终究是要参加革命的。农民"若一旦有了组织，便无人敢说连国民革命他们也一定不能加入"。（同上，三六七页）这就预示了后来毛泽东"工农联盟"的思想。

陈独秀所理想的国民革命，是以资产阶级和无产阶级为骨干的、联合社会上各革命的阶级的统一战线。其具体的表现，就是国共合作。他认为，这是出于客观的必要，是有根据的。第一次国共合作虽然被破坏了，但在抗日战争时期又出现了第二次国共合作。第一次合作是为了打倒北洋军阀的统治，第二次合作是为了反抗日本帝国主义的侵略,这正是国民革命的两个主要课题。是否还要出现一个第三次合作以走完国民革命的最后一步?这是有可能的。可能能否成为现实,则有待于各方面的因素。

第四节 陈独秀论国民革命后中国的前途

陈独秀说:"国民革命成功后,在普通形势之下,自然是资产阶级握得政权;但彼时若有特殊的环境,也许有新的变化,工人阶级在彼时能获得若干政权,乃视工人阶级在革命中的努力至何程度及世界的形势而决定。1917年俄罗斯的革命就是一个好例,俄罗斯各阶级各党派的联合革命,本以推倒皇室为共同目标,只以工人阶级在1905年之革命及1917年2月革命中特殊努力,又以当时资本主义的列强因大战而濒于破产,自救不遑,十月革命遂至发生新的政治组织。但是这种未来的机会我们没有预计的可能、也并没有预计的必要,现在只有一心不乱地干国民革命。陷于半殖民地而且濒于完全殖民地之悲运的中国人,不首先解除列强及军阀之重重奴辱,别的话都无从说起!"(同上,三七一页)

陈独秀的这一段话,从表面上看,他似乎认为:国民革命的胜利果实应该由资产阶级独享,无产阶级如果幸运的话,也只能分享一小部分,喝一口资产阶级的残汤剩水。为什么如此呢?陈独秀没有从理论上进一步说明,于是他就被认为违背了无产阶级的利益。

这种误解，越来越深，以致被开除党籍，并被加上了许多罪名，至今还未得到平反。

深一点看，陈独秀的这一段话，接触到了两个理论上的问题。一个问题是：继国民革命之后而发展的革命活动，应该是资产阶级的民主主义革命，还是无产阶级的社会主义革命？另一个问题是：半封建半殖民地社会是否可以直接进入社会主义？陈独秀的那一段话，在客观上含蓄地回答了这两个问题。他是说，继国民革命之后而起的革命，应该是资产阶级的民主主义革命，而不是无产阶级的社会主义革命，因为半封建半殖民地的社会不能直接进入社会主义。他所以没有明确地这样说，是因为当时的新文化运动的理论水平还没有达到这样的高度。

新文化运动的理论家认识到东西文化的不同，是由于人生态度和生活方式的不同，这比以前大进了一步；但他们都没有从经济上说明所以有这些不同的物质根源。不但右翼没有这样的说明，左翼也没有。这说明这些理论家们，对于西方文化的认识，还有"一间未达"，还隔了一层纸；如果戳穿了这层纸，那就可见东西文化不同的根本原因是自然经济的经济和商品经济的经济的不同。从自然经济的经济转到商品经济的经济，需要一个相当长的历史时期，所以继国民革命而起的革命，只能是资产阶级的民主主义革命，而不是无产阶级的社会主义革命。所以半封建半殖民地的社会，不能直接进入社会主义。

这个问题，也是当时东欧各国的问题。第二次世界大战后，苏联的红军赶走了帝国主义的占领军，新成立的政权都是无产阶级领导的。是否可以直接进入社会主义呢？苏联的决策人以为不行。他们认为，这些国家应该实行一种无产阶级领导的资产阶级民主主义，称为新民主主义。这就辩证地解决了陈独秀的那段话中出现的矛盾。

中国共产党解放了全中国,建立了中央政权,也自称为新民主主义国家。第一次全国人民政治协商会议通过的共同纲领,规定了新民主主义的经济体制,在其中,五种经济(国营经济、合作经济、农民和手工业者个体经济、私人资本)并存。买办资产阶级和官僚资产阶级的企业都被没收了,民族资产阶级的企业不但不没收,而且加以扶植,提出了"公私兼顾、劳资两利"的政策。新民主主义经济体现了在无产阶级领导下,发展资产阶级的民主主义的精神。

第五节　李大钊接近辩证唯物主义的宇宙观

李大钊(1889—1927),字守常,河北省乐亭县人,出身于贫苦家庭。1907年,进入北洋法政专门学校。1911年辛亥革命发生后,李大钊跟随当时的革命者,参加了京津革命同盟会,参与策动第二十镇的新军,举行滦州起义。1913年赴日本留学,入东京早稻田大学政治本科;在此期间,继续接触各种社会主义思潮,开始研究马克思主义理论,同时参加并组织留日学生的进步、爱国活动,曾先后组织了神州学会和经济学会,参加了留日学生为反对袁世凯接受日本灭亡中国的"二十一条"而举行的集会,起草了《警告全国父老书》。为了进一步开展讨袁活动,曾于1916年1月底暂回上海,两周后重返日本。1916年4、5月间,从日本回国,先后担任《晨钟报》和《甲寅》月刊的编辑。1918年应北京大学校长蔡元培的邀请任北京大学图书馆主任,由此参加了《新青年》杂志编辑部,与陈独秀等人创办《每周评论》,成为新文化运动的主要领导人之一。1920年,李大钊在北大组织了马克思学说研究会;同年10月,成立北京共产主义小组。全国各地共产主义小组联合起来,为中国共产党的成立准备了组织上的条件。中国共产党正式成立后,李大钊当选为中央委员。1924年年底,中国共产党北方区执行委员会成立,李大钊为北方区党委总负责人,和当时执政的军阀作直接的、针锋相对的斗争。1927年为军阀所害。

李大钊的著作,散见于当时报刊,人民出版社编为《李大钊选集》。

李大钊写了许多指导青年思想的文章,在这些文章中,在许多地方,他都说到宇宙观和世界观的问题。宇宙观是人对于事物存在的看法,世界观是人由于某种看法而引起的人生态度。李大钊提出了他认为正确的宇宙观,他说:"大实在的瀑流永远由无始的实在向无终的实在奔流。吾人的'我',吾人的生命,也永远合所有生活上的激流,随着大实在的奔流,以为扩大,以为继续,以为进转,以为发展,故实在即动力,生命即流转。"(《"今"》,《选集》,九五页)这里所说的"大实在"就是一切的客观存在。这个大实在是无始无终的,不是静止的,而是一个流行。个人的存在,也是这个"大流行"的一部分,随着"大流行"的流行而流行的,所以他说"实在即动力,生命即流转"。这是一个唯物主义的宇宙观。

随着这种宇宙观而来的世界观,就是要重视今日的"我"。

李大钊回忆陈独秀在《一九一六年》文中所说"青年欲达民族更新的希望,'必自杀其1915年之青年,而自重其1916年之青年'",并推广此意;而为他自己的这篇文章做结论说:"吾人在世,不可厌'今'而徒回思'过去'，梦想'将来'，以耗误'现在'的努力。又不可以'今'境自足，毫不拿出'现在'的努力，谋'将来'的发展。宜善用'今'，以努力为'将来'之创造。由'今'所造的功德罪孽，永久不灭。故人生本务，在随实在之进行，为后人造大功德，供永远的'我'享受，扩张，传袭，至无穷极，以达'宇宙即我，我即宇宙'之究竟。"（同上，九六页）

大实在的瀑流，永远是一个新陈代谢的过程。李大钊说："宇宙进化的机轴，全由两种精神运之以行，正如车有两轮，鸟有两翼，一个是新的，一个是旧的。但这两种精神活动的方向，必须是代谢的，不是固定的；是合体的，不是分立的，才能于进化有益。"（《新的！旧的！》，《选集》，九七页）李大钊的这段话，接近于辩证法。照辩证法的理论，事物发展，都由于其内部的两个对立面的统一和斗争。这两个对立面，概括地说，就是新的和旧的，是相对而言的。没有新的，就没有旧的；没有旧的，也没有新的。所以，它们活动的方向虽然是相反的，但不是"分立的"，而是"合体的"——这就是辩证法所说的两个对立面的互相依存。虽然互相依存，但它们又是代谢的，不是固定的，"新的"永远要代替"旧的"，而这个代替"旧的"的"新的"，又永远为它的更新的对立面所代替。这就是辩证法所说的两个对立面的矛盾和斗争。事物内部中的两个对立面的统一和斗争构成事物的发展，发展就是进化。

1917年，俄国十月革命胜利了，中国进步的人们大为惊喜。李大钊认为这是人类历史的新纪元。他说："人生最有趣味的事情，就是送旧迎新，因为人类最高的欲求，是在时时创造新生活。""一个人的一生，包含无数的新纪元，才算能完成他的崇高的生活。人类全体的历史,联结无数的新纪元,才算能贯达这人类伟大的使命。""现在的时代又是人类生活中的新纪元,所以我们要欢欣庆祝。"(《新纪元》,《选集》,一二二页)李大钊可能意识到,在事物新陈代谢的过程中,有些代谢可能使事物进入一个新阶段,这个新阶段称为"新纪元"。"新纪元"三个字,意味着辩证法所谓"突变""飞跃"。李大钊未讲辩证法,所以不能这样明确地说;但这样的认识,他是有的。他的哲学思想已接近于辩证唯物主义。

第六节　李大钊对于历史唯物主义的阐述

李大钊有一篇比较长的文章,题为《我的马克思主义观》,发表于《新青年》的《马克思研究号》(1919年第六卷第五、六号)。照题目,他是要讲全部的马克思主义;其实,他着重讲的是马克思主义的经济学和历史唯物主义。

李大钊说:"历史的唯物论者观察社会现象,以经济现象为最重要,因为历史上物质的要件中,变化发达最甚的,算是经济现象。""产业的进步是历史的决定条件,科学的进步又为补助他的条件。""唯物史观的要领,在认经济的构造对于其他社会学上的现象,是最重要的;更认经济现象的进路,是有不可抗性的。""有许多人主张改称唯物史观为经济史观。"他指出:"经济的构造,依他内部的势力自己进化,渐于适应的状态中,变更全社会的表面构造，此等表面构造，无论用何方法，不能影响到他这一方面，就是这表面构造中最重要的法律，也不能与他以丝毫的影响。"（同上，一七八至一八〇页）

李大钊在这里所说的"社会的表面构造"，就是"社会的上层建筑"。他阐明了历史唯物主义的一个基本原则——一个社会的上层建筑是为它的经济基础所决定的，经济基础改变上层建筑，上层建筑不能改变经济基础。

李大钊认为，唯物史观的理论有许多部分是马克思以前别人已经说过的。研究马克思主义的唯物史观，应该特别注意其"独特"之处。李大钊引证了日本的河上肇的大段的话，由自己引申说："马克思的唯物史观有二要点：其一是关于人类文化的经验的说明；其二即社会组织进化论。其一是说人类社会生产关系的总和，构成社会经济的构造。这是社会的基础构造。一切社会上政治的、法制的、伦理的、哲学的，简单说，凡是精神上的构造，都是随着经济的构造变化而变化。我们可以称这些精神的构造为表面构造。表面构造常视基础构造为转移，而基础构造的变动，乃以其内部促他自己进化的最高动因，就是生产力为主动，属于人类意识的东西，丝毫不能加他以影响，他却可以决定人类的精神、意识、主义、思想，使他们必须适应他的行程。其二是说生产力与社会组织有密切的关系。生产力一有变动，社会组织必须随着他变动。社会组织即社会关系，也是与布帛菽粟一样，是人类依生产力产出的产物。手臼产出封建诸侯的社会，蒸汽制粉机产出产业的资本家的社会。生产力在那里发展的社会组织，当初虽然助长生产力的发展，后来发展的力量到那社会组织不能适应的程度，那社会组织不但不能助他，反倒束缚他、妨碍他了。而这生产力虽在那束缚他、妨碍他的社会组织中，仍是向前发展不已。发展的力量愈大，与那不能适应他的社会组织间的冲突愈迫，结局这旧社会组织非至崩坏不可。这就是社会革命。新的继起，将来到了不能与生产力相应的时候，他的崩坏亦复如是。可是这个生产力，非到在他所活动的社会组织里发展到无可再容的程度，那社会组织是万万不能打破。而这在旧社会组织内，长成他那生存条件的新社会组织，非到自然脱离母胎，有了独立生存的运命，也是万万不能发生。恰如孵卵的情形一样，人为的助长，打破卵壳的行动，是万万无效的，是万万不可能的。以上是马克思独特的唯物史观。"（同上，一八五至一八六页）李大钊所说的马克思的唯物史观的"独特"之处，就是社会的上层建筑不能改变社会的经济基础的那个原则的逻辑的结论。

上边说过，陈独秀认为殖民地社会不能直接进入社会主义，李大钊的这一段话，就是陈独秀那个认识的理论基础。陈独秀在当时没有从马克思主义的理论上说明他的主张，李大钊的这一段话，又没有和当时的政治形势结合起来。如果两个人能配合起来，陈独秀可能少受人们的误解。

李大钊举了许多西方历史上的事实，以说明唯物史观的原则。对于马克思的阶级斗争、剩余价值和资本集中的理论，作了适当的阐述。最后，他对于所谓"资本集中"，作了进一步的说明。他说："宗马氏的说，入十六世纪初期，才有了资本。因为他所谓资本，含有一种新意义，就是指那些能够生出使用费的东西。这个使用费，却不是资本家自己劳力的结果，乃是他人辛苦的结果。由此意义以释'资本'，十六世纪以前，可以说并没有资本与资本家。若本着经济上的旧意义说资本单是生产的工具,那么就是十六世纪以前,也何尝没有他存在!不过在那个时代,基尔特制下的工人,多半自己有自己的工具,与马氏用一种新意义解释的资本不同。"(同上,二〇九页)

李大钊继续说明,拥有这种新意义的资本的人们,就是近代的资本家。资本家的特点就是集中生产工具,如工厂、机器之类,用收"使用费"的办法,剥削使用这些生产工具的人们。资本家中间"大鱼吃大鱼",也是互相兼并的;兼并的结果,生产工具更加集中,没有生产工具的人也愈来愈多,资本主义社会中,就分化出两个最大的敌对阶级——资本家和工人,资产阶级和无产阶级。资本家的最大作用,就是集中。因为有他们的集中,所以一旦无产阶级觉悟了,就可以联合起来,把资本家所集中的东西,一举夺取过来,掌握在自己手中,归全社会所有;到那时候,资本主义的社会就转化为社会主义社会了。李大钊用这些事实说明资本主义必然灭亡,社会主义必然实现,同时也说明资本集中的必要。封建主义和殖民地国家的经济,都是散漫的自然经济,没有集中起来,所以不可能直接进入社会主义。李大钊对于"资本集中论"的申述,也是从实质上为陈独秀的殖民地社会不能直接进入社会主义社会的主张,添了一个根据。

第七十六章

20 世纪 20 至 40 年代之间的三大论战

第一节 20世纪20年代的"科学与人生观"的论战

在新文化运动发展到高峰的时期,不满意新文化运动的人们,也有他们的反应,这是新文化运动的逆流,是新文化运动的对立面。像林纾那样的单纯复古的逆流,已经不能发生作用了,于是,就用另一种形式表现出来。20年代的"科学与人生观"的论战,就是这样的一个新形式。

1923年,张君劢在清华学校的学生会上,做了一个讲演,发表于《清华周刊》第二七二期,题为《人生观》。他认为人生观与科学不同,科学有一定之规律,人生观的特点正是无一定之规律。他列举了五点,以说明科学与人生观之不同。他说:"第一,科学为客观的,人生观为主观的";"第二,科学为论理的方法所支配,而人生观则起于直觉";"第三,科学可以以分析方法下手,而人生观则为综合的";"第四,科学为因果律所支配,而人生观则为自由意志的";"第五,科学起于对象之相同现象,而人生观起于人格之单一性"。由此五点,他得出结论说:"科学无论如何发达,而人生问题之解决,决非科学所能为力,唯赖诸人类之自身而已。"(《科学与人生观》,上海亚东图书馆本,上册,张文四至九页)

本书在上章说,每一种文化都代表一种人生态度和由此而生的生活方式,新文化也代表一种人生态度和由此而生的生活方式。新文化又重视科学。张君劢的议论,认为人生观是多样的,没有一个唯一的标准的人生观,科学也不能解决人生观的问题。他的议论,正是针对着新文化运动的那两点说的,自以为可以一箭双雕。

就他所举的那五点说,他的思想可以说是混乱已极。他的那一箭,可以说是"银样蜡枪头"。

人生观是一种"观",科学是一种"学"。就其为"观"为"学"说,它们都是人类对于外界的一种认识,它们是一类的东西。从类的观点看,就只见其同,不见其异。

就张君劢所提的那五点说,他认为:"科学为客观的,人生观为主观的。"其实,无论人生观或科学,就其对象说,都是客观的。人生观并不是人生,有一个客观的人生,人们都穿衣吃饭,生男育女——这就是客观的人生。人们对于客观的人生,有不同的了解,不同的看法,这就形成为不同的人生观。人生观可能是主观的,但其对象毕竟是客观的。

张君劢的第二点认为"科学为论理的方法所支配,而人生观则起于直觉"。其实,无论科学或人生观,都受论理的方法所支配;无论什么样的直觉,一成为思维、言论,它都要"为论理的方法所支配"的。人生观既成为"观",科学既成为"学",它们就都成为思维、言论了。既成为思维、言论,那就必须"为论理的方法所支配"。胡适写了一篇文章,题为《孙行者与张君劢》,讲的就是这个道理。孙行者在如来佛的手掌中驾起了筋斗云,一下子就走了十万八千里,自以为是脱离如来佛的手掌了,后来他自己发现他并没有脱离,他还是在如来佛的手掌中。

张君劢提出的第三点认为"科学可以以分析方法下手,而人生观则为综合的"。其实，无论科学或人生观，都必须从分析的方法下手。不过，分析有两种。一种是物质的分析。一个东西，一个物质的东西，可以送到化学实验室内，对它做定量或定性分析。一个思维方面的东西，就不能这样分析了，那就要用另一种分析的方法，那就是逻辑的分析。综合是对分析而言，如果没有分析，也就没有综合了。张君劢所说的那五种不同，也是经过一番分析的。

张君劢提出的第四点认为"科学为因果律所支配，而人生观则为自由意志的"。其实所谓"自由意志"，不过是一种表面的现象。人生也都是为因果律所支配的。张君劢如果要证明人真有自由意志，那就要作深入的讨论，不能把它作为自明的真理，一笔带过。

张君劢的第五点认为"科学起于对象之相同现象，而人生观起于人格之单一性"。张君劢这里所说的是一般和特殊的问题。任何一类事物都有其一般性，其类中的每一个分子，又都有其特殊性，人类也是如此。张君劢把人格之单一性作为人生观的一个特点，这也是他的思想混乱的一个例证。

当时的一位地质学家丁文江，举起保卫科学的大旗，发表了一篇文章，题为《玄学与科学——评张君劢的"人生观"》。丁文江也是以张君劢所提的那五点为批评对象，但是，他不是从那五点的思想混乱出发，而是从正面讲科学方法出发。他讲科学方法分为八个题目：第一是"人生观能否同科学分家？"，第二是"科学的智识论"，第三是"张君劢的人生观与科学"，第四是"科学与玄学战争的历史"，第五是"中外合璧式的玄学及其流毒"，第六是"对于科学的误解"，第七是"欧洲文化破产的责任"，第八是"中国的精神文明"。

丁文江把张君劢的人生观和欧洲文化破产论联系起来，这是有识的。张君劢的人生观不是孤立的,而是当时反对新文化运动的思潮的一方面的表现;另一方面的表现,就是欧洲文化破产论。第一次世界大战,把欧洲搞得筋疲力尽,欧洲不免有些人发出怨言。梁启超和蒋方震到欧洲跑了一趟,回来发表了一部书,题为《欧游心影录》。书中宣传说,西方文化破产了,科学也破产了,西方正在打算向东方学习,东方用不着向西方学习了。这是新文化运动的一股逆流。张君劢的人生观和梁启超的《欧游心影录》,是这股逆流表现的两个方面。

丁文江以保卫科学自命,其实他对于科学的性质并没有真正的了解。照他的了解,科学的性质是"存疑的唯心论"。他说:"凡研究过哲学问题的科学家,如赫胥黎、达尔文、斯宾塞、詹姆斯、皮尔士、杜威,以及德国的马哈派的哲学,细节虽有不同,大体无不如此。因为他们以觉官感触为我们知道物体唯一的方法,物体的概念为心理上的现象,所以说是唯心。觉官感触的外界,自觉的后面,有没有物,物体本质是什么东西?他们都认为不知,应该存而不论,所以说是存疑。他们是玄学家最大的敌人,因为玄学家吃饭的家伙,就是存疑唯心论者所认为不可知的,存而不论的,离心理而独立的本体。这种不可思议的东西,伯克莱叫他为上帝;康德、叔本华叫他为意向;布虚那叫他为物质,克列福叫他为心理质,张君劢叫他为我。他们始终没有大家公认的定义方法,各有各的神秘,而同是强不知以为知。旁人说他模糊,他自己却以为玄妙。"(《玄学与科学》,《科学与人生观》上册,丁文十二至十三页)如果科学是如丁文江所说那样的"存疑的唯心论",那它就不是"玄学家最大的敌人",而是玄学家最大的朋友。"因为玄学家吃饭的家伙",

都被存疑论用"不可知"三个字把它们包庇起来了。

丁文江又说:"科学的目的是要摒除个人主观的成见,——人生观最大的障碍——求人人所能共认的真理。科学的方法,是辨别事实的真伪,把真事实取出来详细的分类,然后求他们的秩序关系,想一种最简单明了的话来概括他。所以科学的万能,科学的普遍,科学的贯通,不在他的材料,在他的方法。"(同上,二〇页)问题正在这里。什么叫"事实真伪"?用什么标准"辨别事实的真伪"?丁文江所用的标准是"人人所能共认"。"人人所能共认"是一种现象;丁文江所说的"科学的方法",是把各种不同的现象汇合起来,以求其贯通,这正是实用主义的方法。辨别一个命题的真伪的真正标准,是看其是否合乎客观实际;而这个客观实际一被存疑论者认为是"不可知",就被"存"起来了。丁文江和张君劢的论战,可以说是一场混战。其所以是"混战",因为说来说去,说到最后,"最大的敌人"又成为最大的朋友了。

第二节 新文化运动的领导人对于"论战"的总结

当时参加"论战"的人很多,发表的文章也不少。上海亚东图书馆把这些文章收集起来,编为一个集子,名为《科学与人生观》,又请新文化运动的领导人胡适和陈独秀作序。他们的序,实际上就是新文化运动对于这个论战的总结。他们两人对于他们的序文,又彼此互提意见,这些意见进一步说明了新文化运动的右翼和左翼的分歧。

胡适认为,在这次"论战"中,拥护科学的人们的"绝大的弱点"是仅只抽象地辩论科学可以解决人生观的问题,而没有具体地提出一个科学的人生观。胡适提出了一个他自以为是科学的人生观,称为"自然主义的人生观"。

陈独秀的序文首先指出,在这次"论战"中,丁文江好像是战胜了张君劢,其实,丁文江是最大的失败者。陈独秀说:"只可惜一班攻击张君劢、梁启超的人们,表面上好像是得了胜利,其实并没有攻破敌人的大本营,不过打散了几个支队,有的还是表面上在那里开战,暗中却已经投降了。就是主将丁文江大攻击张君劢唯心的见解,其实他自己也是五十步笑百步,这是因为有一种可以攻破敌人大本营的武器,他们素来不相信,因此不肯用。"(《科学与人生观》上册,陈序一至二页)那种"武器"是什么?陈独秀说:"我们相信只有客观的物质原因可以变动社会,可以解释历史,可以支配人生观,这便是'唯物的历史观'。"(同上,一一页)

陈独秀的意思是说,不必再讲什么"自然主义的人生观"了,已经有了一种正确的人生观,那就是马克思主义的"唯物的历史观"。

在这一点上,胡适提出了不同的意见。他说:"独秀说的是一种'历史观',而我们讨论的是'人生观'。人生观是一个人对于宇宙万物和人类的见解;历史观是'解释历史'的一种见解,是一个人对于历史的见解。历史观只是人生观的一部分。"(同上,胡序三〇页)他又说:"然而独秀终是一个不彻底的唯物论者。他一面说'心即是物之一种表现',一面又把'物质的'一个字解成'经济的'。"(同上,胡序三一页)胡适接着说:"我个人至今还只能说'唯物(经济)

史观至多只能解释大部分的问题'。独秀希望我'百尺竿头更进一步',可惜我不能进这一步了。"（同上,胡序三二页）

陈独秀回答说:"社会是人组织的,历史是社会现象之纪录,'唯物的历史观'是我们的根本思想,名为历史观,其实不限于历史,并应用于人生观及社会观。适之说:"独秀说的是一种历史观（我明明说'只有客观的物质原因可以变动社会,可以解释历史,可以支配人生观',何尝专指历史？）而我们讨论的是人生观。'"又指出:"适之好像于唯物史观的理论还不大清楚,因此发生了许多误会,兹不得不略加说明。第一,唯物史观所谓客观的物质原因,在人类社会,自然以经济（即生产方法）为骨干。第二,唯物史观所谓客观的物质原因,是指物质的本因而言；由物而发生之心的现象,当然不包括在内。世界上无论如何彻底的唯物论者,断不能不承认有心的现象即精神现象这种事实（我不知适之所想像之彻底的唯物论是怎样？）；唯物史观的哲学者也并不是不重视思想、文化、宗教、道德、教育等心的现象之存在,惟只承认他们都是经济的基础上面之建筑物,而非基础之本身；这是因为唯物史观的哲学者,是主张:经济——（统率着并列的）制度、宗教、思想、政治、道德、文化、教育之一元论,而非如（并列的）经济、宗教、思想、政治、道德、文化、教育之多元论。这本是适之和我们争论之焦点。"（《答适之》,《科学与人生观》上册,胡序附录三六至三八页）

陈独秀对于唯物史观的说明,言简意赅,可见其对于马克思主义的唯物史观的融会贯通。新文化运动的左翼和右翼的分歧,主要在于对马克思主义的理解和态度。经过陈独秀和胡适的互提意见,这种分歧就更明确了。

第三节　关于中国在当时的社会性质的论战

1926年从广东出师北伐的国民革命军,一路所向无敌,势如破竹,1927年就进到长江一带了。长江的重镇,从上海到武昌,都已被国民革命军占领。原来在广州的国民政府已迁到武昌,革命的发展进入高潮。可是就在这个时候,蒋介石抛弃了孙中山的三大政策,第一次国共合作分裂了,国民革命由高潮一下子降入了低潮。

在这种情况下,共产党不得不重新考虑它的方针、政策,尤其是对于国民党的方针、政策。也就是无产阶级对于资产阶级的方针、政策。要做这些考虑,就必须研究中国在当时的社会性质,这就是中国社会性质问题所以被提出来的客观原因。

蔡和森写了一篇文章,题为《中国革命的性质及其前途》,对于这个问题作了概括的叙述。这篇文章开头说:"中国革命是资产阶级革命呢,还是资产阶级性的民权革命,或已转变到无产阶级社会主义革命?这一根本问题将决定今后革命之一切战术与策略。"(高军编:《中国社会性质问题论战(资料选辑)》,四二页)蔡和森把摆在中国革命面前的根本问题明确地点了出来,接着又分段予以解答。

中国当时的革命性质,是资产阶级性的民权革命,或是已转变到无产阶级社会主义革命?蔡和森回答说,是前者而不是后者。他说:"社会主义革命与民权革命的区别是很显明的,因为无产阶级社会革命是根本推翻资本主义,建设社会主义经济基础;他的政权性质是无产阶级专政,而不是与农民平分政权。在资本主义后进国,无产阶级不能超过资产阶级的民权革命的道路,去达到社会主义革命,不能把民权革命看为是资产阶级的事而把这一最低度党纲(争民主共和)从最高度党纲(争社会主义)排除出去。无产阶级只有坚决的与农民联合引导资产阶级民权革命到底,在民权革命完全胜利的条件下,才能开始转变到社会主义革命。"(同上,四四页)

蔡和森指出:"我们在中国革命中所犯的错误,首先在对中国革命性质之不正确的观点:(一)认'资产阶级力量比农民集中,比工人雄厚','在这革命若失了资产阶级的援助在革命事业中便没有阶级的意义和社会的基础',认'国民革命的胜利自然是资产阶级的胜利,国民革命成功后自然是资产阶级握得政权';(二)认'工人阶级在国民革命中固然是重要分子,然亦只是重要分子而不是独立的革命势力','幼稚的无产阶级目前只有在此胜利之奋斗中才有获得若干自由及扩大自己能力之机会,所以和革命的资产阶级合作';(三)忽视农民,偏向于'统率革命的资产阶级,联合革命的无产阶级,实现资产阶级的民主革命';(四)以为'中国农民运动必须国民革命完全成功,然后国内产业勃兴,然后普遍的农业资本化,然后农业的无产阶级发达集中起来,然后农村间才有真正的共产的社会革命之需要与可能'。这些认识,显然是对于革命动力的估量不正确,忽视无产阶级的领导,忽视农民的重要,而偏向于与资产阶级联盟,根本不知道民主革命的胜利就是工农民权独裁,而认革命胜利一定是资产阶级握得政权,根本没有革命转变的观念,以为国民革命成功后,要经过一长期的资本主义发展才有社会革命之需要与可能——总括一句,这是'二次革命论',中国原始的孟塞维克倾向。"(同上,四八页)

蔡和森接着说:"'二次革命论'之后,又发现'一次革命论':以为从民权主义到社会主义就是'一次革命'直达社会主义,以为'中国现时的革命既是资产阶级的又不是资产阶级的,既不是社会主义的又的确是社会主义的,这一次革命的胜利终竟是社会主义的'。这'一次革命论'不仅混淆中国革命的性质,要有落到托罗斯基不断革命论的错误,不仅混淆无产阶级政党最低度党纲(工农民权独裁的)与最高度党纲(无产阶级专政的)的任务,而且要使从民权革命到社会革命的'转变'成为没有意义,必致使无产阶级政党忽视此转变的条件与准备,所以'一次革命论'也是不正确的。"(同上,四八至四九页)

蔡和森又说:"民族资产阶级叛变后,中国革命有什么特殊现象呢?有:(一)土地革命深入;(二)开始建立工农兵苏维埃政权;(三)工农革命联盟对抗帝国主义地主阶级资产阶级反革命联盟。以上现象是证明革命阶段的深入和革命动力的转变,而不是革命任务和性质的转变。只有革命任务改变了,革命性质才会改变。革命的客观任务——如打倒帝国主义消灭地主阶级的两个主要任务,现在不仅没有完成和消失,反而因民族资产阶级与地主阶级,帝国主义妥协,而愈益加重了这些客观任务的需要与意义。纵然在资产阶级叛变后,于上述两大主要的客观任务外,还要加上更坚决的反对领导反革命的民族资产阶级这一新任务。然这一新任务的意义,并不是因为民族资产阶级是资本主义的代表而应反对,乃因民族资产阶级变成为帝国主义的工具地主阶级的同盟，出卖革命变成为反对民权革命的反革命之领导者而应反对的。所以这一新任务并没有超出资产阶级民权革命的性质，并不会毁灭资本主义的生产方法，客观上反而是资本主义发展的起点。"（同上，四九至五〇页）

蔡和森在这篇文章的最后一部分中说："中国共产党，在全国劳苦群众之前，高声的肯定中国革命有社会主义的前途，他的最高任务就是争得此前途之尽可能的迅速的实现；同时他坚决的反对误解或曲解中国革命现在阶段之资产阶级民权革命的性质，他始终一致的认定完成中国资产阶级民权革命为中国无产阶级政党之至低限度的党纲，谁要抛弃或超过此至低限度党纲的任务，谁便是反革命。""由于民族资产阶级的叛变，客观上更创造了有利于无产阶级领导权和社会主义前途之可能，但中国共产党决不夸张他的领导权之建立，而丝毫忽略揭破民族资产阶级种种欺骗民众的假革命的企图或民族改良主义的企图，与这种企图作长期的艰苦的奋斗，是中国共产党人一秒不忘的任务。"他坚决地指出："中国革命固然有社会主义前途，因民族资产阶级之叛变，愈益增加这一前途之可能与必然，可是若说这一前途现成的摆在前面，这简直是骗子。"（同上，五七至六〇页）

蔡和森所发挥的理论，就是说革命的性质是由革命的任务决定的，革命的任务是由当时的社会性质决定的。当时的社会是什么样的社会，当时的革命就有什么样的任务，这就决定了当时革命的性质。这不是当时领导革命的个人或政党的主观意见所决定的，这是一个唯物主义的原则。后来的革命实践证明：谁要违反这个原则，谁就为革命造成灾难性的损失。

第四节　全盘西化和中国本位的论战

1935年，上海有十位教授联名发表了一篇文章，题目是《中国本位的文化建设宣言》。这篇文章，又称为"一十宣言"，因为它是在1935年1月10日发表的，最先登在1935年1月10日出版的《文化建设月刊》第一卷第四期上，后来各报各杂志均转载。

这个"宣言"提出了"中国本位的文化建设"所"应该"遵循的五项原则。第一项是："要特别注意此时此地的需要。"第二项是："必须把过去的一切，加以检讨，存其所当存，去其所当去。"第三项是："吸收欧美的文化是必要而且应该的。但需吸收其所当吸收，而不应以全盘承认的态度，连渣滓都吸收过来。"第四条是："中国本位的文化建设是创造，是迎头赶上去的创造。"第五项是："我们在文化上建设中国，并不是抛弃大同的理想。"根据这五项原则，"宣言"提出了两条注意：一条是"不守旧"，一条是"不盲从"。又提出三项目标：一是"检讨过去"，二是"把握现在"，三是"创造将来"。（马芳若编：《中国文化建设讨论集》，一至六页）

这个"宣言"是国民党授意作的。一篇洋洋大文，实际所要说的，只有三个字："不盲从"。不盲从什么呢？不要盲从马克思列宁主义，不能"以俄为师"。这是这个"宣言"实际上所要说的话，其余都是些空话。"存其所当存，去其所当去"；"吸收其所当吸收"，不吸收其所不当吸收,这些话都是自语重复,都是废话。

但是,这个"宣言"是以堂而皇之的形式发表的,当时的各报刊都转载了(这自然也是国民党授意的),所以在当时颇为轰动,引起了各方面的辩论。这些辩论所谈的,大都是关于文化的理论问题,从表面上看,形成了五四运动以后又一次的关于东西文化的大辩论。

同"本位文化"论正面对立的,是"全盘西化"论。胡适也说话了,他说:"我是主张全盘西化的,但我同时指出,文化自有一种'惰性'。全盘西化的结果自然会有一种折衷的倾向。例如中国人接受了基督教的,久而久之,自然和欧洲的基督教不同,他自成一个中国的基督徒。又如陈独秀先生接受共产主义,我总觉得他只是一个中国的共产主义者,和莫斯科的共产党不同。现在的人说折衷,说中国本位,都是空谈。此时没有别的路可走,只有努力全盘接受这个新世界的新文明。全盘接受了,旧文化的惰性,自然会使它成为一个折衷调和的中国本位新文化。若我们自命做领袖的人也空谈折衷选择,结果只有抱残守阙而已。古人说:取法乎上,仅得其中;取法乎中,风斯下矣。这是最可玩味的真理。"(同上,中编,一四页)胡适主张"全盘西化",这并不使人惊异。但照这里说的,他所主张"全盘西化"的理由,似乎有点特别。他似乎也认为"全盘西化"的主张有点极端,但又认为只有主张极端,才能在实际上"化"得恰到好处。恰到好处是个什么样子,他没有说。

中西文化问题,本来是一个老问题。十教授的宣言,郑重其事地把老问题重新提出来,在舆论界引起一阵人为的轩然大波。但其措词空洞,言之无物,令人读之不得要领。我在20世纪30年代末也讨论过类似的问题,在所作《新事论》中曾经指出:在这一类的讨论中，牵涉到一个哲学问题———一般和特殊、共相和殊相的问题。某一种社会类型是共相，某一国家或民族是殊相。某一个国家或民族在某一时期是某一类型的社会，这就是共相寓于殊相之中。这个"寓于"是冥合无间，所以在表面上就浑而不分。这就引起了思想混乱。所谓"全盘西化"，所谓"本位文化"都是这种混乱的表现。至于一般人所说的西洋文化，实际上是近代文化。所谓"西化"，应该说是现代化。

如果不把这种混乱搞清楚，事情就不好办。中国人是黑头发、黄眼珠，西洋人是黄头发、蓝眼珠。如果真要"全盘西化"，你能把黑头发、黄眼珠换成黄头发、蓝眼珠吗？显然没有这个可能，也没有这个必要。你说要"本位文化"，中国就真是什么改革都不要吗？某一些改革是必要的，也是可能的。若要辨别什么是必要的，什么是不必要的；什么是可能的，什么是不可能的，这就需要选择。选择必定有个标准，不然的话，那就只能说"存其所当存，去其所当去"，"吸收其应该吸收的"，不吸收其不应该吸收的。话是不错，可是说了等于没有说。

怎样确定这个标准呢？最好的办法是认识共相。看看世界上强盛的国家，看看它们是怎样强盛起来的，看看它们的特点。这些特点就是它们的殊相之中所寓的共相的内容或其表现。这些国家是殊相，它们的社会性质是共相。共相是必要学的，也是可能学的；殊相是不可能学的，也是不必要学的。

它们的社会性质是什么呢？当时中国的社会性质又是什么呢？我在当时创造了两个名词，说当时西方的社会是"以社会为本位的社会"，当时的中国是"以'家'为本位的社会"。它们（西方）

原来也是"以家为本位的社会",后来先进入了"以社会为本位的社会",因为有了产业革命。产业革命就是工业化。我用了马克思在《共产党宣言》中说过的一句话——产业革命的结果是乡下靠城里,东方靠西方。我说:这是一句最精辟的话。所谓东方和西方的差别,实际上就是乡下与城里的差别。一个国家里有城乡的差别,世界上也有城乡的差别。世界上的乡下就是那些殖民地,世界上的城里就是那些统治和剥削殖民地的国家。

以上所说的那两种社会,用现在人们所常用的名词说,就是自然经济和商品经济。人生的两件大事,就是吃穿。为了吃穿,人们就需要劳动,以生产吃穿的资料。在自然经济中,人们生产是为了直接的消费。在中国的封建社会中,男耕女织,一个劳动妇女守着一架织布机,一年可以织出几匹布,就够她的一家人穿了。西方先经过产业大革命,以蒸汽机为动力,一下子就把生产力提高了几百倍、几千倍。一部织布机器只要开动几分钟,就生产出许多匹布。它一年不能只开几分钟,一开就要继续开下去。所生产出来的布,只好作为商品出卖。这样的生产,就是商品经济。一部生产机器开动起来,必须用许多人操纵,那许多人来自四面八方。在农业生产中,无论地主或佃户,都附着于土地上,他们都是聚族而居,所以有宗法制度、宗法观念。操纵机器的工人脱离了土地的束缚,再不能聚族而居,宗法制度自然就破坏了。这些都是自然而又必然的程序。在这个程序中,旧的东西自然而又必然地"存其所当存,去其所当去",这个"当"字自然就有着落,但这一切并不是什么人的创造。这个道理就是马克思主义的历史唯物主义,唯物史观。

第七十七章 毛泽东和中国现代革命

在中国现代史发展的过程中，新文化运动之后，紧跟着就出现了新民主主义革命。新文化运动的左翼，培养出了它自己的接班人——毛泽东。

毛泽东（1893—1976），字润之，湖南省湘潭县人，出身于农民家庭。新文化运动时期，在北京大学当旁听生，又在李大钊所领导的北大图书馆中当职员，参加马克思主义研究小组。离开北大后，在湖南创办《湘江评论》，宣传马克思主义，扩大新文化运动的影响。中国共产党成立后，他参加党中央的领导工作。1935年遵义会议后，他被推选为党的最高领导人。他在中国现代革命中，立下了别人所不能立的功绩。他的著作言论中已公开的，载在《毛泽东选集》五卷及单行本；此外还有《毛泽东书信选集》《毛主席诗词》《毛泽东哲学批注集》等著作。

第一节　新民主主义阶段

毛泽东的思想发展，可分为三个阶段：一、新民主主义及以前阶段，二、社会主义阶段，三、极左思想阶段。

第一阶段的主要理论著作是《中国革命和中国共产党》与《新民主主义论》。这两篇文章几乎是同时写的。在前一篇文章中，毛泽东为中国革命的发展，画出了一幅蓝图。他根据当时中国的社会性质，指出了革命的任务，他说："既然中国社会还是一个殖民地、半殖民地、半封建的社会，既然中国革命的敌人主要的还是帝国主义和封建势力，既然中国革命的任务是为了推翻这两个主要敌人的民族革命和民主革命；而推翻这两个敌人的革命，有时还有资产阶级参加，即使大资产阶级背叛革命而成了革命的敌人，革命的锋芒也不是向着一般的资本主义和资本主义的私有财产，而是向着帝国主义和封建主义。既然如此，所以，现阶段中国革命的性质，不是无产阶级社会主义的，而是资产阶级民主主义的。但是，现时中国的资产阶级民主主义的革命，已不是旧式的一般的资产阶级民主主义的革命，这种革命已经过时了，而是新式的特殊的资产阶级民主主义的革命。这种革命正在中国和一切殖民地半殖民地国家发展起来，我们称这种革命为新民主主义的革命。"（《中国革命和中国共产党》，《毛泽东选集》第二卷，六〇九至六一〇页）

《新民主主义论》是专门说明这个理论的。这篇文章一开始提出了一个总问题——"中国向何处去？"毛泽东分析了当时国际和国内的形势，得到一个结论：走新民主主义的道路。全文从政治、经济、文化各个方面，说明新民主主义道路的内容。

在政治方面，毛泽东指出，在当时的世界中，有资本主义的旧民主主义，也有苏联的社会主义。"这种新民主主义共和国"和"苏联式的、无产阶级专政的、社会主义的共和国相区别，那种社会主义的共和国已经在苏联兴盛起来，并且还要在各资本主义国家建立起来，无疑将成为一切工业先进国家的国家构成和政权构成的统治形式；但是那种共和国，在一定的历史时期中，还不适用于殖民地半殖民地国家的革命。因此，一切殖民地半殖民地国家的革命，在一定历史时期中所采取的国家形式，只能是第三种形式，这就是所谓新民主主义共和国。这是一定历史时期的形式,因而是过渡的形式,但是不可移易的必要的形式"(《新民主主义论》,《毛泽东选集》第二卷,六三六页)。毛泽东认识到革命的性质是革命的任务所决定的,革命的任务是革命国家的社会性质所决定的。因为中国社会在当时是半封建、半殖民地,所以当时中国革命的任务是反帝反封建。这些都是历史的客观实际所决定的,所以,中国在当时的革命,既不能是旧民主主义的革命,也不能是社会主义的革命,而只能是第三种形式,那就是新民主主义的革命。这第三种形式只是一个过渡,但这个"渡"非"过"不可。

在经济方面,毛泽东说:"这个共和国将采取某种必要的方法,没收地主的土地,分配给无地和少地的农民,实行中山先生'耕者有其田'的口号,扫除农村中的封建关系,把土地变为农民的私产。农村的富农经济,也是容许其存在的。这就是'平均地权'的方针。这个方针的正确的口号,就是'耕者有其田'。在这个阶段上,一般地还不是建立社会主义的农业,但在'耕者有其田'的基础上所发展起来的各种合作经济,也具有社会主义的因素。中国的经济,一定要走'节制资本'和'平均地权'的路,决不能是'少数人所得而私',决不能让少数资本家少数地主'操纵国民生计',决不能建立欧美式的资本主义社会,也决不能还是旧的半封建社会。谁要是敢于违反这个方向,他就一定达不到目的,他就自己要碰破头的。这就是革命的中国、抗日的中国应该建立和必然要建立的内部经济关系。这样的经济,就是新民主主义的经济。而新民主主义的政治,就是这种新民主主义经济的集中的表现。"(同上,六三九至六四〇页)

在文化方面,毛泽东说:"所谓新民主主义的文化,就是人民大众反帝反封建的文化……这种文化,只能由无产阶级的文化思想即共产主义思想去领导,任何别的阶级的文化思想都是不能领导了的。所谓新民主主义的文化,一句话,就是无产阶级领导的人民大众的反帝反封建的文化。"(同上,六五九页)他又说:"民族的科学的大众的文化,就是人民大众反帝反封建的文化,就是新民主主义的文化,就是中华民族的新文化。新民主主义的政治、新民主主义的经济和新民主主义的文化相结合,这就是新民主主义共和国,这就是名副其实的中华民国,这就是我们要造成的新中国。"(同上,六六九页)

他还批判了"全盘西化"的主张。他说:"所谓'全盘西化'的主张,乃是一种错误的观点。形式主义地吸收外国的东西,在中国过去是吃过大亏的。中国共产主义者对于马克思主义在中国的应用也是这样,必须将马克思主义的普遍真理和中国革命的具体实践完全地恰当地统一起来,就是说,和民族的特点相结合,经过一定的民族形式,才有用处,决不能主观地公式地应用它。公式的马克思主义者,只是对于马克思主义和中国革命开玩笑,在中国革命队伍中是没有他们的位置的。中国文化应有自己的形式,这就是民族形式。民族的形式,新民主主义的内容——这就是我们今天的新文化。"(同上,六六七页)

《新民主主义论》还特有一节,题为"驳'左'倾空谈主义"。毛泽东说:"没有问题,现在的革命是第一步,将来要发展到第二步,发展到社会主义。中国也只有进到社会主义时代才是真正幸福的时代。但是现在还不是实行社会主义的时候。中国现在的革命任务是反帝反封建的任务,这个任务没有完成以前,社会主义是谈不到的。中国革命不能不做两步走,第一步是新民主主义,第二步才是社会主义。而且第一步的时间是相当地长，决不是一朝一夕所能成就的。我们不是空想家，我们不能离开当前的实际条件。"（同上，六四四页）他还指出："'一次革命论'者，不要革命论也，这就是问题的本质。但是还有另外一些人，他们似乎并无恶意，也迷惑于所谓'一次革命论'，迷惑于所谓'举政治革命与社会革命毕其功于一役'的纯主观的想头；而不知革命有阶段之分，只能由一个革命到另一个革命，无所谓'毕其功于一役'。这种观点，混淆革命的步骤，降低对于当前任务的努力，也是很有害的。如果说，两个革命阶段中，第一个为第二个准备条件，而两个阶段必须衔接，不容横插一个资产阶级专政的阶段，这是正确的，这是马克思主义的革命发展论。如果说，民主革命没有自己的一定任务，没有自己的一定时间，而可以把只能在另一个时间去完成的另一任务，例如社会主义的任务，合并在民主主义任务上面去完成，这个叫做'毕其功于一役'，那就是空想，而为真正的革命者所不取的。"（同上，六四六页）

毛泽东的这篇文章，于1940年首先发表于延安的《中国文化》杂志创刊号上。这篇文章虽然是以个人名义发表的，但是，其意义和影响是代表中国共产党发表了它的"建国大纲"和政治纲领。

第二节　毛泽东与"左"倾教条主义者的斗争

在新民主主义阶段，毛泽东与党内"左"倾教条主义者展开了斗争。

当时，中国共产党的领导阶层认为，应该依照西方资本主义国家及苏联的前例，由中国共产党领导城市中的无产阶级与军阀、资本家直接斗争，一有机会，就发动武装起义。毛泽东不以为然，他指出："革命的中心任务和最高形式是武装夺取政权，是战争解决问题。这个马克思列宁主义的革命原则是普遍地对的，不论在中国在外国，一概都是对的。但是在同一个原则下，就无产阶级政党在各种条件下执行这个原则的表现说来，则基于条件的不同而不一致。"（《战争和战略问题》，《毛泽东选集》第二卷，五〇六页）因为在西方资本主义社会的条件下，其无产阶级政党的任务，是组织工会，教育工人，可以进行长期的合法斗争，可以利用议会讲坛，可以实行经济的和政治的罢工，其组织形式是"合法的"，斗争形式可以是"不流血的（非战争的）"。遇到适当的时机，就改变合法的斗争为武装起义，一举推翻资本主义的统治，先占据城市，把革命从城市推向农村。

在半封建半殖民地的中国，条件就大不相同。在当时新旧军阀统治下，没有法律，没有议会，甚至共产党和工会的组织也都被禁止，无所谓"合法斗争"。要斗争，就只有武装斗争。这种情况，毛泽东归结为一句话："枪杆子里面出政权。"（同上，五一二页）

中国的无产阶级人数是比较少的，而农民群众则占全国人口百分之八十以上。毛泽东提出"工农联盟"的主张，共产党下乡组织农民武装起义，先占领农村，由农村包围城市，一反西方共产党的办法，领导中国革命，得到最后成功。这个战略符合中国当时的社会情况，也符合中国的历史情况。中国历史上有一个农民起义的传统,但农民并不代表新的生产关系。一次农民起义虽然成功了,也只是改朝换代,建立一个新的王朝,没有也不能改变封建制度。有了无产阶级和共产党的领导,情况就大不相同了。无产阶级虽不代表比资本主义更高一级的生产关系,但确实代表着比封建主义更高的生产关系。工农联盟,无论就哪一方面说,都是如虎添翼。本着这个战略,中国共产党在江西组织了苏区政权,有效地抵抗了蒋介石的"围剿"。以后,又在延安组织了抗日政权,领导沦陷区的人民进行游击战争,使日本帝国主义"以战养战"的妄想无法实现。

这些成功,都是"左"倾教条主义者所不能想象的。毛泽东总结这些成功的经验说:"形式主义地吸收外国的东西,在中国过去是吃过大亏的。中国共产主义者对于马克思主义在中国的应用也是这样,必须将马克思主义的普遍真理和中国革命的具体实践完全地恰当地统一起来,就是说,和民族的特点相结合,经过一定的民族形式,才有用处,决不能主观地公式地应用它。公式的马克思主义者,只是对于马克思主义和中国革命开玩笑。"(《新民主主义论》,《毛泽东选集》第二卷,六六七页)毛泽东说的"必须将马克思主义的普遍真理和中国革命的具体实践完全地恰当地统一起来"这句话,后来成为"毛泽东思想"的定义。马克思主义一经和中国革命的实践相结合,它就不是一般的马克思主义,而是中国化了的马克思主义,中国的马克思主义。"毛泽东思想"就是中国的马克思主义。

毛泽东曾用了一个形象的例子以为说明:"马克思列宁主义理论和中国革命实际,怎样互相联系呢?拿一句通俗的话来讲,就是'有的放矢'。'矢'就是箭,'的'就是靶,放箭要对准靶。马克思列宁主义和中国革命的关系,就是箭和靶的关系。……马克思列宁主义之箭，必须用了去射中国革命之的。"(《整顿党的作风》，《毛泽东选集》第三卷，七七七至七七八页）射箭以"的"为主，以箭对着"的"，不是以"的"对着箭。好像医生看病，是以病为主，不是以药为主；只可对症下药，不可叫病人对药害病。革命也是如此，只能以革命的任务决定革命的性质，不能以革命的性质决定革命的任务。前者是对症下药，后者是对药害病。

为了从理论上批判"左"倾教条主义者，毛泽东写了两篇哲学论文——《实践论》和《矛盾论》。

第三节 《实践论》

毛泽东指出，人的认识的过程有两个阶段：感性认识阶段和理性认识阶段。他说："原来人在实践过程中，开始只是看到过程中各个事物的现象方面，看到各个事物的片面，看到各个事物之间的外部联系。……这是认识的第一个阶段。在这个阶段中，人们还不能造成深刻的概念，作出合乎论理（即合乎逻辑）的结论。社会实践的继续，使人们在实践中引起感觉和印象的东西反复了多次，于是在人们的脑子里生起了一个认识过程中的突变（即飞跃），产生了概念。概念这种东西已经不是事物的现象，不是事物的各个片面，不是它们的外部联系，而是抓着了事物的本质，事物的全体，事物的内部联系了。概念同感觉，不但是数量上的差别，而且有了性质上的差别。循此继进,使用判断和推理的方法,就可产生出合乎论理的结论来。……这个概念、判断和推理的阶段,在人们对于一个事物的整个认识过程中是更重要的阶段,也就是理性认识的阶段。"(《实践论》,《毛泽东选集》第一卷,二六一至二六二页)

　　毛泽东在这里所举的例子是就一个团体(一个到延安参观的团体)说的,就个人的认识说,情况也是一样。个人的认识能力有两个组成部分:感官和思维。从感官得来的是感性认识,从思维能力得来的是理性认识。思维能力是人类所特有,人之所以别于禽兽、高于禽兽者就在此。譬如一只猫,它只能照着它的感性认识活动,见了可吃的东西就吃,听到可怕的声音就跑,疲倦了就睡觉,它的认识和活动,都只限于感性的阶段。无论是人或其他动物,就其认识能力来说,感性都不能自然上升为理性。人的感性认识上升到理性认识,不是量变,而是质变,是一个突变,一个飞跃。

　　飞跃的条件是抽象。毛泽东引列宁的话说:"列宁说过:'物质的抽象,自然规律的抽象,价值的抽象以及其他等等,一句话,一切科学的(正确的、郑重的、非瞎说的)抽象,都更深刻、更正确、更完全地反映着自然。'"他又说:"马克思列宁主义认为:认识过程中两个阶段的特性,在低级阶段,认识表现为感性的,在高级阶段,认识表现为论理的,但任何阶段,都是统一的认识过程中的阶段。感性和理性二者的性质不同,但又不是互相分离的,它们在实践的基础上统一起来了。我们的实践证明:感觉到了的东西,我们不能立刻理解它,只有理解了的东西才更深刻地感觉它。感觉只解决现象问题,理论才解决本质问题。这些问题的解决,一点也不能离开实践。无论何人要认识什么事物,除了同那个事物接触,即生活于（实践于）那个事物的环境中，是没有法子解决的。"（同上，二六三页）理性认识虽然高于感性认识，但必须以感性认识为根据。没有感性认识，理性认识就成了"无源之水，无本之木"。

感性认识和理性认识，是"认识"这个统一体的两个对立面，它们是相反而又相成的。用这个观点说明认识，这就是辩证唯物论的认识论。毛泽东说："理性认识依赖于感性认识，感性认识有待于发展到理性认识，这就是辩证唯物论的认识论。"（同上，二六八页）

毛泽东接着说："然而认识运动至此还没有完结。辩证唯物论的认识运动，如果只到理性认识为止，那末还只说到问题的一半。而且对于马克思主义的哲学说来，还只说到非十分重要的那一半。马克思主义的哲学认为十分重要的问题，不在于懂得了客观世界的规律性，因而能够解释世界，而在于拿了这种对于客观规律性的认识去能动地改造世界。在马克思主义看来，理论是重要的，它的重要性充分地表现在列宁说过的一句话：'没有革命的理论，就不会有革命的运动。'然而马克思主义看重理论，正是，也仅仅是，因为它能够指导行动。如果有了正确的理论，只是把它空谈一阵，束之高阁，并不实行，那末，这种理论再好也是没有意义的。认识从实践始，经过实践得到了理论的认识，还须再回到实践去。认识的能动作用，不但表现于从感性的认识到理性的认识之能动的飞跃，更重要的还须表现于从理性的认识到革命的实践这一个飞跃。抓着了世界的规律性的认识，必须把它再回到改造世界的实践中去，再用到生产的实践、革命的阶级斗争和民族斗争的实践以及科学实验的实践中去。这就是检验理论和发展理论的过程，是整个认识过程的继续。"（同上，二六八至二六九页）毛泽东提出了认识运动中的又一次飞跃,"认识"这个统一体中的又一对对立面:认识和实践。

《实践论》最后说:"通过实践而发现真理,又通过实践而证实真理和发展真理。从感性认识而能动地发展到理性认识,又从理性认识而能动地指导革命实践,改造主观世界和客观世界。实践、认识、再实践、再认识,这种形式,循环往复以至无穷,而实践和认识之每一循环的内容,都比较地进到了高一级的程度。这就是辩证唯物论的全部认识论,这就是辩证唯物论的知行统一观。"(同上,二七三页)

马克思主义的主要原则是辩证唯物论,这个原则应用到历史学,就是历史唯物论。《实践论》的主题是应用这个主要原则到认识论。毛泽东屡次点出,他所讲的认识论是辩证唯物主义的认识论。其所以是辩证的,因为他用一个统一体的两个对立面的统一斗争这个原则来说明认识的发展过程;其所以是唯物的,因为在感性认识和理性认识这两个对立面中,毛泽东肯定感性认识是第一性的;在认识和实践这两个对立面中,他肯定实践是第一性的。

《实践论》所谓认识,和西方传统哲学所谓认识,其意义不尽相同。西方传统哲学所谓认识,主要是就个人说的,其主体是个人;《实践论》所谓认识,不是就个人说的,其主体可能是一个社会团体,也可能是整个社会。《实践论》所谓知、行,和中国传统哲学所谓知、行,其意义也不尽相同。中国传统哲学所谓知、行,也是专就个人说的;《实践论》所谓知、行,其意义就广泛得多了。在这个问题上,毛泽东倒和孙中山接近。孙中山的《孙文学说》的内容,主要讨论知、行问题,主张"行先知后、行易知难"。《实践论》中虽然没有明确地这样说,但全篇充满了这种思想,是很显然的。

毛泽东所说的实践是检验真理的标准,这个说法,从表面上看,似乎和实用主义接近;其实,二者是正相反对的。实用主义认为,如果一个设想能解决问题,它就是真理。至于为什么能解决问题,实用主义认为那就不必谈了,因为无论怎么谈,都没有使用的价值。马克思主义指出,一个设想能解决一个问题,是因为它符合客观实际。对于真理的性质,马克思主义和实用主义是绝不相同的。实用主义所着重讲的是发现真理的方法,作为一种方法是可以的,但不可以把发现真理的方法作为真理的性质。

第四节 《矛盾论》

这篇文章,本来是毛泽东为了克服存在于党内的严重的教条主义思想而作的。其中接触到两个真正的哲学问题:其一是两个对立面的统一和斗争的问题,其二是一般与特殊、共相和殊相的关系的问题。对于这两个问题,毛泽东都用生动的语言加以说明。

关于第一个问题,毛泽东说:"同一性、统一性、一致性、互相渗透、互相贯通、互相依赖(或依存)、互相联结或互相合作,这些不同的名词都是一个意思,说的是如下两种情形:第一,事物发展过程中的每一种矛盾的两个方面,各以和它对立着的方面为自己存在的前提,双方共处于一个统一体中;第二,矛盾着的双方,依据一定的条件,各向着其相反的方面转化。这些就是所谓同一性。"

(《矛盾论》,《毛泽东选集》第一卷,三〇一至三〇二页)

　　毛泽东在另一个地方说:"总之,我们必须学会全面地看问题,不但要看到事物的正面,也要看到它的反面。在一定的条件下,坏的东西可以引出好的结果,好的东西也可以引出坏的结果。老子在二千多年以前就说过:'祸兮福所倚,福兮祸所伏。'日本打到中国,日本人叫胜利。中国大片土地被侵占,中国人叫失败。但是在中国的失败里面包含着胜利,在日本的胜利里面包含着失败。历史难道不是这样证明了吗?"(《关于正确处理人民内部矛盾的问题》)这是毛泽东于1957年在最高国务会议第十一次(扩大)会议上的讲话中说的。毛泽东又说:"矛盾着的两方面中,必有一方面是主要的,他方面是次要的。其主要的方面,即所谓矛盾起主导作用的方面。事物的性质,主要地是由取得支配地位的矛盾的主要方面所规定的。然而这种情形不是固定的,矛盾的主要和非主要的方面互相转化着,事物的性质也就随着起变化。在矛盾发展的一定过程或一定阶段上,主要方面属于甲方,非主要方面属于乙方;到了另一发展阶段或另一发展过程时,就互易其位置,这是依靠事物发展中矛盾双方斗争的力量的增减程度来决定的。我们常常说'新陈代谢'这句话。新陈代谢是宇宙间普遍的永远不可抵抗的规律。依事物本身的性质和条件,经过不同的飞跃形式,一事物转化为他事物,就是新陈代谢的过程。任何事物的内部都有其新旧两个方面的矛盾,形成为一系列的曲折的斗争。斗争的结果,新的方面由小变大,上升为支配的东西;旧的方面则由大变小,变成逐步归于灭亡的东西。而一当新的方面对于旧的方面取得支配地位的时候,旧事物的性质就变化为新事物的性质。由此可见,事物的性质主要地是由取得支配地位的矛盾的主要方面所规定的。取得支配地位的矛盾的主要方面起了变化,事物的性质也就随着起变化。"(同上,二九七至二九八页)这就是说,一个统一体中的两个对立面,其各自的地位和作用不是平等的,有主有从,但其主从关系不是固定的。主可以转化为从,从也可以转化为主。一个国家的统治者可以转化为被统治者,被统治者也可以转化为统治者。毛泽东总结说:"世界上总是这样以新的代替旧的,总是这样新陈代谢、除旧布新或推陈出新的。"(同上,二九九页)以上是毛泽东在《矛盾论》中所接触到的第一个真正哲学问题。

第二个真正哲学问题,是一般和特殊、共相和殊相的问题。毛泽东说:"矛盾的普遍性和矛盾的特殊性的关系,就是矛盾的共性和个性的关系。其共性是矛盾存在于一切过程中,并贯串于一切过程的始终,矛盾即是运动,即是事物,即是过程,也即是思想。否认事物的矛盾就是否认了一切。这是共通的道理,古今中外,概莫能外。所以它是共性,是绝对性。然而这种共性,即包含于一切个性之中,无个性即无共性。假如除去一切个性,还有什么共性呢?因为矛盾的各各特殊,所以造成了个性。一切个性都是有条件地暂时地存在的,所以是相对的。这一共性个性、绝对相对的道理,是关于事物矛盾的问题的精髓,不懂得它,就等于抛弃了辩证法。"(同上,二九四至二九五页)

毛泽东又说:"由于特殊的事物是和普遍的事物联结的,由于每一个事物内部不但包含了矛盾的特殊性,而且包含了矛盾的普遍性,普遍性即存在于特殊性之中,所以,当着我们研究一定事物的时候,就应当去发现这两方面及其互相联结,发现一事物内部的特

殊性和普遍性的两方面及其互相联结,发现一事物和它以外的许多事物的互相联结。"(同上,二九三页)

他又说:"这是两个认识的过程:一个是由特殊到一般,一个是由一般到特殊。人类的认识总是这样循环往复地进行的,而每一次的循环(只要是严格地按照科学的方法)都可能使人类的认识提高一步,使人类的认识不断地深化。我们的教条主义者在这个问题上的错误,就是,一方面,不懂得必须研究矛盾的特殊性,认识各别事物的特殊的本质,才有可能充分地认识矛盾的普遍性,充分地认识诸种事物的共同的本质;另一方面,不懂得在我们认识了事物的共同的本质以后,还必须继续研究那些尚未深入地研究过的或者新冒出来的具体的事物。我们的教条主义者是懒汉,他们拒绝对于具体事物做任何艰苦的研究工作,他们把一般真理看成是凭空出现的东西,把它变成为人们所不能够捉摸的纯粹抽象的公式,完全否认了并且颠倒了这个人类认识真理的正常秩序。他们也不懂得人类认识的两个过程的互相联结——由特殊到一般,又由一般到特殊,他们完全不懂得马克思主义的认识论。"(同上,二八五页)毛泽东从认识论的根本上,批判了当时在党内掌握领导权的教条主义者。他们对一切事情都照搬苏联的革命经验,完全不知道苏联革命是一个特殊,中国革命又是一个特殊,两个特殊各有自己的特点;在苏联是真理的东西,到中国就成为教条。他们常说,他们是百分之百的布尔什维克,所以绝对正确。其实,如果他们不是百分之百的布尔什维克,那倒有正确的可能;如果他们真是百分之百的布尔什维克,那就非犯错误不可了。毛泽东把马克思主义的普遍真理和中国革命实践相结合,这就是把一般和特殊相结合,以此领导中国革命走向胜利。

对于一般和特殊的问题,毛泽东归结为一般寓于特殊之中。一个"寓"字,准确地说明了一般和特殊、共相和殊相既有区别、又有联结的情况。这个提法,中国传统哲学称为"理在事中"。

对于两个对立面统一斗争的问题,毛泽东归结为:"新陈代谢、除旧布新或推陈出新。"(同上,二九九页)

这是《矛盾论》的两个要点。

第五节 《矛盾论》与《中国革命战争的战略问题》

一个统一体的两个对立面既统一又斗争,就其统一这方面说,也可以说是两个伙伴。譬如:就一个贸易的关系说,其中必有两个伙伴——一个买者,一个卖者。没有买者就没有卖者,没有卖者也就没有买者。买者和卖者是一对对立面,也是一对伙伴。无论怎样说,他们都是互相依存的。他们互相依存而又互相斗争,都想占对方的便宜,这就是中国近代人所谓"商战"。这一对对立面或伙伴,因贸易这个关系而处于一个统一体中;又因同在一个统一体中而互相斗争,这就成为又统一又斗争的局面。中国有句老话说"不是冤家不聚头",说的就是这种情况。

一个统一体中的两个对立面,其中有一个是主要的,一个是次要的。这个主要、次要的分别是一回事。在一桩买卖交易中,有一方占便宜，必有一方吃亏。其占便宜者，就是主要对立面；其吃亏者，就是次要对立面。主要对立面的占便宜，就是次要对立面的吃亏，其实是一回事，并不是于主要对立面占便宜之外，还有一个次要对立面吃亏。这也正如会计学中借方和贷方平衡的道理一样。

在人类社会中，还有一种关系把不同的民族或国家联结为一个共同体，那就是战争。在一个战争共同体中，也有两个对立面，他们当然是对立的，但也可以说是伙伴的关系。没有这样的伙伴，也就没有战争了。中国有句老话："一个巴掌拍不响。"

在一个战争共同体中，其胜者为主要对立面，败者为次要对立面。其实，胜败就是一回事，胜者的胜就是败者的败，并不是于胜者之胜以外，另有一个败者之败。

在一个统一体的发展过程中，两个对立面的地位因条件的不同而经常互换，这就是对立面的转化。这在战争中最为明显。善于用兵的人，就是善于创造条件，使自己成为胜者，使敌人成为败者。毛泽东说："战争的胜负，主要地决定于作战双方的军事、政治、经济、自然诸条件，这是没有问题的。然而不仅仅如此，还决定于作战双方主观指导的能力。军事家不能超过物质条件许可的范围外企图战争的胜利，然而军事家可以而且必须在物质条件许可的范围内争取战争的胜利。军事家活动的舞台建筑在客观物质条件的上面，然而军事家凭着这个舞台，却可以导演出许多有声有色威武雄壮的活剧来。"（《中国革命战争的战略问题》，《毛泽东选集》第一卷，一六六页）

当红军在江西苏区同蒋介石的军队作战时，红军数量和武器装备远远处于劣势。红军当时的战术是："适应当时情况的带着朴素性质的游击战争基本原则……那就是所谓'敌进我退,敌驻我扰,敌疲我打,敌退我追'的十六字诀。"(同上,一八八页)这个"诀"的意义,是避免和敌人打面对面的硬仗,虽不能胜敌,但可以避免为敌所胜。

红军的战术,以后又有新的发展,使红军由劣势转化为优势。毛泽东说:"中国红军以弱小者的姿态出现于内战的战场,其迭挫强敌震惊世界的战绩,依赖于兵力集中使用者甚大。无论哪一个大胜仗,都可以证明这一点。'以一当十,以十当百',是战略的说法,是对整个战争整个敌我对比而言的;在这个意义上,我们确实是如此。不是对战役和战术而言的;在这个意义上,我们决不应如此。无论在反攻或进攻,我们总是集结大力打敌一部。……我们的战略是'以一当十',我们的战术是'以十当一',这是我们制胜敌人的根本法则之一。"(同上,二〇八至二〇九页)毛泽东根据辩证法对立面互相转化的原则,制定出一套在战争中以少胜多、以弱胜强的战略战术。这是《矛盾论》中提出的第一个要点的应用。

关于一般和特殊的分别,毛泽东作过极清楚的分析,在《中国革命战争的战略问题》一文中,毛泽东开头就说:"战争的规律——这是任何指导战争的人不能不研究和不能不解决的问题。革命战争的规律——这是任何指导革命战争的人不能不研究和不能不解决的问题。中国革命战争的规律——这是任何指导中国革命战争的人不能不研究和不能不解决的问题。"(同上,一五四页)战争是"一般",其内容是任何种战争都必须依照的规律。革命战争是一种战争,除了依照战争的一般规律外,还要依照这种战争的特殊规律。革命战争中,有苏联的革命战争,有中国的革命战争,这就是"特殊"。

它们除了依照一般战争和革命战争的规律外，还各因其本国所特有的情况而有各自发展的规律。毛泽东指出，指导中国革命战争的人必须研究苏联的革命战争经验，从中学习战争和革命战争的规律，求得一般于特殊之中，但不可以照抄苏联的战争经验。"如果我们一模一样地照抄来用，丝毫也不变更其形式和内容，就一定是削足适履，要打败仗。"（同上，一五六页）这是毛泽东对于当时教条主义者的批判，也是《矛盾论》中提出的第二个要点的应用。

《中国革命战争的战略问题》和《矛盾论》这两篇文章，前者发表于1936年12月，后者发表于1937年8月。就发表时间说，前者早于后者八个月，但不能说《矛盾论》中那两个要点只是毛泽东在这八个月中才发现的；只能说毛泽东在1936年前后的几年之间，就已形成这一套思想。他先用军事学的形式发表出来，那就是《中国革命战争的战略问题》；后来又用哲学的形式把它发表出来，那就是《矛盾论》。这两篇文章互相发明、互为表里。

由此可见，在这个时期，毛泽东的思想既有理论的根据，又有实践的应用。在这个时期，他的思想是科学的，不是空想的。他是从革命的客观实际出发，以决定革命的性质和任务。

关于革命的任务和革命的性质的关系的问题，王夫之有两句话说得最简明，"有因事以求理，无立一理以限事"。革命的性质就是"理"，革命的任务就是"事"。

第七十八章 中国哲学现代化时代中的理学（上）
——金岳霖的哲学体系

在新文化运动的鼓舞和推动下，随着新文学的产生，新哲学也产生了。冯友兰著两卷本《中国哲学史》最后一章的最后一节，题为"经学时代之结束"，其中说："本篇第一章谓中国哲学史，自董仲舒以后，即在所谓经学时代中。在此时代中，诸哲学家无论有无新见，皆须依傍古代哲学家之名，大部分依傍经学之名，如以旧瓶装新酒焉。中国与西洋交通后，政治社会经济学术各方面，皆起根本的变化。此西来之新事物，其初中国人仍以之附会于经学，仍欲以此绝新之酒，装于旧瓶之内。……历史上时代之改变，不能划定于某日某时。前时代之结束，与后时代之开始，常相交互错综。在前时代将结束之时，后时代之主流，即已发现。……故中国哲学史中之新时代，已在经学时代方结束之时开始。所谓'贞下起元'，此正其例也。不过此新时代之思想家，尚无卓然能自成一系统者。故此新时代之中国哲学史，尚在创造之中；而写的中国哲学史，亦只可暂以经学时代之结束终焉。"（冯友兰著《中国哲学史》下册，商务印书馆1934年9月版，一〇四〇至一〇四一页，又见《三松堂全集》第三卷，四二七至四二八页。本卷以下凡引《三松堂全集》，均为第一版。）

这里所说的"卓然能自成一系统"的哲学著作，在20世纪40年代初，果然出现了。中国哲学史完结了经学时代，进入了现代化的新时代；写的中国哲学史，也开始了新的一页。历史的发展是不能割断的，在发展的过程中，任何一个时代对于前一个时代，都不是全盘否定，而是扬弃。在扬弃中完成了承先启后、继往开来的责任。现代化时代的哲学家也沿用了宋明道学的词句，但并不是依傍于宋明道学；是"接着讲"，而不是"照着讲"的。

道学的主要两个派别是理学和心学。在哲学中本来有这两个派别。在西方哲学中，柏拉图、亚里士多德是理学的代表人物，康德、黑格尔是心学的代表人物。中国哲学史现代化时期，也有这样的两派，本书称之为新理学和新心学。新理学的一个代表人物是金岳霖。

金岳霖（1895—1984），字龙荪，湖南长沙人。清华学校毕业，美国哥伦比亚大学哲学博士。曾任清华大学、北京大学哲学系教授兼主任，清华大学文学院院长，中国科学院哲学社会科学部学部委员，哲学研究所研究员兼副所长，中国社会科学院哲学研究所研究员兼副所长。重要著作有《逻辑》《论道》《知识论》。

第一节　道、式、能

《论道》初版于1940年。这部书的结构很奇特。西方近代哲学家斯宾诺莎的《伦理学》，为了表示谨严，是用几何学的形式写的；中国近代谭嗣同的《仁学》，为了表示谨严，是用代数学的形式写的；金岳霖的《论道》，是用逻辑学的形式写的。书是一条一条地写的，每条都用一个逻辑命题表示，下面再加说明。没有长篇大论，而各条合起来，自成篇章。

《论道》第一章提出了全书的三个主要概念——道、式、能，这三个概念并不是平行的。该章第一条说："道是式——能"，第二条说："道有'有'，曰式曰能。"解释说："这里的道是哲学中最上的概念或最高的境界。"这里所说的道，指宇宙及人对于宇宙的理解。金岳霖在这一章还没有提出宇宙这个概念，但在第八章，他对于这个概念有较详细的说明。他指出："'宇宙'是'全'。'全'表示整体。宇宙不仅是时空架子而且包含时空架子里所有的一切。时空架子是宇宙底部分，而宇宙不是任何东西底部分。……这里的宇宙不是天文学家所量的宇宙。天文学家所量的宇宙，无论其直径多么长，总不是包罗万象的宇宙。能够说直径多么长的宇宙根本不是'全'，它总是某时期内的'世界'，所以说总是一部分。"（《论道》八·二〇，商务印书馆本1987年8月版，二一八页）宇宙就是一切，所以称为"大全"。《庄子》中有一句话说："至大无外，谓之大一。"所谓"大一"，只有宇宙足以当之，其特点就是"无外"。这个"一"字，不是一、二、三、四之"一"。它既是无外，就不可能有第二个那样的"一"了。"道"就是宇宙，所以是"哲学中最上的概念"。

这里所说的"道"又兼指人对于宇宙的理解，所以它又是哲学中"最高的境界"。这个理解有指导人生的作用，这就是韩愈所说的"由是而之焉"那句话的意义。金岳霖不大喜欢那个意义，但他又觉得那个意义"不必太直，不必太窄，它底界限不必十分分明，在它那里徘徊徘徊，还是可以怡然自得"（同上，八·二〇，一九页）。后边这几句话，说的是上边所说的"最高的境界"。

该章的第一条说"道是式——能"，这是说道的基本内容就是式、能。道就是宇宙，宇宙就是一切。一切的东西加以逻辑的分析，就可见都是由两部分结合而成。一部分金岳霖称为"式"，一部分称为"能"。所以，道的基本内容就是"式"和"能"。

第二条说："道有'有'，曰式曰能。"照他的说法，"式"

是一个套子,"能"可以套上这个套子,也可以套上那个套子,也可以同时套上许多套子,也可以从这个套子出来,换上那个套子。这就是该章第十六条所说的"能有出入"。一个"式"在还没有"能"套进去的时候,它仅是一个空套子,只是一个"可能"。必须有"能"套进去,"可能"与"能"相结合,这个"式"才成为现实。本条特别提出"有"字,因为常识及一部分哲学家都认为只有现实的东西才是"有","式"既然只有一个"可能",那就是"没有"。本条的提出,就是要特别肯定没有套入"能"的"式"虽然不是现实,也不是"没有"。如果根本没有这个"可能","能"又套入什么呢?

"能"究竟是什么,金岳霖说,这就不能说了。因为一说它是什么,那就把它套入一个"可能"了。该章第三条说"有能",解释说:"这里的'能'字是命名的名字,好像张飞、关羽一样,不是形容事物的名词,如红、绿、四方,等等。名字叫'能'的那×不是普通所谓东西,也不是普通所谓事体。"

金岳霖所说的"能",近于道家所说的"道"。"道"的一个特点,就是"无名"。《老子》说:"吾不知其名,字之曰道。"金岳霖所说的"能"的特点,也是"无名",称它为"能",也不过是"字之"而已。

金岳霖所说的"式"和"能",相当于理学所谓"理"和"气"("相当"并不等于"相同")。中国传统哲学所谓"气",原来是一种自然物质,自朱熹以后就不是如此了。朱熹说,"气"是"生物之具","气"就是一个逻辑概念,近乎金岳霖所谓"能"了。

宇宙及其中事物的发展,是一个由"可能"到现实的历程。古今中外的大哲学系统,都以说明这个历程为其主要内容。金岳霖的

《论道》的内容,也是说明这个历程。在这个历程中,有许多阶段、环节,金岳霖在《论道》中也都说明了。他的说明和理学往往相合。

《论道》的第二章标题是《可能底现实》,这就开始说明那个历程了。该章第一条说:"可能之现实即可能之有能。"这是说,一个可能如果有"能"套入,它就成为现实了。这是总括上章所说的道理,以说明所谓现实的意义。第二条说:"有不可以不现实的可能。"第三条说:"现实是一现实的可能。"第四条说:"无不可以现实的可能。"第五条说:"有老是现实的可能。"

这些话都是说从可能到现实这个历程是无始无终的,因为"现实"也是一个可能,而且是一个"老是现实的可能"。现实这个可能既然"老是现实",它当然就是无始无终了。理学家也是这样说的。他们说:"动静无端,阴阳无始。"

"无不可以现实的可能",所以这个现实的内容总是非常丰富的,那就是现实的世界。"有未现实的可能"(同上,二·九,四六页),"未现实的可能"将来总是要现实的。

《周易·系辞》赞美"易"说:"盛德大业,至矣哉!富有之谓大业,日新之谓盛德。"金岳霖所说的现实世界,可以说是既"富有"又"日新"了。

金岳霖又讲到所谓"轮转现实":"最显而易见的说法,就是说'能'有出入,其出也必有所入,其入也必有所出。出入之间就有轮转现实底可能与轮转现实的可能。……可能无所谓轮转,即'现实'这一可能亦无所谓轮转;但'现实'不仅是可能,而且是一现实的可能;这老是现实的可能底内容是老在那里轮转的。这就是说,可能虽无所谓轮转,而可能底现实与不现实老有轮转。"(同上,

二·九,四九至五〇页)

该章第十三条说:"变是一现实的可能。"下面解释说:"这里的变就是可能底轮转现实。有轮转现实的可能,就有轮转现实这一可能;有轮转现实这一可能,就有变这一可能。轮转现实不仅是一可能,而且是现实的可能,所以变也是一现实的可能。变不仅是一现实的可能,而且是老是现实的可能。它是老是现实的可能,因为它是任何东西所不能逃的现实。可是它虽是任何东西所不能逃的现实,而我们也找不出纯理论上的理由去表示它必然现实,所以它不是一不可以不现实的可能。变是头一个老是现实的可能底例。"(同上,二·九,五〇页)"变"是宇宙间的一个最普遍的现象,是哲学中的一个最重要的概念,说明"变"也是哲学的一个最重要的课题。《周易》的"易"字的一个主要意义就是"变"。

金岳霖接着说:"变当然不是可能底变,因为可能无所谓变与不变,即'变'这一可能也无所谓变与不变。这是显而易见的;好像'动'一样,动的东西固然动,而'动'这一可能不动;扰万物者莫急乎风,而风这一可能不扰万物。变既不是可能底变,而在现在这一章里,所谓'东西'者尚没有提出来,变只能是可能底轮转现实底变。以后我们也许要表示'东西'底变就是这里的变,但至少在现在,这里的变不必是'东西'底变。这里的变是不久就要提出的'本然世界'底变,而本然世界不必有我们所谓'东西'那样的东西。这就是说,在本然世界,'东西'这一可能不必现实。所以至少在现在我们只说变是可能底轮转现实底变。"(同上,二·九,五〇至五一页)

金岳霖在这里指出,"变"的可能并不变,"动"的可能并不动,这一点很重要。凡"式"、"可能"、"概念",都是如此。人们往往认为,"动"的可能必然是动得飞快,"红"的可能必然是红得鲜红。其实,"动"的可能并不动,"红"的可能并不红。必须认识清楚这一点,才算是入了哲学的门。

该章第三十条说:"本然世界是老是现实的'现实'。"解释说:"这句话底意思表示我们所谓'本然世界'是所有曾经现实及任何时现实着的可能,而这就是现实了的'现实'这一可能。"又指出:"变、时间、先后、大小……都是这本然世界底情形。这本然世界,除新陈代谢外,似乎没有什么可说的。可是,我们要表示它是现实的世界。从前已经表示过,'现实'底现字没有现在底意思,只有现出来底意思,而实字没有存在底意思,只有实在底意思。本然世界是实实在在现出来的世界。它虽然是实实在在现出来的世界,而它不必就是现在所有的这样的世界。……在这本然世界里,变是有的,时间是有的,前后、大小都是有的……本然世界是先验的世界。这不是说我们对于它的知识是先经验而有的,这是说只要有可以经验的世界,我们就得承认有这样的、本然的、轮转现实的、新陈代谢的世界。"(同上,二·九,六四至六五页)

照这些话所说的所谓"本然世界",就是"老是现实"的那些可能的现实所实现的现实世界。所以金岳霖说,在其中不必有我们现在世界所有的那些事物,因为那些事物并不是老是现实的可能的现实。上边所说的关于现实世界的话,有些只是对于本然世界说的。例如说现实世界无始无终,这就只是对于本然世界说的。至于我们现在所经验的现实世界,那就有始有终了。地球是有始的,太阳系是有始的,它们将来有终,也是可以想象的。本然世界并不是我们现在所有的经验中的世界,但一切经验中的现实世界,都必须以本然世界为前提。从常识看起来，所谓本然世界似乎有点虚无缥缈；但从逻辑推论起来，它是实实在在的。这是一个真正的哲学的概念。

第二节 共相与殊相、一般与特殊

《论道》第三章的标题是《现实的个体化》。这是从可能到现实的历程中的一个重要环节。该章第三条说："现实底具体化是多数可能之有同一的能。""具体化"和"个体化"意思是一样的。每一个体都有许多的性质，这就是同一的能套入许多可能。金岳霖解释说："普通所谓具体是与抽象相反的。它有两成分：（一）它是可以用多数谓词去摹他底状的；（二）无论用多少谓词去摹他底状，它总有那谓词所不能尽的情形。后面这一成分似乎是哲学方面的一个困难问题。如果具体的东西没有后面这一成分，我们可以说它就是一大堆的共相，或一大堆的性质，或一大堆的关系质；但具体的东西既有后面这一成分，它不仅是一大堆的共相，或一大堆的性质，或一大堆的关系质。它有那非经验所不能接触的情形，而这情形就是普通所谓'质'、或'体'、或'本质'、或'本体'。"（同上，三·四，六九至七〇页）这里所说的后一成分，就是那"同一的能"。任何一个个体都有难以数计的性质，这就是同一的"能"套入了那难以数计的"可能"。这种情况就是该章第一条、第二条所说的"现实并行不悖"和"现实并行不费"。同一的能可以同时套入那难以数计的可能,这些可能,必然是并行不悖。这些可能的现实,只需要同一的能,这就是并行不费。

该章第九条说:"共相是个体化的可能,殊相是个体化的可能底各个体。"解释说:"普通所谓共相是各个体所表现的、共同的、普遍的'相';或从文字方面着想,相对于个体,共相是谓词所能传达的情形;或举例来说,'红'是红的个体底共相,'四方'是四方的个体底共相……等等。共相是哲学里的一个大问题,尤其是所谓共相底实在问题。……共相当然是实在的。相对于任何同一时间,可能可以分为两大类:一是现实的,一是未现实的。未现实的可能没有具体的、个体的表现,它根本不是共相;因为所谓'共'就是一部分个体之所共有;未现实的可能,既未现实,不能具体化,不能个体化,本身既未与个体相对待,所以也无所谓'共'。如果世界上没有个体的鬼,'鬼'不是共相;七十年前没有一个一个的飞机,'飞机'在那时候仅是可能,不是共相,现在既有个体的飞机,'飞机'不仅是可能,而且是共相。……共相当然实在,不过它没有个体那样的存在而已。一方面它是超时空与它本身底个体的,另一方面它既实在,所以它是不能脱离时空与它本身底个体的。这两方面的情形没有冲突。设以 ϕ 为共相,而 X_1、X_2、X_3……X_n……是 ϕ 共相下的个体,ϕ 不靠任何 X 底存在或任何 X 所占的时空才能成其为共相,那就是说 X_1、X_2、X_3……X_n……之中,任何个体的 X 不存在,而 ϕ 仍为共相;可是,ϕ 不能脱离所有的 X_1、X_2、X_3……X_n……而成为共相,因为如果所有的 X_1、X_2、X_3、……X_n……都不存在,则 ϕ 不过是一可能而已。这两方面的情形都很重要。由前一方面说,共相超它本身范围之内的任何个体,由后一方面说，它又不能独立于本身范围之内的所有的个体。由前一方面说我们可以说共相是 Transcendent 的；由后一方面说，我们也可以说它是 Immanent 的。至于可能，无论从哪一方面看来，总是 Transcendent 的。共相没有个体所有的时空上的关系，一本黄书在一张红桌子上，并不表示'黄'共相在'红'共相之上，在东边的东西比在西边的东西多，并不表示'在东'这一共相比'在西'这一共相多。如果我们老在这一条思路上走，我们可以说出许多表面上似乎玄妙而其实没有什么玄妙的话，例如：'变'不变，'动'不动，'在东'不在东，'在西'不在西，'大'不大，'小'不小……等等。这些话里面看起来似乎有矛盾，而其实也不过是表示其共相没有个体所有的时空上的关系……等等。殊相是与共相相对待的。这本黄书底'黄'，这张红桌子底'红'都是此处的殊相。它们虽是相，而免不了为殊。"（同上，三·四，七三至七四页）

在 20 世纪 30、40 年代，关于共相的讨论是中国哲学界都感到有兴趣的问题，特别是共相存在的问题。冯友兰主张共相先个体而"潜存"，认为未有飞机已有飞机之理。金岳霖对于这个问题作了进一步的分析，指出：共相是现实的，现实必然个体化，而共相又不是一个一个的个体。一个一个的个体是殊相，殊相必然在时间空间中占有一定的位置。共相不是殊相，不在时间空间中占有一定的位置，它超越殊相和时空。就这一方面说，它是 Transcendent。但共相又不能完全脱离殊相，如果完全脱离，那就只是一个可能，而不是现实的了。就这方面说，共相又是 Immanent，这种情况就是所谓"一般寓于特殊之中"。经过这样的分析，不但当时争论的问题得到了解决，理学中关于"理在事上"、"理在事中"的争论也成为多余的了。

第三节 性与尽性

照这样说,"共相"相当于理学所说的"性"。《论道》第三章第二十二条说:"一现实可能底个体底尽性是那些个体达到那一现实可能底道。"接着解释说:"这一条底'性'底意义与以上所说的不同,此不同点在本条底文字上可以寻找出来。以上的意义是宽义的 Quality,本条底意义是狭义的 Nature。现在把前者叫作属性,后者叫作主性,二者合起来叫作性质。以上所说的是 X 个体底形色状态,没有说 X 是怎么样的个体。设 X 有 φ、ψ、θ、λ……等等性质,这些性质都是宽义的性质。可是,φ、ψ、θ、λ……等等都是现实的可能,X 是 φ 这一现实可能底个体(兹以 Xφ 表示之),Xφ 有它底主性,φ、θ、λ……虽都是 X 个体底性质(Qualities),可不都是 Xφ 底主性。ψ、θ、λ……中有好些对于 φ 不相干,有好些是 φ 可能底定义所必具的主性。本条所说的不是 X 个体底尽性,是 Xφ 底尽性。""'纸'有定义,'纸'底定义牵扯许多其他的可能;一张纸有性质,它底性质也牵扯到许多其他性质,一张纸底尽性就是充分地现实它所牵扯的可能。充分地现实纸这一可能就是达纸之所以为纸的道。""我们要注意本条是一普遍命题。任何现实可能底个体都有它必具的性质,万物各有其性就表示这个意思。"(同上,三·四,八六至八七页)

这就是说，任何个体都有许多性质，可以归入许多的类。从某一类的观点看，可以使某一个体列入本类的性质，就是它的主性；其他与主性不相干的性质，就是它的属性。本性就是某一类个体之所以为某一类者，为某一类的定义所必须举出者。例如人是理性动物，他既然是一种动物，就必然有动物性；但动物性并不是他的主性，他的主性是理性。理学说，人有"义理之性"和"气质之性"，前者是人的主性，后者是人的属性。

金岳霖接着说："可是，物之不同各如其性，每一现实可能底个体都各有它底特性。有些性质简单，有些复杂，有些尽性容易，有些尽性烦难，有些尽性底程度高，有些尽性底程度低，有些个体能尽性与否差不多完全靠外力，有些至少有一部分靠它们本身。以后谈到人当然也有尽性问题。一个人似乎是最复杂的个体，尽性问题也最麻烦。所有人事方面的种种问题都与这尽性有关。"（同上，三·四，八七页）理学的主题，就是讨论人如何尽性。

第四节 理与命

《论道》第七章的题目是《几与数》。在这一章中金岳霖提出了好几个概念。这些概念，在理学中都常出现，而且占重要地位。金岳霖在主观上，并不是为了发展理学而提出这些概念；在客观上，他所提出的这些概念，恰好和理学中的概念相当。

该章第一条说:"能之即出即入谓之几。"解释说:"第一章说能有出入。能既有出入,当然有入此出彼底情形发生。既出彼入此,也当然有未入而即将入未出而即将出的阶段。此即出即入我们叫作几。几字从前大概没有这用法。"(同上,三·四,一六八页)这个"几"字在中国传统哲学中,正是这样用法。《周易·系辞》说:"几者动之微,吉之先见者也。君子见几而作,不俟终日。"

第二条说:"有理几,有势几,自能之即出入于可能而言之几为理几;自能之即出入于个体底殊相而言之几为势几。"解释说:"在自然史上某时期有某某种动物或植物,而在某另一时期无此种动物或植物。所谓有某某种动物或植物,照本书底说法就是能之入于某某可能;而所谓无某某种动物或植物就是能之出于某某可能。能既出入于可能,当然也即出入于可能。这样的几为理几。""能不仅出入于可能而且也出入于个体底殊相。所谓出入于殊相就是前此说的殊相底生灭。入于一殊相就是一殊相底生,出于一殊相就是一殊相底灭。出入于殊相与出入于可能当然不同。出入于一殊相不必就是出入于相应于该殊相的可能。""这两种出入既不相同,这两种即出即入也不相同。能之即出即入于可能我们叫作理几,能之即出即入于个体底殊相我们叫作势几。"(同上,三·四,一六八至一六九页)

第八条说:"有理数有势数,自能之会出入于可能而言之数为理数,自能之会出入于个体底殊相而言之数为势数。"(同上,三·四,一七五页)这两条所说是与"势"相对的"理",正相当于理学所说的"理"。照这里所说,"理"是就"可能"说的,"势"是就"个体底殊相"说的。用中国传统哲学的话说,前者属于天,后者属于人。理学称理为"天理",与"天理"相对者为"人欲"。"天理"和"人欲"相对而言，正如这里把"理"和"势"相对而言。

第六条说："相干于一个体底几对于该个体为运。"解释说："所谓相干是有影响，所谓不相干是无影响。"（同上，三·四，一七三页）第十一条说："相干于一个体底数对于该个体为命。"解释说："从道底观点而言之，所有个体底运都是几，所有个体底命也都是数。……至于从各个体底观点说，我们的确可以说各个体底变动不为运先不为运后，出于运入于运，而又无所逃于命。……'命'在日常生活中似乎有决定底意义，有无可挽回不能逃避底意义，此意义在本书以能之会出会入表示。……根据会字底用法，命虽是无可挽回的，无可逃避的，而它不是逻辑那样的必然的，也不是自然律那样的固然的。"（同上，三·四，一七八页）"运"与"命"两个字普通多连用，或曰"运命"，或曰"命运"，简言曰"命"。在理学中，"命"是一个重要概念。《周易·说卦》说："穷理尽性，以至于命。"周敦颐的《通书》第一章标题为"理性命"。理学把穷理、尽性、至命列为三个修养的目标和下手的功夫。金岳霖在这一章用他自己的方法，对于"理性命"作了新的说明。

第五节　无极而太极

《论道》第八章的题目是《无极而太极》。以上各章讲的是宇宙从可能到现实的历程及其中的重要环节；这一章讲的是这个历程的方向和归宿,可以说是全书的总结。这章第一条说:"道无始,无始底极为无极。"解释说:"道无始,所谓无始就是说无论把任何有量时间以为道底始,总有在此时间之前的道;或者说从任何现在算起,把有量时间往上推,推得无论如何的久,总推不到最初有道的时候。……这极是极限的极,是达不到的极。它虽然是达不到的,然而如果我们用某种方法推上去,无量地推上去,它就是在理论上推无可再推的极限,道虽无有量的始,而有无量地推上去的极限。我们把这个极限叫作无极。"(同上,三·四,一九三页)

他接着说:"无极是固有的名词,也许它从前有此地的用法,也许没有。从意义底谨严方面着想,大概能够不用固有的名词最好不用,因为不用的时候,可以免除许多的误会。可是,玄学上的基本思想不仅有懂不懂底问题,而且有我们对于它能够发生情感与否底问题。从这一方面着想,能够引用固有的名词,也许我们比较地易于接受这名词所表示的思想。好在研究这门学问的人不至于因名词底相同,就以为意义也一定相同。"(同上)这一段话,对于全书有"发凡起例"的作用。在以上各章中,金岳霖用了许多传统哲学中的名词,他尽可以不用,但他还是用了。其原因大概就是如上所述。

金岳霖在这里所说的是哲学史发展的一个规律。历代的哲学家,往往沿用前代哲学家所用的名词,但其意义不必与前代哲学家完全相同。这就是冯友兰在《新理学》中所说"接着讲"与"照着讲"的不同。因其是"接着讲",所以,在哲学史的发展过程中有承先启后、继往开来的作用。

该章第三条说:"无极为无,就其为无而言之,无极为混沌,万物之所从生。"解释说:"本条所说的混沌,就是那'混沌初开,乾坤始奠'的混沌。不过,我们所谈的既然是无极,混沌是未开的混沌而已。未开的混沌真正是混沌……无极之所以为混沌,因为它是万物之所从生,它是万物之所从生,因为它是无始底极限。但是,这万物之所从生可以分作两方面说,一是从时间方面说,一是不从时间方面说;一是从纵的方面说,一是从横的方面说。我们先从纵的方面说起。现在这样的世界至少是'有',有这个,有那个的'有',每一个'有'从前都有'无'的时候。现在所有的'有'从前都有'无'的时候。现实没有开始的时候,所以在事实上我们不能从现在的'有'追根到'无',可是,这样的'有'底极限总是这样的'无'。我们似乎要注重这样的'有'与这样的'无'。'有'既是有这个有那个的'有','无'也是无这个无那个的'无'。有这个有那个就是有分别,所以清楚,无这个无那个就是无分别,所以混沌。从时间上着想,这样的'有'虽不能上追到这样的'无',而这样的'有'底极限就是这样的'无'。无极是这样的'无',所以无极为混沌,万物之所从生。从横的方面着想,我们可以把现在的'有',这个那个等等,不从时间上说,而从这个之所以为这个,那个之所以为那个,慢慢地分析下去。这个之所以为这个要靠许多的那个,而任何那个之所以为那个,追根起来,也要靠这个之所以为这个。若把这个之所以为这个与那个之所以为那个者撇开,所余的浑然一物,没有彼此的分别。若把其他的分别也照样地撇开,这分析下去的极限也是混沌。本条说无极为混沌,万物之所从生。这'从'是无量时间的'从'。在有量时间,万物之所从生的仍是万物。就横面的分析着想,如果我们分析下去,无论我们在什么阶段打住,在那一阶段，万物之所从生的仍是万物。只有理论上的极限才是混沌，才是这里所说的万物之所从生的所'从'。但是绝对的'无'，毫无的'无'，空无所有的'无'，不可能的'无'不能生'有'，也不会生'有'。能生有的'无'，仍是道有'有'中的一种，所无者不过是任何分别而已。这就是说，无极的无是混沌。"（同上，三·四，一九一至一九五页）

"混沌，万物之所从生"，是中国传统哲学中常见的话。金岳霖又把这些话重新提出来，予以完全新的解释。照他的解释混沌并不是确有所指，如传统哲学中所谓"元气"之类。他所说的混沌是一个逻辑的概念。他的这部书的主题，是说明宇宙从可能到现实的整个历程。这个历程怎样开始呢？金岳霖指出：从有量时间方面说，这个历程是无始的，但从理论上说，无始有个极限，这个极限谓之无极。在中国哲学史中，反对无极这个概念的人，都说无极就是无中生有。金岳霖说，他说的无极并没有这个意思。朱熹和陆九渊对于这个问题曾发生过激烈的辩论，金岳霖的解释对于他们所争执的问题给了一个解决。

该章第五条说："共相底关联为理，殊相底生灭为势。"第六条说："无极为理之未显势之未发。"解释说："我们可以说无极有理而无势，无极不过是未开的混沌而已，它不是毫无所有的无，也不是不可能的无；它既是现实，当然有理。可是，有理之有不是有势之有，未显的理仍为理，未发的势不是势。说无理是一句矛盾的话，在任何时间说无势是一句假话，在无极'无理'仍是矛盾的话，在无极'无势'不但不是矛盾的话，而且是一句真话。两'有'底意义不同可以从两'无'底意义不同看出来。有理是不能不有的有，仅有的有;有势是普通所谓有这个有那个的有。无极有理而理未显,势未发故无极无势。"(同上,三·四,二〇〇至二〇一页)理学中也有关于"已发"和"未发"、"显"和"微"的讨论,金岳霖把这些名词接下来以说明无极。

关于"无极"的说明到此结束,以下就转入"太极"的说明。这章第八条说:"个体底共相存于一个体者为性,相对于其他个体者为体,个体底殊相存于一个体者为情,相对于其他个体者为用。"解释说:"从性质方面着想,从共相之存于一个体者这一方面着想,一个体是一个性,从关系方面着想,从共相之相对于其他个体者这一方面着想,一个性是一个体。相当于性质的殊相本条叫作情,相当于关系的殊相本条叫作用。"又说:"前此中国哲学家对于体用很有许多不同的以及相反的议论。照本条底用法,这相反的议论实即重视共相或重视殊相底主张。在本书底立场上,二者之间,重视其一,总是偏重。无共不殊,无殊亦不共,无性不能明情,无情也不能表性;无体不能明用,无用也不能征体。我们所直接接触的都是情与用,所以在日常生活中注重情与用本来是很有道理的,但在哲学我们决不能偏重。"(同上,三·四,二〇一至二〇五页)第九条说:"情求尽性,用求得体,而势有所依归。"第十条说:"情之求尽性也,用之求得体也,有顺有逆。"第十一条说:"顺顺逆逆,情不尽性,用不得体,而势无已时。"第十二条:"变动之极,势归于理,势归于理则尽顺绝逆。"第十三条:"道无终,无终底极为太极。"第十四条:"太极为未达,就其可达而言之,虽未达而仍可言。"第十五条:"自有意志的个体而言之,太极为综合的绝对的目标。"第十六条:"太极为至,就其为至而言之,太极至真,至善,至美,至如。"第十七条:"太极为极,就其为极而言之,太极非式而近乎式。"第十八条:"居式由能,无极而太极。"第十九条:"无极而太极,理势各得其全。"第二十条:"就此全而言之,无极而太极为宇宙。"第二十一条:"太极绝逆尽顺,理成而势归,就绝逆尽顺而言之,现实底历程为有意义的程序。"第二十二条:"无极而太极是为道。"(见《论道》,二〇五至二二〇页)

这是金岳霖对于宇宙从可能到现实的历程所作的总的说明。从时间上说,这个历程是无始的;从理论上说,这个无始有极限,这个极限谓之无极。这个历程是无始而又有始的。从时间上说,这个历程是无终的;从理论上说,无终有个极限,这个极限谓之太极。无极而太极,那个"而"字,就代表那个历程。这个整个历程,金岳霖作了详细的说明,成为一个完整的哲学体系。

第六节 现代化与民族化

《论道》这个体系,不仅是现代化的,而且是民族化的。关于这一点,金岳霖是自觉的。他在《论道》的绪论中说:"经奥人维特根斯坦与英人袁梦西底分析才知道逻辑命题都是穷尽可能的必然命题。这样的命题对于一件一件的事实毫无表示,而对于所有的可能都分别地承认之。对于事实无表示,所以它不能假;对于所有的可能都分别地承认之，所以它必真。它有点像佛菩萨底手掌，任凭孙猴子怎样跳，总跳不到手掌范围之外。假如算学与逻辑是类似的东西——我不敢肯定地说它们是类似的东西——也许自然界之遵守算学公式就同事实之不能逃出逻辑一样，而前此以为自然界因遵守算学公式而有算学式的秩序那一思想就不能成立。假如算学同逻辑一样，自然界尽可以没有秩序，然而还是不能不遵守算学公式。"（《论道》，二至三页）这里所说的是论道体系之为现代化的要点。

金岳霖又说："每一文化区有它底中坚思想，每一中坚思想有它底最崇高的概念，最基本的原动力。小文化区我们不必谈到。现在这世界底大文化区只有三个：一是印度，一是希腊，一是中国。它们各有它们底中坚思想，而在它们底中坚思想中有它们底最崇高的概念与最基本的原动力。欧美底中坚思想也就是希腊底中坚思想，我们现在所急于要介绍到中国来的，追根起来，也就是希腊精神。……印度底中坚思想我不懂，当然也不敢说什么。中国底中坚思想似乎儒道墨兼而有之。……中国思想中最崇高的概念似乎是道。所谓行道、修道、得道，都是以道为最终的目标。思想与情感两方面的最基本的原动力似乎也是道。成仁赴义都是行道；凡非迫于势而又求心之所安而为之，或不得已而为之，或知其不可而为之的事，无论其直接的目的是仁是义，或是孝是忠，而间接的目标总是行道。……不道之道，各家所欲言而不能尽的道，国人对之油然而生景仰之心的道，万事万物之所不得不由，不得不依，不得不归的道才是中国思想中最崇高的概念，最基本的原动力。对于这样的道，我在哲学底立场上，用我这多少年所用的方法去研究它，我不见得能懂，也不见得能说得清楚，但在人事底立场上，我不能独立于我自己，情感难免以役于这样的道为安，我底思想也难免以达于这样的道为得。关于道的思想我觉得它是元学底题材。我现在要表示我对于元学的态度与对于知识论的态度不同。研究知识论我可以站在知识论底对象范围之外，我可以暂时忘记我是人，凡问题之直接牵扯到人者我可以用冷静的态度去研究它，片面地忘记我是人适所以冷静我底态度。研究元学则不然，我虽可以忘记我是人，而我不能忘记'天地与我并生，万物与我为一'。我不仅在研究对象上求理智的了解，而且在研究底结果上求情感的满足。虽然从理智方面说我这里所谓道，我可以另立名目，而另立名目之后，这本书底思想不受影响；而从情感方面说，另立名目之后，此新名目之所谓也许就不能动我底心，怡我底情，养我底性。知识底裁判者是理智，而元学底裁判者是整个的人。这里所谓道也许就是上段所说的中国思想中的道，也许相差很远。……最崇高概念的道，最基本的原动力的道决不是空的，决不会像式那样的空。道一定是实的，可是它不只是呆板地实像自然律与东西那样的实，也不只是流动地实像情感与时间那样的实。道可以合起来说，也可以分开来说，它虽无所不包，然而它不像宇宙那样必得其全然后才能称之为宇宙。自万有之合而为道而言之，道一，自万有之各有其道而言之，道无量。'道二，仁与不仁而已矣'的道，照本书底说法，是分开来说的道。从知识这一方面说，分开来说的道非常之重要，分科治学，所研究底对象都是分开来说的道。从人事这一方面着想，分开来说的道也许更是重要，'得志与民由之，不得志独行其道'的道是人道，照本书底说法，都是分开来说的道。可是，如果我们从元学的对象着想，则万物一齐，孰短孰长，超形脱相，无人无我，生有自来，死而不已，而所谓道就是合起来说的道,道一的道。"(《论道》,一六至一八页)这里所说的道,是论道体系之为民族化的要点。

现代化与民族化融合为一,论道的体系确切是"中国哲学",并不是"哲学在中国"。元学(本体论,形而上学)是哲学的中心,它跟哲学的其他部门不同。金岳霖指出元学与知识论不同,我们不能说"中国知识论",只能说"知识论在中国"。金岳霖的《知识论》和《逻辑》,都是体大思精的著作,但它们都是知识论、逻辑在中国,而不是中国知识论和逻辑。

因为对于一件一件的事实毫无表示,人们从《论道》得不到积极的知识,以为《论道》只是分析一些概念,这样的分析对于实际生活没有什么用处。听说金岳霖在英国剑桥大学曾有一个发言说,哲学是概念的游戏(未见记录,故曰"听说")。他认为,哲学本来就是这样的一门学问。人们不禁要问,这样的学问,对于人生有什么用处,这就牵涉到哲学的性质及其作用的问题。对于这个问题,本《新编》在第八十一章中将作详细的讨论。

第七十九章 中国哲学现代化时代中的理学(下)——冯友兰的哲学体系

在现代化时代中，与金岳霖同时发展理学的有冯友兰。

冯友兰，字芝生，河南省唐河县人，毕业于北京大学，美国哥伦比亚大学哲学博士。曾任河南中州大学教授兼文科主任，广东大学教授兼哲学系主任，燕京大学哲学系教授，清华大学哲学系教授兼系主任、校秘书长、文学院院长、代理校务会议主席、校务委员会主席，西南联合大学文学院院长，北京大学哲学系教授，中国科学院哲学社会科学部常务学部委员，中国科学院哲学研究所研究员等职。主要学术著作有《中国哲学史》（两卷本）、《中国哲学史新编》、"贞元六书"（《新理学》《新事论》《新世训》《新原人》《新原道》《新知言》），均收入今人所编《三松堂全集》中。

第一节　"接着讲"与"照着讲"

冯友兰称他的哲学体系为"新理学"。这三个字，在本章中有两个意义：第一个，指冯友兰自称的哲学体系；第二个，指"贞元六书"中的那本书。各以符号别之：前者加双引号，后者加书名号。

《新理学》开头就说，此书"是'接着'宋明以来底理学讲底，而不是'照着'宋明以来底理学讲底"。

中国需要现代化，哲学也需要现代化。现代化的中国哲学，并不是凭空创造一个新的中国哲学，那是不可能的。新的现代化的中国哲学，只能是用近代逻辑学的成就，分析中国传统哲学中的概念，使那些似乎是含混不清的概念明确起来,这就是"接着讲"与"照着讲"的分别。

冯友兰对于哲学是从逻辑学入门的。用古人的话说,就是从逻辑学"悟入";用今人的话说,就是从逻辑学"打开一个缺口"。照逻辑学讲,一个普通名词,都是一个类名,都有两个方面:内涵和外延。内涵是这一类东西的决定性的性质,外延是这一类东西所有的分子。内涵是这类东西的共相或一般,外延是这一类东西的殊相或特殊。共相和殊相的关系,是希腊哲学所说的"一"与"多"的关系,也是宋明道学所说的"理一分殊"的关系。这些道理明白了以后,就看出孟子所说的"人之所以异于禽兽者几希"那句话的逻辑意义。"人之所以异于禽兽者",就是人这个普通名词的内涵;一个一个的人,就是这个普通名词的外延。这个道理认识清楚以后,理学的主要概念就都有了。有了这些概念以后,再用宋明道学的有些话相印证,那就是"接着讲"而不是"照着讲"了。

第二节 理,太极

《新理学》第一章的题目是《理,太极》,其第一节讲"实际"与"真际"的分别。冯友兰说:"我们的知识及由此而起之判断、命题,皆系关于其所知者。例如我们说:'这是方底。''这'是所知,亦即实际底事物。'这是方底'之命题,表示我们对于'这'有知识，有判断。如果说这个命题，说这句话之时我们并不是随便开玩笑……如果这个命题，这句话，是有意义，是可真可假，则这个命题，这句话，不是一句空话，是及于实际底事物者，即系对于实际底事物有所肯定。我们日常生活中所作之命题，大都此类。

"说'这是方底'，即是说'这'有方性，或是说'这'是属于方底事物之类。……因'这是方底'，我们可思及凡有方性底物，即凡属于方底物之类底物。我们亦可对于凡属于方底事物之类底物，作许多肯定。例如说：'凡方底物皆有四隅。'我们作这个判断，说这个命题时，如果我们是思及所有有事实底存在底方底物，虽然我们并不知其数目果有若干，但我们是将其总括而一律思之，如此，则这个判断，这个命题，即是及于实际者，即对于实际有所肯定。科学中之命题，大都此类。

"如我们更进一步而离开一切方底物，即属于方底物之类之实际底物，而只思及方底物之所以为方者，我们亦可作许多肯定。例如我们可说'方有四隅'或'方是四隅底'。于作此判断，说此命题时，我们可不管事实上果有实际底，方底物存在否。我们可以为，事实上可以无实际底方底物之存在，但如其有之，则必有四隅。如此，则这个判断，这个命题，即不是及于实际而是及于真际者，即不是对于实际特别有所肯定，而是对于真际有所肯定。哲学中之命题大都此类。

"方底物之所以为方者即'方'。照上所说，'方'可以是真而不实。如果事实上无实际底方底物之存在，'方'即不实。但如果事实上有实际底方底物之存在，则它必有四隅。实际底方底物，必依照方之所以为方者而不能逃。于此可见'方'是真。如果'方'

是真而不实，则'方'是纯真际底。"（《三松堂全集》第四卷，二一至二三页）

真际和实际的分别，人们往往认识不清，以为在真际中必然也有不计其数的、可以看得见、摸得着的东西，不过，比实际中的东西更完善、更合乎标准。例如：在真际中，动的东西必然动得飞快，快至无可再快；红的东西，必然红得鲜红，以至于无可再红。这是完全错误的。在真际中，只有动之理，红之理，并没有可以看得见、摸得着的动的东西、红的东西。动之理并不动，红之理并不红。朱熹在这一点上讲得很清楚。他指出，理世界是一个"洁净空阔的世界，无情意，无计度，无造作"，并不是有许多明晃晃的东西在那里发光。

冯友兰曾在《新理学》中说："所谓方之理，即方之所以为方者，亦即一切方底物之所以然之理也。凡方底物必有其所以为方者，必皆依照方之所以为方者。此方之所以为方，为凡方底物所皆依照而因以成其为方者，即方之理。凡方底物依照方之理而为方，其所依照于方之理者即其性。凡依照某所以然之理而成为某种物之某，即实现某理，即有某性。理之实现于物者为性。……若仅有方之理而无实现之之实际底物，则方之理即只有真而无实。'方'即是纯真际底。方底物之类，即仅是一可有之类，一空类。"（同上，三二页）

纯真际这个提法有失误。这样一提，好像不是空类的方之理就不是那么纯。其实，方之理就是方之理，无所谓纯不纯。

《新理学》又说："朱子以为理是实际底事物之所以然之故，及其当然之则，我们所说理亦是如此。方底物必然照方之理，始可是方底，又必完全依照方之理，始可是完全地方底。一方底物之是否完全地方，视其是否完全依照方之理。由此义说，方之理即是一切方底物之标准,即是其当然之则。……我们常说'某方底物比某方底物更方'或'不如其方',皆依此标准说。若无此标准,则一切批评,皆不可能。凡不承认有理者,对于此点,均未注意。

"所谓极有两义:一是标准之义,如《洪范》所谓'惟皇作极',及从前庙堂颂圣,所谓'建中立极',皆用极之标准义。一是极限之义。郭象说:'物各有性,性各有极。'此极是极限之义。每理对于依照之之事物,无论就极之任何一义说,皆是其极。方之理是方底物之标准,亦是其极限。方底物,必须至此标准,始是完全地方。但若至此标准,亦即至方之极限,所谓方之无可再方,即就此极限说也。

"所有之理之全体,我们亦可以之为一全而思之。此全即是太极。所有众理之全,即是所有众极之全,总括众极,故曰太极。朱子说:'事事物物皆有个极,是道理极致。''总天地万物之理,便是太极。'……所有底理,如其有之,俱是本来即有,而且本来是如此底。实际中有依照某理之事物之存在否,对于某理本身之有,并无关系。……实际上有依照某理之实际底事物,某理不因之而始有;无依照某理之实际底事物,某理不因之而即无。实际上依照某理之实际底事物多,某理不因之而增;依照某理之实际底事物少,某理不因之而减。……一切底理,本来即有,本来如此,因某种实际底事物之有,我们可知某理之有,但某种实际底事物之无,我们不能因此即说某理之无。反过来说,如无某理,我们可断定必无某种实际底事物,但有某理,我们不能断定即有某种实际底事物。无某理即不能有某种实际底事物,此可以说是理之尊严。有某理不必即有某种实际底事物,此可以说是理之无能。"(同上,四〇至四一页)

第三节　气

《新理学》第二章讲"气"，冯友兰说："再进一步说，理不但是无能，而且说不上无能，不但'无形迹，不会造作'，而且说不上'无形迹，不会造作'。所谓说不上者，即理并不是可以有能而事实上无能，可以有形迹而事实上无形迹，可以会造作而事实上不曾造作，而是本来说不上这些底。恐有人误以为理有能，所以我们说它是无能。既说理是无能，我们又须说理是无所谓有能或无能，有能或无能，对于它都是不可说底。

"……我们说及太极时，只说及理，未说及有实际底存在之物也。凡实际底存在底物皆有两所依，即其所依照，及其所依据。……换言之，实际底存在底物，皆有其两方面，即其'是什么'，及其所依据以存在，即所依据以成为实际底'是什么'者。例如一圆底物有两方面，一方面是其'是圆'，一方面是其所依据以存在，即其所依据以成为实际地圆者。其'是什么'，即此物有此类之要素，即性，其所以存在，即此物存在之基础。其'是什么'靠其所依照之理；其所依据以存在，即实现其理之料。

"宇宙所有实际底事物，虽各不相同，然我们的思，若对之加以分析，则见其皆有此两方面。所谓料，有绝对相对之分。相对底料即仍有上述之两方面者。绝对底料，即只有上述之一方面，即只可为料者。例如一房屋,有其所以为房屋者,此即其房屋性,其是房屋之要素。此房屋又有其所依据以存在之基础如砖瓦等。……故砖瓦虽对于房屋为料,然只是相对底料,而非绝对底料。……

"……哲学开始于分析实际底事物。此分析是完全在思中行者。今试随便取一物,用思将其所有之性,一一分析,又试用思将所有之性,一一抽去。其所余不能抽去者,即其绝对底料。"(同上,四六至四七页)

"此所谓料,我们名之曰气……绝对底料,不可名状,不可言说,不可思议,今何以又名之为'买特',名之为气?对于此问,我们答:气所以不可名状,不可言说,不可思议者,因其无性也。我们对一件事物,若有所思议,即是对之作判断,若对之有所言说,则即是对之作命题;对之作判断或命题,即是将此事物作为主词,而将其所有之性,提出一个或数个,以为客词。气既无性,故不能对之作任何判断,说任何命题,亦即不能对之有任何思议,任何名状,任何言说。但我们虽然不能对之作判断,作命题,却不妨为起一名,如为一件事物起一《墨经》所谓私名然。……气之名应该视为私名,不可视为与云气烟气等气之气,有相同或相似底意义。

"在我们的系统中,气完全是一逻辑底观念,其所指既不是理,亦不是一种实际底事物。一种实际底事物,是我们所谓气依照理而成者。"(同上,四八至四九页)

说它"完全是一逻辑底观念",并不等于说它完全是主观的东西。观念,即现在常用的概念一词。它既不是理,不属于真际;也不是实际的具体的东西,不属于实际。虽不属于实际,但为任何实际中的东西所依据,所以是"绝对的料",它有似于道家所说的"道"。

道家所说的"道"的特点，是"无名"；所谓"无名"，就是说它不能有任何性。

冯友兰在《新理学》第二章第三节中说："在我们的系统中，太极与无极，正是两个相对底观念。我们的系统所讲之宇宙，有两个相反底极，一个是太极，一个是无极。一个是极端地清晰，一个是极端地混沌。一个是有名，一个是无名。每一普通底名词皆代表一类，代表一理。太极是所有之理，所以所有之名，无论事实上已有或未有，皆为太极所涵蕴。所以太极是有名而无极是无名。由无极至太极中间之过程，即我们的事实底实际底世界。此过程我们名之曰'无极而太极'。

"无极不可言说，不可思议；太极无存在而有。自常识之观点看，无极太极，皆可以说是玄。我们可以用《老子》第一章中之话，说此两者，'同谓之玄，玄之又玄，众妙之门'。众妙即实际底世界中之一切事物。无极而太极之'而'，即众妙之门。太极是极端地清楚，无极是极端地混沌。此'而'是半清楚半混沌，是由混沌达于清楚，但永不能十分清楚。"（同上，五三至五四页）

有些人觉得，"无存在而有"难以理解，这是因为他们对于共相与殊相、一般和特殊的分别，没有足够的认识。共相和一般是一类事物共同有的所以然之理，殊相和特殊是一类事物中的个别分子。只有个别的分子才是存在的。一类事物共有的所以然之理，并不是其中个别的分子，所以它是"无存在"的。在这一点上，冯友兰在当时也没有足够的认识。他在20世纪30年代，曾提出一个问题：先有飞机还是先有飞机之理？当时的哲学界对于这个问题很感兴趣，引起了广泛的讨论。这个问题的提法是不对的。有飞机之理之

"有"是"无存在而有"之"有",有飞机之"有"是实际的"有"。这两个"有"字意义不同,不能相提并论。

一类事物的共相是无存在的。如果有相应的材料,依照它而成为其类的分子,那些分子是存在的。在中国传统哲学中,一类事物之理和其类分子的关系,称为理和事的关系。在中国传统哲学中,对于这种关系有三种说法:理在事上,理在事先,理在事中。三种可以归结为两种:理在事外,理在事中。一类事物之理,如有相应的材料,依照它而成为其类的分子,它也就在其类分子之中了。用另外一种说法,一类事物之理实现了,由无存在而成为有存在了。存在于什么地方?就存在于其类分子之中。这就是所谓"理在事中",也就是一般寓于特殊之中。

《新理学》第四章标题为《性与心》。冯友兰在第一节中说:"某一类中之事物所必依照于其理者,自其必依照而不可逃言,则谓之命。自其因依照某理而得成为某一类事物言,则谓之性。命有命令规定之义。某理虽不能决定必有依照之者,但可规定:如果有某事物,则某事物之成为某事物,必须是如何如何。程朱说:理是主宰。说理是主宰者,即是说,理为事物所必依照而不可逃;某理为某事物所必依照而不可逃。不依照某理者,不能成为某事物。不依照任何理者,不但不能成为任何事物,而且不能成为事物,简直是不成东西。

"从类之观点说,某理即某类事物之所以成为某类事物者。例如人理即人之所以为人者;马理即马之所以为马者。某类事物之性,即某类事物所依照于某理,而因以成为某类事物者。例如人性即人之所依照于人之所以为人者,而因以成为人者。马性即马之所依照于马之所以为马者,而因以成为马者。凡事物依照某理,即有某性,

有某性即入某类。"（同上，八八页）

在这章第二节中说："程朱说性，又说义理之性，气质之性，气质或气禀之分别。盖一事物之禀赋，有依照于理者，有依据于气者，所以必须说此三者，然后一事物之禀赋之各方面，方可俱顾到。……义理之性即是理，是形上底，某一类事物必依照某理，方可成为某一类之事物，即必依照某义理之性，方可成为某一类之事物。某一类之事物，于依照其理，即其义理之性，而成为某一类之事物时，在实际上必有某种结构，能实现某理者。能实现某理之某种结构，是实际底，形下底，即是此某种事物之气质或气禀。此某类之事物，虽均有某种气质或气禀，以实现其理，其义理之性，但其完全之程度，则可因各个事物而不同。因此此类之各个事物，实现其义理之性之程度，又可各个不同，有实现其八分者，有实现其七分者。此其所实现之八分或七分，即此事物之所实际地依照于其义理之性者，此即其气质之性。一某事物有某种气禀，有某种气质之性，即能发生某种功用。"（同上，九〇至九一页）

又说："义理之性是最完全底，因为它即是理。例如方底物之义理之性即是方之理，即是绝对地方。绝对地方，是完全地方，只能是方，不能是不方。方底物于依照方之理而以成为方时，必有某种结构以实现方之理，此即是其气质，或气禀。因气质而有气质之性。不过此气质之性，不能完全与义理之性相合。其是方可以是七分地方或八分地方，可以或多或少，但无论如何，总不能是完全地方。其所以不能是完全地方者，即受其气禀之实际底结构之影响，而为其所限制也。"（同上，九一页）

"（程朱）说义理之性及气质之性时，均系专就人说，但我们现在则用之以说任何事物。若只论义理之性，而不论气质之性，及气质或气禀，则不能说明实际底事物之所以不完全。我们于知实际底事物不完全时，我们即有一完全之标准；虽其内容如何，我们或不能知。若只论气质之性及气质或气禀，而不论义理之性，则即没有完全之标准，而所谓实际底事物之不完全，不但不能说，且亦不能知。"（同上）

这里所讨论的，正是一般和特殊的关系问题。一类事物的一般，就是一类事物所依照的理；一类事物的特殊，就是一类事物的分子。一类事物的分子，必须依照某一类的一般，又必须依据具体的材料，才能成为实际的事物。一个方的东西，必须是石头的、木头的或金属的等等；它所依据的材料，就是它的气质或气禀。因其所依据的材料不同，所以它是方的程度也不同。不同程度的方，就是它的气质之性。它可以是方、很方、或不很方，但不能是很不方。如果是很不方，那就不能算是方的东西，不能入于方的东西之类了。关于一般和特殊的关系的正确的说法，是一般寓于特殊之中；寓于特殊之中的一般，就是这一类特殊的义理之性。实际上，没有不寓于特殊之中的一般，也没有不在气禀之中的义理之性。

《新理学》指出，心与性不同。它说："凡事物皆有性，但不是凡事物皆有心，有心之理。实际底事物，有依照心之理而有心者，有不依照心之理而无心者。但即事物之不依照心之理而无心者，既亦是事物，亦必有其所依照之理。凡事物皆必有其所依照之理，故皆有性。凡事物不皆依照心之理，故不是凡事物皆有心。……自逻辑言之，凡事物必不能无性，而可以无心。

"心亦是实际底，形下底；心之理是形上底。心之理是有心之物之义理之性。有心之物所实际地依照于心之理者,是其气质之性。有心之物有某种实际底结构,以实现心之理,发生心之功用;此某种结构即心所依据之气质或气禀。此某种结构之内容若何,非哲学所能知。所可说者,此某种结构既非我们的'肉团心',亦非即是心理学中,或生理学中,所说之神经系统等。所谓某种结构或气禀,完全是逻辑底观念,并不是科学底观念。"(同上,一〇九页)

第四节 政治、社会思想

就上面几个问题而言,"新理学"对于宋明理学中的一些重要问题,都利用近代逻辑学的成就加以说明,这对于中国哲学的现代化是有益的。对于宋明理学的政治、社会思想,"新理学"也利用近代逻辑学的成就,使之现代化,其社会效果不甚令人满意。

现代化之所以成为现代化,"新理学"在《新事论》中已指出,是由于以社会为本位的社会代替了以家为本位的社会。社会生产掌握在大工厂手里,这些大工厂的主人就是资本家或资产阶级。在美国建国初期所宣传的"三民"就是指的这些人。资本家掌握了社会生产力,也就掌握了政权。社会由哪些政治派别掌权,就取决于投票了,这是"民主政治"与封建政治的根本区别。宋明理学的政治、社会思想,基本上都是为封建政治作理论基础的。"新理学"在这一方面,也利用近代逻辑学的形式主义和形而上学的思想方法加以说明，以为理论上的根据，主观上是以此支持中国现代化，但其现实效果就不尽然了。

第五节　精神境界

一个人看见一棵树，但不知道那就是树。今天看见一棵树，明天又看见一棵树，看到第一千天，他才知道那就是树。对于这个人说，这个"树"并不是第一千零一棵树，而是树的概念。如果他进一步了解到什么是概念，而又自觉其了解，他的精神境界就开始进入概念世界了。有概念而且自觉其有概念，是人之所以高于其他动物者。譬如一只猫，它只知道饿了就吃，累了就睡，看见可怕的东西就跑。人就不然了。人不但有概念，而且自觉其有概念。

金岳霖曾说"哲学是概念的游戏"，他用了一个似乎是自我解嘲的词。人们或许以为这句话是一个戏论，这是因为他没有把这句话同人的精神境界联系起来。一个人所有的概念就是他的精神境界；一个人所有的概念的高低，就分别出他的精神境界的高低。例如一个人如果没有宇宙这个概念，他就根本不可能有如《新原人》所说的"天地境界"。

明代杨椒山于就义时曾作二诗，其一曰："浩气返太虚，丹心照千古。平生未了事，留与后人补。"其二曰："天王自圣明，制作高千古。平生未报恩，留作忠魂补。"此二诗，在椒山及一般人心目中，或亦似有同等地位，但二者迥然不同。第一首乃就人与宇宙的关系立言，其所说乃在天地境界中的人的话。第二首乃就君臣的关系立言，其所说乃在道德境界中人的话。

又如张巡、颜杲卿死于王事，其行为本是道德行为；其人所有的境界，大概亦是道德境界。但如文天祥《正气歌》所说，"为张睢阳齿，为颜常山舌"，则此等行为的意义又不同。此等行为，本是道德行为；但《正气歌》以之与"天地有正气"连接起来，则是从天地境界的观点，以看这些道德行为。如此看，则这些行为，又不止是道德行为了。这些分别，以前儒家的人似未看清楚。

这里就牵涉到宋明道学中，理学和心学长期争执的一个问题：在修养功夫中"理"的地位。

程颢说："学者需先识仁，仁者浑然与物同体，识得此理，以诚敬存之而已。不须防检，不须穷索。"这是说，识仁的功夫有两个方面：一方面是"浑然与物同体"，这是直觉；一方面又需要"识得此理"，此"理"是个概念。直觉所得，必须用概念把它固定下来，这是概念在哲学中的作用。由此可见，在哲学中，概念是不可少的。没有受益于哲学的人，当然也有他的精神境界，那就是《新原人》所说的自然境界。

中国传统哲学中所说的圣贤，都是指人的精神境界而言。柏拉图在他的《理想国》中说，一个人如果真正了解什么是概念的时候，他就像一个长期被监禁在一个洞穴中的人，一旦被释放出来，忽然看见天地的广大，日月的光明。这个人就是一个真正的哲学家。真正的哲学家，才可以当"理想国"的王，所谓"哲学王"。"哲学王"类似中国传统思想中所谓"圣王"。他们所行之道，称为"内圣外王之道"。

第六节 "新理学"的理论矛盾

"新理学"作为一个哲学体系,其根本的失误,在于没有分别清楚"有"与"存在"的区别。冯友兰一方面赞成金岳霖的提法,说理是不存在而有;一方面又随同当时西方的新实在论的说法,承认"有"也是一种存在。原来在西方,这个问题是一个很古老的问题。在西方中世纪就有三派说法。一派称为唯名论,认为共相只是一个空名;一派称为概念论,认为共相只是一个概念;又一派称为实在论,认为共相有实际的存在。西方现代哲学中,有一派自称为新实在论,就是继承中世纪的实在论,所以自称为新实在论。我曾经听过一个新实在论者讲他的新实在论,听众提出问题:如果共相是实在的,它存在于什么地方?主讲者回答说,不存在于什么地方,它简直是就在那里。这个回答,当然是不合逻辑的。新实在论者创立了一个似乎是合乎逻辑的说法:共相的存在是"潜存",也是一种存在,不过是潜伏未发而已。这和金岳霖所提的"不存在而有",是对立的。金岳霖所说的"不存在而有",解决了当时新实在论的问题,也解决了西方从中世纪就有的古老问题。冯友兰赞成"不存在而有"的提法,另一方面也用所谓"潜存"的说法,这就是认为共相是"不存在而有",同时又承认"有"也是一种存在。这是新理学的一个大矛盾。

第八十章

中国哲学现代化时代中的心学
——熊十力的哲学体系

中国现代革命时期心学的代表,有熊十力和梁漱溟。因为梁漱溟的哲学体系,在本书第七十四章已讲过,故现在只论熊十力的哲学体系。

熊十力(1884—1968),原名继智,又名升恒,字子真,湖北省黄冈县人。青年时期致力于反清革命,中年转入学术研究和哲学创作,曾入支那内学院研究佛学,后任教于北京大学,讲授佛学。他的主要著作有《佛家名相通释》、《新唯识论》(1932年出版文言本,1944年出版语体文本)、《体用论》、《明心篇》和《乾坤衍》。今人编有《熊十力论著集》,中华书局出版。

第一节 熊十力哲学体系发展的过程

《宋元学案》《明儒学案》所载道学家的小传中,往往说及某人"出入于佛老者数十年,反求诸六经而后得之"。所谓"得之"者,得其所求之真理也。熊十力的哲学体系的发展历程也大抵如此。他的《新唯识论》就是其记录。熊十力入于佛者比较深,要出来也比较困难。《三国演义》说关羽弃曹归汉,要过五关、斩六将;熊十力要弃佛归儒,也要过关斩将,也要对于佛学的一些宗派加以批评。其中最大的宗派是大乘空宗和大乘有宗。

关于大乘空宗,熊十力说:"空宗的密意,本在显性。其所以破相,正为显性。在空宗所宗本的经论中,反反复复,宣说不已,无非此个意思。然而，我对空宗，颇有一个极大的疑问，则以为，空宗是否领会性德之全，尚难判定。"（《新唯识论》（语体文本），中华书局1985年版，三七八页）

熊十力所谓性德，就是佛学所谓"真如"，相当于西方哲学所谓本体，与之相对的是现象。熊十力说："空宗诠说性体，大概以真实、不可变易及清净诸德而显示之。极真极实，无虚妄故说之为真。恒如其性，毋变易故说之为如。一极湛然，寂静圆明，说为清净。如上诸德，尤以寂静，提揭独重。"（同上）熊十力所以怀疑空宗没有领会性德之全，因为他认识到："寂静之中即是生机流行，生机流行毕竟寂静。……空宗只见性体是寂静的，却不知性体亦是流行的。"（同上，三八一页）他又说："我们不要闻空宗之说，以为一切都空，却要于生生化化流行不息之机，认识性体。我们不要以为性体但是寂静的，却须于流行识寂静，方是见体。"（同上，三八三至三八四页）流行就是功能，具体一点说，就是生化。这两个字是从《易传》来的。《易传》说："天地之大德曰生"，"万物化生"，这就是性德的流行。说到这里，熊十力就破了空宗这一关，而归入儒家了。

熊十力又提出中国传统哲学中的"体"、"用"两个概念，他说："须知，体用可分，而不可分。可分者，体无差别，用乃万殊。于万殊中，而指出其无差别之体，故洪建皇极，而万化皆由真宰，万理皆有统宗。本无差别之体，而显现为万殊之用。虚而不屈者，仁之藏也。动而愈出者，仁之显也。是故繁然妙有，而毕竟不可得者，假说名用。寂然至无，无为而无不为者，则是用之本体。用依体现，体待用存。所以，体用不得不分疏。然而，一言乎用，则是其本体全成为用,而不可于用外觅体。一言乎体,则是无穷妙用,法尔皆备,岂其顽空死物,而可忽然成用?如说空华成实,终无是理。王阳明先生有言:'即体而言,用在体。即用而言,体在用。'这话确是见道语。非是自家体认到此,则亦无法了解阳明的话。"(同上,三八四至三八五页)这就说到了熊十力的哲学体系的中心思想——体用不二。

关于大乘有宗,熊十力说:"大乘有宗矫异空宗,颇谈宇宙论。但是,他们有宗将宇宙之体原与真如本体却打成两片。……有宗所以陷于这种迷谬不能自拔者,就因为有宗谈本体虽盛宣真实,以矫空宗末流之失,然亦以为本体不可说是生生化化的物事,只可说是无为的、无起作的。因此,他们有宗所谓宇宙,便另有根源。如所谓种子。"(同上,四〇九页)熊十力对于大乘有宗的批评的话很多,但这几句话很扼要。他又说:"本体是绝对的真实,有宗云然,本论亦云然。但在本论,所谓真实者并不是凝然坚住的物事,而是个恒在生生化化的物事。唯其至真至实,所以生生化化自不容已。亦唯生生化化不容已,才是至真至实。生化之妙难以形容,强为取譬,正似电光的一闪一闪,刹那不住,可以说生化是常有而常空的。然而电光的一闪一闪,新新而起,又应说他是常空而常有的。常有常空,毕竟非有。常空常有,毕竟非无。……我们不能舍生化而言体。若无生化,即无有起作,无有显现,便是顽空。何以验知此体真极而非无哉?"(同上,四一〇页)熊十力对于大乘有宗的批评,其主要的意思是认为有宗不承认生生化化这个过程就是宇宙的本体,而认为于这个过程之外还有一个本体。这就把本体和现象分裂了。其实,现象就是本体,并不是于现象的背后另有一个本体。"现象就是本体"就是熊十力所说的"体用不二"。

批评了大乘空宗和有宗,熊十力终于从佛学中打出来了。他从《周易》中得到了"生"、"化"这两个概念,这就是"反求诸六经而后得之"。以后他就舍了佛学,而用他所得于"六经"者,建立他自己的哲学体系,这就是《体用论》。他自己说:"此书既成,新论(《新唯识论》简称)两本俱毁弃,无保存之必要。"(《体用论·赘语》,龙门联合书局1958年4月第一版,三页)

第二节 熊十力哲学体系的中心思想

熊十力的《体用论》,是他阐述他的哲学体系中心思想的重要著作。在开始阐述以前,他又补充了一些对道家和佛家的批评。他批评道家说:"老庄言道,犹未有真见。略举其谬。老言混成,归本虚无。其大谬一也。老庄皆以为道是超越乎万物之上。倘真知体用不二,则道即是万物之自身,何至有太一,真宰在万物之上乎?此其大谬二也。道家偏向虚静中去领会道。此与大易从刚健与变动的功用上指点、令人于此悟实体者,便极端相反。故老氏以柔弱为用,虽忿嫉统治阶层,而不敢为天下先,不肯革命。此其大谬三也。道家之宇宙论,于体用确未彻了。庄子散见之精微语,殊不少。而其持论之大体,确未妥。庄子才大,于道犹不无少许隔在。"(《体用论·赘语》)

《体用论》中又有《佛法》上、下两篇，以补充其对大乘空宗和有宗的批评，熊十力说："大乘法性一名，与本论实体一名相当。大乘法相一名，与本论功用一名相当。然佛家性相之谈，确与本论体用不二义皆极端相反，无可融和。"（《体用论》，三三页）又说："大空学派开山诸哲，实以破相显性为其学说之中枢。"（同上，三九页）"破相显性"是熊十力对大乘空宗批评的总结。他对于大乘有宗的批评，应该是"立相遮性"（有宗自以为是"立相显性"）。他没有用过"立相遮性"这四个字，但有这种意思。他说："大有大空对于宇宙论之见地，一成一坏（大空五蕴皆空之论，便毁坏宇宙。大有之缘起说，便成立宇宙）。"（同上，六八页）

熊十力指出：大乘空宗和大乘有宗所犯的错误不同，但其所以犯错误却有一个共同的原因，那就是把法性和法相割裂开来，对立起来。熊十力说："夫佛氏所云法性，犹余云实体。佛氏所云法相，犹余云动用。前已言之矣。相者，即是性之生生、流动、诈现相状，余故说为功用。譬犹大海水变成众沤（众沤，比喻法相。大海水，比喻法性）。性者，即是万法的自身（万法，乃法相之别一名称）。譬如大海水即是众沤的自身。余故说体用不二。汝若了悟此义，当知相破尽，则性亦无存。所以者何？性，是相的自身。相若破尽，则相之自身何存？是性已毁也。相，即是性之生生流动。（生生、流动，故以功用名之。）相若破尽，则性为无生、不动、湛然寂灭之性，此亦何异于空无乎？是故大空诸师本旨在破相以显性，终归于相空，而性与之俱空。易言之，用空，而体亦空。"（同上，四〇页）

关于大乘有宗，熊十力指出其五个失误，最后说："今核其说，直将宇宙划分潜显两重世界，不谓之戏论得乎？"（同上，七八页）

又指出:"以赖耶识中种子为诸利之因,其种子明明是万法本原,而又说真如是万法实体。如此,则何可避免二重本体之嫌?是乃铸九州铁,不足成此大错。"(同上)这个大错,就是上面所说的:虽然有宗自以为是"立相显性",而实是"立相遮性"。

所以熊十力不仅主张"体用不二",而且主张"性相一如"。

程颐作《周易传》,指出《周易》的要旨是"体用一源,显微无间"(参看本书第五册第五十二章)。他所谓显、微,相当于佛家所谓性、相,性是微,相是显。他的这八个字,相当于熊十力的"体用不二,性相一如"。他们对于哲学中的两个主要问题,所见略同;但比较起来,熊十力对于这两个问题,见得比较透,解决得比较彻底。说是"一源",意味着体、用还是两件事;说是"无间",意味着显、微还是两件事。熊十力直截了当地说"体用不二","性相一如",这是因为熊十力经过和大乘空宗及有宗的斗争。

熊十力的《体用论》的第一章,题为《明变》。他开头说:"古代印度佛家,把一切心的现象和物的现象,都称名曰行。行字含义有二。一、迁流义。二、相狀义。彼以为心和物的现象,是时时刻刻在迁变与流行的长途中(故者方灭,新者即起,谓之迁变。故灭新生,相续无绝,因说流行)。不是凝然坚住的东西,所以说迁流义。然而心和物虽是迁流不住,而亦有相状诈现。譬如电光一闪一闪,诈现赤色相,所以说相状义。物的相状,是可感知。心的相状,不可以感官接,而可内自觉察。因为,心和物具有上述两义,故都名为行。这个命名甚谛,我亦采用之。"(同上,一页)

熊十力虽然沿用"诸行无常",但其意义与佛说原意完全不同。他声明说:"佛家对于一切行的看法,盖本诸其超生的人生态度。

超生,谓超脱生死,犹云出世(见慈恩传)。彼乃于一切行而观无常。观者,明照精察等义。无者,无有。常者,恒常。观一切行,皆无有恒常。申言之,于一切物行,观是无常。于一切心行,观是无常。故说诸行无常。唯作此种观法,方于一切行,无所染着,得超脱生死海。此佛氏本旨也。(佛氏说世间是一个生死大海。人生沦溺其中,可悲也。)所以佛家说无常,即对于诸行,有呵毁的意思。本论谈变,明示一切行,都无自体。此与佛说诸行无常旨趣似相通,而实有天渊悬隔在。佛说一切行无常,意存呵毁。本论则以一切行,只在刹那刹那生灭灭生,活活跃跃,绵绵不断的变化中(绵绵者,相续貌。刹那刹那皆前灭后生,不中断故)。依据此种宇宙观,人生只有精进向上。其于诸行无可呵毁,亦无所染着。此其根柢与出世法全不相似也。(生灭灭生者,言一切行,都是于每一刹那,方生即灭,方灭即生也。)"(同上,一至二页)

无常的诸行,综合起来,就成为中国传统哲学所说的"大用流行"。这个"大用流行",就好像一条无头无尾的大河,无休无止地奔流着。《论语》上有一条记载:"子在川上曰:'逝者如斯夫,不舍昼夜。'"(《论语·子罕》)朱熹注说:"天地之化,往者过,来者续,无一息之停,乃道体之本然也。"(《论语集注·子罕》)宋明道学家们,大都认为这是孔子见道体之言。道就是"大用流行",是具体的,不是一个概念,一条命题,所以称为道体。必须对于它有直觉的感受,才算是见道体。这是儒家所谓"内圣"的主要内容。熊十力也有这样的意思,所以他评论孔子的那句话说:"余以为宇宙自有真源,万有非忽然而起。譬如临大海岸,谛观众沤,故故不留,新新而起。应知——沤相,各各皆以大海水为其真源。

尼父川上之叹，睹逝水而识真常。神悟天启，非上圣其能若是哉？"（《论语集注·子罕》，四页）

第三节　熊十力的宇宙论

熊十力的宇宙论的两个基本概念是"翕"、"辟"。他说："翕辟云何？实体变成大用，决不单纯。定有翕辟两方面，以相反而成变。翕，动而凝也，辟，动而升也。凝者，为质为物。升者，为精为神。盖实体变成功用。即此功用之内部，已有两端相反之几，遂起翕辟两方面之显著分化。万变自此不竭也。"（《体用论》，一二四至一二五页）又说："精神与物质本非两体，不可剖析，实体变成功用，即此功用之内部起分化，而为翕辟两方面。辟，为精神。翕，为物质。质则散殊。精乃大一。翕辟以相反而归统一，完成全体之发展。"（同上，一二七页）

熊十力在《新唯识论》中，对于"翕、辟"，有比较详细的说明。他说："本体是显现为万殊的用的，因此，假说本体是能变，亦名为恒转。"（《新唯识论》，三一七页）又说："恒转现为动的势用，是一翕一辟的，并不是单纯的。翕的势用是凝聚的，是有成为形质的趋势的，即依翕故，假说为物，亦云物行。辟的势用是刚健的，是运行于翕之中，而能转翕从己的，即依辟故，假说为心，亦云心行。据此说来……物和心是一个整体的不同的两方面……因为翕和

辟，不是可以剖析的两片物事，所以说为整体。"（同上，三一九至三二〇页）

熊十力还指出："本体现为大用，必有一翕一辟。而所谓翕者，只是辟的势用所运用之具。这方面的动向，是与其本体相反的。至所谓辟者，才是称体起用。……譬如冰，毕竟不失水性，故云称也。辟却是和翕反，而流行无碍，能运用翕，且为翕之主宰的。然翕虽成物，其实亦不必果成为固定的死东西，只是诈现为质碍的物，只是一种迹象而已。我们应知，翕辟是相反相成，毕竟是浑一而不可分的整体。所以，把心和物看作为二元的，固是错误，但如不了吾所谓翕辟，即不明白万变的宇宙底内容，是涵有内在的矛盾而发展的，那么，这种错误更大极了。哲学家中，有许多唯心论者，其为说似只承认吾所谓辟的势用，而把翕消纳到辟的一方面去了。亦有许多唯物论者，其为说又似只承认吾所谓翕的势用，而把辟消纳到翕的一方面去了。他们唯心和唯物诸论者，均不了解一翕一辟是相反相成的整体。至我之所谓唯心，只是着重于心之方面的意思，并不是把翕的势用完全消纳到辟的方面去。现在有些盛张辩证法的唯物论者，他们又把辟消纳到翕的方面去，不知物和心（即翕和辟）是相反相成的，不可只承认其一方面，而以他方面消纳于此的。我们只能说，翕和辟不可析为二片，近似二元论者所为。但于整体之中，而有两方面的势用可说，这有不容矫乱的。一切事物，均不能逃出相反相成的法则。我们对于心物问题（这是哲学上的根本问题），何独忘却这个法则（相反相成的法则），而把心消纳到物的方面去，如何而可呢？"（同上，三二三至三二四页）

熊十力又说："我们要知道，实体显现为分殊的用或一切行的时候（此本无时候可说，但为言词之方便，须着此时候一词），一方面，决定有一种收摄凝聚的势用，即所谓翕。这种收凝的翕，其端绪虽很微细、很深隐，而由微至著，由隐至显，便成为一切物或物界了。然当其翕而成物时，另一方面，决定有一种刚健而无所不胜的势用，即所谓辟。这个辟，是与翕同时俱现的，亦即是运行于翕或一切物之中，而主宰乎一切物的。辟不是超脱于一切物之外的大神，却也不妨叫他做神，因为他很微妙的缘故。辟本是和物同体，而于同体之中却有分化，遂和物形成对立的样子。"（同上，三二五页）

熊十力另外指出："物者，只是我所谓收凝的势用所诈现之迹象而已。收凝的势用，名为翕，翕即成物（翕便诈现一种迹象，即名为物）。所以，物之名依翕而立。……所谓辟者，亦名为宇宙的心。我们又不妨把辟名为宇宙精神。这个宇宙精神的发现，是不能无所凭借的。必须于一方面极端收凝，而成为物即所谓翕，以为显发精神即所谓辟之资具，而精神，则是运行乎翕之中，而为其主宰的。因此，应说翕以显辟、辟以运翕。盖翕的方面，唯主受，辟的方面，唯主施。受是顺承的意思，谓其顺承乎辟也。施是主动的意思，谓其行于翕而为之主也。须知，翕便成物，此翕也就是如其所成功的样子（意谓直是物化而已，此处吃紧），只堪为精神所凭借之资具。若无此翕，则宇宙精神无所凭以显。如果精神要显发他自己，他就必须分化，而分化又必须构成一切物。他才散著于一切物，而有其各别的据点，否则无以遂其分化了。所以说翕以显辟，只是理合如此，而翕之所以必须顺承乎辟者，亦以其止堪为辟之资具故。……至于辟呢，他本是不物化的至刚至健的一种势用。他是包乎翕之外而彻

2389

乎翕之中，是能转翕而不随翕转的（转者，转化义，如甲令乙相与俱化之谓）。所以说辟以运翕，所以说辟为施，谓其行于翕而为之主也。翕和辟，本是相反的，而卒归于融和者，就在其一受一施上见得。受之为义，表示翕随辟转。施之为义，表示辟反乎翕而终转翕从己（己者，设为辟之自谓）。所以，翕辟两方面，在一受一施上成其融和。总之，辟毕竟是包含着翕，而翕究是从属于辟的。"（同上，三二八至三二九页）

熊十力认识到，宇宙及其间事物的发展，是因为其本身内部含有矛盾。这是内因论。矛盾的两个对立面，相反相成，斗争而统一。这是辩证法。他把翕辟的对立和"心"、"物"联系起来，他说，翕假说为物，辟假说为心。这个"假"是"假借"之"假"，不是"真假"之"假"。他反对唯物论者把"心"消纳于"物"，也反对唯心论者把"物"消纳于"心"，但他的哲学体系，并不是心物二元论，因为心、物并不是他的体系中的最高范畴。

熊十力又说："余持全体分化之论，实宗主大易，非余一己之臆说也。易明乾元，分化为乾坤。乾坤虽分，而实互相含（乾卦中有坤象，明乾阳主动以运乎坤，是阳含阴也。坤卦中有乾象，明坤阴承乾而动，是阴含阳也）。乾坤不可剖作两体（只是功用之两方面，不是二元）。更不可于此两方面，任意而取其一，如唯心唯物诸戏论（唯心论者，只取精神为一元，是有乾而无坤也。唯物论者，只取物质为一元，是有坤而无乾也）。大化之流，不有反对，无由成变。不极复杂，何有发展（大化，犹云大用。流者，流行。乾阳，坤阴，以相反对而成变化。可考大易）。此乃法尔道理，不容疑也。本论谈翕辟义，唯大易之乾坤而立。理见其真，后先相应（后学与先哲相应合也），胡可自标异乎？"（《体用论》，一二七至一二八页）由此可见，熊十力所说的翕、辟，就是《周易》的乾、坤两卦所表示者。熊十力晚年著了一部书，叫《乾坤衍》。其实上面引的诸段引文所讲的翕、辟，是真正的"乾坤衍"。

第四节　熊十力的心学思想

　　熊十力的心学思想和他的宇宙论是一贯的。宋明道学的心学，认为人皆有"本心"。孟子说："人皆可以为尧舜。"王阳明说："满街都是圣人。"就是据其本心而言。熊十力认为，每个事物都有"辟"为其主宰，每个人所有的为其主宰的"辟"，自然就是他的本心了。熊十力说："追维孔门传授，有尽心之学。（"尽心"，见《孟子》。发展本心之德用，曰尽心）其要旨，在究明本心、习心之大别。毋以污习害其本。易言之，吾人固有良知、良能，常与天地万物周流无间。当尽力扩充之，俾其发展无竭。孟子盖尝得其传也。……（本心一词，始见《孟子·告子》篇。后来禅宗盛言之。本心者，是本有，非后起故，遂名曰本。……良知良能，即是本心）。"（《明心篇》，龙门联合书局1959年4月第一版，一至二页）

　　良知、良能是王阳明心学的中心思想。熊十力对于阳明极为推崇，在《新唯识论》中已明言之。他说："吾国先哲对于境和心的看法，总认为是浑融不可分的。如《中庸》一书，是儒家哲学的大典，这书里面有一句名言。它说，明白合内外的道理，随时应物无有不宜的。（原文云："合内外之道也，故时措之宜也。"）这句话的意思是怎样呢？世间以为心是内在的，一切物是外界独存的，因此，将自家整个的生命无端划分内外，并且将心力全向外倾，追求种种的境。愈追求愈无厌足，其心目习于逐物，卒至完全物化，而无所谓心。这样，便消失了本来的生命，真是人生的悲哀咧。如果知道，境和心是浑然不可分的整体，那就把世间所计为内外分离的合而为一了。由此，物我无间，一多相融。（此中一谓小己，多谓万物）虽肇始万变，不可为首。（言虽万变不穷，而实无有人格的神，为首出的创造者，此本《大易·乾卦》篇中的意思）而因应随时，自非无主。（此心随时应物，自然不乱。可见这个心，就是一种主宰力）用物而不滞于物，所以说无不宜。《中庸》这句话的意思很深远，从来直少人识得。孟子也说道：'万物皆备于我矣。'孟子盖以为万物都不是离我底心而独在的。因此，所谓我者，并不是微小的、孤立的、和万物对待着，而确是赅备万物，成为一体的。这种自我观念的扩大，至于无对，才是人生最高理想的实现。如果把万物看作是自心以外独存的境，那就有了外的万物和内的小我相对待，却将整个生命无端加以割裂，这是极不合理的。孟子这句话，至可玩味。程明道说'仁者浑然与万物同体'，也和孟子的意思相通。陆象山说：'宇宙不在我的心之外的。'（此中宇宙一词，是万物的总称）他自谓参透此理时，不觉手舞足蹈。他的弟子杨慈湖曾作一短文（题名《己易》），很能发明师说，虽文字极少（或不到一千字），而理境甚高。后来王阳明学问的路向和陆象山相近，王阳明也是昌言'心外无物'的。他的弟子，记录他的谈话,有一则云:'先生游南镇。一友指岩中花树问曰:"先生说天下无心外之物。现在就这花树来说,他花树在深山中自开自落,于我的心有何相关呢?"先生曰:"汝于此花不曾起了别的时候,汝的心是寂寂地,没有动相的。此花也随着汝心同是寂寂地,没有色相显现的(此时的花,非无色相,只是不显现)。汝于此花起了别的时候,汝心便有粗动相。此花的色相,也随着汝心,同时显现起来。可见此花是与汝心相随属的,决不在汝心之外。'"阳明这段话,可谓言近而旨远,实则这种意趣,也是孔孟以来一脉相承的。"(《新唯识论》,二七三至二七四页)

熊十力又说:"关于理的问题,有两派的争论。一、宋代程伊川和朱元晦等,主张理是在物的。二、明代王阳明始反对程、朱,而说心即理(这里即字的意义,明示心和理是一非二。如云孔丘即孔仲尼)。二派之论虽若水火,实则心和境本不可截分为二(此中境字,即用为物的别名。他处凡言境者皆仿此),则所谓理者本无内外。一方面是于万物而见为众理灿著;一方面说吾心即是万理赅备的物事,非可以理别异于心而另为一种法式,但为心上之所可具有,如案上能具有书物等也。唯真知心境本不二者,则知心境两方面,无一而非此理呈现,内外相泯,滞碍都捐。如果偏说理即心,是求理者将专求之于心,而可不征事物。这种流弊甚大,自不待言,我们不可离物而言理。如果偏说理在物,是心的方面本无所谓理,全由物投射得来,是心纯为被动的,纯为机械的,如何能裁制万物,得其符则?(符者信也。则者法则。法则必信而可征,故云符则)我们不可舍心而言理。二派皆不能无失,余故说理无内外。说理即心,亦应说理即物,庶无边执之过。关

于理的问题,至为奥折……今在此中,唯略明理非离心外在云尔。"(同上,二七二至二七三页)

后边这一段,说明熊十力对于心学、理学的分歧,有调和的倾向,但还是归于心学。

第八十一章 《中国哲学史新编》总结

总结分两部分。第一部分为从中国哲学史的传统看哲学的性质及其作用，第二部分为从中国哲学的传统看世界哲学的未来。

先说第一部分。

中国传统的画月亮的方法有两种：一种是在天空画一个圆圈子，说这就是月亮；另外一种画法是不画圆圈子，只是在月亮可能出现的天空中，涂以一片云彩，在云彩中留一块圆的空白，说那就是月亮。后一种画法称为"烘云托月"。这种表达事物性质的方法，我称为负的方法。用这一种方法表达事物的性质，不是先说事物的性质是什么，而是先说这种事物的性质不是什么。

哲学不是初级阶段的科学。在人类知识发展的过程中，哲学曾经被认为是人类知识的总名，后来由其中分化出来部分的知识称为科学。由这个意义说，哲学是初级的科学。有许多人提到少数民族的哲学史的时候，就提到它们的原始的宇宙发生论。这些人所了解的哲学，就是这个意义。

又有一派人认为，哲学是人类知识发展到现在的最高的产物。由这个意义说，哲学是太上科学。毛泽东就是这一派的最突出的代表。他说："什么是知识？自从有阶级的社会存在以来，世界上的知识只有两门，一门叫做生产斗争知识，一门叫做阶级斗争知识。自然科学、社会科学，就是这两门知识的结晶，哲学则是关于自然知识和社会知识的概括和总结。"（《整顿党的作风》，《毛泽东选集》第三卷，七七三至七七四页）他用垒宝塔的方法，一层一层地把哲学提高到太上科学的地位。在中华人民共和国建国初期，主持教育的人把全国各大学的哲学系集中到北大，成立一个统一的哲学系，要建立统一的哲学。当时认为要学习哲学，必须以自然科学和社会科学为基础，规定哲学系的学生在一、二年级必须先学一点自然科学或社会科学。这一点自然科学或社会科学怎样学呢？于是就开了一些课，讲授一些类似某种科学大纲或概论的课程。可是，某种科学大纲或概论并不能代替某种科学，学生也不能从其中得到对于某种自然科学或社会科学的全面的认识，更不能从其中总结出什么哲学。这种制度，从实践上证明是行不通的。

真正的哲学不是初级的科学，不是太上科学，也不是科学。这是它的性质所决定的。真正哲学的性质，如我在《新理学》中所说的"最哲学的哲学"，是对于实际无所肯定，科学则是对实际有所肯定。科学的性质，是对于实际必定有所肯定。任何一个科学命题，无论其是一个大发明，或是一篇小论文的题目，都必须对于实际有所肯定。如其不然，它就不能称为科学命题了。反过来说，如其对于实际有所肯定，它就不能称为哲学了。

在本书的全书绪论中，我说："哲学是人类精神的反思。所谓反思就是人类精神反过来以自己为对象而思之。人类的精神生活的主要部分是认识，所以也可以说，哲学是对于认识的认识。对于认识的认识，就是认识反过来以自己为对象而认识之，这就是认识的反思。"《新知言》也说过这个意思："假使我们要只用一句话，说出哲学是什么，我们就可以说：哲学是对于人生底，有系统底，反思底思想。每一个人，只要他没有死，他都在人生中，但不是每一个人，都对于人生有系统底，反思底思想。这种思想，所以谓之反思，理由有二点。就第一点说，反思底思想，是以人生为对象底。以人生为对象底思想，仍是在人生中。在人生中思想人生底思想，是反思底思想。就第二点说，思想亦是人生中底一种主要底活动。

以人生为对象而思之，不免也要以思想为对象而思之。这就是思想思想。思想思想底思想是反思底思想。思想是人生中底光。反思底思想是人生中底光的回光返照。"（《新知言·绪论》，《三松堂全集》河南人民出版社版，第五卷，一六五页）这是一个比较笼统的提法。现在，本书即将结束，本章对于这个论点可以提出比较详细的说明。

金岳霖在英国剑桥大学说过："哲学是概念的游戏。"消息传回北京，哲学界都觉得很诧异，觉得这个提法太轻视哲学了。因为当时未见记录，不知道他说这句话时候的背景，也不知道这句话的上下文，所以对这个提法没有加以足够的重视，以为或许是金岳霖随便说的。现在我认识到，这个提法说出了哲学的一种真实性质。试看金岳霖的《论道》，不就是把许多概念摆来摆去吗？岂但《论道》如此，我的哲学体系，当时自称为"新统"者，也是如此。我在《新原道》中，自称我的哲学体系为"新统"，是由四组概念组成的：第一组是理，第二组是气，第三组是道体，第四组是大全。金岳霖在《论道》中所摆出来的概念就很多了，但也不外乎这四组。他所说的"可能"，相当于我所说的"理"；他所说的"能"，相当于我所说的"气"，这是显而易见的。我们两个人的体系，显然都是"概念的游戏"。金岳霖在剑桥的提法，不过是用简单的话说出了一个公开的秘密。我不知道当时剑桥的人对于这个提法有什么反应。中国哲学界所以感到诧异者，认为这个提法太贬低了哲学的价值。金岳霖用"游戏"两个字，也许有解嘲的意思。其所以如此，因为金岳霖没有说明，人们也没有认识到，哲学在实际生活中可能发生的功用。就人的实际生活说，哲学中一组一组的对于实际无所肯定的概念，看着似乎是无用，但可能是有大用。哲学不能增进人们对于实际的知识，但能提高人的精神境界。我在《新原人》中指出，人的精神境界可能有四种：自然境界、功利境界、道德境界、天地境界。天地境界最高，但达到这种境界，非经过哲学这条路不可。

有人问我，科学认为，宇宙是有限的；哲学认为，宇宙是无限的。哲学能用什么方法证明宇宙是无限的？这个问题提得不对，但可借以说明一些问题。科学所谓宇宙，是指一个广大的物质空间。科学能用什么方法证明这个广大物质空间是有限的，我不知道。哲学所谓宇宙，并不是物质的广大空间，而是一个概念。这个概念，照定义就是无限的。《庄子·天下篇》所说的"惠施十事"中，有一条说："至大无外，谓之大一。"哲学所谓宇宙，就是一个"大一"，也就是我所说的"大全"，包括一切的"有"。如果"大全"之外还有什么"有"，所谓"大全"，就不是大全了。既然"大全"之外不可能有什么"有"，它就必然是无限的了。

西方有一句话说，哲学家不同于哲学教授。哲学教授是从文字上了解哲学概念，哲学家不同，他对于哲学概念，并不是只作文字上的了解，而是作更深入的理解，并把这样的理解融合于他的生活中。这在中国哲学传统的话中，叫"身体力行"。例如，对于"大全"这个概念，如果仅作文字上的了解，那是很容易的，查字典、看参考书就可以解决问题。如果要身体力行，可就不那么容易了。哲学教授所作的，就是中国旧日所谓"口耳之学"。口耳之学固然容易，但并不能对于人的精神境界起什么作用。哲学的概念，如果身体力行，是会对于人的精神境界发生提高的作用。这种提高，中国传统哲学叫"受用"。受用的意思是享受。哲学的概念，是供人享受的。

例如"大全"这个概念,就可以使人得到很大的受用。柏拉图在《理想国》中说了一个比喻:一个人从小的时候就处在一个洞穴里,一旦被释放出来,他忽然看见天地的广大,日月的光明,必然感到豁然开朗,心中快乐。柏拉图指出,这是人初次见到"善的理念"的时候所有的感觉。人对于"大全"这个概念,如果有真正的了解,他所得的享受也会是如此。

《新原人》所说的四种境界,其最高的是"自同于大全"。不能"自同于大全"的人,把"我"与天地万物对立起来,这就是自外于"大全",这就是自己把自己置于一个洞穴之中。"自同于大全",就是把自己从"我"这个洞穴中解放出来。

张载(横渠)有句话说:"大其心,则能体天下之物。"(《正蒙·大心篇》)"自同于大全",就是"大其心"。张载的《西铭》,从乾坤父母说到"民胞物与",说的都是"大其心"。"大其心"的最高成就,就是"自同于大全"。

近人常说有"大我",有"小我",这种提法是不对的。和"我"相对的是天地万物。柏拉图说的从洞穴中解放出来的人,就是从"我"中解放出来。如果他从"小我"中解放出来,又被置于"大我"之中,其"我"虽有大小,而其为洞穴则一。

周敦颐(濂溪)教二程"寻孔颜乐处,所乐何事"。有"自同于大全"这种最高精神境界的人,可以有一种最大的快乐。这种快乐,就是所谓"孔颜乐处"。"所乐何事"呢?孟子有一段话说:"万物皆备于我矣。反身而诚,乐莫大焉。强恕而行,求仁莫近焉。"(《孟子·尽心上》)"万物皆备于我"是"自同于大全"的人的精神境界,这种精神境界也是"大其心"的成就。"反身而诚,乐莫大焉"是说,如果一个人真能达到这种境界,他会得到最大的快乐。"强恕而行,求仁莫近焉"是说,这种精神境界叫"仁";行"仁"的下手处,就是"忠恕之道"。

"仁"是儒家所说的最高精神境界的名称。"仁"这个词在《论语》中最多见,其意义也最多分歧。它可以是指仁、义、礼、智四德之一,也可以是指最高精神境界。《论语》记载孔子说:"回也,其心三月不违仁,其余则日月至焉而已矣。"(《雍也》)这就是说,颜回可以达到最高的精神境界,而且持续三个月之久;其余的学生不过是偶然达到而已。孔子特别加上"其心"二字,以明他所说的是颜回的精神境界。所谓"寻孔颜乐处,所乐何事",其乐处就在于这种精神境界,其所乐也就是这种精神境界。周敦颐是北宋五子之一,有人怀疑他并没有大的哲学体系,似乎不能与其他四人并驾齐驱。其实,他对于二程的这条教导,就足以奠定他在道学中的地位了。

近来常有人提倡"以苦为乐",这话欠通。"苦"就是苦,怎么能以为"乐"呢?人们所以能以苦为乐者,是因为他在人们所引以为苦的事中,得到更大的快乐。但他又不是一个快乐主义者,因为他所寻求并得到的快乐,是精神境界中的快乐,不是肉体的快乐。

佛学所讲的"涅槃"与"般若"也是人的精神境界。"涅槃"是"自同于大全",达到这种境界的人,谓之"成佛"。"般若"是"涅槃"的自觉,达到最高境界的人必须是自觉的。如其不然,那就如《庄子·天下篇》所说的"块不失道"了。"涅槃"和"般若"是佛学中的两个主要概念。僧肇的《肇论》中有《涅槃无名论》和《般若无知论》,特别提出"无名"和"无知",作为它们的特点。

大全无名，所以"自同于大全"的精神境界也无名。"自同于大全"必须是自觉的；但是，这个自觉并不是一种知识，所以特别提出"无知"二字。"般若"是无知之知，僧肇称之为"照"。太阳光普照大地，但它自己并不用心，这就是"寂而恒照，照而恒寂"。"涅槃"和"般若"是佛家所谓成佛的人的精神境界的两个方面。

《论语》中记载："子在川上曰：'逝者如斯夫，不舍昼夜。'"（《论语·子罕》）道学家们认为这是孔子"见道体之言"。哲学家对于哲学中的主要概念，不仅要有理智的理解，而且要有直觉的感受。所谓"道"是道学所谓"大用流行"。道是在动态中的大全，大全是在静态中的道。对于"动的大全"这个概念，有深刻理解的哲学家，必然也直接地感受到有一个无头无尾、无始无终的洪流在那里流动着，这就是"道体"。孔子在川上的那种感受，正是这种直觉，所以道学家们称之为"见道体之言"。程颢的《识仁篇》说："学者须先识仁。仁者浑然与物同体，义、礼、知、信皆仁也。识得此理，以诚敬存之而已，不须防检，不须穷索。"（见《程氏遗书》卷二上）"浑然与物同体"，是"仁者"的直觉。"识得此理"的这个"理"字，说明"浑然与物同体"就不是一个直觉，而是一个概念了。必须把直觉变成一个概念，其意义才能明确，才能言说。概念与直觉，不可偏重，也不可偏废。理学和心学的分歧，其根源就在于此。理学偏重分析概念，心学偏重运用直觉。鹅湖之会，两派互相批评。心学认为理学支离，理学认为心学空疏。理学偏重分析概念，由此而流之于解释文字，考订篇章，离开精神境界的修养越来越远。朱熹自己也承认为支离。他在回答吕子约的信中说："熹亦近日方实见得向日支离之病，虽与彼中证候不同，然忘己逐物，贪补虚内之失，则一而已。"(《王文成公全书·朱子晚年定论》)王守仁将此信选入《朱子晚年定论》中,自有其目的;但这些话,是出于朱熹之口,这也是不能否认的。

金岳霖指出"哲学是概念的游戏",而没有把这个论断同人类精神境界结合起来,以至于分析概念似乎是一种游戏。如果认识到真正的哲学是理智与直觉的结合,心学与理学的争论亦可以息矣。

戊戌变法的一个大理论家谭嗣同,作了一部书,名为《仁学》。这个名称,很可以作为我所说的哲学的名称。在中国文字中,"仁"、"人"两个字可以互训。《中庸》说:"仁者,人也。""仁"是儒家所说的人的最高精神境界,也是人之所以为人的最高标准。"仁学"也可以称为"人学"。人学所讲的是关于"人"的学问。生理学、医学以及心理学所讲的也是关于"人"的学问,但它们所讲的是关于"人"的身体方面的事情;仁学所讲的则是人的精神境界。这两者之间大有区别。李白诗中说:"早服还丹无世情,琴心三叠道初成。遥见仙人彩云里,手把芙蓉朝玉京。"他得道靠的是吃药,可见他所得的"道"是关于身体方面的事情。他得"道"之后所看见的是一种幻觉,可见他所得的"道"是道教的"道",不是道家和道学所说的"道"。道家和道学所说的"道"是人的精神境界,道教所说的"道"是关于人的身体方面的事情。近来常听人们议论说,要提高人的素质。这个提高,就是人的精神境界的提高。其详细的内容,张载已经在四句话中说清楚了。

张载的四句话,我称之为"横渠四句"。

这四句话有异文。朱熹编的《近思录》作"为天地立心,为生民立命,为往圣继绝学,为万世开太平"。《宋元学案》引文同。

中华书局所编的《张载集》收的《语录》作"为天地立志,为生民立道,为去圣继绝学,为万世开太平"。关于异文的考证,现不能作,也不必作。但就义理而言,应从《近思录》。我在本书第五册中认为"立命"二字应该从《语录》而为"立道",这个论断是错误的。"为天地立心,为生民立命,为往圣继绝学,为万世开太平"这四句话,简明地说出了人的特点,人之所以为人,即"人之所以异于禽兽者"。这四句中的那四个"为"字的主词,可能是张载本人,也可能是哲学家,也可能是哲学。无论如何,从一般人的观点看,第一句"为天地立心"很费解。其实,并不费解。宋朝有一个无名诗人,在客店的墙上题了两句诗:"天不生仲尼,万古长如夜。"这是以孔子为人类的代表。他应当说:"天若不生人,万古长如夜。"在一个没有人的世界中,如月球,虽然也有山河大地,但没有人了解,没有人赏识,这就是"长如夜"。自从人类登上月球,它的山河大地方被了解,被赏识。万古的月球,好像开了一盏明灯,这就不是"长如夜"了。地球和其他星球的情况,也是如此。地球上的山河大地是自然的产物,历史文化则是人的创造。人在创造历史文化的时候,他就为天地"立心"了。人所立之"心",是宇宙"底"(所有格)心,不是宇宙"的"(形容词)心。

第二句是"为生民立命"。"立命"二字,在儒家经典中,初见于《孟子》。孟子说:"夭寿不二,修身以俟之,所以立命也。"(《尽心上》)儒家所谓"命",是指人在宇宙间所遭遇的幸或不幸,认为这是人所不能自主的。信宗教的人,于不能自主之中,要求一个"主"。信基督教的人遇见不能自决的事,就祷告"上帝",求他的"主"帮助他决定。祈祷以后,他自己再作决定。即使这个决定还是以前的决定，他也认为这是他的"主"替他作的决定。儒家指出，不需要这个"主"。人在宇宙间所遇到的幸或不幸，是个人的力量所不能控制的。既然个人不能控制，那就顺其自然，而只做个人所应该做的事。这就是"夭寿不二，修身以俟之"。人的精神境界达到这样的高度，宗教对于他就失去作用了。蔡元培提倡以美育代宗教，其实，真能代替宗教的是哲学。

第三、四句都是"人之所以异于禽兽者"的事。对于禽兽，只有现在，没有过去，也没有将来，也无所谓"为往圣继绝学，为万世开太平"。

最合于"人之所以为人"的标准的人，儒家称为"圣人"。儒家认为，圣人最宜于做社会最高统治者，因为他是廓然大公。柏拉图认为，在他的理想社会中，最合适的统治者是哲学家，即把哲学与政治实践结合起来的所谓"哲学王"。儒家也认为，有圣人之德者，才宜于居最高统治者之位，这就是所谓"圣王"。《庄子·天下篇》认为，最高的学问是"内圣外王之道"，用我们现在的话说，就是哲学。

在中国封建社会里，封建统治者利用这个传统的说法欺骗人民。照他们的解释，不是圣人最宜于为王，而是为王者必定是圣人。所以在中国封建社会中，有关统治者的事都称为"圣"。皇帝的名字称为"圣讳"，皇帝的命令称为"圣旨"，甚至于皇帝的身体也称为"圣躬"。

欺骗终究是欺骗，没有人信以为真。在中国哲学史中，从孟子起，就把政治分为两种：一种名为"王"，一种名为"霸"。王者"以德服人"，霸者"以力服人"。中国的历代王朝都是用武力征服来建立和维持其统治的,这些都是霸。至于以德服人的,则还没有。宋明以来,道学和反道学的"王霸之辨",其根本的分歧就在于此。

照我的了解,圣人之所以为圣,全在于他的最高精神境界。

中国哲学的传统认为最宜于为王的人是圣人,因为有圣人之德的人是大公无私的。程颢说:"天地之常,以其心普万物而无心;圣人之常,以其情顺万事而无情。"(《答横渠张子厚先生书》,《程氏文集》卷二)大公无私,只有最高精神境界的人才能如此。所以,只有圣人才最宜于为王。这就是"内圣外王"之道的真正意义。

再说第二部分。

客观的辩证法有两个主要范畴:一个是统一,一个是斗争。马克思主义的辩证法思想认为,矛盾斗争是绝对的,无条件的;统一是相对的,有条件的。这是把矛盾斗争放在第一位。

毛泽东论一个统一体中的对立面的关系时说:"原来矛盾着的各方面,不能孤立地存在。假如没有和它作对的矛盾的一方,它自己这一方就失去了存在的条件。试想一切矛盾着的事物或人们心中矛盾着的概念,任何一方面能够独立地存在吗?……一切对立的成份都是这样,因一定的条件,一面互相对立,一面又互相联结、互相贯通、互相渗透、互相依赖,这种性质,叫做同一性。一切矛盾着的方面都因一定条件具备着不同一性,所以称为矛盾。然而又具备着同一性,所以互相联结。列宁所谓辩证法研究'对立怎样能够是同一的',就是说的这种情形。怎样能够呢?因为互为存在的条件。这是同一性的第一种意义。"(《毛泽东选集》第一卷,三〇二至三〇三页)又说:"事情不是矛盾双方互相依存就完了,更重要的,还在于矛盾着的事物的互相转化。这就是说,事物内部矛盾着的两方面，因为一定的条件而各向着和自己相反的方面转化了去，向着它的对立方面所处的地位转化了去。这就是矛盾的同一性的第二种意义。"（同上，三〇三页）

一个统一体的两个对立面，必须先是一个统一体，然后才成为两个对立面。这个"先"是逻辑上的先，不是时间上的先。用逻辑的话说，一个统一体的两个对立面，蕴含它们的统一性，而不蕴含它们的斗争性。一个统一体的两个对立面，又统一又斗争，好像一对夫妇，不是冤家不聚头，这是两个男女已经成为夫妇之后，才有了的情况；并不是任何一对男女都可能有这种情况。它们之所以有这种情况，是以它们之统一为夫妇为前提的。

客观的辩证法只有一个，但人们对于客观辩证法的认识，可以因条件的不同而有差别。照马克思主义的辩证法思想，矛盾斗争是绝对的，无条件的；"统一"是相对的，有条件的。这是把矛盾斗争放在第一位。中国古典哲学没有这样说，而是把统一放在第一位。理论上的这点差别，在实践上有重大的意义。

在中国古典哲学中，张载把辩证法的规律归纳为四句话："有像斯有对，对必反其为；有反斯有仇，仇必和而解。"（《正蒙·太和篇》）这四句中的前三句是马克思主义辩证法思想也同意的，但第四句马克思主义就不会这样说了。它怎么说呢？我还没有看到现成的话可以引用。照我的推测，它可能会说："仇必仇到底。"

显而易见，"仇必和而解"的思想，是要维持两个对立面所处的那个统一体。就张载当时说，他是要维持中国封建社会那个统一体。"仇必仇到底"的思想，则是要破坏两个对立面所处的那个统一体。就马克思主义说，是要破坏西方资本主义社会那个统一体。

马克思是革命家，他所组织和领导的共产党是革命的政党，马克思主义当然要主张"仇必仇到底"。毛泽东是革命家，他所组织和领导的中国共产党是革命的政党，毛泽东思想也当然要主张"仇必仇到底"。毛泽东常说"将革命进行到底"，就是这个意思。问题在于什么叫"到底"？"底"在哪里？

任何革命都是要破坏两个对立面所共处的那个统一体。那个统一体破坏了，两个对立面就同归于尽，这就是"底"。革命到这个程度就"到底"了。这是一个事物的总发展过程中的一个段落。就一个社会说，这是它的总发展的一个段落。一个革命"到底"了，作为这个革命对象的那个统一体被破坏了，共处于这个统一体中的两个对立面同归于尽了，可这个社会仍然存在，不过它要从一个统一体转入到另一个统一体。社会转变了，作为原来统一体的两个对立面的人仍然存在，人还是那些人，不过他们转化了。革命家和革命政党，原来反抗当时的统治者，现在转化为统治者了。作为新的统治者，他们的任务就不是要破坏什么统一体，而是要维护这个新的统一体，使之更加巩固，更加发展。这样，就从"仇必仇到底"的路线转到"仇必和而解"的路线。这是一个大转弯。在任何一个社会的大转变时期，都有这么一个大转弯。

张载对于辩证法又作了一个概括，他说："两不立则一不可见，一不可见则两之用息。"（《正蒙·太和篇》）"一"泛指一个统一体，"两"指一个统一体的两个对立面。一个统一体的存在，就表现在它的两个对立面中，所以说"两不立则一不可见"；如果没有一个统一体，也就没有两个对立面了，所以说"一不可见则两之用息"。"两之用"，就是矛盾斗争推动事物发展前进。

张载说"仇必和而解",这个"和"字,不是随便下的。"和"是张载哲学体系中的一个重要范畴,《正蒙》第一篇的题目就是《太和》,开头就说:"太和所谓道,中涵浮沉、升降、动静、相感之性,是生絪缊、相荡、胜负、屈伸之始。"所谓"和",并不是没有矛盾斗争,而是充满了矛盾斗争。所谓"浮沉、升降、动静、相感之性",就是矛盾;所谓"絪缊、相荡、胜负、屈伸",就是斗争。张载认为,一个社会的正常状态是"和",宇宙的正常状态也是"和"。这个"和",称为"太和"。

在中国古典哲学中,"和"与"同"不一样。"同"不能容"异","和"不但能容"异",而且必须有"异",才能称其为"和"。譬如一道好菜,必须把许多不同的味道调和起来,成为一种统一的、新的味道;一首好乐章,必须把许多不同的声音综合起来,成为一个新的统一体。只有一种味道、一个声音,那是"同";各种味道,不同声音,配合起来,那是"和"。

客观辩证法的两个对立面矛盾统一的局面,就是一个"和"。两个对立面矛盾斗争,当然不是"同",而是"异";但却同处于一个统一体中,这又是"和"。

"仇必和而解"是客观的辩证法。不管人们的意愿如何,现代的社会,特别是国际社会,是照着这个客观辩证法发展的。第一次世界大战刚刚结束,就出现了国际联盟。第二次世界大战爆发,国际联盟失败,跟着就出现了联合国。联合国比国际联盟组织更加完善。虽然其成绩距人们所期望的还很远,但在国际社会中,已成为一支道义的力量,影响越来越大。不过在人们的意识形态方面,它还没有占据一定的地位。在西方哲学界中,流行着一种所谓专门性很高的哲学，研究与人生日用无关的问题。我在1947年在美国遇见一位哲学教授，他说，当时的美国哲学教授，最怕学生的家长们所问的一个问题："你教孩子们的那些东西，对孩子们有什么用处？"教授们对于这个问题，茫然不知所对。联合国在巴黎设了一个哲学研究所，我也是其中的一个成员，参加过几次会议。这些会议所讨论的，仍然是当时美国哲学教授们所感到受窘的问题，与联合国所需要讨论的问题毫无关系。中国传统哲学，一直被视为汉学的一部分，认为它与哲学毫无关系。其实，在中国哲学传统中，哲学是以研究人为中心的"人学"。本书的读者如果顺序读下来就可以明白这个意思。

上文说过，现代历史是向着"仇必和而解"这个方向发展的，但历史发展的过程是曲折的，所需要的时间，必须以世纪计算。联合国可能失败。如果它失败了，必将还有那样的国际组织跟着出来。人是最聪明、最有理性的动物，不会永远走"仇必仇到底"那样的道路。这就是中国哲学的传统和世界哲学的未来。

乱曰：

> 为天地立心，
> 为生民立命，
> 为往圣继绝学，
> 为万世开太平。
>
> 高山仰止，
> 景行行止，
> 虽不能至，
> 心向往之。